비판적 위기학의 정치와 정치적 이론

비판적 위기학의 정치와 정치적 이론

서규환

다인아트

▮ 책을 내면서

『현대성의 정치적 상상력』(1993년)이라는 제목으로 첫책을 내면서 나는, "비판이론의 비판적 재구성"이라는 표현으로써 나의 비판이론으로 가는 도정(道程)을 밝힌 바 있다.

이 길로 들어서게 한 길목에 프롬(Erich Fromm)이 있었다. 대학에 들어가서 그의 베스트셀러 책의 하나였던 『자유로부터의 도피』를 읽고서 자유를 적극적으로 실현하는 실천에 대해 생각이 깊어졌다. 세계사적 맥락에서 혹독한 투쟁을 통해 얻어낸 자유가 주는 책임의 무게를 감당하지 못하고 도피하는 현대인들에게 보내는 비판의 메시지가 그 당시의 나의 개인적 삶에 대해 직접 던지는 경고처럼 들렸다. 이 "환청" 속에서 프롬의 다른 저작들을 찾아 읽어가면서, 마르쿠제(Herbert Marcuse)도, 비판이론의 거대한 숲도 알게 되었다. 학자의 길을 걸어갈 것을, 독일에서 유학할 것을 결심했던 때도 그 즈음이었다. 그리고 당시 서울 명동 클래식 전문 음악 살롱 '필하모니' 앞에는 한국에서는 유일무이한 독일어전문서점 '소피아'가 있었는데 나는 클래식 음악을 듣기 전에 소피아에 들려 독일어 책 몇 권을 구입하여 클래식 속에서 읽곤 했다. 하버마스(Jürgen Habermas)와 오페(Claus Offe)의 책들을 만날 수 있었던 곳도 그곳이었다.

1981년 9월 말, 독일 하이델베르크에서 나의 유학생활이 시작되었다. 하이델베르크대 도서관에서 하버마스와 관련된 연구문헌들을 찾아보았다. 석사학위논문으로 하버마스에 대해 썼던 때문이었다. 너무도 많은 연구문헌들과 높은 학문수준 앞에서 나는 한없이 부끄러웠다. 그 즈음 대학 중앙도서관 부근의 한 서점 쇼윈도우에서 하버마스의 『소통행위이론』(*Theorie des kommunikativen Handelns*, 2 Bde, 1981)이 푸른 표지의 얼굴로 나의 시선을 사로잡았다. 곧바로 읽어 나갔다. 하버마스의 사상을 더 깊이 연구해야 한다는 것을 더욱 분명하게 깨달았다. 하버마스 아래 공부하고 싶었던 생각도 있었지만 그는 프랑크푸르트대에서 철학과 사회학 교수로 있었으므로, 나의 공식적 전공분야인 정치학을 고려하여 빌레펠트대학교에서 정치학과 사회학 교수로 있던 클라우스 오페 아래 연구하려는 계획을 세웠다. 오페 교수님에게 제법 긴 서신을 보낸 후 답신을 기다리는 사이 빌레펠트대학교를 방문할 기회를 얻었다. 그곳의 비할 데 없는 도서관을 보고서는 주저하지 않고서 일단 빌레펠트로 옮길 것을 결심했다. 그 즈음에 기다리던 답신이 왔다.

첫 면담시간, 햇살이 아직 창가에 남아 있던 늦은 오후였다. "어떤 주제를 연구할 것인가?"하고 그는 거의 즉물적으로 물었다. '루소, 마르크스, 하버마스에 있어서 노동, 언어, 지배의 문제틀에 대해서' 연구하고 싶다고 나는 대답했다. 그렇게 주제가 매우 빠르게 결정되었다. 그리고 곧이어, 오페 교수님의 지도에 따라, 『열린총체성의 해석과 정치』(2009년)에서 밝힌 바와 같이, 당시 빌레펠트대 역사학부에 있었던 코젤렉(Reinhart Koselleck) 교수님을 또 한 분의 지도교수로 모시게 되었다.

구체적으로 집필해 가면서 나는 내용을 서술해 나가는 과정에서 균형 있게 구성하는, 말하자면 형식미를 살려내는 것이 또 하나의 무거운 과제임을 깨닫고, 루소와 마르크스를 중심에 세우고 루소 이전과 이후, 마르크스 이전과 이후를 서술하는 구성전략을 취했다.

물론 내용상으로도 큰 변화가 있었다. 하버마스를 더 철저하게 이해하려는 처음의 목표는 도서관에서 데리다(Jacques Derrida)의 『문자학』(*Grammatologie*, Suhrkamp)을 접하고 난 후에 크게 전형되었다고 다시 고백해야겠다. 프랑스의 후기구조주의적 현대철학, 특히 해체(탈구성)주의의 도전에 대해 비판해야 하는 시대적 과제가 생겨났다. 문학, 역사, 철학뿐만 아니라 언어학, 언어분석, 문헌학 등등에 대한 이해를 더욱 증진해 나가야만 했다.

이 공부과정에서 나의 사상적 화두의 하나가 생겨났다. 곧 루소의 『사회계약에 대하여』에 있는, 오직 불어로만 읽을 수 있는, 묘한 문장이 그

것이다: "현자들이 일반적 사람에게 이 일반적 사람의 언어(langage) 대신에 자신들의 언어로 말한다면(parler), 그 일반적 사람에게 이해될 수 없을 것이다. 인민의 랑그(langue du peuple)로 번역될 수 없는 수천의 생각들이 있을 것이다." 인민의 랑그가 성립하는 그 과정은 자연상태에서 사회상태로 이행하는 그것이며, 주관성(주체성)과 상호주관성(상호주체성)이 동시에 성립하는 그것이며, 정치적 진리가 헌정(구성)되는 그것이자, 생활세계적 세계가 헌정되는 그것이다. — 그 시원에 작용하는 상상력에 대해 나는 지금도 상상하기를 즐긴다.

언어에 대한 학제간 연구 관심을 증폭시켜 가고 있었던 나의 그런 연구과정에서, 1985년 무렵부터 독일 비판이론 쪽에서 직접적인 반응, 곧 하버마스의 『현대성의 철학적 논술』(*Der philosophische Diskurs der Moderne*), 벨머의 『현대성과 탈현대성의 변증법』(*Zur Dialektik von Moderne und Postmoderne*), 혼네트의 『권력의 비판』(*Kritik der Macht*) 등이 출간되면서 본격적으로 이론적 대결의 중요성을 더욱 확신하게 되었다.

빌레펠트대에서의 나의 연구는 1987년 9월 무렵, 거의 완성되었는데, 공교롭게도 오페 교수는 미국의 한 대학에 초빙교수로 나가게 되었다. 나는 1988년 1학기 한국에서 정치학과 사회학을 강의하고, 다시 그 해 7월에 독일로 되돌아가서, 8월 22일 구두시험을 통과했다. 그리고 나의 조국 한국으로 되돌아 올 수 있었다. 제법 긴, 모진 시간강사 생활을 거친 다음에, 인하대 정영태교수의 안내 덕분에 인하대 교수가 될 수 있었다. 그는 한국정치학회에서 내가 논문을 발표하는 것을 보고서는, 당시 방황하고 있는 나를 학자의 길로 안내했다. 정교수에게 이 자리를 빌어 깊은 감사의 인사를 표하고 싶다.

처음으로 대학 강단에서 강의를 시작했을 때인 1988년부터 한동안은, 강한 운동권 학생들은 나의 이론적 입장에 불만과 저항을 표현하곤 했다. 그들은 1980년대 운동권을 이끌어왔던 사상의 흐름 끝에서 여전히 마르크스레닌주의 내에서의 다양한 변종들에 매료되어 있었던 것

같은데, 나는 비판이론의 비판적 재구성을 강하게 주장했기 때문이었다. 그들은 한동안 나의 입장을 개량주의라고 규정하고 폄하하려는 정서를 보였던 것 같았다. 마르크스주의의 경제주의를 넘어서고자 하는 거대한 사상 흐름들이 있는데 그들은 한동안 그것을 섬세한 눈으로 살피려 하지 않았고, 기껏해야 경제주의와 친화성이 강한 알뛰세르류의 구조주의에 관심을 쏟았던 것 같았다.

그러나 1989년 이른바 동구대개혁 이후, 한국에서도 사상연구에도 변화가 급속하게 일어났다. 물론 그 가운데에는 권위주의 정권의 퇴진이라는 중대한 사건도 있었다. 그리고 탈현대주의(postmodernism)의 실천과 이론이 한국사회에서도 넘어들어 각 영역으로 스며들어 갔다. 거의 사반세기가 지난 지금, 후기구조주의와 탈현대주의에 대한 이론적 비판과 저항이 없지는 않지만 실천에서는 오히려 강화되고 확산되고 있는 것이 아닌가 싶다. 그들은 총체성 범주 그 자체를 사유 밖으로 집어던지고 있다.

거듭 말하지만, 나의 주장은 분명하다: 대안은 파편성도, 닫힌 총체성도 아니고 오직 열린 총체성이다. 이를 위해서 나는 아도르노에서 하버마스로 나아간 길을 역으로 추적하는 학문사적 성찰과정을 거치면서, 아도르노의 '미학적 이론'을 '정치적 이론'으로 전형시켜야 한다는 판단을 제시했고, 정초하려 했다(이 책에서 〈재구성적 개방성과 탈구성적 개방성〉, 〈초기낭만주의의 "시적 국가"〉는 다른 버전으로 다른 계기에 출간했었다). 내가 열린총체성이라 명명한 그것을 이론적으로 실천하려는 맥락에서, 그동안 변화된 것은 무엇인가, 혹은 더욱 성찰해야 할 과제는 무엇인가. 독자의 관점에 따라 이 물음에 다양하게 답할 수 있을 것이다. 적어도 그것은 나의 빌레펠트시절의 사유 한계 같은 것을 고백하는 자기성찰에 속하는 듯하다. 이를테면 상호주관성과 주관성 사이의 철학적 매개 문제나 정치와 윤리 사이의 매개 문제에 대해서는 앞으로도 더 깊게 또 더 정치하게 다듬고 천착해야 한다는 것을 깨닫고는 있다.

올해는 장-자크 루소(Jean-Jacques Rousseau, 1712-1778) 탄생 3백주년의 해인데 루소의 사상도 중심에 두고 있는 책을 출간하게 되어 애써 의미를 부여하고 싶은 충동도 느낀다. 또한, 이제는, 또 다른 고독한 산책자가 되어 또 다른 몽상들을 그려내고 싶은 자극도 받는다.

연구실에서
저자 서규환

* 이 저서는 인하대학교의 지원에 의하여 발간되었음을 밝힌다.

서문

놀랍게도, 이미 엥겔스가 자신의 책 『반(反)뒤링』(*Anti-Düring*)에서 다음과 같이 지적하고 있음에도 불구하고, 루소와 마르크스를 이론적으로 충실하게 비교하는 연구는 거의 찾아보기 어렵다.

> "우리는 여기에서도 이미 루소의 경우 마르크스의 『자본』에서 머리카락 하나에 이르기까지 동일한 사유과정뿐만 아니라, 마르크스가 의지하고 있는 그것과 동일한 변증법적 전향의 일련의 전체도 개별적인 것에 있어서 가지고 있다. 곧, 그 과정들은 그 본성에 의하면 적대적이며, 자체 속에 모순을 보유하고 있으며, 한 극단이 그것의 다른 반대로 전환되는 것, 최종적으로는 전체의 핵심으로서 부정의 부정을 보유하고 있는 것이다."[1]

우리는 여기에서 루소와 마르크스를 체계적으로 비교하는 연구를 통하여 우리는 비판적 위기학(kritische Krisenwissenschaft)이라 명명하는 것을 정초짓고자 하는데, 현대성주의자과 탈현대성주의자 사이의 작금의 논쟁을 반영할 것이다. 그것은 이 논쟁 한 가운데 루소와 마르크스가 있기 때문이기도 하다. 즉 우리가 정초지으려 하는 비판적 위기학은 루소와 마르크스가 낭만주의적이지도 않고 헤겔주의적이지도 않다고 해석하는 가운데 탈현대성을 변호하거나 반대하는 이론들 **사이**를 매개짓고자 한다. 비판적 위기학은 현재의 두 중요한 이론적 전통, 즉 비판이론의 소통이론적 발전과 구조주의의 탈구성주의적 전개 사이의 새로운 발상을 시사하는 제3의 길을 탐색할 것이다.

탈현대적 탈구성(해체)이론, 특히 폴 드만(Paul de Man)의 경우는 낭만주의적 운동들의 복원으로 확인될 수 있는데, 우선, 알튀세르(Althusser)

---

1) MEW 20: 130f. 이것은 Marx/Engels Werke에서 20권 130쪽과 그 이후를 의미한다. 이하 이같이 약칭한다.

이래의 구조주의적 반(反)인간주의에서부터 발전되어온 텍스트주의를 생산한다. 드만은 미국해체주의의 산실 이른바 예일학파를 이끌었던 인물인데, 이미 루소가 낭만주의를 복원하고자 하는 해체주의적 탈현대성을 전개하고 있다고 본다. 드만에게 있어서 "루소"는 낭만주의의 시원으로서 기능하고 있으며, 이 경우 낭만주의는 알레고리주의를 지시하고 있는 것으로 이해된다. 그리고 이와 동시에 드만에게 있어서 "루소"는 미국식 해체주의를 이론화하는 고유한, 독립적인 패러다임의 상징으로서 기능한다. 탈현대성의 상징적 형상을 우리는 드만의 해체(탈구성)이론에서 발견하는데, 그것은 **인간 없는 구조**를 주장하는 구조주의적 이론을 급진화하는 데 기여하는 언어학적 알레고리주의에 기초하고 있다. 이 알레고리주의는 드만의 미국 해체주의가 초기낭만주의에서, 특히 루소에서 발견해내려고 있는 것으로서, 비관론적인, 수사법적 모델을 주장한다. 이 모델은 드만에 의하면 "루소 자신이 전혀 통제하지 못하는 언어의 사실"[2)]이다. 여기에서 탈현대성의 알레고리적 지식은 초기낭만주의의 "아픈 지식"으로서 파악되고 있다. 상징적인 것과의 대립 속에서 "아픈 지식"으로서의 이 알레고리적 지식은 다음과 같이 특징되고 있다.

> "상징은 동일성이나 동일화의 가능성을 요청하는 데 반하여, 알레고리는 일차적으로 그것 자신의 시원과의 관계에서 거리를 지시하고 있으며, 알레고리는 노스탤지어와 상호일치에 대한 욕망을 자발적으로 단념하면서 이 시간적 차이의 공백 속에서 자신의 언어를 수립한다. 알레고리는 그렇게 함으로써 자아로 하여금 아프기는 하지만 지금 완전히 비(非)자아로서 인정되어 있는 비자아와 환상적으로 동일화하는 것을 막는다. 초기낭만주의적 문학이 그것의 진정한 음성을 발견하는 계기들에서 우리가 받아들이고 있는 것은 바로 이러한 아픈 지식이다. 이 음성이 실제로 무엇을

2) Paul de Man, *Allegories of Reading. Figural Language in Rousseau, Nietzsche, Rilke, and Proust,* Yale University Press, 1979, p.277.

위해서 존재하는지에 대해서는 이 음성은 거의 인정되어 있는 바가 없다는 것 그리고 이 음성이 나타나는 문학적 모멘트는 반복적으로 원시적 자연주의 혹은 신비화된 유아론으로 불리어 왔다는 것은 아이러니하게 밝혀지고 있다."[3]

초기낭만주의의 "아픈 지식"으로서의 알레고리적 지식은 인간의 음성들을 진리생산의 자신의 준거로 삼지 않는다. 읽기의 해체주의적 알레고리적 생산은 이 경우 본질적으로 고독한 개인과 독립적일 수는 없다. 에이브람스(Abrams)가 바르게 보고 있듯이, 초기낭만주의에서는 사실상 완전히 사적인 개인이 있다. 초기낭만주의에서는 "장면에서 추론된 일차적 의미는 공적 상징주의에 의해서 통치되는 것이 아니라 사적인 정신에 의해 그것에 도달되어져 왔다."[4] 음성 없는 음성은 "원시적 자연주의"나 "신비화된 유아론" 아래 이론화될 수 있는데 근본적으로 보면, 사회적 소통을 의미하는 것이 결코 아니며, 사사화된 음성을 의미하는 것으로서 알레고리적 언어의 기호론적 놀이 속에서 사라지는 것이다. 즉 알레고리적 지식의 아픈 것은 언어 이전에는 아무 것도 없다는 것을 궁극적으로 말하고 있는 것이고, 물론 탈현대적 해체이론에서는 언어는 질서가 결코 아니다. 그것은 폐쇄적인, 형이상학적인 질서에서 출발하는, 다른 말로 하면, 비관주의적인 무질서철학에서, 데카당스에서 출발하는 그런 철학의 전도된, 따라서 항상 여전히 존재론적인 파악에서 나온 것이다. 탈현대성의 탈구성주의는 인간의 죽음과 주체의 죽음을 주장하는 검은 명제를 다음과 같이 급진적 언어로 말한다. 곧 "인간이 아니라 언어가 말한다"가 아니라 "언어가 (언어 자신을) 기만한다"가 포스트구조주의적 반(反)인간주의가 되고 있다.[5] 이로부터

3) Paul de Man, *Blindness & Insight: Essays in the Rhetoric of Contemporary Criticism,* new ed., with other essays, Minneapolis: University of Minnesota Press, 1983, p.207.

4) M. H. Abrams, "Structure and Style in the Greater Romantic Lyric", in F. W. Hillis/H. Bloom (ed.), *From Sensibility to Romanticism.* Essays presented to Frederick A. Pottle, Oxford University Press 1965, pp.527-560, 여기에서는 p.556.

"이론에 대한 저항", "오독"의 이론이 부상한다.

알뛰세르가 사르트르(Sartre)의 실존적 마르크스주의를 반대하는 가운데 마르크스의 글들을 오독함으로써 자신의 이론적 반 인간주의를 정초짓고 확산시켜온 이래로, 드만은 루소가 자신의 글 『언어기원론』에서 표현하고 있는 "인간"이라는 말의 루소적 계보학을 그가 오독함으로써 미국식 탈현대성이론을 특징짓는 반인간주의적 오독론을 생산하고 있다. 우리는 여기에서 구조주의에서 포스트구조주의적 탈구성주의로 전개되는 것을 기술하는 것보다는 구조주의적 운동들이 만들어 내는 "주체의 위기" 및 그 극복에 더 관심이 있다. 인간주의에 대한 구조주의 및 포스트구조주의의 비판에는, 여기에서 연구의 대상으로 삼고 있는 루소와 마르크스의 관계에 관한 우리의 명제가 연관되어 있다.

마르크스가 자신의 글 〈유대인문제에 대하여〉(1844년)에서 모든 해방은 인간적 세계, 관계들을 인간 그 자신에로 되돌아 가는 것이라고 밝혔을 때 그가 생각한 것은 결코 알뛰세르와 그 학파가 수용사적으로는 헤겔과 포이에르바흐의 흔적이라는, "철학적인, 이론적인 인간주의"라고 명명한 그것의 형이상학적인 닫힌 질서가 결코 아니었으며, 오히려 루소주의적 사회의 시원, 곧 "부분결사체들"의 매개들이 없는 사회의 자기매개였다. "인간"이라는 말의 루소주의적 계보학이 오독되었던 것은 바로 이 시원을 바르게 이해하지 못했던 때문이었다.

루소에 있어서 "거인"이 "인간"으로 전형되는 것은, **자연의 고독한 질서**가 사회의 소통적 헌정, 더 정확하게 말하면, 정치체(정치적 몸)의 소통적 헌정으로 위험하게 대체되는 과정의 전개를 의미하는 것에 다름 아니다. 탈현대적인, 탈구성(해체)주의적인 오독이론은 자연적 질서에서 **고독한** 표현으로서의 "거인"이, 은유로서의 "거인", 다시 말해서, "거인"의 의미가 반(反)결사나 반(反)소통으로서 전형된 것과 구별되지 않는 그곳에서 성립하고 있다. 우리가 루소와 마르크스의 비판적 재구성에서 발전시키려고 하는 비판적 위기학에 있어서는 사회의 성립은

5) de Man 1979: 277.

언어의 급진적 전형 없이는 불가능하고, 이와 동시에 그 역도 그러하다. 비판적 위기학은 자신의 시작을 질서로서의 개인주의적 인간의 형이상학에서도 무질서로서의 텍스트주의적 언어에서도 설정하지 않으며, 오히려 사회와 대화하는 인간들 사이의 변증법에서 설정한다.

탈현대적 탈구성이론의 이론적 독창성은 급진화된 시간성이론에 있다. 드만의 경우 탈현대성은 상징을 총체적으로 부정하는 가운데 알레고리를 생산하는 것이다. 왜냐하면 상징이라는 이 언어는 공간성의 변증법에, 반면에 알레고리는 시간성의 수사법에 속한다고 판단하고 있기 때문이다. 시간성의 탈현대적 수사법은 주체와 객체 사이의 긴장들의 변증법적 지양을 부정하고, 의미들의 항구적인 미끌어짐들을 이론화하고 그리고 생산한다. 드만에게 있어서 그가 (초기) 낭만주의를 새롭게 해석하는 것은 곧 자신의 탈현대적인 해체이론을 성립하게 만드는 것인데, 낭만주의적 언어를 상징 대신에 알레고리로 규정하는 것을 넘어서서 낭만주의적 시간성을 돌발성으로 그가 특징짓는 것에 그 이론적 핵심이 있다.

탈현대성에서 시간성은 알레고리화되고 있다. 이 알레고리화된 시간성은 바른 혹은 진정한 해석의 "존재론적" 불가능성, 다른 말로 하면, "오독"의 감옥을 의미하는 것에 다름 아니다. 드만이 모멘트의 예찬이라 명명하고 있는 바는[6] "불연속성을 결과시키는 것을 갖고 있는 모멘트에 대한 강조"[7]인데, 고전적인 역사이념 및 역사철학에 대한 그의 급진적인 부정에서 발전되고 있고, 순수한 낭만주의의 시간성은, 이미 앞에서 표현한 바 있듯이, 돌발성이나 순간성과 동일시되고 있다[8]. 탈현대성에 있어서는 역사의 연속적 발전은 실천적으로 그리고 이론적으로 불가능하다. "역사로부터의 쾌락주의적 퇴락"[9], "역사의 무화"[10],

---

6) de Man 1983: 204.

7) de Man 1983: 227.

8) Reinhart Koselleck, *Vergangene Zukunft. Zur Semantik geschichtlicher Zeiten*, Ffm, 1979, 특히 pp.260ff 참조하라.

9) Terry Eagleton, *Literary Theory: An Introduction*, Oxford, 1983, p.150.

10) Terry Eagleton, *The Function of Criticism: From 'the Spectator' to Post-Structuralism,*

"역사의 탈맥락화"[11] 한마디로 말하여 "역사철학의 종말", 역사의 시원(Arche)에서 역사의 궁극목적(Telos)에 이르기까지 역사의 "로고스중심주의적"(데리다)인 단선적인 연속성을 주장하는 역사철학의 종말은, 영원성이라는 시간성범주와 궁극적인, 영원한 작별을 고하고, 돌발적인 생산의 개시를 가능하게 한다. 빈센트 B. 리치(Vincent B. Leitch)가 논평하고 있듯이 "탈구성(해체)은 생산이다."[12]

돌발성으로서 표현되어 있는 탈현대성의 반역사적인 시간성이론을 우리는 자크 데리다(Jacques Derrida)가 "지식의 고고학"을 정초한 미셸 푸코(Michel Foucault)와 대결하는 곳에서 발견할 수 있다.

> "한 역사, 즉 이성에 대항하는 고고학은 의심할 바 없이 씌어질 수 없다. 왜냐하면 역사 개념을 그 반대에 대한 모든 현상들에도 불구하고 항상 합리적인 것이어 왔기 때문이다. 아마도 첫째로 의문을 받았어야 하는 것은, 다름 아니라 '역사' 혹은 오르키이(archia)의 의미이다. 글쓰기가 그것들을 의문시하면서 '기원', '이성', 그리고 '역사'라는 가치들을 넘어 나아간다면, 그 글쓰기는, 고고학의 형이상학적인 닫힘 내에서 담겨질 수 없는 것이다."[13]

여기에서 모든 종류의 역사적 연속성은 데리다의 탈구성(해체)을 통하여 파괴되고 있다. 탈현대성에서 "역사는 대체, 지시하는 것, 형상, 차이, 텍스트, 허구"[14]이다. 곧 "텍스트 이외에는 아무 것도 없으며". 그리고 탈현대성에서 텍스트생산들은 구조 없는 사건들, 즉 순수한 현재 범주의 의미에서의 우연들이다[15]

London, 1984, p.96.

11) Perry Anderson, *In the Tracks of Historical Materialism*, London, 1983, p.48.

12) Vincent B. Leitch, *Deconstructive Criticism. An Advanced Introduction*, Columbia University Press, 1983, p.178.

13) Jacques Derrida, *Writing and Difference*, London, 1978, p.28.

14) Leitch 1983: 58.

15) Koselleck 1979: 158ff 그리고 pp.144ff 참조.

비판적 위기학은 “역사”가 언어나 노동을 주조했다고 생각하는 것은 결코 아니라는 점에서 탈구성주의(해체주의)와 같지만, 배타적으로 반복가능성 없는 일회성으로 축소될 수 있다고 보는 탈구성주의와는 다르게, 언어와 노동이 맥락들의 역사를 가진다고 본다. 비판적 위기학의 시간성은 헤겔주의적인 로고스중심주의적인 역사철학이 명시적으로나 묵시적으로 구상하고 있는 영원성도 아니며, “낭만주의적인” 탈구성주의적인 탈현대성의 반(反)역사를 생산하는 돌발성도 아니고, 역사의 구조 문제들을 분석하게 하는 지속성에 주목하는 것이다. 루소의 경우, 『고독한 산책자의 몽상』 제2산책에서 사건, 사고는 몸의 총체적 손상을 의미하는 것으로 그려져 있다. 경험과 기대가 없는 사건, 다른 말로 표현하면, 돌발성은, 낭만주의적 상상력뿐만 아니라 텍스트마저 파괴한다.

그리고 끝으로 탈현대성과 현대성의 작금의 논쟁에서는 총체성의 문제틀이 논의되고 있다. 드만의 글 “시간성의 수사법”은 미국 탈구성(해체)주의의 탈현대적 당파의 선언문으로 간주될 수 있는 것인데, 이 글에서 드만은 “상징과 알레고리 사이의 긴장”[16]을 부각시키면서 총체성을 주장하는 이론과 그것을 반대하는 이론 사이의 급진적인 불일치를 주장하고 있다. 탈현재적 해체주의는 상징을 완전히 해체하려 하는데, 이것은 모든 총체성이론들을 전략적으로 부정하는 과정에서 결과하는 것이다. 탈현대성의 알레고리적 비판은 총체성에의 준거에서 이탈하려 한다. 이 이탈은 반-총체성, 특수적인 것의 생산으로 나아간다. 하지만 비판적 위기학은, 포스트형이상학적 총체성의 이론을 발전시키려 한다. 탈현대적 탈구성이론에서 상징과 알레고리 사이의 긴장을 해소한다는 것은 상징을 총체적으로 포기하는 가운데 순수한 알레고리를 생산하는 것을 의미한다. 하지만 비판적 위기학은 전통적인 상징개념 뒤에 있는 형이상학적인 배경을 벗어던지고, 상징의 정치화를 통해서 새로운 총체성의 이론, 사회적 알레고리의 이론을 성립하게 논의를 전개한다. 탈

16) de Man 1983: 208.

현대적 탈구성이론을 특징짓는 것은 총체성준거에서 이탈하는 것인데, 총체성이 있는 그곳에서는 항상 형이상학적 배경을 필연적으로 보려 하며, 형이상학적 배경 없는 총체성이론을 설정하는 것은 불가능하다고 판단하고 있다.

우리는 이 맥락에서 탈현대적 탈구성이론이 어떠한 총체성준거에서 이탈하고 있는가 하는 흥미롭고, 중요한 의문을 탈현대적 탈구성이론에 제기할 수 있다. 수용사적으로 그것은 계몽주의의 차가운 총체성과는 다르게, 헤겔적인 유기체총체성과 같이 "살아 있다"는 낭만주의적 총체성에서 내리는 것이다. 그러므로 탈현대적 탈구성이론은 죽음의 낭만주의적인 반 철학으로 특징될 수 있다. 신구조주의의 반철학은 자신을 사르트르의 철학개념을 부정하는 답으로서 이해하고 있는 것이다.[17]

낭만주의의 시적 총체성은 (더 이상) 역사철학적이지 않다는 의미에서 폐쇄적이지 않고 열려 있는데, 탈구성주의(해체주의)는 이를 넘어서 총체성을 총체적으로 단념하는 가운데 개방성을 급진화하려 한다. 이 상상적 세계, 허구적 텍스트의 탈구성적 개방성을 생산하는 것에는 너무 많은 희생이 지불되어야 한다. 곧 현실적인, 역사적인 세계가 부정성을 잃고 경직되는 것이다.[18]

비판적 위기학은 총체성이해에 있어서 탈현대성의 탈구성적 개방성과는 거리를 취하고 있으며, 이와 명백하게 구별되는 재구성적 개방성을 주장한다. 이 경우, 비판적 위기학은 한편으로 닫힌 총체성의 이론들, 즉 홉스적인 기계론적인 것, 헤겔주의적인 유기체론적인 것과도, 다른 한편으로 초기낭만주의의 개방적인 총체성의 이론, 즉 시적 총체성의 이론과도 본질적인 거리를 취한다. 재구성 개방성은 소통적 이성

---

17) Jean-Paul Sarte, "Interview von Bernard Pingaud", in: Günter Schiwy, *Der Französisch Strukturalismus. Mode - Methode - Ideologie, Reinbek bei Hamburg, 1984, (erweiterte Neuausgabe),* pp.216ff 참조.

18) Jon Wiener, "Deconstruction de Man", in: *The Nation*, Nanuary 9, 1988, pp.22-24, 여기에서는 p.23 참조하라.

의 매개, "정치적 몸의 논리"(마르크스)에 근거한다. 시작의 문제는 국가와 사회의 문제틀에 다름 아니다. "국가"는 시작에로 되돌아갈 수 있는 총체성의 표현으로서 자신을 이해하는 때문이다. 탈현대성 이론들이 국가 및 국가이론들의 문제틀에 대해 침묵하고 있는 것은 어쩌면 전혀 놀랄 일이 아닐지 모르겠다. 탈현대성의 탈구성주의는 초기낭만주의에서 이탈해 나가는 모습을 보이고 있는데, 초기낭만주의는 시적인 총체성에 대해서 말하고 있는 한에서 국가 및 국가이론의 미학적 전이(Verschiebung)를 실행하고 있는 반면에, 탈현대성 이론들은 총체성의 재구성을 급진적으로 단념하고 있기 때문이다. 탈구성주의가 국가의 문제틀과 국가의 이론에 대해서 침묵하고 있는 것은 침묵으로 끝나는 것은 아니며, 현실적으로 그 침묵은 정치적 보수주의로 이어진다.

정치적 몸의 시작, 시원은 비판적 위기학에서는 서로 결합되어 있는 다음과 같은 두 차원들을 포함하고 있다. 즉 그 하나는 **어떻게** 정치적 몸이 헌정될 수 있는가에 대해서 말하는 차원이고, 다른 하나는 **무엇 때문에** 정치적 몸이 우리에게 필요한가에 대해서 말하는 차원이다. 마르크스가 정치적 몸의 논리라고 명명한 그것이 하버마스의 "노동과 상호작용"이라는 논고 이래로 마르크스연구에서 이론적 중심점에 있는 마르크스의 사회적 노동 개념을 형성하고 있다. 사회적 노동의 성립은 정치적 몸의 시원을 의미하고 있으며, 그것은 소통적이며, 결코 하버마스적 의미에서의 "노동"이 아니다. 그것은 또한 형이상학적이지 않다. 우리는 하버마스가 마르크스의 사회적 노동 개념을 근본적으로 오해하였다고, 그리고 이 오해의 근원은 수용사적으로 헤겔과 마르크스의 오래된, 기계론적인 연속성명제를 그가 반복하고 있는 것에 연유한다고 판단한다.

헤겔과 마르크스의 이 연속성명제 대신에 루소와 마르크스의 원칙적인 · 인식론적인 연속성명제를 우리는 주장할 것이고, 이 과정에서 소통적 노동학(kommunikative Arbeitswissenschaft)을 제기할 것이다. 이것은 국가와 사회의 규범적인 비분리성 명제와 연관되어 있다. 하버마스는 자신의 저작 『소통행위이론』(1981년)에서 국가와 사회의 문제틀을 시스템과 생활세계의 이분법으로 번역하고 있고, 현대성을 미완성된, 그렇지만 완성할 수 있는 기획으로 간주하고 있는데,[19] 더 이상 노동과 상호작용의 변증법에서 시작하지 않으며 국가와 사회의, 혹은 시스템과 생활세계의 베버적 분리에서 출발한다. 그리고 하버마스의 마르크스비판은, 특히 마르크스의 사회적 노동개념에 대한 그의 비판은 마르크스의 사회적 노동개념을 포함하는 도구적 합리성에 대한 그의 비판보다 더 깊은 근본적인 이론형성구조에서 나온 것이다. "현대성의 병리학"은 하버마스에게 있어서 (더 이상) (자본주의적) 시스템들의 모순 — 이것의 성립을 비판적 위기학은 발생적으로 이미 자연의 위험한 대체로서의 사회의 시원에서 논증한다 — 을 의미하는 것이 아니라, "생활세계의 식민화", 곧 시스템이 생활세계로 일면적으로 침투해 들어가는 것을 의미할 따름이다. 하지만 자본주의적 사회들에서는 시스템의 내적인 한계뿐만이 아니라 시스템과 생활세계의 다면적인 상호침투도 문제가 되고 있다.

우리는 국가의 죽음에 대한 표상을 바르게 이해하려면 국가와 사회의 규범적 비분리성 명제를 파악해야 한다. 죽음에 이른다고 명명된 그 국가는 오직 사회와 분리되어 있는 국가일 뿐이다. 국가의 죽음은 의미론적으로 진정한, 사회와 일체화되는 국가가 현실화되는 국가이론적 전제로서 기능하고 있다. 이와 같은 맥락에서 비판적 위기학은 축소된 좁은 의미에서의 정치를 비판하고, 축소되지 않은 본래의 정치를 복원하려 한다.

이 시원적 정치는 이 정치의 역사적 현실화는 동시에 이 정치의 변증법적 자기지양을 의미한다는 의미에서 패러독스하다. 이 정치의 패러독스는 비판적 위기학의 이론과 실천에서 결정적인데, 비판과 위기의 의술적 은유론을 재구성적으로 활용하는 변증법적 · 실용론적 지배

19) Claus Offe, *Komplexe Gesellschaften zwischen Modernität und Modernisierung*, Ms., Bielefeld, Juli 1986, p.3.

의미론에서 바르게 이해될 수 있다. 정치의 자기지양을 사회의 해방적 정치는 목표로 하고 있는 것이다. 비판적 위기학에서 정치는 정치의 침묵을 위해서 자신을 절합시킨다.

"비판적 위기학의 정치와 정치적 이론"이라는 이 연구는 나의 박사 학위논문으로서 1987년 11월 독일 빌레펠트대학에서 완성된 것이다. 이 자리를 빌어 나의 공식적인 두 지도교수, 비판이론가 클라우스 오페(Claus Offe)와 역사의미론가 라인하르트 코젤렉(Reinhart Koselleck) 선생님께 깊은 감사의 인사를 드린다. 이 두 선생님들은 나의 글을 읽고 친절하게 예리한 논평을 항상 주었으며 생산적인 토론을 이끌어주었다. 또한 정치교육론자 만프레드 라우비히(Manfred Laubig) 교수님께 고개 숙여 깊은 감사의 인사를 드린다. 라우비히 선생님은 실질적으로는 또 한분의 지도교수이셨다. 그의 자상한 인간미를 담고 있는 비평은 때로 실의에 빠져 있었던 나를 건져내어 주었다. 때로는 근본적인 반론을 제기하곤 했지만 조언과 용기를 늘 불어넣어 주었던 현상학자 리하르트 그라토프(Richard Grathoff) 교수님께도 같은 인사를 드리고 싶다. 그리고 독문학자 빌헬름 포스캄프(Wilhelm Vosskamp) 교수님께도 고마움의 인사를 드린다. 포스캄프 선생님은 나의 원고 일부를 읽어주고 생산적인 논평을 제시해주었다. 물론, 나는 독일 빌레필트대 토요회 회원들 — 강수택, 김기욱, 노진철, 심광섭, 천진석, 최문규 — 의 학제적 토론을 잊어서는 안될 것이다. 그리고 끝으로 나의 친구 역사학자 폴커 텐(Volker Then)을 잊어서는 안 될 것이다. 그는 영어와 불어가 뒤섞인 나의 원고를 읽고 문장오류들을 짚어 주고 다듬어 주었다.

이 연구를 나의 부모님과 장인 · 장모님께 바친다.

차례

책을 내면서 _5

서문 _10

제1장 문제의 제기 _25

제1절 언어중심주의 혐의에 대한 비판 ······ 31

제2절 노동중심주의 혐의에 대한 비판 ······ 45

제2장 위기와 비판의 맥락들과 "정치" _61

제1절 비판의 위기와 위기의 비판 ······ 63

제2절 이데올로기와 진리 ······ 68

1. 만하임의 지식사회학과 루만의 기능주의 ······ 70
2. 알튀세르의 구조주의 ······ 75
3. (신)실증주의 ······ 77
4. 루소와 마르크스 ······ 79

제3절 변증법적 자기 지양 대 사회과학의 "사멸" ······ 103

제3장 부정성과 총체성 _109

제1절 총체성파악의 유형 ······ 111

제2절 초기낭만주의의 "시적" 총체성 ······ 113

1. 현대적 위기의 미학적 비판 ······ 113
2. 역사적 불연속성과 시적 혁명 ······ 118
3. 진정한 낭만주의적 시대의 성립 ······ 130
4. 상상력과 파편적 총체성 ······ 140

제3절 재구성적 개방성과 탈구성적 개방성 ······ 144

1. 정치와 언어 ······ 144
2. "인간"이라는 언어의 계보학 ······ 155

3. 사회적 은유와 개방적 총체성 ······ 163
4. 정치적 언어와 욕구의 구조 ······ 169
5. 정치성의 급진화와 인민의 소리 ······ 177
제4절 헤겔의 변증법과 마르크스의 전도 ······ 188
1. 시작의 재구성과 변증법적 총체성 ······ 188
2. 형식과 내용으로서의 민주주의 ······ 197
3. 직접성의 끝과 매개의 시작 ······ 207
4. 급진적 차이들과 정치적 인식론 ······ 216
5. 인민과 이성 ······ 230

제4장 국가의미론의 재구성과 정당화 _235

제1절 국가의미론의 유형과 정당화 ······ 237
제2절 폐쇄적 질서 속에서 기계론적 국가론과 유기체적 국가론의 패러다임적 구별 ······ 238
1. 기계론적 국가론 ······ 238
2. 유기체론적 국가론 ······ 243
제3절 초기낭만주의의 "시적 국가" ······ 250
1. "시적 국가"와 고독한 나 ······ 250
2. 익숙한 것과 익숙하지 않은 것 ······ 256
제4절 변증법적 · 실용론적 국가이론 ······ 267
1. 정치의 우선 ······ 267
1) 정치와 도덕 ······ 269
2) 정치와 경제 ······ 273
2. 루소 ······ 278
1) 국가와 혁명 ······ 278
2) 루소의 정치적 의미론에서 국가의 죽음 ······ 294
3) 국가와 사회 사이의 긴장 ······ 309
4) 입법자의 진리 ······ 326
(1) 위험한 입법자 ······ 326
(2) 시간성이론에서 지속 ······ 341
(3) 정치적 진리의 생산, 매개, 그리고 수용 ··· 347
(4) 집합적 가설과 미덕 ······ 361

3. 마르크스 ································ 376
1) 정치로서의 혁명 ································ 376
2) 마르크스의 정치와 사회적 혁명 ································ 385
3) 마르크스의 정치적 의미론에서의
국가의 지양 ································ 394
4) 마르크스와 국가와 사회의 분리의 문제틀 ····· 423
5) 오래된 폐쇄성과 새로운 폐쇄성 ································ 428

제5장 결론 _435
제1절 포스트자본주의적 사회에로의 이행이론의 재구성 ·· 437
제2절 마르크스의 루소와 루소 ································ 458

참고문헌 _469

제1장

문제의 제기

"나는 나의 책을 내가 그렇게 썼던 만큼 그렇게 천천히 사람들이 읽어주기를 바라면서 책을 썼다."(우베 욘존)

나는 장 자크 루소와 칼 마르크스를 해석하는 가운데, 좀 더 정확하게 말하여 루소와 마르크스의 사상적 연속성을 주장하는 가운데 내가 비판적 위기학이라 부르는 것을 논증하려 한다. 비판적 위기학은 사회의 시원에 위기가 내재해 있다는 것에서 출발한다. 비판적 위기학에서는 국가와 사회를 동시에 의미하는 정치체(der politische Körper; the political body)의 논리를 발전시키고자 하는데, 이 정치체의 성립은 발생적으로 볼 때 이미 양립적이라 판단한다. 다시 말해서 위기를 극복하려는 비판으로서 사회적 비판은 자연의 위험한 대체라고 판단하는 것이다.

위기를 비판해야 하는 비판적 위기학은 문화의 성립에 내재하여 거주하는, 항구적인 위기를 이론화하면서, 그리고 이와 함께 실재적인, 즉 사회학적으로 접근할 수 있는 위기를 분석한다. 비판적 위기학을 특징짓는 이 항구적 위기론은 루소가 인류의 문명적 발전사를 어부시대, 사냥꾼시대, 그리고 농업시대라 부르는 세 시대로 크게 분류하면서 시사하고 있다. 그것은 사회계약론의 이론사적 전통에서 자연상태와 사회상태라 부르는 두 시대의 구별과는 별도로 논의되고 있다. 농업시대는 어부시대와 사냥꾼시대 다음의 시대로서 문화의 상징으로서, 자연의 부정으로서, 양립적이다.

> "인간을 문명화하고 인류를 타락시킨 것은 시인에 의하면 금과 은이라고 하지만 철학자에 의하면 쇠와 밀인 것이다."[1]

---

1) Rousseau, III: 171; 이 책에서 이런 표기는 프랑스플레이아드판 루소전집의 권과 페이지를 가리킨다. 〈인간불평등기원론〉, 최석기역, 『고독한 산책자의 몽상/사회계약론/인간불평등기원론』, 동서문화사, 1978, p.419. 루소가 스스로를 철학자로 간주했는지 여부가 루소연구에서는 논쟁적이다. 독일의 저명한 루소 연구자인 페처(Iring Fetscher)에 의하면 루소는 스스로를 시인이면서 사상가로 생각했다고 한다. 나는 이 페처의 해석과는 달리 루소가 철학자를 사상가와 동의어로 사용하고 있는 것이 아니라 그가 "철학자들"이라 부르는 자들, 즉 백과전서파들에 대한 비판을 통하여 철학하는 것의 새로운 시작을 시도하면서 현재의 위기를 지양하려는 것으로 이해한다. 이 점에 관해서는 뒤에서 다시 논의할 것이다. Fetscher 1984: 57 참조하라.

그것은 루소가 『언어기원론』에서 남방언어와 대비되는 북방언어를 가리키는 진정한 약정적 언어의 성립과 그 논리가 다르지 않다.[2)]

"약정의 언어가 인간의 언어이다. ----"

루소에서 농업과 약정적 언어의 사용이 그 특징이 되는 문화의 성립 속에서는 개인과 인간이라는 동류(인류) 사이의 불일치들이 문제로 제기되듯이, 마르크스는 문명의 성립은 일반적인 것과 특수적인 것 사이의 균열, 대립 이외에 다름 아니라는 판단에서 시작하고 있다.

"문명이 시작하는 모멘트와 함께 생산이 직업들의, 신분들의, 계급들의 대립 위에서, 끝으로 축적된 노동과 직접적 노동 사이의 대립 위에서 건조되기 시작한다. 대립이 없으면 진보가 없다. 이것이 오늘날까지 문명이 따르고 있었던 법칙이다."[3)]

마르크스는 문명의 진보를 말하는 곳에서는 동시에 사회의 야만적 몰락을 밝히는 것을 강조하는 데 지치지 않았다.[4)]

루소에서 농업이 진정한 인간적인 동학의 시원으로서 상징화되고 있듯이, 마르크스에서는 그것이 "시원적 생산형태"를 의미한다.[5)] 우리는 여기에서 루소와 마르크스가 역사를 어떻게 구별했는지에 대해서 일단 얘기하고 넘어가야겠다. 루소는 일차적(시원적) 시대, 사회적 역사를 고대와 현대로 구별하는 것에 앞서서 앞에서 이미 말했듯이 농업시대, 어

---

2) J.-J. Rousseau, Essai surl'origine des langues, p.497. 앞으로는 Rousseau, Essai: 497. 이런 식으로 약칭한다.

3) MEW 4: 91f.; 또한 Marx, Grundrisse: 26 참조.

4) 헬무트 라이헬트(Helmut Reichelt)는 이러한 맥락에서 "마르크스의 저작에서는 그 어느 곳에서도 긍정적으로 강조되어 있는 문화개념을 발견할 수 없다는 점"을 밝히고 있다. 다른 말로 더 정확하게 말하자면, 마르크스는 배타적인 낙관주의도 배타적인 비관주의도 주장하지 않았다는 것이다. Reichelt : 212-249.

5) Marx, Grundrisse: 27.

부시대, 사냥꾼시대라고 각각 부르는 시대들을 구별하고 있는데, 마르크스도 역시 루소와 다르지 않게 그가 생산양식이라고 부르는 그것에 따른 역사시대 구별을 단행하기 이전에 선(先)사회적(vorgesellschaftlich) 시대를 사냥꾼시대와 어부시대로 구별하고, 그것을 농업시대와 구별하고 있는 것이다. 루소와 마르크스 모두에서 우리는 사회적 문화와 자연적 선(先)사회를 구별하는 일종의 슈퍼시대의 구별을 읽을 수 있다. 루소와 마찬가지로 마르크스는 이 슈퍼시대로서의 농업시대의 성립과 내적 동학에 대해서 분명하게 말하고 있다.

> "단순한 사냥꾼인민과 어부인민은 현실적 발전이 시작하는 점 밖에 있다."[6)]

마르크스가 여기에서 "**현실적인** 발전이 **시작하는** 점"이라고 부르는 그것은 루소가 『언어기원론』에서 "자연이 굴복하는 점"이라 말했던 그것과 정확히 일치한다.[7)] 그 점은 위대한 혁명으로 특징지어지며,[8)] 자연의 위험한 대체로서 문화/문명/사회가 성립하는 점이다. 나는 이것을 **정치성**의 탄생이라 부르고자 한다.

이 부정, 자연의 사회적 부정의 이 점은 마르크스의 사회적 노동 개념과 루소의 사회적 언어 개념을 분명하게 부각시키게 만든다. 그냥 표피적으로 보면, 루소가 "언어" 문제에 집중되어 있으며, 반면에 마르크스는 "노동" 문제에 집중되어 있다는 인상을 받지만, 루소와 마르크스의 사상을 깊게 분석하고 이해한다면, 루소가 발생적으로나 구조적으로 "노동"에 비해서 "언어"의 우선을 주장하는 언어중심주의에 사로잡혀 있지 않다는 점을, 또한 마르크스가 결코 "노동"의 우선을 주장하는 노동중심주의에 매몰되어 있지 않다는 점을 파악할 수 있을 것이다. 우리가 이렇게 문제를 제기하는 배경에는 루소와 마르크스의 사상

6) Marx, Grundrisse: 27.
7) Rousseau, Essai, x장.
8) Rousseau, III: 171.

적 연속성의 문제에 대해 주장하는 워클러(Wokler)의 논의가 있다. 다름 아니라 워클러는 루소와 마르크스, 이 두 대사상가의 저술들을 표피적으로 읽은 다음에 그 사상적 차이를 우리가 앞에서 언어중심주의 대 노동중심주의라고 명명한 그것의 차이로 보는 듯한 주장을 펼치고 있는 것이다.

> "그가 권위 개념에, 그리고 이 권위개념과 연관되어 있는 의지적 행위와 규칙에 의해 통치되는 행동에 부여했던 의미는 루소로 하여금 사회사상 영역에로, 특히 마르크스가 대개 조망하지 않았던 언어학 영역에로 들어가게 했다. 경제적 지배가 규칙들의 정당성에 의존하고 있는 한에서는, 그리고 규칙들이 동의에 의해서만 정착될 수 있는 한에서는, 루소가 생각하였듯이, 그 동의를 유도해내는 데 사용될 고안들이 우리의 역사에 대한 어떤 만족할만한 이론이라면 본질적인 한 자리를 차지해야할 것이다. 복종에 대한 우리의 주요 도구는 우리가 서로 교접하게 만드는 그 매체, 즉 언어와 매우 같았던 것이라고 루소는 믿었다. 마르크스는 자신의 편에서, 인간사들에서는 언어의 역할에 대해서 상대적으로 거의 말할 것이 없을 정도로 우리의 행위들의 비의도적 결과들에 깊이 각인되어 있었다. 마르크스는 〈독일이데올로기〉에서 의식이 생활에 의해서 결정되어 있듯이 언어 역시 그러하다고 주장했다: '사상의 세계에서 실제적 세계로 내려가는 문제는 언어에서 생활로 내려가는 문제로 변모한다. — 사상도 언어도 그 자체로는 그 자체의 독자적인 영역을 형성하지 않는다. — 그것들은 단지 실제적 생활의 표명들일 따름이다'라고 그는 주장했다. 다른 한편, 루소는 언어에 인간의 행동의 결정인자로서 핵심적인 중요성을 부여했다."[9)]

워클러에 의하면 루소의 사상은 소유의 제도뿐만 아니라 우리의 모든 결속들이 언어적 틀에 의해서 특징적으로 인식되며, 따라서 언어로 언표되는 이데올로기적 원리들은 사회적 생활의 실재적 본체와 분리되

9) Wokler 1983: 233.

지 않으며 그것들이 바로 그 토대라고 생각했고[10] 그런 만큼 언어중심주의적이라는 것이다. 이어서 워클러는 "루소와 마르크스의 사회이론들이 서로 밀접하게 조응하고 있는 사실이 있지만"[11] 이러한 루소의 언어중심주의론과 대조적으로 마르크스는 노동중심주의라고 해석한다. "우리는 우리가 우리 자신의 생존 수단을 생산한다는 그 사실에 의해서 동물들과 구별되는 것이다."[12]

제1절 언어중심주의적 혐의에 대한 비판

우리는 여기에서 먼저 언어중심주의적 혐의에 대해서 논의하고자 한다. 이미 앞에서 말한 바 있듯이, 루소는 문화/문명의 시대 내에서 시대구분을 전개하고 있을 뿐만 아니라 이 시대와 구별되는, 이 시대 이전의 시대를 구별하고 논의하고 있다는 점에 주목해야 한다.

루소는 야생적(wild) 시대, 야만적(barbarisch) 시대, 그리고 시민적(bürgerlich) 시대를 구별하는데, 이 때 그는 언어에 정향하여 논의를 전개한다. 즉 루소는 시대를 언어적 준거에 따라 구별한다. 『언어기원론』 제1장 "인간의 사유를 소통하는 수단의 다양성에 대해서"에서 그는 언어정향적 숙고를 시작한다:

> "말은 동물과 인간을 구별한다. 언어는 인민들을 서로 구별한다. 그 사람이 어디에서 왔는지를 사람들은 그가 말하였을 때 비로소 알게 된다."[13]

루소가 시대구별을 언어에 정향되어 논의하는 것은 『언어기원론』 여기저기에서 나타나지만 다음과 같은 문면에서도 잘 나타난다:

---

10) Wokler 1983: 234.
11) Wokler 1983: 226.
12) Wokler 1983: 236.
13) Rousseau, Essai, I장.

"언어들을 서로 비교하고 그 언어들이 얼마나 고대적인가를 판단하기 위한 또 하나의 방법은 문자이며, 이것은 문자의 완벽성에 반비례한다. 문자가 조잡하면 할수록 그 언어는 고대적인 것이다. 최초의 기록방식은 소리를 묘사한 것이 아니라 사물 그 자체를 맥시코인들이 했던 것처럼 직접 묘사한 것이거나 옛날에 이집트인들이 했던 것처럼 우의적 형상에 의해 그려내었던 것이다. 이러한 상태는 열정적 언어(langue)에 일치하며, 어떤 사회 뿐만 아니라 열정에 의해 일어나는 욕구들을 이미 전제하고 있다./두 번째 방법은 약정된 기호에 의해 낱말과 문장으로서 나타나는데 이것은 언어가 완전히 형성되고 완전한 한 민족이 공통된 법에 의해 하나로 되었을 때만 가능하다. 왜냐하면 여기에 이미 이중의 약정이 있기 때문이다. 중국인의 문자(글)가 그러한 것이며, 이것은 참으로 소리를 표사하면서 눈에 말하는 언어이다./세 번째 방법은 모음이나 분절 같은 기본적 방책에 의해 정해진 수에 따라 발성음을 분해하는 것이며, 그것과 함께 상상할 수 있는 모든 낱말들과 음절들이 형성될 수 있다. 이 기록방식은 우리들의 것이며, 여러 나라를 여행하며 여러 언어를 말하면서 공통기호의 발명을 강요받았던 상업에 종사하는 민족에 의해 고안되었음에 틀림이 없다. 이것은 말(la parole)을 엄밀하게 표사한 것이 아니라 분석한 것이다. 이 세 가지 기록 방식들은, 그것에 의해 민족으로 집합된 인간들을 고려할 수 있는 서로 다른 세 가지 상태들에 거의 정확하게 일치한다. 대상의 묘사는 원시인민에게 일치하고, 낱말과 문자의 기호들은 야만적 인민들에게 일치하고, 철자, 알파벳은 문명적 인민에게 적합하다."

루소의 사상에서 글이 역사적 시대 구별의 원인인가 여부, 즉 글이 역사를 규정하는가 여부의 문제는 여기에서 일단 단호하게 말할 수 있다. 간단히 말해서 글이 역사를 규정하지 않는다는 것이다. 글을, 우리는 언어들을 비교하고 그 변화를 규정하는 수단으로서 간주할 수는 있을 것이다. 글의 시대에는 역사적 발전이 조응하고 있다고 생각할 수 있기 때문이다. 하지만 글은 역사시대구별 문제에 있어서 연구될 수 있는 원천에 불과하다.

여기에서 언어정향이라고 명명한 것은 우리가 뒤에서 이와 비유하여 노동정향이라고 명명할 그것에 대해서, 즉 마르크스가 생산양식 개념에 따라 역사를 시대적으로 구별하고 있는 그것에 대해서, 단지 현상적인, 차이를 보여주는 구별범주일 뿐이다. 그리고 우리가 "언어"와 "노동"이라는 두 기본 개념을 이렇게 구별하여 논의하는 것은, 하버마스(J. Habermas)가 노동과 상호작용, 혹은 시스템과 생활세계라는 두 개념쌍을 구별하는 것을 반영하고 있다. 구체적으로 말하자면, 노동중심주의와 노동정향적 논의는 근본적으로 다르다. 이와 꼭 마찬가지로 언어중심주의와 언어정향적 논의 역시 그러하다. 하버마스의 이 이분법적 구별은 이미 사회성과 함께 시작한다. "노동"은 이미 사회적 노동으로서 변증법적으로 언어성에 의존해 있으며, 그리고 이와 동시에 "언어"("상호작용")는 노동에 의존해 있는 것이다.

"노동"과 "상호작용", 혹은 "시스템"과 "생활세계"는 개념상으로 구별할 수는 있으나, 역사적으로나 현실적으로는 분리불가능하다. "노동"은 구조적으로 "상호작용" 이외의 다른 것이 아니다. 그렇다면 그리고 바로 이러한 까닭에 "사회학적 핵심 범주로서의 노동"이 전형되고 있으며 전형될 수 있으며, 노동의 전형을 말할 수 있다.[14] 쟁점이 되는 것은, "노동" 대신에 "언어"가 아니라 **노동**사회의 전형된 구조화를 분석하는 것이다.

루소는 언어정향적으로 시대구별을 하고 있지만 결코 언어를 역사를 결정시키는 배타적 요인으로 간주하지 않는다. 오히려 루소에서 언어는 경험적인 역사적 변동의 중요한 흔적으로서 간주되고 있다. 그의 언어정향적 시대구별은 사회성이나 정치성의 본질적 특성에 정향되면서 경험적 역사를 문명비판적으로 서술하는 역사서술의 맥락에 해당하는 것이다. 비판적 위기학의 역사서술은 이러한 것에 기초해 있다.

---

14) Offe 1984: 13-43 참조. 물론 분석적으로 노동의 전형이 급진·구조적으로 전개되어서 노동이외의 다른 말을 선택하여 분석적 장치를 세련되게 다듬어 갈 수는 있을 것이다.

그런데, 다른 한편, 루소는 사회성의 역사 시원 이후 고대와 현대의 차이에 관심을 둔다. 이미 앞에서 지적한 바 있지만, 루소는 야생적 시대, 야만적 시대, 그리고 시민적 시대를 구별한 다음, 시민적 시대 내에서 고대와 현대를 구별하고 있다. 부연하자면, 고대와 현대 모두 시민적 시대에 속하는 것이다. 시민적 시대는 역사 시대 이외의 다름 아니다. 루소가 시민적 시대라고 부르는 그것은 마르크스가 "시민적"(bürgerlich; 시민적/부르주아적) 시대라고 부르는 것과는 근본적으로 다르다.

루소에게 있어서 시민성의 정치성, 정치의 "위험한 대체성"을 보다 분명하게 해석하기 위해서는 루소의 언어정향적 시대구별에 대해서 좀 더 자세하게 접근해 볼 필요가 있다. 『언어기원론』에서 루소는 자크 데리다(J. Derrida)가 자신의 저서 『문자학』속에서 잘 관찰하고 있듯이[15] 두 번째 시대, 즉 야만적 시대에서 세 번째 시민적 시대로 이행해 가는 과정과 그 차이에 자신의 이론적 논의 중점을 두고 있다. 루소의 논의 그 자체에서 야생적 시대에서 야만적 시대로의 이행과정과 그 차이가 상대적으로 불투명하게 남아 있다. 결정적인 것은 우리가 앞으로 좀더 집중적으로 논의하겠지만, 루소가 『언어기원론』에서 남방이라 부르는 것과 북방이라 부르는 것, 혹은 여름이라 부르는 것과 겨울이라 부르는 것의 대립적인, 대조적인 설명이다. 그런데 계절의 차이를 시대구별을 이론화하는 맥락에서 은유하는 것은 루소의 역사이론이 이른바 역사철학이 가정하고 있는 단선적 연속성을 내재하는 폐쇄성 구상과는 근본적으로 멀리 떨어져 있음을 시사한다.

물론 루소가 계절의 은유법을 사용하고 있으므로 루소가 자연주의적 폐쇄성, 다시 말해서 시대의 절대적인 자연적 필연성의 법칙성을 주장하는 것이 아닌가 하고 물을 자가 있을 것이다. 따라서 루소의 반(反) 폐쇄성 이론을 해석적으로 주장하려면, 다른 이론적 해석적 자원이 필요하다. 이 맥락에서 "황금시대의 영원한 봄"에 대한 해석이 필요하고

15) Derrida, *Grammatologie*, 437.

중요한 의미가 있다. 『언어기원론』에서 루소는 인간이 여름에서 겨울로 발전해 갔다는 것을 분명하게 설명하고 있다.

> "인류는 더운 지역들에서 성립해서 그곳에서 추운 지역들로 확산해갔으며, 그리고 이곳에서 인구가 점차 증가하자 다시 더운 지역들로 되돌아갔다."[16]

자연적 순환을 전제하는 계절의 은유론을 활용했었다면, 여름과 겨울 사이에는 봄이 아니라 가을이 올 것이다. 그렇지만 계절의 은유론에 있어서 황금시대는 은유적으로 봄으로 표현되어 있는 것이다. 이것은 자연적 시대가 존재하지 않음을, 또한 여름, 가을, 겨울, 봄 혹은 "더운", "추운" 등등의 계절의 은유는 단지 언어적 은유적 표현에 불과하다는 것을 의미한다.

루소의 경우, 야만적 시대들이 황금시대이다.[17] 루소에서 야생적 시대와 시민적 시대 사이에 있는 이 야만적 시대들은 덥지도 춥지도 않고, 곧 봄과 같이 존재한다. 루소의 『언어기원론』에서 "가장 아름다운 지면"이기도 한, 황금시대를 얘기하고 있는 그 대목을 여기에서 일단 인용한다. 이것을 통해서 우리는 루소의 정치이론과 밀접하게 연관되어 있는 그의 역사이론을 잘 식별해 볼 수 있을 것이다.

> "거기(우물)에서 가족 사이에 최초의 결속을 만들어준 장소였다. 또한 거기에서 처음으로 남성과 여성이 만나게 되었다. 젊은 여자들은 가사를 위해 물을 길어왔고, 젊은 남자들은 그들의 양떼들에게 물을 먹이기 위해 우물로 왔다. 어린 시절부터 똑같은 사물들에만 익숙했던 눈들은 묘한 것을 보기 시작했다. 가슴은 새로운 사물들로 인해 흥분했고 야릇한 자극이 그들의 야만성을 부드럽게 했으며 혼자가 아니라는 기쁨을 느꼈다. 물은

---

16) Rousseau, Essai, VIII.
17) Rousseau, Essai, IX.

> 점차로 더 많이 필요로 했으며 가축들은 더 자주 목이 말랐다. 사람들은 서둘러 우물로 왔고, 마지 못해서 그 우물을 떠났다. 이 행복한 시대에는 아직 시간이 나누어지지 않았고 아무 것도 시간을 세라고 강요하지 않았다. 그저 즐거운 것과 지루한 것 외에는 시간을 잴 수 있는 것이 없었다. 오랜 세월을 이기고 살아온 늙은 떡갈나무 아래에서 뜨거운 청춘은 점차로 사나움을 잊어갔다. 사람들은 점차로 순해졌고 다른 사람들이 알아듣도록 하기 위해서 자신을 표현하는 것을 배웠다. 여기에서 최초의 축제들이 벌어졌고 발은 기쁨에 들떠 높이 뛰었으며 분주한 제스처만으로는 이미 충분하지 않았다. 목소리는 열정적인 억양과 함께 제스처를 동반했고 즐거움과 욕망은 한데 어울러져 동시에 느껴지게 되었다. 마침내 여기에서 민족의 발생이 있었고 최초의 사랑의 불꽃이 수정처럼 맑은 샘물로부터 솟아났다."[18]

건조하다는 것은 물에 대한 욕구의 대항 개념이다. 건조한, 남방의 지역들에서는 바로 이러한 욕구의 만족에서 위기가 고유하게 발생하게 되는데, 이것이 더운 지역들에서 사회와 언어의 시원이며 야생성에서 야만성으로 이행해 가는 전형의 원인이라고 루소는 말한다. "굴을 파거나 적어도 그 사용에 대해서 알리기 위해서", 욕구 때문에, 좀 더 구체적으로 말해서, 욕구의 위기 때문에 북방의 언어와 사회가 성립하는 것처럼, 남방의 사회 역시 욕구의 (상대적으로 용이하기는 하지만) 위기로부터 성립한다. 그와 같이 상호 소통과 상호양해를 위해서 어떠한 종류의 언어가 기능하는 것인가? 욕구의 언어가 아닌 것인가? 사람들이 물을 단지 우물에서만 얻을 수 있었던 건조한 지역에서 야생에서 야만으로 이행해 가는 과정들의 사람들에게는 그 우물이 서로 모이게 만드는 자연적 원인이었음을 의미한다면, 남방 언어와 북방 언어의 차이와 관련하여, 즉 열정의 언어와 욕구의 언어의 차이와 관련하여 다음과 같은 의미 있는 의문을 제기할 수 있을 것이다. 즉 남방의 언어가

18) Rousseau, Essai, IX.

열정적 언어로 지시될 수 있는가, 그리고 그렇다고 한다면, 이를 어떻게 이해할 수 있는가 하는 의문을 말한다. 모든 종류의 결사가 의심할 바 없이 욕구의 위기를 그 근거로 하여 가능하다고 한다면, 우리는 남방의 언어를 열정의 언어로 특징짓는 것을 잘못된 것으로 판단하거나 아니면 열정과 욕구의 관계를 다시 해석해야 할 것이다. 일단 여기에서 『언어기원론』에서 양자의 관계에 대해서 말하고 있는 한 문단을 인용해 보기로 한다.

> "자연이 풍부한 남방 지역들에서는 욕구가 열정에서 성립한다; 자연이 인색한 북방 지역들에서는 열정이 욕구에서 성립한다."[19]

이 문단은 그냥 일견하면 언어가 욕구의 위기 때문에 성립한다는, 위에서 말한 바 있는 그 판단과 모순되는 것 같아 보인다. 특히 열정과 욕구의 관계를 결정하는 요인의 관점에서 해석하려 할 때 그러할 것이다. 그런데 "성립한다"(naissent)는 것은 인과적 관계를 의미하는 것이 아니라 궁극적으로 욕구의 만족이라는 전제 아래 열정이 전개되는 조건을 의미한다. 이렇게 해석하는 것에 이해를 돕기 위해서 좀 더 설명해 나가 보자. 남방성은 "자연의 경제"에 의해서 지배되고 있다; 남방 지역들에서 욕구의 구조는 여전히 인간적이지 않다. 남방성에 고유한 욕구의 위기는 "불"의 위기가 아니라 "물"의 위기이다.

> "사람들은 물보다는 불을 더 잘 단념할 수 있다."[20]

건조성은 물에 대한 욕구의 위기로서 욕구의 은유로서 불과의 비교에서 물에 대한 욕구의 위기는 문화적이라기보다는 차라리 자연적이다는 의미에서 상대화된다.

---

19) Roussseau, Essai, X.
20) Rousseau, Essai, IX 참조하라.

"동물들에게는 공포로 몰아가는 불꽃들은 인간들을 서로 끌어당긴다."[21]

우리가 건조성의 이론적 의미를 간과해서는 안되겠지만 불보다는 더 필수적인 물은 자연에 의해서 주어진 것이다. 그 어떠한 욕구의 위기가 없었다면, 사회도 언어도 없었을 것이다. 사회와 언어는 위기의 산물들인 것이다.

남방의 사회와 언어도 역시 욕구의 위기를 전제하고 있다는 것이 설득력이 있다면, 우리가 앞에서 인용했던 그 문단, "자연이 풍부한 남방 지역들에서는 욕구가 열정에서 성립한다; 자연이 인색한 북방 지역들에서는 열정이 욕구에서 성립한다"는 이 말은 어떻게 이해해야 하는가? 이것은 단순히 모순적이라 간주해야만 하는가? 이 물음에 답하기 위해서는 루소의 욕구이론을 설명해야 할 뿐만 아니라 좀 더 넓은 이론적 맥락으로 나아갈 필요가 있다. 그것은 비판적 위기학의 이론적 태도를 밝히는 길이기도 하다. 일단 여기에서는 무엇을 겨냥하고 있는지를 명시적으로 밝힌다. 그것은 루소를 탈구성주의자로 해석하고/오독하고 있는 미국의 드만의 "오독이론"을 말한다.[22]

욕구의 만족이라는 관점에서 볼 때 물과 불 사이에는 급진적 차이가 있다. 루소가 『언어기원론』에서 묘사하고 있는 두 축제를 비교해 보면 남방성과 북방성, 이 둘의 차이가 분명하게 드러난다. 두 축제에서 하나는, 불을 중심으로 하나의 공동의 자리에서 일어나는 것이며, 다른 하나는 물을 중심으로 하나의 공동의 자리에서 일어나는 것이다. 후자와 관련된 문장은 이미 앞에서 인용한 바 있으므로 전자와 관련된 문장을 여기에서 인용하기로 한다.

"고기를 익히는 데 필요한 불을 사용하는 가운데 불이 시각에 주고 또한 육체에 쾌적한 불의 온기를 전해주는 기쁨이 결합된다. 동물들로 하여금

21) Rousseau, Essai, IX.
22) 특히 Pau de Man, *Allegories of Reading*을 참고하라.

달아나게 하는 불꽃의 모습이 인간으로 하여금 끌어당기게 하는 것이다. 사람들은 공통의 불더미를 중심으로 서로 모여서, 그곳에서 축제를 벌이고, 그곳에서 춤을 춘다. 그곳에서의 습관의 다정스러운 즐거운 유대는 모르는 사이에 자신과 닮은 것에로 인간으로 하여금 서로 다가가게 하며 그리고 그러한 추위에 견디게 해 주는 불더미 위에는 인간성의 최초의 정감을 가슴 속으로 파고들게 하는 성한 불이 타오르고 있었다."[23]

물과 불의 의미론적 차이가 비판적 위기학에서 어떠한 의미를 가지는지는 욕구의 이론의 관점에서만 이해될 수 있다. 차가움의 위기의 비판으로서의 불은 축제 동안에 필수적이다. 다시 말해서 그러한 불은 건조함의 위기의 비판으로서의 물과 비교해서 차가운 지역들에서 따뜻함에 대한 욕구를 만족시키는 데 항상적으로 필수적이라는 것이다. 하나의 공동의 불자리를 중심으로 벌어지는 북방의 축제는 따뜻함에 대한 욕구가 만족된 **다음에** 일어나는 것이 아니라 불이 살아있는 **동안에** 일어난다. 남방 축제와 북방의 축제의 의미론적 차이는 욕구구조의 차이를 의미한다. 즉 이 두 욕구이론적 은유들을 인간의 욕구만족구조의 층위에서 해석할 수 있다고 한다면, 물은 불연속적인데 반하여, 불은 연속적으로 필수적이다라고 해석할 수 있다.

불이 없었다면 인민의 언어는 없었을 것이다. 루소주의적이라고 말할 수 있는 이 명제는, "물"과 "불"을 은유적 언어의 의미론적으로 심층적인 구조의 층위에서 독해될 때, 정당하게 이해될 수 있다. 이 점은 루소의 글들에서 "남방"과 "북방"이 실재적인 어떠한 지역을 구체적으로 가리키는 것이 아니라 "다른 것에서 자기 자신을 가리키기 위해서만 오직 나타나는 추상적인 장소들"이라는 해석과[24] 상통하는 종류의 것이다. 인민의 언어는 불의 언어이다. 인민의 언어는 두 가지다. 그 하나는 남방적인 것이고, 다른 하나는 북방의 것이다. 남방의 불언어는

23) Rousseau, Essai, IX.
24) Derrida, 앞의 글, 458.

사랑의 불의 언어, 다시 말해서 열정의 불의 언어인 반면에, 북방의 그것은 욕구의 불의 언어이다. 이러한 맥락에서 남방의 인민언어와 북방의 인민언어의 차이는 서로 다른 두 불 사이의 차이의 그것이라고 특징지을 수 있다. 이 경우 불은 지속적인 약정성을 은유하는 것 이외에 다름 아니다.

남방의 인민언어와 북방의 인민언어의 동일성은 이 두 언어가 지속적인 약정성에 그 토대를 두고 있다는 점에 있다. 이 양 언어의 차이성은, "열정의 불"에 조응하는 남방의 인민언어가 욕구의 만족을 전제하고 있으며, 반면에 "욕구의 불"에 조응하는 북방의 인민언어는 불의 항상적 현재에 그 토대를 두고 있다는 점에서 철저하게 나타난다고 해석할 수 있다. 남방성의 경우에서는 "불"은 축제의 시작이 아니라 그 결과이다. 반면에 북방성의 경우에서는 "불"은 자기유지(Selbsterhaltung)의 필수성일 뿐만 아니라 축제의 시작이기도 하다. 이러한 심층의미론적 맥락에서 우리는 우리가 앞에서 인용했던 그 말을 정당하게 이해할 수 있다. "남방적 지역에서는 — 욕구가 열정에서 성립하고, 차가운 지역에서는 — 열정이 욕구에서 성립한다."[25]

진정한 욕구의 자연의 부정, 휴머니티, 혹은 문화로 특징짓는 "불"의 그것이다 "언어는 **인간의 욕구들에 따라** 매우 본질적으로 형성되는 것이기 때문이다."[26] 루소에서 언어의 동태적 전형은 인간욕구들의 역사적 동학을 의미하는 것에 다름 아니다. 우리가 건조함이라는 욕구의 위기가 더운 지역들에서 사회와 언어의 시원이라는 점을 이미 밝힌 바 있지만 남방의 언어에도 이 점 역시 해당하는 것이다. 루소는 인간적인, 사회적인 욕구의 핵심적인 은유적인 표현인 "불"이 어떻게 성립했는가라는 발생적 문제에 관심을 두고 있었던 것이다. 그렇게 하면서 남방적 불과 북방적 불의 의미론적 차이에 주목했다.

물을 중심으로 하나의 공동의 자리를 둘러싸고 일어나는 그 축제는

25) Rousseau, Essai, X.
26) Rousseau, Essai, XX.

또 하나의 불을 만든다. 그 불은 열정적이다; "사랑의 불"은 남방적 인민언어를 시작하게 한다. 북방적 인민언어를 정초시키는 실제적 불과 비교해 보면 이 열정적 불은 삶의 자기유지에 필수적인 것은 아니다. 그것은 오직 즐겁게 하는 종류의 것일 수 있다.

> "욕구의 딸이 아니라 즐거움의 딸인 최초의 언어들은 오랫동안 그것들의 혈통을 감추어왔던 것이다."[27]

사랑의 불 없이는 사람들은 더 이상 살아갈 수 없다.

남방적인 열정적인 불과 의미론적으로 대조시켜서, 현실적인 북방의 불이 없다면 우리는 생존해갈 수 없다고 말할 수 있을 것이다. 북방 지역들에서는 "강함과 죽음 사이에 어떠한 중간 길도 없다."[28] 북방의 언어들은 필연성(필수성)의 슬픈 딸들이며, 그것들의 가혹한 시원들을 내재하고 있다.[29] 불의 언어가 인민의 언어이다. "불"은 자연을 부정하는 은유적 언어이다. "사랑의 불"과 현실적 불의 차이는 즐거움과 필수성의 그것이다. 사랑의 불이 없이도 사람들은 생존해 갈 수 있지만, 현실적 불 없이는 그럴 수 없다.

루소가 절대적 자연상태와 사회상태 사이에 있었다고 생각하는 황금시대의 정치적 의미론은 욕구의 위기가 극복되어 있으며, 그런 다음에 불 — 결사의 은유적 표현 — 이 피어난다는 것을 말하고 있다. 또한, 남방의 인민언어의 시원에 조응하는 이 사랑의 불은 필수성의 불이 아니라 즐거움의 그것임을 말하고 있는 것이다. 다시 말해서 그것은 자기유지의 관점에서 필연적(필수적)인 것이 아니라는 것이다. 그리고 황금시대에서의 남방의 사회성과 언어성은 배타적으로 문화이지 않고, 자연에서 문화로 이행해 가는 중간형태이며 이행과정의 형태를 띤다는 것을 그것은 말하고 있다.

---

27) Rousseau, Essai, IX.
28) Rousseau, Essai, X.
29) Rousseau, Essai, X.

루소의 황금시대는 욕구의 위기가 지양된 다음에 서로 결사하는 사회성과 언어성의 형태를 가지는 특징이 있다. 루소에 있어서 황금시대는 "불", 곧 결사를 의미하고 있지만 결코 자기 해체적 정치성을 가지는 것은 아니다. 제2의 시대인 이 황금시대에서 제3의 시대인 시민적 시대로 이행해 가는 과정은 혁명적이지만, 그 혁명적 동학은 그곳에서 생활하는 구체적 인간들의 의지 밖에서 그리고 옆에서 완전히 우연적이다. 데리다가 정당하게 파악하고 있듯이, "야만의 시스템 내에서는 이 시스템으로부터 벗어나게 하는 단절력이나 어떠한 근거도 부상할 수 있는 어떠한 것도 전혀 없었다."[30] 그곳에서는 일종의 결사 형태가 있었기는 하지만 자연적 질서가 지배하고 있었다. 루소에서 이 자연적 질서의 해체는 완전히 자연적인 것이었다.

> "부정성, 악의 시원, 사회, 그리고 접합, 이 모든 것들이 밖에서 온다."[31]

〈제2논술〉(〈인간불평등기원론〉)에서 루소는 바로 이러한 맥락에서 다음과 같이 쓰고 있다.

> "앞으로 해야 할 일은 그 불평등의 기원과 진보를 인간 정신의 연속적인 발전 속에서 찾아보아야 한다. 그리고 자기 완성능력이나 사회적인 덕성이나 그 밖의 자연인이 잠재적으로 부여받은 모든 능력이 그 자신으로는 결코 발전시킬 수 없었던 일, 그러기 위해서는(모든 능력의 발전을 위해서는) 많은 외적인 요인 - 그것은 결코 일어나지 않을 수도 있었으나 그것이 없으면 인간은 영원히 원시상태대로 머물렀을 것이라고 생각되는 - 과 우연들이 함께 작용했다는 것 등을 나타낸 것이므로,"[32]

루소가 "영원한 봄", "가장 행복하고 가장 내구력 있는" 이 황금시대

---

30) Derrida, *Grammatologie*, 438.
31) 앞의 글, p.440.
32) Rousseau, III: 162; Derrida, 앞의 글, p.442에서 재인용.

로부터 불행하게 떨어져 나오게 되는 것을 얘기하는 것에서 우리가 읽어낼 수 있는 것은 루소가 혁명의 일반적 개념의 "숙명적인 우연성"을 말하고 있는 것이 아니라 인간적인 완전성 능력과 자연적 방해들 사이의 변증법적 관계를 말하고 있다는 것은 분명하다. 최초의 시대, 여름에서 황금시대인 봄으로 이행하는 과정은 황금시대인 이 봄에서 "시민적 시대"인 겨울로 넘어가는 과정과 동일하지 않다. 『언어기원론』에서 우리는 루소가 후자가 자연을 인간적으로 부정하는 것을 이론적으로 구성하고 있음을 발견해 낼 수 있다. 즉 "인간은 공기의 불순에, 냉기에, 거북스러운 불쾌에 익숙해 있고, 또한 스스로 굶는 데 익숙해 있을지라도, **자연이 굴복하는 한 점**이 존재한다. 그러한 가혹한 시련의 희생물로서 나약하게 죽게 되는 바로 그러한 모든 것들은, 잔존하게 되는 모든 것은, 힘을 강화한다."[33] 이후부터는 자연적 질서의 음성은 더 이상 없게 된다. 그 자리를 대신하여 인간적 사회적 질서가 차지해나가기 시작한다. 남방성에서 북방성으로 나아가는 과정은, 우리가 앞에서 말했던 위험한 대체성이 현실화하는 과정이며, 자연적 질서에서 문화적 질서로 전형이 일어나는 과정이다. 자연을 부정하는, 시대를 만드는 결정적인 그 점은 사냥꾼들의 시대의 종말이며 동시에 역사적인 농업시대의 시작, 시원이다.[34]

우리가 앞에서 이미 논의한 바와 같이, 그와 같이 불행하게 행복한 시대로부터 떨어져 나오게 되는 어떠한 내재적 원인도 알 수 없는 종류의 것이다. 인간의 의지와는 다른 외재성들이 그렇게 만든다고 간주할 수밖에 없다. 그것은 일종의 자연적 혁명들이라 말할 수 있을 지 모르겠다. 황금시대의 야만적 인간들은 인간의 행위맥락들과 밀접하게 연관을 가지는 시간 개념을 전혀 가지고 있지 않다.[35] 루소는 『언어기원론』에서 이 점을 시사하기 위해서 다음과 같이 적었다.

---

33) Rousseau, Essai, X. 강조는 필자.

34) Derrida, *Grammatologie*, 앞의 글, p. 503 참조.

35) 이 차원을 더 잘 이해하려면, Reinhard Koselleck, "Zeit und Geschichte", in: Klett Cotta, *Das erste Jahreszeit 1977-1987. Ein Almanach*, pp. 195-216 참조하라.

> "시간을 배분해야 할 어떠한 것도 없었던 이 행복한 시대에서는 시간을 셈해야 하는 어떠한 강제도 없었다. 시간은 즐거움과 지루한 이외의 어떠한 척도도 가지고 있지 않았다."[36]

자연적 파국의 위기가 있을 때까지 오직 인간적 실천의 부재만이, 인간적 정치성의 현존재근거의 부재만이 있었다. 황금시대의 야만적 인간들이 황금시대를 잃어버리게 되는 이유는 우연적으로 성립하는 모든 것은 역시 우연하게 잃어버리게 된다는 것에 있을지 모르겠다. 물론 이 경우 우연이란, 인간이 통제할 수 없는 자연적 질서를 최종적으로 의미한다. 이런 면에서 우연은 완전히 자연적인 것이다. 하지만 이 자연적 질서의 통치불가능성은 과거의 기억과 미래의 예견을 상호결합시키는 재구성에 기초하는 역사적 시간의 필요성이 부재함을 동시에 의미한다. 역사적 시간 이전의 이 우연은 자연적 균형이 끊임없이 재구성될 수 있게 하는 질서이다.

자연적 우연, 자연적 카오스, 그리고 자연적 혁명들은 필연성, 질서 그리고 진화들이다.

> "인간의 욕구와 땅이 산출시키는 그것 사이에는 어떤 관계가 있다. 그래서 그 땅에 사람들이 정착하게 되고 거주하게 된다. 그러나 거기에 **모여서 사는 사람들**이 그들의 **공동 노동**을 통하여 땅이 산출하는 것과 균형을 이루기 전에는 오직 자연만이 그들 모두를 생존시키기 위하여 오늘날 인간들의 손에 의하여 지켜지는 균형을 유지했어야만 했다. 인간들이 그들의 불안정성을 통하여 균형을 유지하거나 새롭게 만드는 것과 마찬가지로 자연도 급작스러운 변화를 통해서 그 균형을 유지하거나 새롭게 만들었다."[37]

---

36) Rousseau, Essai, IX.
37) Rousseau, Essai. IX. 강조는 필자.

북방성의 시대에서는 결합하여 살아가는 인간들의 공통의, 사회적 노동은 자연적 질서의 자리를 보충하는 것으로 존재한다. 루소에서 공통의, 사회적 노동의 시원은 동시에 사회적, 시민적 언어, 현실적 인민 언어의 시작을 의미한다. "시민사회"의 탄생에서 사회적 **노동**과 인민의 **언어**는 동시에 성립한다.

제2절 노동중심주의적 혐의에 대한 비판

이제 마르크스의 해석사에서 최근 쟁점이 되고 있는 마르크스의 사상이 노동중심주의라는 혐의에 대해서 논의하고자 한다. 요컨대, "마르크스의 이론에서는 형이상학적 잔재"가 남아 있다는 것이고, 다르게는 "실증주의적 잔여"가 있다는 혐의를 말한다.[38] 프랑스의 알튀세르와 그 구조주의 학파 쪽에서는 청년 마르크스와 성숙한 마르크스를 구별한 다음에 전자에 "형이상학적" 잔재가 있었다는 비판을 제기했으며, 독일의 비판이론가들, 하버마스와 벨머와 같은 이론가들은 마르크스 전제에 걸쳐서 실증주의적 잔재를 확인하고 그것을 비판하려 하는데 바로 이러한 비판들의 핵심은 내가 여기에서 노동중심주의라고 부르는 것과 밀접한 연관을 맺고 있다는 것이다. 독일의 비판이론가들은 마르크스에서의 자연 개념을 비판하고자 시도하는 데 비해서 프랑스의 알튀세르와 그 학파는 청년마르크스의 "이론적 인간주의"를 제거하고자 시도하고 있는데, 이것은 마르크스가 노동중심주의에 빠져 있다는 해석과 직간접으로 연결되어 있다.

잘 알려져 있듯이, 독일의 비판이론가 위르겐 하버마스는 그의 논문 〈노동과 상호작용〉 이래로[39] 다음과 같은 영향력 높은 명제를 발전시

38) Albrecht Wellmer 1969: 67.

39) 원래 이 논문은 H. Plessner (Hrsg.), *Natur und Geschichte. Festschrift für Karl Löwith*, Stuttgart 1967에 발표되었던 것인데, 그후 J. Habermas, *Technik und Wissenschaft als Ideologie*, Ffm, 1968에 재수록되었다.

켜 왔다. 헤겔은 〈백과전서〉에서와는 다르게, "예나 시절"에는[40], 언어, 노동, 그리고 소통적 행위를, 비록 이 세 가지가 정신의 도야과정에서 서로를 구속하는 변증법적 근본모델이기는 하지만 그 기원이 동일하고, 결코 어느 하나에 환원시킬 수 없는 것이라는 명제를 그는 주장했던 것이다.[41] 이 경우 특별히 강조하는 것은 물론 노동의 변증법과 소통적 행위의 변증법이 서로 어느 하나로 환원될 수 없다는 것이다.[42] 하버마스와 벨머는 헤겔이 예나 시절의 사유에서 〈백과전서〉 시절의 사유로 패러다임을 전환하는 것으로 확인하고, 이를 헤겔이 철학하는 길의 비극적인 몰락의 길로 진단한다. 수용사적으로 이렇게 그들이 파고드는 이유를 굳이 해명하자면, 다름 아니라 후기마르크스, 성숙한 마르크스가 인간적 유의 자기 생성의 변증법적 과정을 헤겔을 그가 유물론적으로 전도시키면서 오직 일면적으로 **노동**이라는 관점에서만 해석할 수 있었던 까닭을 설명하려는 것이었다.[43] 하버마스에 의하면, 마르크스는 헤겔에 대한 모든 비판을 가하기는 하지만 헤겔의 동일성철학적 틀 내에서 그러한 비판을 전개했다고 한다.[44] 벨머는 마침내 다음과 같이 마르크스를 해석하고 마르크스에 대한 그의 비판의 표현을 첨예화한다. 마르크스의 이론은 일종의 시스템에 의해서 지배되고 있는데, 그렇지만 종국적으로는 상호작용이 노동에로 환원되고 있으며 생산적 노동이 모든 범주들을 부상시키는 패러다임이 되고 있다고 벨머는 해석의 판단을 내린다.[45] 물론 의심할 바 없이 이렇게 표현하는 배경에는 "마르크스의 이론에서 형이상학적인 잔재는 동시에 일종의 실증주의적 잔재라는 뾰쪽한, 부정적인 명제를 제안하려는 것을 그가 정당화하려는 의도가 있는 것이다.[46]

---

40) 청년 헤겔을 말한다. 〈예나 저술〉, 예나 시절에 헤겔이 저술한 글들을 말한다.
41) Weller 1969: 65.
42) Wellmer 1969: 65f.
43) Wellmer 1969: 66.
44) Habermas, *Erkennis und Interesse*, Ffm, 1977, p.36.
45) Wellmer 1969: 66f.
46) Wellmer 1969: 67.

하버마스, 벨머 등 독일의 비판이론가들이 "마르크스의 역사철학"에는 이와 같이 "숨어 있는 실증주의"를 확인하고, "실증주의적으로 채색된 채 인간의 자연과학을 요구하는" 그것을 비판하려고 하는데 그것은 다음과 같은 마르크스가 1844년에 쓴 이른바 〈경철수고〉에 있는 유명한 문장들을 해석하는 데에서 자신들의 해석적 정당성을 얻어내려 한다.

> "역사 그 자체는 **자연사**의, 자연이 인간이 되어가는 현실적 부분이다. 자연과학은 인간의 과학이 자연과학을 자신 속으로 포섭하는 것과 꼭 마찬가지로 인간의 과학을 자신 속으로 포섭할 것이다. **하나의** 과학이 있게 될 것이다."[47]

마르크스가 여기에서 "**자연사**"라고 말하는 것은 미셸 푸코 같은 이가 "고전적 에피스테메"라고 부르는 그것처럼[48] "형이상학적"으로, 존재론적으로 자연이나 역사의 형식으로 전제하고 있는 자연사와는 다른 것으로 이해되어야 하는 성격의 것이다. 그것은 자연이 인간이 되어가는 것으로서, 위험한 자연이, 달리 표현하자면, 자연의 위험한 대체로서 사회가, 성립해 가는 변증법적인, 비동일적인 과정성을 의미한다. 마르크스에서는 "역사"가 **자연사**를 결정하는 것이 아니다. 오히려 그와는 정반대로 자연의 위험한 대체로서의 사회가 역사를 즉 보편성요구를 구성한다. 바로 이러한 맥락에서, 마르크스가 역사 그 자체는 **자연사**의 **현실적** 부분으로 간주할 수 있는지가 이해될 수 있다.[49]

또한, 앞에서 마르크스가 "자연과학"이라고 말하는 것 역시 19세기

---

47) MEW, Ergänzungsband 1: 544.

48) 이에 대해서 M. Frank, 1984; 151 참조하라.

49) 독일이 낳은 세계적인 역사학자이며 역사이론가인 Reinhard Koselleck은 그의 저서 『지나간 미래』(*Vergangene Zukunft*), Ffm, 1979에서 다름과 같이 관찰하고 있다. "1780년 경 이후부터 비로소 사람들은 '역사 일반', '즉자적 역사와 대자적 역사', '하나의 역사'가 있다는 것을 말할 수 있었다." 코젤렉은 이 저서에서 마르크스를 바로 이러한 단일 역사 혹은 역사 일반을 전제로 하는 역사철학에서 마르크스가 벗어나지 않았음을 주장하고 있다.

이래로 정신과학과 구별되는, 학문분과상의 그 자연과학, 즉 실증주의적으로 접근 가능한 그 자연과학을 의미하는 것으로 이해해서는 안된다. 위험한 또 하나의 자연으로서의 사회가 성립하는 역사에 대한 변증법적 준거 속에서 자연과 인간의 관계가 이해되어야 하며, 바로 이와 동일한 논리에 따라서 "자연과학", 즉 **자연의** 과학과 **인간의** 과학이 해석되어야 한다. 따라서 여기에서 "하나의 과학"은 결코 오늘날의 의미에서 서로 다른 다양한 개별 분과학들이 사라진다는 것을 소박하게 기대하고 있는 것이 아니다. 문화가 성리하기 이전의 그 자연적 질서, "자연과학"을 보충, 대체하는 위험한 사회의 완성을 그것은 의미한다. 이러한 맥락에서, 마르크스가 "하나의 과학"을 요청하는 것은 규범적인 성격의 요청이며 하버마스나 벨머가 주장하고 있는 실증주의와는 아무런 관련성도 없으며, 그 경우 과학이라는 것도 세계의 보편적 통치가능성을 은유할 뿐이다. 하버마스나 벨머의 해석적 주장과는 정반대로 나는 마르크스가 자연이 인간이 되어가는 과정으로서 자연사를 말하고 그런 한에서 자연과학과 인간과학을 구별하는 것에 대해서 말하는 곳에서 오직 우리가 앞에서 정치성이라고 불렀던 그것의 논리를 읽을 뿐이다.

야생적인, 선사회적인 인간이 "무의식"적으로 가지고 있었던 그 과학은 "자연과학"에 속하는 반면에, 문화인간들, 사회화된 , 문명화된 인간들은 "인간의 과학들"을 생산한다. 루소처럼 마르크스도 사회의 성립 이전에 황금시대를 가정하고 있었으며, 그리고 루카치, 그리고 루카치에 따라 아도르노가 "제2의 자연"이라고 명명했던 그것, 즉 소외된 사회를 비판한다.[50] 물론 이 비판에는 진정한, 소외되지 않은, 우리가 제2의 자연과 대비하여 제3의 자연이라 부를 수 있는 사회를[51] 사회의

50) Georg Lukács, *Die Theorie des Romans*, Berlin, 54ff. 그리고 동일 저자의 *Der junge Hegel*, Band 1, Ffm, 1973, 31 그리고 Theoder W. Adorno, *Negative Dialektik*, Ffm, 1975, 350f.

51) 물론 이 제3의 자연은 제2의 자연 이전의 그 자연, 곧 우리가 제1의 자연이라 부를 수 있는 그것과 결코 동일하지 않을 것이다.

인간적 실천을 통해서 창조하려는 요청이 내재되어 있다. 이른바 "부정의 부정"이라는 것도 이러한 논리를 파악하지 못했기 때문에 빈번하게 오해의 늪에 빠지곤 했다. 비판적 위기학에서 부정의 부정은 속류루소주의자들의 주장처럼 "(제1의) 자연으로 돌아가자"는 것이 결코 아니다. 오히려 정반대이다. 위험한 자연을 오히려 급진화되어야 한다는 것을 그것은 시사한다. 루소는 자신의 글 〈나르시스 서문〉에서 자신이 우리가 속류루소주의라고 부르는 그것을 주장하는 것이 아님을 밝히고 있듯이, 마르크스 역시 자신의 〈정치경제학비판 서문〉에서 문화몰락에 대한 분명한 구상을 밝히면서 동시에 자신의 반(反)속류루소주의를 분명하게 은유적으로 표명한다. 곧 "어른은 다시 어린이가 될 수는 없다. 어른은 어린이처럼 될 수는 있는 것이다."[52] 물론 여기에서 어린이처럼 된다는 것은 성숙하지 못함을 은유하는 것이다.

마르크스가 자연과의 질료교환이라 말하는 그것도 역시 본질적으로 역사적이지 형이상학적이지 않다.[53] 슈미트가 예리하게 보고 있듯이 마르크스는 일차적으로 인간적 실천의 계기들에 관심을 가지고 있다.[54] 슈미트의 해석은 주목할 가치가 있다. 그 스스로 이 해석의 가치를 잘 의식하고 있는 듯하다. 그는 『마르크스의 사상에서 자연의 개념』이라는 자신의 박사학위논문을 단행본으로 출간했는데 그 2판에 대한 서문에서 다음과 같이 다시 한 번 강조한다. "자연은 강조하여 말하자면 오직 인간들에게만 올 수 있는 역사의 지평에서만 항상 나타난다. 그러나 역사는 우선 그리고 직접적으로 실천이다. 1845년의 포이에르바흐 명제들이 마르크스를 부각시키듯이, 실천의 개념은 마르크스의 바로 **이**

52) MEW 13: 641.

53) 프랑크푸르트학파를 계승하고 있는 알프래트 슈미트는 좀 조심스럽게 이러한 맥락에서 마르크스를 해석하면서 "인간과 자연의 '성립사'에 대한 문제는 형이상학적이라기보다는 역사적·사회적인 것이다"라고 쓰고 있다. Alfred Schmidt, *Der Begriff der Natur in der Lehre von Marx*, Ffm, 1962, 29. 하지만 슈미트는 마르크스가 결코 존재론자가 아니라고 밝히고 있다는 점에서 같은 비판이론 전통 속에 자랐지만 하버마스와 벨머와는 분명하게 다른 해석적 입장을 취하고 있다. Schmidt, 앞의 글, p.70 참조할 것.

54) Schmidt, 앞의 글, 22.

론적으로 가장 중요한 개념이다. 이 실천개념에 항상 다시 되돌아와서 보면, 마르크스의 경우 유물론이 무엇을 칭하고 있으며, 어떠한 권한으로써 이 유물론이 변증법적이라고 명명되어지는지에 대해서 분명한 해명을 얻어낼 수 있을 것이다. 본래적 마르크스주의는 모든 소련마르크스주의적 논지들과는 반대로 정신이라는 하나의 존재론적인 본질체를 또 하나의 다른 본질체인 물질로 단순하게 대체한 것에 불과한 자연주의적 헤겔주의가 결코 아니다."[55] 슈미트는 이와 같이 마르크스가 반(反)형이상학적이며 반(反)존재론적 자연개념을 구상했음을 정당하게 표현하고 있다. 그의 말을 계속해서 들어보자. "변증법적 관계가 가능한 것은 오직 인간과 자연 **사이에서만**이다."[56] 마르크스의 이론에서 남아 있는 형이상학적 잔재는 동시에 실증주의적 잔재라고 마르크스를 비판했던 하버마스나 벨머의 주장은, 마르크스의 자연개념을 정당하게 지적하고 있는 슈미트의 설득력 있는 논지를 살려볼 때, 타당성이 없다. 물론 슈미트가 마르크스의 반형이상학을 철저하게 파고들고는 있지는 않다는 점을 지적해 두어야겠다. 역시 슈미트보다 더 단편적이기는 하지만 같은 대표적인 비판이론가의 한 석학인 마르쿠제 역시 마르크스에서 반형이상학적이며, 반존재론적인 변증법을 읽어낼 수 있는 가능성을 시사한 바 있다. 마르쿠제의 말을 들어볼 가치가 있다. "헤겔의 변증법적 과정은 대단히 포괄적으로 존재론적인 과정이어서 이 과정에서 존재의 형이상학적 과정에서의 역사는 그 선모델을 가진다. 이에 반해서 마르크스는 변증법을 이러한 존재론적인 토대로부터 떼어내었다. 그의 저작에서 현실의 부정성은 역사적 조건이 되고 있는데 그것은 형이상학적 사안으로 가정될 수 없는 것이다."[57]

비판적 위기학을 논의하고 있는 우리의 맥락에서 주목해야 하는 것

---

55) Alfred Schmidt, "Zum Vehältnis von Geschichte und Natur im dialektischen Materialismus", in: ders., *Der Begriff der Natur in der Lehre von Marx,* die überarbeiteten und ergänzende Neuausgabe, Ffm, 1971, pp.175-206, 여기에서는 p.203.

56) Schmidt, 앞의 글, p.205.

57) Herbert Marcuse, *Venunft und Revolution*, Darmstadt/Neuwied, 1972, p.275.

은 슈미트가 마르크스가 누구로부터 이론적 영향을 받는가 하는 것에 대해서 이론적 구조에서 매우 중요한 시사점을 던지고 있다는 점이다. 구체적으로 말해서 그것은 그가 지적하고 있듯이 그 동안 충분하게 논의되지 않았던 마르크스와 칸트 사이의 관계에 대해서 그가 언급하고 있는 것이다. 슈미트는 다음과 같이 적고 있다.

> "칸트와 헤겔 사이의 과정에서 마르크스는 확정하기가 대단히 어려운 한 지점을 차지하고 있다. 주체와 객체의 헤겔의 동일성에 대한 그의 유물론적 비판은 그로 하여금 칸트에게로 되돌아가게 하였는데, 그렇지만 이 경우 사유와 비동일적인 존재가 다시금 오식불가능한(unverkennbar) '물 그 자체'(Ding an sich)로서 등장하는 것으로 이해되지는 않는다."[58]

마르크스의 사상사적 위상이 어디에 있는가에 대한 의문은 마르크스의 사상을 이해하는 길에서 결정적인 것의 하나임이 분명하다. 슈미트의 말을 살려서 문제를 제기한다면, "조건들이 있는 칸트"가 무엇인가 하는 것이다. 다르게 말해서, "칸트와 마르크스 사이의 고유한 차이"는 무엇인가 하는 것이다.[59] 하버마스는 마르크스가 사회적 노동 개념을 통해서 종합의 개념을 구상하였을 때 "비(非)칸트적 계기"가 있는데 이를 피히테(Fichte)의 "나의 철학"으로 간주하고 있다.[60] 단호하게 말해서 나는 이같은 하버마스의 주장이 잘못되었다고 판단하고, 마르크스는 헤겔의 철학을 극복할 때 루소가 있었다고 판단한다. 루소는 모든 순수 개인주의적 경향들과는 철저하게 거리를 취한다.

마르크스에 노동중심주의의 혐의를 덮어씌우는 그것에는 근본적으로 볼 때 출발점으로서 "고독한 주체에 대한 비판"이 들어 있다. 바로 이러한 관점에서 하버마스는 반성의 선과정이 마르크스의 경우 독일 프랑크푸르트학파의 비판이론이 말하는 도구적 행위의 지평으로 환원,

58) Schmidt, *Der Begriff der Natur in der Lehre von Marx*, 앞의 글, pp.102-103.
59) Habemas, *Erkenntnis und Interesse*, p.48.
60) Habemas, 앞의 글, p.52f를 보라.

축소되어 있다고 판단하여 마르크스를 비판하려 한다. 그래서 하버마스는『인식과 이해관심』에서 "마르크스는 — 자연을 또 하나의 주체라는 범주 아래 파악하는 것이 아니라 그와는 정반대로 주체를 또 하나의 자연이라는 범주 아래 파악한다"고 평가한다.[61]

마르크스가 정말 주체와 자연을 어떻게 파악하고 있는가? 루소가 자연상태에서 사회상태로 이행해 가는 과정을 설명하는 과정에서 전형적으로 우리가 이것을 파악할 수 있지만 루소에서는 주체와 자연의 과정적 전형과정에 주목하고 있으며, 우리가 이미 자연사개념을 논의하는 맥락에서 논의한 바 있지만, 마르크스 역시 그러하다. 마르크스가 루소주의적이라는 점을 알게 해 주는 다른 예를 보자. 〈제임스 밀의 저서 정치경제학의 구성요소에서 발췌〉에서 마르크스는 다음과 같이 쓰고 있다.

> "인간은 — 이것이 사적 소유의 기본전제이다 — 오직 **가지기** 위해서만 **생산하는** 것이다. 생산의 목적은 **가지는 것**이다. 그리고 생산은 그러한 자연적인 **유용적인** 목적을 가질 뿐만이 아니다. 생산은 **자신의 고유한 유용적**인 목적도 가진다. 인간은 대자적으로 **가지기** 위해서 오직 생산하는 것이다. 인간의 생산의 대상은 자신의 **직접적인**, 고유한 유용적인 **욕구**의 대상화이다. 따라서 인간은 — 야생적인 상태, 야만적 상태에서 — 그 자체로 대자적으로 본다면 자신의 직접적인 욕구의 **범위**에서 자신의 생산의 척도를 가지며, 인간의 직접적인 욕구의 내용은 **직접적으로**, 생산된 대상 그 자체이다.
>
> 그러므로 이러한 상태에서 인간은 인간이 필요로 하는 **이상으로** 생산하지는 **않는다**. 인간의 **욕구**의 한계는 인간의 **생산**의 한계이다. 수요와 공급은 따라서 정확하게 서로를 덮는다. 인간의 생산은 인간의 욕구에 의해서 측정된다. 이러한 사례에서는 어떠한 교환도 일어나지 않거나, 교환이 일어난다고 해도 인간 자신의 노동의 생산물과 인간 자신의 노동이 교환

---

61) Habermas, 앞의 글, p.45.

되는 수준으로 축소되며, 그리고 그러한 교환은 현실적인 교환의 잠재적인 맹아이다."[62]

이와 같이 마르크스는, 루소와 같이, 선사회적 욕구, 즉 야생적인 시대의 욕구와 야만적인 시대의 욕구의 한계를 이론화하고 있다. 다른 말로 표현하자면, 마르크스는 루소처럼 자연상태에서조차 욕구들이 부재하다고 보는 것이 아니라, 그 욕구의 정태적인 자연적인 본질을 보고 있다. 자연상태에서는, 야생적 시대와 야만적 시대에서는, 욕구의 자연적인 완전한 만족이 가설적으로 그려져 있다. 욕구의 구조들이 동태적으로 변모하기 시작하는 그곳에서 사회적 노동이, 그리고 생산이 동시에 시작한다. 직접성이, 제1의 자연이 종말하는 동시에 자기매개가 시작한다. 주체들이 제1의 자연의 위험한 대체로서 사회의 헌정(구성)에 참여하는 동안에 주체들의 자연이 전형된다. 여기에서 "또 하나의 자연"과 "또 하나의 주체들"은 변증법적으로 동시적으로 헌정(구성)된다. 인간과 인간 사이의 상호행위과정은 인간과 자연 사이의 상호작용이 위기에 빠지면서 비로소 성립하게 된다. 바로 여기에서 정치적 몸(정체)의 성립, 결사체는 실용주의적 준거들을 가지고 나타난다. 바로 이 같은 관점에서 마르크스는 자신의 〈경철수고〉에서 다음과 같이 말했던 것이다.

"… 인간에게는 노동이, **생활활동**이, **생산적 삶(생활)** 그 자체가 욕구를, 물리적 실존을 유지하는 욕구를 만족시키는 **수단**으로서만 나타난다. 그러나 생산적 삶(생활)은 유적 삶(생활)이다. 그것은 삶을 생산하는 삶이다. 이 종류의 삶의 활동에서 한 류의 전체적인 성격이, 그 유적 성격이 있으며, 그리고 자유로운 의식적인 활동이 인간의 유적 성격이다. 삶 그 자체가 단지 **생활수단**으로서만 나타난다."[63]

62) MEW, Ergänzungsband 1, 459.
63) MEW, 앞의 글, 516.

마르크스는 여기에서 생산적 삶을 유적삶(Gattungsleben)으로 규정하고 있고, 이 유적삶(생활)이란, 사회 이외의 다른 것을 의미하지는 않는다. 왜, 어떻게 유적 삶을 사회와 동의어로 마르크스가 사용하고 있으며 사용할 수 있었는가? 이에 대해서는 약간의 설명이 필요할 지도 모르겠다. 이 의문은 수용사적으로 그가 포이에르바흐를 비판적으로 수용하는 맥락에서 이해될 수 있다. 1844년 마르크스는 포이에르바흐에게 보낸 한 편지에서 이에 대해서 분명하게 말한 바 있다.

> "인간들의 현실적 차이에 정초되어 있는 인간과 인간의 동일성, 추상의 하늘에서 현실적 지구로 내려온 인류(Menschengattung)의 개념, 이것은 사회와 다른 것이 무엇이겠는가."[64)]

이러한 일련의 문면들을 마르크스가 인간류를 사회로 규정하고 있다는 점 이외에도 우리가 앞에서 정치적 몸(정체)의 논리가 불렀던 그것을 마르크스가 인류라는 개념 아래 이해하고 있다는 점도 알려준다. 인간과 인간의 동일성은 "인간들의 현실적 차이"에 그 근거를 두고 있다는 것이다. 이같은 논리는 헤겔주의적 이상주의(관념론)적 논리가 "인간들의 현실적 차이" 이전에 그리고 그 밖에서 매개시킬 수 있게 하는 진리를 전제하고 있는 것과는 근본적으로 다른 것이다. 비판적 위기학의 논리인 이 정치적 몸의 논리에서는 정치적 몸을 시원적으로 구성하는 것에서 루소의 표현을 빌어 말하면 "중간사회들"이 없는, 오직 급진적(철저한) 차이들만이 있을 뿐이고, 급진적 소통이 이론적 중심점에 들어선다. 헝가리의 대표적인 이론가인 죠지 마르쿠스가 예리한 언어로 표현하고 있듯이 "소통이란, 동일하지 않는 주체들의 환원불가능한 다원성 그 한가운데에서만 가능하기 때문이다."[65)]

---

64) Helmut Reichelt, 앞의 글, p.214에서 재인용.

65) Gyôrgy Márkus, "Die Welt menschlicher Objekte. Zum Problem der Konstitution im Marxismus", in: Axel Honneth/Urs Jaeggi(Hg.), *Arbeit, Handlung, Normativität. Theorien des historischen Materialismus 2*, Ffm, 1980, pp.12-136, 여기에서는

유적 삶으로서의 생산적 삶은 심대한 총체적 위기에서야 성립한다. 그렇다, 자기유지를 위한 삶의 수단으로서 그렇게 성립한다. 삶 그 자체가 여기에서는 삶의 수단이 된다고 말하는 까닭은, 삶의 총체적 소외가 정치적 몸의 논리를 발전시키게 하기 때문이다. 사실 이같은 심대한 전면적 위기에서 삶의 자기 유지를 위해서 사회와 국가의 성립을 설명하려는 시도는 루소 등의 사회계약론자들에게서는 쉽게 찾아볼 수 있는 모습이다.[66]

이제 우리는 마르크스에 대해서 독특한 해석과 더불어 현대사상에 심대한 영향력을 끼쳐온 루이 알튀세르에 대해서 논의하고자 한다. 그는 청년마르크스는 "성숙한 마르크스"라 부르는 후기의 마르크스와 근본적으로 그 사상이 다르며, 해체되어야 할 대상이라는 주장을 유포시켰다. 곧 그의 책 『마르크스를 위하여』에서 알튀세르는 마르크스 내에서 인식론적인 단절이 있다는 유명한 명제를 주장한다.

> "1845**년부터** 마르크스는 역사와 정치를 **인간의 본질에** 정초시키는 모든 이론과 급진적으로 단절한다."[67]

알튀세르가 청년마르크스가 이론적, 철학적 인간주의를 주장했다고 보는 것은 청년마르크스가 인간을 출발(시원)점으로 간주하고 있으며, 이것은 인간의 본질이 이미 닫혀 있으며, 확고하고 경직되며 긍정적이라고 마르크스가 암묵적으로 생각했다는 것을 의미하고, 종국적으로 해체의 대상일 뿐이라는 것이다. 우리는 이 알튀세르의 명제가 정당한 독해에 기초하고 있는 것인지를 검토하기 위해서 알튀세르가 인용하고 있는 〈경철수고〉(1844년)을 재독해할 필요를 느낀다.

---

p.83.

66) 이러한 이론적 맥락에서 우리는 "국가의 죽음", 혹은 "정치의 종언", 혹은 "정치의 자기지양" 등을 의미론적으로 정당하게 해명할 수 있다.

67) Louis Althusser, *Für Marx*, Ffm, 1968, p.176; 강조는 필자.

"2.공산주의는 a) **정치적 본성상 민주주의적이거나 폭정적**이다. b) 공산주의는 국가의 지양에 의해 촉발되는 존재이면서도, 동시에 아직 완성되지 않은 채 여전히 사적 소유 곧 노동의 소외에 의하여 촉발되는 존재이다 이러한 두 가지 형식 속에서 공산주의는 자가 자신을 **인간의 재통합 혹은 인간의 자기에로의 복귀** 곧 인간의 자기소외의 지양으로서 인지한다. 그러나 공산주의는 사적 소유의 긍정적 본질을 아직 파악하지 못하고 욕망이라는 인간적 자연을 아직 이해하지 못했다는 점에서, 공산주의 역시 여전히 사적 소유에 얽매여 있고 감염되어 있다. 공산주의는 자신의 개념을 파악하기는 하였지만, 아직 자신의 본질을 파악하지는 못했다.
3. 인간의 자기소외로서의 **사적 소유**의 긍정적 지양으로서의 **공산주의** 따라서 인간에 의한 인간을 위한 인간적 본질의 현실적 **점유**로서의 공산주의; 따라서 이제까지의 발전에서 기인한 전체적인 부 내부에서 인간이 의식적으로 자기 자신으로 완전히 복귀하여 자신을 사회적 인간, 곧 인간적 인간으로 자각하는 것으로서의 공산주의. 이러한 공산주의는 완성된 자연주의 = 인간주의, 완성된 인간주의 = 자연주의로서 존재하며, 인간과 자연 그리고 인간과 인간 사이에 일어나는 모순의 진정한 해결이요, 실존과 본질, 대상화와 자기확인, 자유와 필연성, 개체와 유 사이에 일어나는 투쟁의 진정한 해결이다."68)

마르크스가 여기에서 "인간을 통한 그리고 인간을 위한 인간적 본질의 현실적 점유"라고 말하는 이것을 알튀세르와 그 학파는 철학적인, 이론적인 인간주의라고 이들이 부르는 그것의 전형으로 해석하고, 그런 한에서 비판한다. 바로 여기가 결정적인 구조주의적 선언문의 하나인 반인간주의가 인간의 죽음이라는 언명으로 전개되는 지점이다. 이 인간의 죽음의 행렬은 구조주의를 넘어서 오늘날 데리다를 중심으로 하는 프랑스의 후기구조주의나 드만을 중심으로 하는 미국의 해체주의로 확산되어가고 있다. 이들 행렬들이 문제시하여 표적으로 삼는 것은

68) MEW, Erg. 1: 536. Althusser, 앞의 책, p.170.

모든 종류의 형이상학적인, 존재론적인 흔적들을 파괴하는, "해체"하는 것이다.

그렇지만, 마르크스가 말하는 "인간 그 자체를 위한 인간의 완전한 복귀"는 폐쇄적인 본질의 기계론적인 복원을 의미하는 것이 아니라 그와는 정반대로 자연의 대체로서의 사회의 완성을 의미하며, 이런 차원에서만 사회와 자연은 변증법적으로 동일하게 이해될 것을 규범적으로 전제한다. 마르크스가 "사회적인 인간, 즉 인간적 인간으로서의 인간 그 자체를 위한 인간의 복원"을 말했을 때 루소는 오직 반(反)속류루소주의적으로 생각했다. 진정한 루소주의적 관점에서만 오직, 우리는 이미 1843년에 다듬어 놓았던 다음과 같은 마르크스의 명제적 표현도 정당하게 해석할 수 있다.

> "급진적이라는 것은 사안을 그 뿌리에서 파악하는 것이다: 하지만 인간에게 있어서 뿌리는 인간 그 자신이다."[69)]

여기에서 마르크스가 말하는 인간에게 있어서의 뿌리로서의 "인간 그 자신"은, 알튀세르가 인간의 철학이라거나 이론적 인간주의라고 명명하고 비판의 대상으로 삼았던 그러한 형이상학을 의미하는 것이 아니라, 인간의 본질 그 자체가 혁명적으로 전형되어야만 하는, 중간매개들이 없는, 사회의 시원적 자기매개를 의미할 뿐이다. 이와 같이 마르크스가 루소주의적으로 사회와 역사를 파악하고 있는 곳은 이 뿐이 아니다. 〈유대인문제에 대하여〉 같은 곳에서도 마르크스는 헤겔적이지도 않으며 포이에르바흐적이지도 않았고 오직 루소주의적이었다. 그는 다음과 같이 루소의 목소리로 말한다.

> "모든 해방은 인간적 세계, 관계들을 인간 그 자신으로 되돌이키는 것이다."[70)]

---

69) Althusser, 앞의 글, p.174에서 재인용.

여기에서 인간 그 자신이라는 것은 이론적 인간주의의 닫힌, "단순한 동일성"이 아니라 마르크스가 "인간들의 급진적 차이"라고 명명했던 그 것, 혹은 내가 급진적 차이라고 부르는 그것의 급진적 복합적 다원성을 의미한다. 그리고, "인간적 세계, 관계들을 인간 그 자신으로 되돌이키는 것"은 급진적 차이와 동일성사이의 변증법으로 특징되는 루소주의적 시원에서 "급진적으로 있는 것"으로서 되돌아간다는 것이다. 이와 같은 반(反)개인주의적이며, "반(反)인간주의적"인 차원을 우리는 마르크스의 〈경철수고〉에서도 읽을 수 있다.

> "**사회**는 국민경제학자에게 나타나는 것으로 이해한다면 **시민사회**이며, 이 시민사회 속에서 모든 개인은 욕구들의 전체이고, 모든 개인은 타자들을 위해서만 오직 존재하고, 타자들은 오직 욕구의 전체를 위해서만 현존해 있으며 그런 한에서 그들은 서로 상호적으로 수단이 되고 있다. 국민경제학자는 — 정치가 이 정치의 **인간권들**에서 그렇듯이 그렇게 잘 — 모든 것을 인간들, 다시 말해서 모든 규정성을 개인을 자본가 아니면 노동자로 고정시키기 위해서 추상화시키는 개인으로 축소시킨다."[71]

여기에서 마르크스는 국민경제학자가 사회를 전체로서의 사회, 사회 전체를 개인으로 축소시키고 있기 때문에 국민경제학자들이 유포시켜 놓은 사회의 개인주의적 개념을 비판하고 있다. 마르크스는 사회를 개인으로, 더 정확히 말해서 개인적인 동기부여나 개인주의적으로 계산 가능한 이성으로 환원할 수 있는 것으로 파악하고 있지 않았으며, 그런 한에서 알튀세르가 "철학적 인간학"이라거나 "철학적 인간주의"라고 부르는 것과는[72] 분명한 거리를 취하고 있다.

---

70) MEW 1: 370.

71) MEW, Erg. 1: 557. 여기에서 "bürgerliche Gesellschaft"를 시민사회로 옮긴다. 마르크스는 이 시민사회의 현상태에서는 부르주아지들의 사회, 부르주아사회임을 말하고 있으나 시민사회의 의미전화에 대해서 잘 알고 있었다. 마르크스는 국민경제학자들이 이것을 시민사회civil society라고 불렀던 것을 독일어로 번역할 때 그렇게 옮긴 관행을 따르고 있다.

마르크스는 사회의 개념을 우리가 정치적 몸이라 부르는 그것과 다르지 않는 차원에서 사용하고 있으며, 이를 청년마르크스에서 후기마르크스에 이르기 까지 일관되게 지켜가고 있다고 우리는 판단한다. 그러므로 나는 오늘날의 논의 상황을 고려해서 말할 때 인간주의를 넘어서면서도 알튀세르의 반인간주의와는 다른 사상과 이론적 틀을 가지고 있다는 점에서 비판적 위기학의 이론적 준거의 하나로서 반반인간주의(anti-anti-humanism)이라고 명명하고자 한다. 마르크스는 루소처럼 결코 살아있는 사회적 정치의 구상을, 공론의 살아있는 소리들을 포기한 적이 없다. 그는 발생적으로는 서로 대화하는 인간들에서 출발하고 있는 것이다.

이러한 대체적 사전지식을 가지고 그리고 이러한 이론적 맥락들에서 우리는 비판적 위기학의 정치와 정치적 이론을 구성하고자 한다. 해석적으로 볼 때 루소와 마르크스에서 위기와 비판의 변증법적 맥락들이 얼마나 핵심적인지를, 그리고 정치 개념과 정치적 이론이 얼마나 깊게 변증법적으로 이론화되고 있는지를 조망하고자 한다. 이 때 우리는 분석적 마르크스주의의 대표자의 한 명인 G. A. 코헨이 주장하고 있는 "사회과학의 사멸"(withering away of social science) 명제에 대해서[73] 비판적으로 논의하면서 사회과학을 근본적으로 변증법적 정치적 이론으로 규명하는 과제를 추구할 것이다(제2장).

그런 다음, 우리는 루소와 마르크스를 비교 해석하는 과제를 수행하면서 개방적 · 간접적, 재구성적 총체성 개념과 이 개념이 부정성 범주와 맺는 관계를 조망하고자 한다. 좀더 구체적으로 사상사적 맥락에서 접근하여 말하자면, 개방성/폐쇄성과 간접성/직접성 범주를 개념유형론적으로 조합시켜서 우리가 비판적 위기학이라고 부르는 그것이 낭만주의적 루소주의, 달리 말하여 루소주의를 배타적으로 "낭만주의적"으로 확인하려는 것과 질적인 차별을 보이도록 논의를 전개할 것이며 그리

72) Althusser, 앞의 글, 176.

73) G. A. Cohen, *Karl Marx' Thheory of History. A Defence*, Oxford Univesity Press, 1978, pp.326ff.

고 동시에 다른 한편으로는 헤겔과 마르크스의 연속성을 주장하는 헤겔주의적 마르크스주의와도 질적인 차별성을 부각시킬 것이다(제3장).

제4장에서는 내가 변증법적 실용주의의 사회이론이라 부르고자 하는 그 사회이론을 기계론적인, 홉스주의적 국가이론과도 본질적으로 다른 것으로서 동시에 유기체적인 헤겔주의적인 국가이론이나 미학주의적(심미주의적), 낭만주의적 국가이론과도 질적으로 다른 것으로서 정치적 몸의 이론을 구성한다는 것을 주장할 것이다. 이렇게 할 때 축소되지 않은 의미에서 정치가 도덕과 경제에 대해서 우선한다는 주장을 발전시킬 것이다. 그런 다음, 나는 국가와 사회의 문제틀을, 특히 "정치적" 혁명이론을, 그리고 이른바 국가의 죽음(혹은 사멸)의 정치적 의미론을 재조망하고자 한다. 이렇게 하면서 마르크스가 루소와 다른 결정적인 이론적 차이를 보이고 있는 것으로서 계급이론적으로 구조화되어 있는 마르크스의 프롤레타리아트 독재론을 비판적으로 분석하려 한다.

끝으로, 우리는 국가와 사회의 원칙적·인식론적인, 규범적인 분리 불가능성과 리얼리즘적·사회학적인, 포스트시민적(postcivil) 분리 사이의 변증법을 분석하고 주장한다. 그것은 달리 말해서 토대민주주의와 대의적 민주주의 사이의 변증법적 조화를 말한다. 그리고 마지막으로는 루소와 "마르크스에서의 루소"가 다른 것인지, 다시 말해서 마르크스가 루소가 "바로" 읽고 있는지를 살펴보고자 한다.

제2장

위기와 비판의 맥락들과 "정치"

"위기들은 항상 양립적 성격을 가진다. 위기들은 위기들에 해당하는 시스템들의 학습능력을 **증대**시킬 수 있거나 아니면 완전히 위기에 더욱 **매몰**되게 할 수 있는 것이다."(클라우스 오페)

제1절 비판의 위기와 위기의 비판

그리스어에서 위기와 비판은 어원학상 동일한 기원을 가지고 있다. 위기와 비판 사이의 "내적인 관련"을 여기에서도 이미 우리는 시사받을 수 있다.[74]

루소의 비판은 "crisis"라는 의술적 세계에서 사용하는 말의 핵심적 의미를, 1950년대와 1960년대 미국 급진사회학의 대표적 주자들의 한 명인 밀즈(C. W. Mills)의 표현을 빌어 말하자면 일상에서 사소하게 일어나는 "처리해야 할 일거리들"과는 근본적으로 다른 사회적 "문제들"로 "사회학적으로" 전이시키는 데 있다.[75] 의술적 세계에서는 환자와 의사가 엄격하게 구별되어 있으므로 의술적 세계에서의 "crisis" 개념을 정치이론영역에서 사용하는 바에 대해서 항상 경계가 있었는데, 과학 이전의 의술적인 위기/비판 개념을 이같이 사용하여 환자와 의사 사이의 절대적 차이가 있다는 것을 당연하게 받아들인다면, 의술적 은유 속에서의 위기/비판개념은 사회학적으로 볼 때 정말 위기적이 될 것이다. 루소는 의술적 은유를 사용하고 있지만 이미 오래 전에 프랑스의 사회이론가 에밀 뒤르켐(Emile Durkheim)이 논증한 바 있듯이[76] 사회학적 사유를 정초했던 선구자로서 사회적, 정치적 세계에서는 환자와 의사 사이에는 원리적, 현실적 차이가 존재하는 것이 아니라 양자 사이의 패러독스한 동일성이 있음을 논술한다. 요컨대 비판적 위기학에서는 총체성으로서의 인빈은, 환자로서의 전체 인민이 동시에 의사로서 존재한다. 이러한 "공론의 변증법"은 루소에서뿐만 아니라 마르크스에서도 실천학으로 특징되는 정치적 이론의 근본적인 구조를 구성하고 있다.

비판적 위기학을 최초로 본격적으로 정초했던 사상가로서 루소는 이

74) R. Koselleck, "Krise", in: O. Brunner/W. Conze/R. Koselleck(Hg.), *Geschichtliche Grundbegriffe*, Band 3, Stuttgart, 1982, pp.617-650 참조.

75) C. W. Mills, *The Sociological Imagination*, New York, 1959 참조.

76) E. Durkheim, *Montesquiu and Rousseau, Forerunners of Sociology*, University of Michigan, 1970 참조.

러한 맥락에서 중심어가 "비판"이었던 18세기 유럽의 사상가들이 — 루소는 이들을 "철학자들"이라 불렀다 — 위기개념 없이 사유하는 것에 대해서 암묵적으로, 명시적으로 비판한다. 마르크스는 이러한 비판의 논리를 수용하고 더욱 발전시키려 했다는 점에서 비판적 위기학의 루소의 사유를 계승한다.

"정치"의 이론은 "crisis"의 과학적 비판으로서 질병을 다룰 뿐만이 아니라 진단과 처방의 실천도 다룬다. 사실상, 루소에서 그리고 마르크스에서 "위기관리의 위기"(클라우스 오페Claus Offe)에 대한 이데올로기비판적 비판이 중요하고, 규범적 비판의 차원은 내재적 탈구성과 동시에 초월하는 재구성으로부터 구성된다. "계몽의 빛 한 가운데서도"77) 눈이 멀어버림에 대해서 또한 헤겔주의의 "이념"이나 이성의 닫힌 총체성이 폭력적으로 지배하고 있음에 대해서 이데올로기비판적 비판이 요청된다는 것이다. 물론 루소는 이데올로기나 이데올로기비판이라는 용어들을 사용한 적은 없으며, 마르크스의 경우 이들 용어를 사용하고는 있지만 결코 체계적이지 않았다. 그렇지만 독일의 비판이론적 논술 이래로 이데올로기비판이라고 부르는 그 비판적 사유가 루소와 마르크스의 사상세계를 지배하고 있음은 분명하다. 루소도 마르크스도 각기 자신의 새로운 이론을 이데올로기비판과 더불어 구성하면서 이론적 "서술과 표현" 그 자체가 실천에 내재적으로 동시에 선험적으로 연관되어 있게 논술을 전개한다. 예컨대 이론적으로 실천적으로 닫힌 총체성, "로고스중심주의적"(데리다), 중심, 형이상학적 질서를 전제로 하는 인식론적 구성들은, 단순한, 잘못된 이론구성을 의미할 뿐만이 아니라 이를 넘어서 사회이론적으로 볼 때 위기를 심화시키는 이데올로기적 역할을 행사한다는 것이다.

위기는 인간적 활동들의, 곧 포에지(Poesie)와 프락시스(Praxis)의, 변증법적 앙상블을 통해서, 극복될 수 있다. 위기를 실천적/실제적으로

77) Rousseau, *Jean-Jacques Rousseaus Schriften in zwei Bänden*, herausgegeben von Hennig Ritter, München/Wien, Band 1, p.362.

극복하기 위해서는 급진적 비판이 필요하다. 이 급진적 비판은 인간 밖에서 구상되었거나 구상하고 있는 형이상학적인 뿌리를 이론적으로 제거하는 것과 (열려 있는) 잠재적 인간적 능력을 전제하는데, 이를 통해서 역사적으로 생산된 현재적 위기는 탈인간화된 소외로서 사회적으로 생산되는 것으로 이해된다. 비판적 위기학에서 급진성은 인간적 뿌리의 시원적 개방성으로써, 다른 말로 표현해서, 프랑스 철학자 모리스 메를로 퐁티가 말하는 양립성(ambiguité)으로써 확인될 수 있다.[78)]

비판적 위기학은 탈구성적이며 동시에 재구성적인 비판을 의미하는 전형적 비판(transformative Kritik)을 구성한다. 루소와 마르크스는 이같은 전형적 비판을 규범적으로 요청하고 있는데, 이 요청에서 현재는 위기와 비판의 의미적으로 내적인 맥락 속에서 "지나간 미래"(코젤렉)로서 오래된 옛 구성체의 가능한 해체와 동시에 새로운 사회적 구성체의 재구성적 가능성을 포함한다. 이 전형적 비판에서는 재구성적 비판이 없는 탈구성적 비판은 위험하며, 그 역은 철저하지 못한 비판으로 비판의 상실을 의미한다. 비판적 위기학의 이 전형적 비판은 오늘날 탈현대주의가 표방하고 있는 **탈구성**주의적(해체주의적) 탈구성과 대비하여 **재구성**주의적이라고 말할 수 있다. 탈구성주의적 "실천"은 이른바 "모든 것이 가능하다"는 (급진)아방가르드주의적 전략을 실행하려 하는데, 파괴(해체)를 위한 파괴(해체)로 떨어지거나 아니면 역설적으로 "아무것도 가능하지 않다"는 사회적 정치적 절망 속으로 빠져들 따름이다.[79)]

---

78) 모리스 메를로 퐁티의 철학은 양립성의 철학으로 특징된다. 양립성이란, 그의 철학에서 결정적으로 중요한 이 양립성이란, 이상주의적 사유방식의 일면성에 대한 비판에서뿐만 아니라 속류마르크스주의적 경제주의의 일면성에 대한 비판에서 성립한다. 탈역사적 "중심" 일반에로 환원(축소)하는 모든 사유와 모델에 대한 비판에서 그것은 성립한다. 그에게서 양립성은 구조적 개방성을, 의미구조의 개방성을 지시한다. 메를로 퐁티의 이 양립성의 철학을 더 잘 이해하기 위해서는 독일의 저명한 현상학자 B. Waldenfels의 저술들을 참고하라. 예컨대, *Der Spielraum des Verhaltens*, Ffm, 1980; *Phänomenologie in Frankreich*, Ffm, 1983; *In den Netzen der Lebenswelt*, Ffm, 1985.

79) 우리가 이렇게 판단하는 것은 탈구성주의가 텍스트상에서 언어적 유희를 다루고 있지만 현실은 결코 텍스트로 환원, 축소될 수 없으며 지금 현재의 사회적

물론 이 전형적 비판은 이데올로기비판과 연결된다. 이 경우 이데올로기는 양면을 가진다. 이데올로기비판적 사유에서 이데올로기는 한편으로는 인간들에 의해서 "잘못(허위적으로)"(falsch) 생산된 처방 및 그 실천(Praxis)에도 해당하며 다른 한편으로는 "현실적 빈곤의 표현"[80]으로 나타난다. 이데올로기가 분명하게 표현될 때는 그것의 깊은 구조들이 그것의 표면적 구조들이 "진리"를 가장하고 있지만 마침내 비판될 수 있을 때인데 그 때에서 이론과 실천의 위기를 드러내게 된다.

이데올로기비판은 현재의 "현실적 빈곤"에서 출발하고, "개인적 처리해야 할 사소한 일거리들"과는 질적으로 다른 "역사적 · 사회적 문제들"을 극복하는 데 정향되어야 한다. 이러한 의미에서 그것은 문제정향적 비판이다. 루소는 한국에서 흔히 〈학문예술론〉으로 명명되는 그의 제1논술에서 "진정한 철학"과는[81] 구조적으로 다른 "학문들과 예술들"을 비판하기 위해서 이같은 문제정향적 문제 제기를 분명하게 표현하고 있다.

> "아무런 결과도 없는 곳에는 탐구할 원인도 없다. 그러나 이 경우, 결과는 확실하고, 타락은 현실적이다. 그리고 우리들의 영혼은 우리들의 학문과 예술이 완성을 향해서 전진함을 따라서 부패했다. 사람들은 그것이 우리들의 시대에 특유한 불행이라고 말할 것인가. 아니 우리들의 호기심에 의하여 야기된 해악은 세계와 더불어 낡은 것이다."[82]

루소가 문제시하고 있는 것은 단순하게 현재의 이 순간에, 피상적인

현실을 움직이는 권력과 지배는 결코 중심(들)이 없지 않다고 판단하고 있기 때문이다. 현실의 권력과 지배가 강한만큼 그것에 대항하는 대항권력과 대항지배 역시 그만큼 강하지 않을 때 그 비판의 소리들은 결코 들리지 않을 것이다. 그것들은 최종적으로는 그저 언어 밑으로 도망할 것이다.

80) MEW 1: 378.

81) Rousseau, III: 30.

82) Rousseau, III: 9f; 국역 〈학문예술론〉, 『루소/베르그송』, 세계사상대전집, 대양서적, 1981, pp.75-76.

것이 아니라, 유럽문명사의 장기적으로 지속되어온 깊은 구조들에 대한 것이다. 루소는 학문과 예술의 패러다임이 전환되지 않고서는 위기들은 극복불가능하다고 판단하고 있다. 그리고 그러한 패러다임 전환은 학문과 예술에 대한 급진적 비판과 함께 가능하다. 루소가 "진정한 철학"을 주장하고 있다는 점에서, 그런 한에서 "학문과 예술"에 대한 급진적 비판은 철학 일반을 소박하게, 단순하게 폐지하는 것과는 반대로 철학하는 것으로써 표현될 수도 있다. 루소의 철학에 대한 전형적 비판은 그것이 철학의 폐지도 아니며 그렇다고 전통적인, 사념적인, 체계화하려는 사유를 다소간에 설득력을 높여 지연시키려는 것도 아니고 오히려 "철학의 변증법적 지향"의 그것, 즉 "폐지"와 "탈구성"과 그리고 동시에 "고양"(보다 높은 차원으로 높이 들어올림)과 재구성을 의미한다.

루소가 유럽역사의 심층적 구조들에 대한 비판을 논술하고 있듯이, 마르크스 역시 문제정향적 사회이론을 발전시키고 있다. 그것은 "지금까지의 모든 사회의 역사"[83]를 개별적인 것과 일반적인 것 사이의 모순으로 특징짓고 그것을 패러다임적으로 변화시키려는 혁명적인 기획이었다. "프롤레타리아트의 현존"[84], "프롤레타리아트의 생활조건들"[85], 혹은 "억압받는 계급들의 대립"[86] 등은 현재를 과거가 지배하는[87] 심층적인 구조들의 위기를 가리키고 있다. 부르주아적 위기관리가 있지만 그리고 바로 그 때문에 생성되거나 지속되어온 심층적인 위기를 극복하는 일은[88], "전체 생산양식을 변혁하지 않고서는"[89], 지금까지의 모든 사회질서를 허물어뜨리지 않고서는[90] 달성될 수 없다고 마르크스는 주장한다.

83) MEW 4: 462.
84) MEW 4: 470.
85) MEW 4: 472.
86) MEW 4: 473.
87) MEW 4: 476.
88) MEW 4: 468.
89) MEW 4: 481.
90) MEW 4: 493.

마르크스는 이같은 급진적, 전형적 비판과 함께 이론과 실천의 동일성 문제에 대해서 주목하고 있다. 그는 "철학"과 현실의 분리에 대해서 다음과 같이 유명한 표현적 명제로 비판한다.

> "철학은 프롤레타리아트의 지양 없이는 자신을 현실화시킬 수 없으며, 프롤레타리아트는 철학의 현실화 없이는 자신을 지양시킬 수 없다."[91)]

이 선언적 명제는 마르크스가 그의 글 〈헤겔 법철학 비판 서문〉에 있는 것인데, 이와 균등한 표현은 이미 그의 박사학위논문 〈자연철학에 있어서 데모크리투스와 에피쿠르스의 차이〉에서 나타난다.

> "세계가 철학이 되는 것은 철학이 세계적이 되는 것이라는 것, 철학의 현실화는 동시에 철학의 상실이라는 것, 철학이 밖을 향하여 투쟁하는 것은 철학 자신의 내적인 결여라는 것, 바로 이 투쟁 속에서 철학 그 자신은 그 반대로 철학이 상처 입을 것들로서 투쟁하는 그 상처들로 빠져든다는 것, 철학은 그러한 상처들을 철학이 바로 그와 같은 것들에 빠져들게 됨으로써 비로소 지양한다는 것."[92)]

이러한 표현은 우선 그가 사회적 문제들에 정향되어야 한다는 규범적 요청을 강하게 함의한다.

제2절 이데올로기와 진리

"진리"의 이데올로기성에 대한 비판 역시 또 하나의 이데올로기인가? 새로운 이데올로기가 옛 이데올로기를 비판할 수 있으며 그렇게 해도

---

91) MEW 1: 391.
92) MEW, Erg. 1: 329.

되는 것인가? 이데올로기들 사이에서는 영구적인 필연적인 투쟁이 있을 수 밖에 없는가? 이론의 "비판적" 효과성의 관점에서 "이데올로기" 및 "이데올로기비판"이라는 범주는 제거되어야 하는가? 등등 이러한 의문들은 상대주의나 회의주의에 기초하고 있는 다양한 형식의 탈현대주의나 탈구성주의가 강하게 부상하면서 다시 논의되어야 할 가치를 얻게 되었다. 사상사적 해석의 관점에서 볼 때는 우리가 논의의 핵심으로 설정하고 있는 루소와/혹은 마르크스와 밀접하게 관련되어 있는 것이다.

나의 명제를 우선 명시적으로 분명하게 밝혀두자면, 다음과 같다. 즉 루소나 마르크스가 닫힌 진리질서를 존재론적으로 탈역사적으로 "사념적으로" 전제하는 형이상학에 대한 급진적 비판을 주장하고 있지만 보편성 능력이 있는 진리를 결코 단념하지는 않는다는 것이다. 이 같은 나의 명제가 어떠한 의미를 가지는지를 조망하기 위해서는 오늘날 이데올로기와 이데올로기비판 논의와 관련된 다양한 입장들을 유형화하고 그 위상들을 검토할 필요가 있어 보인다. 이렇게 하기 위해서 나는 하나의 도식을 그리고자 한다. 수직적인 차원에서 "이데올로기"라는 논술어를 부정적으로 사용하는가, 아니면 비부정적으로[93] 사용하는가 하는 구별을 기준으로 유형론적 기준을 삼고, 수평적 차원에서는 이데올로기비판의 관점에서 "진리"를, 상대적인가 아니면 보편적인가 하는 물음을 그 기준으로 삼아 유형들을 구별하고, 이 두 차원을 교차하여 유형론을 그리는 것이다.

	상대적	"보편적"
비-부정적	I	II
부정적		III IV

93) 비부정적인 것이 곧 긍정적인 것은 아니다. 부정적인 것이 아니라는 소극적인 것을 의미할 따름이다.

이 도식에 해당하는 다음과 같은 대표적인 입장들 각각에 대해서 살펴보고자 한다. 그것은 그 나름의 논의 가치를 가지는 것이지만, 무엇보다도 여기 우리의 현재적 맥락에서는 루소와 마르크스의 이론적 위상을 매기는 데 기여하는 것이다.

I: Ia 만하임(Karl Mannheim)의 지식사회학
  Ib 루만(Niklas Luhmann)의 기능주의
II: 알튀세르(Louis Althusser)의 구조주의
III: (신)실증주의
IV: 루소와 마르크스

물론, 이데올로기를 부정적으로 사용하면서도 진리를 상대적으로 파악하는 이론적 입장은 발견되지 않는다. 그것은 이미 내재적으로 모순되기 때문이다.

1. 만하임의 지식사회학과 루만의 기능주의

Ia에 대하여: 지식사회학을 정립시킨 칼 만하임의 입장은 이데올로기를 중립적으로 파악하고 진리를 상대적인 것으로 이해하는 데 그 특징이 있다. 쇼펜하우어(Schopenhauer), 니체(Nietzsche), 베르그송(Henri Bergson)의 생철학(Lebensphilosophie)의 의미에서나 셸러(Scheler)로부터 영향을 받은 생철학의 회의의 의미에서 만하임의 지식사회학은 이데올로기성을 인간적 사유구조를 헌정하는 숙명적인 본질특성으로서 설명한다.[94] 만하임 스스로 상대주의의 위험을 잘 인식하고 있어서 상대주의와 자신이 상관주의라 부르는 그것을 구별할 것을 요청하고 있기는 하지만, 진리에의 요청은 "역사적으로 있을 수 있는 특정한 관점들을 역

94) Kurt Lenk, "Problemgeschichtliche Einleitung", in: ders.,(Hg.), *Ideologie, Ideologie-kritik und Wissenssoziologie*, Darmstadt/Neuwied, 1976, p.42.

사 전체 과정에 대한 통찰과 바꿈으로써 성립하는 자기기만"으로 이해한다.[95] 그리하여 만하임은 이데올로기론을 자신이 지식사회학이라 부르는 것으로 변모시키면서 이데올로기개념을 **중립화시킨다**. 만하임은 그의 주저 『이데올로기와 유토피아』에서 다음과 같이 주장한다.

> "… 인간적 사유는 당파가 어느 것이든간에 시대가 어느 시대이거나간에 이데올로기적이다. … 하나의 사유의 표준이 없는 것이다. 이 점에 있어서 마르크스의 입장도 결코 역사적으로 변화 불가능한 예외가 아니다. 마르크스의 입장도 현재 사회적으로 분화되어 있는 만큼 예외임을 증명할 수 없는 것이다."[96]

만하임은 이러한 것을 총체적 이데올로기개념의 일반적 파악으로 이해하고, 이것을 그가 특수한 파악이라 부르는 것과 구별하면서, 전자의 차원에서 그는 그의 핵심적인 명제인 이른바 "사유의 존재구속성" (Seinsverbundenheit des Denkens)이라는 명제를 주장한다. 이 주장을 전개하면서 그는 최종적으로는 인식이론적 상대주의에 서 있다. 의미를 구성하는 모든 구성요소들은 상호 준거성을 가지며 그것들은 특정한 시스템 속에 상호적으로 정초된 의미성을 가진다고 그는 주장한다.[97]

이데올로기는 경험적으로 분석될 수 있는 존재구속성에 의존해 있다는 만하임의 명제는 마르크스의 변증법적 이데올로기비판과 친화적인 면이 없지 않지만, "자유주의적 · 경제적이며 심리학적인 기초"에 가까이 서 있다.[98] 이데올로기론에 정통해 있는 독일의 정치철학자 쿠르트 렝크(Kurt Lenk)가 잘 지적하고 있듯이, 세계관총체성의 통일성을 주장

---

95) 앞의 책, 같은 면.

96) Karl Mannheim, *Ideologie und Utopie*, Ffm, 1952, p.32.

97) Mannheim 1952: 41 참조.

98) Heinz Robert Schlette, "Ideologie", in: *Handbuch philosophischer Grundbegriffe*, Band 3, München, 1973, pp.720-728, 여기에서는 p.722.

하면서 만하임은 최종적으로 이데올로기문제를 분명하게 재심리학화하는 입장을 보인다.[99] 만하임의 지식사회학에서는 인간의 인식이 시간적으로는 한계가 있지만, "객관적으로" 사유의 존재구속성으로부터 상대적으로 자유로울 수 있다고 믿고 이를 사유의 구속성을 넘어서는 대안으로서 탐색하고 있는데, 이것은 "소박한 정신내적 방식으로" 접근하는 지식인 사회학이며 엘리트이론의 발상으로 구축되어 있다.[100] 만하임이 요청하는 이 "자유부동하는 지식인"이라는 생각은 만하임과 비슷한 시기에 활동을 했던 신훔볼트주의 전통 속에서 민속언어학을 발전시켰던 워프(B. L. Whorf)가 주장했던 "학습 받은 문법학자들"(gelernte Grammatiker)이라는 개념과 비슷하다. 만하임의 자유부동하는 지식인이라는 이 개념은 원래 문화사회학자 알프레트 베버(Alfred Weber)의 문화이론에서 유래된 것으로서 사회적 실재의 요구에 적응력을 적합하게 증대시키는 유일한 가능성으로 제안된 것이었다. 자유부동하는 지식인이 "삶(생활)" 때문에 투쟁하는 집단들, 계층들, 그리고 계급들의 특수성을 통찰하고, 모든 제약들을 가지고 있는 그것들 각각의 고유한 인식도구들을 통찰할 것을 만하임이 요청하고 있는데[101], 이것은 개념들의 역사적인 사회학적인 발생과 계보를 무시하거나 형식화해 버리고만 결과였다. 바로 그렇게 되어서 "지식인의 프롤레타리아트화"라는 비판이 나오게 되는 것이다.

바로 이러한 맥락에서 비판이론가 아도르노는 만하임이 엘리트개념을 지식사회학적으로 사용하는 것을 보면서 변증법적 개념을 분류론적 개념으로 번역해 버리고 있다고 비판한 바 있다. 엘리트이론을 가지고 나타나면서도 그것은 특별한 색채를 띠고 있는 것이다. "인습적인 개념들에 대해서 이 개념들이 찬성하는 그것에 대한 소박한 존경이 보내지고 있다."[102]

---

99) Lenk, 앞의 글, 42f.

100) Helmut Dubiel, "Ideologiekritik versus Wissenssoziologie", in: *ARSP*, Bd. LXI/2, 1975, p.228.

101) Lenk, 앞의 글, 44.

Ib에 대하여: 루만은 파슨스의 시스템이론을 급진기능주의적으로 더욱 발전시키고 있는데, 인과적 설명을 가능하게 하는 진리존재론, 즉 배타적인 의미를 형이상학적으로 전제하는 전통적인 진리론들을 비판하면서[103] 이데올로기적 계획을 그 본질적 특징으로 하는 "이데올로기들의 진리능력들"을[104] 구상한다. 루만이 이렇게 이데올로기를 급진기능주의적으로 분석할 때 보편적 진리를 탐색하는 과정에서 등장할 수 있는 이데올로기와 진리 사이의 긴장관계들은 사라져 버린다. 루만은 이데올로기의 필요불가결성을 주장한다.[105] 루만은 이데올로기를 문화위기의 기호로서, 징후로서, 진정한 생활내용이 믿을 수 있는 의미가 상실되는 징후로서[106] 고찰하지 않고서 이데올로기를 긍정적으로 사용하는 모습을 보이고 있다. 그가 이데올로기의 과제라고 부르는 그것은 진리의 존재론적 부재 속에서 모순들을 통합시키고 모순되는 가치정향들과 행위들을 편성하려 할 때의 긴장관계들을 처리하는 이데올로기의 기능적 역할을 말한다.[107]그런데 흥미로운 점은 루만이 해체의 대상으로 삼고 있는 존재론적 형이상학과 형이상학적 존재론이 시원적으로 "질서"에서 출발하고 있듯이 루만의 "사회학적 계몽"이 니체의 경우가 그러했듯이 준(準)존재론적으로 "무질서"(Chaos)에서 출발하고 있다는 것이다. 사실상, 루만 스스로 분명하게 기능적 사유의 가능성을 위해서 존재론적 전제들의 전도를 주장하고 있는 것이다. 이러한 이론적 맥락에 조응하여 그는 해체주의 후기구조주의, 특히 데리다의 차이성 원리를 수용하고 자신의 이론적 핵심명제를 표현한다. "시원에 있는 것은 동일성이 아니라 차이성이다"[108]는 것이 그것이다. 하지만 이러한 핵심

---

102) Adorno, "Das Bewuβtsein der Wissenssoziologie", in: ders., *Prismen*, Ffm, 1955, p.36.
103) N. Luhmann, *Soziologische Aufklärung*, Bd. 1, Köln-Opladen, 1970, p.64.
104) 앞의 글, p.55.
105) 앞의 글, p.60.
106) 앞의 글, p.63.
107) 앞의 글, p.62.
108) Luhmann, *Soziale Systeme*, Ffm, 1984, p.112.

명제는 이미 그의 저술 『사회학적 계몽』에서도 찾아낼 수 있다. 그와 대등하게 이미 『사회학적 계몽』에서 "부정성의 비유 한정성은 특별한 의미(동일성)을 해체할 것이다"고 적고 있는 것이다.[109] 이 사회학적 계몽에서 진리는 환상들의 이데올로기화 이외에 다름 아니다. 환상들의 이데올로기화와 함께 낡은 진리는 이데올로기로서 해체되면서 동시에 새로운 이데올로기가 진리로서 생산될 수 있다는 것이다. 이렇게 이데올로기와 진리가 급진적으로 서로 뒤섞이어서, 니체의 말을 빌면, 비도덕적 의미에서의 거짓들과 함께, 이데올로기비판 그 자체가 차이성의 사이버네틱스적 놀이의 이데올로기로 (다시) 되돌아간다. 루만의 급진기능주의에서는 기능이라는 관점 아래에서 오직 모든 이데올로기 그 자체가 다른 가능성들과 대변하게 될 수 있다. 행위의 다른 가능성들뿐만 아니라 이데올로기적 정당화의 다른 가능성들도 고려되어야만 한다.[110] 이데올로기를 이데올로기로 비판할 수 있다는 루만의 이 명제는, 이데올로기의 기능과 연결되어 있는[111] 학문적인 이데올로기비판의 가능성들을 고려하고는 있지만 그러나 최종적으로는 이미 니체가 실행해 보았던 "단순한 이데올로기비판의 총체화"[112]를 실행한 관점주의를 수정한 것으로서 나타난다.

루만과 마르크스 사이에는 "의미를 처리하는 시스템들의 작동이 자기준거성"[113]을 가지고 있다는 점을 고려하고 있다는 점에서 어느 정도 유사성을 찾아볼 수 있지만, 루만의 급진기능주의는 급진차이성에 기초한 기능주의로서 마르크스의 이데올로기비판과는 급진적으로 다른 것이다. 마르크스의 이데올로기비판은, 하버마스가 이 두 사상가의 차이성와 동일성을 해명하는 지적을 하는 과정에서도 알 수 있지만, 외적 자연과 내적 자연으로부터의 해방과 함께 자기반성과 진리의 타당성

---

109) Luhmann, *Soziologische Aufklärung*, Bd. 1, 앞의 책, p.58.
110) 앞의 글, p.59.
111) 앞의 글, p.60.
112) J. Habermas, *Der philosophische Diskurs der Moderne*, Ffm, 1985, p.409.
113) Habermas, 앞의 글, 429.

사이의 내적인 맥락을 제창하도록 허용해 주는 이성개념을 확고히 하고 있다는 점에서 루만의 회의주의와는 질적으로 상이한 것이다.[114]

2. 알튀세르의 구조주의

주지하고 있듯이 알튀세르의 이데올로기론은 인식론적 단절이라 부르는 것에서 출발하고 있는데, 이는 프랑스의 철학자 가스통 바슐라르(Gaston Bachelard)의 인식론에서 연원하는 것이다. 그것은 이데올로기와 과학을 구별시키는 독특한 역할을 행사한다. 알튀세르의 인식론적 단절론에서 이데올로기는 복합적으로 구조화되어 있는 전체의 일부이며 그러한 전체에서 특별하게 상대적으로 자율적인 사회적 실천을 구성하는 것으로 나타난다. 알튀세르는 이데올로기를 "사회적 시스템의 환원불가능한 계기, 지양불가능한 특별한 구성체"로서 정리하여 비판이론가 알프레드 슈미트(Alfred Schmidt)가 이미 예리하게 지적한 바처럼 이데올로기의 중립적 파악을 취하고 있는 독특한 유형을 보이고 있다. 알튀세르는 그의 저술 『마르크스를 위하여』에서 다음과 같이 프로그램적 표현으로 이데올로기 논의에 새로운 문제를 제기하였던 것이다.

> "즉 이데올로기는 역사의 결코 방향상실이거나 하나의 우연적인 출산물이 아니다. 이데올로기는 사회의 역사적 삶에서 본질적인 구조이다."[115]

"이데올로기적 언어 속에서" "이데올로기의 거절" 그 자체를 서술한다는 것은[116] 니체주의적 이데올로기비판의 형식과 비슷한 점이 있지만 이데올로기와 구별되는 과학들의 비상대주의적 진리기능을 매우 독특하게 독창적으로 주장하고 있다는 점에서 그것과는 다른 종류의 것임을 알 수 있다.

---

114) Habermas, 앞의 글. 같은 면.

115) Althusser, *Für Marx*, p.183.

116) 앞의 글, p.198.

"오직 이데올로기적 세계관만이 이데올로기들 없는 사회들을 세계의 유토피아적 이념을 허용할 수 있으며 이 속에서 이데올로기가 (이데올로기의 역사적 형태들 가운데 하나가 아닌 이 이데올로기가) **과학**에 의해서 대체될 수 있게 흔적들을 남기지 않고서 사라질 것이다."[117]

과학에 의해서 대체될 그 이데올로기는 과학의 전사(前史)이면서 동시에 "과학적 실천의 개방성"[118]을 아이러니하게 설정한다. 이러한 구조주의적 이데올로기론에서는 이데올로기는 과학과 기능주의적으로만 차이가 난다. 알튀세르의 이 아이러니는 절망적인 성격의 것이다. 한편으로는 이데올로기는 이데올로기로서 과학에 의해 대체될 수 없는 것이어야 하면서도 동시에 다른 한편으로는 이데올로기는 과학으로 전이될 수 있는 것이어야 하는 심각한, 즉 건너 넘어갈 수 없는 딜레마를 내재하고 있고, 이것은 마르크스연구사에서 이데올로기개념이 마르크스레닌주의적 "이데올로기"로 불행하게 변모해 나가는 그 과정에 비유될 그런 "관영적 폐쇄성"(an official close)[119]으로 나아가게 된다. 즉 독일의 대표적인 정치학자였던 페터 크리스티안 루츠(Peter Christian Lutz)가 사용하고 있는 이데올로기론의 유형론과 그 개념장치를 원용하여 말한다면, 마르크스와 엥겔스의 "혁명적 일차적 이데올로기"는 첫째로, 후기 엥겔스의 "공고화된 일차적 이데올로기", 그리고 둘째로 레닌의 "혁명적 이차적 이데올로기"를 거쳐서, 스탈린의 공고화된 이차적 이데올로기로까지 변형되었던 정통마르크스주의의 이데올로기역사를 알튀세르 개인이 반복하고 있는 듯한 인상을 준다는 것이다. 테드 밴튼(Ted Benton)은 알튀세르의 이데올로기론에서는 표면적으로 존재론과 형이상학을 비판하고 있기는 하지만 자신의 이론적 구조 깊은 곳에서 은밀히, 그러나 견고하게 자리잡고 있는 존재론 혹은 과학적인 형이

117) 앞의 글, p.182.

118) T. Benton, *The Rise and Fall of structural Marxism, Althusser and his Influence*, New York, 1984, p.49.

119) Vincent Descombes, *Modern French Philosophy*, Cambridge, 1980, p.135.

상학을 잘 밝히고 있다. 그의 마르크스주의적 철학 개념은 "다양한 현대적 비(非)마르크스주의적 철학적 전통들을 거쳐서 우회해서 보면, 좀 놀랍게도, 레닌, 스탈린, 그리고 보다 직접적으로는 모택동의 철학적 저작들을 거쳐서 매개되어 엥겔스의 후기 저작들의 '변증법적 유물론'의 보다 정통적인 (좀 창백하고 부끄러운 얼굴을 하고 있기는 하지만) 연출 이외에 다름 아닌 것으로 밝혀진다는 것이다".[120] 알튀세르는 헤겔주의식 존재론이나 형이상학에 급진적인 비판을 전개하면서도 이와 같이 정통파 마르크스주의의 역사를 반복하였던 셈이다. 알튀세르의 이데올로기론을 더욱 독특하게 발전시키려 했던 후기구조주의자 미셸 푸코는 그의 후기저술들에서는 그의 권력이론를 구성하기 위한 구조주의적 운동의 이론적 범주로서 이데올로기를 제거해 버렸던 것은 결코 우연이 아니었던 것이다. 알튀세르의 딜레마를 탈피하는 그곳에서는 물론 진리 일반의 문제들이 주변화되는 대가가 있었지만 말이다.

3. (신)실증주의

"실증주의"는 이데올로기기와 과학을 절대적으로 구별하려 한다. 물론 이러한 과정에서 과학은 과학주의적으로 이해되거나 실증주의적으로 축소된다. "실증주의"에서 이데올로기의 비판은 예컨대 에른스트 토피치(Ernst Topisch)와 마카엘 슈미트(Michael Schmid)가 "공허한 정식"(Leerformel)이라고 표현했던 사이비 과학적인 진술들로부터 과학을 엄격하게 분리해내는 것으로 축소된다. 토피치와 슈미트는 공허한 진술의 부류와 이데올로기적 진술의 부류를 직접적으로 동일시하는 것을 공허한 정식 개념의 순수 논리적 설명을 통해서 피하려고 한다. "공허한 정식 개념은 진술들의 통사론적이며 의미론적인 속성들의 층위에서만 규정될 수 있기" 때문이라는 것이다. 그렇지만 공허한 진술들의 이데올로기적 기능에 대한 비판에 있어서 이들의 "인식의 방법론"(벨머)으

120) Lutz, 앞의 글, p.50.

로 축소된 발상은 특히 사회과학 영역에 있어서는 추후 잘못된 것으로 증명될 그 이론들을 정당하지 못하게 고수하고 있는 것으로서[121] 역사와 사회에서 실증주의적으로 이해되는 특정한 "이데올로기들"이 왜 그리고 어떻게 등장할 수 있게 되는가 하는 사회적 문제틀을 충분하게 설명할 수 없다. 실증주의에서는 이데올로기를 이렇게 부정적으로 파악하고 과학의 보편성을 주장하지만 실증주의가 이해하는 그 과학은 과학주의적으로만 이해된 그 과학인데, 이러한 입장은, 아도르노와 하버마스 등 프랑크푸르트학파의 비판이론가들이 칼 포퍼(Karl Popper)와 한스 알버트(Hans Albert) 등의 이른바 신실증주의(Neopositivism)로 확인되는 비판적 합리주의자들 사이의 논쟁에서 예리하게 논증하고 있듯이, 그 자체가 일종의 이데올로기로서 이해될 수 있다.

예컨대, 알버트는 이데올로기와 과학을 서로 엄격하게 구별하려는 테오도르 가이거(Theodor Geiger)의 실증주의적 발상을 "방법론적"으로 "사회테크놀로지적"으로 "수정"하면서 자신의 입장을 더욱 정당화하려 한다.[122] 가치판단을 이데올로기적 진술의 범례적 사례로서 간주하며, 진정한 인식진술과 분명하게 인식에 정당하지 못한 진술과 시스템들을 구별하면서 알버트는 이 구별문제와 설명문제를 구별하고자 한다.[123] "사회적 생활의 비합리성을 비판적 사유의 결과와 **방법**을 사회적 의식의 형성에 그리고 공적인 의견(여론)의 형성에 유용하게 함으로써 **피할** 수 있다"고 그는 생각하는 것이다.[124]

비판적 합리주의의 비판적 합리성의 모델은 진리의 보편가능성을 가치다원주의라는, 그들 스스로 비관적으로 판단하는 전제 아래 **방법론적 조작**의 "자유"로 축소시킨다. 알버트가 코페르니쿠스, 갈릴레이, 뉴턴, 다윈, 헬베티우스, 포이에르바흐, 마르크스, 니체, 프로이트, 그리고

121) M. Schmid, "Ideologie und Ideologiekritik", p.439.

122) H. Albert, *Traktat über kritische Vernunft*, 4.Auflage(verbessert), Tübingen, 1980, p.81.

123) 앞의 글, p.85.

124) 앞의 글, p.88. 강조는 필자.

막스 베버의 의미에서 가치자유적인 과학을[125] 이데올로기비판의 관점에서 근본적으로 동일한 것으로 간주하고 있다는 것은 이러한 맥락에서 볼 때 전혀 놀라운 일이 아니다.

주지하듯이 비판적 합리주의는 1960년대 실증주의논쟁에서 그러했듯이 변증법을 비판한다. 이들은 이데올로기비판을 실증주의적으로 절편하고 실증주의적 스타일로 재구성하고서는 변증법을 핵심적인 이데올로기로 간주하고 비판하려 한다. 알버트는 프랑크푸르트학파의 비판이론과 논쟁을 하면서 변증법을 "이데올로기적 무기로서" 간주했다. 그리하여 그는 "비판주의 대 변증법"이라는 정식을 말하는데[126], 이 표현은 사실상 누가 그들의 적이며 누가 동지인지를 분명하게 알게 해주는 것이었다. 신실증주의자들은 변증법을 비판하면서 총체성을 변증법과 다르지 않는 것으로 간주하고 비판한다. 이들에게 있어서, 마르크스의 변증법은 마르크스의 총체성과 동일하게 간주되고 헤겔의 변증법은 헤겔의 총체성과 동일하게 간주되며, 더욱 심각한 것은 마르크스와 헤겔의 그것들이 동일하게 간주된다는 것이다.

4. 루소와 마르크스

논점을 분명하게 우선 밝히자면, 마르크스의 이데올로기는 한편으로 "토대"와 분리되어 있는 "상부구조"를 가리키고 있으며 다른 한편으로는 "상부구조"에 집중되어 있는 "추상"이고, 그리고 마르크스는 이데올로기라는 개념을 긍정적으로 사용하지 않는다고 나는 판단한다는 것이다.

총체성 범주 없이는 이데올로기 이론은 마르크스의 경우 생각할 수 없다. 총체성 문제틀과 관련해서 이데올로기를 규정한다면, 이데올로기는 역사와 사회에서 기능하고 있는, 전체를 대신하는 비(非)전체의 기능을 의미하거나 역사적으로 그리고 사회적으로 변동하는 총체성이라

125) 앞의 글, p.89.
126) 앞의 글, p.230.

는 열린 이념과 분리되어 있는 "이념의 과학"을 말한다. 이 경우 비전체의 기능이란, — 비전체는 역사적으로 그리고 사회적으로 현실적 전체에서 생성된 것이라 간주될 수 밖에 없는 것인데, 그렇지만 — 의식적으로나 무의식적으로 전체의 자리를 차지하려 한다는 것이다.

마르크스는 〈독일이데올로기〉에서 강조하고 있는 것은, "자연의 역사"와 분리되는 "인간의 역사"를 즉 총체성의 특성이 없는 역사가 아니라 역사적으로 변동할 수 있는 총체성이라는 범주이다. 이 점은 그가 "이데올로기 일반, 특히 독일 철학"을 비판하는 맥락에서 분명하게 드러난다.

> "우리는 **오직 유일한 과학, 역사의 과학만**을 알고 있을 뿐이다. 역사는 두 면에서, 즉 자연의 역사와 인간의 역사로 구분될 수 있다. 그런데 이 두 면은 서로 분리될 수 없다. 인간들이 현존하고 있는 한에서, 자연의 역사는 조건짓는 것이며, 이른바 자연과학은 여기에서 우리에게 논의되지 않는다. 그런데 인간의 역사에 우리는 관여해야 할 것이다. 대개 **전체 이데올로기**가 이 인간의 역사의 전도된 파악 아니면 이 인간의 역사와는 추상된 것에로 축소되고 있기 때문이다. **이데올로기 그 자체는 이러한 역사의 측면들의 한 측면일 따름이다.**"[127)]

마르크스가 전체 이데올로기를 비판하는 까닭은 그것이 전도된 것, 좀더 구체적으로 다시 말해서 전체를 부분이 잘못 대변하고 있기 때문이거나, 축소된 것, 좀더 구체적으로 다시 말해서 역사를 일면적으로만 고찰하고 있기 때문이다.

이데올로기의 비판은 상부구조의 비판으로서 해석되어서는 안된다. 이데올로기는 토대와 분리된 그것과는 다른 상부구조의 특정한 형태를 의미하지만 이것을 총체성을 고려하지 않는 상부구조 바로 그것을 함의하고 있기 때문이다. 비판적 위기학을 특징짓는 전형적 비판은 토대

---

127) MEW 3: 18. 강조는 필자.

와 상부구조의 관계들과 함께 구성되는 총체성의 이론으로서, 그런 한에서, 일종의 상부구조이론이라 말할 수는 있을 것이다. 하지만 상부구조로서 존재하는 것은 아니다. 비판적 위기학의 전형적 비판은 자신의 토대와 지금까지의 상부구조형태에 대한 비판적 반성으로서 이론적 실천이다.

프랑스 사회이론가 모리스 고들리에(Maurice Godelier)가 알튀세르를 비판하면서 주장하고 있듯이, 모든 사회제도들을 절대적으로 포섭할 수 있게 하는 닫힌 총체성은 사회 속에서 존재하지 않는다. "사회는 상층이나 바닥 같은 것을 혹은 어떠한 실재적 의미에서나 층위들을 결코 가지지 않는다. 이것이 그러한 이유는 하부구조와 상부구조들이 제도들 사이의 구별이 아니기 때문이다. 그것은 본질적으로 기능들 사이의 구별이기 때문이다."[128] "엄격한 의미에서, 마르크스가 사회의 경제적 구조라고 명명했던 바는 생산의 사회적 관계들일 뿐이다. 이러한 생산의 이러한 관계들의 총체성이 사회의 경제적 구조를 구성한다. 생산력과 생산관계는 구별되는 실재들이기는 하지만 결코 서로 분리될 수 없는 것이며, 상상 특정한 방식으로 결합되어 있다. 생산양식이나 생산의 사회적 형태는 그러한 조합의 다양한 특정한 형태들이다."[129] "토대"와 "상부구조"는 시간적 · 인과적 층위들이 아니라, 건축처럼, 공간적 은유들이다. 즉, 이 구조들의 조합과 앙상블과 함께 구성되는 공간들 속에서 인간은 인간적으로 사유할 뿐만 아니라 **생활**할 수 있는 것이다. 우리가 생활할 수 있는 그 공간들은 토대와 상부구조의 공간들이지 이것들 가운데 어느 하나에만 배타적으로 귀속되는 공간이 아니다. 비판적 위기학에서 이데올로기비판은 그러므로 현실적인 살아 있는 생활공간들을 요청하고 있으며, 동시에 빈곤화된 죽은 공간들의 현존에도 불구하고 상부구조 중심적인 이념의 과학이 여전히 피상적인 일상적 처리꺼리 정도로 간주하여 은폐하고 있고 아직 현실적 위기를 인정하고 있

---

128) M. Godelier, "Infrastructure, Societies, and History", in: *New Left Review* 112, 1978, pp.84-96.

129) 같은 글.

지 않은 것을 비판하면서 그러한 죽은 공간들을 해체하는 것을 실행하려한다. 비판적 위기학에서는 생활공간들의 총체성구조를 고려하지 않거나 상부구조 내에서 몇가지 부분들만을 오직 수선하려고 하는 모든 것을 이데올로기로서 부정적으로 간주하고 비판의 대상으로 삼는다. 다시 말해서 지금까지의 상부구조의 형식과 관련되어 있는 토대모순들은 총체성의 문제들로서만 해석되어야만 하고 사유를 통해서만 극복될 수 있는 것이 아니다. 이러한 의미에서 이데올로기는 생활공간들의 문제로서 "모순들의 **부정**이며, 모순들의 **오해**이며, 모순들의 **전치**이며 그리고 모순들의 **희석화**"이다.[130)]

토대 없는 상부구조는 존재할 수 없으며, 상부구조 없는 토대는 무의미하다. 우리는 토대와 상부구조의 이상적 조합 속에서 건조된 생활(삶)의 공간들 속에서 생활할 수 있다. 총체적 위기에 의해서 특징되는 현재의 빈곤화된 생활공간들은 탈구성되고 재구성되어야 한다. 우리는 이러한 맥락에서 토대와 상부구조라는 공간적 은유들이 정태적인가 하는 의문을 제기할 수 있을 것이다. 라래인은 자신의 저서 『마르크스주의와 이데올로기』에서 토대와 상부구조의 공간적 이미지의 문제를 다음과 같은 이유 때문에 비판하고 있는 것이다. 즉 "공간적 이미지는 불가피하게 정태적이며 자본주의적 사회적 실천을 결정화시키게 하는 분화된 제도성을 기술하는 것으로써만이 의미를 얻을 뿐이다"고 라래인은 비판하고 있다.[131)] 라래인이 여기에서 "분화된 제도성"을 어떻게 해석하고 있는지, 좀더 자세하게 접근해 볼 필요가 있다. "토대와 상부구조들은 서로 분리되고 자기충족적인 총체성들로서 간주되는 이념들 … 그것들은 특정한 방식으로 생산양식을 생산하는 특정한 방식 속에서 서로 결합하고, 특정한 방식으로 서로에게 상호적으로 영향을 미치는 것"으로[132)] 그는 독해하면서도 최종적으로는 토대와 상부구조의 관계에서 결정주의적 독해방식을 재도입하고 만다. "토대와 상부구조들은

130) Jorge Larrain, *Marxism and Ideology*, London/Basingstocke, 1983, p.39.
131) 앞의 글, p.179.
132) 앞의 글, p.174.

그것들은 상대적으로 자율적인 영역들인 것인 양 되어 있지만 그것들 가운데 어느 하나가 궁극적으로 결정하는 우선권을 가지는 것으로서 본체화되고 있는 것이다"고[133] 그는 해석하고 말아버리는 것이다. 다시 한번 강조하거니와, 토대와 상부구조들 뒤에 살아 있는 은유적 총체성으로서 생활공간들의 존재를 잊어버려서는 안될 것이다. 이 총체적 은유를 해석하면서 토대와 상부구조들의 의미를 정당하게 해석할 수 있다고 판단하기 때문이다. 요컨대, 마르크스의 경우, 생활공간들의 총체성의 위기가 관건이었으며, 그것들을 구성하는 어느 일부분, 토대나 상부구조들 어느 한 부분만이 문제인 것은 아니었으며, 그러한 한에서만 오래된 건축학적 언어의 은유를 그가 사용할 수 있었던 것이다.

우리가 위기적 생활공간들의 은유에서 무엇을 읽어낼 수 있으며, 읽어내어야 하는지, 여기에서 정리해 보기로 한다. 첫째로 우리는 새로운 생활을 할 수 있는 공간들의 재구성을 위해서 빈곤화된 오래된 공간들의 탈구성을 전자의 공간들 속에서 혹은 그 밖에서 건축공간을 구성해야 한다는 것이다. 토대 속에서 그렇게 할 수는 없다는 것이다. 둘째로 상부구조의 위기는 토대의 위기에 그 위기의 본질이 있을 수 있다는 것이다. 셋째로 두 영역들 사이에는 상대적인 자율성이 있다는 것이다. 곧 토대위기의 극복이 자동적으로 상부구조들의 지양을 낳지는 않는다는 것이다. 그리고 끝으로 우리는 토대 속에서도 상부구조 속에서도 살고 있지 않으며 재구성되는 생활공간들이라는 온전한 건축공간들 속에서 살아간다는 것이다. 이러한 의미론적 맥락에서 토대와 상부구조들을 포함하는 일련의 의미론적 은유들은, 폴 리쾨르(Paul Ricoeur)가 은유론의 논박 속에서, 즉 자크 데리다가 〈백색신화론〉에서 표명해 놓은 "죽은 은유"와의 대조 속에서, 그리고 은유를 기호의 대체로서 이해하는 신실증주의의 그리고 형식주의의 입장들과의 대립 속에서 주장했던 수행적 활동으로서의 "살아있는 은유"에 속한다.[134] 혹은 린다 멕니

133) 앞의 글, p.175.
134) Paul Ricoeur, *The Rule of Metaphor*, University of Toronto Press, 1977.

일의 표현을 빌어 말하자면 "있음과 없음의 변증법적 놀이"에 속한다 하겠다.[135)]

마르크스는 "인간의 역사"의 역사성을 주장한다. 그것은 "역사의 과학"이 "유일한 과학"으로서 헤겔의 경우 본질체(Substanz)와 같은 폐쇄성을 전제하는 것이 아니라 역사적 개방성을 구성하고 있기 때문이다. 즉 "그 어떠한 환상적인 폐쇄성과 확정 속에서가 아니라 특정한 조건들 아래 그것의 현실적인, 경험적으로 통찰할 수 있는 발전과정 속에서"[136)] "역사의 과학"이 구성되기 때문이다. 오직 이와 같은 역사적 과학을 구성하면서 마르크스는 인간들 다수가 프롤레타리아트가 현존해 있는 "현실을 묘사, 표현하는"[137)] 데 있어서 상부구조중심적인 사념적인 철학을 이데올로기로서 비판하고, 그 이데올로기성을 밝혀내려 한다. 현실을 비판적으로 묘사, 표현함으로써 사회화(Vergesellschaftung)의 과정성을 열어 보이게 하고 이데올로기를 극복할 수 있게 한다.

마르크스는 전형적 실천을 표현하는 과정에서 이데올로기라는 논술어를 결코 긍정적으로 사용하지 않는다. 이데올로기는, 인간들의 실천적 발전과정을 비판적으로 묘사, 표현하는 "현실적 긍정적 과학"을 구성하는 가운데 실천을 통해서만 극복될 수 있는 비판의 대상이다. 바로 여기에서 마르크스는 "인간의 역사"와 "자연의 역사"가 분리불가능하게 결합되어 있지만 이 양자를 구별한다. 이 점을 그는 『독일이데올로기』에서도 주장하고 있지만 〈정치경학비판 서문〉에서도 밝히고 있다. 즉

> "경제적 기초의 변동과 함께 전체 엄청난 상부구조가 천천히 혹은 빠르게 변혁된다. 그러한 변혁들의 고찰에서 사람들은 물적인, 자연과학적으로 진실로 확인될 수 있는, 경제적 생산조건들에서의 변혁과 법률적인, 정치

135) Lynda D. McNeil, "Rimbaud: The Dialectical Play of Presence and Absence", in: *Boundary 2*, p.189.

136) MEW 3: 27.

137) MEW 3: 27.

적인, 종교적인, 예술적인 혹은 철학적인, 요컨대 이데올로기적인 형태들 — 이 속에서 이러한 갈등의 인간들은 의식하게 되며 이러한 갈등을 최종적으로 해결한다 — 을 **항상 구별해야** 한다."[138]

마르크스의 "긍정적 과학"에서 관건은 이데올로기로서 비판의 대상으로 삼았던 헤겔의 철학이 "인간 정신의 이른바 일반적 발전"[139]에서 출발하고 있다면, 총체성이다. 그의 이 "긍정적 과학"은 "생산관계들의 전체성"을 강조를 하면서 묘사, 표현하면서, 사념적인 독일철학을 이데올로기로서 비판하면서 동시에 독일철학의 이데올로기적 성격을 부정적으로 특징짓는다. 그것이 이데올로기로서 비판되어야 하는 까닭은 그것이 역사적으로 발전하는 총체성으로서의 "존재"가 아니라 가상적인 총체성으로서의 "의식"에 정초되고 있기 때문이다. 그래서 마르크스는 다음과 같이 말한다. "의식이 삶을 결정하는 것이 아니라 삶이 의식을 결정한다."[140] "인간의 존재를 결정하는 것은 인간의 의식이 아니라 그와는 정반대로 인간의 의식을 결정하는 것이 인간의 사회적 존재이다."[141] 주의해야 할 점은 마르크스가 여기에서 그냥 존재라 하지 않고 "사회적 존재"라 말하고 있다는 것이다. 그것은, 이미 앞에서 우리가 논증한 바 있지만, 헤겔주의적 이상주의(관념론)가 의식을 강조하는 것을 단순하게 전도시켜서 물질을 그것에 대신하는 것으로 이해하지 않음을 시사하는 것이다. 존재의 사회성은 존재가 사회적으로 구성되는 차원을 포함하는 것을 말한다.

루소는 "인간 불평등의 시원과 그 기초에 대한 논술"(약칭 인간불평등기원론이라 말하고들 있으며, 제2논술이라 불린다) 서문에서 인간들의 잘못된 연구들 때문에 생성된, 인간 그 자신에 대한 인간들의 잘못된 표상(재현)들에 대한 비판에서 시작하고 있다. 현실적 위기로서 불

---

138) MEW 13: 9. 강조는 원저자.
139) MEW 13: 8.
140) MEW 3: 27.
141) MEW 13: 9.

평등을 극복하기 위해서는 무엇보다 먼저 필요한 것은 "위기"에 의해 생성된 그리고 이 위기를 생성시키는 인간들이 인간들 자기 자신을 연구하는 일이다. 이데올로기비판은 현실적 위기의 비판적 지양을 위한 전제조건이기 때문일 것이다.

> "인간의 모든 지식 중에서 가장 유용하면서도 가장 진보되지 않은 것은 인간에 관한 지식이라고 나는 생각한다. …(중략)… 그리고 보다 가슴 아픈 일은 인류의 모든 진보가 근원적 상태에서 인간을 계속 멀리하기 위해 우리가 새로운 지식을 축적하면 할수록 점점 우리는 모든 지식 속에서 가장 중요한 것을 획득하는 수단을 스스로 버리게 된다는 것이며, 또 우리가 인간을 알 수 없게 된 것은 어떤 뜻에 있어서는 인간을 많이 연구한 결과라는 것이다."[142]

루소는 삶의 방식에서 극단적인 불평등은 사회적 위기로서 극복되어야 하는데, 이를 위해서는 현재 악의 원천들에 다름 아닌 지금까지의 잘못된 "약들"과 "의술들"을 단념하고, 새로운 종류의 "의술"로서 "자연"을 구성하게 하는 이론적 실천적 요구들을 제기하고 있다.

마르크스는 루소가 이와 같이 인간의 자기반성을 요구하고 있는 바와 같이 『독일이데올로기』 〈서문〉에서 인간이 인간 자신에 대해 가져온 "잘못된 표상(재현)들", 예컨대, 현실적 세계와 "전체 역사"에 대해 사유가 지배한다는 잘못된 표상과 같은 것들을 유포시켜온 전체 독일의 철학적 비판들에 대한 이데올로기비판에서 출발하고 있다.

> "인간들은 인간들이 무엇이며 무엇이어야 하는가에 대하여 인간들 자신에 대한 지금까지 항상 잘못된 표상들을 만들어왔다. 신, 보통인간 등등에 대한 인간들의 표상들에 따라 인간들은 자신들의 관계들을 편성시켜 온 것이다. 인간들의 머리의 출산물들이 그들에게는 머리를 거쳐서 성장

142) Rousseau, III: 122.

하는 것으로 나타나 있다. 인간들의 피창조물들 앞에서 창조자들인 인간들이 자신을 굽히고 있다. **우리는 인간들을 위축시키고 있는 족쇄인, 유령들, 이념들, 독단들, 상상적 본질체들로부터 인간들을 해방시키자. 사상의 이러한 지배에 대하여 우리는 저항하자.** 우리는 인간의 본질에 조응하는 사상과 이러한 상상들을 바꾸도록 인간들에게 가르치자."[143]

현실적 위기를 비판하기 위해서, "현실의 그늘들과의" 진정한 "투쟁을 위해서"[144] 마르크스는 인간은 인간의 본질에 대한 이해를 근본적으로 재검토해야 함을 요청하고 있다. 이론의 실천의 현재적 위기는 직접 간접으로 인간의 본질에 대한 이러한 이해와 깊은 관련을 맺고 있는 때문이다. 재검토란 여기에서 패러다임의 급진적 변화를 의미하는 근본적인 것이다. 전도되어 있다는 마르크스의 진단은 이를 말한다. (그렇지만) 위에서 말하는 "인간의 본질에 조응하는 사유"는 이미 앞에서 밝힌 바와 같은 논리 선상에 있는 것으로서 헤겔적 의미에서의 폐쇄성을 주장하는 것이 결코 아니다. 그러므로 마르크스는 문제제기의 논리 이후 그에 대한 단순한 답을 문제시하는 것이 아니라 문제제기의 이데올로기적 기능을 내재적으로 비판하려 했다.

마르크스의 이러한 급진적 비판은 루소의 비판의 논리를 연상시킨다. 루소는 지금까지의 문제제기들에 대한 비판적 문제제기와 함께 시작하는 자신의 전형적 비판이론을 급진적인 새로운 이론으로 간주한다. 이 점은 예컨대 그의 제1논술에서 "오늘날 세계를 경이롭게 하는 바로 그것을 강하시키려는"[145] 목표를 분명히 하고 있는 맥락에서 잘 식별할 수 있다. 마르크스도, 이러한 루소의 비판 논리와 다르지 않게, 일차적으로 "독일 이데올로기"의 이데올로기비판적인 새로운 이론과 함께 완전히 새로운 역사를 열 수 있을 정도로 급진적으로 지금까지의 전체 철학을 비판하려 했던 것이다.[146]

143) MEW 3: 13. 강조는 필자.
144) MEW 3: 13.
145) Rousseau, III: 3.

현재의 위기는 단순하게 돌발적인 현상이 아니라 장기적으로 축적되어온 역사적 모순에 있다고 판단하고, 이러한 위기를 비판하려면 역사적 현실에 대해서 **비판적 표현**(kritische Darstellung)이 필요하다. 비판적 위기학에서 비판적 표현은 술화적(서사적) 선택성(narrative Selektivität)에 의해서 재구성되는 역사서술로 나타나는데 그것은 지금까지의 역사파악들을 내재적으로 탈구성하는 것과 함께 가능하다. 위기와 비판은 내재적 연관을 가지고 이 비판적 표현에서 나타난다. 술화적 선택이란, 마르크스가 말하듯이 "죽은 사실들의 결집"도[147] 아니며 루소가 말하듯이 "형이상학의 원리들"의 기술도[148] 아니며, "사회의 근본"을[149] 검토하기 위해서 현실을 비판적으로 표현하는 것이다.

술화적 선택성은 지금까지의 역사서술(들)에 대한 이데올로기비판을 전제하고 있다. 루소가 아리스토텔레스, 홉스, 그로티우스(Grotius), 혹은 푸펜도르프(Pufendorf) 등을 원인과 결과를 혼동하고 있다고 비판하고 있듯이, 마르크스 역시 "독일철학"에 의해서 전도된 파악, 예컨대, 삶이 의식에 의해서 결정된다고 하는 파악을 비판하고 있는 것이다. 루소 역시 그의 제2논술에서 인간의 본질에 대한 규정에 있어서 그러한 혼동, 뒤바뀜에 대한 비판에서 시작하고 있다.

> "사회의 기초를 검토한 철학자들은 모두 자연상태에까지 소급할 필요성을 느꼈다. 그러나 아무도 그곳에 도달한 철학자는 없었다. 어떤 사람들은 이 상태에 있는 인간에 대해서 정의와 부정의 관념을 상정하기를 주저하지 않았지만 인간이 이 관념을 가지고 있었으리라는 것과 그 관념이 그에게 유용했었던 것까지 증명해 볼 생각은 하지 않았다. 다른 사람들은 자기에게 속한 것을 보존하려고 하는, 누구에게나 있는 자연권에 대해 말했으나, 속하는 것이 어떤 뜻인가에 대해서는 설명하지 않았다. 또 다른 사람들은

146) MEW 3: 14 참조.
147) MEW 3: 27.
148) Rousseau, III: 125.
149) Rousseau, III: 132.

우선 약자에 대한 권력을 강자에게 주고 거기서 곧 정부가 생겨나는 것이라고 했지만, 권력이나 정부라는 말의 뜻이 사람들 사이에 존재할 수 있을 때까지 지나갔을 시간에 대해서는 생각지도 않았다. 마지막으로 **누구나 다 늘 탐구와 탐욕과 압박과 욕망과 거만에 대해 말하지만, 자기들이 사회 속에서 얻은 관념을 자연상태 속에 끌어들였을 따름이다.**"[150]

역사적으로 생산된 것을 역사적으로 생산하는 중심으로 간주하는 이러한 혼동에서 아리스토텔레스, 그로티우스, 홉스, 칼리쿨라 등이 시작하였다고 루소는 판단하고 있는데, 루소는 이러한 혼동 혹은 전도를 『사회계약에 대하여』에서 "최초의 사회"에 대한 그의 주장을 논술하면서 다시 한번 비판하고 있다. 예컨대, 그는 그로티우스와 관련하여 "그가 언제나 하는 추리방법은 사실로써 권리를 확립하는 것"[151] 루소는 여기에서 그로티우스가 말하고 있는 그 사실들은 역사적으로 생산된 것이며 결과이지 원인으로 해석할 수 없는 것으로 보고 있는 때문이다. 그러한 의미에서 그와 같은 사실들은 "죽은" 것이다. 그러므로 루소는 그러한 혼동과 전도를 비판하면서 죽은 사실들을 제쳐두고자 했던 것이다. 루소는 제2논술에서 다음과 같이 말한다.

"**그러므로 우선 모든 사실을 무시하기로 하자. 왜냐하면 사실은 문제에 조금도 관계가 없기 때문이다.** 우리가 이 주제에 대해 추구할 수 있는 연구는 역사적인 진리가 아니다. 다만 역설적이고 조건적인 추리라고 보지 않으면 안된다. 그런 추리는 사물의 참된 기원을 나타내기보다는 **사물의 자연(본성)을 나타내는 데 적합하며**, 우리 자연과학자들이 매일같이 세계의 생성에 대해 행하고 있는 추리와 비슷하다. 종교가 우리에게 믿으라고 명하고 있는 바에 의하면, 신 자신이 만물을 창조한 바로 뒤에 인간을 자연상태로부터 끄집어 낸 것이므로 인간이 불평등한 것은 신이 그러기를

150) Rousseau, III: 132; 국역〈인간불평등기원론〉, p.334; 강조는 필자.
151) Rousseau, III: 353; 국역 〈사회계약론〉, p.160.

> 원했기 때문이라고 한다. 그러나 만일 인류가 그들만으로 내버려져 있었다면 그들은 어떻게 되었을까 하는 일에 대해 인간과 그것을 둘러싸는 존재와의 자연(본성)만을 바탕으로 하여 추측을 세우는 일은 종교도 이를 금하고 있지는 않다. 이야말로 내가 구하고 있는 일이며 내가 이 논술에서 검토하고자 하는 일이다. **나의 주제는 인간 일반에 관계가 있으므로…**."[152)]

루소의 술화적 선택성은 죽은 사실들의 결집으로서가 아니라 "살아있는" 역사의 "상상적" 구성으로서 현재적 위기와 그 극복을 위한 비판적 표현에 정향되어 있다. 비판이론가 발터 벤야민의 용어를 사용해서 말하자면 "기념"(Monument)적 진리와 구별되는 "기록"(Dokument)적 진리에 정향되어 있으며, "역사적 진리"에 정향된 것이 아니다. 루소에서 역사는 항상 현재의 역사이다. 현재사의 통시가 현재의 공시적 구조를 설명하는 데 이바지한다. 현재의 심층적 모순들은 과거 없이는 표상불가능하며, 따라서 이해될 수도 없을 것이다. 동시에 현재사의 구성은 역사의 규범적인 미래적인 재구성과 내재적으로 연관되어 있다. 이러한 의미에서 현재는 늘 "미래의 과거"(코젤렉)이거나 미래적 과거이다.

> "그러므로 독자는 내가 간파하기 대단히 곤란하다고 생각되는 것을 간파했다고 감히 자부하는 것으로 여겨서는 안된다. 나는 문제를 푼다는 희망보다 오히려 문제를 명백히 하여 그것을 참된 상태로 되돌리려는 의도에서, 몇 가지의 추리를 비롯하여 때로는 어느 정도의 억측도 사양치 않았다. 다른 사람들은 이와 똑같은 길을 더 멀리까지 쉽게 갈지도 모른다. 종점에 이르는 것은 누구에게나 쉬운 일은 아니지만. 왜냐하면 **인간의 현재의 성질 속에서 근원적인 것과 인위적인 것을 식별하고**, 이미 존재치 않고, 아마 존재한 일도 없었으며, 틀림없이 앞으로도 존재할 것 같지 않

152) Rousseau, III: 132f; 국역 〈인간불평등기원론〉, pp.334-335; 강조는 필자.

은 한 가지 상태, 더구나 거기에 대한 올바른 관념을 갖는 일이 **우리의 현재의 상태를 잘 판단하기 위해서** 필요한, 그런 상태를 충분히 인식한다는 것은 그렇게 손쉬운 일이 아니기 때문이다."[153]

루소는 지금까지의 문제제기들에 대해서 문제를 제기하고 있다. 문제제기들에 대한 그의 문제제기의 정당성은 죽은 사실들의 경험주의적 "실증적(긍정적)"인 진리에 있는 것이 아니라 현재적 사회구조를 정당하게 판단하기 위해서 현재사의 발견술적인 "부정적"인 진리를 구성하는 데에 있다.

마르크스 역시, 이미 앞에서 시사한 바 있듯이, "스스로 추상적인 경험주의자들"의 "죽은 사실들의 결집"이나 "관념론자들의 상상적인 주체들의 상상적인 조처"와 대조되는 것으로서 술화적 "추상들"의 구체성을 가정한다. 루소 역시 "인간은 어느 시대에나 오늘날 나의 눈에 비치는 것과 같은 구조이고, 두 다리로 걷고 우리가 하는 것과 똑같이 그 손을 쓰고, 자연 전체에 시선을 보내고, 광대한 하늘의 넓이를 눈으로 재고 있었다고 가정"[154]하고 있다. 그는 비교해부학이나 박물학자들의 관찰에 의존하지 않는다. 이렇게 시원을, 시원의 역사를 서술하는 것은 객관적 사실들을 경험주의적으로나 실증적으로 검증하는 일이 아니라 사회와 국가의 원리를 규범적으로 확인하는 성질의 것이다. 마르크스는 이같은 루소의 시원사에 대한 비판적 표현의 논리와 다르지 않게 현실을 비판적으로 표현함으로써 살아 있는 진리를 구성하기 위해서 경험주의와 이상주의에 의해서 생산된 진리를 죽은 것으로 간주하고 사념적이라는 부정적 표현을 부가했던 것이다. 그래서 마르크스는 다음과 같이 쓰고 있다.

"현실적 삶에 있어서, 사념이 정지하는 그곳에서, 인간들의 실천적 확인,

153) Rousseau, III: 123; 국역 〈인간불평등기원론〉, p.326; 강조는 필자.
154) Rousseau, III: 134; 국역 〈인간불평등기원론〉, p.338.

실천적인 발전 과정의 표현인 현실적인, 긍정적인 과학이 시작한다. 의식의 구절들이 정지하고, 현실적인 지식이 그것들의 자리에 들어서야 한다. 독립적인 철학은 현실의 표현과 함께 **그 현존매개를 상실**할 것이다. 그 자리에 대신하여 들어설 수 있는 것은 인간들의 역사적 발전의 고찰로부터 추상하게끔 하는 가장 일반적인 결과의 맥락이다. **그러한 추상화는 현실적 역사와 분리한 채 그 자체로만 보면 아무런 가치를 가지지 않는다.** 그러한 추상화는 역사적 물질의 일련의 개별적인 층들을 해석하기 위해서 그 역사적 물질의 질서를 안정되게 하는 데에 이바지할 수 있을 것이다."[155]

마르크스의 "비판적 철학"[156]은 "전제 없이 시작하지 않으며", "현실적 전제들"에서 출발하는데, 현실적 역사의 비판적 표현을 통해서 역사적으로 그리고 사회적으로 생산된 현재의 이론과 동시에 실천을 내재적·이중적으로 비판한다. 즉 한편으로는 역사적으로 생산된 것을 역사적으로 생산하는 "시원"과 "중심"으로 혼동하고 이론적으로 전도시키고 있기 때문에 독립적인 철학의 사념을 비판하는 것이다. 즉 이념과 학들의 이데올로기를 비판한다. 다른 한편으로 인간들에 의해서 만들어지는 역사라는 실천적인 규범적인 파악에도 불구하고 그리고 바로 그 때문에 지금까지의 역사에 내재하는 위기에 대한 인간적 책임과 동시에 그 위기를 지양하는 책임을 요청하는 차원에서 비판한다.

역사와 사회의 위기는 인간들에 의해서 만들어졌으며 또한 만들어지고 있는 한에서 그 위기는 또한 인간들에 의해서 지양될 수 있는 것이다. 인간적 위기는 오직 인간적으로 극복될 수 있다. 이러한 맥락에서 그와 같은 것으로서의 위기는 부정적인 것만은 아니라, 역사와 사회의 규범적인 미래적인 구성이라는 관점에서 이중적이다. 즉 부정적이면서도 동시에 긍정적이다. 그것은 위기라는 낱말의 원래의 의미에서 부정

155) MEW 3: 27.

156) MEW 1: 346.

적이다. 그것이 긍정적일 수 있는 것은 현재적 위기형태에 대항하는 역사와 사회의 면역가능성을 증대하여 갈 수 있다는 의미에서 긍정적이다. 그것은 물론 인간들의 실천에 의해서만 가능한 것이다.

위기와 비판의 이러한 맥락에서 비판은 인간들에 의해서 만들어진, 그렇지만 지금까지 "자연방관적으로" 이해될 수밖에 없는 역사를[157] 인간적으로 인정하는 것에서 시작한다. 이와 같은 위기와 비판의 맥락이 그 특징이 되는 비판적 위기학은 정치적 몸(정체)의 사회적 건강을 사회적 의술로서의 정치를 통해서 재건조하는 것을 목표로 한다. 이러한 목표에서 위기는 사회적 위기로서, 심층적 구조에서 겪고 있는 중대한 병을 진단하고 처방하는 비판을 논술한다.

현실적 생활세계에서 사회적 질병들이 현존하고 있는 한에서 정치는 의술과 같이 지속한다. 역으로 말해서 사회적 위기가 지양된다면, 정치 그 자체가 아니라 그러한 정치의 현존재근거가 사라진다. **정치의 자기 지양의 이러한 맥락을 우리는 정치의 패러독스라 명명한다. 정치는 정치의 침묵을 위하여 말한다.**

정치는 사회적, 역사적으로 생산된 질병들을 비판할 뿐만 아니라 "잘못된 정치들"을 비판한다. 그것들은 질병들을 생산하기 때문이다. 정치는 이데올로기비판을 필요로 한다. 정치는 비판의 위기의 비판을 필요로 한다. 비판적 위기학에서 정치는 그렇지만 후기구조주의처럼 "권력에의 의지"(니체)를 위한 "진리의 정치"(미셸 푸코)를 의미하지 않는다. 그것은 전체사회적 건강을 위한 보편성능력이 있는 진리를 통한 정치를 의미한다. 악은, 정치를 위한 존재론적 기초가 아니라 정치의 패러독스한 현존재근거이다. 이러한 의미에서 정치의 역사는 건강과 질병 사이의 긴장이다.

루소는 전체 사회적 건강을 위해서 지금까지의 비판을 비판한다.

"병에 대해서, 나는 대부분의 건강한 사람들이 의술을 비난하는 공허하고

---

157) MEW 3: 70.

잘못된 허풍스러운 말을 되풀이하지는 않을 것이다. 그러나 이 기술을 가장 소홀히 취급하고 있는 지역에선, 그것을 가장 주의 깊게 연구하고 있는 지역보다도 인간의 평균수명이 짧다고 결론지을 수 있는 뭔가 확실한 관찰이 있는가 그 여부를 나는 물어보고 싶다. 그래도 의술이 우리에게 제공할 수 있는 요법보다도, 우리가 더 많은 병에 걸리는 것은 도대체 어찌된 일인가."[158]

루소는 정치적 비판으로서의 의술에 대한 비판을 "생활양식에 있어서의 심한 불평등"[159]에 있음에서 그 정당성을 확인하고 있으며, 논리적으로, 의술의 내용적인 형식변화가 아니라 의술의 총체적인 지양을 관건으로 삼고 있다. 지금까지의 의술의 이데올로기적 기능에 대한 루소의 이데올로기비판은 역사의 더 이상 뒤로 돌아갈 수 없는 그것(Unhintergehbarkeit)을 전제하면서 의술의 급진적 구조변동을 낳게 한다. 정치적 몸에 있어서 새로운 의술로서 규범적으로 요구한 그 새로운 정치는 그 정치적 몸의 위기의 발생(계보)를 조사한다.

"이것들은 우리들의 불행의 대부분이 우리 자신의 행위로 이루어진다는 일, 따라서 우리가 자연이 명한 간소하고 한결같은 고독한 생활양식을 지키고 있었다면, 아마 이런 것은 거의 다 피할 수 있었으리라는 불길한 증거이다. …(중략)… 인간의 병의 역사는 정치사회의 역사를 더듬는 것으로 쉽게 엮어낼 수 있다고 생각하고 싶어진다."[160]

루소는 자연이 명한 간소하고 한결같은 고독한 생활양식을 자연방관적으로 우연하게 포기하게 되어 인간적 문명의 길로 접어들게 되었지만 그럼에도 불구하고 위기의 인간적 자기책임을 말하고 있다. 사회적 위기는 새로운 정치를 필요로 한다는 것이다. 문명화된 계몽된 사회의

158) Rousseau, III: 138; 국역 〈인간불평등기원론〉, p.342.
159) Rousseau, III: 138; 국역 〈인간불평등기원론〉, p.342.
160) Rousseau, III: 138; 국역 〈인간불평등기원론〉, p.342-343.

역사는 동시에 인간적 질병들의 역사라는 모순된 이 역사는 그와 같은 단순한 자연의 부정으로서 역사의 인간에 내재해 있다. 악의 부정은 의술이 질병의 부정을 통해서 건강의 복원을 목표로 하는 것처럼 정치의 실천적 과제이다. 그 경우 이론의 위기의 사회적 발생은 현재적 실천적 위기의 발생을 연구하는 것과 더불어 연구되어야 한다. 이러한 의미에서 정치는 본질적으로 탈구성적이면서 동시에 재구성적이다.

루소는 1755년 9월 10일 파리에서 볼테르에게 보내는 한 편지에서 다음과 같이 사회적 · 역사적 위기의 인간적 자기 책임을 다시 한 번 강조하고 있다: "사회 혼란의 최초의 원천을 조사해 보면 인간의 모든 악은 무지보다는 오류에서 유래되는 일이나, 우리가 조금도 모르는 편이 알고 있다고 생각하고 있는 일보다 우리에게 훨씬 해가 적다는 것을 알 것입니다."[161] 이 편지에서와 같이 루소는 필로폴리스가 보낸 편지에 대한 그의 답신에서 라이프니츠와 포우프에 분명하게 반대하는 견해를 주장한다: "인간이 억눌리고 있는 갖가지 불행, 내가 인간 자신의 소산이라고 주장하고 있는 갖가지 불행을 손꼽아 가며 당신은 라이프니츠와 함께 만사가 선이고 그처럼 섭리의 올바름이 증명되고 있다고 나에게 단언하고 있습니다. 나는 섭리가 그 정당화를 위해 라이프니츠의 철학의 도움을 필요로 한다고는, 또 어떤 다른 철학의 도움을 필요로 한다고도 믿으려 할 것 같지도 않았습니다. …(중략)… 거기다 또 악의 존재를 부정하는 것은 악의 장본인을 용서하는 극히 편리한 수단입니다."[162]

루소의 정치이론은 먼저 인간에 의해서 만들어진 악의 현존을 인정하는 것의 중요성을 강조한다. 이러한 정치이론적 진단 그 자체가 계몽의 이데올로기비판적 역할을 행사한다. 루소의 정치이론에서는 이미 앞에서 시사했듯이 사회적 위기가 단기적이거나 부분적인 종류의 것이 아니라 장기적이며 구조적인 위기이다. 이러한 맥락에서 『사회계약에

161) Rousseau, III: 228; 국역 〈루소가 볼떼르에게 보내는 편지〉, p.460.
162) Rousseau, III: 232 - 233; 국역 〈루소가 필로폴리스에게 보내는 편지〉, p.474.

대하여』에서 그의 유명한 명제가 분명하게 이해될 수 있을 것이다.

> "사람은 자유롭게 태어났다. 그러나 도처에서 사슬에 묶여 있다. 자기가 남의 주인이라고 생각하고 있는 자도 실은 그 사람들 이상으로 노예이다."[163)]

정치이론은 이론과 실천의 전체 사회적 위기, 즉 현실과 표상의 급진적 차이를 객관적으로 진단하는 것에서 비판적으로 시작한다. 그것은 자유를 사회적 건강으로서 다시 복원하려는 것인데, 그것은 불평등을 극복하지 않고서는 불가능하다. 다시 회복된 그 건강은 사실상 잃어버린 건강을 형식주의적 의미에서 다시 찾는 수준을 넘어서는 것이다. 내용적으로 그것은 새로운 자유이며, 그것은 정치적으로 획득될 수 있지만 바로 그 때문에 정치적이지는 않고, 도덕적으로 향유할 수 있는 것이다. 이는 앞에서 내가 정치의 건강한 자기지양, 정치의 패러독스라고 말한 그것에서 시사되는 것이다.

마르크스는 크로이츠나흐(Kreuznach)에서 1843년 9월 루게(Ruge)에게 보낸 한 편지에서 자신의 비판적 과제를 분명하게 밝히고 있다.

> "… 우리의 동시대인들에게, 특히 우리의 독일 동시대인들에게, 우리가 영향을 미치게 하자. 어떻게 이것을 행할 수 있는가? 다음 두 가지의 사실은 결코 부인되게 만들지 말아야 할 것이다. **그 처음은 종교이고**, **그 다음은 정치가** 지금까지의 독일의 주 관심을 형성하였던 대상들이다."[164)]

마르크스는 여기에서 두 가지의 사실을 말하고 있으나 사실상 현재의 비판에서는 정치의 비판이 그 핵심으로 등장한다. 마르크스는 표피적으로 일단 역사적으로 비판의 역사를 종교의 비판에서 이행해 오는

---

163) Rousseau, III:351; 국역 〈사회계약론〉, p.158.
164) MEW 1: 344; 강조는 필자.

것으로 읽으면서도 그것의 심층적 비판을 요청하고 있는 것이다. 마르크스에서 현재의 본질적 비판은 "**종교**의 비판"이 "본질적으로 끝났다면"[165], 그렇다면 정치의 비판이다. 나의 명제를 분명하게 밝히자면 다음과 같다. 즉 마르크스가 여기에서 즉 〈헤겔의 법철학 비판 서문〉(Zur Kritik der Hegelschen Rechtsphilosophie. Einleitung)에서 비판의 심층적 의미에서 비판하고 있듯이, 비판구조의 "코페르니쿠스적 전환", 곧 종교와 정치의 종교적 비판에서 "비종교적 비판"으로, 즉 정치적 비판으로 전환을 주장하고 있다. 이러한 의미에서 "**종교의 비판**"은 "종교의 비판"과 구조적으로 다른 것이며, "비종교적 비판"과 구조적으로 다른 것으로서, 정치적 비판의 중요한 하나의 대상이다. "**종교의 비판**"은 포이에르바흐의 유물론적 비판을 의미한다. 바로 이러한 의미맥락에서 우리는 마르크스의 포이에르바흐에 관한 제1명제를 바르게 이해할 수 있을 것이다.

> "모든 지금까지의 유물론(포이에르바흐의 그것까지도 포함하여)의 주된 결함은 대상, 현실, 감성(Sinnlichkeit)을 오직 **대상이나 직관의** 형식에서만 파악했지, **감성적인 인간적 활동**, **실천**으로서, 즉 주체적으로 파악하지 않았다는 것이다. 그래서 유물론과는 대립하여 활동적 측면은 관념론에 의해서 추상적으로 발전되어 있었다 — 관념론은 물론 현실적이고, 감성적인 활동 그 자체를 알고 있는 것은 아니다. 포이에르바흐는 감성적인 — 사유 대상들과 현실적으로 직접적으로 구별되는 대상들을 원하고 있지만, 그는 인간 활동성을 대상적 활동성으로 파악하고 있지는 않다. 그러므로 『기독교의 본질』에서 그는 이론적 태도만을 진정으로 인간적인 태도로 취급하고, 한편 실천은 그것의 오염된 유대적 현상형식에서만 파악되고 고착되는 것이다. 그러므로 그는 '혁명적인' 그러나 '실천적 · 비판적' 활동성의 의미를 파악하지 않고 있다."[166]

165) MEW 1: 378.
166) MEW 3: 5.

포이에르바흐의 **종교의 비판**은 마르크스가 총체성의 구조를 이론적으로 새롭게 파악하고서 비판의 대상이 된다. 그것은 본질적으로 끝났지만 마르크스가 요청하는 코페르니쿠스적 전환 이전의 형태에서만 그러하다. 그것은 종결되지 않았다. 그러므로 **종교의 비판**은 정치적 비판의 대상이 되며, **종교**의 비판은 코페르니쿠스적 전환을 위한 중심이 된다. **종교의 비판**의 옛 패러다임 속에서 종교는 그 패러다임의 고유한 방식으로 종결적으로 비판되었다. **종교**의 비판은 한편으로는 옛 패러다임적 비판의 비판이며 다른 한편으로 종교가 "현실적 빈곤"으로서 현존하고 있는 한에서 실천의 비판을 의미한다. 이러한 이데올로기비판적 맥락에서 마르크스는 자신의 정치적 비판을 위한 비판적 명제를 코페르니쿠스적 전환의 비판적 언어로 복합적으로 압축적으로 표현하고 있다.

> "독일에서 **종교의 비판**은 본질적으로 끝났고, 그리고 종교의 비판은 모든 비판의 전제이다."[167]

종교의 비판 속에서 **종교**의 비판은 완성된 것으로 간주하였지만, 종교의 비판은 이 **비판**을 비판할 것을 요청하고 있다. 종교의 비판이 미완성이기 때문이다. 그것은 이데올로기성으로서 다르게 전이되어 있을 뿐이기 때문이다. **종교의 비판**에서 종교의 비판으로 패러다임이 전환되는 것이다. 마르크스는 일견 패러독스해 보이는 비판적 표현을 구사하고 있는데, 이것은 루소가 『에밀』에서 말한 바와 같이 자신은 "편견을 가진 인간이기보다는 패러독스의 인간이기를 원한다"는 표현과 다르지 않아 보인다.[168] 마르크스는 이러한 비판적 패러독스 어(語)와 함께 비판구조의 패러다임 전환을 단행하고 있다. 마르크스가 이러한 차원에서 의도적으로 태양이라는 언어를 사용하지 않았을까 싶다.

---

167) MEW 1: 378.

168) Rousseau, *Politische Schriften*, Paderborn, 1977, Band 1, p.246.

> "종교의 비판은 미몽에서 깨어나고, 오성에 도달한 인간처럼 사유하고, 행동하고, 자신의 현실을 형성하도록, 인간이 인간 자기 자신을 중심으로 움직이고 그렇게 함으로써 자신의 현실적 태양을 중심으로 움직이도록 인간을 미몽에서 깨어나게 한다. 인간이 인간 자기 자신을 중심으로 움직이지 않는 한, 종교는 단지 인간의 주위를 움직이는 환상적 태양일 뿐이다."[169]

코페르니쿠스적 전환을 통해서 태양이 무엇인지, 즉 비판의 중심이 무엇인지, 그리고 이 태양을 중심으로 움직이는 것이 무엇인지가 밝혀진다. 바로 여기에서 무엇 때문에 마르크스가 종교의 비판이 "모든 비판의 전제"라고 말했는지를 이해할 수 있게 된다. 종교는 코페르니쿠스적 전환 이후에는 태양이 아니며, 따라서 "**종교의 비판**"은 내재적으로 비판된다. 무엇이 태양인가? 무엇이 태양의 주위를 움직이는가? 간단히 말하여, 태양으로서의 인간이 인간을 중심으로 움직인다. 인간은 태양이며 동시에 비(非)태양이다. 이것은 사실상 하나의 패러독스이다. 인간이 중심, 태양으로서 존재하면서 동시에 인간적 중심인 태양의 주위를 움직이는, 탈중심화되고 있는 것으로 존재한다. 코페르니쿠스적 전환은 중심의 총체적 제거를 의미하지 않는다. 오히려 중심과 주변의 관계들이 총체적으로 변하는 것을 그것은 의미한다. 그 전환 이후에 폐쇄적인, 정태적인 중심과 그것을 중심으로 돌고 있는 주변의 관계가 아니라, 탈중심화와 재중심화의 열린 변증법이 움직인다. "환상적 중심", 형이상학적 존재론적 중심의 탈중심화 없이는 재중심화가 불가능하며, 재중심화 없는 탈중심화는, 탈구성주의적 탈중심화는 위험하다.[170]

비판적 위기학의 정치적 비판에서 중요한 관건은, 닫힌 이론적 총체성 내에서 단계적 비판이 아니다. 총체성구조의 코페르니쿠스적 급진

169) MEW 1: 379.

170) J. Habermas, *Der philosophische Diskurs der Moderne*, Ffm, 1985과 A. Honneth, *Theorie der Macht*, Ffm, 1985, 참조하라.

적 전환을 통한 총체성의 전형적 비판이 본질적이다. 이러한 맥락에서 비판적 위기학의 정치적 비판은 "정치"뿐만이 아니라 이를 넘어서 종교, 정치, 등등을 포함하여 전체사회적 구조를 비판한다.

> "그리하여 하늘의 비판은 땅의 비판으로, **종교의 비판은 법(권리)의 비판**으로, **신학의 비판은 정치의 비판**으로 변화된다."[171]

이 변화는 분명 단계적 비판은 아니다. 그것은 코페르니쿠스적 전화에 내재하는 전형적 비판, 내가 정치적 비판이라고 명명했던 그 비판의 성립을 의미한다. 이미 앞에서 밝힌 바와 같이, 정치적 비판은 의술적 비판으로서 무전제적이지 않다. 정치적 비판은 "현재가 말하는 물음들"[172]에 정향되어 있다. 비판적 위기학의 정치적 비판이 표현하는 의술적 언어를 마르크스의 경우 분명하게 식별할 수 있다.

> "종교는 억압받는 피조물의 외침이며, 종교가 정신없는 상태들의 정신이듯이, 가슴 없는 세계의 안락이다. 종교는 인민의 **아편**이다."[173]

아편이 없이는 인민이 살아갈 수 없다면, 아편은 그에 조응하는 깊은 위기를 표현하는 것이며 고통스러운 위기의 삶을 "잠시" 잊게 해주는 의술의 일종이다. 아편은 위기의 표현이자 동시에 대항위기의 표현이다. 이러한 맥락에서 그것은 사회의 의술로서의 정치가 이론적으로 실천적으로 표현된 것에 다름 아니다. 정치적 비판은 의술을 현실적 위기를 현실적으로 극복하기 위한 사회의 정치로서 창조하고 발견하고자 하지만 현재의 극심한 고통을 제거할 수 있는 대안이 부재하다면 아편을 소박하게 배제하려고 하지는 않는다. 사회적 위기로서의 "현실적 빈곤"이 제거된다면, 아편의 현존재 근거가 내용적으로 사라질 것이

---

171) MEW 1: 379.
172) MEW 1: 383.
173) MEW 1: 378.

다. 아편의 부정이 건강의 회복은 아니다. 위기의 부정은 아편의 부정이며, 새로운 정치의 완성으로서의 정치의 부정은 현실적 위기의 현실적 해결을 위한 의술적 귀결이다. 정치의 자기지양은 의술적 내재적 논리의 패러독스이다.

비판적 위기학에서 정치적 이론은 본질적으로 실용주의적이다. 비판적 위기학은 철학을 바로 정치적 이론의 실용학으로 이해한다. 철학은 정치적 이론으로서 실용주의적이며 따라서 그 자체 정치적이고 의술적으로 작동하는 논리를 보인다. 이러한 의미에서 실천은 본질적으로 정치적이고, 정치적이다. 비판적 위기학에서 정치적 실천은 이론**과** 실천의 현재적 문제들에 정향되어 있다.

루소나 마르크스에서 "현실적 철학"(die wirkliche Philosophie), "진정한 철학"(la véritable Philosophie)은 이러한 의미에서 현재의 구체적 문제들에 정향된 정치적 이론이다. 루소는 "위대한 철학자들"를 비판하였는데 그 이유는 그들이 현재의 사회의 현실적 문제들에 정향되어 있지 않았고, 형이상학적 사념에 집중되어 있었으며 따라서 현실적 위기를 오히려 더욱 심화시킬 수 있었다고 판단했기 때문이었다.

> "**사람은 존재하지 않는 병 때문에 약을 구하든가 하는 것은 아니다. 이들 약도 그 효력이 불충분하기 때문에 넘쳐흐르는 약의 성격을 띠게 되지 않으면 안되는 것은** 어째서 인가. 학자를 위해서 만들어진 그토록 많은 시설은, 그것 때문에 더욱 더 학문의 목적을 그르치고, 재기 있는 사람들을 그 연구에로 향하게 하는 데 지나지 않는다. 거기서 행하여지고 있는 신중한 고려에서 살피면 농부는 너무 많고 철학자는 모자라는 것이 걱정이 되고 있는 듯하다. …(중략)… 오오, 철학자들이여, 어째서 그러한 유익한 교훈을 그대들 친구나 그대를 자제들을 위해 취하고 있지 않은가. 그렇게 하면 그대들은 멀지 않아 그 보상을 받게 될 것이고 우리들은 우리들의 친구나 자제 가운데서 누군가 그대들 학파의 한 패의 한 사람을 발견한다 하더라도 두려워하지는 않을 것이다."[174]

루소에서 현재의 위기는 그의 〈제2논술〉에서 논술하고 있듯이 사회적 불평등이다. 이것을 그는 이 〈제2논술〉에서 다음과 같이 이 논술의 결론으로서 말한다.

> "어리석은 자가 현명한 인간을 지도하거나, 또 수많은 사람들이 굶주려 필요한 것도 부족되고 있는데 불과 한줌의 사람들에게는 여분의 것이 남아돌고 있다는 것은 명백히 자연법에 위배되기 때문이다."175)

정치적 이론으로서의 철학은 사회적 문제에의 정향성과 연관된 사회학적 상상력을 가진다. 사회적 문제들이 철학에 그 현재적 기초를 제공한다. 그러므로 철학은 자신의 자기파괴적 과정을 통해서 재구성되어간다. 이러한 의미에서 이론과 실천은 변증법적으로 분리되지 않으며, 실천 없는 이론은 무의미하며 이론 없는 실천은 위험하다.

비판적 위기학에서 현재는 사회적 위기와 이 위기의 비판을 통한 내재적 극복가능성을 이중적으로 표현하고 있는 것이다. 즉 현재는 현존하는 사회적 위기에도 불구하고 극복하는 선험적인 비판 이전에도 이미 현재적인 비판의 내재적 지양을 그와 같은 비판을 통한 위기의 지양과 함께 가지고 있는 것이다. 위기와 비판의 이와 같은 내적인 연관맥락 속에서 시간은 비판적 위기학의 사회적 실천을 위한 범주로서 핵심적으로 중요하다. 사회적 질병들의 현실적 지양 없이는 정치적 이론의 사회학적 상상력은 자신을 지양할 수 없으며, 사회학적 상상력의 현실화 없이는 예컨대 "본질"과 "현상" 사이의 불일치로서 고찰될 수 있을 사회적 질병들이 지양될 수 없다.

철학의 지양이라는 그리고 학문들의 지양이라는 마르크스의 명제를 우리는 비판적 위기학의 정치적 이론을 구성하는 사회학적 상상력의 이론적 맥락에서야 정당하게 이해할 수 있다. 곧 철학 및 과학들의 자

---

174) Rousseau, III: 27; 국역 〈학문예술론〉, p.94; 강조는 필자.
175) Rousseau, III: 194; 국역 〈인간불평등기원론〉, p.444.

기지양이라는 현실화의 패러독스 명제로서.

제3절 변증법적 자기지양 대 사회과학의 "사멸"

이른바 분석적 마르크스주의자로 불리는 일련의 학자들 가운데 대표적인 한 인물인 G.A. 코헨은 자신의 주저 『칼 마르크스의 역사이론. 하나의 변호』에서 매우 흥미로운 주목할 만한 명제를 주장하였다. 그것은 다름 아니라 "칼 마르크스와 사회과학의 사멸"이라는 논술이다.[176] 구체적으로 말하자면, 코헨은 마르크스가 사회과학은 최종적으로 사멸한다는 명제를 주장했다고 이해하고 있으며 이러한 이해 속에서 마르크스의 (사회)과학론을 비판하고 있다는 것이다. "사회과학의 사멸"이라는 그의 해석명제는 우리가 비판적 위기학이라는 논술어 속에서 특징짓고 있는 정치적 상상력 속에서 "지양"의 변증법 혹은 변증법적 지양이라는 명제와는 근본적으로 급진적으로 다른 것이다. 이 점을 밝히기 이전에 우선 코헨의 말부터 들어보아야 할 것이다.

> "마르크스에서는 사회주의경제학은 과학이 아니다. 왜냐하면 그것은 자본주의를 해명하는 데 사용되는 특별하게 과학적인 개념들을 사용하지 않기 때문이다. 특히 그것은 가치의 개념을 필요없게 한다. 가치의 개념은 이론으로 중대하게 충만되어 있다. 그것은 노동시간 개념이 필요하다. 하지만 그것은 다른 것이다. 노동시간은 이론적 목적이 아니고, 그리고 노동시간의 계산은 로빈슨 크루소의 경제학을 포함하여 모든 경제학에서 수행되고 있는데, 원리에 의하면 이론에서가 아니라 상식에서 도출된다. 오직 자본주의 아래에서만 노동시간은 가치의 신비화하는 형태를 취하고 있으며, 이것에서 그것은 비밀스러운 내용이다. 사회주의는 사회이론과

176) G. A. Cohen, *Karl Marx's Theory of History. A Defence*, Oxford University Press, 1978, pp.326ff.

사회실천을 통합함으로써 사회과학을 억압한다. 사회주의는 오직 이론을 통해서만 식별되어온 인간적 만남의 영역들을 실천 속에서 식별하게 만든다. 사회과학이 필요한 때에 사람들은 자신들을 이해하지 못한다. 인간들이 자신들을 이해하지 못하는 사회는 탐정적 사회이다. 사회주의는 탐정적인 사회가 아니며, 따라서 사회과학적 이론은 사회주의에 낯선 것이다. 자본주의는 불투명하다. 오직 과학만이 자본주의를 조망할 수 있다. 하지만 사회적으로 전문화된 연구자의 밝은 빛 속에서도 그것은 비가시적이다."[177]

코헨은 여기에서 지양의 변증법, 정치적 상상력의 패러독스를 인식하지 못하고 있음으로써, 마르크스의 과학개념을 비판하고 동시에 그의 편에서 "사회과학에 면역이 있는 사회가 바람직하다는 믿음"을 마르크스의 자신의 고유한 명제로 간주하여 정초하고서 이를 방어하려 한다.[178] 간단히 말하여 나는 이 명제를 받아들이지 않는다. 나의 명제는 마르크스가 "사회과학에 면역이 있는 사회"를 주장하고 있는 것이 아니라 사회적 질병들에 대하여 면역된, 그리고 면역을 길러나가는 사회를 주장하는 것이라는 것이다. 왜냐하면 마르크스에서는 핵심 관건은 정치적 상상력의 지양이지 "사회과학의 사멸"이 아니기 때문이다.

우리는 코헨이 "사회과학의 사멸"이라는 자신의 명제를 논증하기 위해서 그가 인용하고 있는, 마르크스의 『자본』 제3권의 그 구절 전후를 다시 한번 인용하고자 한다. - 코헨이 인용하고 있는 그대로 인용하지는 않을 것이다. 왜냐하면 맥락의 해석이 어떻게 인용하는가에 따라 달라질 수 있기 때문이다. 물론 코헨 역시 자신의 명제를 논증하기 위해서 이 곳 이외의 여러 곳들을 인용하고 있기는 하다. 여하튼간에 일단 코헨의 인용을 인용하고, 그 다음 그 인용을 포함한, 마르크스의 그 구절들을 읽어보자.

---

177) Cohen, 앞의 글, p.338.
178) 앞의 글, p.341.

"마르크스는 이 저작[『자본』을 말함: 역자]의 제2권에서 현상에 대한 '실재적으로 과학적인' 설명을 그 현상의 '이국적인' 견해와 동일시한다. 제3권에서 그는 '현상형식'(Erscheinungsform)이 사물들의 본질과 직접적으로 일치한다면 모든 과학은 쓸모없을 것이다. 그리고 1865년 노동자들에 대한 한 강연에서 그는 '과학적 진리는 사물들의 현혹하는 현상만을 건드리고 있을 뿐인 일상적 경험에 의해서 판단한다면, 항상 패러독스하다'는 것을 경고하고 있다." :

"속류경제학은 사실상 **부르주아적 생산관계 속에 갇혀 있는, 이러한 생산실행자들의 표상**을 강령적으로 통역하고, 체계화하고, 그리고 변호하는 것 이외에 다른 것을 행하는 것이 아니다. 우리가 놀라지 않을 필요가 있는 것은, 속류경제학이 경제적 관계들의 소외된 현상형태 속에서 있으며, 이 속에서 이러한 확증(prima facie)은 맛이 완전히 달아났으며 완전한 모순들이라는 것이다 — **사물의 현상형태와 본질이 직접적으로 일치한다면, 모든 과학은 쓸모없게 될 것이다**(überflüssig) —, 바로 여기에서 이러한 경제적 관계들에서 **내적인 맥락이 은폐되어 있으나 일상적 표상에서는 통상적이면** 일수록 속류경제학은 그 자기 자신에서 완전하게 느낄 것이고 속류경제학에서 그러한 경제적 관계들은 그만큼 자명하게 나타날 것이라면 말이다."[179]

여기에서 마르크스는 자본주의적 생산양식의 내적인 맥락이 속류경제학에 의해서 은폐되어있음을 비판하고 있다. 비판적 위기학의 논리에서 보자면, 속류경제학은 이중적으로 비판되는 것이다. 한편으로, 사회적 위기로서 나타나는 사물의 현상형태와 본질 사이의 긴장들이 형식적 논리 속에서 해소된 것을 고찰되고 있는 한에서, 속류경제학의 비판의 현존재근거가 전형적 비판의 의미에서는 더 이상 현존하지 않을 것이다. 다른 한편으로, 속류경제학이 표피적 맥락에 집중하여 사회의

179) MEW 25: 825; 강조는 필자.

현재적 건강을 주장하고 있기는 하지만, 초월하는 의미에서, 현재적 생산양식의 내적인 맥락의 현실적 모순들은 비판적 위기학에 의해서 밝혀질 수 있다.

마르크스가 부르주아적 생산관계들 속에 갇혀 있는 생산실행자들의 표상을 비판하고 동시에 속류경제학자들이 현실적 실행자들의 일상적 표상을 교육법적으로 다소간에 강령적으로 번역하는 것을 비판할 때 그는 오직 이데올로기비판을 배제하고서는 정당하게 작용하지 않을 공론의 변증법을 전제하고 있다. 이데올로기가 이데올로기인 까닭은, 그것이 고독한 사막에서는 성장할 수가 없기 때문이다. 비판적 위기학의 전형적 비판은, 표피적 질서에도 불구하고 역사의 심층적인 모순들을 담지하고 있는 현재적 사회에 대한 이데올로기비판적인 계몽을 포함한다. 그러한 이데올로기비판적 계몽은 장기적으로 지속되어온 잃어버린, 잊어버린 역사의 고통스러운 기억과 더불어 발전한다. 루소는 사회적 불평등의 깊은 구조들을 연구하면서 "인간을 자연상태에서 시민상태(사회상태)로 이끌어 왔을 것임에 틀림없는 잊혀지고 잃어버린 행로"[180], "자연과 사회의 양쪽 상태를 떼어놓는 광대한 공간"[181]을 기억시키고 (재)구성하려 했던 것이다. 잊지 않고 잃어버리지 않기 위해서는, 위기 시대에서는, 우리는 멕시코의 위대한 문학가 옥타비오 파즈의 말을 빌려 말하자면 "열린 눈"으로, 눈을 뜨고, 잠을 자야 한다.

마르크스는 "자본주의적 생산양식의 신비화, 사회적 관계들의 물화"를 비판한다. "그것이 질료적 생산관계들과 그것의 역사적 · 사회적 피규정성이 직접적으로 함께 성장하는 것을 완성하고 있다는 것이다. 그것은 마법화된, 전도되, 머리로 서 있는 세계"를 말한다.[182] 그리하여 그는 코페르니쿠스적 전환을 통하여 정상의 세계를 복원하려 한다. 그가 요청하는 것은 "경험의 세계와 이론의 세계 사이의 절대적 구별"이 아니다. 그는 양자의 전도된 관계를 비판한다. 그리고 이 비판을 통해서 그가 목표

---

180) Rousseau, III: 191; 국역 〈인간불평등기원론〉, p.441.

181) Rousseau, III: 192; 국역 〈인간불평등기원론〉, p.441.

182) MEW 25: 838.

로 삼는 것은 코헨이 주장하는 "사회과학들에 대한 면역화"가 아니다. 사회적 질병들에 대하여 면역성이 있는 사회를 건설하는 것이다.

정치적 이론이 사회적 위기를 현실적으로 지양한다면, 정치적 이론을 자기 자신을 지양할 것이다. 정치적 이론의 현존재근거가 그렇다면 현실적으로 지양되었을 것이기 때문이다. 그렇지만 노동과 언어는 그곳에 현존할 것이다. 단지 "의술"로서의 정치적 언어와 노동이 정치의 패러독스한 자기지양으로서 지양될 것이며, 그렇지만 그것은 "사멸하는 것"은 아니다.

비판적 위기학에서 요청하는 이론과 실천의 변증법적 동일성은 철학의 규범적인 정치화 혹은 행동의 철학을 의미한다. 비판적 위기학에서 그러한 변증법적 동일성은 정치적 이론과 정치에 내재적이다. 오직 이러한 맥락에서 "실재에 대한 언명과 현상 사이의 밀접한 관계와 이론과 실천의 동일성에 대한 마르크스의 강조"가[183] 사실상 있다고는 말할 수 있을 것이다. 나의 주장과 명제를 분명하게 밝히자면 다음과 같다. 비판적 위기학의 현실적 정치적 논리가 없이는 이론과 실천의 변증법적 동일성을 정당하게 이해할 수 없다는 것이다. 코헨이 "칼 마르크스와 사회과학의 사멸"이라는 그의 명제를 제안하고, "이론과 실천 사이의 통일성은 정책에 대해 준거하고 있는 것이 아니라 정립된 사회주의적 사회의 상에 대해 준거하고 있다"고 주장하고, 이와 함께, 마르크스의 포이에르바흐 11명제를 제법 고상하게 설명한다고 말하고 있지만, 마르크스를 오독하고 있다고 나는 판단한다. 일단 여기에서 먼저 코헨의 말을 들어보자.

> "내가 마음에 두고 있는 것은 보다 높은 형이상학적 성질의 어떤 것인데, 그것은 포이에르바흐에 대한 마르크스의 마지막 명제에 대한 보충으로서 표현될 수 있을 것이다. 마르크스는 다음과 같이 썼다. '철학자들은 세계를 다양한 방식으로 해석만 해왔다. 요점은 세계를 변화시키는 것이다.'

---

183) Cohen, 앞의 글, p.338.

> 나는 우리가 '세계에 대한 해석이 더 이상 필요가 없을 정도로 세계를 변화시키는 것임'을 첨가할 수 있다고 주장한다."[184]

분석적 마르크스주의자로서 기능적 설명을 전개하고 있는데, 비록 그가 마르크스의 원래의 명제에서 세계를 변화시키는 명제를 변화시키는 해석의 기능을 지지하고는 있지만 "해석의 사멸"을 궁극적으로는 주장하고 있는 것이다. 우리는 코헨이 마르크스의 명제를 이렇게 해석하고 평가하는 것을 비판하고자 한다. 마르크스의 경우, 다양한 해석들과 세계의 변화 사이의 단순한, 소박한 대립이 중요한 것이 아니라 세계의 변화와 함께 열어지는 해석구조의 변동이 핵심적 내용이라고 나는 주장한다. 마르크스는 기존의 세계와 총체성 내에서 다양한 해석들을 비판하고 있는데 그것은 세계와 총체성이 그 자체로 위기적인 한에서 이데올로기적이기 때문이다. 세계와 총체성의 구조가 코페르니쿠스적으로 전환된 다음에 현실적인 다양한 해석들은 열린 총체성과 새로운 세계를 위해서 나쁘지 않을 것이며, 따라서 가능하고 필요하다. 마르크스가 "공산주의"를 표현하는 곳에서도 여전히 비판이 살아있지 않은가.

---

184) Cohen, 앞의 글, p.339.

제3장
부정성과 총체성

"현자들이 일반적 사람에게 이 일반적 사람의 언어(langage) 대신에 자신들의 언어로 말한다면(parler), 그 일반적 사람에게 이해될 수 없을 것이다. 인민의 랑그(langue du peuple)로 번역될 수 없는 수천의 생각들이 있을 것이다."(장 자크 루소)

제1절 총체성파악의 유형

프랑스의 시인 폴 발레리가 말한 바 있듯이 "두 위험들이 세계를 끊임없이 위협하고 있다. 질서와 무질서가 그것이다."[185]

변증법적 총체성은, 우리가 루소와 마르크스를 의미롭게 해석하여 구성해 내려는 비판적 위기학의 구성요소로서 "이념"과 같은 폐쇄적 질서를 전제하는 헤겔주의적 전통과는 본질적으로 다르며 역사적 불연속성에서 시작하는 낭만주의적 사조들과도 본질적으로 상이하다. 해석사적으로 볼 때 여전히 중요한 의문은 한편으로 루소가 낭만주의적인가 하는 것이며, 다른 한편으로 마르크스가 헤겔주의적인가 하는 것이다. 이와 같은 의문의 논박들은 오늘날 현대성과 탈현대성의 이론들이 서로 대립하는 논쟁들과 깊은 관련을 맺고 있다. 미국의 해체주의자 폴 드만은 탈현대적 해체이론을 주장하고 있는데[186], 루소를 낭만주의의 이미 급진화한 이론을 선취하고 있는 모범으로 간주하고, 이를 바탕으로 자신의 해체주의식 글쓰기의 모델로 삼는다.[187] 그리고 다른 한편, 이미 우리가 앞 장에서 논의한 바 있지만, 독일의 비판이론가 하버마스는 현재 현대성의 기획을 미완성된 것으로 판단하고 이를 완성하려는 비판이론적 기획 속에서 마르크스의 사회이론을 수용사적으로는 헤겔의 사상으로부터 마르크스의 사상이 연속적으로 발전하는 것으로 판단

---

185) Paul Valéry의 말을, Robert Cooper, "Organization/Disorganization", in: *Social Science Information*, 25, 2, 1986, pp.299-335, 여기에서는 p.299에서 재인용.

186) 독일 문예학자 Harro Müller는 드만의 미국 해체주의를 정당하게 탈현대적이라 간주한다. Harro Müller, "Kleist, Paul de Man und Deconstuction", in: *Merkur*, 1986, H.2, pp.108-115. 드만은 자신의 입장을 "포스트모든(postmodern)"하다는 언어로 표현하지 않는다는 점에서 설명이 혹시 필요할 지 모르겠다. 드만에게 있어서는 현대성(modernity) 그 자체가 이미 현대성의 부정을 내포하고 있다고 보고 있기 때문이다. 이 점에 대해서는 Paul de Man, *The Resistance to Theory*, University of Minnesota, 1986, pp.119-120 참조하라.

187) Paul de Man의 저작들, 특히 *Blindness & Insight: Essays in the Rhetoric of Contemporary Criticism*, new. ed., with other essays, University of Minnesota, 1983; *Allegories of Reading: Figural Languages in Rousseau, Nietzsche, Rilke and Proust,* Yale University Press, 1979 참조.

하면서 형이상학적인, 존재론적인 잔여가 있음을 확인하고 비판한다.[188)]

다음의 유형론적 도식은 루소와 마르크스의 사상적 연속성을 보다 분명하게 보여주는 데 이바지할 것이다.

	직접적	간접적
폐쇄적	[해당 없음]	헤겔주의
개방적	초기낭만주의	루소, 마르크스

이 도식에서 수직적인 구별의 기준은 총체성을 이론화할 때 "역사철학적"인가 아닌가 하는 것이다. 즉 역사철학적 폐쇄성의 총체성인가 아니면 반(反)역사철학적 개방성의 총체성인가 하는 구별을 말한다. 수평적인 차원에서는 총체성의 구조화가 이성과 함께 서로 대화하는 인간들에게 접근되는 것인가 아닌가 하는 기준으로 유형을 구별한다. 그리고 이 두 구별기준을 교차시키면 위와 같은 유형론 도식을 그려낼 수 있다. 이제 다음에서 우리는 헤겔주의 변이체들의 총체성의 이론적 구조와 초기낭만주의적 변이체들의 그것을 재구성하고자 한다. 먼저 우리는 헤겔의 개념들을 연구한 다음, 마르크스가 헤겔의 총체성을 이른바 전도하는 것(Umstülpung)을 분석하고자 한다. 마르크스가 헤겔과 이론적으로 대좌하고 있는 이론적 맥락은 마르크스가 구체적인 글들을 남겨 놓았기 때문에 헤겔과 마르크스의 이론적 차이를 부각시키는 과제에서는 상대적인 이점이 있다고 말할 수 있겠다. 한편, 초기낭만주의, 특히 프리드리히 슐레겔(Friedrich Schlegel)의 "시적" 총체성 개념을 비판적으로 표현한 다음에 우리는 루소를 해체주의적으로 독해하고 있

188) J. Habermas, "Die Moderne - ein unvollendetes Projekt", in: *Kleine politische Schriften I- IV*, Ffm, 1981, pp.444-464, 또한 하버마스의 다른 저술들, *Der philosophische Diskurs der Moderne,* Ffm, 1985, *Die neue Unübersichtlichkeit*, Ffm, 1985를 참조하라.

는 드만의 해석과 비판적으로 대좌하면서 루소가 총체성을 이론적으로 어떻게 이해하고 있는지를 재구성해 낼 것이다. 수용사적으로 드만은 루소를 낭만주의자로서 독해하고 그것을 문헌학적으로 연구하는 가운데 본질적으로 성립하고 있다.[189)]

이러한 논의에서 나의 주장을 요약적으로 압축하여 먼저 밝히자면 다음과 같다. 곧, 루소의 총체성 및 변증법 이해를 배타적으로 낭만주의적으로 확인하는 것은 불가능하다는 것, 또한 마르크스가 헤겔의 변증법을 전도한 것을 단순하게 헤겔의 이념을 긍정적이고 확고한 물질로 기계론적으로 번역한 것으로 이해해서는 안된다는 것, 그리고 총체성구조가 개방적이며, 간접적이라는 점, 즉 재구성적이라는 점에서 마르크스는 루소와 다르지 않다는 것. 이것이 비판적 위기학의 총체성 파악이라는 것 등이다.

제2절 초기낭만주의의 "시적" 총체성

1. 현대적 위기의 미학적 비판

낭만주의적, 시적 총체성의 직접성**과** 개방성을 바르게 이해하려면, 낭만주의적 시 개념을 분명하게 이해하는 것이 우선 필요하다. 초기낭만주의가 낭만주의적 시를 미학적으로 구조화시키는 것은, 이론과 실천에서 위기에 빠졌다고 판단한 초기낭만주의의 현대성위기에 대한 대답으로서 파악될 수 있다(우리는 여기에서 프리드리히 슐레겔 특히 그의 이른바 『연구논문』(Studium-Aufsatz)에 주목하고자 한다). 초기낭만주의는 이 현대성위기를 "현대적 시"의 위기로 이해하였는데, 여기에서

189) Paul de Man, *The Resistance to Theory*, 참조하라. 드만이 무엇에 관심을 가지고 있으며 지향점이 무엇인지에 대해서는 그의 에세이들을 모은 책인 『낭만주의의 수사법』이라는 표제어가 잘 말해주고 있다. Paul de Man, *The Rhetoric of Romanticism*, Columbia University Press, 1984 참조.

초기낭만주의적 시는 그 스스로가 현대성위기의 내재적 비판으로 등장한다. 초기낭만주의에서 현대성과 총체성의 위기는 현재의 "미학적 아나키"(Anarchie)로서 진단되고 있다. 초기낭만주의에 의하면, 현재의 현대성위기와 총체성위기는 현대적 시의 위기로서 오직 미학적 혁명을 통해서만 극복될 수 있다. 이 경우, 시적 처방은 "현대적 시의 역사"와 "그리스 시의 연구"에 대한 **발생적(genetisch)** 연구를 전제하고 있다.[190] 프리드리히 슐레겔이 청년 시절에 발표한 『그리스 시의 연구에 대하여』라는 그의 논술은 그가 나중에 자기비판적인 〈서문〉을 붙이고 있음에도 불구하고 우리는 낭만주의의 결정적인 선언으로 간주할 수 있다고 판단할 수 있겠는데, 이 논술은 총체적 위기의 비판에서 시작한다.

> "예술가들의 실제에서도 그렇지만 미학적 이론에서 매우 분명하게 볼 수 있는 아나키는 현대적 시의 역사에까지 확장되어 있다."[191]

여기에서 슐레겔은 미학적인 것의 이론과 실천은 발생적으로 연구될 수 있으며 또 그렇게 되어야 한다는 것인데, 그 위기를 아나키로서 표현하고서 비판하려 한다. 현대적 시의 **역사**를 새롭게 연구해야 하는 필요성은 총체적이고 급진적으로 비판되어야 할 현재적 위기에 그 근거를 두고 있으며, 그 연구와 함께 완전히 새로운 시작이 가능하게 될 수 있다고 그는 본다.

> "우리의 현재적 시대의 미학적 교육의 상태는 전체 과거를 개관할 것을 요구하는 그것이었다."[192]

---

190) Friedrich Schlegel, *Kritische Friedrich-Schlegel-Ausgabe*, herausgegeben von Ernst Behler, Paderborn/München/Wien/Zürich, 1982, Band 1, p.221. 이하 이 판을 인용할 때에는 Schlegel, KA 1: 221, 이런 식으로 약칭한다.

191) Schlegel, KA 1: 221.

192) Schlegel, KA 1: 356.

프리드리히 슐레겔은 이 연구논문에서 보편사(Universalgeschichte)의 시학적 재구성에 대한 이론적 관심 속에서 고대와 현대를 구별하고, 그런 다음 다시 세 시대들로 분할하고 있다. 이 분할에서는 그는 고대도 현대도 아닌, 새로운 한 시대를, 즉 낭만주의의 시대를 제창하고 있는 것이다. 프리드리히 슐레겔에서 중요했던 것은, 새로운 보편사의 시학적 구성이었다. 그런데 그가 요청하는 그 역사가 보편적이되, 결코 역사철학적 진보관의 의미에서 보편적인 것은 아니었다. 현재적 위기를 비자연적으로 극복하기 위해서 전체 역사를 개관한다는 것은 고대에서부터 지금까지 연속적으로 진행되어온 역사의 항상적 진보를 능가한다는 것을 의미했다. 고대뿐만 아니라 현대의 역사적 발전은 역사적 연속성이라는 관점에서 다르지 않은 것이며, 현실적인 미학적인 혁명이 아니라는 것이다. 고대의 사례에서, 프리드리히 슐레겔은 "서사적 시대", "서정적 시대", 그리고 "드라마적 시대"로 시대를 구별하고 있는데, 자유로운 놀이의 모든 아름다움에도 불구하고 고대의 비(非)혁명적인 "자연적인 발전(전개)"를 비판하고 있다.

> "**자연적인 발전**은 교양(Bildung)의 어떠한 필연적인 단계들도 건너뛰어 넘을 수는 없으며, **오직 점진적으로 진보해 나갈** 수 있을 따름이다. 그리스 시가 완성의 최상의 정상에서 가장 깊은 타락으로 침몰했다는 것 **역시 자연적이며**, **정말 필연적이기도 했다**."[193]

프리드리히 슐레겔이 보기에 그리스 시의 필연적 몰락은 자연적 발전의 맹목성에 이미 내재해 있는 것이었다. 그리스의 자연시의 자연사는 그 자기파괴성을 "**안내하고 지휘해주는 원리**의 결여"[194] 때문에 이미 내포하고 있었다 한다. 슐레겔은 자연사적 순환 속에 안주하는 "눈먼 지도자"[195]와는 거리를 취한다. 그 자체로 이미 완결되어 있으며 완

---

193) Schlegel, KA 1: 316.
194) Schlegel, KA 1: 317.
195) Schlegel, KA 1: 316.

성되어 있는 순환으로부터 역사필연적이고 자연적인 이탈 역시 순환 설정에서 이미 내재되어 있었던 것으로 이해되고 있다.

그리하여 초기낭만주의적 선언에서는 시작은 혁명적이어야 하지만, 오직 시적이며 동시에 완전히 낭만주의적이어야 한다. 프리드리히 슐레겔에서 고대는 현대와 마찬가지로 미학혁명적이지 않았던 것으로 이해되고, 그런 한에서 비판되고 있다. 역사적 연속성만이 있다면, 현대의 "미완성된 시작"[196] 역시 고대의 시원적 시작의 불완전성 이외에 다름 아니다. 프리드리히 슐레겔에서 고대의 역사적 몰락의 원인은, 어떠한 경우에서도 결코 우연이 아니었으며 오직 "내적인 근거들"[197]에서부터 설명될 수 있는 필연성이었다. 역사적 필연성의 이러한 "내적인" 것은 근본적으로 볼 때 그것이 본질적으로 "선험적 나"나 "인간성" 밖에 있다는 의미에서 "외재성"을 의미한다. 고대의 "자연성"과 "필연성"은 기술과 인위성에 의해서 대체되어야 한다. 왜냐하면 그것들은 필연적으로 자기파괴성을 내포하고 있기 때문이다.

> "완성된 시적 행위는 그 자체 완결된 전체, **기술적 세계**이다."[198]

여기에서 기술은 물론 기계론적 기술이 아니다. 낭만주의는 주지하듯이 기계론적 세계의 부정과 함께 시작하고 있다. 비(非)기계론적 기술은 초기낭만주의에서 낭만주의적 시이다. 그것은 물론 혁명적으로만 시작되어야 한다.

이러한 아이러니한 의미에서 노발리스는 피히테의 반성철학을 다음과 같은 말로써 비판하고 있다.

> "… 시원은 나보다 늦게 성립한다; 따라서 나는 시작되었을 수 없다. 우리는 이로써 보는 것은 여기에서 우리가 예술의 영역 속에 있다는 것이

196) Schlegel, KA 1: 305.
197) Schlegel, KA 1: 306.
198) Schlegel, KA 1: 296.

다."[199]

초기 피히테는 "명백한, 하지만 이차적인 현상의 도움을 받아 나의 시원적이지만, 어두운 본질"을 해석한다는 이른바 "정립적 사유"(das thetische Denken)를 전개하는데[200], 이같은 사유가 초기낭만주의의 미학적 시의 시학을 통해서 전형되고 있는 것이다. 나의 시작은 시작의 나이다. 절대적 시작은 내재성과 외재성 사이의 차이를 가지지 않는다. 이와 함께 "미학적 절대주의"[201]가 시작한다.

그리하여 초기낭만주의의 시작은 "시작" 없는 신비적 절대적 시작이고, 가설을 가진 역사 대신에 "가설 없는 역사를 시작"할 것을 요구한다.[202] 초기낭만주의의 가설 없는 역사는 시작의 미학적 혁명화를 통해서 신화·시로서 새로운 시를 시작하려 한다. 게다가 이를 넘어서, 현대의 시작에 대한 프리드리히 슐레겔의 발생적 연구는 전체로서의 현대의 위기는 그것의 "미완성된 시작"에 있다는 것을, 또한 그것은 고대의 시작에까지 소급되어 추적될 수 있는 것임을, 분명하게 말한다. 이미 슐레겔의 이 『연구논문』에서는 시원적 고대에서 현재에 이르기까지의 역사적으로 전체의 연속성구조를 공격하고 있다. 역사의 연속성의 시적인 해체를 위하여 자기준거적이며 자기지양적이게 항구적 불연속성을 생산할 수 있는 역사적 불연속성이 급작스럽게 시작하고 있는 것이다.

> "철학이 시가 되고 그리고 시가 철학이 된다. 역사는 문예(Dichtung)로서 취급되고, 그렇지만 문예는 역사로서 취급된다."[203]

---

199) Novalis, *Schriften*, 4 Bände, herausgegeben von Paul Kluckhohn und Richard Samuel unter Mitarbeit von Heinz Ritter und Gerhard Schulz, Stuttgart, 1960, Band III, Nr.76, p.253.

200) D. Henrich, *Fichtes ursprüngliche Einsicht*, Ffm, 1967, p.15.

201) Bernhard Lypp, *Ästhetischer Absolutismus und politische Vernunft*, Ffm, 1972.

202) Schlegel, KA II: 201 [Nr.226].

203) Schlegel, KA I: 219.

여기에서 프리드리히 슐레겔이 주장하는 것은, 철학과 시의 "역사철학적 변증법적"인 종합과 같은 것이 결코 아니다. 그것은 초기낭만주의의 미학적 프로그램을 선언하는 것으로서, 철학의 시가 아니라 시의 철학을 주장함과 동시에 이미 항상 시였던 철학의 내용적 미학화를 주장하는 것이며, 또한 로고스(Logos)중심의 역사적 연속성구조를 시적·역사적으로 취급되는 불연속성의 미학적 급진화를 통해서, 다시 말해서 예술사의 절대적 자율성을 통해서 해체하는, 급진적인 반역사철학적인 "신신화론"(neue Mythologie)기획을 주장하는 것이다. 이와 같은 프리드리히 슐레겔의 역사개념해체는 하이데거(Heidegger) 이전에 반(反)역사적인 역사성 이론을 안내하고 있다.

2. 역사적 불연속성과 시적 혁명

독일의 문예학자 칼 하인트 보러(Karl Heinz Bohrer)가 그의 논문 〈신화론에 대한 프리드리히 슐레겔의 담론〉(Friedrich Schlegels Rede über die Mythologie)에서 특별히 부각시키고 있듯이 슐레겔의 경우 그의 연구논문과 〈신화론에 대한 담론〉 사이에는 급진적인 차이가 정말 있는가? 프리드리히 슐레겔은 『연구논문』에서 정말 목적론적 역사철학을 주장하고 있는 것인가? 그의 〈신화론에 대한 담론〉은 정말 "사회적 주장"을 전혀 담고 있지 않는가?[204] 여기에서 우리는 『연구논문』에서 이미 등장하고 있는 새로운 신화론을 위한 프리드리히 슐레겔의 미학적 이론을 좀 더 분명하게 준거하고자 한다. 보러가 슐레겔의 미학에 대한 해석적 주장과는 반대로 우리는 〈신화론에 대한 담론〉 그 이전에 슐레겔이 반역사철학적 시학을 주장하고 있다고 주장한다. 보러가 자신의 해석적 명제를 정당하게 만들기 위해서 주목하는 "도덕성"이라는 말은 슐레겔에게 있어서 기존해 있는 도덕적 공론질서에 미학적 혁명

---

204) K.-H. Bohrer, "Friedrich Schlegels Rede über die Mythologie", in: ders., (Hg.), *Mythos und Moderne*, Ffm, 1983, p.60.

이 일차적으로 의존해 있음을 말하는 것이 결코 아니며, 단지, 미학적 혁명에 내재해 있어야 할 "입법"의 필요성의 보편성을 함의하는 "미학적 명령"을 말할 따름이다. "도덕성"은 미학적 혁명을 위한 하나의 전제로서 슐레겔의 경우 "서로 상호 소통하는 교양공론"[205]에서 나오는 것이 아니라 절대적 고독에서 나오는 것이다. 즉 "도덕성"은 "자아 그 자체"에만[206] 있는 것이다. 프리드리히 슐레겔은 이미 『연구논문』에서 "미학적 힘"과 "도덕성" 사이의 시적인 내적인 융합을 준거로 하여, 현재의 공론의 현재적 도덕성구조와 거리를 취하고 있으며, 현재의 공론이 "나쁘기" 때문에 그는 다름 아니라 미학적 혁명을 요청하는 것이다.

> "타락된, 자신 자신과 일치하지 않는 힘은 비판을, 검사를 필요로 하고, 그리고 이러한 것은 **입법**을 전제로 한다. 미학적 혁명의 첫 번째 조직은 완전한 미학적 입법일 것이다."[207]

여기에서 예술가의 멜랑콜리적 천재는[208] 사회와 그 사회의 도덕성과는 거리를 취하고 있으며, 미학적 입법의 신비적 중심이 되고 있다.

보러와는 대조적으로 나는 프리드리히 슐레겔의 〈신화론에 대한 담론〉이 그의 『연구논문』처럼, 그 자신의 고유한 도덕성이론을 여전히 가지고 있다고 읽는다. 아마도 우리는 그의 이 도덕성이론을 시적 도덕성이라 명명할 수 있을 것이다. 우리의 해석을 논증하기 위해서 다음을 인용하고자 한다.

> "**모든 과학들**과 모든 예술들을 위대한 혁명이 포섭할 것이다. …(중략)… **이상주의**는 실천적 의도에서는 우리가 자신의 힘과 자유로부터 행사하고 확산시켜야 할 바로 그 혁명과 동일한 것의 거대한 격률인 **저 혁명의 정**

205) Bohrer, 앞의 글, p.63.
206) Schlegel, KA I: 272.
207) Schlegel, KA I: 272.
208) Schlegel, KA I: 271.

신에 다름 아니지만, 이론적 의도 속에서는, 이상주의가 여기에서도 역시 대단하게 위대하게 밝히고 있듯이, 인간성이 모든 힘들로부터 그 중심을 찾기 위하여 모든 힘들로부터 싸워 얻어내고 있는 모든 현상들의 현상의 단지 일부분, 한 가지, 한 표현방식일 뿐이다. 위대한 혁명은 사안처럼 서 있어야 하며, 내려가야 하거나 되젊어져야 한다. 그와 같은 회춘의 시대에서 보다 개연적인 것은 무엇인가, 그리고 기대할 수 없게 하는 것은 무엇인가? …(중략)… 회색빛 고대는 다시 생동하게 될 것이며, 그리고 **교양의 가장 멀리 있는 미래**는 이미 자신의 준비를 예고할 것이다. 그렇지만 이것이 나에게 지금 다가오고 있는 그것은 아니다. 왜냐하면 **나는 어떠한 것도 건너뛰고 싶지 않으며 너희들을 한 단계 한 단계 가장 신성한 신비들의 확실성에로 이르게 하고 싶기 때문이다**. 자기 자신을 규정하고, 자신으로부터 영원한 순환 속으로 들어가며 자신에게 다시 되돌아가는 그것이 정신의 본질이듯이, 그것은 모든 사상이 그와 같은 활동의 결과 이외에 다름 아닌 바와 같다. 이와 똑 같은 과정이 이상주의의 전체적인 그리고 위대한 모든 형태 속에서도 **볼 수** 있으며, 이 이상주의란 정말 그 스스로가 삶의 비밀스러운 힘이 새로운 발명의 제한받지 않은 충만을 통해서, **일반적인 전달가능성**을 통해서, 그리고 살아있는 효율성을 통해서 가장 영화로운 것을 계시하는, 저 자기입법의 **승인일 뿐**이며, 그리고 **승인을 통해서 이중화된 새로운 삶**인 것이다."[209]

슐레겔은 여기에서 "이상주의"를 이론적으로 어떻게 개념규정하고 있는가, 그는 이상주의는 "혁명의 정신"의 총개념으로서 혁명의 정신의 "승인"의 "가시가능성"을 표현하는 것으로 이해하며, 바로 이러한 맥락에서 프리드리히 슐레겔의 미학적 혁명론은 『연구논문』에서와 꼭 마찬가지로 〈신화론에 대한 담론〉에서도 여전히 교양과 도덕성의 미학적 이론을 포기하지 않고 있다는 것을 알 수 있다. 그의 시학에서 이상주의는 현실주의(Realismus)가 "삶의 철학이나 정신과학의 시작이고, 첫

209) Schlegel, KA II: 314-315. 강조는 필자.

번째 충동으로서 규정되는 이상주의"[210]의 미학적 명령만을 받아들여야 한다는 한에서 현실주의와 동일하다. 초기낭만주의적 시가 역사적 사회적 도덕성구조와는 독립되게 생산되는 것으로 스스로 이해하고, 자신의 새로운 도덕성의 내적인 보편성과 자신의 내재적인 승인명령을 "일반적인 전달가능성"으로서 보유하고 있는 것으로 파악하고 있듯이, 초기낭만주의의 이상주의는 궁극적으로는 현실주의를 절대적으로 지휘한다. 오직 이러한 의미에서 이상주의는 그 시작 이래로 이미 현실주의적이고 현실주의는 그 마지막까지 완전히 이상주의적이다. 시적 독재가 이상주의와 현실주의를 그 처음부터 마지막까지 총체적으로 지배한다. 시작은 초기낭만주의적 언어로 말하면 이미 마지막이다. "시"는 프리드리히 슐레겔에서 "본질적 시작이고, 내적인 핵심이며, 저 살아있는 자연계시이며 세계관의 완성"[211]이다.

프리드리히 슐레겔에서 진정한 낭만주의적 시는 도출될 수 있는 성질의 것이 아니다. 그것은 오직 "예견능력이 있는"(divinatorisch) 선(先)의식성 형태(Vorbewuβtheitsform)로서 나타날 수 있다. 이때의 시간은 보러가 잘 보고 있듯이 생각한, 다시 말해서 역사철학적으로 판단을 내리고 예견하는 시간이 아니라 체험된 지금 시간이다.[212] 하지만 이와 동시에 낭만주의적 시는, 선의식성 형태로서의 새로운 신화론으로서, "의식"으로서도 나타난다. 즉 슐레겔에서 "의식"은 "시작" 없는 시작이다. 〈신화론에 대한 담론〉에서 그는 이와 같은 아이러니한 주장을 분명히 하고 있다.

> "모든 사유는 예견능력적인 것이지만, 인간은 **자신의 예견능력적 힘을 의식하게 됨으로써만이 시작한다.**"[213]

---

210) Schlegel, KA II: 313.
211) Schlegel, KA II: 315.
212) Bohrer, 앞의 글, p.63.
213) Schlegel, KA II: 322.

예견능력적인, 신화론적 사유로서의 시가 무의식적인 의식을 함의하는 것과 마찬가지로 시적 "실천"(창작; poiesis)으로서의 미학적 이론은 이미 자신의 시작 이전에 승인능력을 포함한다. 이러한 맥락에서만이 슐레겔은 이미 『연구논문』에서 〈신화론에 대한 담론〉에서처럼 예컨대 다음과 같이 주장하고 있다.

> "**완성된** 미학적 이론은 교양의 확실한 길안내자일 뿐만 아니다. 해로운 편견을 근절함으로써 많은 사슬들의 힘을 풀어놓고 자신의 길을 방해물로부터 떼어내어 깨끗하게 할 것이다. 하지만 미학적 이론의 법칙은 공적 견해의 다수에 의해서 인정되고 제재되는 한에서만 **진정한 권위**를 가진다.[중략] 그런 이론은 자기 자신과의 완전한 그리고 자유로운 일치를 통해서만 자신의 법칙들은 완전히 타당한 주목을 받을 수 있으며, 자신을 현실적인 **공적인 권력**으로 끌어올릴 수 있다. 오직 **객관성**을 통해서만이 그런 이론은 자신의 규정에 조응할 수 있다."[214]

여기에서 슐레겔이 말하는 것은 보러가 주장하고 있는 역사이론적 목적론적 주장을 준거하여 서로 소통하는 교양공론의 도덕성에 그가 주장하는 미학적 혁명이 일차적으로 원칙적으로 의존해 있다는 것이 결코 아니다.[215] 오히려 그와는 정반대로 "미학적 이론의 법칙들"에 이미 내재해 있는 보편성의 능력이 있는 미학적 명령이다. 이 점은 텍스트의 독해에도 해당하고, 그 경우에 우리는 초기낭만주의의 계몽의 계기, 구체적으로 말하면 계몽의 눈멈을 해체하는 데 목표를 두는 일종의 "계몽의 변증법"[216]을 — 계몽의 변증법의 이성적 합리적 유화적 차원을 일단 접어둘 수만 있다면 — 읽어낼 수도 있을 것이다. 프리드리히 슐레겔에서 미학적 이론의 객관성이 "현실적으로 공적인 권력"으로 상승가능하다는 것은 이미 『연구논문』에서도 본질적으로 그 객관성이 "공적인 견해(여

---

214) Schlegel, KA I: 273.

215) Bohrer, 앞의 글, p.63.

216) Th. Adorno/ M. Horkheimer, *Dialektik der Aufklärung*, Ffm, 1969.

론)의 다수"를 — 그의 미학적 이론의 관점에서 볼 때 공론은 죽었다 — 점하고 있기 때문이 결코 아니라, 미학적 이론이 자기 자신과 "완전하고 자유로운 일치하고 있다"는 것을, 즉 텍스트에 내재해 있는 미학적 명령 그 자체를 말할 뿐이다. 우리가 형식주의라고 말할 수 있을 이것을 프리드리히 슐레겔은 그의 65. 리체움 단편(65. Lyceum-Fragment)에서 다시 한번 시적인 언어로 표현하고 있다.

> "시는 공화정적 담론이다; 모든 부분들이 자유로운 시민들이고 공동결정할 수 있는 곳에서 담론은 그것의 고유한 법칙이며 그것의 고유한 목적이다."[217)]

여기에서 공화정적이라는 표현이 의미하는 것은 인민주권성을 통한 지배를 의미하는 국가형태가 아니라, 법을 통해서 지배받고 지배하는 것일 따름이다.[218)] 슐레겔에 있어서 미학적 입법담론으로서의 시는 공론이나 사회에 대하여 고유한 자율성을 가진다. 절대적인 미학적 입법으로의 "공화정적 담론"은 시적 국가를 구성하기 위한 시적 입법의 중심으로서 깊은 정신이 "절대적으로 활동하는 나"[219)]로부터만 비(非)가 시적으로 올 수 있는 한에서 단지 "군주정"과만 조화될 수 있다. 그와 같은 독백적인 "공화정적 담론"은 아이러니하게도 "신신화론의 시학인 비(非)공화정적 정치"[220)]의 생산을 위하여 민주주의적 정치의 현실적인 공화주의를 파괴한다.

여기에서 우리는 다시 한 번 묻고자 한다. 프리드리히 슐레겔의 비공화정적 "공화정적 담론"이 초기낭만주의적 시학의 이론적 차원에서

---

217) Schlegel, KA II 155.

218) Rousseau의 『사회계약론에 대하여』를 참조하라.

219) Bernhard Lypp, *Ästhetischer Absolutismus und politische Vernunft*, Ffm, 1972, p.39, 그리고 Rolf-Peter Janz, *Autonomie und soziale Funktion der Kunst. Studien zur Ästhetik von Schiller und Novalis*, Stuttgart, 1973, pp.11ff; Bohrer, 앞의 글, p.73 참조.

220) Bohrer, 앞의 글, p.73.

볼 때 정말 현실적으로 보러가 주장하고 있듯이 "의지중심론적"(voluntaristisch)으로 구상된 것인가?[221] 나의 답은 그렇지 않다는 것이다. 그 이유는 "시작" 없는 시작으로서의 낭만주의적 시가 자신의 시원을 본질적으로 "의식 없는", "선(先)의식"에 있는 나에서 찾고 있기 때문이다. 프리드리히 슐레겔은 〈시에 관한 대화〉 속에 포함되어 있는 〈소설에 관한 편지〉에서 "시란 **사람 속에 대단히 깊이 그 뿌리를 박고** 있는 것이어서 상황들이 용이하지 않을 때에도 항상 때때로 **야생적으로** 성장한다"고 말한다.[222] 슐레겔은 시의 시원이 인간의 의지 밖에서 또는 이전에 있는 것으로서 이해하는, 이같은 인간학적인 존재론적인 정초를 전제하고 있는 것이다. 바로 이러한 관점에서 그는 〈시에 관한 대화〉의 시작에서 시의 볼 수 없음을 다음과 같이 정리한다.

> "… 삶은 그 스스로로부터 심층으로부터 솟아나오듯이, … 신의 태양의 따뜻한 빛이 그것을 건드리고 수정시킬 때 **시 역시 그 자신으로부터 인간성의 볼 수 없는 시원적 힘으로부터** 솟아나와 피어나는 것이다. … 그리하여 원래 **시에 대해서는 시로서만 말할 수 있게** 되어 있을 뿐이다."[223]

슐레겔의 시학은 이론적으로 비(非)의지중심주의적인 "형식 없는 그리고 의식 없는 시"[224]를 목표로 하고 있으며 "합리적인 담론"[225]을 목표로 하고 있지 않고, 자크 데리다 이래 후기구주주의이론들이 활력을 얻어가면서 핵심 쟁점이 되고 있는 자기준거성의 이론을 선취하고 있다. 즉 시에 대해서는 시로서만, 시 속에서만, 말할 수 있다는 것이다. 이같은 자기준거성의 이론은 "인간의 죽음"[226], 곧 인간의식이 준거가 될 수 없음을 전제하고 있는 것으로서 사회이론 영역에서는 독일 사회

221) Bohrer, 앞의 글, p.63.
222) Schlegel, KA II: 331; 강조는 필자.
223) Schlegel, KA II: 285; 강조는 필자.
224) Schlegel, KA II: 285.
225) Schlegel, KA II: 285.
226) Jochen Hörisch, *Die fröhliche Wissenschaft der Poesie*, Ffm, 1976.

학자 니클라스 루만(Niklals Luhmann)에게서도 발견할 수 있다. 우리가 초기낭만주의적 시학의 실천적 차원에 주목해 보면 "보편시"라고 표현할 수 있게 하는 이론적 기준이 매우 허약함을 알 수 있다. "예술을 매개로 하는 반성으로서의 예술비판"227)은 나 없이 또는 "약정하는 기호시스템"228) 없이 혹은 사회적 역사적 의미맥락 없이 어떻게 "보편시"가 될 수 있는지 완전히 불투명하게 남아 있다. 이 불투명함을 보완하는 초기낭만주의의 방책은 시작과 끝의 어떠한 차이도 없는 "자원론적인 신비적인" 검은 예언이다 - 프리드리히 슐레겔은 현대의 최초의 추미학자로 평가될 수 있다.229) "작품 속에는 신비적인 맹아가 있으며 시작은 시가 그러하듯이 이미 반성의 중심"이라는 것이다.230) 현실적인 매개의 죽음을 선언하는 이 검은 예언은 미래에는 어두운 검은 밤 동안에 오는 예술가로서의 천재에 절대적으로 의존하는 바를 공론에 독재적으로 고지하고 있는 것이고, 이 예술가로서의 천재에게 원칙상으로는 모든 각 인간들이 다가가는 것 이외의 다름이 아니게 나타나 있지만231) 실제적으로는 대화적인 길이 막혀 있는 것이다. 낭만주의적 시가 현실적으로 보는 것, 정신의 깊이에 있는 볼 수 없는 것을 볼 수 있게 하는 것에서 결과하는지 여부를 누가 생산 차원에서 원칙상 확정할 수 있는가? 그런데 프리드리히 슐레겔은 한스 로베르트 야우스(Hans Robert Jauss)나 에른스트 벨러(Ernst Behler)가 주장하고 있듯이 이미 시작되었다는 그 세 번째 시대를 재구성하려고 시도하였는가? 슐레겔에 있어

227) Walter Benjamin, *Der Begriff der Kunstkritik in der deutschen Romantik*, in: ders., *Gesammelte Schriften*, Band I, Ffm, 1980, p.40.

228) Lypp, 앞의 글, p.53.

229) G. Oesterle, "Entwurf einer Monographie des ästhetisch Häβlichen. Die Geschichte einer ästhetischen Kategorie von Friedrich Schlegels Studium-Aufsatz bis zu Karl Rosenkranz' *Ästhetik des Häβlichen* als Suche nach dem Ursprung der Moderne", in: Dieter Bänsch (Hg.), *Zur Modernität der Romantik*, Stuttgart, 1977, pp.217-297 참조하라.

230) Lypp, 앞의 글, pp.51-52.

231) Jochen Schmidt, *Die Geschichte des Genie-Gedankens in der deutschen Literatur, Philosophie und Politik 1750-1945*, Darmstadt, 1985, Band 1, pp.361f 참조하라.

서 "역사"는 그 뒤로 되돌아 갈 수 있는 것인가? 그에게서 관건이 되었던 것은 에른스트 벨러가 해석하고 있듯이 현대의 매우 특정한 한 시대인가? 그렇지 않다, 벨러가 이렇게 슐레겔을 잘못 해석하고 있는 것은, 슐레겔을 잘못 해석하고 있는 야우스와 대결하는 과정에서 발생한 것인지 모르겠다. 벨러는 프리드리히 슐레겔이 고대로 되돌아갈 것도, 현대를 단념하는 것도 아니라고 주장하려는 것이다. 여기에서 일단 벨러 자신의 말을 들어보자.

> "좀더 정확하게 살펴보면 슐레겔에서 중점으로 논의되었던 것은 고전주의적 독단주의와 천재예찬의 잘못된 미학적 시스템들도 포함하고 있었던 현대적 시의 전체가 아니라 현대의 매우 특정한 한 시대였다. 앞으로 좀더 세밀하게 파고들어가겠지만, 슐레겔은 현대의 전개를 거대한 세 순환들로 규정되어 있다고 보았고, 그 스스로가 세 번째 순환의 시작에 서 있다고 믿었다. 이 세 번째 순환은 철학에서는 칸트와 피히테에 의하여, 문학에서는 괴테에 의하여 그리고 문학이론에서는 그 자신에 의하여 안내되었다는 것이며, 이 세 번째 순환을 프리드리히 슐레겔은 1974년 2월 27일 그의 형에게 보낸 한 편지에서 그 자신을 괴테와 관련짓고서는 완전히 새로운 예술시대로 명명하였다. 주지하듯이 하이네는 괴테의 죽음 이후 '예술 시대의 종말'과 문학의 새로운 시대의 시작을 선언하였다. 이로써 슐레겔이 이 논고에서 논의하였으며, 사람들이 낭만주의 시대로 시대를 표기하는, 혹은 이름을 따서 괴테의 시대라고 명명하는 그 시대에 해당하는 것이 포괄되었던 것이다."[232]

프리드리히 슐레겔의 문제제기는 분명 고고학적인 것이 아니라 현재에 정향되어 있으며, 하지만 현재적 위기의 현실적 위기를 그는 그가 고대와 관련되어 있는 현대와 밀접하게 연결되어 있는 것으로 다루고

---

232) E. Behler, "Einleitung" zu *F. Schlegel. Über das Studium der Griechischen Poesie 1795- 797*, Paderdorn/München/Wien/Zürich, 1982, pp.13-132, 여기에서는 p.79.

있는 시작물음에서 보고 있다. 프리드리히 슐레겔에서 중요했던 것은 단지 현대의 특정한 한 시대만이 아니라, 정말 이보다는 오히려 고대를 포함하여 지금까지의 역사 전체였다. 에른스트 벨러와는 완전히 다르게, 나는 슐레겔이 철학에서는 칸트와 피히테를 통해서, 문학에서는 괴테를 통해서 이미 이루어진 현대성구조를 그 어떠한 구조적 변동도 없이 문학이론의 차원으로 그것을 도입하려고 시도하였던 것이 아니라 오히려 완전히 새로운 시대, 즉 현대성이 진화론적으로 구별되는 세 시대들을 거쳐서 전개되어온 연속성구조를 돌발적으로 극복함으로써 낭만주의와 그 시대를 창조하고자 시도하였다고 판단한다.

프리드리히 슐레겔은 진정한 낭만주의의 시대는 급진적으로 새로운 총체성의 시적인 표현이며, 그것은 오직 시적 혁명을 통해서만 얻어질 수 있는 것이라 논술한다. 이러한 의미에서 프리드리히 슐레겔이 기다렸던 낭만주의적 시대는, 네 번째 시대이며, 우리가 고대를 제1의 구조로, 현대를 제2의 구조로 표현하고자 한다면 이미 제3의 구조이다. 진정한 낭만주의의 이 제3의 구조는 사실상 어쩌면 에른스트 벨러가, 문학적인 이중적인 병렬 형태를 가정하고 있었던 로베르트 야우스와 대결하면서, 명제, 반명제, 그리고 종합이라는 의미에서 사상발전과정이 3단계라는 관점을 제시하고 이를 독일적 이상주의나 독일적 에세이라고 특징지었던 바에[233] 합당할지도 모르겠으나[234], 그렇지만 이 제3의 구조를 특징짓는, 시적인 미학적인 사유방식은, **의미맥락을 해체하는**, 독일낭만주의라는 **또 다른** 이데올로기를 생산하는 것이었다. 그와 같은 제3의 구조는 그것이 역사철학적 변증법의 닫힌 연속성을 더 이상 전제하고 있지 않다는 점에서는 어쩌면 "부정적 변증법"(아도르노)의 일종이라 표현할 수 있을지 모르겠다. 슐레겔의 시적 "종합"은 역사철학적이지 않으며 총체성구조의 급진적인 시화를 주장한다. 즉 시적 총체성.

233) Helmut Rehder, "Reason and Romanticism. On the Beginnings of the German Essays", in: *Lessing Yearbook* 1, 1969, pp.162-172.

234) Behler, "Einleitung", 앞의 글, p.81.

우리는 프리드리히 슐레겔이 고대와 현대 사이의 차이를 어떻게 특징짓고 있는지를 더 깊게 파고들기 이전에 그가 무엇 때문에 그리고 어떻게 현대적인 세 번째 시대를 시적으로 극복하고자 요청했는지를 보다 분명하게 밝혀내고자 한다.

프리드리히 슐레겔에게 있어서 현재란 총체적인, 시적인 혁명이, 돌발적인, 혁명적으로 새로운 시가, 그리고 총체성구조의 총체적 변혁이 필요한 시점으로 나타난다. **이를 위해서 우선** 필요한 것은 **현대적 시**의 시원과 시원적 예술성에 관해서 그리고 "그리스 시의 연구에 대해서" 새로운 연구를 하는 것이다.

> "점진적인 발전의 단계과정의 필요성은 이미 도달되어 있었던 탁월성의 척도 뒤로 물러나는 허약함의 변호가 아니라, 교양의 과정에 어쩌면 몇 걸음을 먼저 서둘러서 그 발전과정을 가속화했지만 **전체 단계를 비약할 수는 없었던** 진정한 예술가의 결함과 빗나감에 대한 해명이며 정당화이다."[235]

프리드리히 슐레겔이 요청하는 것은 일종의 "근대화이론"도 아니며 단계론도 아니고, 전체 단계들을 건너뛰어 넘는 것, 즉 미학적 혁명이다. 이 미학적 혁명의 새로운 시대는 지금까지의 시대들이 그렇듯이 위기의 비판에서 시작한다. 이 점은 프리드리히 슐레겔이 무엇 때문에 연구논문에서 단지 "세 시대들"만 구별하였는지를 어쩌면 간접적이나마 설명해줄지 모르겠다. 시대 개념은 이미 특정한 이론적 준거를 가지고 있으며, 시대의 시작에는 위기가 있었던 것이다.

프리드리히 슐레겔에 있어서 현재는 이론적인 시원적인 시대의 시작의 현재와 거의 마찬가지로 급진적 위기 그것으로 나타나 있다.

> "이제 우리는 우리가 빠져나갔던 바로 그 점에 되돌아 와 있다."

---

235) Schlegel, KA I: 354-355; 강조는 필자.

위기는 아직도 극복되지 않은 것이고, 그와 같은 위기에 대한 지금까지의 비판에도 불구하고 여전히 남아 있다.

> "취향과 문예의 전체 역사에서 어쩌면 어떠한 순간도 전체에 대해서 그렇게 특징적이었던 적이, 과거의 결과들에서 그렇게 풍부한 적이, 미래를 위하여 결실성이 있는 맹아를 잉태하고 있었던 적이, 없었을 것이다. 미학적 형성을 위한 중요한 혁명을 위한 **시간이 성숙되어 있는** 것이다."[236]

이 순간적 현재는 슐레겔이 여기에서 잉태라는 은유적 언어로써 시사하고 있듯이 — 이 언어는 그 후 니체가 사용하는 언어이기도 하다[237] — 혁명할 에너지를 갖추고 있다. 슐레겔의 현재개념, 그 엄밀하게 말하면, 그의 순간개념은 이미 연구논문에서 역사가 단선적이며 필연적이라는, 다시 말해서 모든 역사적 차이들에도 불구하고 닫힌 동일성 속에서 전개되는 것으로 이해하는 역사철학을 표현하는 것이 아니라, 완전히 그와는 정반대로 역사의 개방성을 표현하고 있다. 슐레겔은 무질서로서의 현재적 위기는 카오스로서 이해하고 있다. 그것은 자동적으로 필연적으로 미래적 대안을 포함하고 있는 것이 아니라 단지 양립성을 내포하고 있을 따름이다.

> "… 아나키는 활발한 **혁명**의 어머니가 된다. 우리 시대의 미학적 아나키는 이와 비슷한 **행복한 재난**을 기대하면 안되는 것인가? 취향이 결코 다시는 퇴보할 수는 없으며 오직 필연적으로 진보하는 취향의 온전한 개선이 있거나 아니면 예술이 항상 퇴보하고, 우리의 시대가 진정한 예술의 복원과 아름다움에 대한 모든 기대를 완전히 저버려야만 하는 **결정적인 순간이** 아마도 온 것이다."[238]

---

236) Schlegel, KA I: 354-355.

237) Friedrich Nietzsche, Genealogie der Moral, in: *Werke in drei Bänden*, herausgegeben von Karl Schlechta, München, 1966, Aphorismus 19 그리고 E. Behler, "Einleitung", 앞의 글, 을 참조하라.

이 결정적인 순간이라는 은유는 미래의 인간적 활동을 열어주게 하는 역사적 불연속을 이론적으로 함의한다. 지금까지의 진화들과 연속성의 시적인 파괴와 해체는 새로운 총체성을 나타나게 할 수 있을 것이다. 미래는 새로운 시를 통한 절대적인 미학적 입법에, 즉 시적 총체성에 의존해 있다.

3. 진정한 낭만주의적 시대의 성립

프리드리히 슐레겔은 현대적 문학의 역사, 현대적 시의 형성사, 일반적으로는 그리스 그리고 특수하게는 그리스의 연구사, 그리고 미학적 이론의 역사를 일관되지 않는 모습으로 세 시대 혹은 단계로 구별하였다. 각 시대의 각 단계의 서로 다른 특징들을 우리는 다음과 같이 도식화할 수 있다.

모던 문학의 역사	단테	셰익스피어	괴테
모던 시의 교양사	일면적 민족성격; 고대의 개념과 경향의 몇가지 개별 흔적들	고대의 모방 이론; 예술 자체가 일면적, 민족적	적어도 전체 개별점들에서 현실적이지만 가장 흥미로운 민족적 삶을 진실 되게 표현
미학이론사	고유한 과학적 이론	합리적인 경험적인 미학의 도그마적 시스템	미학적 회의주의(바움가르텐,슐쩌,칸트, 피히테)
그리스시 연구사	로마인의 매개를 통해서만 고립되고 모든 철학적 원칙이 없이	여전히 계속 고립되고; 자의적인 가설들이나 일면적인 원칙들, 또한 개인적 관점	모든 원칙들의 무시 (헤르더)

238) Schlegel, KA I: 224; 강조는 필자.

슐레겔은 "지금"까지 진화론적으로 발전되어온 시대를 근본적으로 세 시대로 나누고 그것들을 구별한다.

> "**첫 번째 시대에서는** 미학적 형성의 전체 대중에서 일면적인 민족적 성격이 결정적인 무게를 대체로 가지고 있었고, 그리고 바로 지금 여기에서만 고대를 향한 미학적 개념들과 경향의 몇 가지 소수의 흔적들이 미동하고 있다. **두 번째 시대**에서는 전체 대중의 거대한 부분들에서 고대인들의 이론과 모방이 지배하고 있었다. 그렇지만 주관적인 자연은 객관적인 법칙에 완전히 복속할 수 있기에 여전히 아주 어두웠다. 즉 주관적 자연은 법의 이름 속으로 스며들어가기에는 충분하게 대범했던 것이다. 모방과 이론, 그리고 이러한 것들과 함께 취향과 예술 그 자체가 일면적이고 민족적으로 남아 있었다. 이것에서 이어지는, 모든 개별적인 방식들, 모든 주관적인 이론들, 고대인들의 다양한 모방들의 아나키, 그리고 일면적인 민족성의 최종적인 희석화와 근절이 두 번째 시대에서 세 번째 시대로 이행하는 과정의 위기이다. **세 번째 시대**에서는 전체 대중에서 적어도 개별적인 점들에서는 객관적인 것이 현실적으로 도달되고 있다. 객관적 이론, 객관적 모방, 객관적 예술, 그리고 객관적 취향."[239]

슐레겔에 의하면, 첫 번째 시대로부터 세 번째 시대의 시작, 즉 현재에 이르기까지 발전되어온 지금까지의 역사에서 객관적인 것과 주관적인 것의 관계의 모든 본질적인 변화에도[240] 불구하고 유럽의 민족들의 시스템의 민족적 성격이나 현대의 민족적 시는 아직도 극복되지 않은 채 있었다. 역으로 말해서 "가장 관심 있는 민족적 삶의 진정한 표현"[241]이 여전히 그대로 남아 지속되고 있었다. 슐레겔에 의하면, 지금까지의 위기에 대한 지금까지의 모든 비판은 현실적인 미학적 혁명을 탄생시키지 못했다. 슐레겔이 보기에는 그것은 단지 "거대한 진화들"을

239) Schlegel, KA I: 355.
240) Schlegel, KA I: 355.
241) Schlegel, KA I: 356.

낳았을 뿐이고, 그것들은 본질적인 연속성을 보이고 있다.

프리드리히 슐레겔이 현대적 시의 형성사와 관련하여 현대의 세 번째 시대를 특징지을 때 우리가 앞에서 인용한 그 텍스트에서 그는 그 세 번째 시대가 이미 시작했다는 것을, 그리고 현대에서는 객관적인 것, 즉 객관적 이론, 객관적 모방, 객관적 예술 그리고 객관적 취향이 현실적으로 도달하였지만 그러나 미완성된 시의 깊은 제한들 속에서 그러했다는 것을 분명히 하고 있다. 곧 현실적으로 도달되었던 것은 총체성구조에서의 객관적인 것이 아니라 개별성에서의, "개별적인 점들에서의", 그것이었을 뿐이었다. 슐레겔은 현대적 시의 형성사에 대한 시적 비판 이외에도 구조적 차이가 없는 것으로 이해된다는 그 세 번째 시대에서의 미학적 이론의 "긍정적인 철학적인" 준거들을 비판한다. 이는 일반적으로는 그리스 전체, 특수하게는 그리스 시의 연구에 대해서도 해당하는 것이다.

> "**전체**에 관한 다양한 여러 견해들의 투쟁과 모든 개별적인 것들의 무질서한 풍요는 전체 대중들의 일반적으로 타당한 질서를 찾고 발견하는 데로 필연적으로 몰고 가게 한다. 그리스인들의 지식은 **결코 완성될 수 없으며**, 그리스인들의 연구는 **결코 고갈될 수 없다**. 하지만 사상가, 역사연구자, 식자 그리고 예술가를 위험한 근본오류, 대체로 비뚤어진 방향, 그리고 모방의 전도된 시도 앞에서 안전하게 하는 **하나의 확고한 지점**이 도달되었다."[242]

여기에서 프리드리히 슐레겔은 다시 한 번 그리스인들과 그들의 지식에 대한 자신의 새로운 연구가능성을 분명하게 밝히고 있으며, 칸트와 피히테를 통하여 도달했던 그 "보다 확고한 원리"[243]에 조응하여 그 "확고한 지점"에 대해서 긍정적인 측면과 부정적인 측면을 논의한다.

---

242) Schlegel, KA I: 358; 앞의 세 강조는 필자.
243) Schlegel, KA I: 359.

이 논의에서 그가 내용적으로 생각했던 것은 다음의 인용에서 보다 분명하게 드러난다.

> "독일에서, 오직 독일에서만 미학과 그리스의 연구와 미학이 하나의 최고점에 도달하였고, 그것은 문예와 취향의 온전한 재형성을 필연적으로 낳게 할 것이다. …(중략)… 철학적 미학의 단계별 발전에서 가장 중요한 진보들은 합리적인 시스템과 비판적인 시스템이었다. 이 둘은 **독일적** 창조자들에 의해서, 즉 전자의 시스템은 **바움가르텐**(**Baumgarten**), **줄처**(**Sulzer**) 등등에 의해서, 후자의 시스템은 **칸트**와 그 후예들에 의해서, 장려되고 형성되었다."[244)]

바움가르텐과 줄처가 합리적 시스템을 발전시키고, 다른 한편으로는 칸트와 그 후계자들이 비판적 시스템을 발전시킨다고 슐레겔이 말했을 때 철학적 미학의 단계별 발전이지 시적 미학의 혁명적 불연속이나 돌발적인 비약을[245)] 결코 함의하는 것이 아니었다. 합리적인 철학과 비판적인 철학의 보다 확실한 원리나 확고한 지점 때문에 그는 다시 한 번 미학적 혁명을 위한 자신의 고유한 문제제기를 확인하려고 시도한다.[246)] 즉 "정초된 의심"이 다시 그리고 불연속적으로 일어날 수 있다는 것이다.

> "피히테를 통해서 비판적 철학의 기초가 밝혀진 이래로 칸트의 실천철학 강요를 보고하고, 보충하며, 그리고 완성하려는 보다 확실한 원리가 있다. 그리고 **실천적인 그리고 이론적인 미학적 학문들의 객관적 시스템**의 가능성에 대해서 더 이상 정초된 의심이 일어나지 않는다."[247)]

---

244) Schlegel, KA I: 364.
245) Schlegel, KA I: 255.
246) Schlegel, KA I: 359.
247) Schlegel, KA I: 358.

프리드리히 슐레겔은 철학적 질서의 시스템에 대해서뿐만 아니라 "미학적 아나키의 시스템"[248]에 대해서도 미학적 혁명을 요청하고 있는 것이다.

이제 여기에서 나는 슐레겔의 역사적 시대구별론을 설명하기 위해서 아래와 같은 도식을 그리려고 한다. 이 도식은 초기낭만주의의 시적 총체성 개념 및 제3의 구조 그리고 현대적 네 번째의 시대를 오해 없이 바르게 이해하는 데 기여할 것으로 기대한다.

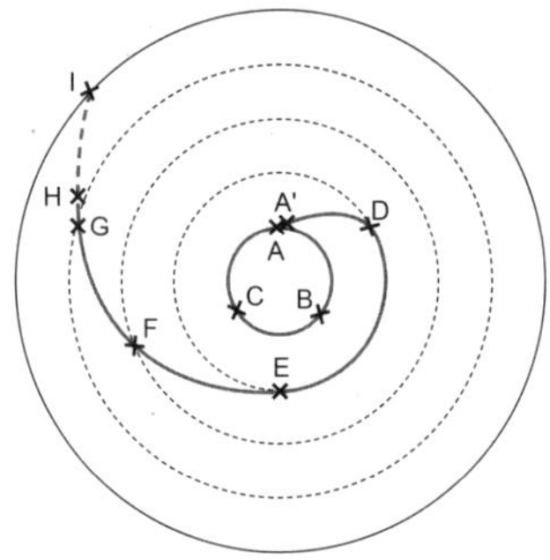

이 도식에서 알 수 있듯이 고대는 도식의 가장 안쪽의 원, 곧 순환을 그리고 있다. A'에서 H(현재)까지는 시간적으로 현대에 속하는 부분을 그리고 있다. D - F의 시간은 『연구논문』에서 현대에서의 제1시대를 의미한다. F - G의 시간은 제2시대를, 그리고 G - H의 시간은 제3의 시대를 각기 의미한다. D에는 단테(Dante)가 위치해 있으며, F에는 슐레겔이 제2의 순환의 시작, 정상, 그리고 끝이라고 명명한[249] 셰익스피어(Shakespeare)가, G에는 괴테가 각기 위치해 있다. 이 세 위대한 거장들은 내용적으로 역사적으로 얼마나 다르다 할지라도 (다르기는 하지만 비(非)완성된) 순환 속에 있다는 점에서 동일하다. 이러한 맥락에서 우리가 이제 프리드리히 슐레겔이 물론 그는 고대와 현대를 비교하는 연구를 전개해 가면서 고대를 다시 그 내부에서 서사적 시대(A -

---

248) Schlegel, KA I: 264.

249) Behler, "Einleitung", 앞의 글, p.99.

B), 서정적 시대(B - C), 그리고 드라마적 시대(C - A')로 (하부)시대를 구별하고, 전체 현대를 급진적으로 비판하지만 단테, 셰익스피어, 그리고 괴테를 긍정적으로 평가하는 이유를 이해할 수 있을 것이다. 물론 내가 그린 이 도식에서 H - I는 슐레겔이 오직 돌발성의 미학적 시간성을 통해서만 도달 가능한 것으로 이해하는 돌발적인 비약을 의미한다. 아마도 주의 깊은 독자는 이 도식에서 의문을 제기할 충동을 느낄 것이다. 곧 A'에서 D까지의 시간전개는 시간적으로 또한 역사적으로 무엇을 의미하는가 하는 의문이 그것이다. 이 의문은 내가 보기에 『연구논문』에 슐레겔 스스로가 붙였던 그 자기비판적인 〈서문〉(Vorrede)과 관련이 있는 것 같다. A' - D의 시작적 위기를 포함하여 현대의 세 위기들은 프리드리히 슐레겔에게 있어서 시작의 불완전성을[250] 역사적으로 구체적으로 표현하는 것 이외에 다름 아니다. 그 시작의 불완전성의 내재적 시원은 이미 그의 『연구논문』에서 고대의 불완전한 시작을 다시 소급하여 고찰하는 가운데 논의되고 있다.

> "실러(F. Schiller)의 〈감상적 문학자에 관한 논의〉는 흥미(관심) 있는 시의 성격에 대한 나의 통찰을 확대시켜주었던 이외에도 나 스스로에게 고전적 시의 영역의 한계에 관하여 새로운 빛을 주었다. 내가 이 글이 인쇄되기 이전에 실러의 이 글을 먼저 읽었었더라면, **현대적 시**의 시원, 그리고 시원적 예술성을 논의한 부분은 비교가 안될 만큼 더욱 완전하게 되었을 것이다. — 만약 사람들이 지금까지도 옛 예술의 후자 문학자들을 객관적인 시의 근본명제들에 따라서만 평가한다면 그 판단은 일면적이고 부당할 것이다. 미학적 형성에서 자연적인 것과 인위적인 것은 서로를 감싸는 것이며, 고대의 시의 늦깎이들은 동시에 현대의 선구자들이기도 하다. — **시칠리아 학파의 목가적 문학**이 생 자연을 진정으로 모방하였듯이, 타락한 예술이 잃어버린 자연으로 되돌아가는 것이 감상적 시의 첫번째 맹아이다. 그리스의 서정시들에서는 자연적인 것이 항상 표현되고

---

250) Schlegel, KA I: 305.

있는 것은 아니며 가끔은 이미 **소박한 것(das Naive)**이, 즉 인위적인 것과 대조를 이루고 있는 자연적인 것이 표현되고 있고, 그것은 오직 감상적 문학자만이 표현하고 있는 것이다."[251]

여기에서 프리드리히 슐레겔이 말하고 있는 것은 『연구논문』에서 개진해 놓은 본질적 주장들을 본질적으로 바꾼다는 것이 아니라 현대적 시의 시원과 시원적 인위성을, 그것도 특히 옛 예술의 마지막 문학자들을 해석하는 경우에서, 평가했을 때, 그것이 일면적이었고 부당했다는 것을 인정하고 그것을 수정한다는 것이다. 여기에서 우리는 흥미로운 의문을 제기할 수 있을 것이다. 즉 연구논문이 슐레겔 스스로가 일면적이고 부당한 측면이 있다고 말하면서도 그것을 공개한 이유가 무엇인가 하는 의문이다. 또한, 그렇게 공개하면서 그가 스스로 자기비판을 담아 『연구논문』 앞에 붙인 그 〈서문〉은 어떠한 역할을 행사하고 있는가 하는 것이다. 그 이유는 슐레겔이 자신의 연구논문에서 발전시켜 놓은 핵심적 명제가 미완성인 측면을 담고 있기는 하지만 그가 목표로 하는 핵심적인 명제, 즉 고대에서 현대에 이르기까지의 내적인 역사적 연속성이 있다는 명제는 실러의 〈감상적 문학자에 관한 논의〉를 통해서 파괴되는 것이 아니라 오히려 그와는 정반대로 확인될 수 있다는 판단을 그가 가질 수 있었던 때문이 아닌가 싶다. 실러의 논술과는 별도로, 독자적으로, 『연구논문』에서 이미 발전시켜 놓은 자신의 핵심명제가 〈서문〉에서 상대적으로 주변적인 자기비판을 담아서 공개함으로써 오히려 그 타당성이 상대적으로 더 강화될 수 있으리라는 전략이 있었던 것이다. 바로 이 때문에 슐레겔은 "미학적 형성에서 자연적인 것과 인위적인 것은 서로를 감싸는 것이며, 고대의 시의 늦깎이들은 동시에 현대의 선구자들이기도 하다"[252]고 말하고 있는 것이다.

프리드리히 슐레겔에게 있어서 고대와 현대는 모든 구조적 차이들에

251) Schlegel, KA I: 209.
252) Schlegel, KA I: 209.

도 불구하고 역사적으로 연속적이다. 즉 동일하다. 그리고, 그러므로 현재는 미학적 혁명으로서의 돌발적 불연속이 필요하다. 슐레겔에서 중요했던 것은 전체로서의 고대와 전체로서의 현대를 그가 고유하게 대조하는 가운데 제3의 구조의 시적 창조성(eine poetische Poesis)이었다.[253] 그는 실러의 〈소박한 문학과 감상적 문학에 대하여〉라는 글과 밀접히 관련성을 보이고 있는 자신의 자기비판적인 서문에서 자신의 연구논문에서 정식화해 놓은 핵심적 명제를 본질적으로 그 내용을 부정할 필요가 있었던 것이 결코 아니었다. 그것은 그것의 보다 깊은 확인으로써 나타나 있다. 그러므로 프리드리히 슐레겔의 시학적 미학과 실러의 여전히 역사철학적인 미학 사이에는 본질적인 차이가 지속되고 있다.

우리가 이미 앞에서 해석한 바 있듯이, 슐레겔은 이미 『연구논문』에서 이 『연구논문』에 대한 자기비판적인 많은 표현들을 보여주고 있기는 하지만[254] 역사철학적으로 사유하고 있는 것이 아니라고 우리는 주장한다. 슐레겔에서 결정적인 것은, 고대와 현대가 역사적 연속성을 가지고 있지만 총체성구조에서 본질적인 차이가 있다는 것이다. 고대의 사례에서는 그는 다음과 같이 서술하고 있다.

> "(생략) 그리스인들의 예술, 습속, 그리고 국가는 **대단히 친밀하게 서로 결합되어 있어서** 그것들의 지식이 서로 **분리되어질 수 없을** 정도이다. 그리고 일반적으로 그리스의 형성은 **하나의 전체**이고, 이 속에서는 개별적인 한 부분을 **부분별로** 완전하게 바르게 인식하는 것은 불가능하게 되어 있을 정도이다."[255]

현대의 사례에서는 다음과 같이 그는 적고 있다.

---

253) Schlegel, KA I: 346-347 참조.

254) 〈서문(Vorrede)〉(1797년) 이외에도 예컨대 7. Lyceum-Fragment에서 그러한 예를 찾을 수 있다.

255) Schlegel, KA I: 206; 강조는 필자.

> “**전체에서 진리인 바는 개별적인 부분에 있어서도 역시 타당하다**. 현대적 형성 일반이 그러하듯이 현대적 시 역시 **서로 결합되어 있는 전체**이다.”[256]

현대의 총체성구조는 위기에 빠져 있는데, 그것은, 양자 사이에는 역사적인 연속성이 있는 한에서 고대의 총체성구조에로 소급될 수 있는 것이다. 슐레겔에게 있어서 역사적 연속성의 이론은 위기를 가진 미완성적인 시작의 실천과 그 역사적 전개를 의미한다. 그는 이론과 실천의 역사철학적 관계를 연구한 다음에, 그는 이론과 실천의 융합으로서의 반역사철학적인, 낭만주의적 시를 생산하기 위해서 시작 없는 시작으로서의 새로운 시작을 요청한다.

현재의 총체성위기를 시학적으로 극복하기 위해서 슐레겔은 제3의 구조를 기획하는데 이 기획을 그 당시 당면 과제로 논의되고 있었던 “고대와 현대의 논쟁”에 대한 그의 이론적 답으로서도 이해할 수 있을 것이다. 이 논쟁은 탈현대주의가 “인간의 죽음”을 급진화하면서 도전하고 있는 가운데 현대와 탈현대의 논쟁으로 현재 논쟁이 활력을 얻어가면서 재조망될 필요가 있다.

프리드리히 슐레겔의 『그리스 시의 연구에 대하여』는 분명 “고대와 현대의 논쟁”에 적어도 간접적으로나마 참여하고 그 나름의 대응을 한 것으로 읽을 수 있다. 그의 이 참여는 그렇지만 소박한 이론적 관심만은 아니었다. 그것은 이론과 실천의 현재적 위기를 시적 비판을 통하여 극복하고자 하는 미래정향적인 답이었다. 한스 로베르트 야우스가 자신의 논술 〈고대와 현대의 논쟁에 대한 슐레겔과 실러의 응답〉에서 주장하고 있는 바와는 대조적으로 우리는 프리드리히 슐레겔의 입장이 우리가 속류루소주의라고 불렀던 그것도 아니며 그렇다고 계몽주의적 낙관주의도 아니었고, 오히려 일종의 “보다 높은 제3의 것”의 시도였다. 즉 그것은 인간성과 문예에 대한 실러의 이상이 소박한 것의 자연적인 현존재형식에 있는 것도 아니며 감상주의적인 것의 인위성에 있

---

256) Schlegel, KA I: 225; 강조는 필자.

는 것도 아니며 서로 대립하는 세계들 사이에서 시도하는 그의 고유한 종합화에 있다.[257] 제3의 것으로서의 가능한 종합을 탐색하는 것, 이것은 슐레겔이 『연구논문』에서 이미 주장하였던 것인데 그것은 실러가 총체성을 정초 짓는 일종의 "역사철학적" 방식과는 완전히 다른 것이었다. "역사"라는 준거로부터 시적으로 내리는 것, 역사적 개방성을 슐레겔은 이미 『연구논문』에서 다음과 같은 말로써 매우 분명하게 밝히고 있다: "모든 각 완성을 발전시키도록 배양하게 하는 항상적 진보와는 결합하지 못하는 …(중략)… 돌발적 비약"[258]. 총체성과 전체의 현재적 위기를 극복하기 위해서는 비판 스스로가 갱신되어야 한다. 즉 지금까지의 비판에 내재되어 있는 원리 그 자체가 시적으로 혁명적으로 변화되어야 한다는 것이다. 돌발성이라는 범주는 생산하고 있는 원리들과 생산해야 하는 원리들의 시간적 동시성을, 함의한다. 즉 "비판과 시 사이의 구별"[259]의 지양을 함의한다. 이 "시적인 비판", 새로운 시를 통한 시의 내재적 비판은 동시에 시적인 총체성을 역사철학적 연속성의 폐쇄성을 역사적으로 급진적으로 부정하는 역사개방성을 전제한다.

고대적 시와 현대적 시 사이의 대조를 표현하는 것은 역사적 맥락을 해체하는 것 이외에도 혁명적 시로서의 낭만주의적 시가 시원적으로 탄생하는 것에 **오직 간접적으로만** 이바지한다. 프리드리히 슐레겔의 "절대적 수사법"[260], 낭만주의적 아이러니, 그리고 알레고리는 구 형식과 신 "내용" 사이의 언어적 긴장들로부터 생겨나는 것이다.

슐레겔이 현대적 시를 "교수법적 시"[261], "특징 있는 시"[262], "흥미(관심) 있는 시"[263] 등등으로 특징짓는 것보다 더 결정적이고 중요한 것은

---

257) Behler, "Einleitung", 앞의 글, p.63.
258) Schlegel, KA I: 255.
259) Walter Benjamin, Der Begriff der Kunstkritik in der deutschen Romantik, in: ders., *Gesammelte Schriften*, Ffm, 1980, p.69.
260) Schlegel, KA XV: 105.
261) Schlegel, KA I: 242.
262) Schlegel, KA I: 245.
263) Schlegel, KA I: 253.

그가 현대를 역사철학의 목적론에 내재해 있는, 그리스적 순환을 대체하는 목적(Telos)으로 표현하는 그의 역사파악이다. 그는 현대에 대하여 역사철학적으로 현재적으로 목적을 설정하고 있는 것에 대해 깊은 회의를 던지고 있는데, 이는 이미 『연구논문』 첫 번째 문장에서 이미 분명하게 표명되어 나타나 있다.

> "**현대적 시는 자신이 추구하는 목적을 아직도 이루어내지 못하였거나** 아니면 그것이 추구하는 것이 확고한 목적을 아예 가지고 있지 않고, 자신의 형성이 어떠한 특정한 방향도 가지지 않는 것이며, 자신의 역사의 대중들이 어떠한 합법칙적인 맥락도 가지지 않고, 전체가 어떠한 통일성도 가지지 않는 것이라는 점이 눈에 확 들어온다."[264]

현대적 시가 "목적"(Ziel)을 추구하였지만 아직도 목적에 도달하지 못한 이유는 무엇일까, 그것은 현대적 시가 목적을 잘못 설정하였기 때문이다. 달리 표현하자면, 역사철학적인 "궁극목적"(Telos)을 설정하는 데 있는 것이다. 프리드리히 슐레겔은 궁극목적의 역사철학적인 "아직도 도달될 수 없음"을 비판하는 이외에도 현대적 시의 목적 없음, 방향 없음, 맥락 없음, 그리고 통일성 없음을 비판한다. 슐레겔은 궁극목적의 죽은 질서와는 거리를 취하면서 동시에 현재하는 무질서의 질서 없음에 대해서도 거리를 취한다. 그는 한편으로 총체성의 폐쇄성, 다른 한편으로는 총체성 상실들을 부정하고, 낭만주의적 시 개념을 독창적인 방식으로 정리하고자 하는 것이다.

4. 상상력과 파편적 총체성

초기낭만주의의 시적 총체성의 특징은 이미 말했듯이 개방성과 직접성인데 그것은 상상력의 총체성이다. 초기낭만주의에 있어서 상상력은

---

264) Schlegel, KA I: 217.

초기낭만주의가 기계론적 철학을 통하여 유포되었던, 영국의 낭만주의 문예가 콜리지(Coleridge)가 "환영(fancy)"이라 명명했던 그것의 물화된 총체성을 생산주의적으로 비판할 때의 결정적인 미학적 범주이다. 그런데 주의할 점은 프리드리히 슐레겔이 말하는 "환상"(Fhantasie)은 콜리지가 말하는 환영(fancy)과는 다르게 그의 유기체적인 시학에서는 상상력과 동의어로 사용된다는 것이다.

"시는 **보편적인** 예술이다. **환상**이라는 시의 기관은 자유와 비교할 수 없게 친숙해 있으며 외적인 영향력에 의존해 있지 않다."[265]

시적 보편성의 기관으로서의 환상은 초기낭만주의에 의하면 사회의 외재성에 의존해 있지 않은 선험적 나의 내재성이다. 낭만주의 운동에서 환상 혹은 상상력은 가능한 재구성의 중심으로서 현존해 있다. 그것은 "인간에서 최상의 것이고 가장 시원적인 것"[266], "인간적인 힘들에서 근본적인 정신"[267], "인간적 의식에서 근본능력" 혹은 "종교를 위한 기관"[268], "절대적 권력과 가장 분명한 통찰력의 다른 이름"[269] 등등을 나타내고 있는 것이다. 이 낭만주의적 상상력은 시적 사유방식의 중심으로서 이미 현존해 있는 진리를 "발견되는 것"이 아니라 진리를 "발명하는 것"이라 한다. 그렇지만, 진리를 창조하기 위한 시의 상상력은 돌발적으로 오는 직접성으로부터 매개 없이 온다고 한다.

『연구논문』에서 슐레겔은 시적 상상력의 직접성에 대해서 다음과 같이 기록하고 있다.

"문예는 **상상력을 통해서 … 다의적으로 불확정적인 그렇지만 모든 것을**

265) Schlegel, KA I: 265.
266) F. Schleiermacher, *Über die Religion*, Stuttgart, 1985, p.86.
267) Jean Paul, Vorschule der Ästhetik, in: *Sämtliche Werke*, Band XI, Weimar, p.37.
268) Schlegel, KA II: 257; KA XII: 421; KA XVIII: 57 및 329.
269) Wordsworth, *The Prelude* XIV, pp.190f.

포괄하는 언어로 정신과 심장에 **직접적으로** 말한다."[270)]

초기낭만주의 속에서 시적 총체성의 직접성은 시의 생산 차원에 뿐만 아니라 수용의 차원에서도 가정되어 있고, 소통매체로서 언어는 본질적으로 아이러니의 형식으로 고려되고 있다. 프리드리히 슐레겔은 배비트(I. Babbit)가 그의 저서 『루소와 낭만주의』에서 시사하고 지적하고 있듯이[271)] 현대적 낭만주의 운동에서 낭만주의적 아이러니를 체계적으로 사유한 미학자로 평가할 수 있을 텐데, 시적 언어의 아이러니화를 통해서 생산, 매개, 그리고 수용에 대한 "절대적인 독재"[272)]를 기대하고 있는 셈이다. 슐레겔에게 있어서는 일차적으로 근본적으로는 매개와 수용이 없는 절대적인 창작만이 있을 따름이다. "미학적 명령은 절대적이기 때문이다"[273)]. 여기에서 낭만주의에서 본질적인, 시를 통한 시의 직접적인 비판이라는 명제가, 즉 일종의 자기준거성의 이론이 이미 분명하게 요청되고 있는 것이다. 이러한 낭만주의적 이론은 문예학자이며 시인인 엘리엇(T.S. Eliot)의 "비(非)인성적 시 이론"을 거쳐서 탈현대주의와 해체주의적 운동들로 스며들어가고 있다.[274)] "시는 오직 시를 통해서만 비판될 수 있다"[275)]는 낭만주의적 시적 총체성의 이 미학적으로 명령적인 직접성은 고독한 나의 깊은 자아의 멜랑콜리적 독백에 비(非)정치적으로 내재적으로 설정되어 있는 것으로 이해되고 있다. 그러므로 이 낭만주의적 직접성은 언제나 사회적 통제 밖에서 독

---

270) Schlegel, KA I: 294.

271) I. Babbit, *Rousseau & Romanticism*, University of Texas Press, 1977(reprint; first 1919), p.189.

272) Behler, "Einleitung", 앞의 글, p.35.

273) Schlegel, KA I: 214.

274) T. S. Eliot, "Tradition and the Individual Talent"; 이에 대해서는 Lewis Freed, *T.S.Eliot: Asthetics and History* 그리고 이와 관련하여 가스통 바슐라르의 "운동의 상상력"이라는 개념을 참고하라. G. Bachelard, *L'Air et les Songes: Essai sur L'imagination du Mouvement*, Paris, 1972; 그리고 이와 관련하여 Margaret r. Higonnet, "Bachelard and the romantic imagination", in: *Comparative Literature* 33, 1981, pp.16-37 참조.

275) Schlegel, KA II: 168.

재적으로 남아 있다. 낭만주의적 고독한 나는 이론의 관점에서만은 자신의 "작품"의 주체는 아니다. 왜냐하면 시의 생산은 내적인 깊음에서 오는 것이기 때문이다. 초기낭만주의가 총체성의 물화된 오성과 이성의 구조로부터 시적으로 작별하는 방식은 일차적으로 독백적이지 대화적 상상력이 아니다. 초기낭만주의는 시 일반을 자율적인 환상, 자기준거적 "중앙시"로서 이해하고 있으며, 그러한 시는 자아를 찾는 나의 반성매개로서, 본질적으로 수동적이며 일차적으로 비정치적인 직접성을 생산하게 하는 근본적인 시작철학을 파괴하는 것에 대한 대안을 의미한다.[276]

초기낭만주의의 시학적 총체성의미론은 탈중심화하는 중앙시적 수사법언어, 알레고리, 위트, 그리고 아이러니에 집중한다. 프리드리히 슐레겔이 연구논문에서 그 기초를 논의하고 있는 절대적 수사학은 낭만주의 운동에서 총체성을 탈중심화하는 중심이다.[277] 그리하여 총체성은 파편화된다. "낭만주의의 파편적 우주"[278] 속에서는 총체성은 패러다임사적으로 유지될 수 없는 것이다. 이러한 의미에서 슐레겔의 『그리스 시의 연구에 대하여』는 낭만주의적 시학을 위한 미학을 매개로 하여 반(反)패러다임적인 순간적인 미학적 절대성에 가까이 가려했던 최초의 패러다임적 시도였다고 평가할 수 있겠다. 슐레겔에 의하면 역사적 불연속만의 일회적인, 준(準)역사철학적인 혁명이 역사철학적이지 않는 미학적인 "영구혁명"을 가능하게 할 수 있다.[279]

슐레겔의 『연구논문』 이래로 이 영구혁명은 역사적 · 사회적 의미 맥락을 해체하는 과정에서 수용되어왔는데 이 영구혁명의 검은 미학은, "추한" 혁명의 낭만주의적 시학은, 우리가 다음과 같은 이유에서 "아름

---

276) Schlegel, KA IV: 329, 382, 521, 522 그리고 이에 관해서는 J. Hörisch, 앞의 글, p.113을 참조.

277) Schlegel, KA XV: 105.

278) Manfred Frank, "Das fragmentarische Universum der Romantik", in: Lucien Dällenbach/Christian L. Hart Nibbrig (Hg.), *Fragment und Totalität*, Ffm, 1984, pp.212-224 참조.

279) Schlegel, KA II: 322.

다운 혁명"이라 표현할 수 있을 것이다. "그것에는 왕에 대항하여 소동을 일으키게 하였으며 비(非)개진된 대립들이 현저하게 서로 나란히 졸고 있었기 때문이고, 그것의 배경을 형성하는 사회적 투쟁이 단지 공허한 실존을, 구절, 말의 실존을, 얻고 있었을 뿐이기 때문이다."[280] 슐레겔이 철학하는 전체가 알레고리로서 이해될 수 있다. 독일의 철학자 만프래트 프랑크(Manfred Frank)가 밝히고 있듯이, 무조건적인 하나의 근본명제로부터 출발하고 유한성을 단계적으로 연역하고 있는 그렇지만 그 경우 알려져 있는 아프리오리들에 갖혀 버리고 마는 철학을 대신하려 했을 때 알레고리개념은 슐레겔의 첫 번째의 자명한 독자적인 대안이었다.[281] 사실상 우리는 이러한 점을 슐레겔 자신의 언어로 확인할 수 있다.

> "모든 아름다움은 알레고리이다. 최상의 것을 사람들은 단지 알레고리적으로만 말할 수 있다. 왜냐하면 그것은 비발언적(unaussprechlich)이기 때문이다."[282]

제3절 재구성적 개방성과 탈구성적 개방성

1. 정치와 언어

입법자가 과학적으로 매개하려면 표명되어야만 한다. 바로 여기에서 루소 자신이 주목하고 있는 중요한 언어이론적 문제틀이 등장한다. 루소는 "사회계약에 대해서" 이 문제틀에서 의문을 제기한다.

---

280) MEW 7: 32.

281) Manfred Frank, *Das Problem "Zeit" in der deutschen Romantik. Zeitbewuβtsein und Bewuβtsein von Zeitlichkeit in der frühromantischen Philosophie und in Tiecks Dichtung*, München, 1972, p.30과 p.45.

282) Schlegel, KA II: 324.

"현자들이 일반적 사람에게 이 일반적 사람의 **언어**(**langage**) 대신에 자신들의 언어로 **말한다**면(parler), 그 일반적 사람에게 이해될 수 없을 것이다. **인민의 랑그**(**langue du peuple**)로 번역될 수 없는 수천의 생각들이 있을 것이다."[283)]

여기에서 우리는 현자의 언어가 일반적인 사람의 언어와 왜 다르며, 무엇에 의해서 다른가 하는 의문과 다른 한편으로 인민의 랑그는 무엇인가 하는 의문을 제기해야 한다. 우리는 후자의 의문에 대해서 먼저 논의해보자. 인민의 랑그는 루소가 『언어기원론』 제3장에서 최초의 언어(le primier langage)라고 간주했던 형상적 언어(le langage figuré)와는 무엇인가 다른 것이다. 즉 그것은 시가 아니다. 인민의 랑그는 '약정의 랑그'(la langue de convention)이다.[284)] 약정적 산문(Prosa).

루소는 『언어기원론』 제3장에서 "첫 번째 언어는(le premier langage) 형상적이어야 했다"라는 표제어를 붙이고[285)], 첫 번째 언어는 시에 의해서 특징지어진다고 판단한다.

"사람들로 하여금 말하도록(parler) 움직이게 했던 첫 번째 동기들이 열정이었다면, 그 사람들의 첫 번째 표현들은 비유(trope; 그림적 표현)이었을 것이다. 형상적 언어가 먼저 성립하고, 고유한 의미(le sens propre)를 사람들은 마지막에 발견했다. 사람들은 사물들이 자신들의 현실적인 형상을 가진 것을 보았을 때에서야 그 사물들의 진정한 이름들을 부여했다. 사람들은 먼저 시로(en poésie) 말하고, 이성에 맞는 고찰은 매우 나중에

283) Rousseau, III: 383; 강조는 필자. 모든 독일어 번역이 이 구절들을 번역할 때 잘못을 저지르고 있다. 그것은 아마도 불어에 고유한 언어들이 독일어로 번역되지 못하는 때문에 발생할 수 있었겠지만 그러나 근본적으로는 루소의 사상을 정확하게 이해하지 못하고 있기 때문이다. 이 점 한국번역의 경우에도 그대로 해당한다.

284) J.-J. Rousseau, *Essai sur l'origine des langues*, 앞의 글, p.497. 앞으로 Rousseau, Essai, 497 이런 식으로 약칭한다.

285) Rousseau, Essai, 498.

서야 하게 되었다."[286]

형상적 언어가 첫 번째 언어로서 시이고, 그것은 인민의 보편적 소통적 랑그로서 아직은 승인될 수 없는 것이었다. 물론 우리는 그것이 진정한 약정적 랑그가 오해 없이 될 수는 있을 것이라 가정할 수는 있다. "야생적 인간"(un homme sauvage)[287]은 루소의 언어이론에서 시적 인간이고, 이 시적 인간은 자신의 시적 표현 이전에 어떠한 존재론적 약정성도 알고 있지 못하고 있으므로 오류적일 수 있는 인간이다. 시원적 시적 표현의 상호양해능력은 시적 언어 그 자체에 내재해 있는 것이 아니라 다면적인 경험들을 한 다름에서야 진정한 약정성으로서 얻어낼 수 있는 하나의 가설일 뿐이다. 루소는 『언어기원론』에서 "야생적 인간"의 "최초의 오류"(premère erreur)[288]라는 가능한 가설이라는 언어이론적 예를 가지고서 표현이 고유한 의미를 가지기 이전에 어떻게 형상적일 수 있는가 하는 의문에 대해[289] 설명한다.

> "한 야생인이 다른 야생인과 마주쳤을 때 우선 충격을 받았을 것이다. 그의 놀람은 그로 하여금 그 자기 자신보다도 그 사람을 훨씬 더 크고 훨씬 더 힘이 센 것으로 보게 했을 것이다. 다면적인 많은 경험들을 한 다음에서야 그는 거인이라고 생각해온 그 사람이 사실은 그 자신보다도 훨씬 더 힘이 센 것도 아니며 그 형상이 이전에 거인이라는 말을 붙였던 자신의 그 표상과 결코 일치하지 않는다는 점을 알게 되었을 것이다. 따라서 그는 그와 그 사람에게 공통적인 다른 이름을 생각하게 되었을 것이며, 예컨대 인간이라는 이름을 부여했을 것이며, 그가 잘못 알고 있었을 동안에 그 사람에게 붙였던 거인이라는 이름을 잘못된 대상에게 남겨두었을 것이다. 이것은 고유한 의미의 단어 이전에 형상적 단어가 어떻게 먼저

286) Rousseau, Essai, 498.
287) Rousseau, Essai, 498.
288) Rousseau, Essai, 498.
289) Rousseau, Essai, 498.

> 성립했는지, 즉 영정이 우리의 눈을 멀게 하고서 곧 열정이 우리에게 부여했던 첫 번째 인상은 어떻게 진정한 것이 아닌지를 보여주고 있다. 내가 단어들과 이름들에 관해 말했던 바는 어려움이 없이 전체 문장들에도 해당한다. 열정에 의해서 생성된 기만적 이미지가 먼저 나타났기 때문에 이 이미지에 대응했던 언어(langage)는 어디까지나 먼저 발명되었던 언어일 것이 분명하다. 이 언어는 계몽된 정신(l'esprit éclaire)이 자신의 첫 번째 오류를 인식하는 가운데 이러한 표현들을 그러한 언어를 나오게 만들었던 저 열정의 사례들에서만 활용하였으므로 은유적이 되었다."[290]

거인과 인간의 차이는 잘못된 가설, 다시 말해서 소통적 사회에서는 유지, 지속될 수 없는 가설과 진정한 가설, 다시 말해서 집합적 가설로서 승인될 수 있는 정당한 동일성의 그것 사이의 차이이고, 그 동일성이 반(反)형이상학적 논리를 가지고 있음은 가설적으로 가능한 "최초의 오류"로써 함의되어 있다.

시원적 은유가 시로서 "오류적"일 수 있다면 언어는 시원적으로 은유적인 것으로서 고려되는 것이다. 데리다가 루소의 언어이론을 해석, 해체하면서 파악하고 있듯이, 시는 그 본질상 은유적이고, 하지만 드만이 해체주의적 "이론에 대한 저항"에서 주장하고 있듯이[291] 은유가 필연적으로 시원적 시이거나 오류일 수 있는지 여부는 분명하지 않다. 루소의 술화적 재구성에서 **거인**의 시원적 시는 **인간**의 시원적 산문과 다르지 않게, 은유적이다. 은유는 루소의 언어이론적 논리에서 진리능력적인 언어를 의미하는 집합적 가설 이외에 다른 것이 아니다. 시원적 시는 집합적 가설이라는 관점에서 볼 때 그것은 은유로서 승인되어야 하기 때문에 비판된다. 은유가 "진리"로 전형되어 질 수 있다는 것은 언어 그 자체에 있는 것이 아니라 언어적이며 동시에 비언어적인 약정성에 있다. **인간**의 산문은 발생적으로 시적이며 구조적으로 진리

290) Rousseau, Essai, 498.

291) Paul de Man, "The Resistance to Theory", in: *Yale French Studies*, Nr. 63, 1982, pp.3-20.

능력적인 반면에 **거인**의 시는 아직 자신의 고유한 순수한 차이의 지양에 도달하지 못하고 있거나 처음부터 그렇게 될 수 없는 것이다. 이러한 의미에서 시적 랑그가 있다는 것은 결코 모순성이 아니다.

> "사람들은 최초의 인간들의 언어(langage)는 기하학자들의 랑그들이라 우리에게 설명하고 있는데, 우리는 그것이 시인들의 랑그들이었다고 본다."[292]

"동양의 랑그들"(langues orientales)은 본질적으로 살아 있으며 형상적이지만 소통능력적이므로 천재적이다고 루소는 평가한다. 인간의 산문은 집합적 시, 즉 산문이며 반면에 거인의 가설들은 고독한 사적인 시이다. "파롤"(la parole)은 루소의 『언어기원론』에서 첫 번째 사회적 제도[293]이고, 파롤이 인간과 동물을 구별짓고[294], 약정의 랑그가 인간에게만 적용되는 것이라[295] 판단한다.

루소는 약정성의 사회적 기초로서의 욕구와 열정을 구별하고, 두 종류의 랑그를 병렬시키고 있다. 즉 그 한 쪽에서는 "시원-삶-남방-여름-열기(chaleur)-열정(passion)-집중(accentuation)-모음(voyelle)-은유-노래소리(chant) 등등"이 속해 있고, 다른 한 쪽에서는 "변종(décadence)-질병(maladie)-죽음-북방-추위-냉기(froid)-이성-절합(articulation)-자음-고유성(propriété)-산문-글(écriture) 등등"이 속해 있다.[296]

그런데 이 양자 사이에는 역사적인, 인과적인 통시적인 관계가 있는가? 루소는 왜 자신의 언어이론적 논술을 랑그의 기원에 관한 에세이라고 하지 않고 랑그들의 기원에 관한 에세이라고 명명했을까? 이 의문은 모든 다른 언어들이 환원되게 하는 하나의 중심주의적 랑그가 존재하고 있는가 하는 물음과 관련된 것이다. 루소는 부정적으로 답한다.

---

292) Rousseau, Essai, 497.
293) Rousseau, Essai, 495.
294) Rousseau, Essai, 495.
295) Rousseau, Essai, 497.
296) J. Derrida, "La linguistique de Rousseau", in: *Revue internationale de philosophie*, No. 82, 1967, Fasc. 4, pp.443-462, 여기에서는 p.455.

그는 "랑그의 최초의 발명"은 욕구(필요)가 아니라 열정에 기인한 것이라 판단하고 있다.[297] 파롤의 최초의 발명은 시원적으로 열정적이었던 반면에 남방의 랑그들은 열정에 의해서 성립하고 있다고 판단하고 있기 때문이다. 루소는 『언어기원론』의 부제에서 랑그들이라고 말하고 있는데 그 함의는 남방의 랑그 내에서 다원성을 의미하는 것이 아닌가 싶다. 파롤의 최초의 발명을 가능하게 했던 그 열정이 남방의 랑그들의 시원을 형성한다. 언어(langage)의 시원은 열정적이다.

북방의 언어인 욕구의 언어는 발생적으로 볼 때 시원적인 것이 아니고 포스트시원적(post-ursprünglich)이지만 구조적으로는 시원적이다. 남방의 욕구언어에 대하여 남방의 열정적 언어가 발생적으로는 우선하지만 양자 사이에는 아무런 인과관계가 없으며, 양자 사이에는 혁명적인 불연속이 있기 때문이다. 루소는 남방의 언어에서 북방의 언어로 발생적으로 이행하는 과정들을 다음과 같이 그리고 있다.

> "인간이라는 류(인류)는 더운 지역들에서 성립하여 이곳에서부터 추운 지역들로 확산되어 갔다. 이 추운지역들에서 그들은 수가 많아지자 다시 더운 지역들로 되돌아갔다. 이러한 변동과 반변동과 더불어 지구상에는 혁명들과 주거하는 사람들의 점증하는 동요들이 생겨나게 되었다."[298]

더움이 언어의 발생적 시원이고, 발생적으로 더움의 언어를 전제로 하고 있는 차가움의 언어는 포스트시원적이다. 더움이 차가움으로 이행하는 전형과 그 역의 과정이 혁명적이고 불연속적이기 때문이다. 하지만 양자 사이에 발생적 관계들이 있는 한에서 그 관계들이 절대적으로 불연속적이라 잘라 말할 수도 없다. 그러므로 그것은 연속적이면서 동시에 불연속적이라 말할 수 밖에 없는 아프리오리이다.

거인과 인간의 차이는 이 맥락에서 다름 아니라 남방의 언어와 북방

297) 『언어기원론』 제2장의 표제어 참조.
298) Rousseau, Essai, 504.

의 언어 사이의 구별이며 그렇지만 연속성과 동시에 불연속성이 있다. 연속적이라 말할 수 있는 것은, 거인과 인간이라는 두 표현이 다른 대상들을 표현하는 것이 아니기 때문이다. 불연속적이라 말할 수 있는 것은 두 표현들이 구조적으로 다르기 때문이다.

거인은 야생인의 시, 더 잘 말하면, 시원적 시인의 시이다. 이 시의 생산자는 동시에 매개 없는 그것의 수용자이다. 정보의 송부와 수신은 공론의 시원적인 부재 속에서 완전히 "사적"으로 일어난다. 그러므로 시원적 시는 "무고하다"(Unschuld). 그것은 사회적 산문 이전의 자연적인 언어이고, 총체성으로서의 자연의 자연적 자기유지가 아직은 파괴되지 않은 것이다.

거인은 총체적으로 시적이며, 준(準)동물적이다. 루소에 의하면, 최초의 시대들(les premiers temps)의 이 야생적(wild) 인간들은 다음과 같이 특징지어진다.

> "최초의 시대들에서 지구상에서 흩어져서 살아가던 인간들은 사회형태로서는 가족이라는 사회형태만을, 법으로서는 단지 자연의 법만을, 랑그로서는 몸짓과 몇 가지 분절되지 않은 소리들만을 가지고 있었을 뿐이었다. 그들은 형제에 대한 어떠한 공통의 생각도 가지고 있지 않았으며 그들은 유일한 척도로서 단지 육신의 힘만을 소지하고 있었으므로 모든 각자가 다른 자의 적이라 상상했다. 그들의 허약함과 그들의 무지가 그들에게 이런 생각을 가지게 했다. 그들은 아무 것도 몰랐으므로 그들은 모든 것에 두려워했으며 자신을 방어하기 위해서 공격을 했다. 혼자 있는 한 인간은 지구상에서 전 인류를 희생하고서 존재하려는 하나의 야생적인 동물임에 틀림없었다. 그 인간은 자신이 다른 자들에게서 공포를 느꼈던 고통을 다른 모든 자들에게 주려고 있다. 공포와 허약함은 끔찍함의 원천이었다."[299]

아직은 사회성을 얻지 못했다는 것, 산재해 있다는 것이 최초의 시

299) Rousseau, Essai, 504ff. 제9장.

대들을 특징짓고 있다. 루소는 이러한 의미에서 최초의 시대들에 대해서 중요한 주석을 붙이고 있다; "최초의 시대들로 내가 부르고 있는 시대는 사람들이 여전히 흩어져서 있었던 시대이고, 인류의 역사가 얼마만큼 되었던지간에 사람들은 여전히 이 시대에 거주하고자 한다."[300] 흩어져 있다는 것, 이 산재성은 최초의 것으로서 결사성과는 다른 것이다. 이 첫 번째의 것은 진정한 사회성을 가지고 있지 않다. 『언어기원론』에서 인용한 그 문장들에서 가족은 사회라는 표현을 붙이고는 있으나 궁극적으로는 결사체를 의미하는 것이 아니다.[301] 왜냐하면 그것은 원시적 산재를 제한할 능력이 없기 때문이다. 자크 데리다는 자신의 탈구조주의를 이론화하면서 루소의 언어이론에 집중, 분해하고 있는 그의 문자학에서 루소의 경우 그의 제2논술과 『언어기원론』 사이에는 이론적 연속성이 있다는 해석적 명제를 주장하고, 첫 번째 시대들의 가족의 의미를 다음과 같이 해석하고 있다.

> "'첫 번째 시대들'에 앞서 있는 것에서도 아무 것도 없으며, 두 텍스트들 사이에는 엄밀하게 규정할 수 있는 어떠한 변이(Verschieung)도 없다." "제2논술에서 야생적 인간은 숲속에서 이리저리 헤매고 있었으며 어떠한 직업도, 언어도, 집도 알고 있지 않았다. 반면에 『언어기원론』에서 야만인은 가족, 움막, 비록 언어가 몸짓과 몇 가지 미(未)분절된 소리로 제한되어 있었기는 하지만 언어도 소지하고 있었다." "루소는 서로 다른 이어지는 두 상태를 서술하고 있는 것이 아니다. 〈언어기원론〉에서 가족은 사회가 아니라 모스코니(J.Mosconi)가 상기시키고 있듯이, 그것은 선제도적인, **순수** 자연적인 그리고 **생물학적인** 현상이다."[302]

우리는 이 데리다의 해석에 의문을 느끼고 있다. 제2논술과 『언어기

300) Rousseau, Essai, 504ff. 제9장.

301) J. Derrida, *De la Grammatologie*, Paris, 1967, p.357; 독역본, *Grammatologie*, Ffm, 1983, p.433.

302) Derrida, *De la Grammatologie*, 앞의 글, pp.357f; 독역본, p.433.

원론』이 연속된다는 그의 명제 그 자체에 대해서가 아니라 그것을 논증하는 논리에 대해서 우리는 반론을 제기하고자 한다. 데리다는 첫번째 시대들(최초의 시대들) 내에서 야생적 인간과 야만적 인간 사이의 차이를 간과하고 있고, 그리하여 가족의 발생적 전형을 무시하고 있다는 것이다. 만약 데리다가 주장하듯이[303] 최초의 시대들에 앞서는 어떠한 것도 없으며 야생적 상태가 "시민사회"보다 더 오래된 야만적 상태보다 앞서는 것이라면[304], 야생적 인간이 직업도, 언어도, 집도 알지 못하는 것이 가능할 것이다. 이 야생적 인간은 야만적 인간과 차이가 있는 것은 아마도 야만적 인간이 순수한 자연이 아니라 아직은 완전한 사회가 아닌 사회의 종류이기 때문이 아닐까. 야만적 인간은 "가정적(내부적) 랑그들"(des langues domestiques)[305]을 가지고 있다. 그것은 몸짓의 언어를 함의한다. 이 언어는 시원적이며, 남방적이다.

"가정적 랑그들"과 "인민적 랑그들"[306] 사이의 구별은 자연상태와 사회상태 사이의 차이에 조응하는 것이다. 이것은 가정적 랑그들이 야생성과 야만성을 특징짓는다는, 다시 말해서 "가정적 랑그들"이 야생적인 시대에서 야만적인 시대로 진화적으로 발전해 간다는 것을 말하고 있다. 루소가 관심을 가지고 있는 것은 사회적 문화적 총체성과 자연적인 전(前)사회적인 총체성 — 이 후자는 **자연적인 자연**으로 번역될 수 있을 것이다 — 이며, 그것은 야생성과 야만성 사이의 구별에 대한 관심으로 나타난다. 이 점은 루소가 『언어기원론』을 어떻게 차례(내용)를 구성하고 있는지를 보면 어렵지 않게 알아낼 수 있다. 곧 『언어기원론』 "제9장 남방랑그의 형성", "제10장 북방랑그의 형성" 또한 "제13장 멜로디에 대하여"와 "제14장 하모니에 대하여"가 그러하다.

형상적이며 시적 언어들인 "가정적 랑그들"이 언어의 특징들을 가지고 있는 것과 마찬가지로 자연적인 가족 역시 "사회"이긴 한 것이다.

303) Derrida, *Grammatologie*, 앞의 글(독역본), p.432.
304) Derrida, 앞의 글, 407.
305) Rousseau, Essai, 510. 제9장.
306) Rousseau, Essai, 제20장.

역으로 말해서, 자연적인 가족은 진정한 사회가 아니며, 이 점은 가정적 랑그들이 진정한 언어들이 아닌 것과 같다. 『언어기원론』 제9장에서 루소는 전(前)사회적인 시적인 언어가 혹은 가족사회가, 진정한 언어나 진정한 사회를 구성(헌정)할 수 없음을 분명히 하고 있다.

> "진정한 랑그들은 결코 가정적 시원들(une origine domestique)이 아니며, 그것의 성립에는 **보다 일반적인, 그리고 보다 지속적인 약정(une convention plus génerale et plus durable)**이 필요하다. 아메리카의 야생인들은 그들이 집에 있지 않을 때에만 거의 말을 한다. 각자 자신의 움막에서 침묵 속에서 싸여 있으며, 자신의 가족과는 기호를 매개로 말을 한다. 하지만 그러한 기호조차 매우 늦게서야 있게 된 것이다. 야생인은 비고요할 때가 거의 없었고, 유럽인보다 훨씬 더 참을성 있게, 그렇게 많은 욕구들을 가지지도 않았고, 자기 자신이 필요로 하는 것을 자기 스스로가 해결했다."[307]

이 인용에서 주목해야 하는 것은 "가정적 랑그들"이 전사회적인 자연적인 시, 형상적 언어 혹은 남방적 언어라는 것을 알 수 있게 해주는 결정적 문장을 포함하고 있는 점 이외에도 진정한 언어들은 약정의 일반성과 지속성과 그 본질적인 특성이라는 점이다. 이 약정을 통해서만이 진정한 언어와 현실적인 사회가 성립하는 것이다. 그 약정성은 보편성의 능력이 있어야 하며 지속적이어야 한다. "인민적 랑그" 혹은 "인민의 랑그는 약정성의 일반성과 지속성에 의해서 가능하다. 그것은 북방적인, 산문적인, 하모니적인, 사회적인 언어가 없다면, 성립할 수가 없을 것이다. 물론 이 언어는 최소한 한번은 발생적으로 남방적인, 시적인, 멜로디적인, 전사회적인 언어를 전제로 하고 있는데, 이것이 변형되어서 약정성의 일반성과 지속성을 소지하지 못하는 한에서는 그러

---

307) Rousseau, Essai, 505. 제9장; Winkler판 독역본은 오역이 포함되어 있다. Winkler판 p.186 비교하라.

하다는 것이다.

야생적인 인간이나 야만적인 인간은 철학적인 산문적인 시대들이 성립하기 이전의 시적인 인간이며, 현명한 인간이다. 그들은 그 타당성이 오직 순간적일 따름이지만 새로운 종류의 언어를 생산하였기 때문이다. 야생적 언어나 야만적 언어는 욕구가 아니라 열정의 미학적 시이다. 그것은 어떠한 확고성(긍정성)도 가지지 않는다. 제2논술에서 루소는 문화, 사회, 역사, 등등이 미학적인 시에서가 아니라 자연적인 혁명을 통한 자연적인 시의 자연적인 대체를 통한 철학적인 산문에서 시작한다는 점을 매우 은유적으로 서술하고 있다.

> "야금과 농업의 발명은 이 커다란 혁명을 만들어낸 두 가지 기술이었다. 인간을 문명화하고 인류를 타락시킨 것은 시인에 의하면 금과 은이라고 하지만 철학자에 의하면 쇠와 밀인 것이다."[308]

이러한 의미에서 사회적 세계는 "산문의 세계"이며 철학의 세계이고, 반면에 전사회적 자연적 세계는 시적이다. 야금과 농업은 철학적이며 산문적이다. 루소 연구자들에게 제기되곤 했던 흥미로운 의문 가운데 하나로서 루소가 스스로를 무엇으로 간주했는가 하는 것이다. 철학자 아니면 시인? 이제 여기에서 분명하게 답할 수 있다. "그렇다, 나는 철학자다"라고 루소는 답했을 것이다. 『에밀』에 있는 유명한 〈사부아르 신부의 고백〉에서 그 신부는 자신을 반(反)철학적인 철학자로 아이러니하게 확인한다. 즉 "철학 대신에 진리에의 사랑을, 모든 방법 대신에 쉽고 단순한 규칙"[309]을 실행하려는 철학자로 자신을 확인시키려 한다.

산문적 철학에 대해서 시가 발생적 우선한다는 명제는 역사적으로 생산되어진 사물의 질서를 역사적으로 생산하는 사물의 질서로 혼동하는 가운데에서 폐쇄적 총체성을 이론화하는, "철학자들"이라 불리었던

---

308) Rousseau, III: 171; 국역 〈인간불평등기원론〉, p.419.

309) Rousseau, IV: 570; 주지하듯이 철학은 원래의 어원학적인 의미는 진리에의 사랑이다.

"계몽주의자들"을, 전사회적 시적 세계로 되돌아가지 않기 위해서 — 엄밀하게 더 정확하게 말을 덧붙이자면 되돌아가는 것이 불가능하다 — , 비판하게 한다. 이 명제는 논리적으로 하모니에 대해서 발생적으로 멜로디가 우선한다는 것과 조응하는데, 산문적 세계의 합리성구조가 재구성가능하다는 것에서 출발하는 것이지, 자연적 자연이나 전사회적 시가 사회적인 산문적인 철학을 단순하게 단념하는 가운데 요청될 수 있다는 것에서 출발하는 것이 아니다. 그것은 "고전적 에피스테메"(미셸 푸코)의 비합리적인 구조에 대한 변증법적 비판을 열어준다.

2. "인간"이라는 언어의 계보학

앞에서 논의한 바와 같이, 비판적 위기학에서 "인민의 랑그"는 산문적 언어이고, 그것은 약정성의 일반성과 지속성에 기초하고 있으며, 반면에 현자들의 언어는 **시원적으로** 시적이다. "거인"은 시이며, "인간"은 산문이고 이것과 함께 비로소 결사가 가능하다.

시적인 세계에서 산문적인 세계로 이행하는, 달리 표현한다면, 제1의 질서에서 제2의 질서로 이행하는, 과정은 자연적인 혹은 "자연방관적인" 혁명들에 의해서 가능하게 되었을 것이다. 제2논술에서 "어쩔 수 없는 우연"이라 말하고 있듯이, 『언어기원론』에서는 사회의 결사들의 원인은 "자연의 우연들"과 "계절의 혁명"이라[310] 명명한다. 두 세계들과 질서들 사이에는 인간적 실천 밖에 놓여 있는 자연방관적인 전(前)인간적인 혁명들이 있다.

거인이 인간으로 전형되는 과정은 많은 경험들이 필요했으며 그 경험들 속에는 자연적인 혁명들의 경험들도 포함되어 있다. "인간"이라는 산문적 언어는 자연적 재난들과 문제로서의 혁명들에 의해서 강요되어 온 의술로서의 정치를 의미한다. 그러한 전형은 불연속적이며 연속적이다. 불연속적인 까닭은 그것은 혁명들의 경험들이 없이는 불가능할

310) Rousseau, Essai, 508. 제9장.

것이라는 때문이다. 연속적인 까닭은 자크 데리다가 "대체성의 구조"라고 명명하는 바에로 전형이 일어나는 것은 예컨대 소유 관념이 "순차적으로밖에 발생할 수 없었던 많은 선행관념에 의존하고 있으며 인간 정신 속에 갑자기 형성된 것은 아니었기 때문이다."[311] 이러한 맥락에서 사회의 성립은 불연속적이면서 동시에 이행적(übergänglich)이라고 나는 생각한다. 이는 데리다의 해체주의적 독해와는 다르다. 그는 사회의 성립이 결코 연속적 이행과정(Übergang)이 아니며 오히려 "하나의 점, 하나의 순수한, 허구적이며 비현존적이고, 파악불가능한 테두리"[312] 이라 해독하고 있는 것이다.

야생적 인간에게 있어서 "거인"이라는 표현은 아직은 은유적이지 않다. 그것은 자기 스스로를 인간이라 명명하는 사회적, 문화적 인간에게 있어서 은유가 되는 것이다. 다시 말해서, 은유적 언어에 대한 욕구가 야생적인, 자연적인 인간에게는 결여되어 있다. 즉 "거인"이라는 시 그 자체는 고독한 세계의 산문을 의미한다. "거인"은 고독한 세계의 야생적 인간에게 있어서는 시적이면서도 동시에 산문적이다. "거인"이라는 은유적 언어는 야생적인 전사회적인 인간이 가지고 있는 저 공포의 **고유한** 표현이다. 그곳에서는 거짓과 진리를 구별해야 할 현실적인 근거가 없다. 스스로가 충분한 자연적 인간은 단지 고독하고, 독백적이며, 열정적인 언어를 가지고 있으며, 그의 자연적인 욕구들은 자연 그 자체로부터 충분하게 충족되어 있다.[313] 야생적 인간은 은유적 활동을 알고 있지 않았다. 그는 사회적 소통이 없는 산재성이나 고독으로 특징되는 자연적 질서에 자신을 제한시키고 있었다. 거짓과 진리라는 범주는 소통적 사회에서만 그 의미를 가지는 것이다.

"거인"과 "인간"의 의미적 차이는 궁극적으로 자연적 언어적인 것이

---

311) Rousseau, III: 164; 국역 〈인간불평등기원론〉, p.411.

312) Derrida, Grammatologie, p.457.

313) Rousseau, III: 164; "인간의 최초의 감정은 자기생존을 위한 감정이었다. 그 최초의 배려는 자기보존을 위한 배려였다. 땅에서 나는 산물은 인간에게 모든 필요한 도움을 제공했다. 본능에 의해 인간은 그것을 이용했다." 국역 〈인간불평등기원론〉, p.411.

사회적 의미론총체성으로 전형되는 데에서 발생한다. 자기 자신을 "인간"으로 명명하는 그 인간에게서 "거인"은 은유가 **되는** 것이다. 현실적인 소통적인 문화 이전에는 소통적 행위를 위한 현실적인 은유는 없다. 데리다의 문자학은 루소의 『언어기원론』에 집중하여 "거인"을 열정의 재현자의 고유한 기호로서, 대상(인간)의 은유적 기호인 동시에 정감(놀람)의 은유적 기호로 보고, 이 기호의 은유는 한편으로 잘못이며 다른 한편으로 간접적이라고 한다.[314] "거인"은 사실상 "잘못(허위)"이라는 표현의 하나이지만, 그러나 이 은유가 데리다가 해석하고 있듯이, 대상의 관점에서, 대상과 관련하여 잘못(허위)인지 여부는 분명하지 않다. 만약 야생적 인간이 인간을 사실상 거인으로 본다면 그렇다면 "거인"은 잘못(허위)이 아니다. 오히려 고유하다(eigentlich). "거인"은 루소가 『에밀』에서 분명하게 말하고 있듯이 "우리를 결코 속이지 않는" 자연의 언어인[315] 것이다. "거인"이라는 은유의 **고유한** 의미는 무엇인가? 자연적인 공포의 직접적인 표현으로서의 "거인"은 산포, 분산, 고독한 세계의 **간접적인** 표현을 나타내고 있다. "거인"은 비결사의 은유인 것이다. 루소는 『언어기원론』에서 다음과 같이 말한다.

> "열정에 의해서 생겨난 허상이 처음으로 밝혀지면서 언어는… "[316]

이것이 의미하는 것은 정신의 계몽과 함께, 다시 말해서, 자기 자신과 다른 자를 동일함에도 불구하고 다른 것으로 표현하는 것이 자기 자신과 다른 자를 동일하게 명명하는 인간으로 전형된 다음에서야, 즉 야생적 인간이 문명화된 문화적 인간으로 전형된 다음에 일어날 수 있다는 것이다. "거인"은 은유로서 산문적 세계의 인간에게 있어서 결사의 해체를 간접적으로 시사한다는 점에서만 "오류"(erreur)이다.

데리다가 지적하고 있듯이[317], 놀람 혹은 공포 같은 예가 우연하게

---

314) Derrida, 앞의 글, pp.474f.
315) Derrida, 앞의 책, p.473의 p. 각주 6에서 재인용.
316) Rousseau, Essai, 498. 제3장.

선택되어진 것이 아니라는 것은 매우 개연성이 높다. 데리다는 "분명하게 밝힐 수 있다"는 콩디약(Condillacs)의 영향을, 특히 그의 저서 『인간적 의식의 시원에 대한 에세이』*(Essai sur l'origine des connaissances humaines)*를 추측하고 있지만, 나는 이와는 대조적으로 정말 분명하게 논증할 수 있는 홉스와의 대결을 루소가 염두에 두고 있다고 판단한다. 루소에게 있어서는 "레비아탄"(Leviathan)은 홉스가 자신의 국가이론과 사회이론을 정초할 때 그 정치적 상징이었는데, 이 "거인"은 결사를 정초해 주는 것이 아니라 오히려 그와는 정반대로 결사를 파괴하는 것임을 전달하려는 의도가 있었던 것이다. 이 상징적 은유는 홉스가 의도하는 사회 및 국가의 이론적 내용과는 모순된다는 것이고, 그것은 홉스의 "오류적" 사상을 치명적으로 비판하는 언어적 전략적 선택이었다. "거인"은 은유로서 "오류"를 의미한다. 그렇지만 "거인"이라는 표기 그 자체는 오류가 아니라 그와는 정반대로 오류의 효과적인 진정한 표현, 다시 말해서 진정한 결사를 파괴하는 것임을 잘 표현하는 것이다.

"은유는 오류이다", 이것은 폴 드만의 해체주의의 은유론적 독해에서 기본 언어인데, 루소의 『언어기원론』 제3장의 예에서, 즉 우리가 지금까지 논의해온 "인간"이라는 언어의 계보론에 그 근거를 두고 있다. 드만의 이 독해에 의하면, 루소의 은유이론은 본질적으로 파괴적(해체적)이다. 무엇을 위해서 "거인"이라는 은유가 있는 것인가? 언제 그리고 어떠한 의미를 가지고서 그가 "거인"을 오류의 은유로서 사용하고 있다는 것인가? 드만은 "'거인'이라는 이 언어는 자신의 동류 인간을 보고 놀란 원시인(primitive)이 그를 표기하기 위하여 발명한 것인데, 공포의 내적인 느낌과 크기의 외적인 속성 사이의 상응성에 그것이 기초하고 있다는 점에서 참으로 은유이다"[318]고 쓰고 있는 것에서 완전히 잘못된 것은 아니다. 하지만 "거인"의 은유적으로 구성된 깊은 의미를 파악하는 데는 그는 눈이 멀었던 것이다. 그것은 우리가 앞에서 이미 밝힌

---

317) Derrida, 앞의 책, p.477.

318) Paul de Man, *Allegories of Reading: Figural Languages in Rousseau, Nietzsche, Rilke, and Proust*, pp.150f.

바와 같이 "나는 두렵다"는 직접적인 의미를 넘어서 사회적 결사의 불가능성을 간접적으로 의미하는 것이다. 그것은 인간적인 현실적인 소통의 부정이다. 이러한 의미에서 "거인"이라는 은유는 시원적으로 분산성, 거리성, 소통 없는 고독성 등을 의미하며, "오류"나 "눈멈"이 아니라 진정한 결사의 파괴를 현실적으로 표현하고 있다. 그것은 홉스적 사상에 대한 급진적 비판이었다. 은유는 언어의 경제를 표현한다.

"거인"과 "인간" 사이의 차이는 시간성구조에서 보면 순간성과 지속성 사이의 차이이다. 제2논술에서 야생적 인간은 순간적인 불연속성에 의해서 특징지어지고 있다.

> "숲속을 방황하고, 생활기술도 없고, 언어도 없고, 주거도 없고, 전쟁도 동맹도 없고, 조금도 동포를 필요로 하지 않을 뿐만 아니라 그들을 조금도 해치려고 하지 않고, 그들 중 아무도 개인적으로 기억하는 일조차도 절대로 없었던 야생인(l'homme sauvage)은, 극히 약간의 정념에만 지배당할 뿐 자기 혼자서 일을 해치울 수 있었으므로 이 상태에 고유한 감정과 지식만을 가지고 있었다. 그는 자기의 순수한 욕망만을 느끼고, 보아서 이익이 있다고 생각되는 것만 바라보았다. 그리고 그의 지성은 그의 허영심과 마찬가지로 진보하지 않았다. 우연하게 무엇을 발견했다 하더라도, 그는 자기 자식도 기억하지 못했으므로 그 발견을 더욱 전할 수조차 없었다. 기술은 발명자와 함께 소멸되었다. 교육도 진보도 없었다. 세대는 헛되게 쌓여갔다. 그리고 각 세대는 항상 같은 시발점에서 출발하므로 몇 세기가 초기 시대의 조야한 상태 그대로 경과했다. 종은 이미 오래되었는데, 인간은 언제까지나 아이 상태로 있었다."[319]

드만의 해체주의적 오독에 있어서는 드만이 "야생적이며, 자발적인 은유"(wild, spontanesous metaphor)와 구별하고 있는 "이차적 은유"(second metaphor)는 야생적 은유와 꼭 마찬가지로 가상적(illusionär)이다.

---

319) Rousseau, III: 160.

즉 그것은 동일성의 가상(환상)을 의미한다. 드만의 오독의 해체주의는 야생적 인간을 표현하는 시적 인간으로서의 "거인"과 은유로서의 "거인", 즉 비결사의 간접적인 표현을 구별하지 않으며, 그리하여 루소의 은유이론을 현실적으로 오해한다.

> "따라서 인간이라는 개념은 이중적으로 은유적이다. 첫째로 그것은 '거인'이라는 낱말로 나아가게 하는 열정적 오류의 눈먼 계기가 구성되어 있다는 것이고, 그 다음 이 시원적 야생적 은유를 무해성(harmlessness)로 **길들이는** 속에서 혹은 **길들이기** 위해서 수를 사용하는 신중한 오류의 계기가 구성되어 있다는 것이다. …(중략)… 인간은 인간이라는 개념을 그 자체 가상(환상)적인 다른 개념을 수단으로 삼아 발명한다. 이 '이차적' 은유는 루소가 자발적(spontaneous)인 형상의 문학적인, 신중한 그리고 수사법적인 사용과 동일시하고 있는데, **더 이상 순수하지 않다**: 인간이라는 단어의 발명은 '인간'이 불평등 내에서 평등을, **시원적 공포의 의심받는, 잠재적인 진리가 동일성의 가상(환상)에 의해서 가정화되게 하는** 시민사회의 차이 내에서 같음(sameness)을 수립함으로써 현존하게 하는 것이 가능하게 만든다. 개념은 수적인 같음의 은유를 마치 그것이 문자적 사실의 진술인 양 해석한다. 이 문자화가 없이는, 사회가 있을 수 없다. 루소의 독자는 이 문자주의가 시원적 눈멈의 기만적인 오재현(misrepresentation)이다는 것을 기억해야 한다. 그러므로 시민사회의 기초인, 개념적 언어는 **오류에 과잉의존해 있는 거짓(a lie superimposed upon an error)**이라는 것, 그것이 나타난다. 그러므로 우리가 인간의 과학들의 인식론이 곧게 나아가기를 거의 기대할 수는 없는 것이다."[320)]

이중의 은유, 곧 "열정적 오류"와 "신중한 오류", 혹은 달리 표현하여, "이차적 은유"는 드만의 해체주의적 (오류)해석이 개념적인, 동일성적인, 진리능력적인 언어로 확인하려는 것인데, 프랑스의 오독(misreading)이

---

320) Paul de Man, 앞의 글, pp.154f. 강조는 필자.

론 혹은 야만적 오석(誤釋)(Miβinterpretation)이론을 미국에서 수용하여 확산된 것이다. 그것은 마침내 "반(反)이론"(anti-theory)을 이론적으로 정초지으려는 아이러니로 나타나고 있다. 드만의 알레고리적 언어의 수사법에서는 "인간"은 "무오"(Unschuld)[321] 그 이상이다. 즉, "더 이상 순수하지 않은 것"을 넘어서서 "오류에 과잉의존해 있는 거짓"이다. 사회성의 범주들은 개념성의 동일성처럼 그 자체가 "언어의 감옥"(프레드릭 제임슨)에 포섭되어 있다. 더 구체적으로 말하면 형상적인 시원적 언어에 갇혀 있다. 그렇다면, "인간"이라는 동일적인 언어는 궁극적으로 해체적 언어를 생산하려는 드만과 "예일학파"에 있어서는 "차이적" 언어("거인")와 무엇에서 다른가? 사적 언어와 공적 언어의 차이는 드만의 오석이론을 통해서 궁극적으로 사라지게 되며, 그렇지만 결코 종합을 향한 변증법적 지양 같은 것이 아니라, 단지 잠정적으로만 그러하다. "해독불가능성의 알레고리"[322], "독해의 불가능성의 알레고리"[323]의 드만의 이론에서는 개념성, 사회성, 그리고 동일성은 시원적 오류, "시원적 눈멈의 기만적 책략적 오석", 혹은 "오류에 과잉부여된 거짓"(a lie superimposed upon an error)의 연속적인 "오류들"이다.

하지만 이미 앞에서 밝혔듯이, 루소가 전(前)사회적 자연상태를 특징짓는 시적 세계에서의 시원적 눈멈은 "오류"가 아니라 그와는 정반대로 자연의 "진리"이다. 이러한 자연적 "진리"는 자연적인 시적인 세계가 사회적 정치적 세계로 불연속적으로 전형된 다음에 시적인 거짓으로 **전이될 수 있는** 것으로 만들어진다. 사실상, "거인"은 드만이 자신의 글 〈루소를 읽으면서〉에서[324] 정당하게 보고 있듯이 열정보다는 욕구의

---

321) "산문은 미덕이며, 시는 무오이다"는 것은 낭만주의자 노발리스의 말이었다. Novalis, *Schriften*, Band II, p.283; 이것은 Wilhelm Metzger, *Gesellschaft, Recht und Staat in der Ethik des deutschen Idealismus. Mit einer Einleitung: Prolegomena zu einer Theorie und Geschichte der soziale Werte*, aus dem Nachlass herausgegeben von Ernst Bergmann, Neudruck der Ausgabe Heidelberg, 1917, Aalen, 1966, p.207에서 재인용.

322) Paul de Man, 앞의 글, p.206.

323) Paul de Man, 앞의 글, p.205.

324) Paul de Man, "On reading Rousseau", in: *Dialectical Anthropology* 2, 1977,

세계에 속한다. 드만은 "공포는 언어를 거의 필요로 하지 않을 것이고, 몸짓에 의해서 단순한 제스처에 의해서 가장 잘 표현될 것이다"고[325] 쓰고 있다. 공포의 표현으로서, 그렇지만 열정의 표현이 아닌 것으로서, "거인"은, "언어는 열정의 산물이라는"[326] 루소의 고유한 이론과는, 열정과 욕구의 관계의 전체 구조가 자연에서든 문화에서든 고찰되지 않는다면 모순된다. 자연이 풍부한 남방의, 시적인 세계에 있어서는 욕구가 열정에서 성립(탄생)하며, 반면에 자연이 부족한 찬 산문적 공간들에서는 열정들이 욕구들에서 성립한다.[327]시적 세계에서 "거인"은 욕구의 표현으로서의 "거인"은 욕구의 언어로서의 "인간"과는 대립하는 것이다. 문제적인 것은 욕구의 동태적 구조이지만 욕구의 남방적 시원적 구조는 시원적 열정들에 의존해 있고, 이 시원적 열정들은 본질적으로 불연속적이므로 동태적이지 않다. 그러므로 "거인"은 욕구의 표현으로서 성립했지만 항상 형상적이다. 왜냐하면 욕구들이 시원적 열정들로 환원될 수 있는 것이기 때문이다. "거인"은 자연의 언어이며, 침묵의 언어이다. 루소가 관심을 가지고 있는 것은 시적 세계 내에서 열정의 언어와 욕구의 언어의 차이라기보다는 시적 세계와 산문적 세계 사이의 차이이다. 언제나 열정의 이론은 욕구의 이론과 분리되지 않는다. 이것은 자연상태에 대한 허구적으로 술화하는 것에서나 사회상태에 대한 것이나 마찬가지이다. "거인"은 "가정적 랑그"가 아니라 차라리 자연의 언어이고, 그것은 "인민적 랑그"와 대등한 것이다. 전사회적 언어로서의 "가정적 랑그"는 열정의 언어이다. 그것은 시원적으로 공간적으로 가족 밖의 영역, 다시 말해서 언어의 전사회적 공간을 넘어 나아가도록 강요받는다. 가정적 언어들을 위한 "통찰"(insight; 눈으로 볼 수 있음)을 가지고 있는 시적 열정은 가족이라는 언어적 공간성 밖에서는 우리의 눈을 "멀게"(blind) 한다. "거인"은 시원적으로 가족적 열정을 통하여

pp.19-32, 특히 pp.12f.

325) Paul de Man, 앞의 글, p.13.

326) Paul de Man, 앞의 글, p.13.

327) Rousseau, Essai, 511. 제10장 참조하라.

우리의 눈을 멀게 하는 가운데 욕구의 언어로 존재하는 것이다. 이러한 열정이, 더 구체적으로 말해서 그것의 가족적 제한성이 공포의 원인일 것이다. "인간"이라는 언어의 계보학이라는 루소의 예는 그의 언어기원이론과 모순되는 것이 아니라 오히려 그와는 정반대로 깊은 이론적 구조에서 일관되어 있다. 루소의 이 예에 대한 드만의 비판은 이러한 이론적 의미에서 정당하지 못하며, "인간"이라는 언어의 "이 예는 나쁘게 선택되었다"[328]는 드만의 판단은 잘못된 것이다.

3. 사회적 은유와 개방적 총체성

폴 드만은 "공포가 관찰가능한 자료에 근거한 것이 아니라면 공포의 원인은 무엇인가"[329] 하는 중요한 의문을 제기한 다음, 이 의문에 대해서 총체적으로 언어학적으로 혹은 기호학적으로 답하려 한다. 그 원인은 해체주의적 "은유수사법 모델"[330]에 있다는 것이다. 이에 대해서 드만에 의하면 공포의 원인은 "이 피조물이 불신의 **근본적** 느낌, 사자나 곰처럼 보이지 않음에도 불구하고 그것처럼 행동하리라는, 겉으로 드러나는 모습으로서는 정반대로 행동하리라는 의심"에, 혹은 "단위체들의 외적인 속성과 내적인 속성의 가능한 불일치"에 있다.[331] 이와 같은 회의적인 회의주의적인 "항구적 가설"은 그의 수사법적으로 집중된 해체주의적 기호론과 조응한다. 드만은 이 기호론을 의미론과 반대되는 것으로서 지시하는 것들로서의 기호들을 연구하는 과학으로[332], 다시 말해서, "문자적 세계와 형상적 세계 사이의 **항구적 긴장**의 조건"을 연구하는 과학으로 이해한다.[333] 드만이 "은유는 오류이다"거나 "은유는 눈멈이다"라는 유

---

328) Paul de Man, "On reading Rousseau", 앞의 글, p.13.

329) Paul de Man, "Allegories of Reading", 앞의 글, p.150.

330) Paul de Man, 앞의 글, p.153 각주 28; 폴 드만은 공포의 언어학적 함의에 대해서 다음과 같이 쓴다. 즉 "공포는 은유의 수사법적 모델에 구조적으로 조응하고 있기 때문에 공포는 예이다."

331) Paul de Man, 앞의 글, 150.

332) Paul de Man, 앞의 글, p.5.

명한 급진적 명제를 텍스트적으로 "정초 짓는" 것은 바로 이러한 의미에서 루소가 탐색하고 있는, "인간"이라는 언어의 계보학이라는 유명한 예를 독해하는 가운데에서 전개된 것이다. 드만은 자신의 글 『독해의 알레고리들』에서 루소는 바로 자기 자신이다. 즉 루소는 이미 해체주의자라는 것이다. 그렇게 되면서, "거인"은 이미 은유이다. 시원적 의미의 은유적 전이(도출), 즉 은유되기(Metapher-Werden)를 그와 같이 무시하는 것은, 이론적으로 기호론과 의미론을 서로 대립적으로 파악하는 것에서 비롯된 것이고, 수용사적으로는 "인간이라는 언어의 계보학"에서 은유의 이론이라는 사례에서 보듯이 루소를 일면적으로 잘못 독해하는 것에서 비롯된 것이다. 드만이 해체주의적 은유이론을 "정초짓기" 위해서, "독해불가능성의 알레고리"[334]를 위해서, 루소를 매우 독창적으로 독해하고 있다. "인간을 내포하기 위해 사용하는 '거인'이라는 은유는 **고유한(접합한; proper)** 의미를 가지고 있기는 하지만 그 의미는 실제로 **고유하지는(적합하지는)** 않다"[335]고 그는 해석함으로써 루소가 인간학적으로, 사회학적으로, 그리고 인식론적으로 정초한 이론이 불행하게도 의미론을 기호론적으로 노골적으로 억압하는, 생산주의적 수사법으로 떨어진다. 드만에 의하면, "수사법은 급진적으로 논리를 위협하고, 준거적 변이의 변덕스러운 가능성들을 열어내며"[336], "텍스트를 생산하는 변증법적 운동으로부터 벗어날 수는 없다."[337]

"거인"의 고유한 의미와 "거인"이라는 은유를 전혀 구별하지 못하게 하는 그의 눈멈을 우리는 지적해야 하며, 그가 자기 자신과 다른 이들을 "인간"이라 명명하는 인간과 서로를 "거인"이라 표현하는 전인간적 인간의 본질적인 차이를, 루소 스스로 강조하여 서술하고 있는 그 차이를, 삭제하고 있다는 것을 말해야 한다. "공포"는 드만이 해석하고 있

333) Paul de Man, 앞의 글, p.151. 강조는 필자.
334) Paul de Man, 앞의 글, p.206.
335) Paul de Man, 앞의 글, 151; 강조는 필자.
336) Paul de Man, 앞의 글, p.10.
337) Paul de Man, 앞의 글, p.187.

는 바와는 달리 오직 언어학적이기 보다는 오히려 인간학적으로 정초되어 있는 것으로 우리는 이해한다. 『언어기원론』에서 루소는 지구상에서 산재하여 살아가는 첫 번째 시대들의 인간들은 그들의 허약함과 그들의 무지에 의해 특징지어진다고 말하고 있음을 우리는 앞에서 지적한 바 있다.

> "그들은 결코 형재애에 대한 공통의 관념을 서로 가지고 있지 않았으며 그들은 유일한 척도로서 육체의 힘만을 지니고 있었으므로, 그들은 각자는 다른 모든 자들의 적이라고 경고하고 있었다. 그들의 허약함과 그들의 무지가 그들에게 이러한 견해들 가지게 했다. 그들은 아무 것도 몰랐기 때문에 모든 것을 두려워했으며, 자신을 방어하기 위해서 공격했다. 혼자서, 지구상에서 전체 인류를 희생시키려 했던 개별 인간은 일종의 잔혹한 동물임이 틀림없었다. 개별 인간은 다른 이들로부터 받았던 공포의 고통을 다른 모든 이들에게도 줄 태세를 하고 있었다. **공포와 허약함이 잔혹성의 원천이다.**"[338]

루소는 홉스와 대좌하고 있음이 분명하다. 홉스는 가설적으로 "자연상태에서의 모든 인간들은 욕망(desire)을 가지고 있고 해치려 하고"[339], 그리고 "인간의 자연적 성향은 서로를 해치려하는 이 인간의 자연적 성향은 인간들이 자신들의 열정으로부터 도출해낸 것이지만 주로 자신들을 헛되게 평가하는 것에서 나오는 것이다"[340]는 것에서 시작하고 있다. 루소는 제2논술에서 "홉스가 주장하는 바에 의하면 인간은 본디 대담하여 공격하고 싸우는 일 외에는 바라지 않는다"[341]는 점을 확인

338) Rousseau, Essai, 505; 강조는 필자.
339) Thomas Hobbes, *On the Citizen*, I, p.4.
340) Thomas Hobbes, 앞의 글, 같은 곳; Jean-Jacques Rousseau, *The First and Second Discourses. together with the replies to critics and Essay on the Origin of Languages.* newly edited, translated and annotated by Victor Gourevitsh, New York et al., 1986, p.337에서 재인용.
341) Rousseau, III: 136; 국역 〈인간불평등기원론〉, p.340.

한 다음 곧 이어서, 소박하게 언어학적이라기보다는 인간학적으로 다음과 같이 서술하고 있다. 좀 길지만 인용할 가치가 있다.

> "어떤 유명한 철학자는 그와는 반대되는 생각을 가지고 있다. 그리고 컴벌랜드나 푸펜도르프도 또 그것을 보증하고 있다. 즉 자연상태에 있어서 인간만큼 겁쟁이는 없다. 그는 언제나 벌벌 떨고 있으며 바스락대는 소리를 듣거나 사소한 움직임만 보아도 곧 도망치려고 한다는 것이다. 그가 모르는 일에 대해서는 그럴지도 모른다. 그러므로 그가 당연히 기대해도 되는 육체적인 행, 불행을 자기가 식별할 수 없고, 또 자기가 직면하고 있는 위험에 자기의 힘을 대항시킬 수 없을 것 같은 경우에는 언제나 눈 앞에 나타나는 모든 새로운 광경에 그가 겁을 먹는다는 일은 조금도 의심하지 않는다. 단 자연상태에 있어서는 만사가 극히 단조롭게 진행되어 토지의 표면도 그곳에 모이는 사람들의 정념이나 변덕에 의해 야기되는 그 갑작스러운, 더구나 끊임없는 변화를 입는 일이 조금도 없으므로 이상과 같은 상황은 드문 것이다. 그러나 야생인은 동물들의 사이에 분산하여 생활하고 일찍부터 그들과 힘을 겨루는 상태에 있으므로 그는 곧 동물과의 비교를 하게 된다. 그리고 동물이 힘에 있어서는 인간보다 뛰어난 것 이상으로 인간이 재치에 있어서는 동물보다 뛰어난 것 이상으로 인간이 재치에 있어서는 동물보다 뛰어나다는 것을 느끼면 인간은 이미 동물을 두려워하지 않는 버릇을 갖게 된다."[342)]

두려움, 공포, 혹은 놀람은 분산성, 산재성 혹은 고독의 **자연적 기호들**이다. 야생적 인간들이 서로 만나는 상황은 매우 드물었다. 매우 적은 사람들만이 있었기 때문이다. 동물들과 함께 살아가고 있었던 야생적 인간들은 동물들 앞에서 두려움, 공포, 혹은 놀람을 지속적으로 가지고 있지 않았다. 야생적 인간이 동물들과 만나는 것은 "새로운 광경"

---

342) Rousseau, III: 136; 국역 〈인간불평등기원론〉, p.340. 번역은 약간 필자가 수정했다. 인용한 이후도 계속 읽어보라.

이 아니기 때문이다. "공포"는 인간이 서로 소통하는 만남으로서의 결사에 대항하는 자연적인 저항이다. 야생적 인간은 그가 우연하게 마주치게 되는 다른 "거인"에 대해서 침묵으로써 반응하게끔 강요받는다. 드만의 해체주의적 "은유의 수사법적 모델"이 형상적이고 시적이듯이, "거인"은 총체적으로 독백적이다.[343)]

루소가 "(낱말들의) 최초의 발명가들은 자신들이 이미 소유하고 있었던 생각들에 단지 이름들만 부여할 수 있었을 것이라"[344)] 말하는 이 명제적 표현은 총체성과의 관련성 없이는 이해되지 못하거나 오해될 수 있다고 나는 판단한다. 루소가 말하는 그 "최초의 발명가들"은 야생인이거나 야만인이라고 나는 생각한다. 이보다 더 중요하고 의미로운 것은 야생적인 인간들이 그러한 생각들을 능동적으로 소유할 수 있었을까 하는 의문이다. 그것은 불가능하였을 것이다. "그들 자신들이 이미 소유하고 있었던 그 생각들"은 자연으로부터 자연적인 총체성으로서 이미 주어져 있었던 것이다. 총체성 없이는 단편성(파편성)들은 위험하다.

루소가 논의하고자 하는 것은 총체성구조의 전형이지, 총체성 없는 단편성의 생산들이 아니다. 중요한 이 차원에 대해서 루소는 『언어기원론』에서 분명하게 시사해 놓고 있다.

> "각자가 모든 것에 대한 주인이라 스스로 잘못 생각하고 있었다고 사람들은 말한다. 이는 대체로 가능하며, 하지만 각자는 자신이 손으로 잡을 수 있는 바만을 알고 있었고 희구했을 뿐이었다. 그들의 욕구는 그들을 서로 가깝게 되지 않도록 만들었을 뿐만 아니라 서로를 떨어지게 했다. 사람들을 서로 만나기만 하면 그렇게 하고자만 한다면 서로를 공격했을 것이다. 하지만 그들이 서로 만나는 때는 매우 드물었을 것이다. 도처에서 전쟁상

---

343) 폴 드만이 독백주의를 이론화하는 것은 그가 미하일 바흐찐의 대화적 상상력을 비판하는 그의 글에서 가장 분명하게 식별할 수 있다. Paul de Man, "Dialogue and Dialogism", in: *The Resistance to Theory*, University of Minnesota, 1983, pp.106-114 참조.

344) Rousseau, III: 150의 문장인데, 여기에서는 Paul de Man, *Allegories of Reading*, 앞의 글, p.140에서 재인용했다. 강조는 필자.

태가 지배했지만 전체 지구에서는 평화가 있었다."[345]

차이들이 급진적이라 할지라도, 그곳에는 "자연"이라는 동일성이 있다. 시작에서는 동일성과 동시에 차이성들이 있다. 우리가 잊어버려서는 안되는 것은, 동일성으로서의 자연이 단지 가설적으로 구성되고 있다는 점이다. 시원 그 자체는 기호이다. 위에서 인용했던 루소의 문장, 즉 "(낱말들의) 최초의 발명가들은 자신들이 이미 소유하고 있었던 생각들에 단지 이름들만 부여할 수 있었을 것이라"는 문장은, 드만이 차이탈구성의 이론으로 해석하는 바와는[346] 달리 차이성과 동일성의 자연적 변증법을 말하고 있을 따름이다.

바로 이러한 이론적 맥락에서 드만이 "의식(의도)"을 가지고서 제기하고 있는 문제, 곧 〈인간불평등기원론〉에서 "최초의 명사[347]는 고유명사 이외의 것이 절대로 될 수 없었다"는[348] 문장과 『언어기원론』에서 "인간의 최초의 언어는 형상적이어야 했으며" "형상적 언어가 문자적(literal) 의미에 선행한다"는 문장 사이에는 모순적인 불일치가 있지 않은가 하는 의문을 제기하고 다음과 같이 스스로 답을 제시한다. 즉 "최초의 명사는 고유명사 이외의 것이 절대로 될 수 없었다"는 〈논술〉[〈인간불평등기원론〉을 말한다: 필자]의 진술은 따라서 "최초의 언어는 형상적이어야 했다"는 논리적으로 선행하는 진술로부터 도출된 진술이라는 것이다."[349] 드만은 명명하는 것을 "감추어진, 눈이 먼 형상"이라고 포착함으로써 앞의 그 모순을 해결하려고 시도하는데, 나는 이와는 대조적으로 총체성과의 관련 속에서 이 모순을 풀어나갈 수 있다고 믿는다. 고유명사(proper nouns)는 고유한, 즉 적합한 명사인 까닭은 이미 앞에서 우리가 논의했던 바와 같이 그와 같은 명명하기가

345) Rousseau, Essai, 제9장.
346) Paul de Man, *Allegories of Reading*, 앞의 글, p.148.
347) 드망은 원문의 "nouns"를 "substantives"로 대체하였다.
348) Rousseau, III: 150; 국역 〈인간불평등기원론〉, pp.355f.
349) Paul de Man, 앞의 글, p.153.

자연이라는 총체성의 질서에 조응하고 있기 때문이다. 이 밖에도 드만은 "**에세이**[『언어기원론』을 말한다: 필자]에서 서술되어 있는 범례적 상황(인간이 인간과 대좌하고 있는 것)은 **제2논술**의 상황(인간이 나무와 대좌하는 것)은 언어학적 양식에서 지각, 의식, 반성 등등의 문제들로 변화해 가는 이 패러다임으로부터의 변증법적 도출이다"[350]고 주장하고 있지만 분명하지 않다. 야생적 인간은 "가족적 랑그"만을 가지고 있다. 가족 밖에서는 두 종류의 대좌가 등장한다. 이 경우 드만이 고독의 조건 아래 주장하고 있는 그러한 논리적 우선은 어떻게 기능하는가? 두 대좌들 사이에는 아무런 차이가 없는 것인가?

야생적 인간은 침묵 속에 있으며, 자연이 말한다. 이 문장을 이해하기 위해서는 다음의 인용이 도움을 줄 것이다. 곧, 루소가 『언어기원론』에서 말했던 그것, "자연이 침묵할 때 의지가 말을 한다"[351]는 것. 그러므로 그와 같은 자연적인 명명하기는 "동일성보다는 차이성과 결합하고"[352] 있는 것이 아니라 차이성과 동시에 동일성과 결합되어 있다. 루소의 패러다임적 모델은 "정확하게 언어학적 모델"이 아니라 언어학적 모델과 비언어학적 모델 사이의 결합이다. "인간의 정치적 운명은 자연과 무관하게 존재하고 주체와 무관하게 존재하는 언어학적 모델과 같이 구조화되어 있으며 그리고 그것으로부터 도출된 것이다"고 해석하는/주장하는 드만의 명제는 정당하지 못한 오독이다.

4. 정치적 언어와 욕구의 구조

언어와 욕구의 동태적 긴장은 "언어와 권력"에 대한 루소의 문제제기에 핵심적이다.[353] 『언어기원론』 제20장 "랑그와 정부의 관계"에서

---

350) Paul de Man, 앞의 글, p.150.

351) Paul de Man, 앞의 글, p.139에서 재인용.

352) Paul de Man, 앞의 글, p.148.

353) J. Starobinski, "Rousseau und die Niedergansthematik. Einige Bemerkungen zur Prosopödie des Fabricus", in: R. Koselleck/P.Widmer(Hg.), *Niedergang*, Stuttgart, 1980, pp.172-190, 여기에서는 p.183.

이에 관해서 논의되고 있다.

> "랑그들은 물론 인간의 욕구에 따라 발전한다. 랑그들은 그러한 인간의 욕구들이 자기 자신을 변화시키는 바에 따라 변화하고 악화된다."[354]

욕구의 이론은 루소에 있어서, 그 후의 마르크스에 있어서와 마찬가지로,[355] 핵심적이다. 즉 욕구의 이론과 밀접하게 연관되어 있는 이 인간학은 정치적이고, 따라서 정치적 인간학이라 부를 수 있는데, 사라지지 않고 전체 이론적 구성의 중요한 차원으로서 현존해 이어져 간 것이다.

여기에서 우리는 드만이 해체주의의 관점에서 루소와 마르크스 사이의 동일성명제를 해석하고 있는 것에 대해서 조망해 보고자 한다. 드만의 해석은 비판적 위기학의 그것과는 정반대되는 것이다. 드만은 이렇게 쓰고 있다.

> "루소에 있어서 정치이론의 경제적 기초는 바르고 나쁘다는 윤리적 원칙들에로 이끌게 할 수 있는 이해관심, 식욕, 욕구의 이론에 그 뿌리를 두고 있지 않다. 그것은 **언어학적 개념화의 상호관련된 것**이고, 따라서 언어가 선험적인 권위뿐만 아니라 재현적 권위도 박탈당하고 있는 한에서는, 그것은 유물론적이지도 않고 관념론적이지도 않다. 루소의 경제결정주의와 마르크스의 그것 사이의 복합적인 관계는 오직 이 관점에서만 접근될 수 있다."[356]

이미 말했듯이, 우리는, 드만의 해석과는 정반대로, 욕구의 이론이 루소와 마르크스에 있어서 정치적 이론을 정초하는 데 결정적인 역할을

---

354) Rousseau, Essai, 521. 제20장.

355) Agnes Heller, *Theorie der Bedürfnisse bei Marx*, 2. unveränderte Auflage, Hamburg, 1980 참조.

356) Paul de Man, 앞의 글, p.158.

행사한다고 생각한다. 마르크스의 욕구이론의 경우 부다페스트학파의 기수 아그네스 헬러(Agnes Heller)가 이미 잘 정리해 놓은 바 있기 때문에 여기에서 그것을 다시 반복할 필요는 없을 것이다. 여기에서는 루소의 경우에만 초점을 맞추려고 한다. 루소는 〈정치적 단상들〉(Fragments politiques) 제10장 "기후가 문명화에 미치는 영향"[357]에서 세 종류의 욕구를 구별한다. 첫째는 육체적 욕구, 즉 생존과 보존과 관련되는 종류의 욕구이다(식생과 수면). 둘째는 안락(bien-être)과 관련되어 있고, 원래는 오직 욕심일 뿐일 것이지만 특정한 시대에서는 진정한 욕구이상으로 우리에게 필요한 그런 종류의 욕구이다. 부풀어 오른 감성과 안락, 성적 결합, 그리고 우리의 감각들을 즐겁게 해주는 모든 사물들이 그런 것들이다. 그리고 끝으로 세 번째 종류는 의견에 의해서 결정되는 그런 욕구를 말한다. 루소는 이렇게 욕구를 세 종류로 구별하면서 이 모든 욕구들이 상하로 연결되어 있다는 말을 덧붙이고 있다 두 번쌔와 세 번째 욕구는 첫 번째의 욕구가 충족되었을 때만이 비로소 충족된다는 것이다.[358] 그리하여 실질적으로는 그는 구조적으로 서로 다른 두 종류의 욕구만을 구별하고 있는 셈이다. 그 하나는 일차적 질서의 욕구로 부를 수 있으며, 다른 하나는 제2차적 질서의 욕구로 부를 수 있다. 이 구별방식과 그의 『언어기원론』에서의 욕구이론은 조응한다.

욕구와 열정의 관계는 남방과 북방의 구조적 차이에 연결되어 있다.

> "자연이 풍요로운 남방들에서는 욕구가 열정에서 성립한다. 자연이 메마른 추운 지역들에서는 열정이 욕구에서 성립한다." "사실상 북방의 인간들은 무열정적이지 않고, 그들의 열정은 다른 종류의 것이다."[359]

---

357) Rousseau, III: 529ff.

358) Rousseau, III: 530과 1534 참조하라; 우리는 이 플레이아드 판의 비판적 주석에 따라 루소의 오기를 바로 잡는다. 루소의 〈정치적 단상들〉중에서 "기후가 문명화에 미치는 영향"이라는 단상은 그 수고를 잃어버린 적이 있었는데, 1861년 Streckeisen-Moulton에 의해서 발간되었으며, 플레이아드 판에서 〈정치적 단상들〉에 포함되어 널리 알려지게 되었다.

359) Rousseau, Essai, 제10장

자기 스스로 충분한 남방적 욕구구조는 동태적일 수 없으며, 남방적 열정의 운동들은 필연적으로 "자연의 경제"(데리다)를 따른다. 역사, 사회, 진정한 언어, 글, 결사, 인간성 등등, 한마디로 내가 앞에서 정치성이라 불렀던 것은 욕구의 동태성이 역할을 행사하는 것을 시작하는 북방에서 시작한다. 이러한 의미에서 언어는 언제나 자연이나 사회이든 총체성이다. 장소(공간)적 차이는 언어의 전체적 구조화를 규정한다. 욕구의 언어로서의 북방의 언어는 진정한 결사의 언어이고, 그것은 욕구의 사회적 만족(충족)을 목적으로 할 것이다. 남방적 언어에서 북방적 언어로 이행해 가는 과정들 사이에서 진화적 발전들이 있지만 양 언어 사이에는 급진적 차이가 있는 한에서는, 북방은 또 하나의 시원이라고 가정할 수 있다.[360] 욕구들은 북방에서 남방에서와는 대립적으로 기능하는 것으로 나타나 있다. 왜 그러한가? 총체성구조가 다른 것이다, 남방적 자연은 야생적 인간에게 내가 일차적 질서의 욕구라고 명명한 바의 이미 충분한 만족을 주고 있어서 만족을 위한 인간적 활동은 요구되지 않는 것이다. 남방적 자연의 이러한 총체성 구조를 이해하는 이 맥락에서야 욕구는 — 물론 남방적 언어의 예에서 — 인간들을 서로 가깝게 끌어 모으게 하는 대신에 서로를 떨어지게 만든다는 루소의 문장을 바로 이해할 수 있다.[361] 형상적이며 열정적인 시를 통해서 특징지어지는 남방적 언어는 일차적 질서의 욕구를 완전하게 만족시킴을 전제로 하고 있다. 물론 그것은 자연에 의해서 이미 주어져 있는 것이다. 이는 시는 욕구의 문제들이 해결된 다음에서야 일어날 수 있음을 함의한다. — 우리는 이것을 산문적 모순성들이라 명명할 수 있을 것이다. 남방에서 열정은 욕구의 부재에서가 아니라 그 침묵 속에서 표현되는 것이다.

일차적 질서의 욕구가 만족된 다음의 그 욕구들은 사회적 절합(articulation) 이전에 가설화되고 있는 것이기는 하지만 포스트북방적

360) Derrida, *Grammatologie*, p.386 참고하라.
361) Rousseau, Essai, 제2장.

열정들의 유토피아로서 발견술적으로 이해할 수도 있을 것이다. 유토피아란, 글과 산문적 절합 없이는 달성될 수 없는 것이다. 침묵된 욕구는 유토피아로서의 포스트산문적인 시적인 공동체의 은유가 되며, 반면에 "거인"은 반(反) 결사의 은유가 된다. 이 경우 의미들의 도출들이 일어나게 하는 은유적 활동들은 산문이 성립하고서야 비로소 시작한다.

욕구의 언어는 산문이고, 이는 노예의 경우(헤겔)에서 시작한다. 결사의, 결사를 통한, 그리고 결사를 위한 말하기. 그것은 "인민적 랑그"이다. "(북방의 랑그들) 언어는 필요성의 슬픈 딸들"이며,[362] 반면에 최초의 언어들(남방의 랑그들), 안락의 딸들이지 욕구의 딸들이 아니다.[363]

진정한 언어는 시적이 아니라 산문적이다. 그것은 욕구의 총체적 위기에서, 노예상황에서 시작하며, 그러므로 **비판적** 공동체의 대화가 된다. 시원적 산문은 총체적 위기의, 즉 순수한 시, 안락의 언어를 더 이상 생산하게 만들지 않는 문제가 되어버린 상황의, 비판적 극복을 위한 해방적 정치이다. 시적인 세계는 산문적인 정치적인 실천의 유토피아이지, 철학의 소박한 노골적인 적이 아니다.

우리는 산문적 세계 속에 살고 있으며 이 산문적 세계 이전에 시적 세계가 있었다. 산문적 세계의 시원은 주인과 노예의 변증법에 의해서 특징지어지고 있다. 즉 북방의 언어, 진정한 언어는 필요성의 슬픈 딸들인 것이다. 욕구만족의 위기가 언어성, 사회성, 국가성, 인간성, 역사성, 문화, 문명, 한마디로 말하여 정치성의 시작이다. 위기와 비판은 산문적 세계의 시작 이래로 이미 변증법적으로 발전한다. 여기에서 언어 스스로 비판적이다. 즉 해방적 언어. 『언어기원론』 제10장 "북방언어의 성립"에서 위기와 비판의 변증법이 숙고되어 있다.

"상호교호적인 욕구는 사람들을 감정이 원하는 이상으로 강하게 서로 결

---

362) Rousseau, Essai, 제10장.
363) Rousseau, Essai, 제9장.

> 합시키게 하고, 사회는 오직 노동을 통해서 형성되어 졌다. 항상적인 위험은 사람들이 몸짓언어로만 제한되게 그만 두지 않았으며 이러한 사람들 아래에서 최초의 말은 **나를 사랑해**가 아니라 나를 **도와줘**였다."[364]

여기에서 주목해야 할 것은 욕구위기의 상호교호성이다. 이것을 통해서 사회적 결합, 결사가 승인될 수 있기 때문이다. 사회와 국가의 시원의 이 맥락에서는 "노동"이 산문적 언어와 동일적이다. 노동과 언어는 동시원적이다, 위기를 비판하고 비판적으로 지양하는 기능에서. 국가는 시가 아니라 산문의 매개이다.

"거인"과 "인간" 사이의 의미론적 관계는 우연적으로 이해되어서는 안 되듯이 "나를 사랑해"라는 열정의 언어와 "나를 도와줘"라는 욕구(필요)의 언어는 의미론적으로 은유의 이론에 따라 이해되어야 한다. 언어가 은유적으로 전형할 때 우리는 차이의 차이가 아니라 차이성와 동일성의 변증법을 보아야 한다. "나를 사랑해"와 "나를 도와줘"는 "거인"과 "인간"이 그런 것처럼 차이적이면서 동시에 동일적이다.

> "이 두 표현들("나를 사랑해"와 "나를 도와줘"를 말한다[365])는 서로 상당히 동일하지만 매우 다른 톤으로써 발설되었을 것이다. 느끼게 되어야 했던 어떠한 것도 사람들은 가지고 있지 않았으며, 사람들은 이해되어야 했던 모든 것을 가지고 있었다."[366]

동일적이라는 것은 의미론적으로, 철자의 유사성을 넘어서는 소통을 말한다. 두 표현들 사이의 차이는 의미론적으로, 톤의 차이를 넘어서, 소통의 공간적 능력에 있다. "나를 사랑해"는 가정적 공간성에 제한되며, 반면에 후자의 언어는 이를 넘어서 "공적인 장소"[367]에서 사용될

---

364) Rousseau, Essai, 제10장.
365) 필자가 첨가했다.
366) Rousseau, Essai, 제10장.
367) Rousseau, Essai, 제20장.

능력이 있다. "나를 두와줘"는, 시원적 산문으로서, 집회하는 인민 앞에서 발설되었으며 잘 이해되었을 것이다. 그것은 자유의 언어이다, 일차적 질서의 욕구의 위기를 지양하려는.

무엇을 위하여 우리는 "공적인 장소"에서 함께 모이는가? 『언어기원론』 제20장에서 자유의 언어는 집회하는 인민이 서로 소통하는 자유로운 하늘 아래에서는 능력이 없는 노예적 언어와 대립되는 것인데 은유적으로 다음과 같이 특징지어지고 있다.

> "이러한 진보는 우연적이지도 않고 자의적이지도 않으며, 사물들의 끊임없는 변화에 그 뿌리가 있다. 물론 언어는 인간의 욕구에 따라 자신을 발전시킨다. 언어는 그러한 욕구가 자기 자신을 변화시키는 바에 따라 변화되며 나빠진다. 고대에서는 설득술이 공론에서 효과적인 수단이었으며, 그래서 웅변이 필요했던 것이다. 그러나 오늘날에는 무엇 때문에 웅변이 필요하겠는가? 공론에서 무엇인가 효력을 미치기 위하여? '이것이 나의 안락이다'라고 말하는 데에는 기예도 연설형상화도 필요 없는 것이다. 그렇다면 인민 집회에서 말하기 위하여 아직도 남아있는 것은 무엇인가? 일종의 설교같은 것이 남아 있을 뿐이다. 그런데 그들은 임명하는 사람들이 그들이 설득하는 인민이 아닐진대, 설교를 하여 인민을 설득하는 일이 무슨 필요가 있겠는가? 인민의 언어는 웅변과 마찬가지로 완전히 쓸모없게 되어버렸다. 사회는 자신의 최종적 형태를 취했다. 사람들은 대포와 돈이 아니고서는 사회에서 어떠한 것도 변화시키지 못한다. 그리고 사람들이 인민에게 '돈을 줘'라는 말 이외에 더 이상 할 말이 없는 곳에서는 거리의 모퉁이에서 선전문구로써 말을 하거나 집에서도 군인들을 대동하고 말을 한다. 그러므로 어떠한 집회도 없다. 이와는 반대로, 백성들은 흩어져 있어야만 한다. 바로 이것이 모던 정치의 가장 중요한 격률이다."[368]

---

368) Rousseau, Essai, 제20장을 Jean Starobinski, "Rousseau und die Niedergangsthematik", 앞의 글, pp.186f에서 재인용.

자유의 언어는 주인과 노예와 관련되는 총체적 위기 — 예컨대 욕구의 위기 — 에 대항하는 비판적 언어이고, "욕구의 언어"는 그러한 위기로부터 자신을 해방하려는 자유의 언어이다. 그것은 인민의 집회에서 사용될 능력이 있는 "약정적 랑그"이다. 약정적 산문. 자유의 해방적 산문은 전사회적 멜로디가 아니라 하모니이다. "자유를 신장시키기 위해서 심사숙고된 언어들"은 역시 하모니적이다. 하모니적 언어는 해방적일 수 있다. "나를 도와줘"는 닫힌 공간의 긍정적(affirmativ) 하모니 — "돈을 줘"라는 말이 앞의 그것과 대조를 이룬다 — 와는 대조되는 것으로서 인민집회의 **비판적 하모니**이다.

"돈을 줘"라는 긍정적 하모니의 폐쇄성은 "국가적" 폭력과 "공공의 장소"의 배제를 통한 억압, 일변적 소통과 필연적으로 궤를 같이 한다.

> "사람들이 인민에게 '돈을 줘'라는 말 이외에 더 이상 할 말이 없는 곳에서는 거리의 모퉁이에서 선전문구(Plakaten)로써 말을 하거나 집에서도 군인들을 대동하고 말을 한다."

"거리의 모퉁이에서 선전문구로써 말을 한다는 것"은 일면적인 소통을 함의하는 것뿐만 아니라 국가가 공론에 가하는 일면적인 소통을 가능하게 하는 글의 정치적 기능을 시사하는 것이기도 하다. 문자성(Schriftlichkeit)에 대한 루소의 비판은 오직 이러한 정치적 맥락에서만 해석되어야 한다.

시원적으로 하모니가 남방적이지 않듯이, 시원적인 글은 문명 속에서 북방적이다. 루소의 정치적 이론에 있어서는, 자크 데리다가 자신의 문자학에서 주장하고 있는 바와는 달리, 목소리(음성)과 문자(글) 사이의 노골적인 대립적인 고찰보다는 오히려 전체적 사회의 상호교호적 소통이 중요한 관건이다. "나를 도와줘"라는 말은 닫힌 공간에서가 아니라 "자유로운 하늘 아래" "공공의 장소"에서 발설되는 것이며, 그것이 북방적인 한에서 문자성에 다름 아니다.

5. 정치성의 급진화와 인민의 소리

북방성은 정치성이다. 그것은 위기와 동시에 비판이고 위기와 비판의 변증법에 의해서 특징지어진다. 절합(articulation)과 글은 "언어의 포스트시원적 질병"이라는 데리다의 해체주의적 문자학적 해석에 동의하지 않는다.[369] 오히려 그것은 의술처럼 존재한다, 정치가 그러하듯이. 정치의 패러독스가 살아 있는 비판적 위기학에서는 독과 질병을 구별하는 것이 핵심적이다. 신체성(Körperlichkeit)은 독 때문에 아플 수는 있지만 독 그 자체가 필연적으로 질병은 아니다. 병든 신체성의 위기를 비판하기 위해서는 우리는 의술로서 독을 사용할 수 있다. 총체성으로서의 신체성 없이는 의술적 정치의 위험성이 지양될 수 없다. 비판적 위기학은 결코 총체성의 이론을 단념하지 않는다. 이로부터 결과하는 것은 면역화 능력의 이론이다. 독일의 사상가 에른스트 블로흐(Ernst Bloch)가 자신의 저서 『희망의 원리』에서 말하고 있듯이 의술적 유토피아는 건강을 위한 투쟁의 "제명"이다.

> "치유된 자는 새로운 인간으로서 자신을 느낄 수밖에 없으며 그 이전보다 더 건강해질 수밖에 없다."[370]

욕구의 위기를 지양하기 위한 "욕구의 언어"는 양립성을 가지지만, 이 양립성은 신체성의 특성을 근거로 하여 총체성과 준거하여 정치적으로 지양가능하다. 문자성의 비판은 글(문자) 그 자체의 노골적인 총체적인 거부를 의미하는 것이 아니라 문자성에 내재해 있는 재현위험성의 위기학적 비판을 의미한다. 사람들이 "돈을 줘"라고 말하고 "거리의 모퉁이에서 선전문구로 말할 수 있는 것"은 글을 통해서 가능해진 것이다. 현대정치와 관련한 루소의 문제제기는 문자성이라는 조건 아

---

369) Derrida, *Grammatologie*, 앞의 글, p.393.
370) Ernst Bloch, *Das Prinzip Hoffnung*, Band 2, Ffm, 1977, 4.Auflage, p.526.

래 "노예적 언어"의 비판을 통해서 자유의 언어가 어떻게 복원될 수 있는가 하는 것이다.

"나를 사랑해", "나를 도와줘" 그리고 "돈을 줘" 사이에는 이론적 기초의 관점에서 이해할 수 있는 급진적 차이가 존재한다. 글의 비판이 의미하는 것은 "나를 사랑해", 즉 가정적 목소리로 되돌아가는 것이 아니라, "나를 도와줘"의 현대적 변이인 "돈을 줘"라는 노예적 언어의 비판적 부정, 즉 "인민의 랑그" 혹은 "인민적 랑그"의 가면을 쓰고 있는 현대적 가정적 목소리들의 비판이다. "돈을 줘"는 한편으로 문자성을 통해서 가능하지만 다른 한편으로 시원적 글 언어 "나를 도와줘"와 같은 욕구의 언어, 비판적 언어가 아닌 한에서 그것은 본질적으로 모순적이다. "돈을 줘"는 야생적인, 야만적인 가면을 쓰고 있는 문명화된 시민적 인간들의 시적인 언어이다. 그것은 이차적 욕구질서의 일면적 만족을 위한 병든 사회의 언어이다. 그러므로 문자성비판의 대상은 사회적 언어가 긍정적(affirmativ)인가 비판적인가 하는 문제에 달려 있다. 비판적 글을 개념화함으로써 우리는 입법자(Legislateur)를 법의 파악자로서 이해하고 그 입법자의 학을 오해 없이 이해할 수 있게 된다. 바로 이러한 입법자의 학이 루소의 『사회계약에 대하여』에서 논술되어 있다.

> "사람들은 내가 정치에 관해서 **쓰고** 있으니까 내가 군주나 입법자인가 하고 나에게 물을 것이다. 아니다라고 나는 답하며, 그리고 바로 그렇기 때문에 나는 정치에 관해서 **쓴다**고."[371]

긍정적인 글들에 대항하는 이데올로기비판적인 글은 데카르트주의의 시작에 있는 개인주의적으로 철학하는 고독한 목소리를 부정하고, 결코 형이상학적이지 않는 공동체적 집합적 목소리들에 능동적으로 참여하는 것을 요청한다.[372]

---

371) Rousseau, III: 351. 강조는 필자.

372) Charles Sanders Peirce, "Some consequemces of four incapacities", in: Charles Hartshorne/ Paul Weiss (ed.), *Collected Papers of Charles Sanders Peirce,*

글에 대해서 고독한 목소리가 형이상학적인 로고스중심주의적인 우선을 가진다고 파악하는 것이 아니라 글과 집합적 목소리들 사이의 변증법을 요청하는 것이, 비판적 위기학의 진정한 실천적인 본질이고, 이 경우 사회적 문자성이 시원적으로 사념적인 로고스중심주의적 목소리가 아니라 "외침"이라는 집합적인 공동체적인 목소리, 즉 욕구의 위기를 극복하기 위한 문제정향적인 비판적 언어를 재현하는 한에서, 글의 이론은 형이상학적이지 않다. 그리고 그러한 해방적 소리는 포스트시원적이다, 즉 시원적인 시적인 언어의 자연방관적 상실 이후에 언어의 또 하나의 시원이다. "나를 도와줘"나 "외침"이라는 시원적 산문적 언어는 목소리와 소리 **사이**에 있다. 문자성을 비판하는 정당성은 데리다식으로 목소리와 글을 상호적대적인 것으로 고찰하는 데 있지 않다. 그것은 집합적으로 결사의 능력이 있는 시원적 소리를 축소시켜 재현하는 것을 비판하는 데 있다. 루소는 "사람들은 목소리는 쓸 수는 있지만 소리는 쓸 수 없다"[373]고 말한다. 글은 본질상 목소리를 재현할 수 있지만 소리를 재현할 수 없다는 글의 이 위험성은 인식론의 차원에서 로고스중심주의적인가 아닌가의 문제가 아니라 정치적으로 이해되어야 할 성질의 것이다. 목소리와 소리의 차이는 정치적으로 볼 때 대표 가능한 것과 불가능한 것의 차이에 다름 아니다. 루소는 요청하는 것은 목소리 일반과 글의 인식론적 대조가 아니라 목소리들 및 소리 — 소리는 인민들의 목소리들의 총체로서 은유될 것이다 — 와 글의 변증법이다. 대표 가능한 것이 대표될 수 있으며 그렇지 않은 것은 그렇게 되어서는 안 된다. 입법자의 문자적 매개는 비판적 공론의 구체적인 집합적인 목소리들과 함께 나아가야 한다.[374]

Volume V, Fourth Printing, 1974, The Belknap Press of harvard University Press, pp.156ff. 시원적으로 순수한 의시현상학의 데카르트주의적 협소에서 벗어나는 바에 대해서는 Richard Grathoff, "Alltag und Lebenswelt als Gegenstand der Phänomenologischen Sozialtheorie", in: *Materialien zur Soziologie des Alltags*, hrsg. von K.Hammerich/M. Klein: *Kölner Zeitschrift für Soziologie und Sozialpsychologie*, Sonderheft 20, 1978, pp.67-85 참조하라.

373) Rousseau, Essai, 제5장.

데리다는 그의 문자학에서 루소를 해석할 때 반(反)인간주의를 후기 구조주의적으로 급진화하는 가운데 개인주의적 주체와 상호주체성(상호주관성)을 개념적으로 구별하지 않음으로써 루소를 잘못 평가하고 만다. 루소는 단순하게 데리다가 집요하게 파고들어 들추어내려는 개인주의적 그 "목소리를 예찬하는 것"이[375] 아니다. 오히려 집합적 목소리로서의 소리와 비판적 글을 예찬한다. 긍정적인 글을 "철학적으로" 매개하는 것을 비판적으로 작업하는 비판적 글이 없다면, 집합적 목소리는 긍정적 글을 심화시키는 데 도구화될 것이다. 글을 배제하는 것은 불가능하다. 이러한 맥락에서 비판적 글은 사회적 본래성의 조건이다. 우리가 긍정적 글로부터 비판적 글을 개념적으로 구별하면, 루소와 레비스트로스의 차이가 부상하게 될 것이다. 우리가 이렇게 이것에 대해서 말하는 까닭은 데리다가 글 이론을 논의하는 가운데 루소와 레비스트로스 모두 "글을 있음(Präsenz)을 파괴하고 말에 방사선을 투사하는"[376] 것으로 비난하는 것으로 이해하고 이 점에서 양자가 같다고 주장하고 그것을 해체하려[377] 하기 때문이다.

데리다가 "있음의 형이상학"이라고 명명하고 있는 것이 루소의 경우에는 해당되지 않는다. 데리다는 자신의 문자학에서 글과 집합적 목소리 사이의 열린 변증법을 보지 못하고 고찰하지 않음으로써 루소를 여전히 형이상학적이라 판단한다. 루소의 글이론은 플라톤 이래의 있음의 형이상학과 차별되지 않는다는 것이다.[378]

다시 루소가 걸어간 사상의 길을 따라가 보자. 해체주의적 문자학에 있어서는 축제와 물의 자리 사이에는 아무런 차이도 없으며,[379] 루소의 『고독한 산책자의 몽상』 제5의 산책에 있는 피터스섬에서의 고독의

374) 이 책에서 "입법자의 진리"를 참조하라.
375) Derrida, 앞의 글, p.243.
376) Derrida, 앞의 글, p.245.
377) Derrida, 앞의 글, p.243 루소와 레비스트로스는 글에 주의를 가하면서 목소리의 예찬에서 서로 일치한다고 그는 주장하고 있다.
378) 이것이 데리다가 자신의 『문자학』에서 논술하는 주제의 하나이다.
379) Rousseau, Essai, 제9장.

경험과 제2의 산책에 기록되어 있는 사고의 경험이 순수한 있음의 형이상학이라는 관점에서 아무런 차이도 없다는 것이다.

> "이 있음의 형이상학은 대체의 숙명이 이것을 제한하는 것 같은 경우에는 항상 루소의 텍스트에서는 복기되고 있으며 요약되고 있다."380)

우리는 여기에서 데리다가 자신이 루소를 어떻게 해석하고 있는지를 논증하는 과정에서 주목하고 있는, 『고독한 산책자의 몽상』 제2산책에서 얘기하고 있는 사고의 사례를 고찰하고자 한다. 데리다는 얘기를 선별하여 다음과 같이 쓴다.

> "본질성은 현존(있음)이다. 삶으로서, 즉 스스로 있음으로서 그것은 탄생이다. 현존은 자신에로 되돌아가기 위해서 자신으로부터 나오므로 오직 진체적인 시원반복들을 허용하는 재탄생의 가능성이 성립한다. 루소의 논술과 물음들은 시원의 재탄생이나 재활성화의 예기 속에서만 가능하다. 재탄생, 재성립 혹은 재부활은 그 도주하는 층위에서 끊임없이 다시 자기 자신에로 되돌아가는 현존의 충만을 점유한다. 시원의 현존에로의 이 귀환은, 적어도 삶의 질서를 파괴하지 않고서, 전도시키는 만큼 모든 재난에 따라 일어난다."381)

데리다는 루소를 이렇게 순수한 있음의 형이상학으로 확인하려는 비판적 의도를 가지고 있으므로, "거대한 덴마크의 개"로 인한 신체를 다치는 우연적인 사고와 물자리에서의 축제가 본질적으로 다른 것임을 보지 않는다. 물론 그가 루소의 술화에서 환상, 기억 그리고 기호의 해체를 대체로 예리하게 포착하려 한다는 것은 사실이다. 곧 "순수한 있음으로 다시 깨어나는 것", "예견이나 기억이 없는 것", "비교도 구별도 없

380) Derrida, 앞의 글, p.540.
381) Derrida, 앞의 글, p.531.

는 것", "절합도 상황도 없는 것"[382]. 데리다가 이 에세이[『언어기원론』을 말한다: 필자의 이 가장 아름다운 면이라고[383] 부르고 있는 이것의 술화와 우리가 여기에서 『고독한 산책자의 몽상』 가운에 가장 추한 면이라고 부르고자 하는 그것의 술화 사이의 동일성, 달리 표현해서, "피와 물의 유사성"[384]을 밝히기 위해서가 아니라 두 술화의 이론적 구조들의 구조적 차이를 해석적으로 명료하게 밝혀내기 위해서 우리는 먼저 물자리 중심의 그 축제의 이론적 함의들을 기억하는 것이 필요하다. 필연성과 우연성이 두 술화 사이의 본질적 차이를 분명하게 할 것이다.

> "더운 지역들에서는 사람들이 불보다는 물을 포기하는 것이 **더 어려운 만큼이나 더욱 필수이었을**, 비 규칙적으로 흩어져 있었던 샘과 강은 그들이 서로 만나는 장소들이었다."[385]

물의 필연성(필수성)은 내용적으로 고독이 아니라 소통형식을 함의하며, 반면에 제2의 산책에서 피의 우연성은 고독, 비(非)소통, 그리고 폭력을 지시한다. 루소가 그가 경험한 우연적인 총체적인 육신의 훼손을 술화하는 것은 이를 넘어서 의지 없는 우연성의 모델(반(反)모델)은 진정한 대안을 표현하지 않는다는 것을 전하려는 것이다. 우리는 이에 대해서 "입법자의 과학"과 관련하여 다시 논의하고자 한다. 특히 시간성의 이론에 대해서 우리는 주목할 것인데, 제5의 산책에서 지속의 이론과 제2의 산책에서 순간성 및 돌발성 개념 사이의 이론적 차이에 특별한 강조점을 두고 해석할 것이다. "순수성"의 차이는 필연성과 우연성 사이의 차이 이외에도 공통과 고독 사이의 차이에서도 성립한다. 물은 공통의 첫 번째 매개이고, 반면에 피는 고독하게 경험하게 될 수

382) Derrida, *Grammmatologie*, 앞의 글, p.532.
383) Derrida, 앞의 글, p.449.
384) Derrida, 앞의 글, p.532.
385) Rousseau, Essai, 제9장. 강조는 필자.

밖에 없는 폭력적인 육신의 파손의 기호로서 우연성, 재산의 문제가 의지가 없는 가운데 존재한다는 것이다. 육신의 파괴(해체)가 우연하게 순간적으로 다가온다는 것은 기대의 범주가 부재하는 "추한 유토피아"로서 기대할 수는 있을 것이다. 데리다의 루소해체를 번역하다면, 그것은 "폭력을 가지고서 형이상학으로 대체를 집어넣으려는" "루소의 꿈(몽상)"이 루소의 순수한 있음에로의 회귀가 또 하나의 "거대한 데마크의 개"가 기다리는 것처럼 테러주의적일 것이다. 이러한 의미에서 데리다의 루소 해체는 볼테르(Voltaire) 이래 거의 하나의 고전적 이해로 자리잡고 있는 전통적인 그 해석노선을 다시 반복하는 것으로서 루소의 급진적인 문화비판을 속류루소주의적인, "자연으로 되돌아가자"는 명제를 확인하려는 것이다. "거인"은 인간적이거나 동물적이거나 비판적인 대안이 아니며 결사의 파괴를 의미한다. "순수성"은 불가능하거나 매우 위험하다. 루소의 정치적 이론은 형이상학적인 폐쇄성을 요청하기 위한 "순수한 있음의 역사"에 속하는 것이 아니라 그오와는 완전히 정반대로 개방성의 정치적 이론을 이론화하기 위해서 "역사적 · 형이상학적 시대"와 그 지식의 폐쇄성을 비판하고 있다.386)

데리다의 문자학은 현실적으로 의지로써 희망하는 혁명과 그렇지 않은 재난을 구별하지 않는다. 『문자학』에서 쓰기를, "주권성은 있음이고 있음의 향유이다"387)고 한다. 즉 순수성이라는 것이다. 그리하여 주권성은 형이상학적이 되며, 데리다의 문자학에 있어서 순수한 있음에로의 형이상학의 복귀는 오직 "폭력과 함께" 도입될 수 있는 한에서 주권성은 민주주의적 원리보다는 테러리즘이 된다. 순수한 형이상학적인 있음의 병리학적인 향유가 총체적으로 우연한, 자유로운 의지와는 독립적으로 일어나는 기대 밖의 결과라고 한다면 주권성의 전제는 무엇인가, 궁극적으로 우연성의 산물이라는 것인가? 주권성은 북방성에 속하지 않는가? 그것은 형이상학적인 폐쇄성의 순수한 있음이 아니라 정

386) Derrida, 앞의 글, pp.14-15 비교하라.
387) Derrida, 앞의 글, p.508.

치의 패러독스에 조응하는, 정치적 대체에 속한다. 우리가 이미 루소를 해체하려는 데리다의 사례에서 논의한 바 있듯이, "나는 거인을 본다"는 진술은 단순히 "나는 놀랐다"는 개념적 진술을 위한 하나의 은유가 아니라, 현실적인 소통적인 결사의 부정, 절대적 고독을 위한 은유인 것이다. 이러한 사례에서 드만의 해체주의적 루소해석은 루소를 해체시키지 않고 루소 자신을 해체하는 철학자로 만든다.[388] "거인"이라는 전(前)사회적 단어는 반사회성의 정치적 은유가 **되고** 있다. 루소의 예는 그 스스로가 사회이론 및 국가이론을 위한 홉스주의적 공포 및 두려움의 상징론의 **은유적 비판**을 의미한다.

> "내[389]가 단어와 이름에 대해서 말했던 것은 아무런 어려움이 없이 전체 문장에도 해당한다."[390]

그 자체가 정치적인 "인간"이라는 루소의 언어의 계보학은 역사적으로 이해될 수 있다. 언어는 역사(들)를 가지고 있기 때문이다. "인간"과 함께 진정한 결사가 시작하고, 동시에 이것으로써 루소는 "거인"에서 시작하는, 국가와 사회를 정초하는 홉스식 논리를 비판한다. "거인"은 루소의 이데올로기비판적인 준거를 통해서 정치적 은유로서 드만이 밝히고 있듯이 선택된 것이었다. 드만은 다음과 같이 말하고 있다.

> "'거인'이라는 실제적 단어는 우리가 일상적 사용에서 이 단어를 알고 있듯이 '인간'이라는 단어를 전제로 하고 있으며, 루소가 현존하는 단어가 없기 때문에 '거인'이라고 불러야만 하는 은유적 형상이 아니다. 루소의 '거인'은 신화론적 괴물과 같이 더 많은 것일 수 있다."[391]

---

388) Paul de Man, *The Resistance to Theory*, University of Minesota Press, 1986, p.118 참조.

389) 여기에서 나는 루소 자신이다.

390) Rousseau, Essai, 제9장.

391) Paul de Man, *Allegories of Reading,* 앞의 글, p.153 각주 29.

그렇지만 드만은 루소에 있어서 "거인"이라는 신화론적 괴물이 은유적으로 무엇을 의미하는지를 보지 못하고 있다.

거인은 사회의 성립 **이전에** 있으며, 그리고 언어적이지 않다. 사회와 언어는 동시적으로 성립한다. "거인"이라는 은유가 사회의 성립 이후에 혹은 그것의 국가성을 위해서 사용되고 있다면, "거인에 대한 공포"는 반사회성일 것이다. "레비아탄"에 대한 정치적 공포(두려움)는 반(反)언어적 표명이며 진정한 사회성의 파괴일 것이다.

은유는 표상들의 전이(Übertragen)이다. 그것은 곧 옮김이다.[392] "그런데 인민의 랑그로 번역될(옮겨질) 수 없는 수천의 생각들[393]이 있다"[394]는 루소의 문장이 말하고 있는 것은, 교육독재적 전체주의가 아니라 시적인 형상적인 언어에서 산문적인 개념적인 언어로 이행하는 과정의 언어이론적 문제틀에 대해서이다. 루소의 이 문장은 다음과 같이 내용상 번역될 수 있을 것이다. 즉 전사회적 상태에서는 대단히 많은 수많은 생각들이 있지만 그 어떠한 무엇이 없이 그러한 생각들이 국가적인 개념성들을 위한 은유가 될 수 있는 것은 불가능하다는 것이다. 그것이 함의하는 것은 가정적 랑그와 인민적 랑그 사이의 불일치들이다. 존재론적인 결사의 언어도 없으며 형이상학적인 결사도 없기 때문에, 루소는 사회와 언어의 혁명적인 전형을 가정하고 있는 것이다. 번역하는 것에 대한 루소의 파악은 단순하게 언어학적이거나 텍스트주의적인 것을 넘어서는 사회적 혁명의 것이다. 이러한 의미에서 플레처(Angus Fletcher)의 지적은 루소의 "번역" 개념을 이해하는 데 도움을 준다. 플레처에 의하면[395] "때때로 전도(inversio)라는 용어는 번역이라는 그 시원적 의미에서 나온 것이고, 반면에 번역(translatio)은 은유

---

392) 은유, "meta-phorein"이라는 그리스어는 옮김을 의미한다. Paul de Man, "The epistemology of metaphor", in: *Critical Inquiry*, 1978, vol.5, pp.13-30, 여기에서는 p.17 참조.

393) 여기에서 생각들은 표상들로 번역될 수도 있다.

394) Rousseau, III: 383.

395) Angus Fletcher, *Allegory. The Theory of a Symbolic Mode*, Cornell University press, 1964, p.2.

(metaphor)라는 그리스어가 라틴어에서 해당하는 것이다. …(중략)… 히포노이아(hyponoia)라는 그리스를 대신하여 이와 대등한 의미로 '알레고리'라는 단어를 사용한 최초의 비평가는, 즉 '알레고리화하다'라는 동사를 사용한 최초의 인물이 플루타르크(Plutarch)임을 페팽(Jules Pépin), 『신화와 알레고리』(*Mythe et allégorie*, Paris, 1958, pp.87-88)이 밝히고 있다." 주지하듯이 플루타르크는 루소가 가장 애독했던 저자의 하나였다. 이에 대해서는 루소 스스로가 『고독한 산책자의 몽상』에서 명백하게 밝혀 놓은 바 있다.

> "지금도 이따금 읽고 있는 약간의 책들 중에서 플루타르크가 제일 나의 흥미를 끌었고 또 제일 나에게 도움이 되는 책이다. 그것은 유년시절에 처음 읽은 책인데 또 노년의 마지막 독서가 될 것이다. 플루타르크는 나에게 있어서 읽을 때마다 반드시 무엇인가를 얻을 수 있었던 오직 한 사람의 저자이다."[396)]

시원적 번역은 이러한 의미에서 다름 아니라 알레고리화를 의미하는데, 시적 세계에서 산문적 세계로 총체성의 구조가 혁명적으로 전형되는 것이다. 그것은 텍스트주의적 알레고리화로 축소될 수 없는 것이다. 그것은 해당하는 사람들에 의해서 승인되어야 하며 나아가 그러한 사람들이 그것에 참여해야 한다. 드만을 중심으로 주조되고 있는 해체주의적 알레고리 개념과는 반대로 루소의 시원적 번역, 즉 알레고리화를 재구성적, 사회적 알레고리로 표현하고자 한다. 그것은 개방적이고, 간접적인 총체성과 하모니를 이룰 수 있는 것이다.

시적인, 전사회적인 언어가 산문적인 사회적인 언어로 시원적인 번역이 일어나는 사건은 자연의 부정으로서 자연의 위험한 대체의 성립, 정치적 몸의 정치적 헌정을 의미한다. 그것은 "시원적인 것의, 항상, 상당한 정도의, 산문화이다". "번역은 시원적인 것에서 시적인 것으로 나

---

396) Rousseau, I: 1024.

타난 바를 산문적인 것으로 만드는 것이다. 번역은 그러한 것으로서 산문화이다. 그러므로 번역은 헤겔이 말했듯이 시원적인 것의 노예, 산문적 노예 등등이다."[397] 이러한 의미에서 우리는 왜 루소가 시적 세계의 인간을 현자로 그리고 산문적 세계를 평범한, 범속한 인간으로 표현했는지를 바르게 이해할 수 있다.[398] 시적 세계에서 산문적 세계로 이행하는 과정은 몰락으로 나타나며, 물론 그것은 자연의 위험한 대체로서 그러하다. 루소의 이 수사법은 제2논술에서도 우리는 발견할 수 있다.

> "어떤 토지에 울타리를 두르고 이것이 내 것이다 하고 선언하는 일을 생각해 내고 그것을 그대로 믿을 만큼 단순한 사람들을 발견한 최초의 사람이 시민사회의 진정한 창립자이다."[399]

여기에서 루소가 "시민사회"라 부르는 것은 봉건주의 이후에 등장한 역사적인 부르주아사회나 시민사회를 의미하는 것이 결코 아니고, "단순한", 범속한 사람들에 의해서 정초된 사회이다. 루소에 있어서 산문적 세계의 성립은 자연적인, 현명한, 고독한 인간이 사회적인, 범속한, 소통적인 인간으로 혁명적으로 전형한 것에 다름 아니다. "현자들이 일반적 사람에게 이 일반적 사람의 언어 대신에 자신들의 언어로 말한다면, 그 일반적 사람에게 이해될 수 없을 것이다"[400]라는 루소의 말은, 매우 자주 오해되어왔는데, 교육독재나 엘리트형성의 이론이 아니라 언어와 사회 사이의 우선에 대한 문제틀을 의미한다. 루소는 제2논술에서 이 문제틀에 대해서 다음과 같이 표현하고 있다.

> "언어가 순수하게 인간적인 수단에 의해 생겨날 수도 없었고 확립될 수도 없었다는 것을 거의 확신을 갖고 증명함으로써 다음의 어려운 문제의 논

---

397) Paul de Man, *The Resistance to Theory*, 앞의 글, p.97.
398) Rousseau, III: 383.
399) Rousseau, III: 164.
400) Rousseau, III: 383.

의는 그것을 기획하려는 자에게 양보하기로 한다. 즉 언어의 제도에 있어서 이미 결합된 사회가 필요한 것과 사회의 성립에 있어서 이미 발명된 언어가 필요한 것에서 어느 쪽이 보다 필요한 것인가 하는 문제이다."[401]

사회는 약정적인, 산문적인 언어 없이는 헌정불가능하며 그 역 역시 그러하므로, 시적인, 전사회적 언어가 대화적인 언어로 시원적으로 번역되는 것은 언어 내에서가 아니라 언어학적으로 그리고 사회이론적으로 일어나는 일종의 혁명임을 함의하고 있다. 황금시대에서 풍요로운 언어가 "인민의 랑그"로 시원적으로 번역되는 것은 이것이 황금시대의 상실을 의미하기 때문에 "범속적"이라 표현될 수 있었던 것 같다.

제4절 헤겔의 변증법의 마르크스의 전도

1. 시작의 재구성과 변증법적 총체성

시작은 모든 학문적인 (재)구성에서 문제적이다. 『자본』 제1판 서문에 있는 "모든 시작은 어렵고, 이것은 모든 과학에서 타당하다"[402]는 마르크스의 문장은 이에 대해서 분명하게 말하고 있다. 시작, 시원의 문제틀은 총체성의 그것 이외에 다름 아니다.

헤겔의 변증법의 이른바 마르크스의 전도는 시작의 이론적 재구성에로 되돌아가는데, 이는 루소가 홉스 이래의 계약이론적 전통들의 시원 문제틀을 비판적으로 재구상했던 바와 마찬가지다. 헤겔의 변증법이 폐쇄적이고 마르크스의 그것이 개방적이어서 차이가 있는데, 이 둘의 사이의 인식론적인 급진적 차이는 변증법이 어디에서 시작할 수 있는

---

401) Rousseau, III: 151.

402) *Karl Marx/Friedrich Engels Werke*(일명 MEW), Band 23, Dierz Verlag Berlin, p.11. 이하 이 전집에서 인용하는 경우 다음과 같은 범례로 약칭한다. 즉 MEW 23, 11.

가 하는 데에 달려 있다. 개방성의 진정한 변증법은 대화적 원칙에서 시작한다. 개방적 변증법의 원칙은 독백적이 아니라 대화적이다.[403)]

헤겔 변증법의 마르크스의 전도의 인식론적 기초는 마르크스가 대화하는 인간에서 시작한다는 데에서 성립한다. 이것은 헤겔의 신비적 시작에 대한 비판을 지향하는 것으로 나타난다.

> "만약 헤겔이 국가의 기초로서 현실적 주체들에서 나아갔다면, 신비적 방식으로 국가를 주체화하게 허용하는 것을 그가 필요로 하지는 않았을 것이다."[404)]

마르크스의 해석에 의하면 헤겔의 경우 총체성의 표현으로서의 국가는 신비적으로 나타나는데 그 이유는 헤겔의 총체성이론(국가이론)은 현실적 주체들에 의한 정치적 결정을 시작으로 설정하지 않기 때문이다. 즉 헤겔의 시작은 서로 대화하는 공론으로서의 인민이 아니라 존재론적으로 전제되어 있기 때문이다. 헤겔 변증법의 마르크스의 전도는 헤겔의 관념론적 이념을 유물론적 물질로 기계론적으로 대체한 것으로 축소될 수 없다. 그 전도는 닫힌 이념의 존재론적으로 정초된 비운동성을 부정하는 동시에 정치적으로 재구성 가능한, 열린 총체성을 이론적으로 요구하는 것을 의미한다. 마르크스에 있어서 헤겔의 이념은 신비적으로 혹은 신비화하는 것으로서 현존하고 있는데, 그것이 구체적 공론의 정치적 실천의 길을 차단하기 때문이다. 곧 그것에 대하여 닫혀 있기 때문이다. 헤겔 존재론의 폐쇄성, 신비화와는 인식론적으로 대조되게 마르크스는 개방성을 요청하는데, 그것은 루소주의적 정

---

403) 독백과 대화 사이의 개념적 차이에 관해서는 Michail Bachtin과 그 학파의 여러 글들, 예컨대, Wygotzki, Valentin N. Volosinov, P. N. Medvedev 등등, 특히 Michail Bachtin, *The Dialogical Imagination*, edited by Michael Holquist, translated by Carol Emerson and Michael Holquist, University of Texas Press, 1981, L. S. Wygotzki, *Sprechen und Denken*, Ffm, 1961, Valentin N. Volosinov, *Marxismus und Sprachphilosophie,* Ffm/Berlin/Wien, 1975.

404) MEW 1: 224.

치이다.

『자본』 제2판 후기에서 마르크스는 헤겔 변증법을 인식론적으로 전도시키는 것을 명시적으로 표현하고 있다.

> "나의 변증법적 방법은 헤겔의 그것과 그 기초에 있어서 서로 다를 뿐만 이 아니라 그것과 직접적으로 반대된다. 헤겔에 있어서는 그가 이념이라는 이름 아래 자립적인 주체로까지 전화시킨 사유과정이 현실적인 것의 창조자이고, 현실적인 것은 다만 그것의 외적인 현상을 형성한다. 나의 경우 반대로 관념적인 것은 인간의 머리 속에서 전환되고 번역된 물적인 것에 다름 아니다."[405]

> "변증법이 헤겔의 손에서 신비화되고 있지만, 이 신비화가 그가 변증법의 일반적인 운동형태를 처음으로 포괄적이고 의식적인 방식으로써 표현하였다는 것을 결코 방해하지는 않는다. 헤겔의 경우 변증법은 거꾸로 서 있다. 우리는 신비적인 외피 속에 있는 합리적인 핵심을 발견하려면 그것을 뒤집어야 한다."[406]

변증법의 인식론적 전도는 의심할 바 없이 신비화에 대한 비판이다. 신비화는 폐쇄성, 비운동성이다. "머리로 서 있다는 것"의 은유적인 의미는 지리적인 자리바꿈의 필요성을 넘어서서 바로 이와 같은 확고한 긍정적인 비운동성에 있다. 이러한 의미론적 의미에서 마르크스가 단행한, 변증법의 인식론적 전도는 변증법구조 그 자체의 패러다임적 전형, 즉 닫힌 변증법에서 열린 변증법으로 전형하는 것이다.

신비적 껍질 속에서 합리적 핵심을 발견한다고 마르크스가 말하는 것은 마르크스의 이 전도와 동일한 것이다. 전도가 없이는 그러한 발견은 불가능하고, 이러한 발견이 없이는 전도는 위험하다. 합리적 핵심

405) MEW 23: 27.
406) MEW 23: 27.

과 신비적 껍질(외양)이 무엇인가, 신비적 껍질 속에서 합리적 핵심을 발견하는 것이 어떻게 가능한가, 합리적 핵심은 신비적 껍질과 대립하는 관계에 있지 않은가 하는 의문을 제기할 수 있을 것이며 또한 제기해야 할 것이다. 루소가 마키아벨리에 따라 발전시킨 종교와 정치 사이의 관계에 대한 변증법적 이론을 우리는 여기에서 기억할 수 있을 것이다. 종교가 없이는 정치의 성립은 불가능했을 것이지만 루소가 주장하고 있듯이 현재 이데올로기비판적 전도는 가능하다.[407] 정치의 헌정에는 가설적인 정초가 필요하고 정치의 현실적 전제로서 종교가 현재적으로 밝혀지는 한에서 헤겔 변증법의 마르크스의 전도는 루소주의적이다. 정체(정치적 몸)의 논리는 자신의 가설적인 전제를 자신에 고유한 이데올로기비판적인 지양을 목표로 하고 있다.

헤겔 변증법의 마르크스의 전도는 변증법 그 자체의 급진적인 전도로서 변증법적 정치와 정치적 이론의 재구성이다. 다시 말해서, 변증법의 시작은 종교에서 정치에로 넘어가게 된다. 헤겔 변증법의 논리적 시작은 닫혀 있는 반면에 마르크스의 변증법의 정치적 시작은 열려 있다. 이러한 의미론적 맥락에서 마르크스는 자신의 글 『헤겔법철학비판을 위하여』(*Zur Kritik der Hegelschen Rechtsphilosophie*)에서 예리하게 루소주의적으로 표현하고 있다. 그는 그렇게 함으로써 헤겔의 폐쇄성이론을 정치적 전제들의 변증법적 지양을 그 기초로 하여 비판하고 있다.

> "이 귀결은[408] 새로운 원칙이 그 전제들의 현존을 반대하는 것이 아니라 그러한 현존의 원칙을 반대하는 투쟁을 벌리자 곧 그 전제들의 현존을 위해서 투쟁하는 것이다. 사회에서는 조합을 창조하는 정신과 동일한 정신이 국가에서는 관료제를 창조한다."[409]

---

407) 루소를 재구성하면서 더 자세한 설명을 시도하고 있는 본 책에서 "입법자의 과학"을 참조하라.

408) 헤겔의 논리에서 귀결을 말한다.

409) MEW 1: 247.

마르크스의 귀결은 헤겔의 그것과는 완전히 대조적으로 자신들의 전제들의 실존에 대항하여 투쟁한다. 이 경우 그 귀결은, 동일적인 긍정적인 정신의 폐쇄적인 귀결과는 반대로, 개방적이다. 정치의 귀결은 자신의 전제, 종교의 자기지양을 위하여 투쟁한다. 이러한 이론적 맥락에서 볼 때 마르크스가 자신의 "헤겔법철학비판서문"에서 다음과 같이 시작하고 있다는 것은 결코 놀라운 일이 아니다. "독일에서 종교의 비판은 본질적인 면에서 끝났고, 그리고 종교의 비판은 모든 비판의 전제이다."[410] 우리는 이미 앞에서 논의하였듯이,[411] 마르크스는 비종교적인, 정치적인 비판에서 시작하기 위해서 종교의 비판에서 시작한다. 정치적 비판은 자신의 전제의 자기지양을 위해서 투쟁하는데 종교를 닫힌 형이상학적인 질서로서가 아니라 개방적인 가설로서 전제하고 있다. 그러므로 정치가 종교에 의존하고 있음을 발생적으로 연구함으로써 종교로부터의 해방이 전제로서 추진되며 또한 시원적 정치의 가설이 이데올로기비판적으로 계몽된다. 이 경우 정치로서의 종교가 정치적으로 비판될 수 있게 된다.

헤겔의 닫힌 변증법의 마르크스의 전도는 마르크스가 헤겔의 존재론적 논리, 논리적 질서를 그는 새로운 종교로 현대적 정치의 전제로 이해하고서 이로부터 거리를 취하려고 한다는 것에서 성립한다. 마르크스는 헤겔의 법철학에 대한 비판을 위한 그의 서문에서 헤겔의 논리를 새로운 종교로서 긍정적(affirmativ)인 질서로서 확인하려고 시도하고, 이 질서는 현실에 있어서는 단지 이데올로기적으로만 기능할 수 있고 기능하는 것으로 이해한다. 헤겔의 논리적 질서의 존재론적 전제는 어떠한 사람도 벗어날 수 없는 폐쇄성의 의미에서 일종의 종교, 신비화를 의미한다.

종교의 비판이 모든 비판의 전제이듯이, 상품의 분석이 자본주의에 대한 모든 비판의 전제이다. 자본주의에서 상품은 종교이며, 정치적 폐

---

410) MEW 1: 378. 이 맥락에 대한 자세한 분석을 위해서는 Seo 1988 중에서 "제2장 위기와 비판의 맥락들과 '정치'"를 보라.

411) 이 책에서 "제2장 위기와 비판의 맥락들과 '정치'"를 보라.

쇄성과 친화성을 가지고 있기 때문이다. 마르크스는 『자본』에서 상품의 분석에서 자신의 연구를 시작하고 있는데[412] 그의 분석은 위기의 비판, 즉 "상품세계의 물신적 성격", "상품물신성"[413]의 비판적 표현에 다름 아니다. 마르크스가 헤겔의 변증법을 전도함으로써 신비적 외피 속에서 합리적 핵심을 발견하는 것은 종교로부터 정치가 변증법적으로 자율성을 얻는 것에 조응한다. 마르크스의 변증법은 신비적 껍질, 외피에서, 즉 종교에서 시작하지 않는다. 그것은 합리적 핵심, 즉 정치에서 시작한다. 마르크스의 변증법은 종교와 정치의 관계가 **전도됨으로써** 이제 더 이상 종교가 아니라 정치이다.

마르크스에 있어서 합리적 핵심과 신비적 외피의 관계는, 그가 그렇게 신비적 외피 속에서 합리적 핵심을 발견하는 것을 말하고 있다는 점에서, 합리적 핵심의 발생적 전제로서 신비적 외피를 말하고 있다는 점에서 변증법적이다. 즉 루소가 『사회계약에 대하여』에서 주장하고 있듯이 현존하는 종교의 전제 아래 정치는 발전하였던 것이다. 정치의 성립에 대한 발생적 연구는 정치의 계몽이다. 이러한 맥락에서 우리는 마르크스의 "포이에르바흐에 대한 제8명제"를 기억할 수 있다.

> "모든 사회적 삶은 본질적으로 **실천적이다**. 이론을 신비주의가 되게 하는 모든 신비들은 자신의 합리적 해결을 인간적 실천 속에서 그리고 그러한 실천의 개념규정하는 것에서 발견한다."[414]

발생적으로 접근해 보면 이론 그 자체가 실천이다. 마르크스의 변증법의 합리성은 사회적 삶의 시작, 혹은 시원은 이론적 합리성이 아니라 합리성능력적인 실천이며, 이것은 역사적으로 보면 그 역으로, 즉 가설을 존재론적 질서와 신비적으로 교체한 것으로 나타난다. 모든 신비들

412) MEW 23: 49.

413) 마르크스는 『자본』에서 "상품의 물신적 성격과 그것의 비밀"이라는 표제어를 붙이고 그것을 분석하고 있다. MEW 23: 85ff 참조하라.

414) MEW 3: 7.

은 그 자체가 역사적으로 인간적 실천에 의해서 생산된 것으로 개념화되자마자 급진적인 계몽 아래 포섭되어야 한다. 이러한 의미에서 모든 신비들은 합리적 역사의 전사가 된다. 곧 정치의 종교는 종교의 정치를 대신하여 그 자리를 차지한다. 즉 정치가 합리화되는 것이다. 마르크스에 있어서 신비적 외피는 종교적 외피이다. 헤겔에 있어서 종교적 질서는 존재론적이지만 마르크스에 있어서는 정치적 질서가 성립하는 가설로서 발생적으로 전제되고 있다. 마르크스에 있어서는 외피는 가설이다. 인간적 실천에 의해서 만들어진 가설이 현실화된다는 것은 가설은 우리가 역사로서 망각해서는 안되는 가설로서 사라진다는 것을 함의하고 있다. 신비화는 바로 망각 속에서 성립할 수 있기 때문이다. 가설이 지양될 수 있는 곳에서만 새로운 역사는 새로운 역사를 가지고서 시작할 수 있다. 이것을 마르크스는 "정치적 외피"[415]라고 명명한다. 마르크스의 사회주의는 정치적 외피에서 시작하지 종교적 외피에서 시작하지 않는다.

헤겔의 변증법가설은 현실적인 가설이 아니라 폐쇄성의 비운동적 질서이다. 헤겔의 변증법은 반변증법적 긍정성(Affirmation)에서 시작한다. 신비적 외피 속에서 합리적 핵심의 발견이 의미하는 것은 종교적 외피가 정치적 외피로 역사적으로 전형하는 것이다. 헤겔의 변증법과 마르크스의 그것 사이의 차이는 변증법이 무엇에서 시작하는가에 있다. 마르크스의 변증법은 헤겔의 변증법과의 대립 속에서 변증법적 개방성에서, **정치적** 외피에서, 시작한다. 그의 변증법이 시작하는 변증법적 개방성은 그가 헤겔의 변증법을 전도함으로써 발견한 합리적 핵심이다. **정치적** 외피의 합리성은, 종교적 외피의 신비화와 대립 속에서 정치란 다름 아니라 구체적 공론의 자기의식적 활동을 의미할 뿐만 아니라 정치는 정치 자신의 고유한 자기지양을, 패러독스한 개방성을, 포함하고 있다는 점에 있다. 헤겔의 정치적 외피는 신비적이고 마르크스의 그것은 정치적으로 합리적이다.

415) MEW 1: 409.

헤겔 변증법의 마르크스의 전도는 변증법의 전제의 전도이고, 이 전도를 통해서 변증법의 고유성은 본질적으로 비판적으로 전형된다. 마르크스의 정치적 외피는 그의 변증법의 시작이고 시원이다. 그것은 정치의 자기지양을 혹은 우리가 정치의 패러독스라 부르는 바를 기초로 하여 개방적이다. 반면에 헤겔변증법의 시작으로서의 종교적 외피는 폐쇄적이다. 마르크스의 정치적 외피 그 자체는 구체적 공론의 정치적 실천을 의미하는 한에서 변증법적이고 그 본질상 개방적이다.

이 변증법의 전도는 헤겔의 변증법의 비변증법적 전제를 비판하기 위한 변증법의 변증법이지 변증법의 부정이 아니다. 마르크스는 "헤겔의 변증법에서 신비화하는 측면",[416] 신비적 외피를 부정하는데, 그 이유는 그것이 변증법적이지 않기 때문이다. 다시 말해서 구체적 실천의 정치적 실천의 길이 막혀 있기 때문이다. 마르크스는 변증법을 급진적으로 정치적으로 이해하고 있다.

마르크스가 비판하는 것은 헤겔의 변증법 그 자체가 아니라 변증법의 비변증법적 전제이다. 변증법은 자립적이지 않고 전제를 가지고 있기 때문이다. 변증법의 전제의 비판은 변증법 그 자체 혹은 변증법 일반의 부정으로 혼동해서는 안된다. 헤겔의 변증법은 이상주의의 그것이다. 그것의 전제는 이상주의적 질서이고, 이것을 마르크스는 머리로서 있는 질서라고 명명하고 비판하였다. 이상주의적 변증법과 이른바 유물론적 변증법의 차이는 이념과 물질 사이의 기계론적 교체로 교체되어서는 안된다. 마르크스의 유물론적 변증법은 개방성의 변증법으로서, 이념이든 물질이든 모든 종류의 폐쇄성의 이론과 거리를 취하고 있다. 이상주의적 변증법은 **이상주의**의 변증법으로서 마르크스는 거부하는데 이상주의적 변증법의 전제로서 이상주의는 닫힌 질서의 철학이기 때문이다. 유물론의 변증법으로서의 닫힌 변증법은 이와 동일한 폐쇄성 때문에 거부된다. 유물론적 변증법은 변증법적, 개방적 유물론의 그것이다. 변증법적 유물론은 유물론적 변증법, 개방성의 변증법을 기초

416) MEW 23: 27.

로 하여 발전한다.

헤겔 변증법의 마르크스의 전도는 닫힌 변증법 대신에 열린 변증법을 성립하게 한다. 변증법의 개방성은 합리적 핵심이다. 마르크스의 합리성은 어떠한 폐쇄적인 질서가 아니라 열린 역사를 그 기초로 한다. 마르크스의 합리성의 핵심은 폐쇄적인 로고스중심주의가 아니라 열린 질서, 그러니까 변증법이다. 개방적인 변증법은 변증법의 변증법이고 반면에 폐쇄적 변증법은 변증법의 반(反)변증법이다.

헤겔의 이상주의적인, 반변증법적 변증법을 유물론적인, 변증법적인 변증법으로 마르크스가 전도시키는 것은 변증법의 급진화, 변증법의 변증법화 바로 그것이다.

변증법이 무엇에서 시작하는가? 바로 여기에서 헤겔의 변증법과 마르크스의 그것의 차이가 있다. 이미 밝혔듯이, 헤겔의 변증법은 종교적 외피에서 시작하는 반면에 마르크스의 그것은 정치적 외피에서 시작한다. 종교적 외피와 정치적 외피의 차이는 궁극적으로 이상주의적 변증법과 유물론적 변증법을 구별시킨다. 유물론적 변증법의 시작은 정치이며, 반면에 이상주의적 변증법의 시작은 논리로서의 종교이다. 헤겔의 이상주의적 변증법의 시작으로서의 종교는 논리적 폐쇄성, 폐쇄적 총체성을 구성한다. 하지만 유물론적 변증법의 시작 혹은 시원으로서의 정치는 인간적 실천에 의존하는 개방성, 개방적 총체성, 즉 급진적 시작이다. 헤겔의 변증법의 시작으로서의 정치의 부재는 마르크스가 헤겔의 신비화라고 명명하는 바의 구체적인 내용이다. 시작의 정치화는 마르크스에 있어서 탈신비화이다. 알튀세르는 자신의 책 『마르크스를 위하여』에서 반(反)헤겔주의적으로 주장하고 있듯이, "헤겔의 사회적 총체성 이론이 한 번도 정치를 정초지운 적이 없는 것은, 어떠한 헤겔의 정치도 존재하지 않고 존재할 수도 없다는 것은 결코 우연이 아니다."[417] 헤겔의 이상주의적 변증법은 비(非)정치적인 변증법으로서 종교적인, 신비적인 시작에서 시작한다. 마르크스의 유물론적 변증법은 정치적인, 합

417) L. Althusser, *Für Marx*, Ffm, 1968, p.150

리적인 시작에서 시작하는 정치적인 변증법이다. 헤겔 변증법의 마르크스의 전도는 종교적인 변증법에서 정치적인 변증법으로, 닫힌 변증법에서 열린 변증법으로, 급진적으로 전형이 일어나는 것이다.

총체성의 문제틀은 바로 시작의 그것이다. 닫힌 논리의 질서에서 시작하고 있는 헤겔 변증법의 마르크스의 전도는 이 경우 총체성의 전형이다. 총체성이 없다면 변증법도 없다. 변증법이 없다면 총체성은 경직되어지고 경직적이다. 총체성의 위기는 변증법의 위기이다. 헤겔의 변증법은 자신의 비변증법적 시작에서, 다시 말해서 자신의 긍정적 총체성에서, 자신의 인식론적 한계를 가진다. 헤겔의 총체성은 폐쇄성, 루이 알튀세르가 단순한 통일성이라 명명하는 그것의 긍정적인 발전이다. 바로 이러한 닫힌 비변증법적 총체성에서 헤겔의 변증법은 시작한다. 우리가 이것을 폐쇄적이라 부를 때는 총체성의 폐쇄성을 염두에 두고 있는 것이다. 변증법 그 자체는 닫혀 있지 않고 열려 있다고 우리는 이해하고 있기 때문이다. 마르크스가 헤겔의 변증법에서 **신비화하는 측면**을 비판하지 변증법 그 자체를 비판하지 않는 것은 결코 우연이 아니다.

2. 형식과 내용으로서의 민주주의

헤겔에서는 변증법이 총체성과 분리되어 있다. 즉, 형식(변증법)과 내용(총체성)이 분리되어 있다. 헤겔 변증법의 마르크스의 전도는 형식과 내용의 분리를 지양하는 것을 목표로 하고 있다. 헤겔의 내용은 비변증법적으로 닫혀 있지만 헤겔의 형식은 변증법적이다. 내용과 형식의 헤겔적 분리는 비변증법과 변증법의, 즉 이념으로서의 닫힌 총체성과 방법으로서의 개방성의 종교적인 연결이다. 마르크스는 자신의 『헤겔 법철학 비판』에서 헤겔의 형식과 내용의 분리를 비판하고 있다.

> "헤겔은 **내용과 형식을**, **즉자적 존재와 대자적 존재**를 분리하고, 후자를 **형**

식적 계기로서 외적으로 추가적으로 등장하게 한다. 내용들은 존재한다. 이에 반해서, 형식은 내용의 현실적 형태로서만 타당해야 하지, 현실적 내용을 자신의 내용으로 가지는 것이 아님은 그 자체로서 자명하다."[418]

헤겔의 형식과 내용의 분리를 비판하는 것은 형식상으로는 운동성이 있지만 내용이 닫혀 있다는 것을 비판하는 것을 의미한다. 마르크스에 있어서 내용과 형식의 분리는 불가능하다. 그러므로 이러한 분리 속에 있는 헤겔의 이상주의적 철학은 추상적이고, 신비적인 것으로 나타난다. "즉자(Ansich)와 대자(Fürsich)의, 본질체와 주체의 분리는, 추상적 신비주의이다."[419] 헤겔적 분리는 마르크스에 의하여 헤겔의 내용은 완성되어 있으며, 경직적, 긍정적이고 그리고 폐쇄적이고, 폐쇄성의 철학을 위한 정초는 과학적으로 설명되고 있는 것이 아니라 형이상학적으로 전제되어 있음으로 비판되고 있다.

마르크스는 헤겔과 민주주의를 비판적으로 대조시키고 있다. 이것을 우리는 이러한 보다 깊은 의미론적인 맥락에서 바르게 이해할 수 있다. 마르크스에 의하면 "헤겔은 국가에서 출발하여 인간들을 주관화된 국가로 만든다. 반면에 민주주의는 인간에서 출발하여 국가를 개체화된 인간으로 만든다."[420] 헤겔에 있어서의 내용은 형식과 분리되어 있다는 의미에서 헤겔은 반민주주의적이다. 마르크스에 의하면 "민주주의는 내용이며 형식이다."[421] 내용과 형식의 분리 및 그 극복을 다루는 문제틀은 여기에서 출발점의, 시작의 문제틀이다. 출발점으로서의 헤겔의 국가는 현실적인 국가가 아니라 신비적 본질체[422]로서의 절대적 정신을 의미하며, 그리고 출발점으로서의 마르크스의 인간은 철학적 인간주의를 정초짓게 하는 인간의 본질이[423] 아니라 우리가 루소에서 읽

418) MEW 1: 264f.
419) MEW 1: 265.
420) MEW 1: 231.
421) MEW 1: 231.
422) MEW 1: 224.
423) Althusser 1968: 176ff.

을 수 있었던 정치적 몸(정체)의 논리를 의미한다. 내용인 동시에 형식인 민주주의는 "인민의 자기결정"[424]이다. 내용으로서의 총체성은 인민의 정치적 실천에 의존해 있고, 따라서 그것은 닫혀 있지 않다.

헤겔 변증법의 마르크스의 전도는 형식과 내용으로서의 민주주의에서 시작한다. 따라서 유물론적 변증법은 구체적인 공론의 자기결정에 의존해 있다. 그것은 급진적으로 정치적이다. 그것은 급진적 정치에서 시작한다. 그것의 시작은 급진적 시작이다. 이 시작은 정치적 총체성이다. 이 정치적 총체성은 개방적 총체성이다. 그것은 개방성의 총체성이다.

민주주의는 유물론적 변증법의 시작이고, 반면에 군주정은 이상주의(관념론)적 변증법의 시원이다. 국가와 사회의 현실적 시원은 마르크스에 있어서는 루소에 있어서처럼 민주주의적이다. 민주주의(민주정)와 군주정 사이의 대립을 마르크스는 내용과 형식의 문제틀과 관련해서 다음과 같이 묘사하고 있다.

> "민주주의는 군주정의 진리이며, 군주정은 민주주의의 진리가 아니다. 군주정은 필연적으로 자기 자신에 대하여 일관성을 상실하게 되어서는 민주주의가 되며, 민주주의에서는 민주주의적 계기가 결코 비일관적이지 않다. 민주주의는 자기 자신으로부터 개념규정될 수 있지만 군주정은 그렇지 않다."[425]

민주주의는 내용이며 동시에 형식이라는 마르크스의 명제는 정치적 몸의 시작과 시원이 민주주의라는 것에서 출발한다.

민주주의는 정치로서의 민주주의의 진리이다. 정치적 진리의 시원은 민주주의이고, 이것은 폐쇄적인 어떤 중심을 구성(헌정)하게 내버려두지 않는다. 민주주의는 개방성이다. 민주주의 밖에서는 정치적 진리의 어떠한 중심도 없다. 이러한 의미에서 마르크스는 계속 다음과 같이

---

424) MEW 1: 231.

425) MEW 1: 230.

이어나간다. "민주주의에서는 계기들 중 어떠한 계기도 자신에 다가온 것 이외의 다른 의미를 요구하지 않는다. 각 계기가 전체 데모스의 계기일 뿐이다."[426] 마르크스의 민주주의는 철저하게 루소주의적이다. 마르크스는 군주정은 필연적으로 자기 자신에 대하여 일관성을 상실하게 되어서는 민주주의가 된다고 했을 때 루소가 포착하고 있었던, 국가형태의 순환적 발전 이론을 생각하고 있었다. 민주정(민주주의)에서 귀족정을 거쳐 군주정에 이르고 이것이 다시 민주정에로 복귀한다는, 순환에 관한 국가이론적 파악은 민주주의를 모든 다른 국가형태들의 시원, 시작 그리고 전제로서 이해한다. 민주주의가 민주정을 포함하여 다른 모든 국가형태의 전제이다. 민주주의가 민주주의의 전제이다. 즉 "민주주의는 내용이며 형식이다." 민주주의에서는 "비일관적이지" 않는 군주정적 계기는 급진민주주의를 구상하는 마르크스에 있어서 부정되고 있는 것이 아니다. 내용인 동시에 형식인 민주주의는 마르크스가 민주주의 속으로 군주정적 계기를 포함시키려고 하는 한에서 인식론적 차원에서 자신을 정초짓고 있다. 군주정적 계기를 민주주의에 통합시키려는 것은 내용으로서의 민주주의가 현실화되는 현실주의적 기초 속에 있다. 마르크스의 민주주의론은 직접민주주의와 간접민주주의 사이의 제3의 길을 가고 있다. 이에 대해서는 뒤에서 다시 논의할 것이다.

이미 말했듯이, 유물론적 변증법은 마르크스에 있어서 정치적 민주주의, 민주주의의 변증법이다. 변증법적 전제가 민주주의이고, 반면에 헤겔의 비변증법적 전제는 "오직 헤겔만이" 접근할 수 있는 논리적 질서이다. 여기에서 헤겔 변증법의 마르크스의 전도는 내용과 형식의 분리를 극복하기 위한 변증법의 민주화가 된다.

> "민주주의에서는 **형식적** 원칙이 동시에 **실질적**(materiell) 원칙이다."[427]

---

426) MEW 1: 230.
427) MEW 1: 231.

변증법의 전도의 문제틀은 무엇에서 변증법이 시작해야 하는가 하는 문제이다. 변증법 일반이 아니라 변증법의 전제를 마르크스는 비판하고 있으며, 그 이유는 헤겔의 관념론적 전제가 비정치적이고, 종교적이고 그리고 신비적이기 때문이다. 바로 이러한 신비화 속에서 총체성의 사사화가 등장한다. 헤겔 변증법의 마르크스의 전도는 이러한 총체성의 사사화에 대한 비판인 동시에 총체성의 정치화를 요구하는 것이다. 개방적 변증법은 사성(Privatheit)에서 연주를 끝내는 것이 아니라 구체적 공론에 관련된다. 그러므로 전체로서의 구체적 공론은 정치적 진리의 재구성에 참여할 수 있다는 것이 정치적 진리를 역사적으로 발전시키는 데에 중요하다. 개방적 변증법은 개방적 총체성에서 출발하고, 반면에 폐쇄적 변증법은 폐쇄적 총체성에서 시작한다.

폐쇄적 변증법이 시작하는 폐쇄적 총체성은 헤겔의 철학을 특징짓는다. 헤겔의 총체성의 폐쇄성은 헤겔의 철학이 무엇에서 시작하는가 하는 문제와 연관된다.[428]

> "헤겔의 '**백과전서**'는 논리에서 시작하고, **순수한 사념적인 사고**에서, 그리고 **절대적인 지식**, 자기의식적인, 자기 자신을 파악하는 철학적인 혹은 추상적인, 즉 초인간적인 추상적인 정신에서 정지하는 것처럼, 전체 '백과전서'는 철학적인 정신의 **확산된 본질체**, 철학적인 정신의 자기대상화 이외에 다름 아니다; 철학적 정신은 자신의 자기소외 내에서 사유하는, 다시 말해서, 세계의 추상적으로 자기를 파악하는 소외된 정신에 다름 아니다. - 논리 - 정신의 화폐, 인간과 자연의 사념적인 가치, **사유가치** - 논리의, 모든 현실적인 규정성에 대해서 완전히 똑같이 타당한 것이 되어버리는, 따라서 비현실적인 본질체 - 외화된, 그러므로 자연과 현실적 인간으로부터 추상화된 **사유**; 추상적인 사유. - 이러한 추상적인 사유의 외재성은 … 자연이 이러한 추상적 사유를 위해서 존재하는 바의 자연이다. 자연은 이 추상적 사유에 외재적이고 자신의 존재상실이다; 그리고 추상적

428) Hegel, *Werkausgabe in 20 Bänden*, Ffm, 1969, Band 5, pp.65ff. 참조.

> 사유는 자연을 추상적인 사상으로서, 외재적으로 파악하지만, 외화된 추상적 사유로서 파악한다 - 끝으로 정신, 자신의 고유한 탄생장소들에로 귀환하는 사유 속에서의 이것은, 최종적으로 절대적 지식으로서 그리하여 절대적인, 즉 추상적인 정신으로서 현존하고 자신을 긍정하고, 자신의 의식적인 정신에 조응하는 현존재를 보존할 때까지 인간학적인, 현상학적인, 심리학적인, 인륜적인, 예술적 · 종교적인 정신으로서 여전히 자기 자신에는 타당하지 않는다. 자신의 현실적인 현존재는 **추상**이기 … 때문이다."[429]

헤겔의 변증법과 철학 일반에 대한 마르크스의 비판을[430] 바르게 이해하려면, 시작문제틀의 해석이 필요하다. 변증법과 철학 일반에 있어서 헤겔의 시작을 마르크스가 비판하고 있는데, 그것은 그의 시작, 논리가 헤겔 스스로는 역사적으로 생산하는 것으로서 이해하고 있지만 역사적으로 생산되어진 것으로서 간주될 수 있기 때문이다. 정신의 화폐로 은유화되고 있는 논리는 마르크스에 의해서 헤겔의 변증법을 포함하여 그의 철학 일반의 시작의 소외로서 이해되고 급진적으로 비판되고 있다. 화폐가 전도된 세계를 의미하듯이 헤겔의 논리는 이미 소외된 시작이다.[431] 시작의 비판은 헤겔 변증법의 마르크스의 전도의 본질이다. 시작의 소외는 소외의 시원이다.

소외된 시작은 총체성의 소외이다. 마르크스는 다음과 같이 말한다. "헤겔은 본질체의 소외(논리적으로: 무한한, 추상적인 일반적인 것), 절대적이고 고정된 추상에서 출발한다. - 대중적으로 표현하자면, 헤겔은 종교와 신학에서 출발한다."[432] 마르크스는 이렇게 소외된 시작을 헤겔의 총체성으로서 비판함으로써 헤겔의 변증법을 포함하여 철학 일반을 비판한다. 구 철학, 헤겔의 철학은 시작의 소외에 대한 비판과 함께 비

---

429) MEW, Erg.1: 571f.
430) MEW, Erg.1: 568.
431) MEW, Erg.1: 566 참조.
432) MEW, Erg.1: 570.

판되고 있는 것이다.[433] 종교에 그 기초를 두고 있는 헤겔의 구 철학은 마르크스의 새로운 철학에 의해서 대체되고 있다. 이 철학은 비판으로서 정치의 패러독스, 정치의 자기지양에 조응하고 있는 한에서 종교로서의 구 철학과는 급진적으로 차별된다. 헤겔은 철학을 시작인 동시에 끝이라 가정하고 있는 반면에 마르크스는 포이에르바흐에 따라 헤겔의 세 번째, 종합적인 단계는 종교와 신학의 복원[434]에 다름 아님을 밝히고 있으며, 마르크스의 새로운 철학은, **정치의** 철학으로서, 그 본질상 패러독스이다. 이러한 의미론적 맥락에서 우리는 "헤겔 법철학 비판 서문"에 있는 유명한 다음의 문장들을 기억한다.

> "유일하게 **실천적으로** 가능한 독일해방은 인간을 인간의 최고의 본질로서 선언하는 바로 그러한 이론의 관점에 서 있는 해방이다. 독일에서 **중세**로부터의 해방은 동시에 오직 중세의 **부문적** 극복들로부터의 해방인 경우에만 가능하다. 독일에서는 모든 종류의 예속을 타파하지 않고서는 어떤 종류의 예속도 타파할 수 없다. **근본에서부터** 혁명되지 않고서는 독일의 근본적 뿌리는 혁명될 수 없다. **독일의 해방은 인간의 해방**이다. **이 해방의 머리는 철학이고 이 해방의 심장은 프롤레타리아트이다.** 프롤레타리아트의 지양 없이 철학은 현실화될 수 없으며, 철학이 현실화되지 않고서는 프롤레타리아트는 지양될 수 없다."[435]

자신이 현실화됨으로써 지양되어야 하는 그 철학은 정치의 철학이다. 새로운, 지양 가능한 철학을 정초 짓는 데에는 새로운 시작, 즉 종교가 아니라 정치, 곧 인간의 사회적 실천을 필요로 한다. 우리가 이 맥락에서 잊어서는 안 되는 것은, 마르크스의 인간개념이 결코 고독한 개인이 아니라는 것이다. 그것은 인간적 실천에 의해서 끊임없이 재구성되는 정치적 몸으로서의 사회에 대등한 것이다.

---

433) MEW, Erg.1: 469 참조.
434) MEW, Erg.1: 570.
435) MEW 1: 391. 강조는 필자.

개방적 변증법이 시작할 수 있는 개방적 총체성은 구체적 인간에서 시작하지 닫힌 논리에서 그러하지 않는다. 마르크스에 있어서 인간은 유적 존재로서의 활동하는 존재이다.

> "〈인간은 직접적으로 **자연본질체**(Naturwesen)이다. 인간은 한편으로 **자연본질체로서 그리고 생명을 가지고 생활하는 자연본질체로서 자연력 곧 생명력을 갖추고 있으며 활동적** 자연본질체로서 존재한다. 이 힘들은 인간 속에 소질들과 능력들로서, 본능으로서 존재한다. 또 다른 한편으로 인간은 자연적이고, 몸을 지니고 있고, 감각적이고, 대상적인 존재로서 동물과 식물처럼 감응하고 조건지어져 있고 제약되어 있는 존재이다. 다시 말해서 인간 본능의 대상들은 인간 바깥에 인간과 무관한 대상들로서 존재한다. 그러나 이러한 대상들은 인간의 욕구의 대상들이고, 인간의 고유한 능력들을 실증하고 확인하는 데 필요불가결한 본질적인 **대상들**이다. 인간이 **몸을** 가지고 있고 자연력을 지니고 있고 생명을 가지고 있는 현실적이고 감각적이며 대상적인 존재라는 사실은 인간이 **현실적이고 감각적인 대상들을** 자신의 본질, 곧 자신의 생활표현의 대상으로 삼거나, 인간이 오직 현실적이고 감각적인 대상들에 직면해서 자신의 생활을 표현할 수 있다는 것을 의미한다. 대상적이고 자연적이고 감각적이라는 것, 혹은 대상과 자연과 감각을 가기 바깥에 갖는다는 것, 혹은 스스로 제3자에 대해 대상과 자연과 감각으로 존재한다는 것은 동일한 뜻의 말이다.〉 **배고픔**은 자연적인 **욕구**이다. 배고픔은 그 충족을 위해, 자신을 진정시키기 위해 자기 바깥에 있는 자연, 자기 바깥에 있는 대상을 필요로 한다. 배고픔은 나의 몸 바깥에 있으면서도 몸을 통합하고 몸의 본질을 표현하는 데 필요불가결한 대상을 향하여 나의 몸 안에서 일어난 욕구이다. 태양은 식물의 대상 곧 식물에게 필요불가결하고 식물의 생명을 입증해 주는 대상이다. 이와 마찬가지로 식물은 생명을 일깨우는 태양의 능력, 곧 태양에 고유한 대상적 능력을 나타내는 **표현**으로서 태양의 대상이다."[436]

---

436) MEW, Erg.1: 578.

마르크스의 본질개념은 부정적으로, 다시 말해서 비본질을 규정하는 것에 의해서 설명될 수 있다. 본질과 비본질의 차이는 본질이 대상성인 반면에 비본질은 비대상성이라는 점에 있다. 그렇다면 대상성이란 무엇인가? 마르크스는 이에 대해서 다음과 같이 말한다.

> "비대상적 존재는 **비존재이다./ 스스로 대상으로 존재하지 않거나 어떤 대상도 갖고 있지 않는 존재를 설정해 보자. 우선 그러한 존재는 유일한 존재일 것이고**, 그 존재 바깥에는 어떤 존재도 실재하지 않을 것이며, 고독하게 단독적으로 존재할 것이다. 왜냐하면 나의 외부에 대상들이 존재하자마자, 또 내가 단독적으로 존재하지 않게 되자마자, 나는 타자로서 존재하게 되고 나의 외부에 있는 대상과 **다른 현실**이 될 것이기 때문이다. 그러므로 제3의 대상에 대해서 나는 그 대상과 다른 현실 곧 그것의 대상이 된다. 따라서 다른 존재의 대상으로서 존재하지 않는 존재는 **어떠한** 대상적 존재도 실재하지 않는다는 것을 전제한다. 내가 어떤 대상을 갖자마자, 이 대상은 나를 대상으로 삼는다. 그러나 **비대상적인** 존재는 비현실적이고 비감각적인 존재, 단지 사유된 존재, 다시 말해서 단지 상상된 존재이며 하나의 추상물이다. **감각적**이라는 것, 즉 현실적이라는 것은 감각의 대상이라는 것, **감각적** 대상이라는 것, 요컨대 감각적 대상들을 자기 바깥에 가지고 있다는 것, 자기 감각의 대상들을 가지고 있다는 것을 뜻한다. 감각적이라는 것은 감응적(leidend)이라는 것을 뜻한다."[437]

대상적 본질의 시작은 대상이다. 대상이 없다면 본질이 없다. 본질은 그러므로 대상적이고, 비본질은 비대상적이다. 마르크스가 "비대상적 본질은 비본질이다"고 말하는 것은, 그것의 시작이 대상이 아니기 때문이다. 추상은 비판으로서의 철학의 대상이 아니라, 철학하기를 위한 비대상적, 신비적 전제이다. 그러므로 비대상적 본질, 비본질에 있어서 대상적 본질, 진정한 본질은 일면적으로 추상, 즉 비대상적 본질

437) MEW, Erg.1: 578f.

의 대상이다. 여기에서 소외는 지양 불가능하다. 왜냐하면 대상적 본질을 자신의 대상으로 만드는 추상은 대상적 존재, 즉 인간의 대상이 아니기 때문이다.

마르크스에 있어서는 모든 것이 대상적이고, 그러나 헤겔에 있어서는 대상화의 전제는 대상적이지 않다. 그것은 비대상적 본질이고, "비현실적인, 비감각적인, 단지 사고에 의한, 다시 말해서 몽상된 본질, 추상성의 본질"이다.

본질의 대상성은 대상성의 본질이고, 본질의 개방성이다. 본질의 폐쇄성은 없다. 본질의 대상은 대상의 본질이다. 따라서 대상적 본질은 열려 있다. 마르크스에 의하면, "내가 대상을 가지고 있자마자 그 대상은 나를 대상으로 만든다." 대상성은 이와 같이 급진적으로 상호성을 가진다. 대상이 없다면, "나", "대상적인 감각적인 본질로서의 인간"은 대상이 될 수 없다는 것이다. 인간은 대상이 아닌 바의 대상이 될 수 없다. 정치적 몸과 나는 본질적으로 대상적이다. 내가 정치적 몸을 나의 대상으로 만들듯이, 정치적 몸이 나를 자신의 대상으로 만든다. 국가나 사회는 인간의 대상이다. 국가나 대상은 비대상적 본질, 비본질이 아니다. 이 점은 인간의 경우에도 마찬가지다.

인간은 식물이고 정치적 몸은 태양이다. 이 점을 마르크스는 다음과 같이 표현하고 있다.

> "태양은, 식물이 생명(삶)을 일깨우는 태양의 에너지가 외화된 것으로서, 태양의 **대상적** 본질력이 외화된 것으로서, 태양의 대상이듯이, 식물의 **대상**, 식물에 필요불가결한 대상이고, 식물의 삶을 확인하는 대상이다."[438]

태양, 진리의 질서는, 인간, 식물이 대상적이듯이, 대상적이다.

---

438) MEW, Erg.1: 578.

3. 직접성의 끝과 매개의 시작

본질은 마르크스에 있어서 직접적인 본질이 아니라 이미 매개된 본질이다. 그러므로 그것은 "제3의 본질을 위한 대상"이다. 이미 매개되어진 사회는 본질로서 인간의 대상이 될 수 있다. 사회는 매개된 인간적 자연이다. 그것은 제3의 본질이다.

> "자신의 자연을 자신 밖에서 가지고 있지 않은 본질은 **자연적** 본질이 아니고 자연의 본질에 참여하지 않는다. 자신 밖에서 대상을 가지고 있지 않은 본질은 대상적 본질이 아니다. 제3의 본질을 위해서 스스로 대상이 아닌 본질은 자신의 **대상**으로서 어떠한 본질도 가지고 있지 않고, 다시 말해서 자신에 대해서 대상적으로 접근하지 않으며 자신의 존재는 대상적인 존재가 아니다."[439)]

본질은 사회적 본질이다. 인간은 직접적인 자연본질에서 매개된, 사회적 본질로 전형된다.

> "인간은 자연본질일 뿐만 아니라 인간적인 자연본질이다. 다시 말해서 자신의 존립을 자각하는 존재(für sich selbst seiendes Wesen), 따라서 유적 존재이다. 인간은 자신의 존재뿐만 아니라 자신의 앎을 통해서도 자신이 유적 존재임을 입증하고 확인해야 한다. **인간적인** 대상들은 직접적으로 제공되는 자연적인 대상들이 아니다. 또한 직접적으로 **존재**하고 대상적으로 존재하는 **인간의 감각**은 인간적 감성, 인간적 대상성이 아니다. 자연은 주관적으로나 객관적으로 **인간** 존재에게 직접 적합한 것으로 현전하지 않는다. 그리고 자연적인 모든 것이 생성될 수밖에 없듯이, **인간**도 자신의 생성행위 곧 **역사**를 가지고 있다. 그런데 이 역사는 인간에게 있어서는 자각된 생성행위이며, 따라서 의식을 지닌 생성행위로 지양된 생

---

439) MEW, Erg.1: 578.

성행위이다. 역사는 인간의 진정한 자연사이다."[440]

인간적인 자연본질로서의 인간은 자연을 대상으로서 인간적으로만, 즉 사회적으로 매개시킨다. 현재의 인간은 "직접적인 자연본질"이 더 이상 아니다. 자연과 인간 사이에서 사회는 대상성을 매개시킨다. 따라서 자연 그 자체는 더 이상 자연본질이 아니다. "자연 — 객관적인 — 도 자연 — 주관적인 — 도 인간적 본질에 직접적으로는 적합하게 현존하지 않는다." 직접성의 범주가 전사이다.

인간의 성립은 동시에 사회의 성립이다. 자연이 인간의 대상이므로 자연 역시 인간처럼 역사를 가진다. 자연은 마르크스에 있어서는 언제나 매개의 자연이다.

대상성은 마르크스에 있어서 변증법적으로 지양가능하다. 헤겔 변증법 및 철학 일반의 마르크스의 전도는 헤겔의 시작의 비대상성, 즉 추상의 비운동성에 대한 비판이다. 헤겔의 총체성이 비대상적이라고 하는 것은 헤겔이 추상적인, 절대적인 그리고 논리적인 사념적 사유에서 시작하고, 인간적 활동성에서 그러하지 않다는 점에 있다. 헤겔 철학의 비대상적, 긍정적 시작은 그것의 대상화의 전제이다. 이 대상화는 모든 논리적인 대상성에도 불구하고 현실에서는 긍정적이다. 부, 국가권력은 헤겔에 있어서 사유의, 즉 대상의 대상이다. 대상성의 대상화가 아니라 비대상성의 대상화가 헤겔을 특징짓는다. 헤겔의 오류는 시작의 비대상성이다.

> "그는 예컨대 부, 국가권력, 등등을 **인간적인** 소외된 본질로서 파악하고 있을 때 이것은 단지 그것의 사유형태에서만 일어날 뿐이다. …(중략)… 그러한 것들은 사유본질이다 — 따라서 순순한, 다시 말해서 추상적인 철학적인 사유의 소외일 뿐이다. 그러므로 전체 운동이 절대적인 지식에서 끝난다. 그러한 대상들이 소외되어 있고, 그리고 그것들이 현실의 척도와

---

440) ㅊMEW, Erg.1: 579.

는 대립되는 때에 그것은 다름 아니라 추상적인 사유인 것이다. **철학자**는 소외된 세계의 척도로서 자신을 — 소외된 인간의 추상적 형상으로 — 생각한다. 전체적인 **외화사**(Entäuβerungsgeschichte)와 이 외화의 철회는 그러므로 추상적인 사유, 즉 //XVII/ 절대적인 사유, 논리적인 사념적인 사유의 **생산사** 이외에 다른 것이 아니다. 소외는 그러므로 이러한 외화와 이 외화의 지양에 대한 고유한 관심을 형성하며, **즉자**와 **대자**, **의식**과 자기의식, **객체**와 **주체**의 대립, 다시 말해서 추상적 사유와 감각적인 현실 혹은 사상 그 자체 내에서의 현실적인 감각의 대립이다. 다른 모든 대립들과 이 대립들의 운동들은 단지 우리의 관심을 끄는 이 유일한 대립의 가상이요, 껍질이며, 공개적인 형태일 뿐이다. 다른 세속적 대상들의 의미를 이루고 있는 것은 바로 이 유일한 대립이다. 소외의 정립된 본질로서 그리고 소외의 지양되어야 할 본질로서 간주되는 것은 인간 존재가 **비인간적으로**, 즉 자기 자신에 대한 대립 속에서 자기를 대상화하는 것이 아니라, 인간 존재가 추상적 사유와의 **구별**과 **대립** 속에서 자신을 **대상화**한다는 점이다."[441]

마르크스의 시작은 절대적인 시작이 아니라 이미 대상이다. 악셀로스(K.Axelos)가 그의 책 『마르크스, 기술의 사유』에서 지시한 바 있듯이[442], 마르크스에서 역사는 절대적인 시작을 가지고 있지 않다.[443] 이미 그 시작은 역사적이다. 마르크스의 시작개념은 사회이론적으로 구성되고 있는 것이다. 시작은 고독한 개인이 아니라, 사회(의 성립)를 함의한다. 마르크스는 그의 유명한 『정치경제학비판 강요』(1857년-1859년) "서문"에서 자신의 특별한 시작개념, 출발개념을 스미스(Smith)와 리카르도(Ricardo)의 시작과는 완전하게 대립하는 것임을 보여주면서 분명하게 밝히고 있다.

---

441) MEW, Erg.1: 572.

442) K. Axelos, *Marx, penseur de la technique*, Paris, 1951, p.56.

443) G. Márkus, *Anthropologie und Marxismus*, Hamburg, 1981, p.20.

"사회 속에서 생산하는 개인 — 따라서 사회적으로 규정되는 개인의 생산이 물론 출발점이다. 스미스와 리카르도가 시작하고 있는 개별적이고 개별화되어 있는 사냥꾼과 어부는 문화사가들이 상상하듯이 과잉세련화에 대한 대항반격과 오해되어온 자연생활에로의 회귀를 결코 표현하지 않는 18세기 로빈슨들의 상상력이 없는(phantasielos) 상상에 속한다."[444]

개별적이고 개별화되어 있는 개인과 사회 속에서 생산하는 개인의 차이를 마르크스는 스미스와 리카르도의 시작과 자신의 그것의 차이로 보고 있다. 사회 없는 개인은 개별적이고 개별화된 사냥꾼과 어부인데, 이것이 "시민사회"가 성립한 다음에도 그들은 출발점으로 상상하고 있다는 것이다. 스미스와 리카르도는 마르크스에 의하면 속류루소주의적 원시주의, 즉 오늘의 삶이 과잉세련되었으므로 그것을 회귀하여 보다 단순화하여야 하며 자연의 삶으로 되돌아가려는 것을 몽상하고 있다는 것이다. 18세기의 로빈슨들(Robinsonaden)은 현실에 있어서는 자연에서가 아니라 사회 속에서 이미 살고 있음에도 불구하고 사회가 없는 개인들로서 살아가는 것을 이론적으로 몽상하고 있는 자들이다. 그들은 "자연주의적"이지 않다. 그들은 루소주의적 자연상태에서의 그 아직은 사회적이지 않은 사냥꾼과 어부와는 다르다. 그들은 사회가 아니라 "시민사회"(bürgerliche Gesellschaft)의 농부들이다. 사냥꾼, 어부 그리고 농부 같은 은유적 표현들을 루소는 자신의 『언어기원론』에서 자연상태에서 사회상태로 이행하는 과정들을 서술하기 위해서 사용하고 있는데, 첫 둘은 자연상태에 속하는 것임을 잘 기억해야 한다. "18세기 이념"으로서의 "자립적인 개인"이라는 생각은, 다시 말해서 스미스와 리카르도가 시작하고 있는 개별적이고 개별화된 사냥꾼과 어부는 마르크스에 의하면 사회적 인간도 아니고 속류루소주의적인 "자연주의적인" 인간도 아니며 "시민사회"의 이기주의적인 고독한 인간이다. 자연도 사

444) Karl Marx, *Grundrisse der Kritik der politischen Ökonomie, 1857-1859*, Berlin-Ost(이하 Grundrisse로 약칭), p.5.

회도 그들의 출발점이 아니다. 이러한 맥락에서 마르크스는 다음의 말로 이어간다.

> "자연 속에서 독립된 주체들이 계약을 통해서 관계를 맺고 서로 결속하게 하는 루소의 사회계약이 그러한 자연주의에 근거하지 않는 것처럼"[445)]

마르크스는 여기에서 루소의 사회계약의 비자연주의적 정치이론을 정당하게 예리하게 파악하고 있으며 그렇게 함으로써 그는 "시민사회"의 고독한 인간들에 대하여 비판적 시각을 던지고 있는 것이다. 그들은 결코 자연에로, 반문화적 이상상태로 회귀하려고 하지 않는다. 그들은 속류루소주의적 자연주의에 근거하지 않는다. 하지만 그러한 18세기의 개인은 사회적이지 않다.

18세기의 개별적이고 개별화된 사냥꾼과 어부 그리고 그러한 고독한 개인들에서 시작하고 있는 스미스와 리카르도는 모순적이다. 이론적으로 사회 없이 생활할 수 있다는 그 인간은 현실에서는 실제적으로 사회 속에서 살고 있다. 정치경제학이라는 사회이론은 사회 없는 개인에서 시작하고 18세기의 개인을 위하여 서술되어진 것이다. 18세기의 개인은 현실에서는 역사적으로 생산되어진 것이지만 역사적으로 생산하는 것으로 간주되고 있기 때문이다. 즉 그것은 "한편으로 중세적 사회형태들이 해체된 산물이며 다른 한편으로는 16세기 이래 새롭게 발전해온 생산력의 산물"[446)]이다. 루소에서의 사회상태의 시작처럼 마르크스에서의 역사의 시작은 사회적인, 문화적인 인간의 성립인 동시에 사회의 성립이다. 마르크스가 "우리가 역사 속으로 되돌아 거슬러 가보면 볼수록, 개인은 비자립적인, 보다 거대한 전체에 속하는 것으로 더욱 더 나타나고, 따라서 생산하는 개인도 그러하다"[447)]고 말했을 때 바로 이것을 주장하는 것이다.

---

445) Marx, *Grundrisse*: 5.
446) Marx, *Grundrisse*: 5.
447) Marx, *Grundrisse*: 6.

"실재적이고 구체적인 것, 현실적인 전제에서 시작하는 것이, 즉 예컨대 경제학에서 전체적인 사회적 생산행위의 기초이고 주체인 주민에서 시작하는 것이, 바른 것인 것 같다."[448]

여기에서 주민은 사회에 다름 아니고 그것은 구체적인 개인을 말하는데 역사의 시작에서의 개인을 말한다. 인간이 있는 역사, 사회가 있는 인간이 인간의 **대상**이다. 사회는 구체적인 것이지, 추상이지 않다. 마르크스는 구체와 추상을 다름과 같이 대비시키고 있다.

"구체적인 것은 그것이 많은 규정요인들의 종합, 즉 다양한 것들의 통일성이므로 구체적이다."[449]

마르크스가 추상성 혹은 추상과 대립하는 것으로서 구체성이라 말하는 이것은 우리가 개방적 총체성이라 부르는 그것과 조응하는 것으로서 급진적 차이들의 동일성에 의해서 특징지어진다. 사회가 있는 인간, 구체적인 공론이 마르크스의 사회이론의 출발점이다. 개방적 총체성은 구체적 총체성이다. 구체적인 것은 많은 규정요소들의 종합이고 다양한 것들의 통일성으로서, 총체성을 규정한다. 구체적인 총체성은 다양한 규정요소들과 관계의 "풍요로운 총체성"이다.[450] 그것은 본질적으로 열려있다. 그 변증법의 시작은 구체적이고, 즉 열려 있다.

변증법 그 자체가 구체적이고, 열려 있다. 헤겔 변증법의 마르크스의 전도는 이미 앞에서 밝혔듯이 변증법의 부정이 아니라 헤겔 변증법에 내재하는, 헤겔의 변증법의 전제를 존재론화하는 비변증법의 부정으로서 이해되어야 한다. 마르크스는 헤겔의 정신적인 구체적인 것을, 즉 구체적인 것, 변증법의 시작 혹은 전제로서 추상을 비판한다.

---

448) Marx, *Grundrisse*: 21.
449) Marx, *Grundrisse*: 21.
450) Marx, *Grundrisse* : 21.

"그러므로 헤겔은 그 자신 속에서 자신을 종합적으로 파악하는, 자신 속에서 심화하며, 자기자신으로부터 자신을 움직이는 사고의 결과로서 실재적인 것을 파악하는 것을 환상에서 (auf die Illusion) 주도하는 반면에, **추상적인 것에서 구체적인 것으로** 상승하는 **방법**은 구체적인 것을 점유하고, 구체적인 것을 정신적으로 구체적인 것으로서 재생산하는, 일종의 사고일 뿐이다."[451]

헤겔 변증법의 마르크스의 전도는 그것의 직접적인 반대, 즉 구체적인 것에서 추상적인 것으로 나아가는 방법, 변증법의 시작을 변증법화시키는 것, 시작으로서의 헤겔의 추상을 구체화시키는 것을 의미한다. 그렇게 한 다음, 추상은 추상화된 것으로서 구체적으로 비판될 수 있다. 추상은 구체적인 것의 표현으로서 분석될 수 있다. 시작이 분석될 수 있음은 시작으로서의 가설과 연결되어 있다. 사회의 시작은 하나의 가설일 따름이다. 가설의 본질은 그것이 경험적으로 논증될 수 있거나 규범적으로 정당하다는 것에 있다. 이탈리아의 정치사상가 콜레티(Colletti)는 팀파나로(Timpanaro)와의 대결 속에서 다음과 같이 주장한 바 있다.

"과학적 실험들은 이념이 단지 가설임을 지시한다. 그러한 가설은, 어떠한 논리적 생각과도 본질상 구별되는 관찰의 자료들과 가설을 대좌시킴으로써 체크되고, 증명되거나 허위로 밝혀지는 것이다."[452]

마르크스의 시작을 하나의 가설적 사회로 표현한다는 것은 중요하다. 왜냐하면 그것은 개방적 총체성의 이론적 구조를 보다 분명하게 분석할 수 있게 해주기 때문이다.

주지하듯이 마르크스는 생산이나 노동 개념에서 출발한다. 그에게

451) Marx, *Grundrisse* : 22. 강조는 필자.

452) L. Colletti, "A Political and Philosophical Interview", in: *New Left Review* 86, July/August 1974, pp.3-28, 여기에서는 p.12.

있어서 사회 없는 생산은 없고, 노동이나 생산 없는 사회는 없다. 콜레티가 바르게 통찰하고 있듯이, "마르크스에 있어서는 사회적 관계, 즉 인간과 인간의 관계 밖에서나 그것을 떠나서는 생산 - 즉 인간이 자연과 맺는 관계 - 은 존재할 수 없으며, 그리고 생산 속에서 인간이 자연에 대해서 맺는 관계의 기능이 아닌 인간들 사이의 관계는 존재할 수가 없다. 인간 속에서 '자연'의 특별성은 '사회' 속에서 그 표현을 발견하는 것이다."[453] 마르크스에 있어서 시작으로서의 사회는 사적소유의 긍정적인 지양을 의미한다. 가설적인 사회라는 마르크스의 시작은 긍정적으로 지양되는 사적 소유를 전제로 하고 있다. 그의 글 〈경철수고(1844년)〉에서 우리는 사회를 시작인 동시에 결과로 파악하는 그의 실천적 구성을 분명하게 읽을 수 있다.

> "이제까지 우리는 실증적으로 지양되는 사적소유의 전제 아래 인간이 인간을 곧 자기 자신과 다른 사람을 어떻게 생산하는가를 살펴보았다. 또한 이제까지 우리는 인간의 개별성을 직접 실증해주는 대상이 자신의 현존재를 의식하고 있는 다른 사람을 위해 인간 자신의 현존재를 어떻게 산출하는가를 살펴보았다. 그러나 노동의 물질뿐만 아니라 주체로서의 인간도 운동의 결과인 동시에 운동의 출발점이기도 하다(그리고 운동이 이러한 **출발점**일 수밖에 없다는 사실에 사적 소유의 역사적 **필연성**이 깃들어 있는 것이다."[454]

마르크스에서 사적소유의 역사적 필연성은 인간적 사회의 시작으로서의 규범적 사회의 전제 아래에서만 바르게 이해될 수 있다. 그것은 그것의 고유한 자기지양을 포함하고 있다. 긍정적으로 지양되는 사적 소유의 전제는 마르크스에 있어서 사회의 시작이다. "시민사회"(bürgerliche Gesellschaft)의 현실화, 시작의 부정은 상태로서의 소외, 사적 소

453) Colletti 1974, 12.
454) MEW, Erg.1: 537.

유에 의해서 지배되는 "시민사회"를 의미한다. 사적소유의 역사적 필연성은 시작으로서의 사회의 규범적 가설 속에서 가정되고 있다. 마르크스에서 사적 소유는 사회를 통해서 지양될 수 있는 것이다.

> "이 **물적**이고 직접적으로 **감각적인** 사적 소유는 소외된 인간의 삶의 물적이고 감각적인 표현이다. 사적 소유의 운동, 곧 생산과 소비는 이제까지의 모든 생산운동 곧 인간의 현실화 혹은 현실성의 **감각적** 계시이다. 종교, 가족, 국가, 법, 도덕, 과학, 예술 등등은 생산의 특수한 방식에 불과하며 생산의 보편적 법칙 아래 놓인다. 따라서 사적 소유의 긍정적 지양 곧 인간적인 삶의 획득은 모든 소외의 긍정적 지양이며, 따라서 인간이 종교, 가족, 국가 등등으로부터 벗어나서 자신의 인간적 현존재 곧 사회적 현존재로 복귀하는 일이다."[455]

회귀는 "사적 소유의 운동"의 역사적 필연성이다. 이 사적 소유의 운동은 시작사회의 운동, 소외된 사회의 부정으로서 사회적인, 인간적인 운동으로 대체되어야 한다고 한다. 사적 소유의 지양을 위한 필요성은 이론적으로 사회의 시작이 사적 소유의 긍정적인 지양이라는 점에 있다. 경험적으로는 그것은 "시민사회의 족쇄"[456]인 프롤레타리아트의 궁핍한 현실에 있다.

> "전체적인 혁명적인 운동이 자신의 경험적인 토대뿐만 아니라 이론적인 토대를 발견하는 **사적소유**의 운동, 경제의 운동에서 그 필요성이 쉽사리 통찰될 수 있다."[457]

마르크스의 시작은 인간이 있는 사회이다. 마르크스에 의하면 인간 없는 사회는 없으며, 역으로 사회 없는 인간도 없다. 마르크스에 있어

---

455) MEW, Erg.1: 537.
456) MEW, Erg.1: 527.
457) MEW, Erg.1: 536.

서는 인간은 사회적 본질이다. 마르크스의 시작은 루소의 그것처럼 규범적이다. 그 시작은 절대적인 것이 아니라 역사적으로 생산된, 현실적인 인간적인 사회의 시원을 의미하기 때문이다. 사회의 시작 이전에는 루소의 경우가 그러하듯이 마르크스의 경우에서도 자연사가 있다. 사회의 시작은 자연의 끝이 외에 다름 아니다. 사회의 시작과 함께 자연을 대신하는 새로운 총체성의 전개가 시작된다. 그곳에서 인간의 인간적 활동이 시작한다.

> "따라서 **사회적** 성격은 운동 전체의 보편적 성격이다. 사회 자체가 **인간**을 **인간**으로서 생산하듯이, 사회는 인간에 의해서 **생산**되는 것이다. 활동과 향유 그리고 양자의 내용은 그 **현존방식**에 따라 생각해보면 **사회적**이며, 따라서 **사회적** 활동이고 사회적 향유이다. 자연의 **인간적** 본질은 사회적 인간에 대해서만 현존한다. 왜냐하면 바로 이러한 경우에 자연은 사회적 인간에 대해 **인간**과 맺어진 **유대**로서 존재하게 되고, 다른 인간을 위한 그 인간의 현존재로서 또한 그 인간을 위한 다른 인간의 현존재로서 존재하게 되고, 인간의 현실성을 이루는 삶이라는 요소로 존재하게 되기 때문이요, 또 바로 이러한 경우에 자연은 인간 자신의 인간적 현존재의 **기초**로서 존재하기 때문이다. 바로 이러한 경우에 인간의 자연적 현존재는 인간의 인간적 현존재로서 존재하며 인간을 위한 자연은 인간으로 전화된다. 따라서 **사회**는 인간과 자연의 완전한 본질적 통일체요, 자연의 진정한 회복이요, 완성된 인간의 자연주의며, 완성된 자연의 인간주의이다."[458]

4. 급진적 차이들과 정치적 인식론

마르크스의 사회적 시작을 특징짓는 것은 급진적 차이성들과 동일성이다. 이 사회의 시작에서는 루소에서처럼, 어떠한 중간동일성도 없고,

---

458) MEW, Erg.1: 537f.

어떠한 중간사회도 없다. 마르크스의 시작은 헤겔주의적이지도 낭만주의적이지도 않다. 오히려 그것은 루소주의적이다.

마르크스는 자신의 『헤겔법철학 비판』에서 헤겔의 신분적 요소의 이데올로기를 비판하고 있는데 그것은 그 신분적 요소가 헤겔에 있어서는 중간동일성으로서 사회와 국가를 매개시키고 있기 때문이다. 마르크스는 루소처럼 급진적 차이들에서 출발하고 이 급진적 차이들을 통해서 시원적 사회가 성립되는 것으로 이해한다.

> "**현실적 극단들**은 서로 **매개될** 수 없다. 왜냐하면 그것들은 현실적인 극단들이기 때문이다. 하지만 그것은 어떠한 매개도 필요로 하지 않는다. 그것들은 서로 대립되는 본질들이기 때문이다. 그것들은 어떠한 공통적인 것도 가지고 있지 않으며 그것들은 서로를 요구하지도 않으며 그것들은 서로를 보충하지도 않는다. 어느 하나는 자신의 고유한 품안에서 다른 것의 동경, 욕구, 예견을 가지지 않는다."[459]

현실적 극단들은 바로 우리가 급진적 차이성들이라 부르는 그것이다. 급진적 차이성들 그 자체가 사회와 국가를 성립시키게 하는 현실적 매개이다. 이러한 의미에서 급진적 차이성들과 동일성은 동시적이다.

구성되는 사회 밖에서는 어떠한 매개제도도 없다. 급진적인 차이성들이 지배하기 때문에 급진적인 실재적인 매개가 사회의 형식으로 성립될 수 있을 뿐이다. 급진적 차이성들 사이의 현실적 대립들은 시원적으로 그 어떠한 매개를 통해서 매개될 수 있는 것이 아니다. 그것들 자체가 이미 사회적 매개이다. 중간매개로서의 헤겔의 신분적 요소는 이미 매개된 것을 매개하지 사회와 현실적 극단들의 차원 그 자체를 규범적으로 매개하는 것이 아니다. 헤겔에서 중요했던 것은 일차적으로 이미 매개되어진 중간사회, 즉 신분적 요소를 통한 사회의 매개였다.

여기에서 우리는 콜레티가 실재대립 혹은 모순 없는 대립과 모순을

459) MEW, Erg.1: 292. 강조는 필자.

통한 대립 혹은 변증법적 대립을 구별하고 있음에 주목할 필요가 있다.[460] 콜레티의 이 구별은 헤겔과 마르크스 사이에 있는 본질적 차이를 분명히 하는 데 강한 시사점을 던져주고 있기 때문이다. 하지만 모순개념을 설명하는 데에 있어서 콜레티가 예리하지 못한 면이 있는 것 같다. 헤겔의 대립, 즉 모순을 통한 대립 혹은 변증법적 대립은 "A와 비A"라는 공식으로 표현된다고 한다. 이 경우 관념론적 중심과 논리적인 결과들 사이의 모순이 있다는 것이다. 마르크스의 대립은 이러한 모순을 통한 대립과는 원리상으로 구별되는 것인데, 그것은 콜레티에 의하면 변증법적이지 않은 것이라 한다. 모순 없는 대립, 실재대립이라 부르는 마르크스의 그것은 헤겔의 변증법적 대립과는 본질적으로 다르다는 것이다.

콜레티에 의하면 현실적 극단들은 비변증법적 대립에 조응한다. 그리고 바로 여기에 마르크스주의와 헤겔주의 사이의 결정적인 차이가 있다는 것이다. 나의 명제는 이와는 다르다. 곧 마르크스가 현실적 극단들이라고 부르는 그것의 의미는 헤겔에서 볼 수 있는, **모순을 통한** 대립이라는 개념도 아니고 칸트에서 볼 수 있는, **모순 없는** 대립도 아니며, **모순과 함께 하는** 모순이라는 루소주의적 개념에 근거하고 있다는 명제를 나는 주장한다. 마르크스가 헤겔의 국법개념을 비판할 때 헤겔의 철학과는 대립되게 현실적 극단들이라는 개념을 발전시켰던 곳에서 칸트의 실재대립이라는 개념을 생각했다고 볼 수 있는 설득력이 충분한 증거는 존재하지 않는다.[461] 마르크스의 대립 개념을 칸트의 실재대립개념과 연결시키려는 콜레티의 시도는 콜레티가 마르크스의 모순개념을 오직 부정적으로만 해석하려고 하는 한에서는 마르크스의 유물론적 변증법과 변증법적 유물론과 충돌하고 만다.

나는 마르크스의 현실적 극단들이라는 개념을 재해석하여, 모순의 구조를 분명하게 드러나게 할 것이다. 현실적 극단들은 헤겔의 신분적

---

460) L. Colletti, *Marxismus und Dialektik*, Ffm/Berlin/Wien, 1977, pp.5ff.참조하라.
461) Colletti 1977: 8.

요소와의 이론적 대립 속에서 이해되어야만 한다. 대립들은 무엇들 사이에 있는 것인가? 대립들 사이의 매개는 무엇에서 시작하는가? 이 두 의문은 서로 밀접하게 결합되어 있다.

나는 시원적 대립들과 매개된 대립들을 구별한다. 마르크스의 현실적 극단들은 시원적 대립들로서 정치적 몸의 자기매개에 조응한다. 여기에서는 그 어떠한 경우에서도 이미 매개된 대립들이 존재하지 않는다. 루소에서처럼 마르크스에서도 현대적 시민사회에서 첨예화되고 있는 매개된 대립들의 매개들은 원칙상 위험한 것으로 이해되고 있다.

마르크스는 현재적인 매개된 대립들과 이것을 헤겔처럼 이론화하는 것을 문제시하며, 급진적 차이성들로서 이미 자기매개적으로 동일성을 포함하고 있는 시원적 대립들을 규범적으로 가정하고 있다. 헤겔의 이론은 이미 매개된 대립들의 현실주의적 매개에, 즉 신분들에 기초하고 있으며 자신의 인식론적 기초를 재현 가능한 질서를 존재론화 하는 데에서 찾고 있다.

비판적 위기학에서는 바로 이 인식론적 전제의 급진적 부재에서 출발하고 이와 함께 실천적 인식론과 동시에 정치적 몸의 정치적 자기매개가 시작한다. 여기에서 이 실천적 인식론 그 자체는 그 매개를 위해서 정치적이다. 왜냐하면 그것은 현실적 극단들, 급진적 차이성들을 토대로 해서만 성립할 수 있기 때문이다. 시작의 급진적 차이들은 구체적인 인간들이지 논리의 그것들이 아니라면, 위기/비판(Krisis)으로서 현존한다. 구체적 인간들의 현실적 대립들로서의 급진적 차이들은 그 자체로만 본다면 모순적이다. 즉 모순과 함께 하는 대립들이다. 그것들은 콜레티가 주장하는 것처럼 단순하게 "모순 없는 대립들"이라면, 정치적 몸을 정치적인 동일성으로 헌정(구성)할 필요성은 없을 것이다. 정치적 몸의 시작에 있어서 급진적 차이들과 동일성은 변증법적으로 융합되어져 있다. 모순과 함께 하는 대립들이 없이는 동일성이 없다. 동일성의 헌정은 역으로 말해서 현실적 극단들의 현실적 대립성 때문에 가능하다. 정치적 동일성으로서의 시작의 정치적 몸은 현실적 대립성의 현실적 매개에서 자신의 정당성을 가진다.

이제 우리는 칸트가 실재적 대립과 논리적 대립을 구별하는 것에서 논의를 해보고자 한다. 칸트에서의 논리적 대립은 콜레티에 의해서 변증법적 대립으로 번역되고 있다.[462] 그것은 본질적으로 부정적인 것이다. 이에 반해서 실재적 대립은 비변증법적 대립을 의미한다. 그것은 본질적으로 긍정적인 것이다. 이러한 구별맥락에서 변증법 그 자체가 부정적 의미를 가지게 된다. 콜레티가 변증법적 유물론을 문제시하려는 것, 이것은 콜레티에 의하면 마르크스가 아니라 헤겔의 구상이었다고 주장하는 것은 결코 놀라운 일이 아니다. 콜레티에 의하면 변증법은 마르크스주의의 긍정적인 방법이 아니라 극복되어야만 될 현실적인 문제가 되고 있다.

현실적인 극단들의 위기는 마르크스에 있어서 변증법적 매개를 필요로 한다. 그렇다. 정치적인 자기매개를 필요로 한다. 왜냐하면 정치적 몸은 현실적 극단들의 자기매개이기 때문이다. 현실적인 극단들은 그 자체로만 본다면 급진적인 위기, 극복되어야할 사회적 문제임은 매우 분명하다.

마르크스는 현실적 대립들 **사이의** 결합불가능성을 규범적으로 설정하고 있다.[463] 전체로서의 급진적 차이성들과 총체성으로서의 정치적 몸 사이에는 정치적 몸의 시작을 의미하는 규범적인 결합가능성이 있다. 정치적 몸의 논리는[464] 패러독스하다. 그것의 전제는 동시에 그것의 결과이기 때문이다. 여기에는 어떠한 중간매개들도 없으며 중간매개도 없다. 마르크스는 헤겔의 매개이론이 전체사회적이 아니라 논리적으로 — 따라서 신비적으로 — 이미 매개되어진 대립들에서 시작하고 있으므로 그것을 비판한다. 이러한 의미에서 마르크스는 헤겔의 동일성을 "시민사회와 국가 사이의 제2의 경직된 관계"인 "제2의 동일성"으로 확인하고 있다.[465] 헤겔에 있어서는 "오직 진정한 대립들은 군주

462) Colletti 1977: 8.
463) MEW 1: 292 참조하라.
464) MEW 1: 250.

와 시민사회"의 대립일 뿐이기 때문이다.[466] 그리하여 이 제2의 동일성의 대립성은 아직은 동일성으로서 스스로 헌정하지 않고 있는 다른 차이성들을 가지고 있는데, 그리고 현실적인 대립들을 가지고 있는데, 논리적으로, 전자에로 후자들이 경직되게 포섭되는 것으로 끝이 난다고 보는 것이다. 여기에서는 국가는 구체적 인간들이 아니라 논리의 정치적 몸이다.

헤겔의 신분적 요소는 매개 이전에 동일성이 현실적으로 현존하고 있다면, 정치적 국가와 시민사회를 분리시키는 가운데 매개기관으로서 기능할 수 있을 것이다. 물론 헤겔은 **논리적** 동일성을 전제하고 있지만, 이것은 논리적 대립에 다름 아닌 것이다.[467] 이 논리적 동일성과 논리적 대립은 변증법적이다. 그것들은 현실적 극단들, 급진적 차이들을 위기로서 비판하기 위한 구체적 인간의 자기매개가 아니다. 그것들은 마르크스에 의하면 "**구 세계관을** 새로운 것이라는 의미에서 **해석하는 비비판적인**, **신비적인** 방식"이다.[468] 마르크스에 의하면 헤겔의 논리철학은 철학적 표현의 새로운 형식에도 불구하고 여전히 아직도 형이상학적이었다. 마르크스는 자신의 글 『신성가족』(1845년)에서 헤겔 철학의 형이상학적 성격을 비판적으로 지적하고 있다.

> "**프랑스 계몽주의**, 특히 18세기의 프랑스 유물론에 의해서 격퇴 당했던 17세기의 **형이상학**은 독일철학 속에서, 특히 19세기의 사념적인 독일 철학 속에서 자신의 승리에 가득 찬 충만한 복원을 체험했다. **헤겔**이 이 형이상학을 그때까지의 모든 형이상학과 독일 관념론과 천재적인 방식으로 통합하고 형이상학적인 보편영역을 정초짓고 난 후에 18세기에서 그러했던 것처럼 신학에 대한 공세에 조응하였던 것은 다시 **사념적인 형이상학**

465) MEW 1: 252.
466) MEW 1: 288.
467) L. Colletti, *Marxism and Hegel*, London, 1973(이탈리아 초판은 1969년이었다), 특히 8장 "Kant, Hegel, and Marx", pp.113-138을 보라.
468) MEW 1: 287.

과 **모든 형이상학**에 대한 공세였다. 이 형이상학은 **사념**의 노동 그 자체를 통해서만 완성되며 **인간주의**와 함께 하는 유물론에 늘 굴복하게 된다."[469]

헤겔의 "형이상학적 보편영역"은 구체적 인간의 사회적 활동 밖에서 있으며 그러므로 신비적이 된다. 헤겔의 논리는 비정치적인 비비판이다. 그것이 정치적 몸이 시원적으로 성립하는 그곳에서 정치적 실천에 기초하고 있지 않기 때문이다. 마르크스의 정치인식론은 정치적이다. 그것은 본질적으로 정치적 실천에 달려 있다. 현실적 극단들이라는 마르크스의 개념은 정치적 몸의 탄생을 대하여 이중의 의미를 가지고 있다. 그 하나는 인식론적인 것이고, 다른 하나는 사회이론적인 것이다. 마르크스는 행함의 철학이고, 그 전제는 구체적 인간들, 현실적 극단들의 급진적 참여이다. 그것은 정치의 집합적 실천이다. 이와는 대조적으로 헤겔의 인식론은 "철학의 행함"[470]으로서 나타나 있고, 현실적 극단들로서의 구체적 인간들의 행함 이전에 철학이 전제되어 있다. 바로 여기에서 "헤겔 철학의 신비"[471]가 부상한다.

루소에서처럼 마르크스에서도 정치적 몸의 시작에서 인민은 현실적 극단들, 급진적 차이들에 의해서 특징지어진다. 하지만 헤겔에서는 신분적 요소가 정치적 몸의 시원에 결정적인 것으로서 존재한다. 헤겔에서는 이 신분적 요소가 매개시키는 요소로서 헌정을 위한 재현가능한 진리질서를 전제로 한다. 하지만 마르크스에서는 현실에서 그것은 없다. 그것은 "형이상학적인, 일반적인 국가환상"[472]이다. 마르크스는 헤겔이 한편에서는 국가와 사회를 시민적으로 분리시키고, 다른 한편으로는 이 분리의 형이상학적인 지양을 시도하고, 그리고 이 양자를 이데올로기적으로 결합시키고 있음에 대하여 다음과 같이 예리하게 표현하

469) MEW 2: 132.
470) MEW, Erg.1, 575.
471) MEW 1: 287.
472) MEW 1: 268.

고 있다. "그는[473] **신분적 요소**를 이 분리의 표현으로 만들고 있지만, 그와 동시에 그것은 현존하지 않는 동일성의 재현자여야 한다."[474] 신분적 요소는 기능적으로 이중적으로 작용하고 있다. 현실주의적으로 그것은 인민과 국가(정부) 사이를 매개시키고, 인식론적으로 그것은 "동일성의 재현자"이다. 마르크스는 "헤겔에 있어서는 국가는, 여기에서 국가는, 도처에 '정부'와 동일하게"[475] 사용되고 있다는 점을 비판적으로 밝히고 있다. 루소뿐만 아니라 마르크스에 있어서 국가는 본질적으로 정부와 구별된다. 헤겔에서는 이론이 (형이상학적인 재현 가능한 동일성의)실제(신분들)와 분리되어 있다. 다시 말해서 후자는 단지 전자의 대변자일 따름이다. 이론이 실천에 의존하지 않는다. 즉 실천 이전에 이미 이론이 주어져 있다. 실천의 과제는 이미 주어져 있는 이론적 질서의 단순한 확인에 국한된다. 이 이론적 질서는 현실적 극단들의 형태로 위기를 전제로 하는 비판이 아니며, 단지 "비비판"이고 "신비"이다.[476]

헌법(헌정) 이론이 그 한 예이다. 헤겔의 헌법개념은 정치적 실천 이전에 이미 주어져 있는 형이상학적 질서의 단순한 이론적 재기로서 **닫혀 있다**. 구체적 표현으로서의 헌법, 정치적 진리의 종합(Resümee)은 마르크스에 있어서는 열려 있다. "모든 헌법들의 수수께끼"[477]를 풀어내려면, 우리는 인민의 자기결정인 민주주의에로 되돌아가야만 한다. "현대적 헌법들(주로 신분적인 헌법들)의 수수께끼뿐만 아니라 헤겔의 철학, 특히 법 및 법철학의 신비도"[478] 민주주의에로 되돌아감으로써 해결될 수 있다. 마르크스는 "헤겔법철학비판서문"에서 헤겔의 보수주의를 비판하기 위해서 "원본"(Original)과 "복제본"(Kopie)이라는 은유를 바로 이러한 의미론적 맥락에서 사용하고 있다.

473) 헤겔을 말한다.
474) MEW 1: 277.
475) MEW 1: 331.
476) MEW 1: 287.
477) MEW 1: 231.
478) MEW 1: 287.

"다음에 나올 상론 — 이 작업에 대한 기고의 하나이지만 — 은 무엇보다도 원본이 아니라 그에 대한 복사본, 즉 독일의 국가철학과 법철학을 다루는데, 그것은 단지 **독일**을 다루고 있다는 이유 때문이다."[479)]

정치적 몸의 시작은 루소에서뿐만 아니라 마르크스에서도 민주주의적이다. 정치적 몸의 논리는 고독한 철학자만이 접근할 수 있는 형이상학적인 논리가 아니라 구체적인 인간에서 시작한다. 정치적 몸의 논리에서는 "민주주의는 특별한 국가헌법으로서 모든 국가헌법의 본질, 사회화된 인간"[480)]이다. 헌법의 장르로서 민주주의는 여기에서 사회화된 인간, 현실적 인간과 동일하다. 마르크스가 "모든 해방은 인간적 세계, 관계들을 인간 그 자신에게로 되돌아가는 것"[481)]이라고 "유대인문제에 대하여"에서 말했을 때 그 의미는 결코 알튀세르가 이른바 청년마르크스를 특징지으려고 시도했던 바로 그 이론적 인간주의 같은 것이 결코 아니다. 그것은 오히려 우리가 반반인간주의라고 부르는 그것을 선취하는 것에 속한다. 그것은 형이상학의 이론적 흔적도 아니며 탈현대주의적인 해체주의적 탈구조주의도 아니며 재구성적 인식론, 다시 말해서 인식론을 - 구체적인 공론의 구체적인 정치가 되는 인식소 - 정치적 실천으로서 이해하는 것이다.[482)] 마르크스가 "민주주의의 기본차이성"으로 명명하고 있는 바는 법, 즉 정치적 진리가 닫혀 있지 않아야 하고 열려 있어야 한다는, 즉 민주주의적으로 재구성되어야 한다는 것을 분명하게 말하고 있다. 즉 "인간이 법 때문에 현존하는 것이 아니라 법이 인간 때문에 현존하며, 법은 **인간적인 현존재**이며 반면에 다르게는 인간이 **법적 현존재**이다."[483)]

민주주의의 소급은 인간 그 자체에로의 소급을 의미하며, 곧 그것은

---

479) MEW 1: 379.
480) MEW 1: 231.
481) MEW 1: 370.
482) Althusser 1968: 168ff. 특히 "마르크스주의와 인간주의"장을 참조하라.
483) MEW 1: 231.

어떠한 중간매개도, 어떠한 중간동일성도 일차적으로 승인하지 않음을 말한다. 이러한 맥락에서 해방은 정치적 몸의 시작으로서의 민주주의의 소급이다. 총체성으로서의 정치적 몸의 시작은 헌법이 아니라 인민, 더 구체적으로 말하면, 인민의 자기결정, 자기매개이다. 바로 이것이 정치적 몸의 헌법, 헌정을 만들어간다.

마르크스의 민주주의개념은 정치적 몸의 시작 개념과 밀접하게 결합되어 있다. 민주주의(민주정)는 귀족정과 군주정과는 본질적으로 구별되는데, 그 까닭은 그것이 정치적 몸의 시작, 즉 모든 다른 국가 및 정부 형태들의 발생적 전제이기 때문이다. 마르크스가 지적하고 있듯이, "민주주의는 자기 자신으로부터 개념규정될 수 있으나 군주정은 그럴 수 없으며"[484], "민주주의가 일차적으로 일반적인 것과 개별적인 것의 진정한 통일성이다."[485]

루소에서처럼 마르크스에서도 민주주의는 국가와 사회의 동일성이다. 인민의 자기결정으로서의 민주주의는 국가와 사회의 시작이다. 직접민주주의가 시작으로서의 민주주의이다. 그것은 현재의 정치적 진리를 바르게 규정하는 정치적 인식론이다.

마르크스에 있어서는 현대의 위기는 사회와 국가의 시민적(bürgerlich) 분리를 통해서 그 특징이 표현되고 있다. 여기에서 이러한 분리를 극복하려는 직접민주주의는 현실주의적인 국가형태를 복원하는 것보다는 차라리 정치적 인식론의 절합으로서 요청되어 있다. 한편으로 헤겔적 신분적 요소에 대하여 그리고 다른 한편으로 관료제에 대해서 마르크스가 비판하는 것은 정치적 몸의 논리에 그 근거를 두고 있다. 이와 같은 비판적 위기학의 논리는 서로 밀접하게 연관되어 있는 두 차원을 포함하고 있다. 그 하나는 인식론의 문제틀이고, 다른 하나는 현실주의적 매개의 차원이다.

마르크스는 헤겔의 매개철학을 인식론적 민주화를, 다시 말해서 (정

484) MEW 1: 230.
485) MEW 1: 231.

치적) 진리를 탈형이상학적으로 간주하는 열린 인식론을 그 근거로 삼아 비판하고 있다. 이 열린 인식론은 마르크스에 의하면 헤겔이 시작하고 있는 그 관료제적 지식과는 예리하게 대립하는 것이다. 열린 인식론은 인식론의 급진적 민주화에서, 일상적 지식에서 시작한다. 마르크스는 헤겔 국법에 대한 자신의 비판에서 비민주적 인식론, 관료제의 "지식의 위계제"를 그것이 현실적 사회와는 무관하게 형식주의적이기 때문에 비판한다.

> "관료제는 그 **본질**상 '형식주의로서의 국가'이기 때문에 그것은 또한 그 **목적**에 있어서도 '형식주의로서의 국가'이다. 그러므로 현실적인 국가목적은 관료제에게는 국가에 배치되는 목적인 듯이 보인다. 관료제의 정신은 '형식적인 국가정신'이다. 따라서 관료제는 '형식적인 국가정신' 혹은 국가의 현실적인 몰정신성을 정언명령으로 삼는다. 관료제는 자기자신을 최종적인 궁극목적으로 간주한다. 관료제는 자신의 '형식적' 목적들을 자신의 내용으로 간주하기 때문에 그것은 도처에서 '실제적' 목적들과 충돌하게 된다. 따라서 관료제는 형식적인 것을 내용이라고 부르고, 내용을 형식적인 것이라고 부르도록 강요받는다. 국가의 목적이 관청의 목적으로 전화하거나 혹은 관청의 목적이 국가의 목적으로 전화한다. 관료조직은 아무도 이로부터 도망칠 수 없는 영역이다. 관료제의 위계제는 **지식의 위계제**이다. 상부는 세부사항에 관한 통찰을 하부영역들에서 기대하고, 이에 반해 하부영역들은 상부에게 보편적인 것에 관한 통찰을 기대하여 그리고 이들은 이와 같이 서로를 기만한다."[486]

이와 같이 국가의 목적이 전도됨은 정치적 국가와 시민사회사이의 분리라는 문제에로 소급되어 이해되어야 한다. 그리고 관료제적 지식의 위계제과 그 이론, 곧 헤겔의 철학은 그러한 시민적 분리를 강화하는 것으로 이해된다. 국가의 헌정은 사회의 정치적 실천 이전에 "관료

486) MEW 1: 248f; 국역 『헤겔법철학비판』, 아침, 1988, pp.69f.

제적 국가" 속에서 이미 완료되어 있다.(그러므로 닫혀 있다.) 마르크스는 그리하여 "관료제적 정신은 철저히 예수이트교도적이며, 신학적인 정신"[487]이라 표현한다. 이러한 의미에서 관료제, 형식주의로서의 국가는 죽은 국가적 질서의 경직화 이외에 다름 아니다. 그러므로 정치적 몸의 살아있는 내용은 닫혀 있게 된다. 관료제는 현실에서는 국가적 내용의 이데올로기적 매개로서 기능한다. 형식적인 것과 실재적인 것 사이의 대립은 궁극적으로 정치적 몸의 닫힌 헌정과 열린 헌정 사이의 차이를 의미한다. 형식주의에 대한 마르크스의 비판은 정치적 몸의 내용의 폐쇄성을 근거로 일어나고 있다. 국가로서의 헤겔의 관료제는[488] 그것이 구 내용의 형태변화일 뿐이라는 의미에서 형식주의이다. 이 형식주의는 구 내용을 정당화시키는 새로운 형식의 이론, 닫힌 질서의 형이상학이다.

마르크스에 있어서는 실재적 국가는 현재의 사회의 국가가 아니라 국가와 분리되지 않아야 할 재구성 가능한 사회를 의미한다. 형식적인 것과 대립하는 실재적인 목적은 그 어떠한 닫힌 동일성의 재기를 말하는 것이 아니라 구체적 공론의 정치적 실천을 통해서 역사적으로 설정될 수 있을 열린 목적(들)의 규범성을 말하는 것이다. 내용과 형식의 분리를, 형식주의를 지양하는 것과 내용과 형식의 열린 변증법은 서로 분리되지 않는다. 개방성의 이론에서는 반형식주의적 형식, 새로운 형식은 이미 새로운 내용을 함의하고 있다. 내용과 형식을 폐쇄적으로 이해하여 형식과 내용의 일체를 주장하는 것은 무의미하거나 불가능하기 때문이다. 형식주의는 형식이 내용과 분리된 채 발전되게 하는 폐쇄성의 이론이다.

관료제는 정치적 인식론의 관점에서의 직접민주주의와 대립한다. 그것은 "지식의 위계제"를 전제하고 있기 때문이다. 관료제는 가상적 과학에 근거하고 있는 반면에, 직접민주주의는 인민이 정치적 진리의 재

---

487) MEW 1: 248.
488) MEW 1: 248 참조하라.

구성에 직접 참여할 수 있게 하는 "현실적 과학'에 근거하고 있다. 가상적 과학으로서의 관료제는 가상적 국가이다. 이러한 의미에서 그것은 현실적 국가가 아니다. 단지 가상의 국가일 따름이다. 혹은 좀더 비판적으로 표현한다면(적어도 청년 헤겔 이후의 헤겔에게는 이렇게 보일 것이다), 시일 따름이다.

> "관료제가 국가 속에서의 다양한 여러 국가들에 대항하여 통일성의 이념을 타당하게 만들고 있다."[489]

국가 속에서의 다양한 여러 국가들은 무엇일까? 정치적 몸의 논리에 의하면 국가는 급진적 차이성들 사이의 직접적인 구성에 따라 개념 규정되는 것이고, 그렇다면 그것은 헤겔이 조합이라 부르는 것과 같거나 유사한 것이다. 헤겔의 조합은 국가 속에서의 현실적 국가이지만 관료제는 국가 옆에서의 가상적 국가, 상상의 국가이다. 상당히 길기는 하지만 마르크스의 말을 인용하고자 한다.

> "관료제는 실재적 국가와 나란히 존재하는 상상적 국가, 즉 국가의 유심론이다. 따라서 마치 지식이 이중의 지식, 즉 실재적 지식과 관료적 지식인 것처럼(의지도 이와 마찬가지다), 모든 사물은 이중의 의미, 즉 실재적 의미와 관료적 의미를 지닌다. 그러나 실재적 본질체는 자신의 관료적 존재양식에 따라서, 자신의 피안적, 정신적 존재양식에 따라서 이루어진다. 관료제는 국가본질체, 사회의 정신적 존재양식을 소유하고 있다. 국가존재는 관료제의 **사유재산**이다. 관료제의 보편적 정신은 **비밀**, 신비여서, 그 자체의 내부에서는 위계제에 의하여, 외부에 대해서는 폐쇄적 직업단체로서 유지된다. 따라서 공공연한 국가정신은, 또한 국가신념까지도 관료제에게는 그의 신비에 대한 **배반**이듯이 보인다. 따라서 **권위**가 관료제의 지식의 원리이고, 권위의 우상화는 관료제의 **신념**이다. 그러나 관료제

489) MEW 1: 283f.

자신의 내부에서는 **유심론이 극단적인 유물론**으로, 수동적 복종의 유물론, 권위맹신의 유물론, 고정된 형식적 행위의, 고정된 원칙의, 직관의, 관습의 **기계론적** 유물론으로 된다. 몇몇 관료들에 관한 한 국가목적이 그들의 사적 목적으로, **보다 높은 지위에 대한 추구로**, **입신출세**로 된다. 첫째, 관료는 현실적 삶을 하나의 **물질적** 삶으로 간주한다. 왜냐하면 **이러한 삶의 정신**은 관료제에서 **그 자체만으로 독립적 실존을 가지기** 때문이다. 따라서 관료제는 삶을 가능한 한 물질화하는 방향으로 나아가지 않으면 안 된다. 둘째, 삶은 관료 자신에 있어서, 즉 삶이 관료적 취급의 대상이 되는 한, 물질적이다. 왜냐하면 삶의 정신이 삶에게 미리 지정되어 있고, 삶의 목적이 삶 바깥에 놓여 있으며, 삶의 현존재가 관청의 현존재이기 때문이다. 국가는 다만 상이한 고정적 관청정신들로서 실존할 뿐이며, 관청정신들의 연관은 종속과 수동적 복종이다. 현실적인 삶이 죽은 삶처럼 보이는 것처럼, **현실적** 학문은 내용 없는 학문처럼 보인다. 왜냐하면 이 상상적 지식과 이 상상적 삶이 본질로 통용되기 때문이다. 따라서 이 예수회주의가 의식적이든 무의식적이든 간에 관료는 예수회교도처럼 현실적 국가에 대해 군림하지 않으면 안 된다. 그러나 이 예수회주의는, 그의 대립물이 지식이라는 것을 알게 되자마자, 마찬가지로 자기의식을 얻게 되며 이 의도적인 예수회교도로 되는 것은 필연적이다."[490]

현실적 과학은 산문, 일상적 현실적 지식의 과학이며, 반면에 상상적 지식에 근거하는 상상적 과학은 시의 과학으로서 구체적 공론에 본질적으로 접근되지 않는 비밀, 즉 신비의 과학이다.[491] 현실적 과학, 토대민주주의적 과학은 열린 인식론으로서 근본적으로 정치적 진리의 재구성에 구체적 인간이 능동적으로 참여하는 것에 근거하고 있다. 정치적 인식론으로서의 직접민주주의는 원칙상 반권위주의적이며 반경직적이며, 한마디로 개방적이다. 직접민주주의는 이론적 실천이면서 동시에

490) MEW 1: 249.

491) 이 점은 마르크스가 헤겔의 시적 문장을 자신이 산문적인 표현으로 옮기는 것에 대해서 말하는 곳에서 분명해진다. MEW 1: 205 참조.

실천적 실천이다. 직접민주주의에서 이론 그 자체가 실천적이다. "민주주의에서는 **추상적인** 국가가 지배적인 계기이기를 그만둔다."[492] 추상적 국가 그 자체가 역사적으로 생산되어진 실제이고, 그러므로 이론적 실천의 재구성을 통해서 해체될 수 있는 것이다. 민주주의는 자신의 본질을 개방적으로 규정한다. 민주주의 진리는 진리의 민주주의이다. 즉 구체적 공론의 역사적으로 구체적인 정치적 실천에 그것은 달려 있다. 그리하여 마르크스는 "민주주의에서는 국가가 정치적 헌법(헌정)인 한에서는, 헌법, 법, 국가 그 자체가 인민의 하나의 자기결정이고, 바로 이 인민의 특정한 내용에 불과하다"[493]고 표현하고 있다. 민주주의가 열린 인식론의 진리이다. 그것이 정치적 진리의 시작이고 바로 이것으로 "항상 끊임없이 되돌아가야 한다."[494] 마르크스는 "헌법(헌정)의 인민"과 "인민의 헌법(헌정)"[495]을 대조시키고 있는데, 우리는 이것을 바로 이러한 인식론적 맥락에서야 바로 이해할 수 있다. 그것은 정치적 진리의 폐쇄성과 개방성 사이의 급진적 차이성을 말하고 있는 것이다. 마르크스에서는 개방적인 헌법과 폐쇄적인 헌법의 구별이 이미 부상되어 있다. 정치적 진리의 경직된 질서가 있는 것이 아니다. "헌법은 그것이 존재하는 바로서, 인간의 자유로운 산물로서 나타난다."[496] 헌법의 전제는 어떠한 형이상학적 질서를 전제하지 않는 인간의 자기결정일 뿐이다.

5. 인민과 이성

루소에서처럼 마르크스에서도 인간적 실천과 무관한 이성은 존재하지 않는다. 이성 그 자체는 역사적 생산이다. 마르크스가 루게(Ruge)에

492) MEW 1: 232.
493) MEW 1: 232.
494) MEW 1: 231.
495) MEW 1: 231.
496) MEW 1: 231.

게 보낸 한 편지(1843년 9월, 크로이츠나흐)에서 우리는 마르크스가 이성을 어떻게 파악했는지를 알 수 있는 말을 발견한다.

> "이성은 항상 존재해 왔으나 이성적 형태로 항상 그러한 것은 아니었다."[497)]

이성은 여기에서 역사적인 것이며, 그리고 그러므로 사회적인 것이다. 역사는 사회적 실천에 의존하여 발전하기 때문이다. 역사의 프로메테우스는 사회이다.[498)] 이성은 사회적 이성, 사회의 이성이다.

마르크스의 사회적 이성은 본질적으로 프로우동을 포함하여 헤겔주의의 "비인물적 이성"과는 다르다. 『철학의 빈곤』에서 마르크스는 이 비인물적 이성과 그 변증법을 다음과 같이 표현한다.

> "비인물적 이성은 자신 밖에서는 비인물적 이성이 자신을 일으켜 세울 수 있게 하는 지반을 가지고 있지 않으며, 비인물적 이성이 자신과 마주하게 할 수 있게 하는 객체도 가지는 것도 아니며, 비인물적 이성이 자신과 관련을 맺을 수 있는 주체를 가지는 것도 아니므로, 자기 자신을 주장하고, 반대하고, 종합하는, 일종의 재주를 넘도록 강요를 받게 된다. - 주장하기, 반대하기, 종합하기. 그리스어로 말하자면, 우리는 명제, 반명제, 그리고 종합을 가진다는 것이다. 헤겔의 언어를 알지 못하고 있는 이들에게는 우리는 다음과 같은 한 줄로 되어 있는 공식을 따라가게 하자. 즉 긍정, 부정, 부정의 부정이 그것이다. 이를 사람들은 설교하는 것이라 부른다. 프로우동씨에게는 미안하지만 이것은 결코 히브리어가 아니고 이러한 순수한 개인과는 분리된 이성의 언어인 것이다. 우리는 익숙한 개인과 그 개인의 익숙한 방식에서 담론하고 사유하는 대신에 이러한 익숙한 방식

497) MEW 1: 345.

498) MEW 1: 122 참조하라; 마르크스는 이렇게 말한다. "최종적인 심급에서 프로우동씨가 깨워 놓은 이 프로메테우스는 무엇인가? 그것은 사회, 그것은 계급대립에 토대를 두고 있는, 사회적 관계들이다."

그 자체만을 가질 뿐이고, 즉 개인이 없는 것이다."[499]

이 비인물적 이성은 형이상학적인, 인간적 실천과 무관한 그와는 독립하여 나아가는 이성을 의미하고, 그리하여 이 비인물적 이성의 변증법이 무엇에서 시작하는지 우리는 묻는다. 시작으로서의 "긍정(입장)", "경직"은 문제 없음, 순수한 진리를 의미하고 반면에 인물적 이성은 개인의 위기에서 시작한다. 개인은 위기 때문에 사회를 필요로 한다. 즉 사회적, 인물적 이성의 시작은 위기이지 순수한 상태가 아닌 것이다. 이러한 의미에서 마르크스는 헤겔의 형이상학적 변증법에는 문제정향성이 부재하다는 것에 주목하고 있다.

"헤겔은 어떠한 문제도 제기하지 않는다. 그는 변증법을 알고 있을 뿐이다. 프로우동씨는 헤겔의 변증법으로부터 말하는 방식만을 얻어내고 있을 뿐이다."[500]

사회적 이성은 현실적 위기의 지양에 정향되어 있으며, 현실적 문제와 그 해결에서 시작한다. 현실적 위기/비판은 사회적 이성에서 인간의 그것을 의미하지 논리적 범주의 그것을 의미하는 것이 아니다. 위기/비판에서 인간은 비판하는 인간의 사회의 시작에 있다. 이것은 위기와 비판의 변증법적 맥락을 정초 짓는다.

사회는 사회적 이성의 시작인 동시에 끝(목적)이고, 이에 반해서 형이상학적 질서, 경직성은 비인물적 이성의 그것이다. 여기에서 우리는 『철학의 빈곤』에 있는 마르크스의 말을 들어보자; "프로우동씨의 비판은 끝에서 시작한다. 우리 역시 끝에서 시작한다."[501] 사회적, 인물적

499) MEW 4: 127.

500) MEW 4: 132; 마르크스는 여기에서 프로우동의 『빈곤의 철학』을 형이상학, 곧 정치경제학의 형이상학과 관련하여 비판하고 있다. "우리는 우리가 정치경제학을 도모하는 곳에서 그리고 그렇게 하는 동안에 형이상학을 도모하고 있어야 할 것이다." MEW 4: 125를 보라.

501) MEW 4: 70.

인 이성과 형이상학적인, 비인물적인 이성 사이의 차이는 무엇에서 시작하는가에 달려 있다. 사회는 사회적 이성에서는 폐쇄성에 굴복하지 않는 반면에, 비인물적 이성은 경직성, 긍정(입장)에서 시작한다.

사회 개념은 개인의 문제틀과 관련하여 중요하다. 그것은 개인 개념과 밀접하게 결합되어 있다. 마르크스는 자신의 『정치경제학 비판 강요』에서 사회개념을 사회가 개인과 맺는 관계와 관련하여 규정하고 있다.

> "사회는 개인들로서 구성되는 것이 아니다. 사회는 관계들, 관련들의 종합을 표현하는 것이며, 그곳에서 개인들은 서로 마주하고 있는 것이다. 어떠한 한 사람이 사회의 관점에서 보면 노예와 시민이 실존하는 것이라, 둘 모두 사람이라고 말하려는 것처럼이 아니라, 오히려 그들은 사회 밖에 있는 것이다. 노예로 있다는 것과 시민으로 있다는 것은 인간 A와 인간 B의 사회적 관계들, 관련들이다. 사회 속에서 그리고 사회를 통해서 그가 노예인 것이다."[502]

사회는 정치가 그렇듯이 양립적이다. 사회가 성립하기 이전에는 사회적 위기도 없었고, 노예도 없었으며, 위기의 지양은 오직 사회의 재구성을 통해서만 가능하다. 시작인 동시에 끝인 사회는 자유의 실천으로서의 정치의 패러독스에 대해서 말한다. 사회는 자신의 정당한 시원을 인간적인 자유의 복원에서 찾는다. 역으로 말해서, 자유의 위기가 없다면, 시원적으로 사회의 현존재 근거가 없을 것이다. 시원적 사회는 많은 규정요인들의 종합이며, 다양한 것들의 통일성이라는 의미에서 그것은 구체적이고,[503] 그 경우 각 개인은 사회적 동일성을 구성하는데 있어서 더 이상 축소(환원)될 수 없는 차이성인 동시에 오직 사회를 통해서만 그리고 사회 속에서만 구성될 수 있는 동일성이다.

정치로서의 사회는 궁극적으로 지양적으로 사라질 것이다. 사회적

---

502) Marx, *Grundrisse*: 176.

503) Marx, *Grundrisse*: 21.

정치는 자신의 패러독스한 자기지양에서 시작하며, 자신의 현실화로서의 "끝(목적)"에서 시작한다. 시작과 끝은 사회적 이성의 논리에서는 본질적으로 다르지만, 반면에, 이 둘은 경직된 논리에서는 동일하다. 마르크스의 말 "프로우동씨는 끝에서 시작하고 있다"는 것은, 비인물적 이성의 폐쇄성을 말하는 것이다. 즉 그 끝은 닫힌 이성의, 추상성의 경직화를 의미한다. 그곳에서는 새로운 사회는 없으며, 단지 추상적 이성의 복원이 있을 뿐이다. 이에 반해서 마르크스가 "우리 역시 끝에서 시작 한다"고 말하고 있는 것은 사회적 정치의 시작이 자신의 자기지양을 목적으로 하고 있으며 그리하여 그것은 자기의 현실화로서 지양되어야 한다는 것을 말한다. 이러한 의미에서 마르크스의 시작은 형이상학의 그것과는 본질적으로 다른 것이며, 그 끝도 그러하다.

제4장

국가의미론의 재구성과 정당화

"그런데 정치적이거나 사회적인 입장들을 개념규정하고 이 개념규정들의 힘을 이용하여 정당화하려거나 관철시키려는 의미론적 투쟁은 우리가 문헌자원들을 통해서 알고 있는 모든 위기시대들에 속한다. 이러한 의미론적 투쟁은 프랑스혁명 이래로 첨예화되어 갔고 구조적으로 변모되었다. 개념들은 미리 주어져 있는 것들을 그렇게 파악하는 데 더 이상 기여하는 것이 아니라, 개념들은 미래 속으로 파고들어 파악되어 간다."(라인하르트 코젤렉)

제1절 국가의미론의 유형과 정당화

국가이론의 구성들이나 개념들에서 우리는 국가를 정의하려 할 때 총체성형태를 철학적으로나 메타이론적으로 정초 짓는 것을 도외시하고서는 불가능한데, 그렇게 국가의 개념규정을 위한 상이한 여러 주은유들을 발견할 수 있다. 이것은 흥미롭게도 오늘날에도 큰 변함이 없는 것 같다. 그러한 주은유들은 지배의 정당성을 인식론적인, 인간학적인, 그리고 사회학적인 차원에서 정초 짓는 것과 연결되어 있으며, 재현의 문제틀을 이론적으로 형성하는 데에 구조적으로 상이한 구별을 함의하고 있다. 이 점은 국가와 사회의 "동일성 문제틀"을 고찰할 때 특히 그러하다. 이러한 맥락에서 우리가 연구하려는 루소와 마르크스는 고전들로서 이념사적인 연구되어야 한다는 점에서 뿐만이 아니라 현재의 문제들을 해결하는 이론적 자원이라는 관점에서도 이론적 당면성을 포함하고 있다.

나는 정치적 국가의술이라 부르는 유형, 나는 이 유형을 변증법적 · 실용주의적 국가론이라 부르기도 하는데, 이 유형 이외에도 우선 크게 일차적 차원에서 국가의 주은유로서 "수학성"(Mathesis)과 "발생성"(Genesis)이라는 두 유형을 구별하고자 한다. 그런 다음에, 나는 수학성 유형에 속하는 것들을 산수적인 유형과 기하학적 유형으로 구별하고자 한다. 발생성 유형에 속하는 것들을 유기체적인 것과 시적인 것(미학적인 것)을 구별하고자 한다.

비판적 위기학은 국가를 위기이론적으로 실용주의적으로 고찰하지, 공리주의적으로 다루지 않는다. 비판적 위기학은 사회와/나 국가의 "수학성"을 의문시하는 것만은 아니다. 그것은 국가와 사회의 변증법적 관계의 기계론적 · 발생론적 구조들을 연구한다. 국가이론이 "수학성"에서 "발생성"으로 패러다임적으로 변동하는 모습이 루소의 이론적 독창성을 표현하고 있다. 이 경우 루소는 홉스의 "기계론적" 정치철학과 비교되는 것으로 곧잘 연구되어 왔던 것이다.

이제 우리는 이들 국가의미론을 살펴보고자 한다. 하지만 나는 여기에서 우리가 산수적 국가론이라 부르는 유형을 분명하게 고찰하는 일은 하지 않을 것이다. 그것은 플라톤, 더 정확하게 말하면 플라톤의 국가론을 일면적으로 수용한 것인데 오늘날 더 이상 찾아볼 수 없을 정도로 전폭적으로 비판되었기 때문이다.

제2절 폐쇄적 질서 속에서 기계론적 국가론과 유기체적 국가론의 패러다임적 구별

1. 기계론적 국가론

홉스가 예컨대 베이컨(Bacon)과 하비(Harvey) 같이 이들에 의해서 자연적 질서를 자연과학적으로 새롭게 발견한 것으로부터 영향을 받고서 기계론적 국가론을 이론적으로 구조시키는데, 기하학적 죽은 질서의 가능한 "유물론적" 질서를 사회의 유지를 위해서 이론적으로 전제한다. 그것은 아리스토텔레스를 수용한 것이었다. 물론 양자의 전체 이론구조들을 비교하여 고찰해 보면 차이들을 논증할 수는 있지만 말이다.

유럽에서 17세기를 지배했던 "기계론적 과학"(갈릴레오)은 수학적 논리를 실재를 설명하는 데 적용하려고 시도했는데, 실제적으로 다양한 기계들, 특히 선박운항을 위한 시계들뿐만 아니라 "국가배"라는 은유적 개념도 만들어낸다. 그리하여 우리는 이 국가배라는 정치적 개념을 국가가 위기에 빠져 있다는 것을 이론적으로 특징적으로 표현하기 위해서 다면적으로 사용했음을 여기저기에서 찾아볼 수 있다.

카를로 치폴라(Carlo M. Cipolla)는 자신의 저서 『1300년부터 1700년까지의 시계와 문화』에서 "수학이 분석의 주요 도구였으며, 기계는 준거 이념이었다"[504]고 밝히고 있듯이, 16세기와 17세기 유럽은 기계론적

504) Carlo M. Cipolla, *Clocks and Culture 1300-1700*, 2nd, Methuen, 1980, p.34.

철학에 의해서 지배되고 있었으며, 그것은 첨예화되어 신을 "완전한 시계공"(the perpect clockmaker)으로[505] 표현하는 것으로까지 나아갔다. 우주를 하나의 시계와 동일시함으로써 인간은 신과는 다른 것으로서 이해되었다. 신은 시계를 창조한 자로서 "섬세하게 구성된 메커니즘"인 시계를 일단 창조하였고, 그것은 자의적인 주의 깊지 않은 조작을 허락하지 않으며 또한 종종 전문가들에 의한 수정이 필요하다는 점을 함의하고 있었다.[506] 여기에서 자연의 질서 속에서 존재론적으로 볼 수 없게 내재되어 있는 메커니즘 그 자체는 수정될 필요는 없는 성질의 것이다. 즉 자연법적으로 일단 정착되어 있는 죽은 기계론적 질서에의 수동적인 적응만이 있을 뿐이며, 메커니즘의 현실적인 기능을 위한 볼 수 있는 개입은 "최소한으로" 축소되어야 한다. 여기에서 "총체성"은 근본적으로 볼 때 통제불가능한 것이다. "메커니즘은 총체성 능력이 없기 때문이다. 오히려 닫힌 존재론적 총체성을 전제로 하고 있다 홉스는 **시민적** 총체성의 의미에서 칼 슈미트(Carl Schmitt)가 그의 논술『홉스와 데카르트에 있어서의 메커니즘으로서의 국가』에서 주장하고 있는 바와는 달리 헤겔과는 그렇게 많이 떨어져 있는 것이 아니다. 물론 슈미트는 홉스의 계약이론이 개인주의적이어서 데카르트의 "합리주의"와 연관될 수 있는, 국가기계라는 국가이론적 관념들을 가지고 있고, 홉스의 기계론적 정치철학은 전체주의가 아니라 국가를 인간에 의해서 만들어진 "거대한 기계"라고 구상하고 있다고 분명하게 주장하고 있다. 국가기계가 인간적으로, 즉 인위적으로 완성된 것이라 해서 총체성관념을 배제하는 것이 아니라 그와는 정반대로 탈인간적으로, 곧 인위적 재현가능성으로부터, 사물의 질서에 내재하는 탈역사적으로 전제되어 있는 수학성을 필요로 하고, 이것이 국가의 구성에서 총체성으로서 기능하고 있는 것이다. 기계론적인 합리주의적인 철학과 연관되어 있는 이 국가기계의 정치이론에 있어서 국가는 구체적 공론 밖에 있는 그리

505) Carlo M. Cipolla, *Before the industrial Revolution*, 2nd, Methuen, 1980, pp.240f.
506) Albert O. Hirschmann, *Leidenschaften und Interessen*, Ffm, 1980, pp.96-97.참조.

고 옆에 있는, 재현을 가능하게 하는 "질서"의 정치를 통해서 통치불가능하다.

이러한 맥락에서 홉스와 홉스의 정치이론을 수용했던 칼 슈미트 사이의 급진적 차이는 매우 분명하게 인식할 수 있다. 에른스트 블로흐가 자신의 저서 『자연법과 인간적 덕성』에서 비판적으로 밝히고 있듯이, 슈미트는 총체성을 총체적으로 단념하는 것에서 출발하여 결단주의적으로 정책이론을 정초지우는데, 그것은 일종의 "반(反)자연법"으로서 개인의 권리는 물론 정의의 보편성능력과 정치를 파괴한다. "기계는 행정적 군주의 구성요소들이 전통적인 군주의 미학적 · 신비적 이념들과 대결하게 하는 이미지이다."[507] 국가를 기계로 이해할 때 기계의 이미지가 행사하는 계몽적 기능은 홉스가 "정치적 몸"이라는 용어를 인간의 몸과 비유하여 사용하고 있기는 하지만 인간학적 인간이미지의 기계론화와 연결된다. 홉스는 『레비아탄』 이전에 일종의 예비연구로서 두 연구를 수행하는 셈인데 그 하나는 『자연법과 정치법의 구성요소』(*Elements of Law natural and politic*) — 이것은 1640년에 집필하였으나 퇴니스(Ferdinand Toennies)에 의해서 처음으로 인쇄되어 유포되었다 — 이고 1642년에 홉스가 출간했던 『시민에 대해서』(*de cive*)이다. 이런 주의 깊은 예비연구들을 한 다음에 그는 체계적으로 보완하고 완성하였던 그의 주저의 정치적 상징으로서 레비아탄을 선택한다. 그런데 칼 슈미트가 홉스의 정치이론을 재복원하면서 홉스의 레비아탄을 잘못된 상징이라 비판한 이래로 레비아탄은 텍스트의 시원적 의미를 분명하게 표현하는 데 이바지하기는커녕 레비아탄이라는 정치적 이미지와 홉스가 『레비아탄』이라는 저술에서 내용적으로 표현하고 있는 정치이론 사이에는 모순이 있다는 것을 확인하는 비판이 유포되어 왔다. 하지만 독일의 정치철학자 이링 페처(Iring Fetscher)가 자신의 논술 〈토마스 홉스와 그의 정치철학의 사회적 위상〉에서 정당하게 표현하고 강조하고 있듯이 "사람들

507) G. A. Kelly, "Mortal man, immortal society. political metaphors in the eighteenth- century France", in: *Political Theory*, 1986, pp.9f.

이 홉스에게서 그가 분명 가진 적이 없었던 정치적 의도를 부여할 수 있을 때, 다시 말해서, 사람들이 홉스를 20세기의 권위주의적이고 전체주의적 국가의 아버지로서 파악할 수 있을 때, '상징의 좌절'이라 말할 수 있을 것이다."[508)]

칼 슈미트가 자신의 유명한 저술 『토마스 홉스의 국가이론에 있어서의 레비아탄』[509)]에서 레비아탄의 상징적 이미지의 시원과 그 의미내용을 비판적으로 연구하여 "레비아탄이라는 상징의 요청과 홉스의 국가의 기계론적 구성 사이의 긴장"을 확인한 바 있는데, 이것은 그 후 페처도 받아들이고 있다. 하지만 나는 이는 레비아탄과 함께 함의하려 했던 국가와 사회의 관계를 잘못 이해한 것이라 생각한다. 홉스가 레비아탄을 자신의 정치이론을 위한 국가상징으로 선택했던 까닭은 국가와 사회의 현대적 시민적 분리를 그가 이데올로기적으로 정당화하는 데 있었던 것이다. 그의 국가이론은 "정치이론이 경제적 침투"(C.B.맥퍼슨)의 관점에서 일종의 경제적 이데올로기화로서 해석될 수 있다. 칼 슈미트가 생각하고 있듯이, 홉스가 신화론적, 신학적인, 그리고 카발라적인 상징전통에 정통해 있었음은 분명하고, 레비아탄을 합리적으로 구성된 "인위적 인간"으로서의 정치적인 상징으로 활용함으로써 개인주의적 시민성을 표현하려 했던 것이다. 레비아탄은 사회와 국가의 원칙적인 분리를 표현하는 결정적인 정치적인 은유인 동시에, 그것이 인위적으로 파악된 재현의 작동을 기계론적으로 가능하게 하는 "제3의" 권력임을 시사하는 것이며, 이 권력은, 그러한 분리에도 불구하고, 사회 속에서 재현된 일원론적·존재론적 기하학적 수학성의 질서유지를 위한 사회학적 기능을 넘겨받을 수 있을 것을 함의하고 있다.

홉스에 의하면, "자기보존에 대한 욕망"은 "돌이 아래로 향해 움직이는 것"과 다를 바 없는 "자연의 분명한 자연적 충동"으로서[510)], "운동의

508) Iring Fetscher, "Thomas Hobbes und der soziale Standort seiner politischen Philosophie", in: *Herrschaft und Emanzipation*, 앞의 글, pp.57f.

509) C. Schmitt, *Der Leviathan in der Staatstheorie des Thomas Hobbes*, Hamburg, 1938.

시원적 원칙이며 계속적인 관성적 운동의 보편적인 경향"을 통해서 정초되어 있다. 홉스에 있어서는 기하학적 수학성의 일원론적으로 구상된 존재론이 "획득적 시장 사회"를 위해 "보이지 않는 손"으로서 기능한다. "그가 정당화한 주권적 국가는 부르주아 국가이다."[511] 홉스는 수학을 학문들의 진정한 어머니로 간주하고 있는데 이것은 정치이론의 경제적 이데올로기화의 현대적 시민적 함의들을 다음과 같이 분명하게 표현하는 것이었다.

> "사람의 가치, 혹은 값은 다른 모든 사물들과 같이 자신의 가격이다. 즉, 그 사람의 힘을 사용하기 위해 주어질 수 있는 만큼의 가격이다. 그러므로 절대적이지 않다. 사물은 다른 이의 판단에 따른 필요에 의존하는 것이다. 군인들을 지휘하는 능력 있는 지휘관은 전시 혹은 준시에서는 엄청난 값을 받을 것이지만 평시에는 그렇지 않다. 교양 있고 부패하지 않은 재판관은 평시에서는 매우 많은 값을 받겠지만 전시에서는 그렇지 않다. 다른 사물들에서와 같이 사람에 있어서도 판매자가 아니라 구매자가 가격을 결정한다."[512]

여기에서 중요한 것은 멕퍼슨이 자신의 논술 『획득적 개인주의의 정치이론』에서 홉스의 정치이론을 이데올로기비판적으로 해석하고 있듯이 "사회 내에서 응집적인 부르주아 계급의 구심적인 힘"[513]을 홉스의 국가이론적 모델에서는 사회학적으로 고려하지 않고 있다는 사실뿐만이 아니라, 이를 넘어서 시민적 현대성에 내재해 있는 **눈먼** 논리를 사회학적으로 고려하지 못하는 것과 결부되어 있는 인식론적인 그리고

---

510) Thomas Hobbes, "Philosophical rudiments concerning government and society", in : *The englich works of Thomas Hobbes*, The collected Works of Thomas Hobbes, vol. Ⅲ, Routledge / Thoemmes Press, 1839-1845, pp.1-319.

511) C. B. Macperson, "Introduction", in: Thomas Hobbes, *Leviathan*, Penquin Books, p.51.

512) Thomas Hobbes, *Leviathan,* 앞의 글, 제10장, pp.151f.

513) C. B. Macperson, *Political Theory of possessive individualism*, Oxford, 1962.

인간학적인 정초근거 그 자체이다. 그것은 이미 루소가 역사적으로 생산되어진 것을 존재론적으로 생산하는 것으로 혼동하는 것이라 날카롭게 비판하였던 그것이다.

2. 유기체적 국가론

유기체의 생물학적 언어를 국가이론과 사회이론의 구성에 전이시켜 사용하는 정치적 몸의 이론은 18세기 말 이래로 특히 낭만주의적 운동을 통해서 확대되고 유포되었다. 국가를 예술작품으로 파악하는 미학적 이론이 바로 이 낭만주의적 뿌리를 가지고 있다는 점을 우리는 잊지 말아야겠다.

"정치적 몸"(corps politique, body politic, politischer Körper)는 정치적 위기이론만큼이나 오래된 것이라 말할 수 있는데, 비판적 위기학의 정치와 정치적 이론을 새롭게 정초 짓는 데 "의술"에 대한 준거와 "유기체"에 대한 준거를 구조적으로 구별해야 하는 이론적 욕구를 함의하고 있다. 이 두 준거들은 "계몽주의시대" 이래로 유럽의 인문과학들의 학문적인 발전에서 서로 뒤섞여 있었다. 비판적 위기학을 재구성하려는 관심은 연구 대상의 존재론적 특징들이 아니라 의술적 메타은어의 실용주의적 측면들이다. 이러한 의미에서 유럽에서 특히 18세기에서부터 19세기까지의 시간대에서 의술 내에서 이론적인 철학적인 혁명이 일어나는 것과 함께 "수학성"에서 "발생성"으로, 혹은 "기계론적 철학"에서 "유기체론적 철학"으로 패러다임이 전환되는 과정이 특기되어야 한다.[514] 수학성에서 발생성으로 역사적으로 패러다임이 변동되면서 헤겔의 국가이론은 가장 중요한 "유기체론적" 국가론을 대표하는 것은 의심할 바 없다. 그것은 수용사적으로 오늘날 에밀 뒤르켐과 그 학파의 유기체적 연대의 이론을 통하여 "코포라티즘"의 현대적 시원으로 확

---

514) Sergio Moravia, *Beobachtende Vernunft. Philosophie und Anthropologie in der Aufklärung*, Ffm/Berlin/Wien, 1977 참조.

인되고 있다. 헤겔은 "국가는 예술작품이 아니다"[515]는 부정적인 명제를 제출하고 있는데, 이는 문학 및 예술이론적 맥락에서 초기낭만주의적 새로운 시를 정초짓기 위해서 정리한 미학적 정치적 이론을 부정하는 것이고, 국가의 동태적인 인륜적인 발전을 유기체의 발생의 논리에 탈역사적으로 내재하고 있는 "유기체적 총체성"[516]으로서 파악한다. 헤겔의 글을 해석할 때의 어려움은 유기체의 단순한 내재적인 발생적인 논리에서 설명될 수 있지 않을까 싶다. 칼 라렌츠가 바로 보았듯이, 헤겔에 있어서 "유기체는 인물들의 다양성에서부터 성립하는 통일성을 보게 해주는 것으로서, 이 다양성 속에서 그리고 이 다양성을 통해서 창출되며 바로 그와 같은 것의 교체 속에서 **단순한 통일**성으로서 자신을 유지하고 있는 것으로서 기여한다."[517] "살아있는 유기체는 그러한 전체가 전체의 구성분절들 속에서 자기 자신과의 통일성이, 그리고 그 구성분절들이 그것들의 내재적인 일반성으로서의 전체와의 통일성이 항상 새롭게 창출되고 확인되는 과정일 따름이다."[518] 유기체론적 국가이론에서 "이념"은 조직화하는 충동과 조직된 형상 사이의 변증법적 결합태로서 조직의 최상위의 구성분절하는(gliedernde) 동일성으로서 "독립적으로" 전개된다. "유기체는 부분들의 다면적인 하나가 아니라 구성분절들의 다면적인 하나이다."[519] "형식적 보편성에서 유기체적 보편성으로"[520] 헤겔이 독창적으로 전형한 것은, "원자론적, 추상적 통찰"에 대한 비판을 개진하면서, 루소가 홉스 및 라이프니츠와 인식론적인, 인간학적인, 그리고 사회학적인 차원에서 급진적으로 대좌하였던 것을 수용한 것으로 보이는데, "다중"(multitude)와 "사회" 혹은 "결집"(ag-

---

515) G. W. F. Hegel, *Grundlinien der Philosophie des Rechts*, 258 Zusatz.

516) Hegel, 앞의 글, 256.

517) Karl Larenz, "Hegels Dialektik des Willens und dasnProblem der juristischen Persönlichkeit", in: *Logos* 20, 1931.

518) Larenz, 앞의 글, 같은 면.

519) Hegel, Logik II, p.420을 K. Larenz 앞의 글, 같은 면에서 재인용.

520) John Keane, "A letter on why civil society is important to societies--- and others", 미출간수고, London, 1983, p.8.

grégation)과 "결사" 사이의 비기계론적 구별을[521] 분명히 하고 있다. 곧 헤겔은 이렇게 말하고 있다.

> "국가는 **그 자체가 고유한 영역인** 그러한 구성분절들을 가진 일종의 조직이고, 그리고 국가 속에서는 조직되지 않은 수로서의 어떠한 계기도 나타날 수 없다. 사람들이 기꺼이 인민을 이해하는 바, 개별적인 것들로서의 **다수**는 함께 있기는 하지만, 단지 산수적인 것들로서 …(중략)… 형식 없는 **다수**이고 그것의 운동과 행동은 그렇기 때문에 단지 구성요소적이고, 무이성적(vernunftlos)이고, 야생적이고 공포적인 것이다."[522]

"국가유기체" 혹은 "유기체적 국가"는[523] 조직화된 인민으로서 역사적인 동태적인 차이성들에도 불구하고 탈역사적인 존재론적으로 전제된 정태적인 폐쇄직인 동일성을 가지고 있으며, 우리는 여기에서 역사주의의 이론적 시원을 본격적으로 읽을 수가 있다. 여기에서 우리는 수학성에서 발생성으로 급진적으로 패러다임적인 전환이 있지만 고전적인 존재론을 다시 한 번 확인할 수 있다. 그것은 바로 마르크스가 이미 자신의 논술 〈헤겔법철학 비판을 위하여〉에서 헤겔의 국가철학이 "신비주의의 산물"이라 비판하였던 바에서 밝혀져 있었던 것이다.[524] 그런데 마르크스는 수학성에서 발생성으로 전환하는 것에 대해서 어떠한 입장을 취하고 있는 것인가? 마르크스의 〈헤겔법철학 비판을 위하여〉에 있는 다음의 문장은 유기체적인 국가이론에 대한 가장 중요한 고전적인 비판을 보여주고 있을 뿐만이 아니라 마르크스가 그러한 전환에 대하여 어떠한 이론적 대좌를 보이고 있는지를 알 수 있게 한다.

> "정치적인 국가를 유기체로서 고찰하고, 따라서 폭력의 다양성을 더 이상

---

521) Rousseau, III: 359.
522) Hegel, *Grundlinien zur Philosophie des Rechts*, 앞의 글, 303.
523) Hegel, 앞의 글, 302.
524) MEW 1: 211.

유기체적인 것이 아니라 살아있는 이성적인 구별로서 고찰하는 것은 위대한 진보이다. 하지만 헤겔은 이 발견을 어떻게 표현하고 있는가?"[525]

이 문장에서 "유기체적 것"이라는 것이 오기로 해독하고 기계론적인 것 혹은 비유기체적인 것이 바로 잡아야 한다고 주장할 수도 있을 것이다. 하지만 나는 이것에서 마르크스가 "수학성"도 "발생성"도 아니고 양자 사이의 개방적 변증법 같은 것을 의도하고 있는 것으로 읽는다. 헤겔에 있어서는 존재론적으로 닫힌 동일성은 "기계론적이거나 비유기체론적인"[526] 국가철학에 대한 비판에도 불구하고 그대로 남아 지속되고 있다는 것을 마르크스가 비판하려 했다는 것이다. 헤겔에 있어서는 유기체의 역사성을 가능하게 하는 비역사적인 "이념"은 정치적이 아니라 추상적이고, 따라서 "정치적인 요소에 있어서의 추상적인 이념"의 "정치적" 기능을[527] 문제시하는 것이 아니고 그것을 심지어는 이데올로기적으로 은폐시킨다.

이미 앞에서 밝힌 바와 같이, 유기체론적 조합의 이념은 헤겔에 의해서 결정적으로 주조되었고, 이것은 뒤르켐과 그 학파의 조합적 사회의 프로젝트에 의하여 비판적으로 심화되었으며 사회학적으로 다듬어졌고, 그 사회이론적 당면성은 특히 오늘날 네오코포라티즘에 과한 정치학적인 논의 속에서 다시 부상하였다. 헤겔은 조합들의 틀 내에서 직업신분에 따라 스스로 행정관리하는 것을 변호하는 자로서 그리고 신분의 영역에서 입법할 때 신분들이 함께 영향을 행사하는 것을 변호한 자로서,[528] 국가를 "인륜적 이념의 현실"로서[529] 그리고 "구체적 자

525) MEW 1: 210.

526) 이것은 마르크스가 오기했다고 보는 입장에서 마르크스가 그렇게 썼을 것이라 추정하는 말이다. 마르크스의 저술들을 편집하는 자들이 편집하는 과정에서 적어 놓은 말이다. Marx, "Kritik des Hegelschen Staatsrechts", 261-313, in: Hegel, *Grundlinien der Philosophie des Rechts*, 앞의 글, p.462. 특히 p.462의 각주를 보라.

527) MEW 1: 210.

528) Walter Euchner, *Egoismus und Gemeinwohl. Studien zur Geschichte der bürgerlichen Philosophie, Ffm,* 1973, p.171.

유의 현실"[530]로서 표현하면서 유기체적인 국가의 삶과 인민의 삶에 있어서 신분들의 현실적 활동의 조합주의적 의미를 강조하고 있다.

> "특별한 영역을 정당화함으로써 생성되고 있는 조합의 정신은, 국가에서 특별한 목적을 유지하는 수단을 가지게 됨으로써 그 자기 자신과 동시에 국가의 정신으로 전환되고 있다. 이것이 시민들의 이 면에 대한 애국주의의 비밀이고, 시민들은 국가가 자신들의 특별한 영역을 정당화하고 권위가 그것들의 복지처럼 소지하고 있으므로 국가를 자신들의 본질체로서 알고 있다는. 조합의 정신은 **특별한 것이 일반적인 것에 뿌리박게 하는 것**을 직접적으로 포함하고 있으므로 조합의 정신은 그런 한에서 국가가 **심정** 속에서 가지고 있는 국가의 심층이며 강함이다."[531]

시민들의 자기행정과 공동결정은 "형식적인 자유"의 한 계기일 뿐이지 "현실적인 자유"의 어떤 것이 아니다.[532] 헤겔이 이성과 현실의 변증법을 자신의 유명한 법철학 서문에서의 격언, 즉 "이성적인 것은 현실적이고, 현실적인 것은 이성적인 것"이라는 표현을 통하여 주장하고 있듯이 이성이 원칙적으로 재현될 수 있다는 것은 존재론적인 이념을 사회학적으로 조합주의적으로 매개시키는 것을 정초 짓는다. 헤겔의 이 격언의 전현대성을 시인 하인리히 하이네(Heinrich Heine)가 비판한 바에 대해서 동의할 수 있다. 그것은 아톤-허만 흐루스트(Anton-Herman Chroust)가 자신의 유명한 논술 〈중세에서의 조합주의 이념과 정치적 몸〉에서[533] 밝히고 있듯이, 전(前)시민적 시대에서 나온, 정치적 몸의 닫힌 조합적 이념에 속하고 있다는 것이다. 즉 "이성적인 바, 모든 것이 존재하고 있음"이 분명하다는 것은, 전시민적인, 중세적인 상태에서

529) Hegel, Grundlinien der Philophie des Rechts, 앞의 글, 257.
530) Hegel, 앞의 글, 260.
531) 앞의 글, 289.
532) 앞의 글, 289; 이에 관해서 W. Euchner, 앞의 글, p.180 참조.
533) Anton-Herman Chroust, "The corporate idea and the body politic in the middle ages", in: *The Review of Politics* 9, 1947, pp.423-452.

만 주조될 수 있는 것이다.[534]

뒤르켐이 자신의 논술 『사회학과 철학』에서 다음과 같이 분명하게 논의하고 있듯이 생물학적인 언어를 단순하게 사회이론으로 전이시키는 것을 경계하고, 비판하고 있다. 이 경계, 이 비판은 우선 들어볼 가치가 있다.

> "생사회학자들의 오류는 비교를 했다는 것에 있는 것이 아니라 비교를 잘 못했다는 것에 있다. 그들은 사회학의 법칙들을 생물학의 법칙들을 통해서 검토하려는 것이 아니라 전자를 후자로부터 도출하려 했던 것이다. 그렇게 얻어진 결론들은 가치가 없다. 삶의 법칙들이 사회 속에서 나타난다고 해도, 그것은 새로운 형태와 특수한 특징들을 가지고서 그러하며, 그것에 관해서는 비유가 어떠한 결론도 줄 수 없을 것이며 오히려 그것에 있어서는 직접 관찰함으로써만이 결론에 기여할 수 있을 것이다. 이에 반해서 사회적 조직의 상당한 조건들을 사회학적 절차의 도움을 받아 규정하는 것에서 시작한다면, 그러한 조건들이 생물학을 규정하고 있듯이, 동물적인 조직의 그것들과 비슷한 점들로 부분적으로 밝혀지지 않은 것인지 여부 등등에 대해서 연구하는 것은 대체로 정당할 것이다. 심지어는 모든 조직들이 공통적인 특징들을 가지고 있는 것이 틀림없어서 그것들을 서로 고립시키는 것이 무용한 것이 아니라고 가정할 수조차 있을 것이다."[535]

적어도 사회학적 사상사의 흐름에서 허버트 스펜서가 정치이론을 생물학적으로 정초지어서 사회는 유기체적 진화의 보편적 과정에 참여한다고 판단하고 이것을 유기체론적 은유를 사용하여 설명하고 있지만, 뒤르켐은 국가론과 사회이론을 유기체론적 표현을 통해서 설명하려고 시도했던 가장 대표적인 유럽의 사상가에 속하는 것으로 주저 없이 평

534) Heinrich Heine, "Briefe über Deutschland", in: *Werke und Briefe*, Band VII, Berlin, 1962, p.306을 W. Euchner, 앞의 글, p.172에서 재인용.

535) E. Durkheim, *Soziologie und Philosophie*, Ffm, p.45

가할 수 있을 것이다. 여기에서 우리에게 관심이 있는 것은 스펜서와 뒤르켐의 이론적 차이가 아니라, 조합주의적 정치이론의 논거로서, 헤겔과 뒤르켐이 그 이론적 정초의 수용사적 중심에 있다는 것이다.

뒤르켐의 조합이론은 일련의 이차적 집단들이 개인과 국가 사이에서 상호매개하는 유기체적 중심으로 집중되어 있는데 궁극적으로 국가와 구체적 공론을 "이차적으로" 만들고 동시에 이차적인 기관들과 조직들의 제도화를 "일차적으로" 만든다. 이와 같이 일차적인 것과 이차적인 것을 뒤바꾸는 것을 "조합적 사회의 프로젝트"로서 확인하고 현실주의적이라 주장하는 존재론적으로 정초하면서 그것은 사회**와** 국가의 패러다임적인 심층적인 구조변동을 위한 혁명이론을 원칙적으로 제거하려 한다. 그리하여 유기체론적 국가이론과 사회이론들이 대부분 시민적 실천준거를 암묵적으로나 명시적으로 내포하고 있으며 진화주의적 발전론으로 제한된다는 것은 결코 우연이 아닌 것이다. 이 경우 현대성은 "(완전)분화", "복합성", "복잡성", "전문화", "기능화" 등등으로 특징지어진다. "현실주의적"이라는 명목으로 그렇게 뒤바꾸는 것은 재현적 조합에 관한 헤겔의 이론에로 소급되는 것이며, 그것에 대해서는 이미 마르크스가 "국가 속의 국가"라는[536] 예리한 표현으로 비판한 바 있다. 헤겔에 있어서는 "국가 일반이 **일차적인 것**이고, 이것 내에서 가족이 비로소 시민사회로 형성되어간다".[537] 마르크스는 이러한 헤겔주의에 대해서 풍자적 인상을 풍기는 비판적 언어로 표현하고 있다.

> "신분들은 **결코 국가가 아닌** 사회에서의 국가를 표상하고 있다. 국가는 노골적인 표상이다."[538]

---

536) MEW 1: 272.

537) Hegel, *Grundlinien der Philosophie des Rechts*, 앞의 글, 256.

538) MEW 1: 272.

제3절 초기낭만주의의 “시적 국가”

1. “시적 국가”와 고독한 나

낭만주의운동에서 국가이론은 어떻게 구성되어 있는가? 노발리스(Novalis)는 미학적인 혹은 시적인 국가를 이론적으로 정초지운 결정적인 사상가에 속한다. 그의 글 〈믿음과 사랑〉(*Glauben und Liebe*)은 낭만주의가 정치에 대해서 선언한 최초의 현실적인 글로서[539] 피히테의 정치철학과 실러의 미학을 비판적으로 수용하는 가운데 시적 사유를 정치와 국가에 적용하기를 요청하고 있다. 정치적 문제들을 미학적으로 해결하려는 노발리스의 주장은 국가이론적 범주로서의 “계약”과 급진적인 작별을 고하고 정치의 미학적인 탈구성을 선언하는 것이다. 정치적 행위와 정치적 제도를 판단하는 것은 사회적 약정들이 아니라 미학적인 척도이다. 미메시스의 위기는 문학이론에서 낭만주의가 미메시스 대신에 포이에시스를 일차적인 차원으로 생산하는 가운데 발생하고 심화되는 맥락에서도 이미 이것은 강하게 함의되어 있다. 헤겔이 “매개”를 강조하였다면, 낭만주의에서는 “상상력의 생산성 혹은 생산능력 일반”이 이론적이거나 실천적인 핵심으로서 현존해 있다. 낭만주의는 “‘시적’ 국가, 즉 자유롭게 창조하는, 현존하는 현실에 미메시스적으로 소급하지 않는 국가”를[540] 요청하고 있다. 낭만주의에서는 “시”는 문학적인 하부장르가 아니라 창작적(창조적)인, 즉 비미메시스적인, 미학화의 총언어(Insprache)이다. 낭만주의가 요청하는 이 시적 국가는 사회적 미메시스적인 매개를 가능하게 하는 의미적 맥락을 해체하기 위해서 순간적인 생산을 위하여 비제도주의적으로 존재한다(고 가정된다).[541] 노발리스

---

539) Hans Reis, *Politisches Denken in der deutschen Romantik*, Bern/München, 1966, p.29.

540) Hans-Joachim Mähl, “Der poetische Staat. Utopie und Utopiereeflektion bei den Frühromantikern”, in: Wilhelm Vosskamp(Hg.), *Utopie-Forschung*, 1982, Band 3, p.297 각주 49.

541) Hans-Joachim Mähl, 앞의 글, p.288 그리고 p.290.

가 유기체에 대해서는 적게 말하고 오히려 알레고리적 인간이나 거시적 인간을 자주 말하고 있는 것은 결코 우연이 아니다.[542] 시적 국가라는 노발리스의 기투는 계몽주의적 고전주의의 기계론적 철학에 대한 예리한 비판을 담고 있지만, 헤겔주의와 비교할 때 수학성이론에 대한 비판과의 모든 공통점에도 불구하고 본질적으로 그것과는 다른 것이다. 즉 낭만주의가 정치 및 정치이론을 미학화할 때 기계론적 존재론과의 작별에서 출발하여 유기체적인 것의 형상적인 언어를 사용하지 유기체의 죽은 존재론을 사용하는 것이 아니다. 살아 있는 예술작품으로서의 국가가 낭만주의적 정치와 정치이론의 목적이다.

시적 국가를 향한 낭만주의적 기투에서 그 이론적이고 실천적인 종합화는 궁극적으로 이성을 통해서가 아니라 "믿음"과 "사랑"을 통해서 가능한 것으로 판단하며, 이 점에서 낭만주의는 헤겔과의 차이를 결정적으로 보여주는 셈이다. 이러한 의미에서 우리는 저명한 헤겔연구자 찰스 테일러(Charles Taylor)가 헤겔과 낭만주의의 차이를 강조하여 해석하고 있는 것에 동의할 수 있을 것이다. 찰스 테일러는 헤겔이 그의 동시대 낭만주의자들과 다른 바는 그가 "종합은 이성을 통해서 얻어진다"고 주장하고 있다는 점에 있다.[543] 물론 시적 국가의 창조를 기대하는 낭만주의의 미학적 기투는 사회적 계약성을 가능하게 하는 이성의 절대적 죽음이 아니라 이성의 수면을 요청하고 이(어쩌면 확고한 혹은 거의 영원한) 수면 속에서 시적 상상력이 깨어날 수 있기를 기대하는 것이다.

낭만주의, 특히 초기 낭만주의의 시적 상상력의 반제도주의는 미학적 혁명과 관련이 있으며, 그것의 내용은 "새로운 신화론"이다. 더 구체적으로 말해서 "새로운 신화론"의 예견은 의미적인 역사적인 맥락이

542) Gerhard Dohrn-van Rossum, *Politische Körper, Organismus, Organisation. Zur Geschichte naturaler Metaphorik und Begrifflichkeit in der politischen Sprache*, Bielefeld, 1977, Diss., p.329. 참조.

543) Charles Taylor, *Hegel and Modern Society*, Cambridge Uni. Pr., 1979, p.12. 테일러가 헤겔의 정치이론을 복원하면서 참여민주주의이론을 전면적으로 비판하고 있다는 것에 내가 동의하는 것은 물론 아니다.

아니라 상상력 및 선험적 나의 실적에서 힘을 얻고 있다.[544] 미학적 혁명은 정치적 혁명도, 정치적 혁명에 의해서 파생될 새로운 정치적 형식도 필요로 하지 않는다. 또 하나의 미학자를 필요로 할 뿐이다.[545] 버크의 보수적인 정치이론이 국가의 이해에 있어서 사회학적인 정치적 혁명을 제거하는 혁명적 저작을 영어로 생산하였듯이[546] 프리드리히 슐레겔, 노발리스, 슐라이어마허 등이 미학화하려는 것에서 핵심적인 내용은 새로운 시, 새로운 신화론의 생산이었다. 독일의 시스템이론적 사회이론가 니클라스 루만이 자신의 논술 〈예술작품과 예술의 자기재생산〉에서[547] 바르게 서술하고 있듯이, "예술의 자기생산"은 (초기)낭만주의에 고유한 미학화 프로그램에 속한다:

> "그들은 예술작품 그 자체에서 '무한한 반성'을 환호한다. 그들은 맥락으로서 시나리오를 활용하는데, 이 시나리오에서 그들은 사회적 환경에서는 그 어느 누구도 그것을 믿지 않았던 것을 안다. 그들은 패러독스들을 환영한다. 그들은 아이러니를 애호한다. 그것은 예술 속에서 예술을 인용하는 경향을 착수한다."[548]

사회의 분화 문제에 대하여 초기낭만주의는 미학적 입법, 다시 말해서, 포이에시스로서의 시적 상상력을 생산주의적으로 우선하는 것으로 답하고 있으며, 그리하여 "예술의 자기포이에시스"는 니클라스 루만

544) K.-H. Bohrer, "Friedrich Schlegels Rede über die Mythologie", in: *Mythos und Moderne*, Ffm, 1983, p.60 참조.

545) Bernd Bräutigam, *Leben wie im Roman. Untersuchungen zum ästhetischen Imperativ im Frühwerk Friedrich Schlegels(1774-1800),* Paderborn/München/Wien/Zürich, 1986, p.62. 참조하라.

546) Paul E. Gottfried, "Kunst und Politik bei Burke und Novalis", in: *Zeitschrift für Ästhetik und allgemeine Kunstwissenschaft* 19, 1974, pp.240-251.참조.

547) Niklas Luhmann, "Das Kunstwerk und die Selstreproduktion der Kunst", in: Hand Ulrich Gumbrecht(Hg.), *Stil. Geschichten und Funktionen eines kulturwissenschaftlichen Diskurselements,* Ffm, 1986.

548) 여기에서 그들은 물론 낭만주의자들이다. 각주 547의 루만의 글에서 인용한 것이다.

이 자기포이에시스이론에서 그러한 것처럼 부분시스템이 더 이상 아니며 분화된 현대적 사회의 통일화로서 기능하고 있는 것으로 이해되고 있다. 초기낭만주의에서 전체사회적 "질서"를 이론적으로 실천적으로 정초 짓는 것이 그대로 이어지고 있다. 구체적으로 말하면, 낭만주의적 시가 예술의 자기재생산만을 배타적으로 의미하는 것이 아니라 사회와 국가의 "질서"를 생산하는 것을 의미한다. 낭만주의에서 시는 총체성의 시에 다름 아니다. 즉 "시적 총체성"이다. 시적 국가라는 개념구상이 요구하는 것은 "예술의 상대적 자율성" 명제를 넘어서서 예술의 총체적인 사회적 기능을 의미한다. 즉 그것은 루만의 자기포이에시스이론이 현대 사회의 구조는 기능과 연관된 자기포이에시스적인 부분시스템들을 형성하는 것을 가능하게 하였다고 보는 완전분화를 가정하고 있는 것에서 출발하고 있듯이,[549] 다른 부분시스템들로부터 부분시스템으로서의 예술의 완전분화를 의미하는 것이 아니다.

초기낭만주의적 통일화를 특징짓는 것은 선험적 나이며, 이 나를 통해서 사회통합의 이념은 시의 매개를 통하여 이론적으로 정초될 수 있는 것으로 이해되고 있다. 초기낭만주의의 "선험적 주체의 이상적 도식"은 "역사적으로 미리 주어져 있고 약정적으로 확정되어 있는 언어에 봉사하는 것이 아니라 지시하는 것 그 자체의 행위를 자유롭게 수행해야 하는" 주체에서 출발한다. "모든 나는 개별적인 것, 지나가는 것과 보다 높은 것, 지나가지 않는 것으로 균열되어가는데, 이것들은 모든 나 속에서 분리될 수없게 서로 결합되어 있는 것으로 나타난다."[550] 유리 슈트리드터가 노발리스의 경우 선험철학은 1795년에서야 구상되었으며, 그 전에는 노발리스는 언어의 성립을 자연의 소리를 모방한 것으로 혹은 자연의 정신을 표현한 것으로 표현했던 헤르더(Herder)에 기대고 있었다고 밝히고 있다. 초기낭만주의에서 선험적 주체의 이념은 역사철학적으로, 다시 말해서, 연속적으로 생산되지 않는 시적 상상력의

549) Niklas Luhmann, 앞의 글, 같은 면.

550) Jurij Striedter, *Die Fragmente von Novalis als Präfigurationen seiner Dichtung*, München, 1985, pp.105f. 참조.

핵심으로서 자기지양적으로 현존하고 있다. 선험적 나의 이념에 내재하는 바는 현대적 초기낭만주의적 시의 역사없음이다. 그것의 발전은 우연적이고 돌발적으로 전개되기 때문이다.[551] 초기낭만주의에서 역사적인 것은 본질적으로 "비역사적"(geschitslos)이다. 즉 역사철학의 의미에서의 역사적인 것이 아니다. 칼 하인트 보러가 프리드리히 슐레겔의 신화론담론을 예로 하여 예리하게 분명하게 해석하고 있는 바와 같이[552] "단지 한 순간에 유토피아적 예견을 급진적으로 시간화하는 것", "사회적 유토피아를 주체의 순간에로 환원시키는 것"이 예컨대 프리드리히 슐레겔 같은 초기낭만주의자들에게서 요청되고 있다. 이들에게서 역사는 미학적인 것과 비미학적인 것을 미학적으로 급진화한 것으로서 "허구"로· 대체되고 있다. 프리드리히 슐레겔의 경우, 이 특정한 저자의 사안연속성(불연속성)문제보다 중요하고 의미있는 것은 그의 생애사적 발전과 관련된 흥미있는 문제, 즉 슐레겔의 독창적인, 즉 비역사철학적인 미학적 이론은 칼 하인트 보러가 주장하고 있듯이[553] 이른바 연구논문(〈그리스 시의 연구에 대하여〉[554]) 이후에서야 시작하고 있는지 아니면, 베른트 브로티감처럼 연구논문을 보완적인 숙의를 가지고 해석하고 있듯이[555] 이미 그보다 먼저 시작하고 있는가 하는 문제이다. 브로티감은 이렇게 논술하고 있다.

> "연구논문의 미학적 숙고에 함의되어 있는 역사철학에는 — 사람들이 역사를 하나의 보편적인 세계사로서 파악할 수는 없는 것으로 역사를 그렇게 표현할 수 있는지 여부는 분명 의문스럽다 — 인간의 무한한 완전성

---

551) Bernd Bräutigam, 앞의 글, p.51.

552) K.-H. Bohrer, "Utopie 'Kunstwerk'; Das Beispiel von Friedrich Schlegels Rede über die Mythologie", in: Wilhelm Vosskamp(Hg.), *Utopieforschung*, 앞의 글, Band 3, pp.301f.

553) K.-H. Bohrer, Utopie "Kunstwerk", 앞의 글, 그리고 같은 저자의 *Mythos und Moderne*, 앞의 글.

554) Friedrich Schlegel, *Über das Studium der griechichschen Poesie*, UTB-Ausgabe, 1982.

555) Bräutigam, 앞의 글, p.53.

을 말하고는 있지만 단선적인 진보의 표상도 연속성과 불연속성의 통일성에 대한 변증법적 이론도 놓여 있지 않다. 그것은 우연적인 전환과정들(Übergänge)을 구성하도록 자신이 강요받고 있음을 본다."

물어보아야 할 의문은, 헤겔은 이미 낭만주의의 "시의 시의 이론"을 의문시하고 독창적인 방식으로 그에 대해서 답을 제시한 바 있지만 초기낭만주의의 급진적 미학화 프로그램이 국가 및 사회이론의 관점에서 정당성의 능력이 있는가 하는 것이다. 우리는 낭만주의에 대한 헤겔의 진단을 수용할 수 있지만 존재론적으로 정초된 그의 처방을 비판적으로 탈구성하고 재구성하며 동시에 헤겔을 해체하려는 탈구성주의자들의 진단의도를 이해할 수는 있지만 포스트낭만주의적 처방을 받아들일 수는 없다. 그들의 진단의도를 이해한다고 해서 그것 뒤에 있는 이론적 토대 그 자체를 완전히 받아들이고 실천적 지향을 수용한다는 것은 아니다. 비판적 위기학은 계몽과 낭만주의의 변증법적 · 합리주의적 매개를[556] 비판적으로 재구성하는 것을 목표로 삼는다. 비판적 위기학에 있어서 국가와 사회의 정당성은 구체적인 공론과 그것의 역사적인 동태성에 의존한다. 선험적 나 혹은 미학적 천재의 이념은 그것의 모든 현대적 운동에도 불구하고 전(前)현대성에로 되돌아간다.[557] 나는 "초기낭만주의 학파의 미학적 닥트린"[558]을 비판한다. 왜냐하면 그것은 미학적 생산주의, 즉 매개와 수용에 대하여 생산을 이론적으로 실천적으로 우선하는 생산주의의 일종이기 때문뿐만이 아니라 그것의 생산주의적 미학적 언어는 비사회성을, 즉 미하일 바흐찐(Bakhtin)과

556) Hauke Brunkhorst, "Romantik und Kulturkritik. Zerstörung der dialektischen Vernunft?", in: *Merkur* 436, p.493.

557) Ernst Behler, "Einleitung: Friedrich Schlegels Studium-Aufsatz und der Ursprung der romantischen Literaturtheorie," in: F. Schlegel, *Über das Studium der Griechischen Poesie*, 앞의 글, 특히 이른바 신구논쟁의 관점에서 프리드리히 슐레겔에 대한 Hans Robert Jauβ의 해석에 대한 그의 비판을 참조하라. pp.51ff.

558) Behler, 앞의 글, p.35.

비고츠키(Wygotzkis)의 변증법적 상상력[559]과는 반대로 독백론적 상상력과 결속되어 있는 것으로 스스로 생각하고 있기 때문이다. 예컨대 프리드리히 슐레겔은 『연구논문』에서 공적 의견을 통한 승인과 제재에 대해 말하고는 있지만 미학적 생산의 대화론적 승인을 말하고 있지는 않다. 슐레겔은 연구논문에서 이렇게 말한다.

> "완전한 미학적 입법이 미학적 혁명의 첫 번째의 기관일 것이다. …(중략)… 미학적 이론의 법칙들은 그것이 공적 의견(여론)의 수수에 의해 승인되고 제재되어지는 한에서만 진정한 **권위**를 가질 것이다."[560]

여기에서 슐레겔이 말하는 승인과 제재는 결코 "혁명"이 아니다. 미학적 혁명으로서의 혁명은 여기에서 본질적으로 고독하며, 신비적인 생산에 제한된 것이고, 사후적으로 정당화될 수 있는 것이다. "미학적 혁명"은 사회적 맥락 없는 역사적인 불연속성, 즉 돌발성으로서 자기 준거적으로만 고독하게 오는 성질의 것이다.

"전체적인 현대적인 역사를 여는 열쇠"[561]로서 미학화의 고독한 독백론적인 혁명은 노발리스가 빼기국가(Minus-Staat)와 비교되는 더하기 국가(Plus-Staat)로서 표현한 시적 국가의 이념을 낳고 있다.

2. 익숙한 것과 익숙하지 않은 것

"진정한 민주주의는 절대적인 빼기국가이다. 진정한 군주정은 절대적인 더하기국가이다. 군주정의 헌정은 통치자(Regent)의 성격이다. 그것의 보장은 그 통치자의 의지이다."[562] 이 노랄리스의 말에서 모든 종

---

559) Tzvetan Todorov, *Mikhail Bakhtin. The Dialogical Principle,* Manchester University Press, 1984.

560) F. Schlegel, 앞의 글, pp.202-203; KA 1: 272-273.

561) F. Schlegel, KA XVIII: 259, Nr.790.

562) Novalis, *Novalis Schriften*, Band II, p.468.

류의 이분법을 초월하는 절대성의 의미보다 더 중요하게 나타나는 것은 빼기-국가와 더하기-국가를 그가 구별하고 있는 것이다. 그것은 그의 빼기-시와 더하기-시의 구별을 기억하게 한다. 헤르만 쿠르츠게(Hermann Kurzke)가 『낭만주의와 보수주의. 프리드리히 폰 하드덴베르크(노발리스)의 "시적" 작품, 그 영향사의 지평에서』 설득력 있게 해석하고 있듯이[563] 빼기국가는 비시적인 국가를 의미한다. 그것은 빼기시가 산문을 함의하는 것에 다름 아닌 것과 같은 논리이다. 노발리스는 한 단상에서 "더하기-시를 시를 빼기-시를 산문으로 이해한다"는[564] 것을 분명히 하고 있다. 이 점을 좀더 분명하게 이해하려면, 이 단상과 같은 시기에 쓴 다른 한 단상을 보자.

> "그리스의 시의 역사에서 서사적인 시대, 서정적인 시대 그리고 드라마적 시대가 차례로 이어지듯이 시의 보편사에서 고대, 현대, 그리고 통합된 시대가 분할된다. **이해관심을 끄는 것(흥미로운 것)이 빼기-시의 대상이다**."[565]

고대 시의 특징이 "오성의 지배", "인위성", "일반타당성의 결여", "격식화된 것, 특징적인 것, 개별적인 것의 지배" 등등이라면 이에 반해서

---

563) Hermann Kurzke, *Romantik und Konservatismus. Das "politische" Werke Friedrich von Hardenbergs(Novalis) im Horizont seiner Wirkungsgeschichte,* München, 1983, pp.122ff. 사무엘과 나우만의 연구에 반대하는 해석을 주장하고 있다. 곧 Richard Samuel의 *Die poetische Staats- und Geschichtsauffassung Friedrich von Hardenbergs(Novalis) Studien zur romantischen Geschichtsphilosophie,* Ffm, 1925;이것의 재인쇄본; Hiledesheim, 1975, p.142에 의하면 더하기국가에서는 전체의 모든 힘들이 포착되고 있는 반면에 빼기국가에서는 작품에서 구심적인 경향이 보인다고 한다. 그리고 Dietrich Naumann의 *Politik und Moral. Studien zur Utopie der deutschen Aufklärung,* Heidelberg, 1977, p.344에 의하면 더하기국가는 국가의 과잉으로 이해되는 반면에 빼기국가를 아나키의 경향으로 이해된다고 한다.

564) Novalis, *Novalis Schriften,* Band II, p.536; 그리고 이에 대해서 Herrmann Kurzke, 앞의 글, p.122를 참조.

565) Novalis, 앞의 글, Band II, p.537; 강조는 필자.

현대적인 시의 핵심적인 특징은 "이해관심적인 것"인데, 이해관심국가로서의 빼기-국가와 병렬되는 것이다. 이 이해관심국가는 현대성과 비판적으로 대좌하고자 할 때 국가이론적 계약성의 계몽주의적 이론들에서 핵심적인 것으로서 파악되는 것이다. 노발리스의 경우 빼기-시가 본격 시적인 것이 아닌 것(das Nicht-eigentlich-Poetische)를 함의하고 있듯이, 빼기-국가 역시 궁극적으로는 본격 국가적인 것이 아님을 의미하고 있다. 이렇게 일반적으로 개념상 구별할 수 있는 의미에서 빼기-국가는 현대성에서 이해관심적인 언어적 예술로서의 현대적인 시가 비판되고 있듯이 이해관심국가로서 비판되고 있다. 바로 이와 같은 맥락에서 노발리스는 시적인 국가의 미학적 파악 속에서 현대적 국가이론의 내적인 모순성을 비판하려고 시도했다. 노발리스에 있어서 이해관심국가로서의 "민주주의적 국가"는 "목적"을 지향하는 산문적 국가의 이념과 비국가성의 모순적인 현대적인 국가이론적인 표현이다. "진정한 민주주의는 절대적인 빼기-국가"이기 때문이다, 즉 국가성이 아니기 때문이다. 노발리스는 그래서 이렇게 말한다.

> "**익숙한 의미에서**, 민주주의(민주정)는 근본적으로 군주정과 다르지 않다. 단지 군주정에서는 군주가 한 무리의 머리들일 따름이다. 참된 민주주의는 프로테스탄티즘 - 정치적인 자연상태이다."[566)]

여기에서 노발리스는 "민주주의(민주정)"를 계약이론에서 민주주의를 정부형태나 국가형태로서 이해하는 것과는 완전히 다르게, 국가성이 아니라 "자연상태", 즉 무정부로 규정하고 있다. 노발리스의 미학적 정치이론에서는 "절대적 빼기-국가"로서의 "진정한 민주주의"는 이해관심국가가 아니라 단지 일종의 무정부로서의 비국가성이고, 직접민주주의는 원칙상 불가능하다. 빼기-국가 일반이 현대적 이해관심국가로서 이해되어서는 안 된다. 나는 노발리스에 있어서는 "진정한" 민주주의와

566) Novalis, *Novalis Schriften,* Band II, p.468, Nr.122; 강조는 필자.

"참된" 민주주의는 구별되는 것이 아니다라고 읽는다. 이러한 의미에서 나는 헤르만 쿠르츠케가 더하기 빼기의 은유가 국가와 시에서 병렬되는 것임을 예리하게 포착하고 있기는 하지만 그가 빼기-국가와 더하기-국가를 개념적으로 구별하려는 것은 잘못된 해석이라 비판한다. 쿠르츠케는 이렇게 해석한다.

> "익숙한 의미에서 군주정과 민주주의(민주정)의 구별은 단지, 민주주의에서는 한 사람이 아니라 보다 많은 일련의 사람들(앞에서 언급한 독해방식으로 말하면, '볼품없는 대중')이 꼭대기에 앉아 있는 것이다. 이것이 암묵적으로 말하고 있는 것은 민주주의에서도 인민 자신이 통치하지 않는다는 것이다. 즉 머리를 가진 다수란 결코 모든 시민들을 의미하지 않는다. …(중략)… 그것은 어찌할 수 없이 형성되는 통치하는 상층부이다. 그것은 주권성을 소수의 대표자들에게 전이시킬 것이 실제적으로 필요하다는 것을 강조하고 있는 동시대의 국가학의 표준에 조응한다. 거대해지고 발전된 인민이 인민 자신의 업무들에 개입하기 위해 항상적으로 집회에 모여 있을 수는 없기 때문이다. '빼기-국가'는 이에 반해서 오직 사실상 모든 자들이 참여하는 '진정한' 민주주의이다. 역사철학적으로 반복되는 형식을 취하고 있기는 하지만. 단지 '참된' 민주주의는 프로테스탄티즘이고 정치적인 자연상태이다. 하지만 진정한 군주정과 함께, 단지 이것만이 진정한 보편국가로 통합될 수 있을 것이다."[567]

쿠르츠케의 해석은 익숙한 의미에서, 다시 말해서 홉스, 록크, 그리고 루소와 같은 계약이론적 국가이론맥락에서 군주정과 민주주의(민주정)의 구별을 그가 반복하고 있다는 데 잘못이 있는 것이 아니라 노발리스가 분명하게 논술하고 있는, 군주정과 민주정(민주주의)가 서로 다르지 않다는 것을 그가 간과하고 있다는 데에 있다. 노발리스는 주권성이 현대적 계몽의 익숙한 의미에서 정부형태의 모든 차이들에도 불

567) Herrmann Kurzke, 앞의 글, p.123.

구하고 인민 자신에 속한다는 것을 잘 알고 있었음이 분명하다. 쿠르츠케는 군주를 군주정과 혼동하는 부주의한 독해를 보이고 있으며, 아마도 이 오독 때문에 그는 “머리를 가진 대중”을 모든 시민들, 즉 주권적 인민으로 이해하지 않고, 오히려 이와는 정반대로 “어찌할 수 없이 형성되는 통치하는 상층부”로 이해하고 있다. 이 맥락에서 나는 나의 명제를 분명하게 밝히고자 한다. 곧 노발리스에게 있어서는 “진정한” 민주주의와 “참된” 민주주의 사이에는 내용적으로 차이가 없다는 것이다. 우리는 루소와 프랑스혁명 이래로 주권성의 재현불가능성명제를 기억하고 있다; 노발리스는 익숙한(통상적) 의미에서의 민주정(민주주의)와 군주정(그리고 귀족정)의 국가이론적 개념성을 비판하고 있으며, 익숙한 의미에서의 “민주주의(민주정)”에 대한 자신의 개념적인 비판을 통해서 “진정한 민주주의” 혹은 “참된 민주주의”를 “절대적인 빼기-국가” 혹은 “프로테스탄티즘-정치적인 자연상태”로 간주하고 있다. 이 경우 노발리스는 일종의 종교성을 생각하고 있는 것 같은데, 시적 국가는 국가성과 종교성의 미학적인 조화로서 표현되지 무정부주의로 표기되지 않는다고 판단한다. 빼기와 더하기의 은유가 무엇을 의미하는지 아직 분명하지 않은 점이 남아 있을 것이다. 일단 여기에서 프리드리히 슐레겔에 대한 노발리스의 단상을 해석해보기로 하자. 노발리스는 “슐레겔의 글들은 서정적인 철학이다. 그의 포르스터(Forster)와 레싱(Lessing)은 비범한 빼기시들이다”[568]고 적고 있다. 노발리스는 헤르만 쿠르츠케가 쓰고 있듯이 게오르그 포르스터(Georg Forster)와 레싱에 관한 슐레겔의 논문들이 “비범한 빼기시들”이라 명명하고 있는가? 그렇지 않다. 노발리스는 이 둘에 대한 프리드리히 슐레겔의 해석에 따라 이 둘을 비판하고 있는 것이다. 그들은 산문적인 것의 준거들을 아직 극복하지 못하고 있다고 그가 판단하고 있기 때문이다. 그러므로 “그의 포르스터와 레싱”을 우리는 “게오르크 포르스터에 관한 슐레겔의 논문과 레싱에 관한 슐레겔의 논문”으로 이해하는 것이 아니라 노발리스처

568) Novalis, *Novalis Schriften*, 앞의 글, Band II, p.462, Nr.105.

럼, 슐레겔이 좋아하는, 포르스터와 레싱에 관한, 슐레겔이 연구했던 내용, 즉 진정한 시로 이해한다.

낭만주의의 시적 국가의 이념은 국가성과 종교성의 미학적인 혼합에서 나오는 것이다. 달리 표현한다면 익숙한 의미에서가 아니라 익숙하지 않은 의미에서의 군주정과 민주주의의 미학적 혼합에서 나오는 것이다.

> "중재된 정부형태는 반은 국가이고 반은 자연상태이다. — 이것은 인위적이고 매우 파손적인 **기계**이다 — 그러므로 모든 천재적인 머리들과 대단히 충동하지만, 그러나 우리 시대의 숨은 말이다. 이 기계를 살아 있는 자동적인 본질체로 변동하게 한다면, 거대한 문제가 해결될 것이다. 자연의지와 예술강제가 사람들이 이것들을 정신으로 해소한다면, 서로 뒤엉킬 것이다. 정신이 둘을 유동적으로 만들 것이다 정신이 모든 시대에 시적이다. 시적 국가, 이것이 진정한 완전한 국가이다."[569]

여기에서 노발리스가 중재된 정부형태 일반을 비판하는 것이 아니라 홉스 이래의 합리주의적, 기계론적 국가론을 함의하는 기계정부형태를 비판한다. "우리 시대의 숨은 말"은 현재에도 여전히 현재해 있는 국가기계의 비운동성을 시사하는 것이다. 사실상 노발리스는 우리 시대의 현재적인 국가를 단순하게 받아들이는 것이 아니라 그와는 정반대로 현재적 국가의 죽은 "공장"을 비판하고 있다.

> "프리드리히 빌헬름 1세 이래로 프로이센보다도 더 공장으로서 행정되었던 국가는 없다. 국가의 물리적인 건강, 강함 그리고 유능함을 위하여 그러한 기계론적인 행정이 어쩌면 필요할 지도 모르겠는데, 그렇다고 할지라도 국가가 그러한 방식으로 다루어질 때 국가는 근본적으로 그것을 넘어서 기초되어야 한다."[570]

---

569) Novalis, *Novalis Schriften*, 앞의 글, Band II, p.468, Nr.122.

초기낭만주의가 공장국가에 대한 비판에 대한 국가이론적 응답은 실천적인 의미에서 그리고 이론적인 의미에서는 국가기계에 대한 비판에 대한 국가이론적 응답은 정치의 급진적 미학화이며, 자신의 이론적이고 실천적인 준거들을 사회적 혁명을 혁명적으로 해체한 곳으로부터 얻어내고 있는 시적 국가의 미학적 이론이다.

> "시가 아름다운 사회, 혹은 **내적인 전체** — 세계가족 — 가 보편적인 것의 아름다운 살림이다."[571]

우리가 초기낭만주의의 국가이론의 보수주의를 말할 때, 우리가 예컨대 영국의 정치사상가 버크가 자신의 유명한 저서 『프랑스 혁명에 대한 고찰』에서[572] 주장하고 있듯이 지나간 중세이미지의 노스탤지어가 아니라 현대성의 급진미학적 해체에 대해 의문을 제기하는 것이다. 이러한 맥락에서 독일 초기낭만주의의 보수적 의미는 보수주의의 그것과는 어느 정도 다르다고 말할 수 있겠으나,[573] 시적 국가의 정식은 변함없이 같다. 즉 "시가 일차적이고 - 그 다음 정치"[574]라는 정식.

새로운 시를 통해서 새로운 아름다운 사회와 미학적 국가를 형성한다는 것이 일차적인 정치를 의미하지만 그 정치는 결정적인 고독한 독백론적인 것이다. "시가 일차적이고 그 다음 정치"라는 정식은 결코 시의 정치자유성이나 정치중립성을 의미하는 것이 아니라 정치에 대한 시의 지배를 의미한다.

군주정의 **익숙하지 않은** 의미를 노발리스는 분명히 하고 있다.

---

570) Novalis, *Novalis Schriften*, Band II, p.494, Nr.36.

571) Novalis, *Novalis Schriften*, Band II, p.372, Nr.32.

572) E. Burke, *Betrachtung über die französische Revolution*, Ffm, 1967.

573) Paul Kluckhohn, "Friedrich von Hardenbergs Entwicklung und Dichtung", in: Novalis, *Novalis Schriften*, Band I, pp.1-70, 특히 p.53 그리고 이에 관해서 Hermann Kurzke, 앞의 글, pp.239ff 참조.

574) Novalis, *Novalis Schriften*, Band IV, p.242.

> "모든 국가시민은 국가의 공무원이다. 그는 자신의 소득들을 오직 그러한 것으로서만 얻는다. 왕을 국가의 일차적인 공무원으로 명명하는 것은 매우 부당하다. 왕은 국가시민이 아니고, 또한 그래서 국가 공무원도 아니다. 보다 높게 태어난 사람에 대한 믿음, 이상적 인물의 자의적인 가정에 군주정이 근거해 있다는 것이 바로 군주정의 구별하는 것이다. 나와 같은 인물들 아래에서 내가 나 위에 있을 상위자를 선별할 수는 없을 것이다. 나와 같은 문제로 골몰하고 있는 자에게 어떠한 것도 이양할 수는 없는 것이다. 군주정은 절대적인 하나의 중점, 곧 인간성에 속하지 국가에 속하지 않는 하나의 본질체에 연결되어 있으므로 군주정은 진정한 시스템이다. 왕은 목가적인 사실로 승화된 인간이다. 이 시는 인간에게 필연적을 자신을 강요시킨다. 그것은 왕의 본질의 보다 높은 동경만을 만족시킨다. 모든 인간들이 왕관을 쓸 능력이 있어야 할 것이다. 이러한 멀리 떨어져 있는 목적을 위한 교육수단은 왕이다."[575]

군주정의 **익숙한** 의미는 늦어도 "계몽주의" 이래로 한 개인이 국가를 "통치하고" 민주주의나 귀족정과 마찬가지로 주권성은 인민 자신에게 속한다는 것에 있다. 노발리스는 군주정의 의미가 익숙한 것에서 익숙하지 않은 것으로 이렇게 전형시키면서, 계몽의 주권성은 내재적으로 해체되고 오직 왕만이 주권성을 생산할 수 있게 되며 왕의 내용상의 의미는 고독한 미학자이게 되며, 고독한 독백론적인 미학적 입법이 이론화되는 것이다. 군주정의 익숙한 의미와 익숙하지 않은 의미가 급진적인 차이를 이렇게 가지면서도 국가에 대한 그것의 독백론적인 지배는 여전히 변함없이 그대로 지속된다. 공론에 대한 초기낭만주의의 깊은 회의는 보다 높게 태어난 인간에 대한 비민주주의적인 급진적인 믿음, 천재로부터의 입법이 생성되어야 한다는 것으로 나타나게 한다. 이러한 익숙하지 않은 의미에서 왕은 "국가시민이 아니고, 또한 그래서 국가 공무원도 아니다". 왕은 미학자로서 진정한 입법자이다. 왕

575) Novalis, *Novalis Schriften*, Band II, p.489, Nr.18.

을 "절대적인 하나의 중점, 곧 인간성에 속하지 국가에 속하지 않는 하나의 본질체"로 익숙하지 않게 규정하는 것은 루소의 『사회계약에 대하여』에서 "입법자"(legislateur)론을 잘못 이해한 맥락에서 나오지 않았는가 싶다. 구체적으로 말하면, 입법표현자(Gesetzverfasser)와 입법자(Gesetzgeber)의 해체주의적으로 말한다면 "실수"(mistake)와는 다른 "오류"(error)에서[576] 나온 것이라 판단된다. 이러한 맥락에서 노발리스가 요청하고 있는 것은 국가와 사회의 원칙적인 분리불가능성명제도 분리명제도 아니며 초국가적인 그리고 초사회적인 국가성이며, 그것은 우리가 "국가 속에 있는 국가"라는 이념과 비교할 수 있게 표현한다면 국가의 국가라 표현할 수 있는 것이다. 군주정에서는 가족에서 하나의 아버지가 있듯이 이제 더 이상 하나의 왕만이 있을 수 있는 것은 아니다. 군주정은 언제나 일인지배를 의미한다. 현재에서는 노발리스에 있어서 모든 인간들의 왕관능력(Thronfähigkeit)이라는 생각은 비(非)현실주의적이고, 따라서 왕은 "멀리 떨어져 있는 목적을 실현하는 교육수단"으로서 독재적으로 현재해 있어야 한다. 노발리스에서는 "시가 사회의 토대인 것이다"[577]. 익숙하지 않은 군주정에서 왕의 의미가 익숙하지 않게 되고 있듯이, 익숙한 왕비의 언어도 은유적으로 전형되고 있다.

> "승원이란 무엇인가? 산의 요정, 아니면 유성. 승원단은 은하(우유의 거리)여야 하는데, 익숙하게는 그것은 단지 하나의 무지개, 폭풍우의 담이다. 왕비의 편지, 이미지(Bild); 이것이 최상의 종류의 묘사, 승원일 것이다. 최상의 행동으로 점열되는 묘사. 또한 헌신적인 주부는 비슷한 명예증서를 받아야 한다."[578]

---

576) Paul de Man의 문헌들을 보라. 그리고 de Man에 대해서는 Stanley Corngold, "Error in Paul de Man", in: J. Arac et. al (ed.), *The Yale Critics: Deconstruction in America,* University of Minnesota Press, 1983을 참조.

577) Novalis, *Novalis Schriften,* Band II, p.534, Nr.37.

578) Novalis, 앞의 글, Band II, p.491, Nr.26.

여기에서 노발리스는 승원의 익숙한 의미를 내재적으로 비판한다. 승원은 무지개가 오직 아름다운 것처럼 어떠한 유용성도 가지고 있지 않으며 따라 해볼 수 있는 것도 아니며, 격하고 뜨거운 싸움을 전제로 하고 있기 때문이다. 이 경우 그는 "우유의 거리"라는 은유로써 시의 교육영향력을 요구하고 있다. 여기에서 노발리스가 왕비의 이미지로서 편지를 말할 때 그가 생각하는 것은 시이다. 노발리스에게서 진정한 편지는 그 본질상 시적이기 때문이다.[579] 그에게서 결정적인 바는 미학적 입법으로서의 시가 단지 왕비의 이미지이며 왕비는 "헌신적인 주부"로서 시로서의 명예증서(Ehrenzeichen)를 **받는다 — 그렇지만 생산하지는 않는다** — 는 데에 있다. 왕과 왕비의 차이는 왕비의 국가이론적 기능이 왕의 주권적 정치를 곧게 행정하는 데에 국한된다는 데에 있다. 이와 같이 국가와 정부에 대한 루소주의적 연구를 초기낭만주의적으로 "오독"(misreading)하거나 "오류"(error)를 하는 것에서 노발리스는 왕비의 은유적 함의를 익숙하지 않은 군주정에서의 정부로 분명히 하고 있다.

> "왕비는 정치적인 영향권을 가지지 못하지만 거대한 것 속에서 가정적인 영향권을 가진다. 이 왕비가 특별히 맡아야 할 것은, 자신의 가문 자녀들의 교육, 일차적 시기의 아이들에 대한 보살핌, 집에서의 예절에 대한 보살핌, 가계의 궁핍과 질병에 대한 의무, 특히 자신의 자문 자녀들의 그것에 대한 의무, 가계를 품위 있게 만드는 일, 가정의 기념일을 잘 지키는 것, 그리고 궁정생활을 바르게 정돈하는 일 등이다."[580]

오직 왕만이 미학적 입법의 정치를 추진하며, 왕비는 정치적 영향권을 가지지 못한다. 왕비의 기능은 받아들인 시에 따라 소박하게 행정하는 데 국한되는 것이다. 루소에서와 같이 노발리스에게 있어서 왕비

579) Novalis, *Novalis Schriften*, Band II, p.435, Nr.56.
580) Novalis, Novalis Schriften, Band II, p.491, Nr.27.

는 상대적인 자율성을 누린다. “왕비는 자신의 고유한 사무국을 가지고 있어야 할 것이며, 자신의 남편은 자신에게는 제1의 장관이며, 남편과 함께 왕비는 모든 것을 숙고하는 것이다.”[581] 이 문장은 초기낭만주의의 국가이론적 문장들 가운데 하나이다. 정부의 상대적 자율성에 관한 루소주의적 명제보다 더 중요한 것은 왕과 군주를 초기낭만주의가 국가이론적으로 동일시한다는 것이다. 다시 말해서 천재로서의 입법자와 정부수행자를 반(反)루소주의적으로 동일시한다는 것이다. 이 국가의미론적 언어에서 우리는 반(反)페니니즘을 읽어낼 수 있으며, 왕비의 남편인 왕의 미학적 입법이, 본질적으로 “개인주의적”으로, 더 정확하게 말해서 독백론적으로 생산되는 것으로 이해되고 있는 한에서, 근본적으로는 그것이 필연적인 것이 아니라 가능한 표상이라고 말할 수 있다고 할지라도 현실적으로 현실주의적으로는 필연성과 가능성을 전혀 구별할 수 없게 하는 종류의 것이 된다. 초기낭만주의가 인민주권성과 작별하려 한다는 것은 “왕과 왕비는 20만 병사들보다 군주정을 더 보호한다”[582]는 단상에서도 알 수 있다. 시적 국가를 목적으로 하는 초기낭만주의 국가이론적 프로그램은 “무정부주의”같은 것은 결코 아니며 오히려 “국가주의”같은 것을 함의한다.

> “모든 결혼과 함께 왕비의 의미 있는 충성서약식이 쉽게 거행되어졌으며, 그리하여 사람들은 왕과 왕비와 함께 익숙한 삶을 교화해야 했다.”[583] “공적인 심정에 국가의 행실이 달려 있다. 이 공적 심정의 교화는 참된 국가형태의 유일한 토대이다. 왕과 왕비는 그러한 것으로서 공적 심정의 원칙으로서 존재할 수 있으며 존재해야 한다. 왕과 국가의 지성이 더 이상 동일하지 않는 곳에서는 더 이상 군주정은 없다.”[584]

---

581) Novalis, *Novalis Schriften*, Band II, p.491, Nr.27.
582) Novalis, 앞의 글, Band II, p.494, Nr.34.
583) Novalis, 앞의 글, Band II, p.493, Nr.30.
584) Novalis, 앞의 글, Band II, p.492, Nr.28.

"진정한 왕부부" — "신비적 주권자"[585]와 그 정부 — 는 여기에서 공적 심정의 원리로서 이 원리를 통해서 익숙한 삶이 익숙하지 않은 삶으로 익숙하지 않게 신비적으로 미학적으로 전형될 수 있게 된다고 한다. 왕적인 절대적인 미학적 입법은 "세계시스템의 혁명불꽃처럼 일렁이듯이" 오는 희극배우들처럼, 위대한 고독 속에서 돌발적으로 오며, 그러므로 단지 멜랑콜리적으로 기다려야만 하는데, 일종의 내적인 도덕성에만 있을 뿐이다. 노발리스는 그래서 한 단상에서 이렇게 말한다. "왕은 아버지처럼 어떠한 편애도 보여서는 안 된다."[586]

제4절 변증법적 · 실용론적 국가이론

1. 정치의 우선

루소와 마르크스에서 비판적으로 재구성해낼 수 있는 비판적 위기학의 지배의미론은 기계론적 지배의미론, 유기체론적 지배의미론, 미학적 지배의미론과는 사회이론적으로 다른 고유한 이론적 구조를 가지고 있다. 국가와 사회를 변증법적 · 실용주의적으로 다루는 비판적 위기학은 사회와 국가의 역사적으로 사회적으로 생산된 현재적 위기에서 출발한다. 비판적 위기학은 국가와 사회의 원칙적 비분리가능성을 주장하는데, 그것은 마르크스주의가 "정치"가 "경제"에로 원칙적으로 환원된다고 주장하는 것과 결코 같은 것이 아니다. 비판적 위기학의 변증법적 · 실용주의적 지배비판의미론은 국가와 사회의 문제틀을 의술적 언어의 메타언어에 의해서 표현한다.

정치는 의술처럼 자신의 자기지양을 목적으로 한다. 정치이론은 실천과 결합되어 있는 다른 이론들에 대한 이론적 비판이 이데올로기비

585) Novalis, 앞의 글, Band II, p.487, Nr.15.
586) Novalis, 앞의 글, Band II, p.495, Nr.37.

판으로서 이미 실천적일 수 있는 한에서 이미 정치적이다. 이러한 의미에서 비판적 위기학은 국가와 사회의 이론을 정치와 정치적 이론으로서 표현될 수 있다. 이러한 정치와 정치적 이론의 개방적 변증법을 우리는 루소와 마르크스를 비판적으로 재구성하면서 비판적 위기학을 반이상주의적이며 반개인주의적인 지평에서 이론과 실천의 관계를 개념적으로 규정하여 정초 지었다. 이미 앞에서 논의한 바처럼, 비판적 위기학을 특징짓는 개방적·간접적인 총체성개념에 열린 변증법은 연관되어 있다. 비판적 위기학에서 이론과 실천은 열린 변증법에서 분리되어 있지 않다. 정치적 이론으로서의 국가와 사회의 이론은 현재적인 사회적 문제를 지양하기 위해서 지금까지의 중요한 국가이론들에 대한 이데올로기비판에서 시작한다. 루소의 경우 개인주의적으로 사회계약이론에 근거하는 국가이론에 대한 사회이론적 비판에서 시작하며, 마르크스의 경우 헤겔의 조합주의적 국가이론에 대한 이데올로기비판에서 시작한다. 루소와 마르크스의 문제틀과 관련한 나의 명제는 다음과 같다. 즉 루소와 마르크스는 사회이론과 국가이론을 반존재론적으로 반형이상학적으로 정초 짓고 있다는 관점에서 뿐만 아니라 국가와 사회 사이의 원칙적인 동일성을 사회학적인 차원에서 규범적으로 가정하고 있다는 점에서도 다르지 않다. 물론 이데올로기비판의 대상은 역사적인 시공간이 다르기 때문에 다를 수밖에 없다. 비판적 위기학을 정초 짓는 데 결정적으로 중요한 것은 국가이론적으로, 사회이론적으로 형성되는 "수학성"과 "발생성"을 조화시키는 데 있다. 루소가 "사회계약"에 관한 논의를 전개하면서 기계적인 언어와 유기체적인 언어를 사용하고 있다는 것을 읽을 수 있는 것은 결코 우연이 아니다. 우리는 입법자의 해석 문제틀과 관련하여 사회계약에 있어서 국가를 설명하는 미학적 용어에 대해서 논의할 것이고 마르크스는 루소와 마찬가지로 국가이론적 용어로서 기계론적인 철학의 언어와 유기체론적인 철학의 언어도 사용하고 있다는 것에 대해서 논의할 것이다.

우리가 앞에서 이미 논의하였듯이, 비판적 위기학에서는 존재론적인 형이상학적인 정초의 중심이 없으며, **정치의 패러독스**의 시원적 현재가 있다. 사회의 시원에 다름 아닌 국가의 시원은 여기에서 시원적 "선"의 부정을 부정하려고 했던 정치이다. 비판적 위기학의 이 정치의 패러독스라는 개념에서는 정치의 개념은 규범적이다. 사회적 정치의 규범적 재구성은, 시원적 악을 사회적으로 제도화시키게 했던 지금까지의 정치의 자연방관성에 대한 급진적 비판과 함께, 동시에 자신의 고유한 자기지양을 목적으로 한다. 정치는 헌정하는 사회가 헌정되어 있는 사회를 탈구성하고 재구성하는 일이다. 그러므로 비판적 위기학의 정치는 사회적 정치이고, 이 사회적 정치의 사회적 과제는 자신의 패러독스한 자기지양이다. 이 사회적으로 재구성되는 정치를 나는 재구성주의적 정치라 부르며, 루소뿐만 아니라 마르크스에서도 특징적이라 판단하며, 이것은, 마르크스의 경우 해석사적으로, 수용사적으로 "경제"와 "정치"의 문제틀을 중심으로 논의될 수 있으며, 루소의 경우는 "도덕"과 "정치"의 문제틀을 중심으로 논의될 수 있다.

1) 정치와 도덕

나의 주장을 명제적으로 먼저 분명하게 밝히자면 이렇다. 즉 루소가 윤리의 정초를 포기하고 있는 것이 아님에도 불구하고 "도덕주의적"이지 않고, 정치에 준거하여 도덕을 "정초" 짓는다는 것이다. 루소가 정치를 우선시하는 것은 자연법적 국가이론을 그가 사회이론적으로 비판하는 것에서나 도덕을 형이상학적으로 정당하고 그런 다음에 정치를 그렇게 하는 것을 비판하는 데에서 잘 나타나 있다.

메스짜로스(István Mészáros)는 자신의 유명한 저서 『마르크스의 소외이론』[587]에서 루소와 마르크스가 사회적 급진주의의 소외문제틀의 관점에서 동일하다는 점을 논증하려 하면서도, 루소의 경우 소외이론

587) István Mészáros, *Marx's Theory of Alienation,* London, 1970; 독역본, *Der Entfremdungsbegriff bei Marx*, München, 1973.

적으로 해석하면서 루소가 도덕적 급진주의의 입장을 취하고 있는 것으로 주장하고[588], 사회적 위기의 비판을 위해서 정치의 우선을 주장하는 것으로 해석하지 않고 있다. 메스짜로스에 의하면 마르크스 이전에 사회적 급진주의를 요청하는 있는 바에서 루소와 비교될 만한 철학자는 거의 없었다.[589] 그는 이렇게 해석한다: "자연의 이상화는 지적인 근거가 결코 아니다. 그것은 이 철학자 자신에게 알려져 있지 않은 모순의 표현이고 그것은 궁극적으로 막다른 길, 정태적인 개념에 이른다. 즉 사회 속에서 인지된 문제들을, 인간의 도적적 교육의 의미에서 문제가 있는 것으로 보는 도덕적인 '당위'의 지평에 순수 상상적으로 전이시키는 것이다. 루소의 사상에서 근본적인 모순은, 소외현상을 그가 비교할 수 없을 만큼 예리하게 보았다는 데에 그리고 그것의 궁극적인 원인을 특별하게 기리고 있다는 것에 있다. 바로 이것이 궁극적으로 그의 철학을 모든 모순들을 도덕적 영역의 동일성에서 해결하려는 기념비적인 도덕적 기도로 만들고 있다는 것이다."[590] 이렇게 메스짜로스에 의하면 루소가 사회적 위기를 해결하는 방책은 본질적으로 도덕주의적이고, 따라서 정태적이라[591] 평가되며, 그리하여 루소의 사회이론은 마르크스의 그것과 급진적으로 다른 것으로 해석된다.[592]이와 같이 루소를 도덕주의적으로 해석하고 비판하려는 시도는 그동안 많은 비판이 있었으므로, 우리가 여기에서 그것을 다시 복기할 필요가 없을 정도이다.[593] 특히 지적할 가치가 있는 것은, 루치오 콜레티가 "마르크스주

588) Mészáros, 앞의 글, p.71.
589) Mészáros, 앞의 글, p.63.
590) Mészáros, 앞의 글, p.65.
591) Mészáros, 앞의 글, pp.135f.
592) Mészáros, 앞의 글, p.135.
593) Ernst Cassirer, "Das Problem J.-J.Rousseau", in: *Archiv für Geschichte der Philosophie*, Bd.41, Berlin, 1932, pp.177-213; S. Cottas, "La position du problème de la politique chez Rousseau", in: *Études sur le Contrat social de J.-J.Rousseau*(Actes des journées tenues à Dijon les 3,4,5, 35 6 Mai 1962), pp.177-190; 루소의 플레이아드판 전집 제3권 중 〈정치경제학론〉, 〈사회계약론 초고〉, 〈사회계약에 대하여〉에 대한 Derathé의 서문, Rousseau, III: LXXII-CXIX 그리고 Lucio Colletti, "Rousseau, Kritiker der bürgerlichen Gesellschaft", in:

의적 정치이론이 루소에 근본적으로 의존해 있다"[594]고 자신의 논리 속에서 주장하고 있는 것이다. 이것은 루소의 정치의 우선 명제를 카시러(Cassirer), 코타(Cotta) 그리고 데라테(Derathé)의 해석들에 힘입어 논증하려는 우리의 주제에 비추어서도 의미가 없지 않다. 카시러는 루소연구사에서 새로운 해석관점을 제시하였다. 곧, "루소의 사상의 본질적인 의미는 악의 문제를 '신정'(Theodizee) 영역에서 '정치'의 영역으로 그가 이전시켰다는 데에 있다"[595]고 그가 해석한다. 이 해석에 따라, 그리고 이 해석을 코타가 심화시키는 것에 따라, 콜레티는 다음과 같이 루소의 정치우선명제를 정리하고 있다.

> "기독교 이후 그리고 정신성의 우선을 기독교가 요구한 이후, 루소의 정치우선은 전체적인 생활관의 근본적인 변동을 가리키는 것이었다. 기독교의 아담과 이브의 인간의 타락, 원죄 이념을 타당하지 않은 것으로 설명될 뿐만이 아니라 세속주의적 기독교와 자연법학파의 발상도 전복된다."[596]

루소의 정치우선명제는 악의 시원과 악의 역사적 전개에 대한 인간의 책임을 급진화하는 것이며, 사회와 국가의 재구성을 그리하여 요청하는 것이다. 이렇게 정치적·윤리적 공동체의 자유로운 형태로서의 정당한 사회를[597] 구성하려는 시도에 루소의 이론적 독착성이 있다.[598] 루소의 정치적 이론에서는 정치는 오직 **사회적**이다. 루소에 있어서의 정치의 이 사회성은 카시러가 "**장 자크 루소의 문제란 무엇인가**"하고 물음을 던지고 그 답을 제시하려는 맥락에서 분명하게 밝혀져 있다. "만약 우리가 악을 신에로 소급시킬 수도 없고 인간의 본성의 성

Marxismus und Dialektik, pp.78-144을 참조하라.

594) Lucio Colletti, 앞의 글, p.131.

595) E. Cassirer, "Das Problem mit J.-J.Rousseau", 앞의 글, p.80.

596) Lucio Colletti, 앞의 글, p.80.

597) E. Cassirer, 앞의 글, p.208.

598) E. Cassirer, 앞의 글, p.209.

질 속에서 악의 근원을 찾아서도 안 된다면, 그렇다면 어디에서 악의 원천과 시원을 찾아야 하는가? 루소에 있어서 이 딜레마의 해결책은 루소 이전에는 그 누구도 찾은 적이 없는 그곳에서 그가 책임을 찾고 있다는 데에 있다. — 그가 책임의, '탓으로 삼을' 새로운 주체를 창안하고 있다는 데에 있다. 이 새로운 주체는 **개별인간이 아니라 인간적 사회이다.**"[599] 카시러는 우리가 앞에서 비판적 위기학을 특징짓는 것으로서 정치의 패러독스를 명명했던 바를 명시적으로 말하고 있지는 않지만, 그가 루소에서 사회의 사회적 재구성이 근본적임을 통찰하고 있는 것은 분명하다. 루소에 의하면, "사회가 자신의 지금까지의 인간성형태에서 가장 깊은 상처를 입혔지만 하지만 사회만이 이것을 이 상처를 치유할 수 있으며 해야 하는 것이다"[600]고 카시러는 해석하고 있다. 루소의 사회적 정치 개념은 "치유"로서 구상되어 있다. 지금까지의 형이상학적인 "종교적 비판"이 루소에 의하여 **정치적 비판**으로 전형되고 있다.[601] 루소 스스로 자신의 책 『고백』에서 정치의 우선을 매우 분명하게 밝히고 있기도 하다.

> "나는 **모든 것이 근본적으로 정치에 급진적으로 의존해 있다**는 것을, 어떤 방법을 사용하건 모든 국민은 그 정부의 성격에서 벗어나지는 못한다는 것을 알았다. 따라서 가능한 최선의 정부란 어떤 것인가 하는 큰 문제는 다음의 물음에 귀착한다고 생각하게끔 되었다. 즉 가장 도덕적인, 가장 견식이 있는, 가장 현명한, 요컨대 가장 넓은 의미에서 최선의 국민을 양성하는 데 가장 적당한 정체란 어떤 것일까?"[602]

루소의 사회적 비판은 코타와 콜레티가 설득력 있게 논술하고 있듯이 도덕주의적이 않고 그와는 정반대로 "정치가 도덕을 정초 짓는다"는

---

599) E. Cassirer, 앞의 글, pp.270f; 강조는 필자.
600) E. Cassirer, 앞의 글, p.208.
601) Lucio Colletti, 앞의 글, p.81 참조.
602) Rousseau, Band IX, p.6; 강조는 필자.

고유한 명제로 표현될 수 있다.[603)]

2) 정치와 경제

나의 주장을 명백히 밝히자면 다음과 같다. 즉 마르크스는 "경제주의적"이지 않으며, 오히려 정반대로 그는 정치와 경제 사이의 관계의 역사적인 구조적인 변동을 다루고 있다는 것이다; 마르크스는 아담 스미스 등등의 시민적인, 시장에 근거하는, "정치경제학"의 **정치적** 경제를 비판하고 있다.

고전적인 정치경제학은 경제를 가능하게 하는 존재론적 질서의 객관성을 전제로 하고 있다. 하지만 마르크스에 의하면, 경제적 행위의 비경제적인 원인, 즉 "시장경제"의 "작동방식"(modus operandi)의 이론적이고 실천적인 중심으로서의 "보이지 않는 손"은 역사적·사회적으로 생산되어진 것이고 따라서 "정치적"이다. 그러므로 정치경제학에 대한 마르크스의 비판은 정치적인 경제에 대한 사회적 비판을 표현한다. 가상적으로 형이상학적으로 정당화되는 존재론적 질서의 이론적 개념은 앨버트 허시만(Albert O. Hirschman)이 자신의 책 『열정과 이익. 자본주의 승리 이전의 자본주의의 정치적 정초화』[604)]에서 아담 스미스의 『국부』(*The Wealth of Nations*)의 기계론적 준거들을 밝히고 있는 바와 같이 적어도 베이컨(Bacon)의 기계론적 철학에로 소급되고 있고, 그러한 존재론적 질서의 현실적 정치는 진정한 사회적 정치에 의해서 전형되고 비판되어야 한다. 경제가 자신의 내적인 법칙성에 따라 어떻게 정초되어 있는가, 이것은 소박한 이론적인 가정 이상의 것으로서 정치적이다. **경제는 오직 정치적으로 말한다.**

603) Lucio Colletti, 앞의 글, p.79.

604) Albert O. Hirschman, *The Passions and the Interests. Political Arguments for Capitalism before its Triumph,* Princeton University Press, 1977; 독역본, *Leidenschaften und Interessen. Politische Begründung des Kapitalismus vor seinem Sieg*, Ffm, 1980, p.119.

고전적 정치경제학의 이론은 사회적 질서를 정치의 부재가 아니라 정치의 침묵을 근거로 해서 요청하는 것이다. 고전적 정치경제학의 이 승인되지 않은, 침묵당한 정치는 이론과 실천에서 시민적 사회의 이데올로기로서 기능하고 있는 비인간적 정치의 개념, 즉 인간적 실천에는 무관한 정치의 개념, 그리고 구체적인 사회적 문제상황의 정치적인 침묵화 이외에 다름 아님을 시사한다.

마르크스가 비판적으로 분석한 자본주의적 사회는 사회적 정치의 침묵(화)을 이론적으로 실천적으로 전제하는 경제적 사회에 의해서 특징되는 사회이다, 바로 이 같은 의미에서 독일의 비판정치사회학자 클라우스 오페는 자신의 유명한 논술 〈위기관리의 위기: 정치적 위기이론의 구성요소〉에서 자본주의적 사회를 다음과 같이 규정하고 있다.

> "자본주의적 사회의 특징은 (등가)교환의 조직원리가 — 전(前)자본주의적인 본원적 축적에서 비롯되는 재산의 불평등한 배분을 기초로 하여 — **보편화되어** 상품화된 노동력에도 적용될 정도로 확대될 뿐만 아니라 동시에 규범적, 강제적 제약을 받지 않을 만큼 **지배적**이 된다는 사실에 있다. 그런데 교환관계에 의해 조직된 사회도 교환관계 그 자체만을 통해서는 조직될 수 없고 오히려 '측면지원적인 하위시스템들'(flankierender Subsysteme)을 필요로 한다. 가장 순수한 형태의 경쟁 자본주의적인 사회시스템에서도, 한편으로 개인들은 규범적인 구조 내에 사회화되어야 하며, 다른 한편으로 사회적 사회작용의 기존 규칙들도 최종적인 강제력(hoheitlich Gewalt)에 의해 승인받아야만 한다. **교환에 기초를 둔 사회**는, 그 자체 제대로 기능할 수 있도록 만드는 **가족시스템과 법시스템이 없이는 존재할 수 없다**."[605]

"위기관리"의 침묵은 자본주의적 사회의 현실적인 모순성 속에서 정

605) Claus Offe, "'Krisen des Krisenmanagement': Elemente einer politischen Krisentheorie", in: Martin Jänicke(Hg.), *Herrschaft und Krise. Beiträge zur politikwissenschaftlichen Krisenforschung*, Opladen, 1973, pp.197-223, 여기에서는 pp.199f.

치적인 침묵이고, 이 침묵과 함께 자본주의의 "자본 및 시장 내재적인" 논리에 따라 경제적 위기가 필연적으로 생성되는 것이다.

경제는 자신의 사회적 질서를 정치를 — 이 정치를 침묵하게 하거나 표명하게 하거나 간에 — 매개로 해서만이 안정시킬 수 있다. 나는 클라우스 오페의 개념적 장치, 즉 포스트시민적(postbürgerlich) 사회를 비판적으로 계몽하기 위해서 그가 사용하는 "일차적 질서의 위기"와 "이차적 질서의 위기"를 발견술적으로 구별하는 것을 비판적 위기학의 정치개명을 설명하는 데 도입하려 하는데, 이 경우 일차적 질서의 위기 그 자체가 이차적 질서의 위기를 특정하게 표명하는 것으로 고려된다. 일차적 질서 그 자체가 정치의 본질적인 부재에서가 아니라 정치의 특정한 침묵화 속에서 역사적으로 생산되어진 질서라고 판단하기 때문이다. 정치의 침묵으로서의 정치적 질서와 정치의 능동적 표명으로서의 이차적 질서 사이의 차이.[606] 우리가 경제적 질서를 단순하게 기술하는 차원을 넘어서서 사회를 규범적으로 비(非)자연방관적으로 재구성하는 것을 목적으로 하는 한에서는, 자본주의적 사회와 그 국가의 **침묵당하고 있는 그리고 침묵하고 있는** 정치와 예컨대 고전적 정치경제학과 같은 이론화들의 정치를 **표명하게 하고 비판해야 할 것이다**. 정치적 경제(학)의 마르크스의 비판은 그러므로 그것의 침묵되어 있는 정치의 사회적 비판으로서, 시민적 경제(학)을 발생론적으로 구조론적으로, 달리 표현한다면, 통시적으로 동시에 공시적으로 비판적으로 절합시키는 것이다.

마르크스가 자본주의적 모순성을 분석할 때 자본주의의 경제적 제도에 집중하고 있는 것은, 이 경제적 제도가 처음으로 총체적인 사회적 관계들의 조직화하는 중심으로 되었기 때문이었고, 그러므로 처음으로 자본주의적 관계들 아래에서 사회적인 경제적인 전개법칙성을 분석할

---

606) 후기자본주의는 이러한 정치의 능동적 표명이 구체화된 사례에 속한다. 후기자본주의개념 논의를 비판적으로 설명하고 있는 Claus Offe, "Spätkapitalismus - Versuch einer Begriffsbestimmung", in: *Strukturprbleme des kapitalistischen Staates,* Ffm, 1972, pp.7-26.

수 있는 핵심적 지위가 그 경제적 제도에 있었기 때문이었다. 사회적 구조의 총체적 구성요소들이 교환관계를 통하여 결정되었거나 제한되었던 때문이었다.[607] 그러므로, 사회학적 문제상황으로서의 "경제"를 논리적인 경제환원주의로 이해해서는 안 된다.[608] 마르크스는 정치경제학의 비판에서 정치경제학에 내재하는, 현실적 정치의 침묵의 전제를 포착하고, 이것이 고전적 정치경제학이 현실적인 정치적 이데올로기로서 기능하게 한다는 것을 밝혀낸다. 그는 비정치적 질서를 존재론적으로 전제하는 시민적 정치경제학의 현실적인 정치적인 기능을 비판한다.

메스짜로스는 마르크스의 정치적인 "부정의 부정"을 분명하게 보고 있으나 마르크스의 정치개념에 내재해 있는 실용론적 보편성의 논리를 분명하게 통찰하지 못하고 오해에 빠져 있다. 메스짜로스는 특히 마르크스의 소외이론의 관점에서 정치의 자기지양을 다음과 같이 표현하고 있다.

> "긍정적인 지양이 **정치적인 척도**로써 시작해야 한다는 데에 커다란 어려움이 있다. 소외된 사회에서는 소외를 효과적으로 제한하거나 극복할 수 있는 사회적 도구가 없기 때문이다." "이 과정이 지양을 위한 전제를 창조해야 하는 정치적인 심급에서 시작해야 한다면, 이 정치적 심급의 자기이해에 성패가 달려 있다. 달리 말하면, 이러한 정치적 심급이 이런 저런 이유 때문에 자신의 고유한 한계를 의식하지 못하면서도 동시에 자신의 행위에 있어서 이런 한계에 묶여 있지 않다면, 사회를 다시 개인에 대하여 하나의 추상으로서 고정시킬 위험이 노골화되는 것이다. 그와 같은 종류의 정치는 자신의 고유한 지양을 자신의 궁극적인 목적으로 삼는 일종의 활동으로서 개념규정될 수 있다. 그러한 정치는 긍정적 과제의 복합적인 과정에서 필수적인 단계로서 확정되어 있는 자신의 기능을 충족하는

607) Claus Offe, "Krisen des Krisenmanagement", 앞의 글, p.10

608) 모순개념을 설명하면서 클라우스 오페는 논리적 지평과 사회학적 지평을 발견술적으로 구별하고 있다. 이에 대해서는 Claus Offe, 앞의 글, pp.13f 참조하라.

것에 의해서 그렇게 되는 것이다. 바로 이런 까닭에 마르크스는 공산주의를 **정치적인** 원칙으로서 서술한다."[609]

정치의 패러독스, 구체적으로 말해서, 정치의 논리에 내재해 있는 정치의 자기지양이 아니라, 사회적 해방의 "필수적인 단계"가 메스짜로스가 마르크스를 해석하는 핵심적인 내용이고, 이것이 정치적인 "부정의 부정"이라는 것이다. 메스짜로스의 이 같은 근본적인 오해는 그가 마르크스의 정치개념을 일종의 부정적인 부분성이나 비보편성으로 간주하는 것과 밀접하게 연관되어 있다.

"전체적인 정치는 보다 많거나 적거나 특수성을 필요로 한다. 그리고 이것을 마르크스는 그가 사적소유로부터 사회의 해방이 **노동자의 해방의 정치적 형태**에서 표명된다고 말할 때 분명하게 시사하고 있다. 부분성(Partialität)가 긍정적인 지양의 보편성을 가져다주리라고 **부분성**에 기대하는 것은 실천적인 태도로서는 적어도 소박하며 이론으로서는 그 자체 모순일 것이다."[610]

메스짜로스는 마르크스의 사례에서 인간적인 구체적인 해방에 필요한 정치를 파악하고는 있으나 마르크스의 정치개념에 본질적인 정치의 패러독스를 전혀 이해하지 못하고 있고, 그리하여 그는 사회적 모순성들의 긍정적인 지양과 정치적인 "부정의 부정"을 변증법적으로 이해하는 것이 아니라 단지 서로 대립적인 것으로 이해한다. 마틴 쇼(Martin Shaw) 역시 메스짜로스의 해석을 근본적으로 받아들이고 있는 그의 논술 〈국가이론과 정치: 마르크스주의의 패러독스〉에서[611] 그는 마르크스주의를 정치적 차원에서 정당하게 분석하고 강조하고 있지만 정치의

609) I. Mészáros, 앞의 글, pp.199-200; 첫 번째의 강조는 필자.

610) I. Mészáros, *Marx's Theory of Alienation*, 앞의 글, p.201.

611) Martin Shaw, "The theory of the state and politics: A central paradox of Marxism", in: *Economy and Society*, 1974, pp.429-450.

현실적인 패러독스를 일면적인 차원으로, 즉 정치의 부정적인 측면에로 축소시키고, 그리하여 "마르크스주의의 핵심적 패러독스"는 정치의 패러독스로서가 아니라 오직 부정적인 파괴로서 이해되고 있는 것이다. 비판적 위기학이 이해하는 정치의 패러독스에서는 정치는 본질적으로 부정적이면서 동시에 긍정적이고, 바로 이 점에서 패러독스한 정치가 다른 정치들과 다른 차이성이 있다. 곧 정치는 대항독으로서 사회적 총체성을 **재구성**한다. 그러므로 정치학으로서의 마르크스주의는 메스짜로스와 마틴 쇼에 있어서는 "심층적으로 부정적이며 질적으로 다른 모든 '정치'와는 다른 것이다."[612] 이 경우 현실적으로 정치의 패러독스의 건강한 논리는 고려되지 않고 있는 것이다.

2. 루소

1) 국가와 혁명

국가와 혁명의 관계는 정치의 패러독스를 바르게 논의하지 않고서는 불충분하거나 오해될 수 있다. 비판적 위기학에서 국가는 사회적 정치이고, 혁명은 **사회의 "정치적 행동"**이다.

해석사적으로 볼 때, 마르크스의 경우 "정치적인" 혁명과 "사회적인" 혁명 사이의 복합적인 관계들이 논의되어 왔던 반면에, 루소의 경우 쟁점이 되어온 것은, 루소의 정치이론이 혁명적인가 그렇지 않은가 하는 것이다.

이제 **루소의 정치혁명론**에 대해서 논의하고자 한다: 나의 명제를 분명하게 밝히자면 다음과 같다. 즉 독일의 저명한 정치철학자 이링 페처(Iring Fetscher)가 그의 책 『루소의 정치철학. 민주주의적인 자유개념의 역사에 대하여』에서[613] 주장하고 있는 바와는 달리 루소의 정치

612) Martin Shaw, 앞의 글, p.434.

613) I. Fetscher, *Rousseaus politische Philosophie. Zur Geschichte des demokratischen Freiheitsbegriffs,* dritte Auflage, Ffm, 1981.

이론과 그의 정치개념은 본질적으로 혁명적이라는 것이다. 페처에 의하면 루소의 정치철학은 "역사철학"으로서 비관주의적이다. 페처의 말을 일단 들어보자.

> "루소는 자신의 시대의 프랑스 사회를 역사적으로 피할 수 없는 몰락현상으로 파악한다. 그의 정치이론은 충분하게 논의하지는 못했지만 〈제2논술〉, 〈언어기원론〉 그리고 이 밖의 다른 여러 글들에서 그의 시대의 지배하는 진보사상과는 대립하는 가운데 비관주의와 퇴행을 분명하게 표명하는 것으로 나타나는 **역사철학**을 배경으로 하여 이해되어야 한다. (고대의 정치철학자들이 그러했듯이) 피할 수 없는 몰락의 흔적 속에서 루소는 좋은 정치적 질서의 과제가 그러한 몰락을 **지체시키고** 다른 것으로 전이시키는 데에 있다고 보았다. '자연적인 과정'은 여기에서 치유적이거나 바람직한 것이 아니다. 그러므로 입법자와 책임있는 정치인의 노력은 자연적인 흐름에 대항하는 것이어야 하며, 그의 주 과제는 인간을 탈자연화하는 데에, 인간들을 공동선을 원하는 시민들로 변동시키는 데에 있다. 공화국은 특히 시민적 사회의 자연적 동학을 정지시키는 것으로 규정되어 있다."[614]

페처의 이 루소 해석에서는 루소의 정치이론은 본질적으로 역사철학적인 것으로서 존재론적·역사주의적이다. 그 당시 지배하고 있었던 진보철학에 대해서 루소가 이론적으로 독창적인 면이 있다면 그것은 단지 그러한 진보관을 그가 기계적으로 전도시키고, 몰락관을 주장하고 있는 것에 불과하다는 것이다. 우리는 앞에서 이미 루소의 반역사철학적 정치이론을 분석하고 조망한 바 있듯이 루소의 정치적 이론에서 닫힌 총체성을 발견할 수 없다. 우리는 이 이론적 맥락을 여기에서 다시 반복하지는 않을 것이다.

루소의 정치이론을 역사철학이라 잘못 독해하는 페처의 눈멈 이외에

---

614) Fetscher, 앞의 글, p.26f; 강조는 필자.

도 우리가 주목하는 것은 루소주의적 국가의미론을 그가 신중하지 않게 해석하고 있다는 데에 있다. 페처는 루소가 동시대의 철학자들이 역사적으로 필연적인 진보한다는 사상을 가졌던 것과는 반대로 역사적으로 필연적으로 몰락한다는 역사관을 주장했다는 명제를 여러 차례 강조하고 있는데, 이것을 비판적으로 분석하기 이전에 페처가 강조하고 있는 루소와 마르크스의 차이 — 이에 대한 논의에도 우리가 논의의 초점을 두고 있는 — 에 주목하고자 한다. 페처는 이렇게 말하고 있다.

> "이미 〈학문예술론〉에서 자리잡고 있으며 〈인간불평등기원론〉에서 발전되고 있는 비관주의적 역사철학은 루소의 좁은 의미에서의 정치적 저술들에서도 역시 — 배후로서 — 유지되어 있다. 정치가와 인민교육자의 과제는 — 루소에 의하면 — 자신이 근본적으로 정지시킬 수는 없지만 '불행으로의 진보'를 적어도 지체시키는 그것이다. 루소가 발전에 대한 정치적 영향력행사의 가능성에 대해 생각하는 것은 칼 마르크스의 그것과 거울에 비치는 상처럼 조응하는 것이다. 마르크스에 있어서는 진보는 궁극적으로 정지될 수 없는 것이며 그 때마다 등장하는 계급들의 정치적인 노력에 의해서 궁극적으로 가속될 수 있는 것인 반면에 루소의 경우는 몰락이 그렇게 정지될 수 없는 것이다."[615]

페처에 의하면 루소와 마르크스는 역사철학적 회피불가능성, 필연성을 주장하고 있다는 점에서 동일하고, 다른 점은 루소가 몰락사를 마르크스가 진보사를 믿고 있다는 데에 있을 뿐이다. 나아가, 페처는 이러한 기본적인 이해 아래 우리가 루소의 지체화 명제라고 부를 수 있는 것과 마르크스의 가속화 명제라고 부를 수 있는 것을 그 미래정향적인 전략의 관점에서 구별하고 있다.

---

615) I. Fetscher, "Nachwort: Jean-Jacques Rousseau: Philosophie und Politik", in: Rousseau, *Sozialphilosophische und politische Schriften,* München, 1981, p.905.

"마르크스에 있어서 전도된 평가가 발전의 가속화를 목적으로 대립들을 첨예화해야 하는 필요성의 이론을 낳고 있듯이 루소는 자신의 과제를 우리의 고뇌의 진보를 지체화시키는 데, 다시 말해서 (자연적인) 발전 일반의 지체화에 있는 것으로 보고 있다."[616]

페처가 이렇게 단순하게 병렬시키고 있는 것은 그가 루소와 마르크스를 역사철학적으로 해석하고, 위기와 비판의 열린 변증법을 고려하지 못하고 있기 때문인 것 같다. 루소뿐만 아니라 마르크스에서도 현재적 위기의 이론화는 자신의 규범적인 극복가능성을 내재적으로 가지는 것이며, 그 경우 시간성구조에 의하면 현재는 과거의 미래로서 혹은 미래의 과거로서 성립하게 된다. 루소와 마르크스에 있어서는 현재는 긴장감 있는 양립성, 즉 진보와 몰락을 적어도 논리적인 차원에서는 동시에 가지고 있다. 이러한 의미적인 의미론적인 맥락에서만이 비판적 위기학은 현재적 위기에 대해서 말할 수 있다. 루소와 마르크스에 있어서는 현재는 역사철학적 형이상학의 부재 속에서 비관적이며 동시에 낙관적이다.

"가속화"와 "지체화"는 역사적인 법칙성을 시사하는 것이 아니라 위기학적인 정치적인 실천의 시간적 적실성을 함의한다. 사회와 국가의 "삶"과 "죽음"은 비판적 위기학에서 정치적 실천의 시간적 범주로서 이해되어야 한다. 곧 생물학주의적인 필연성으로 이해되어서는 안 된다. 우리는 여기에서 페처가 인용하고 있는 〈장자크 루소가 펠로폴리스씨에게 보내는 편지〉 부분을 일단 다시 인용하고자 한다.

"당신은 나 자신의 이론으로 나를 공격한다고 주장하고 있는 것이므로, 나의 생각으로는 사회가 인간종에게 있어 자연스러운 것은 노쇠가 개인에게 있어 자연스러운 것과 마찬가지라는 일, 백성에게 있어 예술이나 법이나 정부가 필요한 것은 노인에게 있어 협장이 필요한 것과 마찬가지라

616) I. Fetscher, 앞의 글, pp.15f.

는 일을 부디 잊지 말아주길 바랍니다. 그 차이는 기껏해야 노련의 상태가 인간의 자연에서만 유래하는 데 대해 사회상태는 인류의 자연에서 유래하는 일입니다. 단 당신이 말하듯 직접 그렇게 되는 것이 아니라 내가 증명했듯이 단순히 어떤 종의 외적 상황에 도움을 받아 그렇게 되는 것입니다. 더구나 그 상황은 존재하는 일이나 존재치 않는 일도 있을 수 있었고, 또는 적어도 좀더 빨리 일어날 수도 있었고 늦게 일어날 수도 있었으며, 따라서 그 걸음걸이를 빨리 할 수도 있었고 늦게 할 수도 있었던 것입니다. 그런 몇 가지 상황마저도 사람들의 의지에 의존하고 있으므로 완전한 동등을 확증하기 위해, 나는 종에 그 노년기를 늦추는 힘이 있듯이 개인에게 그 노년기를 빨리 하는 힘을 가정할 수밖에 없었습니다. 사회상태는 인간이 도달을 빨리 하는 일이나 늦게 하는 일을 자유로이 할 수 있는 극한의 종점을 가지고 있으므로 사람들에게 너무 빨리 전진하는 위험과 그들이 종의 완성으로 잘못 알고 있는 상태의 비참함을 나타내 주는 일은 무익하지는 않는 것입니다."[617]

여기에서 루소는 연령을 사용하면서 한편으로 개인과 인류를, 다른 한편으로 개별적인 인간과 사회를 각각 구별하고 있다. 이렇게 구별하면서 그가 인류나 사회의 연령의 논리를 원칙적으로 생물학적인 유기체의 그것과는 다르게, 완전히 사회적이거나 유적인 것임을 시사하고 있다. 루소의 정치이론에서는 "지체화"나 "가속화"라는 개념은 이론적이며 실천적인 범주의 관점에서 혁명적이거나 보수적인 것으로 이해되는 것이 아니라 의술과 의술적 이론으로서의 정치와 정치적 이론의 관점에서 이해되어야 한다. 본래적으로 위기의 비판이 되는 경향이 있는 정치와 정치적 이론은 위기를 첨예화시킬 수도 있다. "가속화"와 "지체화"라는 시간적 범주들은 "인간은 자연상 선하다"[618]는 가설적 가정과 마찬가지로 정치적 실천에서 실용론적 기능을 가진다. 루소가 〈필로폴

617) Fetscher, 앞의 글, pp.82f.
618) Rousseau, III: 236.

리스씨에게 보낸 편지〉에서 의술적 언어를 다면적으로 사용하고 있는 것은[619] 결코 우연이 아니다. 시간이론이나 시간차원이 없이는 위기 개념이 바르게 이해될 수 없다. 역사적으로 사회적인 개념들인 "가속화"와 "지체화"는 의술적 은유론을 전제로 하고 있으며, 그 경우 현재는 과거의 미래와/ 혹은 미래의 과거로서만 항상 구성되는 것으로 이해된다. 현재적 위기의 비판은 몸의 탄생(시원)과 죽음이라는 가설적 표상을 필요로 한다. 독일의 대표적 역사이론가 라인하르트 코젤렉이 그의 논술 〈'위기'의 개념사에 대한 몇 가지 문제〉에서[620] 밝히고 있듯이, 루소는 의술적 은유를 국가의미론에서 의식적으로 사용하고 있다. 〈제2 논술〉에서 루소는 다음과 같이 말하고 있다.

> "동물은 죽는다는 것이 무엇을 의미하는지를 결코 한 번도 경험하지 못할 것이지만, **죽음**과 그 끔찍함의 **인식**은 인간이 자신의 동물적 상태를 벗어날 때 처음으로 얻게되는 것들 중의 하나이다."[621]

마르틴 랑(Martin Rang)이 루소의 정치이론을 보수적으로 판단하고 있듯이 페처 역시 혁명적이라 이해하지 않는다. 페처는 자신의 논리 속에서 루소의 사상에서 핵심적인 정치의 패러독스를 이해하지 못하고, 루소가 역사철학적으로 정초된 몰락이론을 전개하고 있다고 이해하면서 루소의 정치이론이 마르크스의 급진혁명적 이론과는 다르다고 표현하고 있는 것이다. 페처는 루소가 혁명론에 대해서 어떻게 이해하고 있는지를 다음과 같이 말하고 있다.

> "이 역사철학적인 비관주의는 루소의 다양한 글들에서 다르게 주조되어

---

619) Rousseau, III: 231 그리고 233f.

620) Reinhart Koselleck, "Einige Fragen an die Begriffsgeschichte von 'Krise'", in: Michalski Krzysztof(Hg.), *Über die Krise*, Klett-Cotta, 1986, pp.64-77, 여기에서는 p.66.

621) Fetscher, 앞의 글, p.31에서 재인용.

있으나 결코 포기되지 않았으며 그의 삶 끝 무렵에 이르러서는 강화되어 갔다. 이 몰락이론의 관점에서는 '전도'의, 혁명의 가능성이 없다. 혹은 달리 말하여, 루소는 혁명들은 단지 재난으로만 생각할 수 있을 뿐이다. 그가 유럽이 '혁명들의 시대'에 가까이 접어들고 있다고 말한 적은 한번 있으나 하지만 이것은 희망에 가득찬 정치적인 새로운 시작을, 해방의 과정을 의미하는 것이 결코 아니었으며 오히려 그것은 자유를 결정적으로 무력화시키는 것이었을 따름이었다."[622]

페처는 루소가 혁명을 오직 부정적으로만, 재난으로만 이해했다는 해석적 판단을 내리면서 프리드리히 엥겔스(Freidrich Engels)가 〈인간불평등기원론〉이 "의식되지 않은 변증법"의 한 예로 간주했던 판단과는 정반대로 루소와 마르크스 사이에는 본질적 차이가 있으며 그것은 바로 이 같은 혁명의 이해에서 특히 잘 나타난다고 주장한다. 페처는 루소가 보수주의라는 자신의 이 주장을 논증하기 위해서 주인과 노예의 변증법으로 읽을 수 있는 루소의 문장들을 인용한다. 우리는 여기에서 일단 그 문장을 함께 읽어보기로 하자. 우리는 페처와는 다르게 해석할 것이다.

"이런 갖가지 변혁 속의 불평등을 더듬어보면, 우리는 법과 소유권과의 설립이 그 제1기이며, 위정자의 직분의 설정이 제2기이고, 마지막 제3기는 합법적인 권력으로부터 전제적 권력으로의 변화였음을 알 수 있을 것이다. 따라서 부자와 가난한 자와의 상태가 첫 시기에 의해 용인되고, 강자와 약자와의 상태가 제2시기에 의해 용인되고, 그리고 제3시기에 의해서는 주인과 노예와의 상태가 용인되는 것인데, 이 제3시기가 불평등의 마지막 단계이자 다른 모든 시기가 결국은 귀착하는 한계이고, 마침내는 새로운 여러 변혁이 정부를 완전히 해체하든가 이것을 정당한 제도에 접근시키게 되는 것이다."[623]

622) Ferscher, 앞의 글, p.906.

이 문장들에서 우리는 사회적 모순으로서 "불평등의 진보"가 역사적으로 전개되고 있음을 읽을 수 있을 것이지만, 루소는 역사는 변증법적으로, 한편으로 인간의 불평등의 사회적 정착화와 다른 한편으로는 "우리 능력의 발달과 인간정신의 진보"[624] 사이의 긴장으로 이해되어야 한다. 이러한 의미에서 우리는 페처가 이 세 혁명들을 오직 일면적으로 "침강하는 노선"으로서 루소가 표현하고 있다고 해석하는 것은 완전히 틀렸다고 말하기는 어렵겠지만 충분하다고는 평가할 수 없다고 생각한다. 주인과 노예의 모순에 의해 특징되는 불평등의 마지막 단계는 정치적인 "부정의 부정"을 가능하게 하며, 그것은 바로 마르크스의 정치이론에서도 결정적인 것으로 나타나는 그것이다.

> "이것이 불평등의 마지막 도달점이며, 순환을 정치하고 우리가 출발한 지점에 닿는 종극점이다. 여기서 모든 개인은 나시 평등해진다. 왜냐히면 바야흐로 그들은 무이고 부하는 벌써 주인의 의지 외에 아무런 법률도 갖지 않고 주인은 자기의 욕정 외에 아무런 규칙도 갖지 않으므로 선의 관념이나 정의의 원리가 재차 소멸해버리기 때문이다."[625]

불평등의 이 마지막 단계는 평등의 단계이다. "인간들은 다시 서로 평등하게 된다. 그들은 모두 아무것도 아니기 때문이다." 루소에 있어서는 "부정의 부정"의 이 정치적 과정에서 단 한번의 혁명이 있는 것이 아니라 "새로운 혁명들"이 있다. 이러한 맥락에서 우리는 페처가 위에서 인용하고 해석한 그 구절을 페처와는 다르게 해석한다. 즉, "마침내는 새로운 여러 변혁이 정부를 완전히 해체하든가 이것을 정당한 제도에 접근시키게 되는 것이다"[626]는 이 구절은, 결코 페처가 생각하는 바

623) Rousseau, III: 187; 국역 〈인간불평등기원론〉, pp.436-437, 번역을 약간 인용자가 수정했다.

624) Rousseau, III: 193.

625) Rousseau, III: 191; 국역 〈인간불평등기원론〉, pp.440-441.

626) Rousseau, III: 187.

와 같은 대안적인 표상들이 아니라 혁명에 필요한 정치적인 과정들을 함의하고 있다.[627] 루소에 있어서는 결코 국가와 같은 의미가 아닌 정부의 지양, 정당한 제도의 창출이 정치적인 부정의 부정을 특징짓는 새로운 혁명들이다.

이 밖에도 페처가 루소의 사상을 "사회의 자연적 몰락의 숙명성"[628]을 주장하는 역사철학이라 표현하는 것은 "순환"의 반(反)역사철학적 개념으로 대체되어야 한다. 이에 대해서는 우리는 마르크스의 혁명론을 분석하면서, 특히 국가의 죽음에 관한 문제틀과 관련하여 더 자세하게 논의할 것이지만 이를 통하여 페처의 해석명제가 더 분명하게 비판될 것이다. 이러한 경우 관건은 현재가 어디에 있는가 하는 것이다. 루소는 『사회계약에 대하여』에서 깊은 위기의 의미에서 자신의 논제를 분명히 하고 있다.

> "사람은 자유롭게 태어났다. 그러나 도처에서 사슬에 묶여 있다. 자기가 남의 주인이라고 생각하고 있는 자도 실은 그 사람들 이상으로 노예이다. 어째서 이런 변화가 생겼는가? 나는 모른다. 무엇이 그것을 정당하게 만들 수 있는가? 나는 이 문제를 풀 수 있다고 믿는다."[629]

루소는 여기에서 현재는 분명하게 총체적 위기로 이해하며, 주인과 노예는 대립적이며, 하지만 현실에 있어서는 주인 그 자신도 또 하나의 노예라고 이해하고 있다. 루소의 문제제기는 사슬의 현실적 지양을 통해서 자유를 현실화하기 위해서 급진이데올로기비판적 계몽을 실천하는 데에 있다. 어떻게 해서 이러한 변동이 일어나게 되었는가 하는 의문에 대해서 루소는 자신은 경험적으로는 알지 못하며 오직 가설적으

627) I. Fetscher, "Jean-Jacques Rousseau: Philosophie und Politik", 앞의 글, p.936 참조.

628) I. Fetscher, "Rousseau der konservativen Denker und seine revolutionären Folgen", in: *Herrschaft und Emanzipation. Zur Philosophie des Bürgertums,* München, 1976, p.141.

629) Rousseau, III: 351; 국역 〈사회계약론〉, 제1편 제1장, p.158.

로만, 곧 그가 자신의 〈제2논술〉에서 불평등과 인간적 본성의 역사적 시원과 그 변동을 오직 가설적으로만 술화적으로 분석할 수 있을 따름이라 답한다. 그는 가설적인 설화적인 설명을 하면서 지배정당성의 문제틀을 문제로 제기하고 있다. 사슬을 지양하기 위해서는 루소는 장기적으로 전개되어온 이론적으로 실천적으로 잘못된 정당화들을 비판하고 있는 것이다. 우리는, 루소의 사회계약론에서의 핵심적 주제가 사슬들의 지양이 아니라 그 정당화라고 간주하는 페처의 해석과는[630] 달리, 이론과 실천의 잘못된 정당화들을 위기학적으로 비판하는 이데올로기 비판적 계몽을 통하여 사슬들을 지양하는 것이 루소의 사회계약론에서 핵심적인 것이라 판단한다.

현재가 주인과 노예의 관계로 표현되는 것 이외의 다른 것이 아니라면, 새로운 혁명들의 사회적인, **사실적**인 근거가 현존하는 것이다. 하지만 인간의 정당성의 차원은 아직도 구성되어 있지는 않은 상태에 있다. 〈제2논술〉에서 루소는 비판적 계몽의 이론적 과제를 다음과 같이 매우 분명하게 표명하고 있다.

> "만일 여기에서 상세하게 설명한다면, 나는 다음 점을 쉽게 설명할 수 있을 것이다. 즉 가령 정부가 간섭하지 않더라도 개개의 인간이 동일한 사회에 결합되어 그들이 서로 비교하고, 또 계속 서로 이용하여야 할 관계 속에서 발견되는 차별을 고려에 넣지 않을 수 없게 되면, 신용과 권위와의 불평등은 그들 사이에서 피하기 힘들게 된다는 것이다. 이 같은 차별에는 몇 가지 종류가 있다. 그러나 일반적으로는 부와 귀족의 신분 또는 지위와 권력과 개인적인 가치가 사람이 사회 혹에서의 자기를 재는 데 주요한 척도가 되므로, 나는 갖가지의 힘의 일치 또는 충돌이 국가의 구성이 좋으냐 나쁘냐를 정하는 가장 확실한 지표임을 증명할 수 있다. 즉 그런 네 종류의 불평등 속에서 개인적인 특질은 다른 모든 특질의 기원이므로 부는 그런 특질이 결국 귀착할 최후의 특질임을 설명할 수 있을

630) I. Fetscher, "Jean-Jacques Rousseau: Philosophie und Politik", 앞의 글, pp.102f.

것이다. 왜냐하면 그것은 가장 직접적으로 안락을 위해 도움이 되고 가장 쉽게 사람에게 전해지므로 사람은 다른 일체의 것을 사들이기 위해 자유롭게 이것을 사용하기 때문이다. 이 관찰이야말로 각 민족이 그 원초의 제도에서 얼마나 멀어졌는가의 정도와, 또 그것이 어느 정도 부패의 궁극점을 향해 전진하고 있는가의 거리를 상당히 정확하게 판단케 할 수 있는 것이다. 우리 모두의 마음을 괴롭히는 그 평판과 명예와 특권에 대한 일반적인 욕구가 어떻게 재능이나 힘을 훈련시키고 또 비교하는가, 또 그 욕구가 어떻게 정념을 자극하고 증대시키는가, 어떻게 그 욕구가 사람들을 경쟁케 하고 대항케 하며 또는 오리려 적대시하게 하여, 그렇게 많은 권리주장자에게 언제나 같은 투기장을 달리게 함으로써 매일 온갖 종류의 실패와 성공 또는 재해를 야기하고 있는가, 나는 그것을 지적해 보고 싶다. 또 자기 평판을 높이고 싶다는 열망, 항상 우리를 흥분케 하는 그 사람보다도 뛰어나고 싶다는 열광 덕분으로 우리는 인간 속에 있는 최선의 것과 최악의 것 즉 우리의 미덕이나 악덕, 우리의 학문과 오류, 우리의 정복자와 철학자, 다시 말해 소수의 선한 것에 대해 다수의 나쁜 것을 가지고 있다는 것을 나는 설명해 주고 싶다. 최후로 나는 다음 사항을 증명해 보고 싶다. 즉 대다수의 사람들이 어둠과 빈곤 속을 기어 다니고 있는데, 한줌의 권력자와 부자가 권세와 부와의 절정에 있다는 것은 후자가 자기네들이 향수하는 것을 다만 다른 사람들이 그것을 부족하게 여길 동안만 존중하기 때문이며 그리고 또 가령 민중이 비참하지 않게 되면 그들은 신분을 바꾸지 않고서는 행복해지지 않을 것이기 때문이다."[631]

자연상태에서 시민적 삶의 상태로 유도해온 그 "잃어버린 길"을 루소는 다시 밝혀내고 다시 그것을 기억하게 함으로써[632] 정당화의 지금까지의 잘못된 이론과 실천에 대한 이데올로기비판적 비판을 통해서 새로운 정당화이론을 구성해내고자 한다. 현재의 "정당화"는 현실적인

631) Rousseau, III: 188f; 국역 〈인간불평등기원론〉, pp.438-439.
632) Rousseau, III: 191f.

역사의 은폐와 망각 속에서 자신의 이데올로기적 역할을 행사할 수 있었다. 달리 표현한다면, 사실적인 현실과 생각하는 현실 사이의 불일치나 균열은 루소의 철저한 급진비판적 계몽을 통하여 비판되고 있다는 것이다. 곧 시원적 원인이 연구되어야 하고, 그것은 루소에 의하면 단순하게 특정한 문명 시대에서가 아니라 인간의 문명사적 시작에로 소급되어야만 한다. 이러한 의미에서 그는 인간의 사회적인 불평등의 시원의 장기성을 기억시키고 있다. 루소는 이것의 중요성에 대해서 시원이 오래되면 될수록 그리하여 불명확하면 할수록 그 영향을 그만큼 막대함을 말함으로써[633] 얘기한다.

불평등의 시원을 연구하는 자신의 제2논술 제2부에서 루소는 "시민사회"(la société civil)[634]의 시원을 다음과 같이 표현하고 있다.

> "어떤 토지에 울타리를 두르고 '이것은 내 것이다' 하고 선언하는 일을 생각해내고 그것을 그대로 믿을 만큼 단순한 사람들을 발견한 최초의 사람이 시민사회의 진정한 창립자였다."[635]

여기에서 시민사회는 국가를 분리되지 않는 것이고, 이 국가의 현실적인 탄생은 루소에서 불평등의 시원이며, 이와 같이 그렇게 말한 그 최초의 사람은 최초의 입법자로서, 잘못된 입법표현자(Gesetzesverfasser)로서 그리고 "그것을 그대로 믿을 만큼 단순한 사람들"은 국가로서의 "시민사회"의 잘못된 탄생에 책임이 있지만, 이 시민사회에 의해서 승인된 소유관념은[636] 역사적으로 필연적으로 강제되었을 것이라 상상하고 있다.

> "이 소유의 관념은 순차적으로밖에 발생할 수 없었던 많은 선행관념에 의

633) Rousseau, III: 188.
634) 시민사회(bürgerliche Gesellschaft)의 개념사적 설명을 위해서는 Manfred Riedel, "bürgerliche Gesellschaft", in: O.Brunner/W.Conze/R.Koselleck(Hg.), *Geschichtliche Grundbegriffe*, Band 2, Stuttgart, 1975, pp.719-800.
635) Rousseau, III: 164; 국역 〈인간불평등기원론〉, p.411 번역을 인용자가 수정했다.
636) Rousseau, III: 164.

존하고 있으며, 인간 정신 속에 갑자기 형성된 것은 아니었기 때문이다. 즉 자연상태의 이 마지막 지점에 도달하기까지는 많은 진보를 이룩하고, 많은 생활기술과 지식을 획득하고 그것을 시대에서 시대로 전달하여 증가시켜야만 했다."[637]

자연상태에서 사회상태로 이행하는 과정을 이와 같이 역사적으로 어찌할 수 없었던 것처럼 기술하고 자원론적으로 파악하지는 않는데 이보다 더 중요한 점은, 루소가 위에서 말했던 그 최초의 사람과는 대조적으로 진정한 법표현자에 대해서 생각하고 있는 그것이다. 루소는 서서적인 표현으로 다음과 같이 대안적인 법표현자의 언어를 말하고 있다.

"말뚝을 뽑아내고, 또는 개천을 매우며 '이런 사기꾼이 하는 말 따위는 듣지 않도록 조심해라 열매는 만인의 것이며 토지는 누구 개인의 것이 아니라는 것을 잊는다면 너희들은 파멸이다!' 하고 동포들에게 외친 자가 있다면 그 사람은 얼마나 많은 범죄와 전쟁과 살인을 그리고 얼마나 많은 비참과 공포를 인류에게서 제거해 주었겠는가?"[638]

잘못된 법표현자에 의한 잘못된 입법과 진정한 법표현자에 의한 정당한 입법을 병렬시킴으로써 여기에서 루소는 "자연적이거나 물리적인 불평등"과는 원칙상 구별되는 인륜적이거나 정치적인 불평등의 역사적·사회적 시원이 입법**언어**의 시원적인 잘못된 **표명**에 있다는 것을 — 입법언어의 역사적 성립은 루소에 있어서 사회의 그것과 다르지 않다 — , 달리 표현하자면, 진정한 입법언어의 자연방관적으로 필연적인 부재 속에 있다는 것을 분명히 하고 있다. 즉 "보편적 침묵"[639] 속에서 사회화과정에서의 "일반의지의 표명"(énoncé)[640]이 루소의 사회와 국

637) Rousseau, III: 164; 국역 〈인간불평등기원론〉, p.411, 번역을 약간 인용자가 수정했다.

638) Rousseau, III: 164; 국역 〈인간불평등기원론〉, p.411.

639) Rousseau, III: 369.

가에 대한 문제들에서 관건이라고 말할 수 있을 것이다.

이제 우리는 루소의 정치적인 "부정의 부정"을 혁명으로서 보다 분명하게 이해하기 위해서 주인과 노예의 변증법에 의해서 특징되는 불평등의 마지막 단계에 대해서 다시 논의하고자 한다. 불평등의 이 마지막 단계는 홉스가 자신의 계약이론에서 악한 인간을 존재론적으로 전제하고 있듯이 그려져 있다.

> "여기서는 만사가 다만 최강자의 법에만, 따라서 하나의 새로운 자연상태에 환원되고 있는 것인데, 이 자연상태가 우리들이 출발점으로 한 자연상태와 다른 점은, 후자가 순수한 자연상태인 데 대해 전자는 과도한 부패의 결과라는 점이다. 게다가 이 두 가지 상태 사이에는 거의 차이가 없으며 정부의 계약은 전제주의에 의해 심하게 파기되어 있으므로 전제군주는 최상사인 동안만 지배자이고 사람들이 그를 추방할 수 있게 되면 곧 그는 그 폭력에 대해 이의를 내세울 이유가 없어지는 것이다. 마침내는 군주를 죽이거나 왕위에서 내쫓거나 하는 폭동도, 그가 그 전날 부하들의 생활과 재산을 마음대로 처리한 행위와 마찬가지로 법률적인 행위인 것이다. 다만 힘만이 그를 지탱하고 있었으므로 다만 힘만이 그를 쓰러뜨린다. 만사는 이처럼 자연의 질서에 따라 행하여진다."[641]

새로운 자연상태와 시원을 만들었던 그것 사이의 차이성과 동일은 역사적으로 성립되었던 개념들인 "점"(le point)과 "순환"(le cercle)에서 설명될 수 있다. 시원적 자연상태의 끝의 그 점은 지금까지의 사회상태의 시작점인 동시에 하나의 종점이기도 하며, 세 상태의 구조적 차이를 접어둘 수 있다면, 진정한 정당한 사회와 민주주의적 국가의 시작의 점일 수 있다. 현재는 루소에게 있어서 깊은 사회적인 역사적인 위기로서 열려 있다. 즉 그것은 위기 속에 있는 구체적 공론에 달려 있다,

---

640) Rousseau, III: 372.

641) Rousseau, III: 191; 국역 〈인간불평등기원론〉, p.441.

더 정확하게 말한다면, 그것의 정치적 실천에 달려 있다. 정치적 공론이 악순환 속으로 들어가는가 아니면 새로운 혁명들을 통하여 대안적인 순순환 속으로 들어가는가 하는 것은 인간의 정치적 실천에 달려 있다. 달리 말하면 시원적 자연상태의 종점으로서의 시원적 사회상태가 탈인간적인 운명적인 우연에서 출발하는 것과는 다르게 그것은 출발하는 것이다. 거듭 말하거니와 루소에 있어서는 시원이나 시작은 결정적으로 중요하다. 그리고 현재는 이러한 맥락에서 정당한 입법의 시작점으로서 이와 마찬가지로 중요하다. 루소는 지금까지의 정치적 국가의 역사의 잘못된 시작을 비판하고 있다.

> "가장 현명한 입법자들이 모든 노력을 다했음에도 불구하고 국가상태는 언제까지나 불완전했다. 그것은 국가상태가 거의 우연한 소산이며, 애초에 시작이 나빴기 때문에, 때가 그 결점을 발견하여 그 대책을 시사하면서도 조직의 결함을 변상하는 일은 결코 할 수 없었기 때문이다. 즉 훗날 훌륭한 건물을 짓기 위해서는 리쿠르고스가 스파르타에서 한 것처럼 우선 대지를 깨끗이 치우고 일체의 오래된 건축 재료를 멀리했어야 할텐데, 사람은 계속 수선만 했던 것이다."[642]

"우연의 소산"(ouvrage du hazard)이었기 때문에 정치적 국가의 개선은 궁극적으로는 정치적 국가의 죽음을 낳는다. 시원적인 사회적 시작이 좋지 않았기 때문이다.

사회적 위기로서의 루소의 현재는 정당한 사회화(Vergesellschaftung)의 전제이고, 그래서 그의 현재는 홉스가 자신의 국가이론의 존재론적 출발점으로서 가정했던 만인에 대한 만인의 폭력투쟁으로 표현되는 것으로 특징된다. 하지만 이 루소의 현재는 홉스와는 다르게 깊은 사회적 위기로서 존재론적인 것이 아니라 역사적으로 생산된 구체성이다. 아마도 루소가 바로 이러한 관점에서 자신의 작품의 제목을 그냥 단순

642) Rousseau, III: 180.

하게 "사회계약"이라 하지 않고 "사회계약에 대하여 혹은 정치적 권리의 원리들"이라 붙였던 것이 아닌가 싶다. "사회계약"에 대한 기존의 이론들을 비판위기학적으로 비판하면서 그는 사회계약의 현실적인 기초가 존재론적인 폭력이 아니라 역사적으로 인간에 의해서 "자연방관적으로" 만들어진 주인과 노예의 대립들에 의해서 첨예화되는 현재적 위기와 인간적 자유 사이의 긴장 있는 갈등들이라고 주장하였던 것이다.

물론, 루소의 정치적 이론에 있어서 현재는 경험적인 시간이 아니라 위기의 가설적 시간이다. 그가 자신의 "사회계약"에 대한 논의를 다음과 같이 열고 있다.

> "나는 사람을 있는 그대로의 것으로, 그리고 법을 있을 수 있는 것으로서 다룰 경우 시민적 질서에 정당하고 확실한 그 어떤 정치의 법칙이 있을 수 있는지 살펴보고 싶다."[643]

그가 생각했던 것은 인간의 **현재적** 자연의 양립성이다.[644] 바로 이러한 맥락에서 그는 자신이 『사회계약에 대하여』 제1장 "제1부의 주제"에서 주인과 노예의 변증법이라 명명할 수 있는 혁명적 위기로서 현재를 확인하고 있다.

루소의 정치적 이론에서 위기는 혁명과 변증법적으로 동일하게 연결되어 있다. 루소는 독일의 역사학자 라인하르트 코젤렉이 주장하고 있듯이, "자신의 혁명의 예견에서 결정적인 위기개념을 구성해 내었던 것이다."[645] 정치이론가로서 루소는 위기를 비판위기학적으로 이해함으로써 국가와 사회의 혁명을 이론화하고 있다.[646] 『에밀』에서도 그는 위기와 혁명을 강조하고 있다.

---

643) Rousseau, III: 151.
644) Albert O. Hirschman, *The Passions and the Interests,* 앞의 글, p.22 참조.
645) Reinhart Koselleck, *Kritik und Krise,* dritte Auflage, Ffm, 1979, p.133.
646) Rousseau, III: 134 참조하라.

"여러분은 현재의 사회의 질서를 신뢰하고 있다. 이 질서 그것 자체가 피치못할 대변화를 겪지 않을 수 없다는 것, 여러분의 자손의 시대에 생길 대혁명을 예감하거나 그것에 대해서 예비하거나 하는 일이 불가능하다는 것을 생각하지 않고 있다. 대가는 소가가 되고 부자는 가난하게 되고 제왕은 서민이 되는 이러한 운명의 타격은 그것을 무시해도 좋을만큼 드문 것일까? **우리는 위기에 가까워지고 있다.** …(중략)… **인간이 건설한 모든 것은 인간이 파괴할 수 있다. 자연이 만든 것 외에는 바꾸어 없애지 못할 특성은 하나도 없다. 자연은 제왕도 부자도 대귀족도 만들지는 않았다.**"[647]

2) 루소의 정치적 의미론에서 국가의 죽음

국가의 죽음은 정치적 은유로서 정치적 몸의 의술적 지배의미론에서 나오는 것이다. 정당한 의술에서는 몸의 생명이 지속되는 것이 관건이다. 『사회계약에 대하여』 제3부 제9장 "정치적 몸(정체)의 죽음에 대하여"에서 루소는 국가를 인격화하여 표현하고 있다.

"정체(le corp politique)는 사람의 몸과 마찬가지로 태어날 때부터 죽기 시작하며 그것은 스스로 파괴의 원인을 간직하고 있다. 그러나 양쪽에 다 체제에 강약이 있고 (그에 따라서) 그 존속 기간에 장단이 있을 수 있는 것이다. 사람의 체제는 자연이 만든 것이며 국가와 조직은 사람이 만든 것이다. 사람의 목숨을 길게 한다는 것은 사람의 힘으로는 안 되는 일이다. 그러나 되도록 좋은 체제를 국가에 줌으로써 국가의 생명을 연장한다는 것은 사람의 힘에 달려 있다."[648]

루소가 이렇게 국가를 인격화하여 표현하면서 의도했던 것은 정치적 몸의 죽음이 자연주의적인 필연성에 따라 일어난다는 것을 주장하는

647) Rousseau, IV: 468f; 강조는 필자.
648) Rousseau, III: 424.

것이라기보다는 정치적 몸(정체)의 지속성에 대한 실용론적 문제의식이었다. 정치적 몸의 지속은 본질적으로 인간적인 정치적 실천에 달려있다. 인간의 구성(헌정)은 자연의 작품인 반면에 국가의 헌정은 인간적인 정치적 실천의 작품이기 때문이다. 루소에 있어서는 인간의 몸과 정치적 몸(정체) 사이의 급진적 차이는 누가 몸을 만드는가 하는 것뿐만 아니라 몸의 역사적 현존재의 기초에도 있다. 정치적 몸의 시원은 역사적으로 자연방관적으로 인간에 의해서 생산된 위기적인 사회성을 전제로 하고 있다.

〈제2논술〉에서 이미 정치적 몸의 정치적인 차원, 즉 의술에서처럼 양립적인 것임을 말하고 있다.

> "이 같은 **진보**의[649] 필연성을 이해하기 위해서는 정치체가 설립된 동기보다 오히려 그것이 실시함에 있어 취하는 형태와 그것이 뒤에 일으키는 갖가지 장해를 고찰하지 않으면 안 된다. 왜냐하면 사회제도를 필요로 하는 악덕은 사회제도의 남용을 피할 수 없는 것으로 한 악덕과 같은 것이기 때문이다. 그리고 스파르타에 있어서만은 법이 주로 아동교육을 감독하고, 리쿠르고서가 법을 덧붙일 필요가 거의 없는 순풍미속을 확립했기 때문에 이것만은 예외이지만, 일반적으로 법은 정념만큼 강하지는 않으므로 인간을 억제하기는 하나 변화시키지는 않는다. 그러므로 부패나 변질도 하지 않고 항상 정확하게 그 제정의 목적에 따라 운영되는 그런 정부는 필요도 없는데 설립된 것이며, 또 아무도 법망을 뚫고 들어가거나 하지 않고 위정자의 직분을 남용하는 일이 없는 나라에게는 위정자도 법도 필요가 없다는 것을 증명하기는 쉬운 것이다."[650]

정치적 몸의 본질은 시원적으로 완전히 정치적이다. 정치적 몸의 죽음은 우리가 앞에서 정치의 패러독스라고 명명한 것에서 설명될 수 있

649) 불평등의 진보에 대한 강조 표기는 필자의 것이다.
650) Rousseau, III: 187f.

다. 정치성은 대항독으로서 양립적이다. 정치적 몸의 헌정은 시원적으로 정치성을 포함하고 있다. 루소는 〈필로폴리스씨에게 보낸 편지〉에서도 사회적·역사적 위기를 전제로 하는 정치성의 실용론적 본질을 강조하고 있다.

> "당신이야말로 그들이 부정하고 있는 보편적인 악과, 그들이 부정하지 않는 특수한 악을 구별하지 않고 어떤 것이 존재하는 것만으로 그것이 다르게 존재하는 것을 원하는 일이 허용되지 않게 하기에는 충분하다고 주장하고 있습니다. 그러나 만일 모든 것이 있는 그대로도 선하다고 하면 갖가지 정부나 법이 존재하기 전에는 모든 것이 있는 그대로도 선했던 것입니다. 그러므로 정부나 법을 설립하는 일은 적어도 필요 없는 일이었던 것입니다."[651]

이러한 의미론적 맥락에서 우리는 정치성의 **논리적** 양립성을 지양할 수 있게 하는 총체성 문제틀을 잊어서는 안 된다. 이 점을 루소는 라이프니츠(Leibniz)와 포우프(Pope)와의 대조 속에서 예리하게 주장하고 있다.

> "사람은 사물의 자연(본성)에 대해 사물들 간의 관계에서만 끌어낼 수 있는 선 또는 악의 관념을 적응시켜서는 안 됩니다. 왜냐하면 사물은 그 자체로서는 나쁜 것이라도 전체와의 관련에서는 선할 수도 있기 때문입니다. 전체의 선에 협력하는 것은 가능한 경우에는 거기서 모면하는 일도 허용되는 특수한 악일 수도 있습니다. 왜냐하면 비록 그 악이 사람이 그것을 견디고 있는 한, 전체를 위해 유익하다 하더라도 사람이 그것과 대치하려고 노력하는 반대의 선은, 그것이 이루어지자마자 똑같이 유익한 것이 될 것이기 때문입니다. 있는 대로 모두가 선이라는 이유에 의해, 누군가가 사물의 상태를 바꾸려고 노력한다면, 그것을 바꾸려고 노력하는

651) Rousseau, III: 233.

일은 좋은 일입니다. 그리고 그 사람이 성공하는 것이 좋은 일인가 나쁜 일인가는 그 결말에서 배울 수 있는 일이지, 이성에서 배울 수 있는 일은 아닙니다. 그렇다고 그 점에 있어 특수한 악이 그것을 받는 자에게 있어 현실적인 악이 되는 일에는 조금도 변함이 없습니다. 우리는 문명화되고 있는 것이므로, 우리가 문명화된 것은 어찌되었든 좋은 일이었지만, 그렇게 되지 않는 편이 우리에게 한층 더 좋았을 것입니다."[652]

정치의 진리는, 정치적 실천에 의해서 구조화되고 그리고 동시에 구조화하는 총체성으로서의 정치적 몸의 역사적 동태성과 관련하여 정치의 논리적인 양립성이 "사회학적으로" 지양될 수 있는 한에서, 존재론적인 것이 아니라 정치적인 진리이다. 정치의 패러독스의 비판위기학적 이론은 총체성의 차원을 제거하는 것이 아니라 형이상학적인, 존재론적인, 역사철학저인, 한마디로 말하여, 폐쇄적인 총체성론을 부정한다. 드만의 『독해의 알레고리들』이 보여주는 "수사법적 모델 내에서" 유희하는 해체주의에서는[653] "모든 역사적 변동의 양립적인 가치화"[654]를 주장하지만, 그것은 다시 폐쇄적이 된다. 사회학적 분석이 없는 해체주의적 논리학은, 신논리주의라 불리는 것은 결코 우연이 아닌데, 총체성의 급진적 해체주의 속에서 다음과 같이 논술하고 있다.

"어떠한 변화라 할지라도 그 변화를 가능하게 했던 가치시스템을 항상 의문시하고자 한다. 진보로서 긍정적으로 가치평가한 어떠한 것이라도 퇴보를 항상 함의하고 있으며, 그리고 루소의 텍스트는 고지식하다 할 정도로 충실하게 이 균형을 유지하고 있다. 합리적으로 계몽된 인간학에 도달할 수 없는 불가능성은 과거나 현재의 인간의 행동은 인간의 자연과 일치할 수 없거나 인간의 자연을 향해 나아갈 수는 없는 한에서, 필연적으로 허구로 비약하지 않을 수 없다는 것을 설명해주고 있다."[655] "그러므

652) Rousseau, III: 233.
653) Paul de Man, *Allegories of Reading,* 앞의 글, p.157.
654) Paul de Man, 앞의 글, p.141.

로 **정치적인 것은 인간에게 기회라기보다는 짐이 된다**."[656]

루소에서는 총체성은 재구성되는 것이고 이 재구성적 총체성에 정치가 관련되어야 하는데 이 맥락이 드만의 탈현대주의에 의해서 해체되고, 그리하여 정치의 패러독스는 오해되고 있는 것이다. 루소에 있어서 사회적인, 역사적으로 생산된 위기로서의 현재는 낡은 순환의 끝과 새로운 순환의 시작 **사이의 공간**이다. 드만의 "오독"(misreading)은 사회학적 분석의 맥락이 없는 해체적 독서로서 루소의 역사적으로 생산된 현재적 양립성을 완전히 형식주의적이거나 준형이상학적인 양립성으로, 다시 말해서, "잘못"(error)으로 혼동하고 있다. 드만은 이렇게 쓰고 있다.

> "사회적 제도들을 필요하게 만드는 악들은 이 사회적 제도들의 오용을 필연적이게 만든다."[657]
>
> "모든 시민적 제도들의 이 순환적인, 자기파괴적인 패턴이, 내용적인 준거(literal reference)와 형상적 외연의미(figural connotation)을 서로 분리하지 못하는 자신의 불가능성을 현시하고 있을 때 그것은 개념적 언어의 자기파괴적 인식론을 반영한다. 언어를 가능하게 만드는 내용주의(literalism)이 언어의 오용을 불가피하게 만든다."[658]

드만의 해체주의는 이 "개념적 언어의 자기파괴적 인식론"에서 출발하여 총체성의 급진적 부정과 그 무시를 근거로 하여 순간적이거나 돌발적인 탈구성을 주장하고, 그리하여 지속이나 지속성은 정치적 몸이거나 개념적인 언어이거나 간에 사라지는 것으로 이해한다. 하지만, "은유가 눈멀었고"(blind) "잘못"(error)이라면, "시원적 눈멈"(blindness:

---

655) Paul de Man, 앞의 글, p.141.
656) Paul de Man, 앞의 글, pp.156f; 강조는 필자.
657) Paul de Man, 앞의 글, p.187.
658) Paul de Man, 앞의 글, p.158.

맹목성)[659]은 어떻게 무엇으로 설명될 수 있는가?

우리는 아마도 루소가 "개념적 언어의 자기파괴적 언어"를 정치와 정치적 언어의 의술적 은유라는 지평에서 정치성의 중요한 한 차원으로 표현하고 있다고 가정할 수 있을 것이며, 그리하여 총체성과의 실천적인 관련성을 함께 고려하고 있다고 생각할 수 있을 것이다. 정치적 몸의 지속은 두 차원을 포함하고 있다. 그 하나의 차원은 **헌정된** 정치적 몸의 유지이고 다른 하나는 자연에 의해 구성(헌정)되어 있는, 인간의 몸과는 구별되는 새로운 정치적 몸의 **헌정 그 자체**이다.

루소의 정치적 상상력에 있어서 관건이 되는 것은 정치적 몸의 헌정화의 **지속**이다. 지속성과 영원성을 구별하는 것은 정치적 몸의 시간성을 이론적으로 승인함으로써 사회학적 사유방식을 낳게 한다. 인간적인, 사회학적인 "영원성"은 지속성이다.

> "만일 **지속적인** 제도를 만들 생각이면 그것을 영원한 것으로 만들려고 생각해서는 안 된다. 성공하기 위해서는 불가능한 것을 시도해서는 안 되고 도대체 사람의 일이 가질 수 없는 견실성을 사람의 사업에 주려고 오만하게 생가해서도 안 된다."[660]

"영원성"은 인간적인, 역사적인 시간의 범주가 아니며, 그리고 이러한 관점에서는 불가능한 것이다. 인간적인 사안에 고유한 바는, 확고함이 아니라 역사적으로 생산된 조건들 아래 역사적인 변화가능성이다. 루소의 정치적 이론에서 그 출발점으로서의 그의 현재는 루소가 인간을 있는 그대로 파악하고 법이 있을 수 있는 대로 파악할 것을 요청하였을 때 그가 의미했던 바의 그것, 현재적 양립성 — 위기와 비판의 변증법적 맥락 — 이다.

지속의 정치적 이론은 **죽음**의 인식, 그 다음 그 원인의 인식을 필요

659) Paul de Man, 앞의 글, p.155.
660) Rousseau, III: 424; 강조는 필자.

로 한다. 이 점을 루소는 『사회계약에 대하여』 제3권 제10장에서 서술하고 있다.

> "개별의지가 줄곧 일반의지에 대항하여 작용하듯 정부는 끊임없이 주권에 대항하려고 애쓴다. 이 노력이 증가함에 따라 국가조직은 점점 악화한다. 그리고 이 경우, 통치자와의 의지에 저항하여 그것과 균형을 유지할 만한 단체의지는 달리 존재하지 않으므로 조만간에 통치자가 결국 주권자를 압박하여 사회계약을 파기할 때가 올 것이 틀림없다. 이것이야말로 마치 노쇠나 죽음이 기어이 사람의 신체를 파괴하듯이 정체의 출생 당초부터 줄기차게 그것을 파괴하려 하고 있는 피치 못할 내재적인 악인 것이다."[661]

정치적 몸의 죽음의 원인은 특수의지와 일반의지 사이의, 혹은 정부와 주권성 사이의 **불일치**이다. 일반의지와 주권성이 그 원인이 아닌 한에서, 특수의지와 정부에 대한 논의가 관건이다.

> "정부의 타락에는 일반적으로 두 가지 길이 있다. 즉 정부가 축소될 때와 국가가 해체될 때이다."[662]

이 경우 분명한 것은 정치적 몸의 탄생, 삶 그리고 죽음에 대한 루소의 이론이 고대 그리스의 순환국가이론모델, 특히 폴리비우스(Polybios)의 그것을 재구성했다는 점이다. 정치적 몸의 죽음의 이론을 더 자세하게 분석해 보자. 루소는 국가성과 아나키(Anarchie)를 구별하고, 그 다름 국가성의 세 형태를 구별한다. 곧 민주정(민주주의), 귀족정, 그리고 군주정의 구별이 그것이다. 그리고 아나키의 세 형태, 곧 중우정, 과두정, 그리고 참주정의 구별이 그것이다. 루소가 이렇게 내가 국가성

---

661) Rousseau, III: 421.

662) Rousseau, III: 421.

형태라 부르는 그것을 구별하는 기준은 해당하는 통치하는 자의 구성원 수이다 — 루소는 법을 통하여 통치되는 모든 국가를 공화국이라 명명하고 있다.[663] 국가의 해체가 정부의 타락에 이르게 한다면, 국가의 해체는 생물학적인 유기체의 죽음을 의미하는 것이 아닐 것이다. 오직 그것은 사회적 위기이다.

> "국가가 해체될 때는 정부의 악폐는 그것이 어떤 것이든 아나키라는 공통의 이름으로 불린다."[664]

루소의 정치적 이론에서는 정치적 몸의 생물학적인 죽음은 없다.

루소의 정치적 이론에서 "국가의 해체" 이외에 정부의 타락의 또 다른 차원은 정부의 축소(Zusammenziehung)이다.

> "정부가 축소될 때는 그것이 다수자한테서 소수자로 옮겨갈 때, 즉 민주정에서 귀족정으로, 귀족정에서 왕정(Royauté)으로 옮겨갈 때이다. 이것이야말로(정부라는 것의) 자연적인 경향이다. 만일 거꾸로 정부가 소수자한테서 다수자로 옮겨갈 때는 정부의 테가 느슨해진다고 말할 수 있다. 그러나 이와 같은 역행은 불가능하다."[665]

여기에서 분명한 것은, 정부의 시원적 형태는 민주정(민주주의)이며 자연적인 순환**에도 불구하고 그리고 그 때문에** 정부의 다른 형태들은 정부의 타락형태들이라는 것이다. 민주정(민주주의)는, 국가 없는 정부는 아나키에 다름 아니며 다른 한편으로 민주정은 유일한 타락하지 않은 정부형태인 한에서, 국가성에 속하는 시원적 정부형태이다. 루소의 정치적 이론에서 자연적 순환은 대안적 모델이 아니다. 우리는 "최초의 약정으로 항상 되돌아가야 한다"[666]고 루소는 요청하고 있다.

---

663) Rousseau, III: 379.
664) Rousseau, III: 423.
665) Rousseau, III: 421f.

루소의 현재 개념은 사회적 위기를 정치적 몸의 죽음으로서 사회적 위기를 말하는 것이다. 그것은 참주정과 민주정 사이에 있다. 이러한 맥락에서 루소는 정치적 실천의 시간적 차원을 강조하고 있는 것이다.

> "국가를 건국하는 시점을 선택하는 것은 입법자의 일과 참주의 그것을 구별할 수 있게 하는 가장 확실한 특징 가운데 하나이다."[667]

정치적 몸의 죽음의 시간은 그것이 다시 탄생하는, 그것의 새로운 세대의 시간이다. "입법자의 작품"과 참주의 그것 사이의 구별이 우리에게 말하고 있는 것은, 입법자 개념의 규범적 함의 이외에도 루소주의적 현재, 곧 민주주의의 입법은 인민 그 자신에 달려 있으며 참주정의 가상적인 입법은 참주의 폭력적인 작품이라는 것이다.

루소의 현재는 주인과 노예의 사회적 관계에 의해서 특징되고 있는데, 아나키와 위기의 순간이고 필연적으로 새로운 헌정화에서 나아가는 것이다.[668] 정치적 몸의 죽음은 국가와 사회의 해체이다. 루소가 "다수자를 억누르는 것과 한 사회를 통치하는 것 사이에는 언제나 엄청난 차이가 있을 것이다"[669]라고 표현하고 있는 것은 국가성이, 다수 대중을 폭력적으로 억압하고 있음을 함의하는 아나키와 구별되는 것으로도 나타난다.

> "따로따로 흩어진 사람들이 잇달아 한 사람의 노예가 되어 간다면, 그 수가 얼마든 나는 거기에 하나의 주인과 노예들 밖에 인정하지 못한다. 한 인민과 그 수장(chef)은 볼 수 없다. 그것은 집합(une aggrégation)이라고는 할 수 있으나 결사(association)는 아니다. 거기에는 공공의 재산도 없

---

666) Rousseau, III: 390.

667) Rousseau, III: 390.

668) J.-J. Rousseau, *The Political Writing of J.-J. Rousseau*, ed. C. E. Vaughan, Cambridge, 1915, p.415를 I. Fetscher, *Herrschaft und Emanzipation*, 앞의 글, p.142에서 재인용.

669) Rousseau, III: 359.

고 정체도 없다."[670]

그러므로 여기에서 정치적 몸의 죽음은 정치적 은유로서 주인과 노예의 모순에 의해서 표현되는 정치적 위기를 말한다. 인간의 몸과는 본질적으로 구별되는 정치적 몸의 사실적인 죽음을 말하는 것이 아니다.

루소가 자신의 정치적 이론의 출발점으로 삼고 있는 문장, 곧 인간은 자유롭게 태어났으나 도처에 사슬에 갇혀 있으며, 자신이 다른 사람들의 주인이라 생각하는 그 역시 다른 사람들 이상을 노예이라는, 비판위기학적 문장은, 현재를 정치적 몸의 죽음으로서 진단하는 것이라 말할 수 있다.

> "여러분 같은 현대인은 노예를 전혀 갖고 있지 않지만 여러분 자신이 노예이다. 여러분은 자기의 자유를 팔아 노예의 자유를 사고 있는 것이다."[671]

현대성의 현재적 위기는 여기에서 계몽의 눈멈 혹은 "계몽의 변증법"[672]으로서 표현될 수 있겠는데, 여전히 현대성의 위기를 인정하지 않고 있는 "계몽"에 대한 급진비판적인 계몽을 요청하고 있다.

루소는 멜랑콜리적 향수를 가지고서 전현대성, 특히 고대성을 현재적 위기에 대한 비판위기학적으로 "심대한"(critical)한 대항상으로서 요청했는가? 루소의 역사의 불가역성 명제를 예컨대 독일의 철학자 한스 블루멘베르크(Hans Blumenberg)가 밝히고 있는 바와 같이, 루소는 역사의 불가역성을 통찰함으로써 그의 시대의 사회상태에 대해 비판하면서 이 사회상태에서 작용할 수 있는 원리를 총체적으로 집행할 것을 요청하였던 것이다.[673] 이 점은 사실 루소 스스로가 디드로(Diderot)에게 반론을 제기하는 가운데서 명백히 밝힌 것이기도 하다. "자연으로

---

670) Rousseau, III: 359.

671) Rousseau, III: 431; 강조는 필자.

672) Th. W. Adorno/M. Horkheimer, *Dialektik der Aufklärung*, Ffm, 1969를 참고하라.

673) Hans Blumenberg, *Wirklichkeit in denen wir leben*, Stuttgart, 1981, p.11.

되돌아가자는 것이 아니라 인간적인 사회화의 틀 속에서 인위성의 일관된 집행"을 그는 요청하였던 것이다. 우리는 앞에서도 이 점에 대해서 논의한 바 있으므로, 여기에서는 더 이상 논의할 필요는 없을 것 같다. 여기에서 짚고 넘어가야 할 것은 루소의 대안적인 정치가 고대성과 현대성의 종합 같은 것을 목표로 삼고 있다는 점이다. 이 점은 다음의 말에서 분명해진다.

> "입법에 적합한 인민은 어떤 인민인가? …(중략)… 요컨대 고대인민의 견실함과 새로운 인민의 종순함을 아울러 가진 인민이 바로 그런 인민이다."[674]

루소의 정치적 이론에서는 정치적 몸의 죽음이 시사하는 것은 총체적 위기와 혁명(들)의 변증법적 동일성이다. 정치적 몸의 죽음이라는 은유적 표현은 생물학적으로나 유기체론적으로 정초된 역사철학적 비관주의가 아니라 이와는 정반대로 정치적 실천의 규범적 요청 그리고 이와 결합되어 있는 것으로서, 현대성의 총체적 위기를 급진적으로 극복하는 정치적 이론의 규범적 요청이었다. 곧 그의 현재는 추상적 · 폐쇄적이지 않고 **구체적 · 개방적**이다. 그것은 정치의, 달리 표현한다면, 위기와 비판의 맥락의, 구성(헌정)하는 공간 속에서 역사적 · 사회적으로 구성(헌정)된 것이기 때문이다.

루소의 텍스트들을 면밀히 읽어보면, 그곳에는 두 종류의 혁명이 있다는 것을 알 수 있게 된다. 그 하나는 우리가 앞에서 논의한 정치적 몸의 죽음으로서의 혁명이고, 다른 하나는 정치적 몸이 살아 있는 동안에 일어나는 혁명이다. 이 후자의 혁명을 설명해보고자 한다. 프랑스 혁명을 예견했던[675] 그 문장으로 흔히들 인용하고 있는 그 문장을 우선 읽어보자.

---

674) Rousseau, III: 390f.

675) J.-J. Rousseau, *Politische Schriften*, Band 1, UTB 667, Paderborn, 1977, p.105의 각주 63.

"그것은 다음의 것을 부정하는 것은 아니다. 어떤 병이 사람들의 머리를 혼란시켜 지난날의 기억을 빼앗는 수가 있듯이 **국가가 지속하는 동안**에 때로 격동하는 시기가 있으며, 그 때는 어떤 위가 개개인에게 하는 것과 같은 작용을 혁명이 인민에게 미치고, 과거에 대한 공포가 과거를 망각시키는 역할을 하며 국가는 내란으로 불타면서도, 말하자면 그 잿더미 속에서 되살아나고 죽음의 손아귀에서 빠져나와 젊음의 힘을 되찾는 수가 있다. 이것이 바로 뤼크르고스 때의 스파르타이고 이것이 바로 타르키니우스 집안 뒤의 로마이며, 또 이것이 바로 우리(근대의 국가)들 중에서는 참주를 추방한 뒤의 네델란드와 스위스의 모습인 것이다.

그러나 이것은 드문 일들이다. 그것은 예외였으며 그 이유는 언제나 그 **예외적인 국가의 특수한 헌정** 속에서 발견된다. 이런 예외적인 일은 같은 인민에 두 번은 일어날 수 없을 것이다. 왜냐하면 인민이 스스로 자유가 될 수 있는 것은 단지 그들이 야만적인(barbare) 동안뿐이며 시민의 활력이 소모되었을 때는 이제 그렇게 할 수가 없기 때문이다. 그 때는 동란이 인민을 파괴할 수는 있어도 혁명이 인민을 재건할 수는 없다. 그리고 그 **사슬이 끊어지자마자 인민도 흩어지고 더는 존립하지 못하게 된다**. 그렇게 된 뒤에는 인민에게 필요한 것은 주인이지 해방자는 아니다. 자유로운 인민이여, 이 격률을 기억해야 하리라. 즉 사람은 자유를 획득할 수는 있으나 자유는 결코 되찾을 수는 없다는 것을."[676]

국가가 지속되는 동안에 일어나는 혁명형태는 정치적 몸의 기억의 질병들에 관련된다. 여기에서 이 형태의 혁명은 의술적 은유를 사용하면 "crisis", 위기**와** 비판으로서 표현된다. 하지만 전자 형태의 혁명의 경우, **의식적** 의술로서의 정치는 없다. 그리고 위기에 대한 "crisis"는 우연하게 위기를 극복하게 될 수도 있을 것이지만 위기의 정치적 비판은 그렇지 않다. 루소의 위기학적 혁명개념은 혁명을 의식적인 정치적 실천으로서 이해하는 것인데 이를 바르게 이해하려면 우리는 정치적

---

676) Rousseau, III: 385; 강조는 필자.

몸의 죽음으로서의 혁명을 위기의 정신적인 위기로서의 혁명과는 분명하게 구별해야 한다. 후자의 혁명은 루소의 정치적 상상력에서 일반적이고 정상적인 규칙에서 벗어나는 예외이고, 비통상적인 비정상적인 국가의 특수하고 특별한 헌정의 우연한 사건을 요청하는 것이다. 페처는 주버날(Bertrad de Jouvenel)의 루소 해석을 강하게 수용하고 있는데[677], 자신의 논문 〈보수적 사상가로서 루소와 그 혁명적 결과〉에서[678] 루소에 있어서 이 혁명론은 하나의 예외이라는 주석을 붙이고 있는데, 하지만 이것은 루소의 혁명개념을 논고하면서 규칙인 바에 대한 오해이다. 그것은 그가 정치적 몸의 죽음으로서의 혁명과 국가가 지속되는 동안의 혁명사이의 중요한 차이를 통찰하지 못했기 때문이다. "인민이 스스로 자유가 될 수 있는 것은 단지 그들이 야만적인(barbare) 동안뿐이며 시민의 활력이 소모되었을 때는 이제 그렇게 할 수가 없"다 라는 루소의 문장은 이해하기 묘한 측면이 없지 않은데, 이 문장은 페처가 루소의 혁명개념을 비판적으로 해석하고 있는 바와는 완전히 반대로 예외로서가 아니라 일반적인 규칙으로서 확인되는 성질의 것이다. "인민은 단지 야만적인 동안에만 인민은 자신을 해방시킬 수 있다"는 루소의 문장은 주인과 노예의 변증법, 즉 현재적 위기가 정치적 몸의 죽음으로, 그리고 정치적 혁명이 이 위기의 비판적 극복으로서 나타나는 것을 포함하고 있다. 루소주의적 현재는 완전히 야만적이다. 이 점은 그의 〈제1논술〉에서 비판적으로 논거하고 있듯이, "유럽은 제1차적 시대의 야만으로 되돌아 왔다."[679] "시민들을 형성하는 힘이 소진되었을 때 인민은 자신을 더 이상 자유롭게 만들 수는 없다"는 문장은 핵심적인 루소주의적 문장으로서 현재적 혁명적인 실천의 시간차원이 중요함을 보여주고 있다. 이 문장은 "인간은 자유를 쟁취하여 획

677) Bertrand de Jouvenel, "Rousseau the Pessimistic Evoluionist", in: *Yale French Studies* 28, 1969, pp.83-96.

678) I. Fetscher, "Rousseau der konservative Denker und seine revolutionären Folgen", in: ders., *Herrschaft und Emanzipation*, 앞의 글, pp.142f.

679) Rousseau, III: 6.

득할 수는 있지만 결코 다시 얻을 수 없다"는 문장과 다른 것이 아니다. 사슬이 끊어지자마자 인민은 흩어지고 더 이상 존재하지 않게 된다는 문장은, 혁명은 단순한 소요와는 구별되는 것으로서 긍정적인 함의를 담고 있는 것으로 표현하고 있다는 점 이외에도 자유와 "사슬" 사이의 긴장들, 혹은 주인과 노예의 변증법을 들을 수 있다. 루소가 사회계약에 대해서 작곡하는 주 모티브는 "인간은 자유롭게 태어났으나 도처에 사슬에 매여 있다"는 것이다. 루소에 있어서 현재적 위기는 정치적 몸의 죽음으로서의 혁명을 필요로 하고, 그리고 이 혁명은 본질적으로 국가가 지속되는 가운데 일어나는 혁명형태와는 다른 것이다.

이제 우리는 여기에서 루소의 국가의미론의 의술적 은유에로 다시 한 번 되돌아가고자 한다.

> "인민은 많은 경우 사람과 마찬가지로 종순한 것은 청년 때뿐이며 나이를 먹으면 고칠 수 없게 된다. 한번 버릇이 들고 편견이 뿌리를 내리면 그것을 개혁하려고 한다는 것은 위험하고 헛된 수고이다. 재앙을 제거해 주겠다고 해도 인민은 남이 건드리는 것을 참지 못한다. 그것은 의사의 모습만 보아도 오들오들 떠는 어리석고 겁많은 환자와 비슷하다."[680]

인민을 인격화하고 있는 이 구절을 가지고 페처는 루소의 정치이론에 대한 자신의 주장에 대해 타당성을 부여하려고 한다. 즉 루소는 실천적인 실용론의 의술적 은유를 사용하고 있기는 하지만, 정치적 몸과 인간의 몸 사이의 급진적 차이를 통하여 비관주의적 몰락역사철학을 주장하고 있다는 것이다.

> "청년은 유년이 아니다. 사람과 마찬가지로 국민도 청년 또는 성숙의 시기가 있으며[681], 국민을 법에 복종시키려면 이 시기를 기다려야 한다. 그

680) Rousseau, III: 385.

681) Rousseau, III: 1466; 이 구절의 설명에 대해서는 Rousseau, III: 1466을 보라. Ludwig Schmidt의 판(UTB 667, p.105)에는 1782년 편집을 따르고 있는 반면에,

러나 한 인민이 성숙한 것을 분간하기란 언제나 반드시 쉽지는 않다. 그리고 성숙을 앞지르면 일은 실패로 끝난다. 태어날 때부터 규율에 복종시킬 수 있는 인민도 있고 10세기가 지나도 그렇게 되지 않는 인민도 있다."[682]

청년의 시간 혹은 성인의 시간이라는 것은, 자연적인 생물학적인 시간이 아니라 정치적 실천의 의술적 은유에서 오는 역사적인 시간에 조응하는 것이다. 루소에서 중요한 것은 청년이나 성인의 시간을 권태롭게 기다리는 것이 아니라 혁명적인 적시의 **현재**를 잃어버리지 않는 것이다. 청년의 시간은 주인과 노예의 변증법을 통하여 특징되는, 현재적 위기의 공간을 의미하지, 생물학적으로 결정된 발전의 한 단계를 말하는 것이 아니다. 이 점은 루소가 인민은 성립할 때 인민으로서 형성될 수 있으며 다른 인민들은 천년이 지나도 항상 그렇지 못한다고 말하는 곳에서 시사되어 있다.

비판적 위기학은 국가의미론의 의술적 은유에서 출발하여 인민, 공론을 **환자이면서 동시에 의사**로서 비유한다. 비판적 위기학의 정치와 정치적 이론에서 결정적인 이 명제는 국가와 사회의 재구성에 공론의 능동적인 참여의 이론과 실천을 논술하고 있다. 인식론적으로 존재론적 질서의 있음을 전제로 하는 재현이론의 위기는 비판적 위기학에서는 비판된다. "우리가 '현대적' 조건들 아래에서 환자와 의사 사이의 차이가 더 이상 전제될 수 없다는 것을 인정해야 한다면, 어떻게 진단 및 처방이 마련되어야만 하는가"[683] 하는 의문에 대해서 답을 제시할 수 있어야 할 것이다. 현대성의 정치적 딜레마[684]는 한편으로는 국가와

Hans Brockard의 독일판에서는(Reclam, 1977, p.49) 이 구절이 없다.

682) Rousseau, III: 386.

683) 클라우스 오페는 나의 이 논술과 관련하여 이 긴장감 있는 의문을 제기해 주었다.

684) Bernd Guggenberger?Claus Offe, "Politik aus der Basis - Herausforderung der parlamentarischen Mehrheitsdemokratie", in: ders., *An den Grenzen der Mehrheitsdemokratie. Politik und Soziologie der Mehrheitsregel,* Opladen, 1984,

사회의 "현실주의적" 분리와 다른 한편으로는 "현대적" 사회적 시스템들의 구조적 기능적인 분화를 (다시) 조화되도록 하는 것이 어떻게 가능한가 하는 정치적이고 사회학적인 문제에 있다.

3) 국가와 사회 사이의 긴장

비판적 위기학에서 국가와 사회의 **원칙적 비분리성**은 정치적 실천의 규범적 요청이다. "국가"는 사회의 **거울**이며, "사회"는 국가의 **등불**이라고 말할 수 있을 것이다.[685]

루소의 정치적 이론은 현재적 총체적 위기에서 출발한다. 동일성 없는 차이성들은 위험하고, 차이성(들) 없는 동일성은 인식론적으로 수용 불가능하며 그리하여 그것이 정치적으로 현실화된다면 이데올로기적이 된다. 루소의 근본의문은 차이성들로부터 동일성이 어떻게 가능하게 되는가 하는 것이다. 『사회계약에 대하여』 제1권 제6장 "사회계약에 대하여"에서 루소는 국가와 사회의 제도화를 정당한 방식으로 목적으로 하는 사회계약의 사회적 원인으로 나타나는 현재적 문제상황을 "그야말로 한계점, 그들의 생존에서 위기/비판점(critical point), 즉 인류의 죽음과 삶을 분할하는 그 점"[686]으로 거의 확인하고 있다.

> "나는 **인간들**은 자연상태에서 그들이 생존하는 것을 방해하는 모든 **장애**가 그들의 **저항력**에 의해 각 개인이 자연상태에 머무르도록 사용할 수 있는 힘을 압도하게 되는 시점에까지 도달했다고 상정한다. 그 때 이 원시적 상태는 이제 존재할 수 없게 된다. 그리고 **인류**는 생존의 방법을 바꾸지 않으면 멸망할 것이다."[687]

---

p.9 참조하라.

685) A. W. Abrams, *Mirrors and Lamps*, New York, Oxford University Press, 1953.

686) L. Althusser, "Rousseau: The Social Contract"(The Discrepancies), in: L. Althusser, *Politics and History*, London, 1972, p.118.

687) Rousseau, III: 160; 강조는 필자.

알뛰세르가 올바르게 논평하고 있듯이, 이 위기/비판점은 "인류의 삶의 길에서 장애들과 다른 한편으로 이 장애들에 대항할 수 있는 힘들 사이에 놓여 있는 넘을 수 없는 모순의 처소이다."[688] 전자에서는 사회적 동일성의, 총체성의 총체적 위기가 있다. "자연방관적으로" 자연적인 현존재 및 생활방식(존재의 방식)이 인류의 결사체의 정치적으로 사회적인 제도화에로 전형하는 것이 어떻게 가능한가? 이 물음은 루소가 사회계약론이 그 해결책으로 명명되는 근본적인 문제 이외에 다름 아니다.

> "각 구성원의 신체와 재산을 모든 공동의 힘을 다하여 수호할 수 있는 결합의 한 형식을 발견하는 것, 그리고 그것으로 각자가 모든 사람과 결합하면서 자기 자신 밖에는 복종하지 않고 전과 마찬가지로 자유로울 곳."[689]

루소의 사회계약에 대한 논의는 동일성 없는 차이성들의 총체적 대립들을 통해서 동일성이 헌정되는 것을 패러독스한 방식으로 요청하고 있는데, 인간들에 의하여 역사적으로 만들어진 현재에서는 그러한 대립들은 위기적이지만 그것들은 내재적으로 전형될 수 있는 가능성을 지니고 있다. 바로 이러한 맥락에서 루소는 자신의 사회계약론에서 사회와 국가가 탄생하는 순간에는 "중간사회"가 존재하지 않는다는 점을 강조하고 있다.

> "특수적 이익들의 대립이 사회의 성립을 필요하게 만들었다면 그 성립을 가능하게 한 것은 이같은 특수적 이익들의 합치(accord)이기 때문이다. 이러한 이익들 속에 있는 공통적인 것이야말로 사회의 기반을 형성하는 것이다. 그리고 모든 이익이 거기서 합치하는 어떤 점이 없으면 아마 어느 사회이고 존재할 수 없었을 것이다. 사회는 오로지 이 공통의 이익에

688) L. Althusser, 앞의 글, p.118.
689) Rousseau, III: 360.

입각하여 다스려지지 않으면 안 된다."[690]

사회의 현실적 동일성은 중간에 놓여 있는 가상적인 동일성의 부재 속에서만, 역으로 말해서, **급진적인 차이성들**의 있음 속에서만 형성될 수 있다. "부분사회들"의 사회는, 곧 부분사회들에서 시작하는 사회, 비(非)민주적 사회이다. 사회의 탄생은 사회들의 대립들이 아니라 특수 이익들의 급진적인 차이들을 전제로 한다. 루소는 "일반의지는 잘못할 수 없다"는 장에서 원칙적인 시원적인 규칙을 반복하고 분명하게 말한다.

> "일반의지가 충분히 표명되려면 국가 안에 부분적 사회가 존재하지 않고 가가 시민이 자기 자신의 의견만을 말하는 것이 중요하다."[691]

본질적으로 제한되고 축소된 "다원성"을 주장하고 있는 "다원주의적" 정치이론[692]과는 대조적으로 루소는 원칙상 규범적으로 급진적 다원성을 설정하고 있다. 곧 정치적 몸이 시원적으로 탄생할 때 사회들이 아니라 오직 하나의 사회만이 있었다는 것이다. 이러한 원칙적인 이론적인 맥락에서는 사회는 국가와 분리불가능하다. 부분사회들의 매개는 원칙적으로 위험성을 내재하고 있다.

여기에서 우리는 정치적 몸의 매개과정을 설명하기 위해서 원칙적 · 인식론적 차원이라 부르는 것과 현실주의적 · 사회학적 차원이라 부르는 것을 구별하고자 한다. 전자는 사회와 국가의 직접적인 소통을 의미하고, 후자는 사회와 국가 사이에서 부분사회들의 매개가 있는 것을 말한다. 정치적 몸이 탄생할 때 급진적 차이성들이 있다는 것은 전체 인민의 총체적 위기가 있는 것을 말한다. 위기 속의 인민은 자기 자신을 국가와 사회로서의 인민으로 지양시킨다. 이와 같은 정치와 정치적 이론의 근본 명제를 루소는 그로티우스(Grotius)를 해석하면서 다음과

690) Rousseau, III: 368.
691) Rousseau, III: 372.
692) Winfred Steffani, *Pluralistische Demokratie*, Opladen, 1980.

같이 설명한다.

"인민은 자기를 왕에게 줄 수 있다고 그로티우스는 말한다. 그러므로 그로티우스에 의하면 인민은 자기를 왕에게 주기 전에 먼저 인민인 것이다. 이 증여행위 그 자체가 시민으로서의 행위인 것이다. 그것은 인민의 의결이 전제가 되고 있다. 그러므로 인민이 왕을 선택하는 행위를 살피기 전에 **인민이 인민이 되는 행위**를 살펴보는 것이 좋다. 이 행위는 필연적으로 다른 행위보다 먼저 있을 것이며 이것이야말로 사회의 참된 기초이기 때문이다."[693]

원칙적인, 일차적인 정치적 조처(행위)와 이차적인 정치적 조처(행위)를 구별하면서, 즉 인민이 되게 만드는 조처와 인민이 왕을 선택하게 하는 조처를 구별하면서, 루소는 모든 계약들은 시원적 계약에로 되돌아간다는 자신의 명제를 분명하게 정리하고 있다. 시원적 계약(일차적 약정)의 민주주의는 민주주의의 시원이다. 원칙적 조처, 곧 인민이 인민이 되게 하는 일차적 조처는 급진적으로 민주주적이다. 이와 같은 일차적인 조처는 완전히 정치적이다. 사회화와 국가형성은 동일하다. 페처가 예리하게 통찰하고 있듯이 루소의 의미에서 인민은 인종적인 개념이 아니라 정치적인 개념이다.[694] 그것은 완전히 정치화된 그리고 동시에 정치화하는 구체적인 공공성이다.

"결사의 행위(l'acte d'association)는 공공과 개개인사이의 상호적 약속(engagement réciproque)을 포함한다."[695]

인민은 자기 자신의 위기를 정치적으로 극복하는 데 참여하는 정치적인 공공성이다. 위기 속의 인민을 건강한 정치적 몸으로 전형시키는

693) Rousseau, III: 359; 강조는 필자.

694) I. Fetscher, *Rousseaus politische Philosophie*, 앞의 글, p.129.

695) Rousseau, III: 362; Fetscher, 앞의 글, p.108을 참조하라.

조처는 **처방으로서의 법**, 더 구체적으로 표현하면 **약으로서의 법**을 포함하고 있다.

"사회계약은 계약 당사자의 본존이 목적이다. 목적을 바라는 자는 수단도 바란다. 그리고 그 수단은 얼마간의 위험, 거기에다 얼마간의 손해와 떼어놓을 수가 없다."[696]

정치적 몸이 탄생하는 순간에서의 정치적 조처는 목적과 수단의 비분리성 때문에 이미 **정치적이다**.

"사회계약으로 우리는 존재와 생명을 정체에 주었다. 이제는 입법으로 그것에 운동과 의지를 주는 것이 문제가 된다. 왜냐하면 그 정체를 만들고 결합하는 그 첫 행위는 정체가 스스루를 부존하기 위해서 해야 하느 일에 대해서는 아직 아무 결정도 하지 않았기 때문이다."[697]

총체적 위기, 시원적 독에 대한 시원적 비판으로서의 약은 이미 정치적 몸의 헌정하는 구성요소이지만 그것은 대상독으로서 그러하며 이 대항 독의 자기지양은 오직 총체성과의 관련성 속에서만 이해되어야 한다. 총체성과의 관련성이 상실된다면, 문제들의 해결이 다시 문제를 낳을 수 있거나 문제들을 전이시킬 따름일 수 있다.[698]

『사회계약에 대하여』 제2권 제6장 "법에 대하여"에서 루소는 법을 정의하면서 법의 총체성관련성을 다음과 같이 논술하고 있다.

"온 인민에 대한 (법의) 결정을 할 때 온 인민은 자신 밖에 생각지 않는다. 이 때 어떤 관계가 이루어지더라도 그것은 어느 견지에서 본 대상 전

696) Rousseau, III: 376.
697) Rousseau, III: 378.
698) J. Derrida, *La Dissémination*, Edition de Seuil, 1972; 영어번역본 *Dissemination*, The University of Chicago Press, 1981.

> 체가 다른 견지에서 본 그 전체에 대한 관계이며 하등 전체의 분할이 일어나는 것은 아니다. 그 때 결정의 대상이 되는 것은 결정을 하는 의지와 마찬가지로 일반적이다. 내가 법이라고 부르는 것은 이 행위이다."[699]

법은 이중적 일반성[700]을 가진다. 즉 그 형식과 내용에서 일반적이라는 것이다. 법의 이 이중적 일반성은 다음과 같이 명제적으로 표현되고 있다.

> "법의 대상은 언제나 일반적이라고 내가 말할 때 그 뜻은 법은 백성들을 한덩어리로 그리고 행위를 추상적인 것으로 생각하는 것이지 결코 사람을 개인으로서 그리고 행위를 개별적인 것으로서 생각하지는 않다는 것이다."[701]

법의 일반성은 법의 형식의 일반성, 즉 인민집회(Volksversammlung)의 그것이며 그 대상, 그 내용, 즉 이익의 일반성이다. 법의 이중적 일반성을 알튀세르는 다음과 같이 상세하게 분석하고 있다.

> "1. **전체 인민이** 전체 인민을 위하여 선언할 때 법의 일반성은 그것의 **형식의** 일반성이다. 전체 인민 = 온 인민(The whole people = the entire people) 자신을 특수적 의지들로부터 추상화하면서 자력으로 하나의 '몸'으로서 선언하기 위해 결집했다. 이 몸의 의지가 일반의지이다. 그러므로 우리는 법의 일반성 = 일반의지라고 쓸 수 있다.
>
> 2. 전체 인민이 **전체 인민을 위하여** 선언할 때, 법의 일반성은 그것의 **대상**의 일반성이다. 법의 대상은 모든 특수성(행위, 개인)으로부터 추상화되면서 오직 그 자체만을 고려하는 것으로서 하나의 몸으로서, '전체 인민'이다. 우리는 법의 대상의 일반성 = 일반적 이익이라고 쓸 수 있다.

---

699) Rousseau, III: 379.
700) Althusser, 앞의 글, p.147.
701) Rousseau, III: 379; 강조는 필자.

그리하여 법의 통일성은 **일반적 의지 = 일반적 이익**이라고 쓸 수 있는 것이다."[702]

"일반의지 = 일반이익"이 타당하다면 일반적 이익이나 의지와 특수적 이익이나 의지를 구별하는 것을 분명하게 강조하는 것이 중요하고, 의미 있다. 우리는 앞에서 동일성과 차이성의 변증법을 이익의 개념의 관점에서 해석하면서 밝힌 바 있듯이 일반의지의 경우에서도 정치의 패러독스가 있다.

"인민이 충분한 정보를 가지고 심의할 때 만일 시민이 서로 의지를 조금도 전하지 않는다면 사소한 차이가 많이 모여서 언제나 일반의지가 결과하며 그 결의는 언제나 좋은 것일 것이다."[703]

특수한 이익들의 급진적 차이들이 일반적 이익의 동일성을 낳게 하듯이 일반의지는 급진적 차이들의 총체적 대립들을 전제로 하고 있다. 특수한 이익들이 모순적으로 생성되기 이전에는 정치적 몸의 의지에서 일반의지의 필요성이 없는 것이다. 일반의지의 표명은 탈역사적이거나 존재론적으로 형이상학적이 아니라 정치적으로 이해되어야 하고, 인민은 한편으로는 정당한 충분한 정보를 가지고 있어야 하며 "계몽"에 대한 이데올로기비판적인 급진적인 계몽을 하고 "부분결사체(들)"[704]의 배타적인 매개를 허용하지 않을 것이 필요하다.

법은 일반의지의 표명이다.

"주권자는 입법권 이외의 아무런 힘도 없으므로 법에 의해서만 행동할 수 있다. 더욱이 **법은 다름 아닌 일반의지의 본래적 행위**이므로 **인민은 집회했을 때만** 주권자로서 행동할 수 있을 것이다."[705]

---

702) Althusser, 앞의 글, p.147.
703) Rousseau, III: 371.
704) Rousseau, III: 371.

인민집회는 일반의지의 본래적 행동으로서 법을 주지, 자연법으로부터 나오는 법이 입법권력을 정초 짓는 것이 아니다. 법은 영원하지 않고 지속적이다. 곧 법은, 일반의지의 본래적 행동으로서의 인민집회의 **현시하는** 동안에만 **표명**(énoncer)되어질 수 있는 것이다.

> "법은 본래 시민적 결합(l'association civile)의 조건 이외에 아무 것도 아니다. 법을 따르는 인민이 그 제작자가 되어야 한다. 사회의 여러 조건을 규정하는 것은 결합하는 사람들에게만 속하는 것이다."[706]

여기에서 우리는 이러한 사전지식을 가지고 알튀세르가 루소의 사회계약론의 네 가지 불일치점이라 명명하고 비판적으로 분석한 것을 비판적으로 재구성하고자 한다. 이것을 루소의 사회계약론의 이론적 구조를 해명하는 데 이바지할 것이다.

알튀세르가 루소의 사회계약론에서 비판적 의도를 가지고 확인하려 했던 불일치들은 네 가지로 구별할 수는 있지만 각각 별도의 것으로 분리되지는 않는다. 그것들은 비판적 위기학에 있어서는 시원적 개방성에 근거해 있는 정치의 패러독스라고 우리가 부르는 그것의 구체적인 표현들이다. 알튀세르는 국가구성의 출발점으로서 급진적 차이들을 통찰하고 있다는 점에서는 홉스와 루소의 동일성을 잘 간파하고는 있지만 그 스스로가 표현하고 있는 불일치들의 이론적 구조에 대해서는 눈멀었던 것이다. 그것의 깊은 의미는 루소가 홉스와 어떠한 점에서 차이가 있는지를 잘 보여주는 것이다. 루소의 현재는 홉스의 계약이론의 출발점과는 다르게, 존재론적인 폐쇄성이 아니라 역사적으로 생산되었으며, 따라서 재생산될 수 있는 구체성을 의미한다. 이 네 불일치들은 이론적으로 초계약이론적 논리를 계약이론적 언어로 표현하는 데에서 발생하는 것이다. 달리 말하면, 그것들은 계약언어를 재구성하는

705) Rousseau, III: 423; 강조는 필자.
706) Rousseau, III: 310 그리고 III: 380을 참조.

가운데 계약이론들을 비판위기학적으로 전형하는 데에서 오는 것이다. 루소의 『사회계약에 대하여』는 계약이론의 사회이론과/ 혹은 국가이론을 비판적으로 전형하고 있다. 이러한 비판적 전형에 조응하여 우리는 루소의 네 불일치들을 알뛰세르가 명명하고 비판적으로 분석한 것을 비판적으로 전형시키고자 한다.

루소의 사회계약론에서는 불일치들이 사실상 있다. 하지만 나는 알뛰세르가 해석하고 주장하는 것과는 다르게 해석하고 정초 지을 것이다. 첫 번째 불일치는 계약에 있어서 수용자 측들[707] 사이에, 즉 개인과 공동체, 정치적 몸 사이에 있다. 알뛰세르는 불일치 I을 다음과 같이 부정적 의도를 가지고 표현하고 있다.

> "모든 계약에서는 계약의 행위 이전에 그리고 그 밖에서 두 수용하는 측들(이것을 RP라 표기한다)이 있다. 루소의 계약에서는 오직 RP 1[708]만이 이러한 조건들에 충족하고 있다. RP 2[709]는 이와는 반대로 이 조건들로부터 벗어난다. 계약 이전에는 매우 그럴만한 이유 때문에 그것이 존재하지 않는다. 곧 그것 자체가 계약의 생산물이기 때문이다. 여기에서 사회계약의 패러독스는 두 RP들[710]을 함께 가져온다는 것으로서 그 하나는 계약 이전에 그리고 그 밖에 있는 것이고, 다른 하나는, 그것은 계약의 생산물 그 자체인 한에서, 더 잘 표현한다면 계약의 대상, 계약의 목적인 한에서, 그렇지 않은 것이다."[711]

법률적인 계약언어와 루소의 정치이론의 내용적 표현 사이의 불일치가[712] "루소의 계약이론"의 구성요소들 사이의 불일치를, 다시 말해서,

---

707) Althusser, 앞의 글, p.128.
708) 개인을 말한다.
709) 공동체를 말한다.
710) 개인과 공동체를 말한다.
711) Althusser, 앞의 글, p.129.
712) 루소 스스로가 자신의 정치적 이론의 초법률적 특성에 대해 지적한 바 있다. Contract Social, 앞의 글, Band I, p.7 참조하라.

개인과 공동체 사이의 그것을 설명해 준다. 알튀세르가 비판적으로 루소의 불일치로 확인하고 분석하고 있듯이 해석된다면 계약 행위 이전에는 그리고 그 밖에서 존재하는 개인이라는 한 측이 있으며, 계약의 귀결에 따라 결하는 또 하나의 측인 공동체가 있다면, 그 불일치는 부정적인 것이다. 하지만 계약 동안에 개인은 불변하며 그대로 남아 있는 것인지 공동체는 계약 이전에 이미 대상화된 측을 의미하는 것인지에 대해서는 알튀세르에게 있어서 불투명하게 남아 있다. 개인은 정치적 몸의 재구성에 능동적으로 참여해야 하는 동안에 개인의 자연 그 자체가 '탈자연화되는 것이며, 그리하여 공동체는 끊임없이 탈자연화되는 개인에 내재화되는 것이다. 개인과 공동체의 "계약"은 그 진정한 현실화에 있어서 자기 자신과의 본래적인 계약 이외에 다름 아니다. 루소주의적 정치적 계약의 또 다른 측은 홉스의 경우와 같은 또 다른 개인도 아니며 알튀세르의 루소해석에서와 같은 이미 고정되어 있는 공동체도 아니다. 하워드 셀(Howard R. Cell)의 매우 훌륭한 논술 〈루소의 고리를 끊기〉는[713] 알튀세르의 루소해석과[714] 대결하려고 시도하고 있는데, 루소의 측을 그가 공동체를 상호세대적 현상[715]으로서가 아니라 결혼한 가족으로, 즉 개인들로 성립되는 것으로 가정하고 있는 한에서 오해를 저지르고 있다고 말할 수 있겠다. 셀은 정치적 진리의 규칙의, 법의 그리고 개인의 "측"으로서의 정치적 몸의 개념화의 내재화의 변증법적 동일성을 충분하게 예리하게 포착하지 못하고 있는 것이다. 이러한 맥락에서 루소주의적 초계약이론적 계약은 **형식**의 면에서는 교환메커니즘으로서 그리고 이와 동시에 **내용**의 면에서는 정치적 공동체의 항상적 재구성을 위한 정치적 실천으로서 기능하고 있는 것이다.[716]

---

713) Howard R. Cell, "Breaking Rousseau's Chains", in: *Revue de l'université d'Ottawa Quarterly*, Vol.49, Nos 3-4, pp.412-422, 특히 pp.419f.

714) 이와 연관하여 Andrew Levine, *The Politics of Autonomy: A Kantian Reading of Rousseau's Social Contract*, Amherst: University of Massachusetts Press, 1976, 참조.

715) Althusser, 앞의 글, p.420.

제2불일치 혹은 불일치 II는 특수한 이익과 일반적 이익 사이의 불일치를 말하는 것으로서 제1불일치와 동일한 이론적 구조를 가지고 있다. 그것은 정치적 몸의 변증법적 논리를 이익이론적으로 재정리한 것에 조응하는 것이다.

제3불일치 혹은 불일치 III은 사회학적으로 흥미롭고 중요한, 다원주의적 이익단체들과 조직체들의 문제들과 관련되어 있는 것으로서 "중간사회"의 (원칙적인) 이론과 실천의 루소주의적 원칙적인 부정에 대한 알튀세르의 비판을 함의하고 있다. 이 알튀세르주의적 비판은, 그것이 중간사회에 대한 원칙적인 인식론적인 비판을 주장하는 루소의 주장을 근본적으로 오해하고 있다는 한에서 정당하지 못하다. 이 제3불일치는 알튀세르에 의하면 "모든 집단들, 질서들, 계급들, 당들, 등등의 억압"[717]을 이론화한다고 하는데, 해로운 중간사회와 유용한 중간사회를 구별한 마키아벨리의 관섬을 루소의 현실주의적 사회학적인 상상력이 주목하고 있다는 점에서[718] 알튀세르가 루소를 비판하는 것은 정당하지 못할 수 있다. 알튀세르가 이렇게 잘못 해석하고 있는 것은 근본적으로는 루소주의적 결사이론의 인식론적인 원칙적인 차원과 현실주의적인 사회학적인 차원의 차이를 그가 주의 깊게 통찰하지 못하고 간과하고 있기 때문이다.

루소에 있어서는 진정한 결사는 일반적이어야 한다. 즉 결사의 관념이 특수성의 그것과 유화한다는 것은 규범적인 의미에서 불가능하다. 루소의 결사이론은 일반적인 이익과 특수적인 이익 사이의 사회적 조화를 탐색한다.

현재가 역사적으로 구조화되고 있다면, 급진적 차이들은 동일성의 가능한 재구성을 내포하고 있다. 이 불일치들을 알튀세르가 부정적으로 판단하고 있는 것은 구조 그 자체의 역사성을 그가 제거시키고 있

716) 알튀세르가 불일치 II라고 부르고 있는 것 역시 불일치 I의 경우와 마찬가지로 비판적으로 전형될 것이다.

717) Althusser, 앞의 글, p.150.

718) Howard R. Cell, 앞의 글, p.415.

다는 근본적 이론적 태도에서도 발생하는 것 같다. 그는 이렇게 쓰고 있다.

> "입법의 조처(행동)은 각 '모멘트'마다 서로 결합되고, 반복되며, 그리고 재활동하는 사회적 계약 이외에 다른 것이 아니다. 인민을 인민으로 만들어 왔던 그 최상위의(primordial) '모멘트'는 역사적인 '모멘트'가 아니라 그것은 언제나 주권자의 조처들의 각각에서, 주권자의 입법적 결정들의 각각에서 일반의지의 표현을 담고 있는 언제나 현재적인 최상위의 '모멘트'이다. 하지만 일반의지는 일반의지의 대상이, 즉 일반적 이익이, **존재하고 있기** 때문에만 존재하려고 할 것이다."[719]

알튀세르가 루소를 두고 "원칙상 일반의지는 특수한 의지들의 결과"[720]이라고 해석하고 있다면, 일반의지는 물론 특수의지의 역사적인 폐쇄성뿐만 아니라 구조적인, 불변의 폐쇄성도 그 경우 전제되어 있는 셈이다. 하지만 이것은 루소의 사례에는 해당하지 않는다. 루소가 급진적 차이들과 중간사회적 차이들을 원칙적으로 구별하는 것은 그것이 의지이든 이익이든 동일성과 차이성의 과정성을 지시하고 있다. 즉 그것은 계약과정에서 전형적이다. 알튀세르가 총체적 모순이라 명명하고 있는 바, 즉 "특수 이익이 일반이익의 본질(essence)이지만 그것은 또한 일반이익에 장애이기도 하다"[721]는 것은 그가 역사성이론을 무시하고서 구조주의적 이론을 정초하는 데에로 귀착하는 것이다. 알튀세르는 루소에 있어서 이익의 과정적 전형의 자연을 이론적으로 잃어버림으로써 루소에 대한 그의 "이론적 실천"은 오해로 들어간 것이다. 그의 "이론적 실천"은 고립되어 있는 각 개인의 특수한 이익과 사회적 집단들의 특수한 이익의 차이를[722] 소박하게 "말장난"으로 치부해버리고, 그

719) Althusser, 앞의 글, p.148.
720) Althusser, 앞의 글, p.149.
721) Althusser, 앞의 글, p.151.
722) Althusser, 앞의 글, p.151.

리고서는 불일치 III이라 명명하고 있는 것이다. 그 차이는 인식론적으로 정치적 재현(대표)가 이론적으로 정초될 수 있게 하는 재현가능한 질서의 부재를 의미하고, 사회학적으로는 다원주의적 조합을 통해서만 매개되는 것의 위험성을[723] 뜻한다.

동일성과 차이성(들) 사이의 관계는 "거울 반영"의 관계가[724] 아니라 완전히 역사적이고 전형적인 것이다. 루소주의적 정치적 이론의 알튀세르의 예리한 **구조적** 해체는 **발생적** 동학에 대해서는 무디다. 우리가 이 점을 고려한다면, 역사적 현재의 양립성 속에서 과거의 신화가 합리적 계몽으로 전형될 수 있음을 알 수 있게 될 것이다. 일반적인 의지가 현재적으로 이데올로기적 의미에서의 신화가 더 이상 아니고 오히려 계몽된 약정성이다. 이에 대해서는 우리는 입법자문제를 논의할 때 다시 되돌아올 것이다. "특수 이익/일반 이익이라는 쌍"[725]은 "거울"의 관계도, "이데올로기"의 관계도 그렇다고 "신화"의 관계도 이니다. 알튀세르가 불일치 IV라 부르고 있는 바, "이데올로기로의 비상"은 루소에 있어서는 다른 불일치들을 비관주의적으로 **전이적으로(verschiebend)** 지양시키기 위해서 "유명한 중간매개집단들의 이른바 '특수한', 즉 사회적인 '이익'의 전염(contagion)에서 특수 의지를 보호하는 유일한 수단"[726]이 아니다. 이데올로기에로의 비상은 알튀세르의 해석에 있어서 이데올로기적 전이이고, 이것의 유일한 현실적인 전이는 알튀세르에 의하면 "불가능한 이론적 해결책을 이론, 문학에 대한 대안으로 전환시키는 것"[727]이다. 이것은 롤랑 바르트(R.Barthes)가 이데올로기의 유일한 가능한 극복책으로서 그것의 미학화를 주장하였던 바와 비슷한 것이다. 알튀세르주의에서는 진리와 이데올로기의 융합이 일어나고 있듯이, 이

---

723) Claus Offe, "Korporatismus als Systeme nicht-staatlicher Makrosteuerung? Notizen über seine Voraussetzungen und demokratischen Gehalte", in: *Geschichte und Gesellschaft* 10(1984), H.2, pp.234-256 참조하라.

724) Althusser, 앞의 글, p.152.

725) Althusser, 앞의 글, p.152.

726) Althusser, 앞의 글, p.157.

727) Althusser, 앞의 글, p.160.

데올로기 문제틀의 미학적 전이가 전개되고 있다. 그것은 비판위기학이 주장하는 이데올로기비판과는 근본적으로 다른 것이다.

루소에 의하면, "부분적 결사체"(ban on partial associations)은 시민들이 결사체와 직접 소통하여 구성(헌정)되는 원칙적인 결사체와 "벽돌"(briques)과는 다른 것인데, 그것이 관심을 가지는 것은 "폭력에 의한 일반의지의 침묵이 아니라 바른 결과에 이르지 못하게 하는 평화롭게 약정한 절차의 실패"[728]이다. 루소는 부분적 결사체의 현실주의적 이론을 정초 짓고 있다. 이것은 마키아벨리가 "amici", 즉 국가에 유용하게 공적 방법들(예컨대 국가에 봉헌하는 일)에 의한 평판을 얻는 지도자들과 "sètta"의 "partigiani"를 분할하는 것을 지지했던 그러한 이론과 유사하고, 이 경우 이익집단의 일련의 특별한 종류가[729] 실제적 사회적 집단들의 이익들이 환원불가능하게 현존한다는 것을 이론적으로 억압하는 것이[730] 아니다. 루소는 〈달랑베르에게 보낸 연극에 관한 편지〉(1758년)에서 시민의 공화국적 인륜성과 도덕성을 심화시키기 위해서 제네바의 사회적 조직들의 기능들을 부상시키고자 했다.

> "정부의 형태와 연결되어 있는, 그리고 그것을 보지하는 데 이바지하는 실천들(즉 부분적(당파적) 결사체들)이 발견되지 않고서도 잘 헌정되어 있는 국가는 없다."[731]

루소의 사회계약론에서 주장의 핵심은 "부분적 결사들"이 있다면 개인이 일반적 의지에 복종하지 않으려 한다는 것을 말하려는 것이 아니라 일반적 의지가 그 경우 잘못 표명될 수 있다는 것을 주장하려는 데

---

728) John C. Hall, *Rousseau. An Introduction to his Political Philosophy*, Cambridge, Massachusetts, 1973, p.132.

729) John C. Hall, 앞의 글, p.136.

730) H. R. Cell, 앞의 글, p.416.

731) J. -J. Rousseau, *Letter to M.D'Alembert on the Theatre*, transtated by Allan Bloom, Ithaca: Cornell University Press, 1968; H. R. Cell, 앞의 글, pp.415f에서 재인용.

있다.[732]

환자인 인민이 동시에 의사라는 비판위기학적 명제는 위기 속에 있는 법을 필요로 하는 정치적 몸이 더 이상 법이 필요하지 않는 결사의 유토피아로 전형되기 위해서는 법의 직접적인 생산을 요구한다. 인민이 자기 자신을 지배한다는 것은 법의 지배로서의 지배로부터 자유로운 정당한 지배 혹은 자유이다. "스스로 부과한 법에 복종하는 것이 자유이다."[733] — 유명한 이 루소의 표현은 루소를 전체주의의 정치철학자로 독해하게 만들었던 언어이지만, 몸의 의술적 은류론이 다면적으로 활용되고 있는 루소주의적 정치적 이론의 지배의미론에서 나오는 것에 불과하다.

루소에 있어서는 법은 "일반적 이익의 대상에 대한 일반적 의지의 공적인 축제적인 선언"[734]으로서 그 이전의 법사상가 몽테스큐(Montesquieu)의 『법의 정신』과는 다르게 반(反)형이상학적으로 규정되고 있다. 몽테스큐의 『법의 정신』에서는 법은 "광범한 의미에서, 사물의 자연에서 흘러나오는 필연적인 관계들"[735]이다. 루소에서는 법은 실용론적으로 오직 행동과 관련하여서만 이해되고 있다.

> "법은 오직 외부로부터 작용하고 단지 행위만을 규제한다."[736]

자연의 위험한 대체[737]로서의 법은 약처럼 양립적이다. 그것은 단순히 "차이(의 생산)", "차이의 차이"[738]가 아니라 사회적 총체성을 근거로 해서 대항차이성들로서의 차이성들을 생산함으로써 동일성을 재생

---

732) J. C. Hall, 앞의 글, p.132.
733) Rousseau, III: 365.
734) Rousseau, III: 807f.
735) Ch. L. Montesquieu, *Esprit des Loix,* UTB-Ausgabe667, p.96의 역주 Nr.34.
736) Rousseau, III: 555; 또한 Rousseau, III: 554f를 참조하라. 그리고 루소의 〈정치 단상들(Fragments politiques)〉에서 제 xvi장 단상 Nr. 2와 Nr. 4를 참조하라.
737) Derrida, 앞의 글(영역본), p.110 참조.
738) Derrida, 앞의 글, p. 127.

산하는 것이다. 그러므로 루소주의적 "약학적(parmaceutical) 작동은 그 자체로부터 자신을 배제해야 하는 것이지만"[739] 그것은 어디까지나 항상 정치적 몸으로서의 구체적인 공적인 것의 비판적 능력과 관련해서 그러해야 하는 것이다. 의사의 행동은 오직 법을 통해서만 가능하다. "법 밖에서는 어떠한 권위도 없다."[740] 입법적 권력은 우리가 **원칙적 권력**이라 명명할 수 있는 것인데, 주권자로서의 인민, 국가와 사회에 속한다. 법을 실행하는 권력, 행정적 권력은 우리가 **이차적 권력**이라 명명할 수 있는 것으로서, 정부에 속한다. 이차적 권력은 항상 일차적 원칙적 권력에 의존해야 한다. 발생적으로든 기능적으로든. 동일성과 차이성의 개방적 변증법이 인간적 차이성들을 통한 동일성의 재구성을 요청하듯이, 인민은 정부, 재현자(대표자)를 필요로 하지만 일차적 권력을 파괴해서는 안 된다. 대표(재현)한다는 것은 일차권 권력의 재현이다. 달리 말하면 그것은 차이이다.

> "주권인 입법권력은 집행하는, 즉, 법을 특수한 행위로 변용하는 또 하나의 권력을 필요로 한다. 제2의 권력은 법을 항상 집행하고, 그렇지만 오직 법만을 집행하는 양식을 수립해야 한다."[741]

일차적 권력과 이차적 권력의 차이는 항상적으로 재구성될 수 있으며 그러해야 하는 전체성과 오직 일차적 권력에 대한 밀접한 준거 속에서만 있는 개별성 사이의 차이를 함의한다.

루소는 정부와 국가를 재현가능성의 문제틀에 따라 구별하고 있다. 국가를 헌정하는 주권성은 재현불가능하다.

> "주권은 양도될 수 없다. 이와 똑같은 이유로 주권은 대표될 수 없다. 주

739) Derrida, 앞의 글, p.128.

740) J. -J. Rousseau, *Jean-Jacques Rousseau Schriften in zwei Bänden*, herausgegeben von Hennig Ritter, München/Wien, 1978, Band II, p.199.

741) Rousseau, III: 808; 강조는 필자.

권은 본질상 일반의지 속에 있다. 더욱이 일반의지는 결코 대표될 수 없는 것이다. 일반의지는 그 자체이거나 아니면 다른 것이기 때문이며 거기에는 결코 중간이 없다. 그러기에 인민의 대의원은 일반의지의 대표자가 아니며 대표자가 될 수도 없다. 그들은 인민의 사용인에 지나지 않는다. 그들은 아무것도 결정적인 결정을 내리지 못한다. 인민이 스스로 승인한 것이 아닌 법은 모두 무효이며 결코 법이 아니다."[742]

의지의 재현불가능성이 인식론적으로 정초되고 있는 것이다. 이와 함께 루소는 재현적이지 않는 정부를 정초하고 있다. 우리는 재현적인 매개의 인식론적 이론과 사회학적 재현을 구별해야 한다.

인민의 소리의 구체적 표현, 법의 생산 및 재생산은 재현을 가능하게 하는 형이상학적인 진리질서를 전제로 하지 않는다. 직접민주주의 대신에 대의제민주주의의 이론과 실천을 확산시킬 수 있게 해 주는 재현의 인식론은 정당화 정치 밖에 있으며, 그것이 국가적으로 전체성을 재현하지 않는 한에서는 폭력을 정당화할 수 있을 것이다. 사회학적 재현은 자신의 권력의 정당성을, 전체 인민의 정치적 승인(합의)로부터 사회적 · 역사적으로 (재)생산되는 "진리"(episteme)의 재현불가능성에서 가진다.

재현불가능한 것과 재현가능한 것은 다르지만 정치적 몸의 정치가 의지와 권력의 공연이라면 동일해야 한다. 정부는 루소에 의하면 "행정권력의 정당한 행사"[743]로서 규정되는 것이지, 행정권력 그 자체로서 규정되는 것이 아니다. 그 정당성은 법을 제정하고 수용하는 구체적인 공적인 것에 있다. 정부의 기능은 정치적 진리, 법의 생산과 수용 사이의 매개이다. 입법은 이미 정치적 실천 이전에 존재론적으로 헌정되어 있는 죽은 법에서 시작하지 않는다. 그것은 살아 있어야 한다. "어제의 법이 오늘은 구속력이 없다."[744] 헌정되는 법을 헌정하는 법, 입법적

742) Rousseau, III: 429f.

743) Rousseau, III: 396.

744) Rousseau, III: 424.

권력은 역사적으로 개방변증법적이다.

4) 입법자의 진리

(1) 위험한 입법자

우리는 루소에 있어서 "입법자"의 두 개념을 구별해야 한다. 그 하나는 법을 제공하는 자로서의(Gesetz**geber**) 입법자이고, 다른 하나는 법을 표현하는 자로서의(Gesetz**verfasser**) 입법자이다.

입법자는 루소에 있어서는 인민 그 자신이다.

> "법을 따르는 인민이 그 제작자가 되어야 한다. 사회의 조건들을 규정하는 것은 결합하는 사람들에게만 속하는 것이다."[745]

중점에 서 있는 것은 『사회계약에 대하여』 제2권 제7장 "입법자에 대하여"(Du Législateur)[746]를 미학적 국가론의 방향에서든 전체주의적 민주주의론의 방향으로든 해석하는 것이다. 이 장에서 루소는 입법자를 입법표현자로서 규정하려 한다.

> "그러므로 법을 짜는 자는 아무 입법권도 없으며 또 가져서도 안 된다. 그리고 인민 자신도 만일 그것을 바라더라도 이 양도할 수 없는 권리를 버릴 수는 없다. 왜냐하면 근본 계약에 의하면 개개인을 구속하는 것은 일반의지뿐이며 개별 의지가 일반의지와 일치한다는 것은 개별 의지를 인민의 자유로운 투표로 맡긴 뒤에 비로소 확인할 수 있는 일이기 때문이다. 이에 대한 설명은 이미 했다. 그러나 그것을 되풀이해도 무용한 일은 아니다."[747]

---

745) Rousseau, III: 380.

746) Rousseau, III: 381ff.

747) Rousseau, III: 383.

법, 정치적 진리는 완전히 민주적이다, 즉 인민의 인민에 의한 인민을 위한 법이다. 이 경우 법표현자로서 입법자는 구체적 공론성의 비명시적(implizit) 합의를 명시적으로 언어적으로 표명하면서 자신의 이데올로기비판적 과학적 활동을 실천해야 하는 것으로 이해된다. 철학자들의 "계몽"의 눈멈(반계몽)은 이데올로기비판적으로 비판되어야 한다.

> "인민은 내버려두어도 언제나 행복을 바란다. 그러나 내버려두어도 인민은 언제나 행복을 안다고는 할 수 없다. 일반의지는 언제나 올바르지만 그것을 인도하는 판단은 언제나 계몽되어 있는 것은 아니다."[748]

(일반적) 의지와 판단 사이의 모순들이 사회적 문제들이 된다. 그렇다면, 아직은 계몽되지 못하고 있는 것이나 잘못된 계몽의 원인이 무엇인지 물을 수 있을 것이다. 루소는 "신부의 고백"에서 의지의 원인과 판단의 그것 사이의 관계를 다름과 설명하고 있다.

> "나는 자기 자신의 의지를 지각할 때만 의지라는 것을 인식하고 있는 것이다. 오성이란 것도 나는 이 이상으로 인식하고 있지는 않다. 여러분이 나의 의지를 결정하는 원인이 무엇이냐고 묻는다면 나는 내 판단을 결정하는 원인이 무엇이냐고 반문한다. 이 두 원인이 하나의 원인에 지나지 않는 것은 명백하기 때문이다. 만약 사람들이 인간의 판단에 있어서 능동적이라는 것 및 인간의 오성이란 비교하고 판단하는 능력을 말하는 데 불과하다는 것을 확실히 이해한다면 여러분은 인간의 자존심이란 것이 이에 유사한 능력 내지 그것에서 파생한 능력에 불과하다는 것을 알게 될 것이다. 인간은 진리를 판정했을 때에는 선을 택하고 있는 것이다. 만약 그 판단이 잘못되었다면 그는 악을 택한 것이 된다. 그러면 그 의지를 결정하는 원인이란 무엇일까? 그의 판단이 즉 그것이다. 그렇다면 그 판단을 결정하는 능력이나 결정적인 원인은 그 자신 속에 존재하는 것이다.

748) Rousseau, III: 380.

그것 없이는 나는 아무 것도 이해하지 못한다."[749]

의지를 결정하는 원인은 판단을 결정하는 원인 이외에 다름 아니다. 판단이 문제가 된다는 것은 곧 의지가 위기적이라는 것이다. 의지는 **항상 무엇에 대한** 의지이다. 그렇다면 판단의 눈멈은 의지가 자유에의 의지가 아니라 권력에의 의지일 것이다. 권력의 급진적 차이성들을 통해 특징되는 루소주의적 시원적 현재는 비교하는 것에 다름 아닌 국가이론적 판단의 시원이다. 『사회계약에 대하여』 제6장에서 자유 그 자체가 권력이라는 것, 혹은 총체성의 권력에의 의지는 국가와 사회를 유지하는 권력이 된다는 것을 분명히 하고 있다.

"그런데 사람은 새로운 힘을 만들어 내지는 못하고 다만 이미 있는 힘을 결합하여 방향을 잡아줄 수 있을 뿐이므로 생존하기 위해서 쓸 수 있는 수단으로서는 집합함으로써 저항에 이길 수 있는 힘의 총화를 이룩하여 그것을 단 하나의 원동력으로서 작용시켜 일치된 움직임을 하게 하는 것 이외에는 이제 아무 것도 없다."[750]

결사체는 판단의 "능동적, 적극적" 활동을 통해서만 가능한 권력의 전체사회적 결집과 자유로써 헌정된다. 판단의 이론에 대한 루소의 급진적 계몽은 자신의 본질적 토대를 사회이론에 두고 있다.

루소의 판단이론을 바르게 이해하지 않고서는 공론성과 입법표현자로서의 입법자 사이의 관계가 오해되거나 이해될 수 없을 것이다. "지각하는 것은 감지하는 것이고, 비교하는 것은 판단하는 것이다."[751] 루소에게 있어서는 비교하는 것이 지각의 수동과 비교되는 것으로서 판단의 **능동성**이고, "주목"(attention), "숙고"(méditation), "성찰"(réflexion), "사고"(pensée) 등으로 표현된다.[752] 판단의 구조는 지각이나 감

749) Rousseau, IV: 586.

750) Rousseau, III: 360; 강조는 필자.

751) Rousseau, IV: 571.

지와의 대립을 통해서 형성된다. 판단을 의지, 이성이나 지성 그리고 자유와의 밀접한 관계를 맺는다.[753] 폴 드만이 분명하게 통찰하고 있듯이, "판단의 행위는 차별성들이 통합적 계기들과 상호 관련되는 것에 근거해 있는 시스템들을 증진시킬 수 있는 가능성, 관계를 요청할 수 있는 능력과 상호 일치한다"[754]. 이러한 활동성은 비교하는 것이라 명명될 수 있는 것으로서 이론적으로, 과학적(학문적)으로, 계몽되어야 하는 성질의 것이다. 이와 같은 능동성은 "데카르트적 코기토에 내재되어 있는 연역적 힘"[755]그리고 "철학자들"[756]의 관점과는 반대로 본체적인 것이 아니라 실천적이고 정치적인 것이다. 판단의 능동성은 "대상들의 차이성이나 유사성에서 언표하기 위해서 한 대상을 다른 대상 위에 위치시키는 것으로서"[757], 실천적이다. 판단의 능동성은 이미 의지와 자유(권력)를 전제로 하고 있는데, 자신의 진리기준을 의지의 **대상**의 일반성과 그것의 형태의 일반성, 즉 이중적 일반성에서 설정한다. 이 점은 정치적 진리를 다룰 때는 특히 그러하다. "판단의 오류(error)는 어떠한 방식으로든 그 위치를 정할 수 없으며 확인될 수 없게"[758] 하는 "판단의 인식론적 양립성"[759]은 오직 인간학적으로 그리고 사회이론적으로만 지양가능하다. 인간학적으로 그러한 까닭은 "인간은 자신의 불행을 원할 자유가 없는 것처럼 자기 자신의 행복을 원하지 않을 자유도 없기 때문이다"[760]. 그리고 "광기는 권리(법)을 만들지 못하기 때문이다."[761] 사회이론적으로 그러한 까닭은 "부정의가 마음에 드는 것은 사람들이 그로부터 이용할 가치를 얻어내기"[762] 때문에 그렇다. 급진적

---

752) Rousseau, IV: 573.
753) Paul de Man, *Allegories of Reading*, 앞의 글, p.229.
754) Paul de Man, 앞의 글, p.232.
755) Paul de Man, 앞의 글, p.228.
756) Paul de Man, 앞의 글, p.233.
757) Rousseau, IV: 571을 Paul de Man, 앞의 글, p.232에서 재인용.
758) Paul de Man, 앞의 글, p.234.
759) Paul de Man, 앞의 글, p.236.
760) Rousseau, IV: 586 참조.
761) Rousseau, III: 58 그리고 22.

인 인식비판은 오직 사회이론으로서만 가능하기[763] 때문이다.

루소에 있어서는 네 가지 용어들(판단, 의지, 이성 그리고 자유) 사이에는 어떠한 내재적 우선이나 발생적인 연관관계도 없다.[764] 잘못된 판단, 비(非)일반성에의 의지, “계산하는 이성”[765] 그리고 자유의 오용[766]은 “어느 하나가 다른 것에서 도출될 수 있게 되어 있는 일관된 개념적 고리”[767]를 형성하고 있다. 폴 드만은 루소의 판단이론을 해체주의적으로 해석하고 있는데 루소의 준거성이 반형이상학적임을 잘 밝혀주고는 있지만, “강제 없는 그리고 지속될 수 있는 합의”[768]에 이르게 하는 이성의 상호주체성(상호주관성)의 이론적 준거들을 통찰하고 있지는 못하다.

루소는 『사회계약에 대하여』 제2권 제6장에서 정치적 진리의 상호주체적 정초를 이론화하고 있다.

> “분명 이성에서만 나오는 일종의 보편적 정의라는 것은 있다. 그러나 이 정의가 우리들에게 받아들여지려면 상호적이어야 한다.”[769]

의지뿐만 아니라 대상과의 관련 속에서 일반적으로 타당해야 하는 상호성은 바른 판단, 자유에의 의지, “(아름다운 그리고 객관적인 합리적인) 질서에 대한 통찰에서 나아가는”[770]이성 그리고 자유의 진정한 현실화(자유의 권력)를 정당화할 수 있다. 이성적 활동, **실천적** 이성으로서의 판단의 정당성은 일차적인 수동성에로 능동성을 소박하게 환원

---

762) Rousseau, IV: 596.
763) J. Habermas, *Erkenntnis und Interesse,* 4.Auflage, Ffm, 1977, p.9 참조.
764) Paul de Man, 앞의 글, p.229.
765) 루소의 완전히 서로 다른 두 이성들에 대한 보다 상세한 설명을 보려면, I. Fetscher, *Rousseaus politische Philosophie*, 앞의 글, pp.81ff.
766) Rousseau, IV: 587.
767) Paul de Man, 앞의 글, p.230.
768) Habermas, 앞의 글, p.121.
769) Rousseau, III: 378.
770) Fetscher, 앞의 글, p.82.

시키는 데 있는 것이 아니라 판단 **능동성**의 **대상**과 동시에 그 **형태**의 일반화에, "의지의 전체성이 대상의 그것과 재통합하는 데"[771] 있다. 이 경우 대화하는 상호주관성만이 있으며, 고독한 나는 없다.

여기에서 루소와 관련하여 내가 제기하고 있는 상호주관적 이성이라는 명제에 대해서 피상적으로 읽는 독자가 제기할지도 모르는 의문 하나를 미리 짚고 넘어가야겠다. 곧 그것은 어째서 상호적 정의가 상호적 이성으로 번역될 수 있는 것인가 하는 의문이다. 사회적 상태에서는 "사회"가 "자연"의 위험한 대체인 바와 같이 "정의"는 "본능"의 위험한 대체로서 기능한다. 『사회계약에 대하여』 제8장 "시민적 상태에 대하여"에서 루소는 본능의 대체로서의 정의에 대한 자신의 관점을 분명하게 논술하고 있다.

> "자연상태에서 사회상태로의 이 추이는 사람 속에 매우 주목할 만한 변화를 가져온다. 사람의 행위에 있어서 본능을 정의로 바꾸어 놓고, 그 때까지 없던 도덕성을 그 행동에 주는 것이다. 이때에 이르러서야 비로소 의무의 소리가 육체의 충동을 해체시키고 권리가 욕망과 교대하여 인간은 그 때까지 자기만 생각하고 있었으나 과거와는 다른 원리에 의해서 움직이고, 자기의 기호에 물어보기 전에 이성과 의논하지 않으면 안 되게 되어 있다는 것을 깨닫는다. 이 상태에서 그는 자연으로부터 얻고 있던 많은 이익을 잃지만 그 대신 매우 큰 이익을 얻는 것이므로 그의 능력은 단련되어 발단하고 그의 사상은 넓어지며 그의 감정은 고상해지고 그의 영혼 자체가 고양된다. 만일 이 새로운 상태의 악용이 그가 빠져 나온 원래의 상태 이하로 그를 타락시키는 일이 별로 없다면, 원래 상태로부터 그를 영원히 떼어놓아 어리석은 열등동물에서 지성 있는 것, 즉 사람으로 만든 이 행복한 순간을 끊임없이 축복할 것이 틀림없다."[772]

---

771) Rousseau, III: 379.

772) Rousseau, III: 364.

루소에 따르면, 자연적 상태에서는 본능이 정의의 원칙으로서, 물론 일차적 자연의 정의로서 기능하는 반면에, "시민적 상태"에서야 이성은 관철될 기회를 비로소 가지는 것이다.[773] 오직 이성에 따르는 보편적 정의가 있다[774]는 루소의 문장은 이러한 맥락에서 "시민적 상태"에서의 정의의 원칙은 더 이상 일차적 자연의 본능에서가 아니라 이성에서 구성되는 것임을 말하고 있는 것이다. 본능의 자리를 대신하는 그 정의는 폭력으로부터도 형이상학적인 진리질서로부터도 만들어지는 것이 아니고 오직 이성으로부터 만들어지는 것으로서 상호적이어야 한다. 이렇게 하여 루소는 고독한 내가 접근하는 이성의 이론을 비판하고 있다. 이 점은 그가 정치적 몸의 원칙을 고려할 때 특히 그러하다. 루소에 있어서는 정치적 몸이 헌정되게 하는 진정한 이성은 이성의 상호성 혹은 "관점들의 상호성"[775]을 가져야만 한다. 역으로 말하면, 비상호적인, 고독한 이성은 정치적 몸을 충분하게 정초지을 수 없다. 루소는 "철학"의 개인주의적으로 주조된, 고독한 이성을 비판하고 있는 것이다.

> "자기사랑(amour propre)을 낳는 것은 이성이고 그것을 강하게 하는 것은 반성이다. 이 반성에 의해 이간은 자기를 돌아보고 또 자기를 방해하고 괴롭히는 모든 것으로부터 벗어난다. 인간을 고립시키는 것은 철학이다. 인간이 괴로워하고 있는 사람을 보고 너는 망하고 싶거든 망해버려라, 나는 안전하다 하고 몰래 말하는 것은 철학의 덕분인 것이다. 철학자의 곤한 잠을 깨우고 그를 잠자리에서 끌어내는 것은 역시 사회 전체에 관련되는 위험 외에는 없다. 사람은 철학자의 창문 밑에서 그 동포를 죽여도

---

773) Jean-Jacques Rousseau, *Gesellschaftsvertrag*, übersetzt durch Hans Brockard, Reclam-Ausgabe, Stuttgart, 1980, p.158의 역주 33.

774) Rousseau, III: 378.

775) Alfred Schütz의 말인데, Richard Grathoff, "Das Problem der Intersubjektivität bei Aron Gurwitsch und Alfred Schütz", in: Richard Grathoff/B.Waldenfelds(Hg.), *Sozialität und Intersubjektivität. Phänomenologische Perspektiven der Sozialwissenschaften im Umkreis von Aron Gurwitsch und Alfred Schütz*, München, 1983, pp.87-120, 여기에서는 p.93에서 재인용.

철학자에게 잔소리를 듣지는 않는다. 철학자가 자기와 살해될 자를 동등하게 보려고 마음속에서 반항하는 자연을 멎게 하려면 귀에 두 손을 대고 이치를 조금 따지기만 하면 된다. 야생적 인간(homme sauvage)에게는 이와 같은 뛰어난 이성이 없기 때문에 그는 언제나 인류 최초의 감정에 경솔하게 몸을 맡기는 것을 볼 수 있다. 폭동이나 거리에서 싸움이 일어났을 때 모여드는 것은 하층민이지 조심성 있는 사람들은 슬쩍 피한다. 싸움을 말려 신사들이 살인소동을 벌이지 못하도록 하는 자는 천민들이고 시장의 아낙네들이다."776)

제1의 자연의 정의원칙으로서의 본능은 주지하듯이 연민(pitié), 고통공감이다.

"그러므로 연민은 자연적 감정이며 그것은 각 개인에 있어서는 자기애(amour de soi)의 활동을 조절하고 종 전체의 상호보존에 협력한다. 타인이 괴로워하는 것을 보고 우리가 아무런 반성도 없이 도와주려고 하는 것은 이 연민 때문이다. 또 자연상태에 있어서 법, 풍속, 미덕을 대신하는 것도 이것이다. 더구나 그 부드러운 목소리에는 아무도 거역하지 못하는 장점이 있다. 튼튼한 모든 야생적 인간에게 어딘가 다른 곳에서 자기 생활물자를 발견할 수 있다는 희망이 있으면, 나약한 아이나 병약한 노인이 고생하여 손에 넣은 생활물자를 빼앗을 생각을 하지 않는 것은 이 연민 때문이다. 남에게 대접을 받고자 하는 대로 너희도 남을 대접하라 하는 그 숭고한 합리적 정의의 격률 대신 타인의 불행을 되도록 적게 하여 너희 행복을 이룩하라 하는 분명히 악의 것만큼 완전하지는 않으나 한층 더 유효한 자연의 선성에 대한 또 하나의 격률을 모든 사람의 마음 속에 품게 하는 것은 이 연민의 정이다."777)

776) Rousseau, III: 156.
777) Rousseau, III: 156.

연민이라는 본능의 위험한 대체로서의 정의는 상호적이어야만 한다. 이성의 정의는 루소에 의하면 약정들에 근거하는[778] 사회적 질서의 원칙이다. 사회의 정의의 근거가 되는 사회적 이성은 개인적 이성과 뒤바꿀 수는 없는 것이다. 사회적 정의의 이성은 연민에 조응하여 상호주관적이거나 소통적이어야 한다. 그것이 반(反)형이상학적이고, 사회적이고 역사적이다. 이성의 상호주관성은, 연민이라는 자연의 그것과 발견술적으로 비교해 보면, "사회적 행위의 자명성이 아니라 그것의 첫 문제"[779]이다. 이는 정치의 패러독스라는 개념을 논의하면서 시사했던 것이기도 하다.

우리가 루소의 사회적, 소통적 이성 개념을 좀 더 분명하게 잘 이해하려면, 수용사적으로 루소 스스로 일생동안 읽었다고 고백한 바 있는 플루타르크(Plutarch)에로 되돌아갈 필요가 있다. 플루타르크는 "과학적이고 사념적(contemplative) 이성"과 "심의적(deliberative)이고 실천적인 이성"을 구별하고 있다. 이렇게 구별하면서 그는 입법에 적용되는 이성은 후자에 해당하는 것으로 간주하고 있다. 플루타르크의 말을 들어보자.

> "철학자들이 전체로서의 덕성을 수단으로 만들지도 않고 전체로서의 덕성에 '도덕적'이라는 용어도 붙이지 않는 만큼이나 우리는 제1원리들에서 출발하여 그 차이를 논의해야 한다. 이제 이 세계에서는 사물들은 두 종류로 나뉘는데, 그 가운데 한 부류는 절대적인 것이고, 다른 한 부류는 우리와 관련을 맺는다. 절대적으로 현존하는 사물들은 땅, 하늘, 별, 바다이다. 우리와의 관련 속에서 현존하는 사물들은 선한 것들과 악한 것들, 받아들여야 하는 것들과 피해야 하는 것들, 기쁨을 주는 것들과 불쾌를 주는 것들이 있다. 그런데 이성은 이 둘 모두 숙고하는데, 절대적으로 현존하는 것들만 관련될 경우의 이성을 과학적이고 사념적인 이성"으로 부르며, 우리와의 관련 속에서 현존하는 것들에 관여할 경우의 이성을 심의

778) Rousseau, III: 352 참조.
779) Grathoff, 앞의 글, p.91 참조.

적이고 실천적인 이성으로 부른다. 후자의 활동의 덕성은 지혜(prudence)라고 불리고, 전자의 그것은 지식(wisdom)이라 불린다. 지혜가 지식과 다른 것은 숙고력이 실천적이고 열정적인 것과 어떤 능동적인 관련 속에서 수행된다는 경우에서이며, 지혜는 이성과의 일치 속에서 지속되어 간다. 그러므로 지혜는 변화를 필요로 하지만, 지식은 그것을 필요로 하지 않으며, 또한 그것의 적합한 목적을 얻기 위해서 심의를 필요로 하지도 않는다. 왜냐하면 지식은 언제나 변함없이 동일한 것으로 남아있는 것들에 관련되는 것이기 때문이다."[780]

플루타르크는 정치와 정의를 "기회의 영역"에 속하는 것으로 판단하고서는 사람들이 열정과 이성사이의 긴장을 통해서 특징되는 영역을 "실천적 이성"을 통해서 어떻게 질서짓고 규제할 수 있는가 하는 물음을 제기한다.

"열정의 충동은 도덕적 덕성으로부터 나오는 것이다; 하지만 그것은 절제된 테두리 내에서 그것을 유지하기 위해서는 그리고 그것의 적절한 시기를 초과하거나 채우지 못하는 것을 막기 위해서는 이성을 필요로 한다. …(중략)… 과녁을 맞추기 위해서는 단지 하나의 복잡하지 않은 하나의 길이 있지만, 수단을 초과하느냐, 아니면 그것을 빗나가는 것이냐 하는 길은 여러 가지일 수 있다. 그리하여 실천적 이성의 과제는 다름 아니라 바로 이것이다. 즉 열정들의 부족과 과잉 모두를 줄이는 것이다."[781]

플루타르크에 의하면 실천적 이성은 "움직임"의 이성에 속한다. 루소가 "확정하는 종류의 것을 배양함으로써 그들은 움직임의 종류를 잃어버렸다"[782]고 말했을 때, 그가 생각했던 것은 플루타르크가 "과학적이

780) Plutarch, *Moralia VI,* in: *Plutarch's Moralia in sixteen volume,* with english translation by W. C. Helmbold, London, 1970(초판은 1939년), pp.36-37.
781) Plutarch, 앞의 글, p.39.
782) J.-J. Rousseau, *Oeuvres complètes*, Geneva: n.p. 1782, 16, p.262.

고 사념적인 이성" 혹은 "지식"(wisdom)이라 명명했던 바가 일방적으로 축적됨으로써 실천적 이성이 역사적으로 상실되어온 것을 비판해야 한다는 것이었다. 그리고 루소에 있어서 이보다 더 중요한 점이 있는데, 그것은 예컨대 홉스의 정치이론이 의존해 있는 수학적인 폐쇄성에 정초되어 있는, "이론적인" "계산하는" 이성에 대해서 실천적인 이성의 발생적인 우선이다. 루소가 다음과 같은 표현에서 그가 의도했던 것은 바로 이러한 것이었다.

> "이렇게 입법자는 힘(la force)도 이성적 논리(le raisonnement)도 사용할 수 없기 때문에 필연적으로 다른 질서에 속하는 권위에 의지한다. 그 권위는 폭력을 사용함이 없이 인도하고 확정함이 없이 납득시킬 수 있는 그런 것이다(qui puisse entraîner sans violence et persuadersans convaincre)."[783]

여기에서 중요한 것은 "진실성을 증명하다(convaincre)"[784]라는 낱말의 의미이다. 이 "진실성을 증명하는 것"을 어떻게 이해하는가? 루소는 "과학적이고 사념적인 이성"의 수학적 사유로 이해하는 것 같다. 아마도 루소는 이것의 예를 홉스에서 발견하고 그것과 대결하려 한다. 루소의 문제제기는 어떻게 정치적 몸이 폭력 없이 그리고 형이상학적 진리질서 없이 정당한 방식으로 인정될 수 있는가 하는 것이다. 이 경우, 그는 연민이라는 일차적 자연의 상호주관성은 사회적 정의의 원칙으로서는 더 이상 타당할 수 없으며, 그리하여 이성의 상호주관성이나 상호주관적 이성으로 전형되어야 한다는 것을 확신하고 있다. 그렇다, 상호주관성에 기초한 소통적 이성이 연민이라는 자연적인, 잠재적인 상호주관성의 위험한 대체이다. 이러한 사전적 지식을 가지고서 우리는 루

---

783) Rousseau, III: 383; 강조는 필자.

784) 독일번역의 경우 Brockard는 "설득하다(überreden)"로 번역하고 있는데 "확실하게 하다"로 번역하는 Schmidt보다 덜 적합한 것 같다. J.-J. Rousseau, *Gesellschaftsvertrag,* Stuttgart, 1980, p.46 그리고 J.-J. Rousseau, *Politische Schriften,* Band I, Paderborn, 1977, p.103.

소의 판단이론을 바르게 이해할 수 있다.

발생적으로 볼 때 "자연에로의 회귀"가 불가능하듯이 판단의 능동성은 수동적인 감지에로 더 이상 되돌갈 수 없다. 수동적 감지 그 자체가 이제는 능동성 속에서 매개되어야만 한다. 루소는 『에밀』에서 이미 시작한 사유과정의 급진화를 주장하는 다음과 같은 명제를 내어놓고 있다.

> "인간이 사물을 생각하기 시작하기는 쉬운 일이 아니다. 그러나 한번 생각하기 시작하면 결코 그것을 중지하지는 않는다. 생각해 본 사람은 늘 생각하게 된다. 그래서 한번 사색을 하게 된 이지는 결코 쉴 수가 없다."[785]

판단의 능동성은 양립적이고, 그것을 순수하게 인식론적으로만 본다면, 위험하다. 이러한 의미에서 루소는 자신의 〈루소는 장 자크에 대해 심판한다〉 제2대화에서 반성의 위험성을 지시하고 있다.

> "감각적 인간은 자연의 인간이고, 반성적 인간은 사상의 인간이고, 그리고 그러한 인간은 위험하다는 것이다."[786]

구조적으로는 판단의 능동성은 감지나 지각의 수동성과 변증법적으로 함께 나아간다.

> "그래서 나는 단순히 수동적인 감각적 존재가 아니고 능동적이고 이지적인 존재인 것이다. 가령 철학이 이에 대해서 무어라고 하든 나는 사고의 명예를 갖기를 감히 주장할 것이다. 나는 다만 진리는 사물 중에 존재하는 것이지 그것을 판단하는 나의 정신 속에 존재하는 것이 아님과, 내가 사물에 대해서 행하는 판정에는 자기의 정신을 적게 가할수록 그만큼 확실하게 진리에 가까워져 간다는 것만은 알고 있다. 이래서 이성보다도 감

785) Rousseau, IV: 550.
786) Rousseau, I: 808.

성에 의지하려는 나의 규칙은 이성 자체에 의해서 확인되는 것이다."[787]

지각의 수동성을 전제로 하고 있는 판단의 능동성은 자신의 보편성을 오직 "이중의 일반화"를 근거로 해서만이 유지할 수 있다. 진리는 발생적으로 나 **속에** 있지만 구조적으로는 나 **밖에** 있기 때문이다. 진리는 인식론적으로 열려있다. 판단의 능동성의 사회적 제한화를 우리는 자기사랑(l'amour de soi)이 고유사랑(l'amour-propre)로 전형되는 사례에서 더욱 분명하게 설명할 수 있다.

루소는 수동성과 능동성이라는 서로 구별되는 범주들과 병렬하여 〈루소는 장 자크를 심판한다〉 제2대화에서 사랑의 경우에서 자기사랑의 긍정성과 고유사랑의 부정성을 구별하고 있다.[788] 루소는 감수성을 모든 행위의 원칙으로 파악하고 있다.[789] 수동성과 능동성이라는 범주가 병렬적으로 다르듯이, 긍정성은 부정성과 그렇게 다르다. 루소는 먼저 수동성과 능동성의 기준에 따라 물리적이고 유기체적인 감수성과 활동적이고 도덕적인 인륜적인 감수성을 구별하고 있다.

> "기쁨과 고통을 조정하여 우리의 종을 유지하고 우리 몸을 유지하는 것 이외에는 어떠한 다른 목적도 가지고 있지 않은 **순수하게 수동적인** 물리적인 유기체적인 감수성이 있다. 이와는 다른 감수성도 있는데, 이것은 내가 **능동적이고 도덕적인 감수성**이라 부르는 것인데 우리에게 낯선 존재에 대한 우리의 정감을 이끄는 능력 이외에 다른 것이 아니다."[790]

사랑의 이론과 비교되는 이 사례에서 루소는 긍정성과 수동성을 동시에 구별하고 있다.

---

787) Rousseau, IV: 573.
788) Rousseau, I: 805f.
789) Rousseau, I: 805.
790) Rousseau, I: 805; 강조는 필자.

"긍정적이거나 끌어당기는 힘은 우리의 현존의 감정을 확대하고 강화하려 노력하는 자연의 단순한 작품이다; 다른 자를 위한 감정을 억압하거나 조이는 부정적이거나 반발적인 힘은 반성이 만들어내는 연결이다. 전자로부터는 사랑스럽고 부드러운 모든 열정이 나오며 후자로부터는 증오스럽고 거친 열정이 나온다. 여기에서 당신은 우리의 제1대화에서 우리가 자기사랑(l'amour de soi-même)와 고유사랑(l'amour-propre)을 서로 구별했던 것을, 전자와 후자가 인간의 마음에 영향을 미치는 방식을 기억하길 바란다. 긍정적인 감수성은 자기사랑으로부터 직접적으로 도출되는 것이다. 자기를 사랑하는 그러한 자는 자신의 존재와 자신의 동료를 확장하려고 하며 그에게 좋은 것이라는 느끼는 그것을 애착을 통하여 자신의 것으로 만들고자 한다. 이것은 반성이 거의 파고들어갈 수 없는 정서의 순수한 상태이다. 그런데 **이 절대적인 사랑이 고유사랑으로 변질되고 비교적이 되자마자, 부정적인 감수성을 만들어낸다**. …(중략)… 고유사랑은 끊임없이 탐색적이고 불만족적이다. 각자가 지금 해당되지도 않은 것을 우리 모두와 자기 자신에 먼저 끌어당기려 하기 때문이다."[791]

수동성이 긍정성과 구조적으로 동일하듯이, 부정성은 구조적으로 능동성과 다르지 않다. 능동성과 부정성은 수동성과 긍정성의 "위험한 대체"[792]이다. 자연의 수동성과 긍정성에로 속류루소주의적으로 회귀하는 것은 루소가 부인하고 있음을 우리는 분명하게 알 수 있다.

"한 가지 관점에서 열등하다는 감정이 들면 다른 수천 가지의 관점에서 우등하다는 감정에 독을 부어넣는다."[793]

능동성과 부정성은 양립적이다. 그것들의 내재적 부정은, 독이 총체성을 근거로 하여 대항독을 통해서 극복될 수 있듯이 부정성과 능동성

791) Rousseau, I: 805f; 강조는 필자.
792) Derrida, *De la Grammatologie*, 앞의 글, p.244.
793) Rousseau, I: 806.

에 의해서 부정가능하다. 바로 이 맥락을 전제로 하여 루소는 『에밀』에서 사랑이론과 관련하여 부정성과 능동성의 대안적 개념을 분명하게 밝히려 했던 것 같다.

> "고유사랑(l'amour-propre)를 타인에게도 확대하라. 그렇게 하면 그것은 덕성으로 바뀐다. 인간의 습속(coeur)치고 이 덕성이 뿌리박지 않은 것은 없다. 우리 자신에 직접 관련된 주의의 대상이 적을수록 특수적 이익의 환상을 염려할 필요도 적어지는 것이다. 이 특수적 이익들은 일반화되면 될수록 공평한 것이 된다. 따라서 인류를 사랑한다는 것은 정의를 사랑하는 것에 다름 아니다."[794]

대상과 형태의 일반화가 고유사랑이든 특수이익이든 간에 인류에로의 사랑으로 그리고 정의에의 사랑으로 혹은 미덕에로의 사랑에로 전형하게 한다.

> "각자는 인류의 일원으로 되어 있는 것이지 개인의 일부로 되어 있는 것이 아니기 때문이다."[795]

고유사랑 그 자체는 자기사랑과 비교하여 위험한 것이고, 총체성이 구체적 공론성과 직접적으로 공동작곡되고 있는 한에서 자기 자신을 자연적인 자기사랑으로 전형할 수 없으며, 미덕, 인류에의 사랑, 그리고 정의에로 전형될 수 있는 것이다.[796]

"고유사랑은 유용한 도구이지만 위험하다."[797]

---

794) Rousseau, IV: 547.

795) Rousseau, IV: 548.

796) Althusser, 앞의 글, pp.28ff. 알튀세르는 사회계약의 패러독스를 지적하는 가운데 공동체가 계약의 목적인 동시에 계약의 상대방으로 설정되어 있는 패러독스를 말하고 있다. 이에 대해서 우리는 이미 앞에서 논의한 바 있다.

797) Rousseau, IV: 536.

(2) 시간성이론에서 지속

수동성과 긍정성의 경험이 미학적이든 아니든 간에 사회적 생활에 있는가? 루소가 지각과 감지가 칼 하인츠 보러가 해석하고 있듯이[798] 시간의 불연속 모델로서 "이성적 시대"의 역사적 시간 구조 속에서도 요청될 수 있는 것으로 이해할 만큼 낭만주의적으로 사고했던 것인가? 보러의 이 "낭만주의적 편지" 속에서는 "사회학적이며 사회사적인 범주 아래 현대적 예술과 문학의 잘 알려져 있는 규정들"과 "탈현대적 조건들 아래에서 비로소 '논술'이 미학화되는 것의 이론"[799]뿐만 아니라, 프랑크푸르트학파의 비판이론에[800] "미학적 현대성과 사회적 현대성을 대립시키는"[801] 자신의 명제를 통하여 "사적인 진리"를 전달하려는 것이 고찰의 대상이 되고 있다. 그래서 보러는 루소의 『고독한 산책자의 몽상』이라는 "늦은 텍스트"를 기억시키면서, 제2산책의 현재성이 제5산책의 그것과 자이가 난다는 짐을 강조하려 한다. 곧 루소연구의 권위자인 장 스타로뱅스키(Jean Starobinski)가 빌러 호수에서의 행복을 예로 삼아 부각시키고 있는 "순수한 현재성"이 "충만한 순간"이라는 위상과 조응한다는 것이다. 루소는 제5산책에서의 그것을 과거에 대한 기억도 없으며 미래에 대한 기대도 없는 상태로 그리고 있다. 이런 한에서 그것은 위에서 인용했던 상황의 구조와 비슷하다. 또한 그 현재성은 순수하다고 말할 수 있겠다. 하지만 빌러 호수에서 자연을 고려하여 느꼈던 몽상하는 행복과는 반대로 여기에는 유비를 지양하는 하나의 계기가 있다. 루소는 시간의 의식을 상실하였을 뿐만 아니라 자기 자신의 인격도 잃어버렸던 것이다. 그는 (자신의) 개인의 분명한 개념도 없었으며 자신이 **누구인지** 알지 못했다. 그 상태는 그가 현존해 있던 "지금"이라는 육체적 양태를 통해서 규정되어 있다. 사고가 난 다름

798) K.-H. Bohrer, *Der romantische Brief. Die Entstehung ästhetischer Subjektivität*, München/Wien, 1987.

799) K.-H. Bohrer, 앞의 글, p.8.

800) K.-H. Bohrer, 앞의 글, p.25 참조하라.

801) K.-H. Bohrer, 앞의 글, p.8.

그 전에 있었던 모든 것에서 떨어져 나오면서 앞으로 올 바에 대해서도 아무런 관심도 없고 오직 피가 흐르고 있었던 것이다. 이 불연속성은 "자기보존(자기유지)"의 수단으로서 "진솔성", "자기인식"의 원칙에 있는 고백의 **자명성**을 지양시킨다. 루소는 사고가 난 다름 사후적으로 기억을 회복하면서 인간의 목적론적이지 않은 조건들에 대한, 그리고 "자기보존"에 의해 담지되지 않는 "상태들"에 대한 통찰을 얻게 된다. 이렇게 하여, 이 텍스트는 사회적 주관성이 미학적 주관성으로 넘어가는 한계를 넘어서는 사례의 조건 - 물론 부분적이기는 하다 - 을, 18세기 문학적 자기이해에서 지금까지 대표적인 것으로 논의되어온 예들 중에서 유일한 텍스트로 간주되기에 이른다.[802] 나는 보러의 이 해석의 "상상력"을 비판적으로 논의할 것이지만 우선 그에 앞서 보러가 "미학적 주관성의 성립"에 관한 자신의 이 명제를 논증하려고 사용했던 루소의 그 제2산책에서의 그 구절들을 여기에서 인용하고자 한다.

> "의식을 회복한 순간의 상태가 너무나 기묘하게 여겨져서 아무래도 여기다 **기술**하지 않을 수가 없다.
> 밤은 깊어갔다. 나는 하늘과 몇 개의 별과 약간의 풀에 정신이 미쳤다. 이 **최초의 감각**은 기분 좋은 한 순간이었다. 내가 나라는 것을 느낀 것은 이제 말한 단지 이것에 의해서였다. 그러나 이 순간에 나는 삶으로 태어나려 하고 있었다. 그리고 나의 가벼운 존재로 거기 비치는 모든 것을 메우고 있는 것같이 느껴졌다. 모두가 현재에 놓여 있어서 아무 것도 생각해 낼 수가 없었다. 나라는 것에 대한 명백한 관념도 전혀 없고, 조금 전에 내 몸에 일어난 사건에 관한 의식도 전혀 없었다. 내가 누군지, 어디에 있는 지도 모른다. 고통도 공포도 불안도 느껴지지 않는다. 시냇물의 흐름이라도 보고 있는 것처럼 내 피의 흐름을 보며, 그 피가 내 것이라고는 조금도 생각되지 않는다. 나는 나의 전존재 속에서 황홀한 평온함을 느꼈다. 뒷날 이 일을 회고해 볼 적마다 생각하는 것인데, 아무리 강렬한

802) K.-H. Bohrer, 앞의 글, pp.35f 참조하라.

쾌락의 경험이라 할지라도 **이와 비교될 만한 것은 아무 것도 없었다**."[803]

서술불가능성, 일차적 지각을 통한 현존재의 지각, 생명의 탄생, 비(非)기억, 개념과 표상의 부재, 한마디로 말하여, 판단과 같은 능동성과 부정성의 부재 속에서 수동성과 긍정성의 현재가 "나라는 느낌의 총체적 불연속"을 가능하게 하는 이 "질병"의 "순수한 현재성"을 특징짓는다.[804] 하지만 사회성과 역사성이 매개 없이 돌발적으로 해체됨으로써 직접적으로 생산되는 이 순수 미학적 경험이라 부르는 것은 몸의 기대치 않은 손상을 너무 많이 입는 대가를 치른다. 이에 대해서는 루소 스스로 "진실된 얘기"를 전하고 있다.

> "내 꼴을 보고 아내가 지른 외침 소리에 나는 내가 생각하고 있는 이상으로 심한 변을 당했다는 것을 알았다. 그러나 그날 밤은 아직 아무 것도 모르는 채, 상처의 아픔도 느끼지 않고 지나갔다. 이튿날이 되었어야 나는 겨우 다음과 같은 일을 알고 발견하였다. 윗입술은 안이 코 있는 데까지 온통 터져 있었다. 겉은 피부 덕분에 그럭저럭 무사해서 입술이 아주 찢어지지는 않았다. 네 개의 이가 위턱을 찢어서 위턱을 감싼 얼굴 부분은 퉁퉁 부어서 상처가 나 있었다. 오른 쪽 엄지손가락은 찌그러져 퉁퉁 부어올랐고 왼쪽 무릎도 퉁퉁 부어올라 심한 타박상 때문에 몹시 아팠을 뿐만 아니라, 조금도 구부릴 수가 없었다. 그러나 이렇게 맹렬한 타박을 받았는데도 이는 하나도 부러지지 않았다. 그처럼 심하게 나뒹그러졌는데 참으로 기적적인 행운이었다."[805]

여기에서 루소가 말하려는 것은 그 당시 파리에서 유포되어 있었던 자신의 사고에 대한 잘못된 얘기를 바로 잡고 진실된 얘기를 전하려는 것 이외에도 **의지 없이 "예견하지 못한 우연"**을 기대한다는 것의 위험

803) Rousseau, I: 1005; 강조는 필자.
804) Bohrer, 앞의 글, p.34.
805) Rousseau, I: 1006.

이 어떠한지를 예시하려는 것이었다.[806] 루소에 있어서는 연민이 상상력과 함께 인간적이 되지만, 돌발성은 상상력을 파괴한다.[807]

『고독한 산책자의 몽상』에서 제2산책과 제5산책은 시간성구조에서 차이가 있다. 후자는 근본적으로 상상력의 능동성에 의존해 있는데 비해서 전자는 인간적 상상력의 능동성 없이 예견하지 않은 우연을 통해서 우연하게 생산되고 있다는 것이다. 제2산책의 순수한 현재성 그 자체는 전혀 예견하지 못한 우연이 전체 사유의 과정을 몰고 갔으며 한동안 사유를 전혀 다른 방향으로 끌고 갔다는 점에서 **미래 없는 과거**에 다름 아니다.[808]그곳에서는 현재성의 지속은 없으며, 발생적으로 판단의 이론과 관련하여 논의할 때 순수한 수동성과 긍정성을 통하여 특징되는 순수한 과거가 있는 것이다. 루소의 경우 이러한 종류의 시간성구조는 결코 정당한 상상력이 아니다. 보러와 같이 이 시간성구조의 위험한 열쇠를 가지고서 미학적 주관성의 문[809]을 열고서 낭만주의적으로 미학적인 것을 복원하려고 한다면, 몸의 총체적 손상을 피할 수 없을 것이고, 그렇다면 "순간의 유토피아"[810]마저 더 이상은 가능하지 않을 것이다. 이 제2산책의 시간성구조와는 대조적으로 제5산책의 시간의 그것은 현재성의 지속, 서술가능성, 등등의 특징을 가지고 있다.

> "그리고 내 마음이 아쉬워하는 행복은 덧없는 순간들로 되어 있는 것이 아니라, 단순하고 영속적인 상태인 것이다. 그것 자체에는 아무 것도 격렬한 것이 없지만 그 상태가 지속되면 매력이 증가하여 마침내 거기서 지고의 행복을 발견하게 되는 것이다. 이 세상에서는 모든 것이 끊임없이 흐름 속에 잇다. 거기서는 그 무엇도 변함없이 일정한 모양을 보존하는 일이 없으며, 또 외계의 사물에 결부되는 우리들의 감정도 필연적으로 이

806) Rousseau, I: 1006ff 참조.

807) J. Starobinski, *Das Leben der Augen,* Ffm/Berlin/Wien, 1984 그리고 J. Derrida, *Grammatologie,* 앞의 글, p.316 참조하라.

808) Rousseau, I: 1003.

809) Bohrer, 앞의 글, p.23.

810) Bohrer, *Plötzlichkeit,* Ffm, 1981, pp.180ff.

사물들과 마차가지로 변천한다. 우리들의 감정은 언제나 우리들 앞에 있거나 뒤에 있거나 하여 이미 지나간 과거지사를 회상하고, 십중팔구는 있을 수 없는 미래를 예측하는 것이다. 거기에는 마음이 단단히 맺어질 수 있는 확실한 것은 아무 것도 없다."[811]

"그러나 영혼이 매우 확고하게 차분해질 수 있는 자리를 발견하고 거기서 완전히 휴식하며 거기서 스스로의 모든 존재를 집중할 수가 있어서 과거를 회상할 필요도 또 미래에 대해 염려할 필요도 없는 상태, 영혼에게 시간이 아무 의미도 갖지 않는 상태, 영원히 현재가 계속되고 또 그 지속성을 기록할 일도 그 지속의 흔적을 남길 일도 없고 결핍감도 향유감도 쾌락이나 고통의 감각도, 소망이나 공포의 감각도 없고 오직 있는 것은 우리가 존재하고 있다는 감각뿐, 그리고 감각만으로 모든 존재를 만족시킬 수 있는 이런 상태가 계속되는 한, 거기에 존재하는 사람이야말로 행복한 사람이라 부를 수 있을 것이다. 그것은 생의 쾌락 속에서 찾아볼 수 있는 그런 불완전하고 빈곤하고 상대적인 행복이 아니라 충분하고 완벽한 행복으로서 영혼이 채워야 할 필요를 느끼는 공허를 영혼 속에 하나도 남기지 않는 그런 행복인 것이다. 내가 생삐에르 섬에서 고독한 몽상에 잠기면서 혹은 흘러가는 대로 기슭을 떠나가는 배안에 누워서 혹은 물결이 철썩이는 호반에 앉아서 또는 아름아운 냇물이나 모래 위를 속삭이며 흐르는 시냇가에 앉아서 때때로 맛본 상태야말로 바로 이런 것이었다."[812]

루소를 행복하게 하는 것은 돌발성도 영원성도 아니고 현재성의 지속이다. 돌발성은 위험하고 영원성은 불가능하다. 이 지속은 상상력의 날개[813]를 넓게 하는 권력에 의존해 있다.

"불행한 일은 상상력이 미약해짐에 따라 그런 것을 머리에 떠올리기가 힘이 들어지고 또 그다지 오래 지속되어 주지 않는 점이다."[814]

---

811) Rousseau, I: 1046.
812) Rousseau, I: 1046f; 강조는 필자.
813) Rousseau, I: 1049.

보러의 사례에서 볼 수 있는 "미학적 주관성의 성립"의 "사적 진리"에 비판위기학적 답은 물론 공적 진리를 근거로 하는 것이다. 이제 다시 우리는 입법자 논의에 더 직접적으로 다가서고자 한다. "일반의지는 언제나 정당하지(올바르지)만 그것을 인도하는 판단은 언제나 계몽되어 있는 것은 아니다"[815]라는 루소의 명제는, 판단과 판단이론들에 대한 이데올로기비판적으로 과학적인 비판을 말하는 것이다. 루소가 일반의지는 항상 정당하다(droite)고 말하는 것보다 더 중요한 것은 의지를 유도하는 판단력이 항상 계몽되어 있는 것은 아니라는 점을 그가 말하고 있다는 점이다. 이에 대해서는 귄터 부크(G. Buck)도 자신의 논술 〈자기보존과 역사성〉[816]에서 주목한 바 있다. 입법표현자로서의 입법자의 필요성은[817] 판단**력**의 급진적 계몽에 있지, 원칙적으로 재현적이지 않은 의지의 그것에 있지는 않다. 판단과 판단이론의 "계몽"의 계몽을 통해서 일반의지의 표명은 보편적 침묵에 조응할 수 있는 정치적 진리가 될 수 있다. 루소의 정치적 이론에서 입법표현자로서의 입법자에 의해서 행사되는 과학적 활동의 이데올로기비판적 기능의 정당성은 사회와 국가의 시원적 계약이 시작할 수 있는 시원적 침묵이 사회적 현제 속에서는 더 이상 가능하지 않다는 그의 현실주의적 진단에 있다. 바로 이러한 이론적 맥락에서 그는 『사회계약에 대하여』 제1권 제6장에서 시원적 침묵을 보다 충실하게 서술하고 있다.

> "이 계약의 조항은 행위의 본성에 따라 매우 뚜렷하게 정해져 있으므로 조금이라도 고치면 공허하고 효력이 없는 것이 되고 말 것이다. 그러므로 이 조항은 아마도 **정식으로 표명된** 것은 한 번도 없었을 테지만 도처에서 똑같았고, 도처에서 암묵 속에 받아들여지고 시인되고 있었다. 사회계

814) Rousseau, III: 1049.
815) Rousseau, III: 380.
816) Günther Buck, "Selbsterhaltung und Historizität", in: Hans Ebeling (Hg.), *Subjektivität und Selbsterhaltung. Beiträge zur diagnose der Moderne*, Ffm, 1976, pp.208-302, 여기에서는 p.281.
817) Rousseau, III:380.

약이 깨어지고 그래서 각자가 자기의 첫 권리로 되돌아가 계약에 의거한 자유를 잃고 그 때문에 버린 자연의 자유를 되찾을 때까지는."[818]

사회의 시원에서는, 시원계약의 순간에서는, 과학적 매개가 없으며, 오직 자기매개적 표명으로서의 침묵만이 있을 뿐이다. 인민의 시원적 소리들의 내적인 긴장들은 이와 같이 수사법적으로, 의미론적으로 패러독스하다. (앞에서 이미 논의한 바 있지만, 루소는 자연상태와 사회를 구별하지만 다른 한편으로는 역사를 어부시대, 사냥꾼시대, 농업시대로 구별한다. 이 경우 사회상태와 농업시대는 동일한 "시민사회"의 역사에 해당한다. 그 속에서 그는 고대와 현대를 구별하고 있는 것이다. 표명으로서의 보편적인, 시원적인 침묵의 지점은 바로 농업시대, 시민사회의 역사가 시작하는 지점이다.) 발생적으로 보면, 과학적 표명은 보편적인, 시원적인 침묵 이후에서야 등장한다. 정치적 몸이 성립하는 순간에서는 입법자는 동시에 입법표현자인데 물론 표명으로서의 침묵 속에서 그러하다. 바로 이것이 왜 서로 구별될 수 있는 입법자와 입법표현자를 입법자(legislateur)라는 하나의 용어로 사용했는지를 설명해주고 있다.

시원적 보편적 침묵은 그 자체 구체적 공론 밖에 있지 않고 판단력과 의지의 통일 속에 있는데, 루소에 있어서는 입법자의 구체적 표명은 정치적 진리의 추상적 표명들을 바로 이 보편적 침묵에로 되돌아가게 한다. 정치적 진리는 시원적으로 결코 수동적이거나 존재론적이거나 형이상학적이지 않고 구체적 공론의 판단력과 의지의 통일을 함의하는 아직은 표명되지 않은 것, 시원적 침묵이다.

(3) 정치적 진리의 생산, 매개, 그리고 수용

입법표현자로서의 입법자는 입법제공자로서의 입법자의 일반의지의 정치적 진리를 자원론적으로 통제할 수는 없다. 그 정치적 진리는 시

---

818) Rousseau, III: 360; 강조는 필자.

원적으로 구체적 공론의 능동성과 부정성을 통해서 생산, 매개 그리고 수용되기 때문이다. 이러한 의미에서 그 진리는 공적이다. 바로 이러한 의미에서 루소는 그 진리는 "사물을 판단하는 입법표현자로서의 입법자의 정신 속에 있는 것이 아니라 사물 속에 있다"[819]고 말했던 것이다. 진정한 입법자의 이데올로기비판은 현재에서는 매개의 위기의 비판으로서 나타난다. 입법자는 "기계를 발명하는 기술자"[820]인 것이다. 이 기계론적인 은유는 정치적 진리가 입법표현자로서의 입법자에게 있어서는 자신의 뜻대로 그것을 생산하는 자라는 것을 의미하는 것이 아니라 구체적 공론의 일차적 소통에서 생산되어진 진리를 매개하는 것으로 이해되어야 하는 맥락에서 이해되어야 하는 성질의 것이다. "입법의 시스템"[821]은 역사적으로 사회적으로 동태적일 수는 있지만 이미 구체적 공론에 의해 거의 준-존재론적으로 의도되어 있는 진리질서를 전제로 하고 있다. 정치적 진리의 정당화는 "철학자들"에 대한 입법자의 이데올로기비판이 함께 작동하고 있는 서로 소통하는 공론의 합의에 있다. 입법표현자로서의 입법자의 과학적 기능은 시원적으로 보편적인 침묵의 표명하는 매개이고, 이러한 매개와 더불어 이데올로기적 표명들을 바로 그 시원적 보편적 침묵으로 되돌아가는 과정에서 비판되어야 한다. 정치적 진리의 패러독스, 곧, 그것의 역사적으로 진정한 현실화가 침묵인 것으로 그것의 진정한 표명의 자기지양이 비판적 위기학의 정치가 자신의 고유한 내재적 침묵을 위하여 표명하듯이 내재적으로 가정되고 있는 것이다.

정치적 진리의 생산과 수용에 대해서 과학적 매개는 상대적 자율성을 가지고 있다. 우리는 매개 없이 생산과 수용이 소통되는 과정을 일차적 소통이라 부른다. 루소는 이 일차적 소통을 사회의 시원적 과정에서 가정하고 있는 것이다. 그런데 매개가 있는 이차적 소통과정은 매개의 위기로 특징되는 현재에서는 이미 필수적이다.

---

819) Rousseau, IV: 573 참조.

820) Rousseau, III: 381.

821) Rousseau, III: 380.

"법을 만드는 사람은 그 법을 어떻게 집행하고 어떻게 해석해야 하는가를 누구보다도 잘 알고 있다. 그래서 집행권이 입법권과 결합되어 있는 제도 이상으로 좋은 제도는 있을 수 없는 것처럼 여겨진다. 그러나 바로 이것이 이경우의 정치(민주정치)를 약간의 점에서 불충분한 것으로 만드는 것이다. 왜냐하면 구별되어야 할 것이 구별되어 있지 않고 통치자와 주권자가 완전히 동일 인격일 뿐이므로 정부 없는 정부를 만들고 있는 것이나 다름없기 때문이다."[822]

생산과 매개를 구별해야 하는 필요성은 (국가의) 사회와 정부의 차이에 조응하지만 폴 드만이 주장하는 것과 같이 생산, 매개 그리고 수용 사이에 "오독"이 있어서는 안 된다. 정치적 진리의 일차적 소통과 이차적 소통의 변증법적 관계가 관건이다.

일차적 소통은 "**생활세계**"의 차원에서 일어나고 이차적 수통은 "**시스템들**"의 차원에서 일어난다. 달리 말하면 전자는 원칙적으로 말언어를 통해서 가능하고 후자는 글언어를 통해서 수행된다. 일차적 소통에서 생성되는 법칙은 사적이지 않고 "대화적"이다. 루소가 제4의 법이라 명명하고 있는 그것은 "대리석이나 동판에 새겨지는 것이 아니라 시민들의 마음에 새겨져 있다"[823]는 것으로서 일차적 소통, 말언어이고 역사적으로 전형되는 것이다.

"이것이야말로 구가의 참된 헌법(헌정)을 이루는 것, 나날이 새로운 힘을 얻어 다른 법이 노쇠하거나 망해갈 때 이에 다시 생명을 불어넣어 주고 또는 이와 대체되는 것, 인민으로 하여금 그 건국 정신을 잃지 않게 하고 모르는 사이에 권위의 힘을 습관의 힘으로 바꾸어 놓는 것이다. 내가 말하고 하는 것은, 습속, 관습, 특히 여론이다. 현재의 정치가들에게 알려져 있지 않은 법의 이 부분이야말로 실은 다른 모든 법의 성불성을 쥐고 있

822) Rousseau, III: 404.
823) Rousseau, III: 394.

> 는 것이다. 위대한 입법자는 개개의 규칙밖에 생각하고 있지 않는 듯이 보일 때라도 은밀히 여기에 마음을 기울인다. 개개의 규칙은 아치의 궁상부에 지나지 않는데, 습속은 그 형성이 훨씬 완만하지만 결국 아치의 움직이지 않는 굄돌 구실을 하기 때문이다."[824]

여기에서 관건은 일차적 소통과 이차적 소통 사이의 변증법이다. 이차적 소통이 일차적 소통의 "위험한 대체"이듯이, 적어도 현재에서는 그 역의 관계 역시 그러하다. 이러한 맥락에서 입법자의 매개기능은 생산된 정치적 진리는 가능한 한 그것의 살아 있는, 집합적인 소리들을 본질적으로 손상하지 않고서 수용될 수 있게 하기 위해서 **매개의 매개**를 전제로 하고 있다. 이데올로기비판은 자신의 이론적 정당성을 매개의 현재적 다면적인 **균열**(disjunktionen)에서 가진다. 매개는 일차적 소통과 일차적 소통 없는 매개 내에서의 이차적 소통을 다룬다. 일차적인 소통에만 제한되어 있는 매개 없는 매개는 현재에서는 더 이상 가능하지 않고 단지(rein) 이데올로기적일 따름이다. 비판적 위기학은 일차적 소통과 이차적 소통을 단지 발견술적으로만 구별한다: 양자는 변증법적이다. 정치적 진리를 재구성하기 위해서는 일차적 소통도 이차적 소통도 포기될 수는 없다.

이차적 소통의 매개가 일단 일어났었다면, **순수한** 일차적 소통을 더 이상 가능하지 않을 것이다. 그것은 루소에서는 보편적 침묵으로 표현될 수 있었던 것으로 나타난다. 보편적 침묵의 유토피아는 언어적 절합의 상실로서의 현실적인 침묵이 아닐 것이다. 그것은 지배로부터 자유로운 말들일 것이다. 언어 그 자체는 악적이지 않다. 오히려 악적인 것이 언어의 자신과의 언어적 절합을 가져온다. "악적인 것들은 사막에서 살지 않는다, 그것들은 세상에서 살아간다".[825]

정치적 진리의 매개의 내재적 양립성을 『사회계약에 대하여』 제2권

---

824) Rousseau, III: 394; 국역 〈사회계약론〉, p.209.

825) Rousseau, I: 788.

제7장 "입법자에 대하여"에서 분명하게 그려져 있다.

> "이리하여 입법이라는 작품 속에는 양립하기 어려울 듯이 보이는 두 가지 것이 동시에 발견된다. 사람의 힘을 넘은 기도와 이를 수행하기 위한 무에 가까운 권위가 그것이다."[826]

우리가 우선 여기에서 주목해야 할 것은 루소가 여기에서 입법자로서의 개인적인 인성본질이 아니라 입법자에 의해서 언어표현적으로 완성된 작품으로서의 입법의 작품에 대해서 말하고 있다는 점이다. 곧 언어표현적으로 완성된 작품은 개인으로서의 "입법자"의 사성(Privatheit)에 속하는 것이 아니라 구체적 주체로서의 역사적 · 사회적으로 동태적인 구체적인 공론성에 속한다. 루소는 자신의 글 〈나르시스서문〉(1753년)에서 작품을 수용할 때, 비판적 독해를 할 때, 작품과 저자를 구별하고 있다. 곧 그의 적대자들이 그 자신을 비판하였을 때 그들이 작품을 저자(더 정확하게 말하자면, 저자의 동기부여나 의도)로 바꾸고 있다고 비판하고 있다.

> "여러 해 전에 내가 연구했던 문제에서 내가 취했던 입장에 대해서 일군의 적대자들이 생겨났는데, 그들은 지혜의 명예보다는 학식있는 자의 관심사에 골몰하는 자들이었다. 나는 이 점을 예견하고 있었고, 그러한 계기에서는 나의 모든 논술보다는 나의 편애에 더 많이 초점을 맞춘다는 것을 이미 예상했었다. 그러한 자들중에는 나를 직접적으로 배척하는 자들도 있었고, 논증되는 진리들에 대항하여 직접적으로 싸움을 거는 위험을 인식했던 교묘한 자들도 있었다. 그들은 오직 나의 논거들에 대해 바쳐야만 했던 주목을 나의 인물에 주안점을 교활하게 두었던 것이다."[827]

---

826) Rousseau, III: 383; 국역 〈사회계약론〉, p.196.
827) Rousseau, II: 959f; 강조는 필자.

이론적 실천을 개인적 인성으로 간주하는 이와 같은 뒤바뀜은 루소가 그의 시대를 "편견과 오류의 시대"[828]라 불렀던 그 시대의 한 표현이며, 그리하여 그것에 대한 비판과 더불어 그는 궁극적으로 작품들을 "정당하지 못한 자식들"이라 은유적으로 확인한다.[829] 작품들은 "아버지"와 작별하고서 다시 정당한 어머니에게 되돌아간다. 물론 이 정당한 어머니란 서로 대화하는 구체적 공론성에 다름 아닐 것이다. 작품은 결코 사성이 아니며 시원적으로 완전히 공적이다.

이러한 차원과 연관하여 입법작품이 관철되는 경우에 **권위의 비활동(Null-Autorität)**이나 지배자유성(Herrschaftsfreiheit)이라는 규범적으로 이해될 수 있는 명제가 설명될 수 있다. 매개를 필요로 하는 정치적 진리의 현실적인 작용은 자신의 규범적 정당성을 구체적인 공론성을 구체적인 수용주체로서 승인하는 데에서 가진다. 그러므로 입법자는 정치적 진리의 "권위"를 생산하거나 수용하는 자가 아니라 단지 매개자일 뿐이다.

> "그러므로 법을 짜는 자는 아무 입법권도 없으며 또 가져서는 안 된다. 그리고 인민 자신도 만일 그것을 바라더라도 이 양도할 수 없는 권리를 버릴 수는 없다. 왜냐하면 근본계약에 의하면 개개인을 구속하는 것은 일반의지뿐이며, 개별 의지가 일반의지와 일치한다는 것은 개별의지를 인민의 자유로운 투표에 맡긴 뒤에 비로소 확인할 수 있는 일이기 때문이다."[830]

생산과 수용 사이에서 작용하는 매개는 독립된 권위를 가지지 않는다. 그것은 생산된 그리고 수용할 정치적 진리를 밖으로 표명하게 만든다. 물론 이 때의 정치적 진리 자체가 생산, 매개 그리고 수용의 역사적 · 사회적 동태적 과정에 의존하여 전개되고 있는 것이다. 이 권위의 비(非)활동은 『사회계약에 대하여』 제4권 제1장에서도 표현되어 있

828) Rousseau, II: 962.
829) Rousseau, II: 963.
830) Rousseau, III: 383; 국역 〈사회계약에 대하여〉, p.196.

다.

"새로운 법을 발표할 필요가 생기면 그 필요는 누가 보아도 분명해진다. 새로운 법을 제일 먼저 제출하는 사람은 모든 사람이 이미 느끼고 있던 일을 입 밖에 낼 뿐이다. 남도 자기처럼 하겠지 하는 것이 확실해지기만 하면 각자가 실행하려고 이미 마음에 정하고 있던 것을 법으로 만드는 데는 술책도 웅변도 문제가 안 된다."[831]

매개의 토대는 "독백"에 근거하는 수사법이 아니라 살아 있는 대화를 근거로 하는 지속적으로 구성(헌정)되는 공론성이다.

끝으로 "증대하는 기도(Unterfangen)의 인간적인 힘"의 차원에 대해서 우리는 논의하고자 한다. 무엇 때문인가? 정치의 존재론적 진리가 부재하기 때문이다. 시원적으로는 급진적 차이성들에도 불구하고 동일성의 존재론적 형이상학이 없었다. 동일성처럼 루소의 정치적 이론에서는 정치적 진리는 존재론적인 원칙을 따르는 것이 아니라[832] 루소가 『에밀』에서 의술적 의미론에서 진리의 실용론적 준거들을 시사하고 있듯이 실용론적이다.

"단지 하나의 대성을 통한 나의 방법이 모든 요구들을 충족시키고, 한 불편을 피하면서 다른 불편을 예방한다면, 그렇다면 나는 이것이 좋은 방법이라 판단할 수 있으며, 나는 내가 바른 길에 있다고 판단할 수 있을 것이다. 이것을 나는 이 방법이 여기에서 나에게 암시하는 수단 속에서 내가 인식하는 것이라 믿는다."[833]

입법의 작품은 구체적인, 역사적 · 사회적으로 동태적인 공론성 밖에서 그리고 그 옆에서 놓여 있는 존재론적인 정치적 진리의 언어적 재

---

831) Rousseau, III: 437; 국역 〈사회계약에 대하여〉, p.263.
832) Josué V. Harari, "Therapeutic Pedagogy: Rousseau's *Emile*", in: *MLN,* vol.97, pp.787-809, p.801 참조.
833) Rousseau, IV: 655; 강조는 필자.

현이 아니라 개인적인 힘으로 환원될 수는 없는 "결사의 행위"로서의 "도덕적이고 집합적인 몸"이다.[834] 결사의 행위는 개인적인 인간적 힘을 넘어서는 집합적 정치이고 그것의 언어적 표명은 우리가 입법자에 의해서 매개되는 입법작품에서 **읽을** 수 있는 것이고, 그의 사적인 "의식" 속에서 그러한 것이 아니다.

이러한 이론적 맥락에서 우리가 정치적 진리의 표피적 구조에 제한되지 않고 그것의 심층적 구조 속으로 파고 든다면, 입법의 작품 속에서 결합불가능하게 나타나지만 실제적으로는 변증법적으로 양립가능하게 존재하는 두 가지를 발견해 낼 수 있으며, 그리고 루소주의적 입법자이론을 분명하게 확인할 수 있다. 그 입법의 학은 인간적 자연의 탈자연화하는 전형에 대해 말한다. 그러므로 입법자자는 자신의 정치적 진리의 매개가 변증법적으로 작용하고 있는 한에서 사회적 책임을 가지고서 "에피스테메"의 이론적이고 실천적인 전형을 인식론적으로 승인해야 한다. 이러한 맥락에서야 우리는 『사회계약에 대하여』에 있는 다름의 유명한 말을 바르게 이해할 수 있게 된다.

> "한 인민에게 제도를 주려고 감히 기도할 만한 사람이면 **인간의 본질을 바꾸는** 힘이 있고, 그 자체가 하나의 완전하고 고립된 전체인 각 개인을 더 큰 전체의 부분으로 바꾸고 그 개인이 말하자면 그 생명과 존재를 거기서 받을 수 있게 할 수 있고, 사람의 뼈대를 바꾸어 더 강하게 할 수 있고, 우리 모두가 자연으로부터 받은 신체적이고 독립적인 존재를 부분적이고 정신적인 존재로 바꾸어 놓을 수 있다는 확신을 가진 사람이어야 할 것이다. 한 마디로 말해서 입법자는 사람에게서 그 자신의 고유의 힘을 빼앗고 그 자신과는 지금까지 아무 관계도 없던 힘, 다른 사람의 도움 없이는 쓸 수 없는 힘을 주지 않으면 안 되는 것이다. 자연에 의해서 주어진 그러한 힘이 죽고 무가 되는 정도에 따라서 새로 얻은 힘은 더 크고 영속인 것이 되며 그 제도도 더한층 확실하고 완전한 것이 된다. 그러므

834) Rousseau, III: 361.

로 저마다의 시민이 다른 시민 전부에 의지하지 않으면 아무 것도 없고 아무 것도 하지 못하며, 또 전체가 얻은 힘이 모든 개인의 자연의 힘을 다 합친 것과 같거나 더 클 때, 입법은 그 도달할 수 있는 한도 내에서 완전함의 최고점에 올라 있다고 할 수 있을 것이다."[835]

여기에서 인간적 자연의 탈자연화하는 전형과정을 분명하게 말하고 있는데, 이것은 원칙적으로 고독한 "위대한 미학자"의 독백하는 시에 달려 있는 것이 아니라, 본질적으로 구체적 공론성의 대화를 통하여 구조화되는 사회화과정에 의존하는 것이다. 이것은 전형적으로는 자연상태에서 사회상태로 이해하는 과정의 사례를 통하여 분명하게 된다. 달리 말하면, 그것은 진정한 입법자는 정치적 진리를 매개할 경우 인정해야 하는 인간적 자연의 전형과정을 반복하는 것이고, 그리하여 자연법칙 계약이론의 일반적인 재헌과학[836]이 비판되는 것이다. 여기에서 루소가 『사회계약에 대하여』에서 강조하는 또 다른 말을 인용한다.

"자연상태에서 사회상태로의 이 이행은 사람 속에 매우 주목할 만한 변화를 가져온다. 사람의 행위에 있어서 본능을 정의로 바꾸어 놓고, 그 때까지 없던 도덕성을 그 행동에 주는 것이다. 이때에 이르러서야 비로소 의무의 소리가 육체의 충동과 교대하고 권리가 욕망과 교대하며 인간은 그 때까지 자기만 생각하고 있었으나 과거와는 다른 원리에 의해서 움직이고, 자기의 기호에 물어 보기 전에 이성과 의논하지 않으면 안 되게 되어 있다는 것을 깨닫는다. 이 상태에서 그는 자연으로부터 얻고 있던 많은 이익을 잃지만, 그 대신 매우 큰 이익을 얻는 것이므로 그의 능력은 단련되어 발달하고 그의 사상은 넓어지며 그의 감정은 고상해지고 그의 영혼 자체가 고양된다. 만일 이 새로운 상태의 악용이 그가 빠져 나온 원래의 상태 이하로 그를 타락시키는 일이 별로 없다면, 원래 상태로부터 그를

835) Rousseau, III: 381f; 국역 〈사회계약론〉, p.195; 강조는 필자.
836) M. Foucault, *Les Mots et Les Choes*, Paris, 1966; 독역본, *Die Ordnung der Dinge. Eine Archäologie der Humanwissenschaften,* Ffm, 1974 참조.

영원히 떼어놓아 어리석은 열등 동물에서 지성 있는 것, 즉 사람으로 만든 이 행복한 순간을 끊임없이 축복할 것이 틀림없다."[837]

입법자는 자연상태에서 사회상태(시민상태)로 이행하는 과정[838]을 재구성함으로써 중심, 본제 혹은 존재론적 에피스테메를 이론적으로 그리고/혹은 실천적으로 전제로 하는 매개를 이데올로기비판적으로 매개시킨다.

루소가 자기 자신을 입법자로 확인하고 있기는 하지만 법을 제공하는 자로서의 입법자로 그러한 것은 아니다. 이 쟁점, 수없이 논의되어 왔지만 여전히 명백하게 정리되지 않은 루소가 스스로를 입법자로 간주하고 있는가 여부의 의문은 『사회계약에 대하여』 서두 부분에 있는 다음의 문장을 재해석함으로써 텍스트적으로 해명될 수 있다.

"**정치에 대해서 글을 쓰려는 것**을 보면, 당신은 군주인가, 아니면 입법자인가 하고 물을 사람이 있을는지 모른다. 나는 대답하겠다. **그렇지 않다, 또 그렇지 않기에 정치에 대해서 글을 쓰려는 것이라고**. 만일 내가 군주나 입법자라면 해야 할 일을 입으로 지껄이려고 이렇게 낭비하지는 않을 것이다. 해야 할 일을 실행하거나 아니면 입을 다물 것이다."[839]

여기에서 루소는 자기 자신을 군주로도 입법자로도 확인하지 않음을 분명하게 밝히고 있다. 그렇지만 정치에 대해서 글을 쓰는 사람, "정치학자"로서 확인을 하고 있는 셈이다.[840] 루소는 "나는 …(중략)… 연구하고자 한다"라는 문장으로 시작하고 있다. 이미 앞에서 분명하게 논의하였지만, 루소에게 있어서 법을 제공하는 자로서의 입법자는 인민 그 자신이다. 입법표현자로서의 입법자와 법제공자로서의 입법자를 구별

---

837) Rousseau, III: 364; 국역 〈사회계약론〉, p173.
838) Rousseau, III: 364.
839) Rousseau, III: 351; 국역 〈사회계약론〉, p.158;강조는 필자.
840) Rousseau, III: 351 참고.

하는 것에서 루소의 입법의 정치적 이론은 시작한다. 그는 "현실주의적으로" 사회화의 현재적 구조화에서 출발하고, "사람을 있는 그대로의 것으로 그리고 법을 있을 수 있는 것으로서" 다룬다고 한다. 현실적인 소통 그 자체는 과학적(학문적) 매개가 없다면 위기에 빠질 것이다. 정치에 대한 과학적인 글은 개인적이 아니라 상호주관적으로 대화하는 열린 소리들과 함께 변증법적으로 발전하며 그것은 결코 자크 데리다가 자신의 글 『문자학에 대하여』에서 루소를 "해체(탈구성)"하기 위해서 주장하고 있듯이 "로고스중심주의적"일 수 없다. 비판적 위기학은 고독한 목소리의 독재를 비판할 뿐만이 아니라, "인간의 죽음"을 선언하고서 반인간주의를 후기구조주의적으로 급진화하고 있는 속에서 나타나는 글 우월성의 보수주의 역시 부정한다. 비판적 위기학은 목소리들과 글의 변증법을 요청한다.

입법자는 진리의 생산에서 수용까지를 지배할 수 있게 허용받은 위대한 미학자가 결코 아니며, 자신의 사회적 기능을 매개로 제한해야 하는 이데올로기비판적인 과학자이다. 루소는 전체주의자가 아니다. 루소와 연관하여 루소를 전체주의로 해석하는 오류를 피하기 위해서 예컨대 제임스 헤밀톤(James F. Hamilton)은 자신의 책 『루소의 문학이론: 예술과 자연의 시학』[841]에서 루소의 이론적 준거들을 낭만주의적으로 해석하려 하는데, 하지만 이같은 접근은 우리가 비판적 위기학의 이론적 요강을 재구성해낼 수 있게 하는 루소의 정치적 이론의 루소주의적 독해를 파괴한다. 헤밀톤은 "예술 작품"이라는 중요한 유의미한 용어에 집중함으로써 루소를 낭만주의의 틀 속에서 특히 유미주의의 틀 속에 매기려고 하지만 그것은 일면적이고, 오독이다. 일단 그의 책 가운데 중요한 임의의 한 구절을 읽어보자.

"루소가 새로운 국가를 '예술 작품'이라고 규정하고 있는 한에서 그의 이

841) James F. Hamilton, *Rousseau's Theory of Literature: The Poetics of Art and Nature,* French Literature Publications Company: York, South Carolina, 1979.

상적 공화국의 헌정은 한 위대한 예술가의 비전을 요구한다. 입법자를 부르라, 그가 사회의 메커니즘을 다자인하고 그것에 도덕적 방향을 불어 넣는다. 이 입법자의 신비화는 군주의 탈신비화를 덮는다. 그의 권위는 약정에 그리고 그를 '환상적인 존재'로 나타나게 만드는 의도를 가진 왕정 의례에 근거하는 것으로 드러나며, 그리고 그의 법적 지위는 국가 내에서의 멤버십의 그것으로 축소된다.[842] 입법자의 권위는 천재의 권위를 초월하며, 정부의 밖에서 행사되는 것이다. '사회적 정신'의 저작권자인 그의 소명은 강제력이나 논리적 사유이상을 요구한다. 그것은 정신적 승강기로부터 유출되는 것이다.[843] 루소가 입법자를 고독한 천재로 묘사하고 있는 것은, 기적적인 '사명(mission)'을 수행하는 것으로 숙명지워진 예언가의 '위대한 영혼'으로 부여받을 것이며, 20세기 전체주의자들가 아니라 19세기 시인이상을 향해 나아가는 출발점이다."[844]

미학적 낭만주의적 예술이 헤밀톤의 루소의 "**사회계약론**"의 해석을 지배하고 있으며, 자신의 "이데올로기적 신뢰"[845]를 결정한다. 헤밀톤은 이것을 이미 우리가 앞에서 논의한 바 있는 루소의 문장, 곧 "인간의 헌정은 자연의 작품이고, 국가의 그것은 예술의 작품이다"[846](헤밀톤의 의도를 살려 이렇게 번역하였을 뿐이다)는 문장으로써 논증하려 하지만 이 경우 루소에 있어서 "art"란 인간적 실천 일반을 의미하는 것이다. 그것은 루소를 낭만주의적으로 독해하는 것이 핵심적 근거로 삼고 있는 미학적인 것에로 환원될 수 없는 종류의 것이다. 루소가 요청하고 있는 것은 **미학적인** 생산이 아니라 오히려 생산, 매개, 그리고 수용의 변증법이다. 곧 입법자는 진리에 따라 수용되게 하기 위해서 생산된 정치적 진리를 매개의 이데올로기비판적 매개와 함께 매개해야

842) Rousseau, III: 369, 379.
843) Rousseau, III: 383.
844) J. F. Hamilton, 앞의 글, p.206.
845) Hamilton, 앞의 글, p.205 참조.
846) Rousseau, III: 424.

한다.

이차적 소통으로서의 입법자의 이론적 실천은 사회와 국가의 전체 소통적 구조화에 그것이 공동작용하고 있는 한에서 일종의 실천적 실천을 의미한다. 목소리들의 글적인 매개, 이론적 실천은 중립적이지 않고, 위험할 수 있다. 바로 이 때문에, 매개와 함께 동행하는 이 독은 이데올로기로서 번역될 수 있는 것인데, 비판되어야만 한다. 그리고 루소가 말하는 천재[847]는 이러한 이론적 맥락에서 글적 매개, 과학의 사회적 책임 그리고 높은 자질의 필요성을 시사하고 있다. 루소에서 원칙상 중요한 관건은 매개하는 입법자보다는 매개된 정치적 진리들이다. 과학(학문)공동체는 "행정"(magistrature)과 지배(주권성)와 심리학적으로가 아니라 제도적으로 분화되어야 한다.

> "입법자는 모든 점에서 나라의 비상한 사람이다. 그는 그 천재로 하여 비상해야 하지만 그 직무로 해서도 역시 그러하다. 그것은 행정기관도 아니고 주권도 아니다. 공화국을 만드는 이 직무는 그 헌법에는 포함되지 않는다. 그것은 한 나라와는 아무런 공통점도 없는 특별하고 우월한 작업이다. 왜냐하면 만일 사람들을 지배하는 자가 법을 지배해서 안 된다면 법을 지배하는 자 역시 사람들을 지배해서는 안 되기 때문이다. 만일 그렇지 않다면 그의 법은 그의 정념의 하인이 되어 많은 경우 그의 부정을 영속시키는 데 지나지 않을 것이다. 그리고 그의 특수한 견해가 그의 작품의 신성함을 손상시키는 것을 그는 결코 피하지 못할 것이다."[848]

과학적 매개는 일차적 소통으로부터 일상적으로 구성된 지식이다. 그러므로 입법은 비일상적이다. 이미 말했듯이 "천재"[849] 개념은 높은 자질의 필요성을 말하고 있지, 미학적 천재의 "낭만적" 예찬을 말하는

847) Rousseau, III: 382.
848) Rousseau, III: 382; 국역 〈사회계약론〉, p.197.
849) 루소는 제네바 수고에서는 천재가 아니라 재능(talent)라는 용어를 사용했다. Rousseau, III: 313 참고.

것이 아니다. 이 점은 루소가 자신의 책 『고백』에서 글쓰기를 배우는 것의 어려움을 토로하고 있는 곳에서, 그가 자신의 제1논술이 허약하게 표현되었다고 자기비판을 전개하고 있는 곳에서, 특히 논리와 질서가 불완전하다는 것을, 더 구체적으로는 추론, 수사적 조화, 하모니 등에서 완성되지 못했다고 스스로 비판하고 있는 곳에서 보다 분명하게 드러난다. "어떠한 재능을 타고났든지 간에 **글쓰기를 배우는 기예**는 한 번에 되지 않는다"[850]고 그는 고백하고 있다.

정부뿐만 아니라 "살롱사회"로부터의 과학공동체의 제도적 자율성이 규범적으로 요청된다. 이러한 의미에서 제임스 F. 헤밀톤은 루소의 『사회계약에 대하여』에서의 입법자를 제1논술의 선생(precepteur)으로 확인하려고 하는데, 헤밀톤이 "천재의 영웅적 개념"[851]을 강조하는 것을 접어둘 수만 있다면 그의 논술에서 루소가 과학의 제도적 자율성에 대해 주장한 바를 분명하게 인식할 수 있다. "루소의 선생론은 진정한 철학은 재정적인 지원 때문에 정부에 의존하는 것으로부터도 그리고 인정받는 것 때문에 살롱사회로부터도 풀려나야 하는 것을 의도하고 있다"[852]는 것이다.[853]

과학적 활동들의 자율성은 낭만주의적으로, 다시 말해서, 천재적 생산의 돌발성의 관점에서가 아니라, "사회학적으로", 다시 말해서 과학적인 매개들이 경제적인 정치적인 문제들의 강제들로부터 규범적으로 독립하여 관철될 수 있는가 하는 의문의 관점에서 파악되어야 한다.

루소는 자신의 『고백』에서 자율적인 과학적인 활동의 규범적 요구를 재정적인 문제들의 관점에서 이렇게 표현하고 있다.

"빵을 얻기 위해 글을 쓴다는 것은 머잖아 자신의 천재를 질식시키며 재

850) Rousseau, I: 352; 강조는 필자.

851) Hamilton, 앞의 글, p.20.

852) Hamilton, 앞의 글, p.20.

853) Roger Hahn, *The Anatomy of a Scientific Institution: The Paris Academy of Sciences, 1666-1803,* Berkely and London: University of California Pr., 1973 참조하라.

능을 죽이는 것이었다. 재능은 펜 끝에 있다기보다는 마음속에 있는 것으로서, 고상하고 자랑스런 사고방식만이 재능을 길러주는 것이다. 어떤 참신하고 위대한 작품도 돈벌이만을 위주로 하는 펜에서는 결코 나올 수가 없는 법이다. 돈의 필요 때문에, 도는 돈에 대한 욕심 때문에 펜을 든다면 아마 좋은 작품을 쓴다기보다는 빨리 쓰게 될 것이다. 빨리 쓴 작품으로 성공을 바란다면 나는 여러 가지 음모에 빠지거나 아니면 유익하고 참된 작품보다는 애써 대중의 인기를 끄는 작품들을 쓰게 될 것이다. 그랬다면 나는 우수한 작가가 되었다기보다는 삼류작가밖에 되지 못했을 것이다. 그것은 안 될 말이다. 작가란 글 쓰는 것을 직업으로 여기기 않을 때에만 환영을 받고 존경을 받을 수 있는 것이라고 나는 생각해 왔다. 살아가는 것만을 생각할 때 고상한 사고방식을 갖는다는 것은 어려운 일이다. 위대한 진리를 말하는 힘과 용기를 갖기 위해서는 성공을 도외시하지 않으면 안 된다. 나는 다른 것은 전혀 생각지 않고 다만 공공의 복지를 위해 말했다는 확신을 가지고 내 책을 공중 앞에 내놓았다."[854]

(4) 집합적 가설과 미덕

입법자의 과학적 활동은 언어적 표명(énonciation)을 통해서만 가능하다. 하지만 진리의 존재론적인 형이상학적인 있음이 급진적으로 부정된다면, 입법자의 언어적 표명은 무엇을 근거로 자신을 정초할 수 있는가 하는 의문을 제기할 수 있을 것이다. 정치적 진리의 작품의 시작은 진리의 부재이다. 정치적 진리의 진리는 언어내재적이 아니라 외(外)-언어적이다. 정치적 진리의 언어적 표명은 자신의 정당성을 **영향(Wirkung)**에서 가진다.

정치적 진리의 언어적 표명들은 영향 이후에는 역사로서 사라져야 하는 가설들에서 시작한다. 그것들은 사닥다리를 타고 위로 타고 올라가지만 그렇게 올라간 다음에는 그 사닥다리를 치워야만 하는[855] 사닥

854) J. -J. Rousseau, *Die Bekenntnisse*, München, 1974(2. Auflage), pp.397f; Rousseau, I: 402f.

855) Ludwig Wittgenstein, *Tractatus Logico-Philosophicus,* Ffm, 1969, 6번, p.54 참

다리처럼 간주되는 것이다. 비판적 위기학이 시작할 수 있는 시원적 가설들은 총체적으로 사라지는 것이 아니라 역사로서 항상 기억되어야 한다. 역사의 기억은 계몽의 하나이다. 역사적 시작은 열려 있다.

개방성은 신뢰 속에서 정치적 진리들을 생산, 매개, 그리고 수용해야 한다, 곧 데카르트주의에서처럼 의심 속에서 그러한 것이 아니다. 비판적 위기학은 철학의 의심하는 것에서가 아니라 정치적 진리의 내용이 작용한 다음에, 영향을 미친 다음에 원인으로서 승인될 수 있는 종류의 그러한 열린 믿음에서 시작한다.

이제 우리는 루소주의적 입법자의 과학의 미로 속으로 더 깊이 들어간다.

> "이렇게 입법자는 권력도 이성적 논리(le raisonnement)도 사용할 수 없기 때문에 필연적으로 다른 질서에 속하는 권위에 의지한다. 그 권위는 폭력을 사용함이 없이 인도하고 입증하지 않고서도(sans convaincre) 납득시킬 수 있어야 한다."[856]

폭력에 기초하여 정치적 진리를 정초하는 것뿐만 아니라 정치적 언어를 오직 수사적으로만 파악하는 것도 여기에서 거부되고 있다. 정치적인 지배정당화의 국가이론적 정초에 대한 대안적 표상을 루소는 거부하고 있다. 전자에 대해서는 『사회계약에 대하여』 제1권 제3장에서 특히 논의되고 있다.[857] 그리고 후자는 전제보다 논의가 될 거리가 더 있는 것으로 나타나는데, 비(非)언어적인 것을 언어적으로 표현해야 하는, 언어내재적인 문제틀을 지시하고 있는 것 같다. 입증하지 않고서 그리고 동시에 폭력 없이 언어적으로 설득한다는 것은 적어도 한번은 "다른 질서의 권위"에 호소해야 한다고 루소는 말하고 있는데, 이것을 우리는 집합적 가설에 다름 아닌 신화의 구성으로 이해한다. 국가적

고.

856) Rousseau, III: 383; 국역 〈사회계약론〉, p.197 번역을 내가 수정했다.

857) Rousseau, III: 354f. "---du droit du pluts fort".

헌정(헌법)을 위한 정치적 진리의 시작은 일종의 집합적 가설, 예컨대 "종교"를 통해서 가능하다. 이를 통해서 종교는 급진적으로 세속화되고 있는 것이다.

> "인간에게 법을 주기 위해서는 신들이 필요했다."[858)]

루소는 정치적 종교의 급진적 계몽이라는 이 맥락에서 그는 종교를 집합적 가설로 설명하고 있는 것으로 이해되는 곳에서 마키아벨리를 인용하고 있다.

> "어떤 인민에 있어서나 신에 의지하지 않는 비범한 입법자는 없다는 것은 진실이다. 왜냐하면 그렇게 하지 않으면 그의 법들은 받아들여지지 않았을 것이기 때문이다. 현자의 인정은 받더라도 다른 사람들을 납득시킬 만큼은 자명하지 않은 많은 이점이 그런 법에는 있는 것이다."[859)]

루소는 우리가 여기에서 집합적 가설로 부르는 그것을 순간적인 허구나 개별적인 사적인 신화와 구별하고 있다. 이 후자는 『사회계약에 대하여』의 입법자를 논하는 장에서 논의되고 있다.

> "누구든지 석판에 글자를 새기고 신탁을 매수하여 어떤 신적인 것과 비밀의 교신이라도 있는 것처럼 가장하고 새를 길들여서 자기 귀에 속삭이게 하는 등, 그밖에 인민을 속이는 야비한 수단을 발견할 수는 있다. 그런 지혜 없는 사람이라도 어쩌면 한 무리의 어리석은 사람들을 모을 수는 있을지 모른다. **그러나 그는 결코 나라를 건설하지는 못할 것이고 그의 무도한 작업은 머지않아 그와 더불어 멸망해 갈 것이다**. 공허한 위신을 한 때만의 기반 밖에 만들지 못한다."[860)]

---

858) Rousseau, III: 381.
859) Machiavelli, *Discorsi,* 제1권, 제11장을 Rousseau, III: 380에서 재인용.
860) Rousseau, III: 384; 강조는 필자.

집합적 가설이라는 개념은 순간적인 신화와는 대조적으로 근본적으로 보면 문화적 특성과 밀접하게 관련되는 관행(Habitus)에 근거해 있다. 관행은 전형적으로 구성되고 있다. 집합적 가설의 지속성은 루소에게 있어서 "예지(sagesse)"[861]를 통해서 가능하다.

> "진정한 정치가는 이런 사람들이 세운 제도 속에서 **지속적인** 대사업을 다스리는 저 위대하고 강력한 천재를 찬양하는 것이다."[862]

일상적 소통적 지식의, 공적인 견해(여론)의, 민주주적인 매개를 목적으로 삼는 "국가적 제도"로서의 학문공동체는 정치적 몸이 그 학문공동체의 고유한 자율성을 억압하지 않는 한에서는 정치적 몸의 삶을 지속적이게 만든다.

루소는 국가 형태가 군주정일 경우 군주를 입법자로 확인할 수 있으며 이 입법자로서의 "국가"로부터 학문공동체가 제도적으로 분화되는 것을 강조하는 이외에도 다음에 대해서 주목시키고 있다.

> "입법자가 특수한(사적인) 견지에 서는 당연한 결과로서 부패하느니 보다는 정부가 법을 오용하는 편이 그래도 폐해는 적다."[863]

그리하여 루소는 집합적 가설의 과학적 합리화를 위하여 입법자의 과학을 재구성한다. 루소는 종교와 정치의 정치적 관계에 대하여 발생론적으로 연구함으로써 종교를 시원적인 집합적 가설로 설명하며, 이것을 정치이론의 지평에서 급진적으로 "계몽"하고 있는 것이다.

---

861) Rousseau, III: 384.

862) Rousseau, III: 384; 강조는 필자.

863) Rousseau, III: 404. 이 지적과 관련하여 Rousseau, III: 381의 다음 말들을 참고하라. "위대한 군주는 아주 드물게 밖에 볼 수 없다는 것이 정말이라면 위대한 입법자는 어떨까?" 이렇게 의도적으로 의문을 제기한 다음에 다음과 같이 제도적인 분화를 그 답으로 제시하고 있다. "후자가 제출해야 하는 본보기를 전자는 따르기만 하면 되는 것이다."

"이상 설명한 모든 것에서 워버턴(Warburton)과 더불어 정치와 종교가 우리들 사이에서 공통의 목적을 갖는다고 말할 것이 아니라 오히려 여러 국민의 기원에 있어서는 종교가 정치의 도구로서 유용하다고 결론짓지 않으면 안 된다."864)

현재에는 종교는 더 이상 정치적 몸의 사회적 재구성을 위한 집합적 가설의 중심으로 표상될 수는 없다. "오직 국가적인 종교는 더 이상 있을 수 없다"865)

입법자의 예지는 역사적·사회적으로 구조화되는 현재에서 정치적 몸의 삶을 지속적으로 만들기 위해서 새로운 집합적 가설로서 미덕이 기능하기를 요청하고 있다. 루소의 정치이론에서 집합적 가설의 기능으로서 종교와 미덕은, 역사적·사회적으로 전형된 형태의 현재의 구조화를 접어둔다면, 병렬되는 것으로 다루어지고 있다.

"한 마디로 말해서 모든 나라에 공통되는 원칙을 갖는 이외에 각 인민은 그 자신 속에 특별한 방법으로 그러한 원칙에 질서를 주고 그 입법을 그들만의 고유한 것으로 만드는 어떤 원일을 갖고 있는 것이다. 그런 까닭으로 지난날의 헤브루인, 또는 가까이는 아랍인들은 주요 목적으로서 **종교**를 가졌고, 아테나이인들은 문학을, 카르타고와 티로스는 상업을, 로도스는 항해를, 스파르타는 전쟁을, 그리고 로마는 **미덕**을 그 주요 목적으로 삼았던 것이다. 『법의 정신』의 저자는 많은 사례를 통하여 입법자가 어떤 기술로 이 갖가지 목적에 각각 맞는 제도를 이끌어 가는가를 보여주었다."866)

"그러기에 어느 유명한 저술가867)는 미덕을 공화국의 원리로 삼았다. 이

864) Rousseau, III: 384.
865) Rousseau, III: 469.
866) Rousseau, III: 393; 강조는 필자.
867) 몽테스큐를 말한다.

> 모든 조건들[868]은 미덕 없이는 존속하지 못하기 때문이다. 그러나 그 뛰어난 천재도 필요한 구별을 해놓지 않았기 때문에 흔히 정확성을 잃었고 때로는 명석함마저 보이지 못했다. 그리고 주권은 어디서나 같으므로 정체 여하에 따라서 물론 정도의 차이는 있지만 같은 원리가 모든 잘 조직된 국가에 존재해야 한다는 것을 간과했다."[869]

집합적 가설로서의 종교와 세속화하는 작별을 명시적이 아니라, 급진적인 냉용을 주의 깊게 전달해야만 하기 때문에 묵시적으로 표현하기 위해서 『법의 정신』의 저자의 매개를 다시 한 번 비판적으로 매개되고 있다. 이러한 의미에서 가정할 수 있는 것은, 루소의 『사회계약에 대하여』가 국가의 시원에서 종교와 정치의 발생론적 관계를 설명하는 것을 구실로 집합적 가설을 합리화하려 하고, 실제에 있어서는 종교(들) 대신에 새로운 이성적 집합적 가설로서 미덕을 논의하는 책이라는 것이다. 이 점은 루소가 마키아벨리를 평가하는 것과 비유하여 파악될 수 있다. 루소가 애호했던 저자인 마키아벨리[870]의 『군주』는 루소에 따르면 "국왕들에게 가르치는 체하면서 인민에게 중대한 교훈을 주었던 것"으로서 "공화주의자의 책이었다".[871] 미덕은 시민의 본래성에 속한다. 루소는 〈정치경제학〉(1755년)에서 포스트공리주의적인 본래성의 명제를, 즉 공리주의적 고유사랑이 미덕으로 발생론적으로 전형되는 것을 이론화하고 있다.

---

868) 다음의 조건을 말한다. "첫째는 아주 작은 국가로서 그곳에서는 인민을 쉽게 모을 수 있으며 각 시민을 쉽게 다른 모든 시민들을 알 수 있을 것, 둘째 습속이 매우 단순하여 많은 사무나 성가신 논의를 생략할 수 있을 것, 다음으로 인민의 지위와 재산이 대체로 평등할 것, 그렇지 않으면 권리와 권위에서의 평등이 오래 지속될 수 없다. 마지막으로 사치가 극히 적거나 또는 전혀 없을 것." Rousseau, III: 405.

869) Rousseau, III: 405.

870) Reinhard Brandt, *Rousseaus Philosophie der Gesellschaft,* Stuttgart-Bad Cannstatt, 1973, p.129.

871) Rousseau, III: 409.

"나는 공공경제의 이 부분을 내가 이것을 시작했어야 했던 곳에서 끝을 맺는다. 조국은 자유 없이는, 자유는 덕성 없이는, 덕성은 시민 없이는 존속할 수가 없을 것이다. 여러분들은 만약 시민들을 형성한다면, 모든 것을 가진 것이다. 여러분들이 시민들을 형성시키지 못하고서는 여러분들은 국가의 지배자로부터 시작하는 단지 보잘 것 없는 노예상태만을 지닐 뿐이다. 시민을 형성시키는 일은 하루만에 만들어질 작품이 아니며 그리고 성인으로서의 시민들이 필요하다면, 어린이로서 그들을 가르쳐야 한다. 인간들을 통치해야 하는 그러한 자는 자신들이 가지고 있지도 않은, 자신들의 본성 밖에서 완전함을 찾아서는 안 된다고, 그런 자는 그들에게서 열정을 포기해서는 안 된다고, 그러한 기획의 실행은 불가능한 만큼이나 바람직하지도 않다고, 나에게 말한다면, 나는 열정 없는 인간은 분명 매우 나쁜 시민이 될 것이라는 점에서 그런 말에 기꺼이 동의할 것이다. 그렇지만 나는 아무 것도 사랑하지 않는 것을 사람들에게 가르치는 것은 불가능하며, 다른 어느 하나보다는 어느 하나를 사랑하는 것을 , 추한 어떤 것을 보다는 아름다운 어떤 것을 사랑하는 것을, 가르치는 것은 불가능하지 않다는 주장에 기꺼이 동의할 것이다. 예컨대 그들의 개별 인간을 국가 몸과의 관계 속에서만 항상 고려하고, 그리고 그들 자신의 고유한 실존을 국가 몸의 한 부분으로서 파악하는 것이 숙달된다면, 그러한 보다 큰 전체와 어느 정도 자신을 일체화시키고 조국의 구성원으로서 자신을 이해하며, 고독한 인간이 오직 자기 자신만을 위해서만 느끼고 있는 바로 그 정감을 가지고 사랑하고 항상 바로 그러한 대상에로 자신의 영혼을 증진시키며 그리하여 모든 우리의 악들이 성립하는 바로 그 위험한 장치를 승화된 덕성으로 변화시키는 일 등이 성공할 것이다."[872)]

여기에서 미덕은 자신의 사회이론적 의미를, 자기보존의 원칙으로서의 자연적인 자기사랑(amour de soi)를 보지하지 않는 시민의 현존재 속에서 얻는다. 자기사랑이 고유사랑(amour-propre)으로 전형된 다음

872) Rousseau, III: 259f.

에 미덕은 자연적인 질서사랑(질서에 대한 자연적 사랑: l'amour de l'ordre)의 사회적 대체가 된다. 그것은 사랑에 대한 사회적 질서이다.

독일의 루소연구가 라인하르트 브란트(Reinhard Brandt)는 자신의 책 『루소의 사회철학』에서 묘한 주목할 만한 주장을 펼치고 있다. 곧, "루소의 공화국은 공공적 견해(commuis opino)와는 반대로 미덕국가가 아니다. 루소는 자신의 시민들의 미덕에 대해 말하지 않는다"는 것이다.[873] 이 명제를 논증하기 위해서 브란트는 루소의 다양한 여러 글들에서 인용하고 있다. 〈크리스토프 보몽(Christophe de Beaumont)에 보낸 편지〉(1763년), 『에밀』, 〈까롱들레(Carondelet) 신부에게 보낸 편지〉(1764년 3월 4일자), 〈코르시카 헌법 기획안〉. 브란트의 이 명제와는 완전히 정 반대로 나는 루소에 있어서 미덕은 루소주의적 공화국을 위한 사회적 인륜성으로서 요구되고 있다는 명제를 논증할 것이다. 우선 〈크리스토프 보몽에게 보낸 편지〉에서부터 논의를 시작해 보자. 루소는 이 편지에서 제2논술에서처럼, 인간적 자연의 전형의 "계보론", 다시 말해서 사악한 것의 역사 문제, "어떻게 인간이 자신의 시원적 선의 계속적인 변화를 통하여 현재 있는 바대로 되었는가"[874] 하는 문제를 제기하고 서술한 다음에, 자신의 연구의 과학적 시작은 바로 다름 아니라 현재에 있다는 것을 다음과 같이 분명히 하고 있다.

> "어떠한 자도 공공선이 자신의 선과 일치하지 않는다면 그 공공선을 의지하지 않을 것이고, 그리하여 이 일치는 인민을 선하고 행복하게 만들려고 하는 진정한 정치가의 목적이기도 하다."[875]

브란트는 이 문장에서 루소가 미덕을 포기하는 것으로 읽고 있지만, 이것은 구체적 인간 자신에 의해서 역사적으로 만들어진 현재의 사회적 구조로서 루소의 위기학적 연구의 출발점임을 의미할 뿐이다. 루소

873) Reinhard Brandt, *Rousseaus Philosophie der Gesellschaft,* 앞의 글, p.93.
874) Rousseau, IV: 938.
875) Rousseau, IV: 937.

의 사회계약론은 시작을 끼고서 분석가능한 계보학을 설정하고 있다. 급진적 차이성들에서부터 사회적인 동일성구성으로 전형되는 것이 가능하다는 것이다. 미덕은 전형된 자기사랑이고, 자연적인 자기사랑, 질서에 대한 사랑은 전사회적인 것이다. 질서에 대한 사회적 사랑은 질서에 대한 자연적 사랑과 급진적으로 다르며, 궁극적으로는 나르시즘적이다.

질서에 대한 자연적 사랑과 사회적 사랑을 발견술적으로 이렇게 구별하면서 루소는 미덕의 사회성을 『에밀』에서도 분명하게 논술하고 있다.

> "자신의 생명을 희생하여 자신의 의무를 위해서 바치는 덕성 있는 삶을 가르치는 원칙들은 이 원시적(primiitive) 단순성과는 매우 먼 것이다. 희생 없이 선하며 덕성 없이 정의로울 수 있는 인민들은 얼마나 행복한가."[876)]

이 구절에서 루소가 의도하고 있는 것은, 브란트가 시사하려고 시도하듯이 사회적 생활의 합리화를 위하여 미덕이 유용하지 않다는 것이 아니라, 오히려 이와는 정반대로 미덕 없는 원시적인 시원적인 선과 정의와 고유사랑의 사회적 전형을 통해서만 가능하고 하지만 자연적인 자기사랑으로의 소박한 회귀를 통해서는 가능하지 않은 미덕을 가진 정의구성과의 구조적 차이에 관한 것이다. 외적인 일반성의 내재화에서 시작할 수 있는 미덕은 "유용하지만 위험한 도구인"[877)] 고유사랑의 급진화를 통해서만 인간적으로 얻어질 수 있는 것이다. 곧 이익차이들의 총체성에의 직접적인 관련성이 미덕을 성립하게 한다는 것이다.

> "미덕은 분할불가능하다. 사람들은 미덕을 어느 한 부분을 취하고 다른 부분을 버리기 위해서 조각낼 수 없다. 사람들이 미덕을 사랑한다면, 그것의 손상되지 않은 온전한 전체로서의 그것을 사랑하는 것이 있을 뿐이다."[878)]

---

876) Rousseau, IV: 467f.
877) Rousseau, IV: 735.
878) Rousseau, IV: 735.

미덕은 일반의지의 논리를 따른다. 루소는 1764년 3월 4일의 〈까롱들레 신부에게 보낸 편지〉[879]에서 우리가 앞에서 논의했던 그 의미에서 "질서에 대한 사랑"의 두 종류를 구별하고 있다.

> "질서에 대한 사랑이 나에게 소외된 것인 한에서, 그 질서에 대한 사랑은 나에게 나의 자기이익의 감정에 같은 무게를 줄 수 있는 그러한 감정이 결코 아니다. 순수한 사념적 관점이 인간의 가슴에서 열정들을 능가할 수는 없는 것이다. 즉, 나에게 소외되어 있는 무엇이 나 자신에게 선호될 수는 있지만 이 감정은 자연에서는 없는 것이다. 그 한 부를 내가 형성하고 있는 그러한 질서에 대한 사랑에 대해서 말하자면, 이 질서에 대한 사랑은 모든 것을 나 자신의 관점에서 처리하고, 나는 오직 이 질서의 중심이라는 것인데, 만약 모든 사물들이나의 특수한 안녕에만 관련되어 있다고 한다면 부조리하고 모순될 것이다. 그래서 미덕 그 자체는 우리 자신에 대한 투쟁을 전제로 하고 있으며, 승리의 어려움은 미덕에 이바지하는 것이다. 하지만 내가 그 한 구성부분인 한 질서를 전제하고 있는 속에서 — 무엇 때문에 그러한 투쟁인가? 그것에 대한 모든 원인, 모든 모티브가 없는 것이다. 이 질서에 대한 사랑은 미덕을 필요로 하지 않는다."[880]

우리는 여기에서 일단 불어원문을 확인해보자.

> "D'abord l'amour de l'ordre, en tant que ce ordre est étranger à moi, n'est point un sentiment qui puisse balancer en moi celui de mon intérest propre; une vue purement spéculative ne sauroit dans le coeur humain l'emporter sur les passions; ce seroit à ce qui est moi préférer ce qui m'est étranger: ce senitment n'est pas dans la nature. Quant à l'amour de l'ordre dont je fais partie, il ordonne tout par rapport à moi,

879) J. -J. Rousseau, Abbé de Carondelet에게 보낸 편지, in: *Correspndance Générale de J. -J. Rousseau*, 제10권, pp.339-342.

880) J. -J. Rousseau, "까롱들레에게 보낸 편지", 앞의 글, p.340.

et comme alors je suis seul le centre de cet ordre, il seroit absurde et contradictoire qu'il ne me fit pas rapporter toutes choses à mon bien particulier. Or la vertu suppose un combat contre nous-mêmes, et c'est la difficulté de la victoire qui en fait le mérite; mais, dans la supposition, pourquoi ce combat? Toute raison, tour motif y manque. Ainsi point de vertu possible par le seul amour de l'ordre."

그 다음 브란트의 번역을 그것과 비교 검토해보자.

"Die Liebe zur Ordnung (l'amour de l'ordre) ist, soweit mir diese Ordnung fremd (étranger) ist, kein Gefühl (sentiment), das in mir ein Gegengewicht zu dem Gefühl des Selbstinteresses bilden könnte; eine rein spekulative Einsicht kann im menschlichen Herzen die Leidenschaften nicht überwiegen es hieβe, etwas, was mir fremd ist, mir selbst vorzuziehen, dieses Gefühl aber gibt es in der Natur nicht. Was aber die Liebe zur Ordnung, deren Teil ich bilde, angeht, so fügt sie alles im Hinblick auf mich selbst, und da ich allein das Zentrum dieser Ordnung bilde, wäre es absurd und widersprüchlich, wenn sich nicht alle Dinge auf mein partikuläres Wohl bezögen. Die Tugend setzt einen Kampf gegen uns selbst voraus, und die Schwierigkeit des Sieges ist das Verdienstliche an der Tugend. Aber unter der Voraussetzung einer Ordnung, deren Glied ich bin wozu dieser Kampf? Jedes Motiv dazu fehlt. Die Liebe zur Ordnung braucht keine Tugend."

브란트가 루소의 원문을 오역하고 있는 것은 물론 루소의 미덕개념을 오해하고 있는 것으로 나타나고 있다. 즉 루소의 정치이론에서 미덕은 브란트가 해석하고 있듯이[881] 질서에 대한 사랑이나 당파에 대한

881) Reinhard Brandt, 앞의 글, p.93.

사랑에 대한 대립으로 이해되어야 하는 것이 아니라, 이익들이 서로 급진적으로 모순되는 것을 전제로 하는 가운데 사랑에 대한 전형된 질서이다. 이 점은 루소가 미덕 개념을 정의하려고 시도하는 『에밀』에서 보다 분명하게 알 수 있다.

> "내 아들아! 용기 없이는 행복은 잡을 수 없고 투쟁 없이는 덕성(미덕)은 성취되지 않는다. 덕성이라는 말은 힘이라는 말에서 온 것이다. 즉 모든 덕성의 근원은 힘이다. 덕성은 본래 약했지만 의지에 의하여 강하게 된 사람에게만 속한다. 이것이야말로 바른 인간의 전가치이다. 또 우리는 신을 선하다고는 부르면서 신을 덕성이 있다고는 부르지 않는다. 그것은 신은 선을 행하는 데 노력을 필요로 하지 않기 때문이다."[882]

미덕은 인간적 실천이다. 그리고 끝으로 우리는 루소의 미덕개념과 관련하여 〈코르시카 헌법 기획안〉에 대해서 논의하고자 한다. 브란트가 자신이 주장하는 명제를 논증하기 위해서 루소의 말을 인용하고 있는 부분 전후를 인용하고자 한다.

> "각 개인들의 이점과 욕구들이 방해를 받지 않고 있고 다른 이들에게 의존해 있지 않았기 때문에 모든 자들이 가장 평안하고 가장 우애 있게 서로 결속했다. 융화와 평화가 그들의 수많은 가정들에 충만해 있었고 그것을 위해서 지불해야 하는 노력도 없었으며, 그리고 그들은 결혼하는 경우 이외에는 협상해야 하는 것도 거의 없었고, 결혼할 때에도 단지 이끌리는지만 물었고, 야망에 의해 결정되지도 않았으며 이기나 불평등에 의해 방해받지도 않았다. 완전한 자족 속에서 생활했던 이 가난하지만 욕구 없는 인민은 어떠한 것도 손실이 되게 변화되지 않을 정도로 융화 속에서 늘어났다. 그들은 미덕을 소지하지 않았다. 그들은 극복해야 할 짐들이 없었으며 정당하게 행동해야 할 만큼 그 인민은 허약하지 않았기 때문이다.

882) Rousseau, IV: 817.

정의와 미덕이 무엇인지를 도대체 알아야 할 필요도 없이 그들은 선하고 정의로웠던 것이다."[883)]

여기에서는 서로 다른 이익들과 욕구들이 상대적으로 미미하게 발전되고 있는 것이 표현되어 있다. 루소의 통찰에 의하면 미덕의 논리적 전제는 급진적 차이성들이 동일성의 재구성에로 급진적으로 사회적 전형될 것이 사회학적으로 필요할 정도로 그렇게 강하게 전개되지 않았다. 즉 코르시카인들은 다른 인민들의 편견들을 이미 사들여 왔지만 현재의 상대적인 단순함 그 자체가 동일성의 능력이 있다는 것이다.[884)] 여기에 정부를 "그 원시적 상태로 유지할 수 있게" 하는 예방전략이 등장했던 것이다.[885)] 이에 대한 함의를 여러 단상들 속에서 서술하고 있다.

"코르시카인들은 거의 자연적인 상태의 건강한 상태에 있기는 하지만 그들의 편견들이 그들을 그 상태로부터 멀리 떨어져 나가게 할 것이므로 그들을 그 속에 있도록 유지하는 위대한 숙련됨이 필요하다. 그들은 그들에게 도움이 되는 바로 그것을 가지고 있지만 그들에게 유용하지 않는 것을 원하고 있는 것이다. 그들의 감정들은 정직하며, 그들을 기만하는 것은 그들의 잘못된 식견들이다. 그들은 이웃하고 있는 인민들의 잘못된 영광을 보고 있으며 어떻게 그들이 될 수 있는지에 열기를 내고 있다. 그들은 그들의 궁핍을 지각하지 않고 있으며 그들 자신이 무한히 훨씬 더 낫다는 것을 보지 않고 있기 때문이다."[886)]

루소에 의하면, 진정한 입법자는 "건축가가 거대한 건축물을 짓고자 하기 이전에 그 지반을 고찰하고, 그 지반이 무게를 담지할 상태에 있

883) Rousseau, III: 914f.
884) Rousseau, III: 902 참조.
885) Rousseau, III: 901.
886) Rousseau, III: 950.

는지 여부를 검토하는 것과 같이", "좋은 법 그 자체를 헌정하는 것에서 시작하는 것이 아니라 그가 좋은 법을 규정하여 주는 그 인민이 그 좋은 법을 담지할 능력이 있는지 여부를 먼저 검토하는" 자인데,[887] 이 진정한 입법자의 과학적 매개는 현재 현실로 나타나 있지는 않지만 앞으로 있을 수 있는 위기의 예방적 비판인 일종의 처방책으로서의 예방에 있는 것이다. 그것은 "그들에게 도움이 되는 바로 그것", 조언이다. 이 경우 예방을 위한 처방적 비판은 "인민을 위한 정부"[888]에서 시작하지 "정부를 위한 인민"에서 시작하지 않는다. 이러한 맥락에서 코르시카라는 섬은 그 인민이 입법의 선(先)조건들을 이미 소지하고 있는 높은 품격을 가지고 있다고 루소는 파악했다. 코르시카 섬을 위한 과학적 매개는 입법의 경우 정부를 위한 인민에서 시작해야만 하는 그러한 나라들과는 달리, 즉 입법을 위해서 인민 그 자신을 재구성할 것이 요청되었던 그런 나라들과는 달리, 고유성을 가지고 있었다. 그래서 루소는 이렇게 말한다.

> "나는 여러분들에게 도덕을 기도하지 않을 것이며, 나는 여러분들에게 미덕적이게 지시하지도 않을 것이고, 다만 나는 미덕에 대한 언어를 모르면서 여러분들이 미덕을 가지도록, 정의와 선이 무엇인지 정말 모르면서 여러분들이 선하고 정의롭게 되도록 여러분들을 움직여갈 것이다."[889]

코르시카 섬의 경우 관건이 되었던 것은 인민 그 자신을 직접적으로 재구성하는 것이 아니라 정부의 재구성이었고 그 다음 인민을 미덕적일 수 있게 하는 것이었다. 미덕은 루소주의적 공화국의 원칙이다.

인간성의 본래성, 미덕은 "나르시즘적"이거나 "일종의 — 물론 높은 형태의 — 자기사랑"[890]이거나 "자기 자신과의 만족에 대한 욕구"[891]이

---

887) Rousseau, III: 384f 참고.
888) Rousseau, III: 901.
889) Rousseau, III: 948.
890) Fetscher, 앞의 글, p.199.

다. 집합적 가설은 이제 더 이상 소외되지 않는다, 완전히 인간적이다. 그것은 그 본질에 따라 열려 있다. 미덕, 본질성은 따라서 열려 있다. 그것은 자신의 고유한 열린 규칙성을 포함하고 있다. 그것은 공리주의적 폐쇄적 규칙을 넘어 나아간다. 자유의 조건이 실용론적으로 자유 그 자체이듯이, 시민의 본래성은 자신의 목적이면서 동시에 자신의 전제이다. 곧 지배자유적 소통은 자신의 유토피아이면서 동시에 자신의 실천적인 현실화의 규범적인 전제이다.[892]

비판적 위기학에서 인민은 항상 "인민이 되어가는 인민"[893]이다.

> "인민이 되어가는 인민은 정치의 건강한 격률을 좋아하고 국가의 이성의 근본적인 질서들을 따를 수 있게 하기 위해서는 결과가 원인이 되는 것, 제도의 작품이어야 하는 사회적 정신이 그 제도보다 앞서 나아가는 것, 그리고 사람들은 법이 생기기 전에 그들이 법에 의해서 될 것이 되어 있는 것 등이 필요할 것이다."[894]

사회 그리고 이와 함께 국가는 항상 되어가는 것으로서 재구성가능하다.

집합적 가설은 루소에 있어서 그 열린 고유성에 따라 과정적인 것이다. 이러한 맥락에서 루소의 입법자이론은 낭만주의적으로도 이른바 "반민주주의"의 방향으로도 논증되는 것이 아니라 표명과 침묵 사이의 긴장들을 통해서 특징될 수 있는 문화비판적 이론으로서 논증되어야 하는 것이다.

891) Fetscher, 앞의 글, p.197.

892) J. Habermas, *Theorie des kommunikativen Handelns*, 2. Bde, Ffm, 1981 참고하라.

893) Rousseau, III: 383.

894) Rousseau, III: 383.

3. 마르크스

1) 정치로서의 혁명

마르크스는 사회와 국가의 혁명적 전형을 명시적으로, 루소는 우리가 페처의 해석과는 대좌하면서 논의하였듯이 묵시적으로 혁명론을 파악하고 있다. 루소와 마르크스는 사회와 국가의 혁명적 전형을 이론화하는 사상가로서 다르지 않다.

마르크스는 주지하고 있듯이 사회적 혁명과 정치적 혁명을 구별한다. 비판적 위기학의 정치적 이론에서 핵심적인 의문은, 마르크스의 혁명론에서 정치적 혁명과 사회적 혁명의 차이가 사회적 혁명의 관점에서 볼 때 정치를 부정하는 것으로 나타나는 것인가, 다시 말해서, 사회적 혁명은 "정치적" 혁명이 아닌가 하는 것이다. 마르크스는 자신의 논술 〈프로이센의 조항에 대한 비판적 주해〉(Kritische Randglossen zu dem Artikel eines Preussen)[895]에서 사회적 혁명의 정치적 차원을 분명하게 밝히고 있다.

> "**혁명** 일반 — 현존하는 폭력의 **전도**이고 구 관계들의 **해체** — 은 **정치적 행동**이다. 하지만 혁명이 없이는 사회주의는 수행될 수 없다. 사회주의는 파괴와 해체가 필요로 하는 한에서 사회주의는 이러한 정치적 행동을 필요로 한다. 하지만 사회주의의 **조직화하는 활동**이 시작하는 곳에서, 사회주의의 **자기목적**, 사회주의의 영혼이 부상하는 곳에서, 그곳에서 사회주의는 정치적 외피를 벗어 던진다."[896]

혁명은 루소에서처럼 마르크스에서도 정치이다. 그러므로 사회적 혁명은 정치적 혁명이 그러한 것처럼 특정한 정치인 것이다. 우리가 정

---

895) MEW 1: 392-409.
896) MEW 1: 409.

치의 패러독스라고 부르는 바의 지배의미론은 정치를 포함하고 있는 사회적 혁명의 현실화를 통하여 정치의 자기지양을 설명하는 속에서 분명하게 시사되어 있다. 우리는 정치적 혁명과 사회적 혁명의 이론적 차이를 더 설명한 다음에 이에 대해서 다시 논의할 것이다.

혁명 일반이 정치적 행동이라고 한다면, 정치적 혁명은 논리적으로 본다면 이중화된 정치, 다시 말해서, 정치적 정치 혹은 정치의 정치일 것이다. 정치적 혁명과 사회적 혁명의 차이를 명확하게 밝히기 위해서는 마르크스가 "정치적 해방"과 "사회적 해방"을 이론적으로 대조시키고 있는 맥락을 잘 이해할 필요가 있다. 마르크스는 자신의 글 〈유대인문제에 대하여(Zur Judenfrage)〉[897]에서 정치적 혁명의 한계와 관련하여 브르노 바우어(Bruno Bauer)의 주장을 비판하고 있다.

> "우리는 바우어의 잘못이 그가 '오직 국가'(Staat schlechthin)가 아니라 '기독교적 국가'를 비판의 대상으로 삼는다는 데에, 그가 정치적 해방이 인간적 해방과 맺는 관계를 연구하지 않고 그리하여 정치적 해방을 일반적으로 인간적인 해방으로 무비판적으로 혼동하는 것에서부터 해명될 뿐인 조건들을 제기하고 있다는 데에 있다고 생각한다."[898]

마르크스는 유대인문제를 바우어와 대좌하면서 "정치의 비판"[899]과 관련하여 다루고 있다. 브르노 바우어는 유대인문제를 "신학의 비판"에 근거하여 이론적으로 독일적으로 파악하고 이론화하고 있었던 것이다.[900] 마르크스는 자신의 글 〈헤겔법철학비판 서문〉에서 "신학의 비판"에서 "정치의 비판"으로 이론적 변동을 요청하고 있다.

---

897) MEW 1: 347-377.

898) MEW 1: 351.

899) MEW 1: 379.

900) 마르크스는 이것의 독일적 파악을 프랑스적 파악과 북미적 파악과 구별하고 있다. MEW 1, 351f 참고.

> "그리하여 천상의 비판은 지상의 비판으로, **종교의 비판은 법(권리: Recht)의 비판으로, 신학의 비판은 정치의 비판**으로 전환된다."[901]

우리가 〈유대인문제에 대하여〉에서 읽을 수 있는 것은 유대인문제의 문제틀을 넘어서 정치적 해방이 문제틀, 특히 정치적 해방과 인간적 해방의 관계이다. 종교적 비판에서 정치적비판으로 이론적으로 전형시키면서 마르크스는 "정치적 해방의 한계"를 비판한다.

> "정치적 해방의 한계는 국가가 **현실적으로** 속박으로부터 해방되지 않고서 속박으로부터 해방될 수 있다는 데에, 인간이 **자유로운 인간**이지 않고서도 국가가 **자유국가**일 수 있다는 데에 나타난다."[902]

국가와 종교의 급진적 분리는 마르크스의 정치적 비판의 이론적 출발점이다. 마르크스는 세속화과정을 급진화시키면서 "종교를 전제로 하는 국가"는 "진정한 국가가 아니며 현실적인 국가도 아니다"고 판단한다.[903]

> "국가의 종교에 대한 관계, 즉 **자유국가**는 국가를 형성하는 **인간**의 종교에 대한 관계일 뿐이다."[904]

루소가 마키아벨리를 수용하면서 주장하고 있듯이 국가와 정치적 헌정이 탄생했을 때에는 종교가 필요했다는 것이다.[905] "인간이 국가를 형성한다"[906]는 것은 국가의 현실적 전제로서의 인간이 정치적 비판의

---

901) MEW 1: 379.
902) MEW 1: 353.
903) MEW 1: 350.
904) MEW 1: 353.
905) 정치와 종교의 문제틀에 대한 더 자세한 논의에 대해서는 본 연구의 "입법자의 과학"을 보라.
906) MEW 1: 353.

출발점으로서 승인되고 있다는 것이다. 마르크스가 정치적 해방의 한계를 비판할 때, 그는 국가와 사회의 분리를 문제시하고 있는 것이다.

> "유대인, 기독교인, **종교적** 인간 일반의 **정치적** 해방은 유대교, 기독교, **종교** 일반으로부터의 **국가의 해방**이다."[907]

종교로부터의 국가의 해방은 여기에서 현실적 총체성으로서의 국가의 해방이 아니라 단지 국가와 사회의 현실적 분리 속에서의 그것을 의미할 뿐이다. 바로 이 때문에 그러한 해방은 "정치적"이다. 바로 이러한 이론적 맥락에서 마르크스는 다음과 같이 논술을 이어가고 있다.

> "국가는 자신의 형식 속에서, 자신의 본질에 고유한 **방식** 속에서, **국가종교**로부터 해방됨으로써 다시 말해서 국가는 **국가로서** 어떠한 종교도 고백하지 않음으로써, 국가는 자신을 국가로서 고백함으로써 국가는 국가로서 종교로부터 해방되는 것이다."[908]

국가는 사회와 분리되는 가운데 종교로부터 해방된다. 국가의 전제는 더 이상 종교가 아니고, 인간성 그 자체이다. 하지만 이 전제는 여전히 해방된 것이 아니다. 마르크스에 의하면, 정치적 해방의 한계는 사회와의 분리 속에서 국가의 차원에만 이 정치적 해방이 제한되어 있다는 데에 있다.

> "종교로부터의 **정치적** 해방은 종교로부터의, 완전히 수행된 해방이 아니다, 종교로부터의 모순 없는 해방이 아니다. 왜냐하면, 정치적 해방은 **인간적** 해방의 완전히 수행된 방식이, 인간적 해방의 모순 없는 방식이 아니기 때문이다."[909]

---

907) MEW 1: 353.
908) MEW 1: 353.
909) MEW 1: 353.

정치적 해방과 인간적 해방의 차이를 바르게 이해하려면, 국가와 사회의 분리의 문제틀을 다루어야만 한다. 국가와 사회의 분리의 현실에서는 종교로부터의 국가의 해방은 사회의 그것을 의미하는 것이 아니다. 역으로 말하면 "종교를 전제로 하고 있는 국가는 진정한 국가도, 현실적인 국가도 아니다"고 말하고 있듯이 마르크스에 의하면 종교를 전제로 하고 있는 사회는 진정한 사회도, 현실적인 사회도 아니다. 그는 국가와 사회의 규범적인 비분리성을 주장하고 있는 것이다. 국가와 사회의 현실적 분리 속에서 종교로부터의 **정치적** 해방은 종교의 현실적 지양을 만들어내는 것이 아니라 종교가 국가에서 사회로 전이되게 만든다. 종교를 전제로 하는 현재적 시민적 사회는 비판되어야 한다. 마르크스에 의하면 사회의 전제로서의 종교는 "결합의 현존재"[910]이기 때문이다. 종교는 "신학의 비판"의 지평에서가 아니라 "정치의 비판"의 지평에서 비판되어야 한다. 정치의 비판은 자신의 대상을 종교 속에서가 아니라 정치 그 자체 속에서 가진다. 이러한 맥락에서 마르크스는 "**완성된** 정치적 해방이 종교에 대해서 어떠한 관계를 맺는가"[911] 하는 의문을 제기한다.

> "우리 스스로가 완성된 정치적 해방의 영토 속에서 종교의 실존뿐만 아니라 종교의 **삶을 신선하게 하며 삶을 생동감 있게 하는** 실존을 발견한다면, 종교의 현존재는 국가의 완성에 모순되는 것이 아니라는 것의 증명이 된 셈이다. 하지만 종교의 현존재는 결합의 현존재이므로 이 결합의 원천은 국가 그 자체의 **본질**에서만 탐색될 수 있을 것이다."[912]

마르크스의 정치비판은 국가의 전제들에 대한 발생론적 연구 형태를 취하기도 하는데, 마르크스는 이에 대해서 특별히 지적하고 있다.

---

910) MEW 1: 352.
911) MEW 1: 352 참고.
912) MEW 1: 352.

"역사가 미신으로 충분하게 길게 해체되었던 다음에 우리는 미신을 역사로 해체한다."[913]

국가의 시원적 전제로서의 종교를 루소가 자신의 사회계약론에서 발생론적으로 급진적으로 계몽하고 있듯이 "국가와 이 국가의 **전제들** 일반사이의 모순"[914]이 비판되어야 한다. 국가와 이 국가의 전제의 관계는 전형되는 것이다. 국가의 새로운 전제는 루소에 있어서 처럼 마르크스에 있어서 종교도 아니며, "국가와 사회의 분리 속에서의 시민적 사회도 아니며 인간 그 자신이다."[915]

"**모든** 해방은 인간적 세계, 관계들을 **인간 그 자신**에게로 **다시 되돌리는 것**이다."[916]

정치적 해방과 사회적 해방의 차이는 인간의 자기파악과 관련하여 이해될 수 있다. 즉 정치적 해방은 인간의 현대적 이중성 내에서, 달리 말해서 "정치적 국가와 시민적 사회 사이의 세계적 균열"[917]속에서 일면적인 해방을 의미한다. 즉 정치적 해방은 "국가 시민적 해방"[918]이다. 그것은 일면적이고 축소된 것이다.

마르크스에서 정치적 해방은 일반적 의미에서의 정치의 해방이 아니라 역사적 의미에서의 축소된 정치의 해방을 의미한다. 이 축소된 정치는 사회적 정치로 확대되어야 하고 이것을 마르크스는 사회적 해방으로 이해한다. 축소된 정치 다시 말해서 시민적 정치와 본래의 정치, 다시 말해서 사회적 정치를 개념적으로 구별하면, 축소되지 않은 정치, 사회적 정치가 왜 그리고 어떻게 사회적 해방의 개념으로부터 연역될

913) MEW 1: 352.
914) MEW 1: 353.
915) MEW 1: 370.
916) MEW 1: 370.
917) MEW 1: 355.
918) MEW 1: 347 참고.

수 있는지를 이해할 수 있게 된다. 정치적 해방과 사회적 해방의 차이는 후자가 정치적이 아니라는 데 있는 것이 아니라 전자의 정치적인 것이 축소된 것이라는 데에 있다. 즉 정치적 해방의 정치가 국가와 사회의 분리라는 한계 내에서 국가의 층위에서만 축소되어 있으며, 사회적 해방의 정치는 축소되지 않은, 사회적이라는 것이다. 마르크스는 자신의 글 〈유대인문제에 대하여〉에서 정치적 혁명이나 해방의 한계에서 논의를 시작하고 있다. 즉 정치적 해방은 종교의 지양을 현실적으로 도달했는가 하는 의문을 그는 제기하면서 논술을 시작한다. 그는 이 물음에 부정적으로 답한다.

> "종교로부터의 정치적 해방은 특권화된 종교는 아니라 할지라도 종교를 존립하게 한다."[919]

"종교로부터의 정치적 해방"은 "종교부터의 국가의 해방"을 뜻한다.[920] 이 해방은 단지 국가의 해방일 뿐이고 사회의 그것은 아니다.

종교는 — 이로부터 사회는 해방되어야 한다고 한다 — 마르크스의 사회이론에서는 "현실적 궁핍의 표현"이면서 동시에 "현실적 궁핍에 대항하는 저항"을 표현하고 있다.[921] 종교는 이데올로기처럼 나타나 있다. 그것은 위기와 이 위기의 비판의 표현이지만, 이데올로기로서 그러한 것이다. 우리가 종교와 정치 사이의 관계에 대한 루소의 정치이론에서 알 수 있듯이,[922] 종교가 없었다면 국가도 없었다고 말할 수 있을 것이다. 하지만 이 종교와 정치의 관계는 전형된다. 바로 그 자리에 정치를 재구성하기 위해서 과학(학문)이 등장한다. 종교가 과학을 통해서 급진적으로 계몽되어야 하는 바로 이러한 맥락을 마르크스는 〈유대인

919) MEW 1: 361.

920) MEW 1: 361.

921) 이미 앞에서 "위기와 비판의 맥락과 정치"를 논술하는 맥락에서 우리가 논의한 바와 같이, 마르크스는 이것을 그의 논술 〈헤겔법철학비판〉에서 분명하게 표현하고 있다. MEW 1: 378-391.

922) 앞에서 논의한 루소에 있어서의 입법자의 과학을 참고하라.

문제에 대하여〉에서 분명하게 표현하고 있다.

> "유대인과 기독교인 사이의 대립의 가장 강건한 형태는 **종교적** 대립이다. 어떻게 대립을 해소하는가? 대립을 불가능하게 만듦으로써. 어떻게 **종교적** 대립을 불가능하게 만드는가? **종교를 지양함으로써**. 유대인과 기독교인이 자신들의 대립적인 종교들을 단지 **인간적 정신의 다양한 발전단계들** 이상으로, 역사가 빠져나간(von der Geschichte abgelegte) 다양한 뱀 허물들로 그리고 그 종교들에서 자신의 허물을 남기는 **인간**을 뱀으로 인식하자마자, 그들은 더 이상 종교적인 관계에 있지 않고 단지 비판적인, **과학적인**, 관계들 속에, 인간적인 관계들 속에 있게 되는 것이다. 그렇다면 **과학**은 그들의 통일성이다. 과학 속에서의 대립들은 하지만 과학 그 자체를 통해서 해소된다."[923)]

종교로부터의 진정한 해방에는 정치를 과학적으로 정초하는 것이 필요하다.

마르크스에 의하면 종교의 지양은 정치적 혁명의 한계를 극복하고 동시에 축소되지 않은 정치를 과학적으로 정초하는 데에서 출발해야 한다.

정치적 혁명이나 해방의 한계는 그것이 종교를 정치적 국가에서 시민적 사회로 전이시키는 것으로 전개되는 데 있다. 그렇다면, 전이된 종교는 무엇인가? 마르크스가 유대인문제로 이해하고 있는 것이 바로 이 전이된 종교의 문제틀이다.

> "유대인의 비밀을 그들의 종교에서 우리가 찾아야 하는 것이 아니라 종교의 비밀을 현실적인 유대인에게서 찾아야 한다. 유대인의 세속적(weltlich) 예찬은 무엇인가? **장사**이다. 어느 것이 그들의 세속적 신인가? **돈**이다. 자 그렇다면! 장사로부터 그리고 돈으로부터 해방된다는 것은,

---

923) MEW 1: 348f.

즉 실질적인, 실재적인 유대교로부터의 해방은 우리 시대의 자기해방일 것이다."[924]

종교의 비밀은 소외이고, 이 소외 속에서는 정치적 인간이 종교와 정치를 담들었다고는 하지만, 사회의 통치불가능성, 즉 정치불능이 일어난다. 마르크스의 정치적 비판은 "인간이 종교를 만들고, 종교가 인간을 만드는 것이 아니다"[925]는 것에서 출발한다. 마르크스는 유대인 해방문제를 "순수 종교적인 문제"로 보는 것이 아니라, 사회의 정치적 문제로 보는 것이다.[926] 마르크스는 유대 종교의 기초는 이기주의라는 실천적 욕구라, 혹은 신으로서의 돈이라 보기 때문이다.[927] 이러한 의미에서 마르크스에 있어서 정치적 혁명의 한계는 시민적 사회를 통치불능성이다.

"**이기주의라는 실천적 욕구**는 **시민적 사회**의 원칙이고, 시민적 사회가 정치적 국가를 완전하게 자신으로부터 태어나오게 되자마자 그러한 것으로서 순수하게 등장하게 된다. 이 **실천적 욕구와 고유유용**의 신은 **돈**이다."[928]

전이된 종교는 실천적 욕구, 이기주의이며, 그리고 그 신은 돈이다. 마르크스는 "정치의 비판"[929]의 관점에서 정치적 혁명을 통해서 가능했던 시민적 사회의 새로운 종교, 전이된 종교를 비판한다. 왜냐하면 그것은 "서로가 소외된 인간들의 산물"[930]이기 때문이다. 정치적 해방은

---

924) MEW 1: 372.

925) MEW 1: 378.

926) MEW 1: 371 참고.

927) MEW 1: 374 참조.

928) MEW 1: 374.

929) MEW 1: 379.

930) Moses Hess, *Philosophische und sozialistische Schriften 1837-1850,* herausgegeben von Auguste Cornu und Wolfgang Mönke, Berlin-Ost, 1961, p.335을 E. M. Lange, *Das Prinzip Arbeit. Drei metakritische Kapitel über Grundbegriffe, Struktur und Darstellung der 'Kritik der politischen Ökonomie' von Karl Marx,*

그 한계가 이 종교적 전이에 있다.

정치적 혁명이나 해방은 국가와 사회의 시민적 분리가 현실화된다는 것, 그리고 이러한 분리 내에서 국가적인 일부분, 즉 정치적 국가의 해방을 의미한다. 이러한 이론적 맥락에서 정치적 국가는 정치적 혁명 속에서 완성된 것이 아니다. 이에 대해서는 마르크스 스스로가 명시적으로 밝히고 있다. "완성된 정치적 국가는 그 본질에 의하면 인간의 물적인 생활과는 대립되는 인간의 유적삶이다."[931] 완성된 정치적 국가는 국가와 사회의 분리를 극복하는 것을 완성하는 것을 의미한다.

시민적 분리 속에서의 정치적 국가는 마르크스에 의하면 독립적인 것이 아니고 완전히 그와는 반대로 시민적 사회에 의존해 있다. 뒤에서 이에 대해서 다시 논의할 것이다. 마르크스에 있어서 시민적 사회의 본질적 자연은 우리가 앞에서 이미 논의한 바와 같이 전이된 종교이다. 시민적 사회는 정치적인 긍정적 경직성(Affirmation)이나 상품물신주의라 명명되는 그것의 불능을 통해서 특징된다. "종교를 전제로 하고 있는 국가는 아직도 진정한 국가도 현실적인 국가도 아니다"[932]는 마르크스의 문장은 결정적으로 정치적 혁명 이전의 국가에만 타당하는 것이 아니라 정치적 혁명 이후의 그리고 사회적 혁명 이전의 정치적 국가에도 타당한 것이다.

2) 마르크스의 정치와 사회적 혁명

마르크스의 정치는 사회적인, 축소되지 않은 정치이다. 사회적 혁명은 사회적 정치이고, 국가와 사회의 분리를 극복하려 시도한다. 영국의 정치학자 마틴 쇼(Martin Shaw)는 마르크스의 사회혁명의 정치적 측면[933]을 잘 지적하고 있다. 마르크스는 정치적 해방이나 혁명과 사회

Ffm/Berlin/Wien, 1980, p.66 모제스 헤스의 소외이론을 마르크스가 어떻게 수용하는가에 대해서는 pp.60ff를 보라.

931) MEW 1: 354.

932) MEW 1: 350.

적 해방이나 혁명을 개념적으로 구별하지만 정치를 배제하려는 것이 아니라 오히려 정반대로 축소되지 않는, 사회적 정치를 새롭게 정초짓고자 한다. 시민적 정치의, 다시 말해서 사회와의 시민적 분리 속에서 국가적 층위에서의 정치에로 제한된 것이 마르크스의 사회적 정치 개념과는 급진적으로 다르다. 그의 사회적 정치는 사회와 동시에 국가의 정치, 한마디로 말하여, 국가와 사회의 동일성을 요청하는 규범적 파악 속에서의 전체사회의 정치이다. 이러한 맥락에서 마르크스는 루소와 다르지 않다.

사회적 혁명은 전체사회적 정치이다. 사회적 혁명을 전체사회적인, 축소되지 않은 정치로서 이렇게 해석하는 것은 "**혁명** 일반 — 현존하는 폭력의 **전도**이고 구 관계들의 **해체**이다 — 이다"[934]는 마르크스의 말과 조화되는 것이다. 마르크스는 정치적 혁명을 비판하는데, 그 이유는 그것이 국가와 사회의 본질적인 분리 속에서 축소된 정치의 혁명이기 때문이다. 마르크스는 사회적 혁명을 요청하는데, 그 이유는 그것이 국가와 사회의 분리의 극복과 동시에 전체사회적 정치를 의미하기 때문이다. 요컨대, **정치의 급진적 전형**, **정치 패러다임의 전형**이 요청되고 있는 것이다.

정치적 해방은 그 자신의 고유한 한계가 정치적 국가와 시민적 사회의 균열에 있다.[935] 물론, 마르크스는 정치적 해방이 봉건제[936]를 해체하였다는 한에서 그것을 긍정적으로 평가한다.

> "정치적 해방은 동시에 인민에 소외되어 있는 국가의 본질, 지배권력이 기초해 있는 구 사회의 **해체**이다. 시민적 사회의 정치적 혁명."[937]

---

933) Martin Shaw, "The Theory of the State and Politics: a central Paradox of Marxism", in: *Economy and Society,* 1974, pp.429-450.

934) MEW 1: 409.

935) MEW 1: 356.

936) MEW 1: 367.

937) MEW 1: 367.

그러나 정치적 해방 혹은 혁명과 사회적 해방 혹은 혁명의 차이는 마르크스에 있어서 결코 단계적인 것이지 않고 패러다임적으로 생각해야 할 성질의 것이다.

> "정치적 해방은 물론 지금까지의 세계질서 내에서의 인간적 해방의 최종적 형태는 아니기는 하지만 위대한 진보이다."[938]

세계질서 그 자체의 변화가 사회적 혁명이다.

마르크스에 있어서 지금까지의 세계질서는 시민적 질서의 그것이다. 마르크스는 정치 개념을 근거로 하여 **구** 시민적 사회와 **새로운** 시민적 사회를 구별한다. 마르크스의 글 〈유대인문제에 대하여〉에는 서로 다른 세 정치개념들이 있다. 즉 구 시민적인 정치 개념, 곧 중세적인 정치개념, 시민적인 정치 개념, 그리고 포스트시민적 정치 개념, 다시 말해서 사회적(sozial und gesellschaftlich) 정치 개념이 그것들이다.[939]

> "구 시민적 사회는, 예컨대 소유나 가족이나 노동의 종류와 방식이 토지지배성, 신분, 그리고 조합의 형태로 국가생활의 구성요소가 되었듯이, **직접적으로 정치적** 성격을, 즉 시민적 삶의 구성요소들을 가졌다."[940]

그리고 구 시민적 사회를 해체했던 정치적 혁명에 대해서 마르크스는 다음과 같이 판단한다.

> "정치적 혁명을 **시민적 사회의 정치적 성격**을 지향했다. 정치적 혁명은 시민적 사회를 시민적 사회의 구성하는 단순한 부분들로, 한편으로는 **개인들**로, 다른 한편으로는 이 개인들의 생활내용, 시민적 상황을 형성하는 **물적인 그리고 정신적인 구성요소들**로 분해했다."[941]

938) MEW 1: 356.
939) 특히 MEW 1: 367ff를 보라.
940) MEW 1: 367f.

정치적 혁명 혹은 해방은 시민적 사회의 지양이 아니라, 그것의 국가로부터의 분리이다. 정치적 혁명을 통해서 인간은 이중화된다. 즉 한편으로는 시민적 사회의 구성원들, 이기주의적인, 독립적인 개인과 다른 한편으로는 시민들, 도덕적 인물로 이중화되는 것이다.[942] 정치적 혁명은 시민적 삶을 이 삶의 구성부분들로, 이 삶의 구성부분들 없이, 이 구성부분들 자체를 혁명화하지 않고서 비판을 받게 하지 않고서, 해체한다고 마르크스는 비판적으로 표현하고 있다.[943] 사회적 혁명과 정치적 혁명의 차이는 패러다임적이지 단계적인 것이 아니다.

사회적 혁명을 위한 새로운 패러다임이란 어떠한 것인가? 정치적 혁명에서 사회적 혁명으로 패러다임적으로 전형되는 것은 이기주의적인, 비정치적인 인간에 대한 비판인 동시에 정치적인, 참여적인 인간의 재구성이다. 사회적 해방은 정치적 인간을 필요로 한다.

마르크스는 시민적 사회의 비정치적 인간을 비판하고 있다. "인간이 시민적 사회의 구성원이듯이 **비정치적 인간**은 그런데 필연적으로 **자연적인** 인간으로 나타난다"[944]고 그는 쓰고 있다. 왜 비정치적인, 이기주의적인 인간이 자연적인 인간인가? 이것은 마르크스의 개념형성을 이해할 때 설명될 수 있다. 마르크스에 의하면 "이기주의적인 인간은, 해체된 사회의 **수동적인**, 단지 **있었던** 결과이고, **직접적인 확실성**의 대상, 즉 **자연적인** 대상이다."[945] 그리고 "시민적 사회의 구성원인 그는 **시민**(citoyen)과 구별되는 **인간**(homme), **본래적** 인간에 타당한 것이다. 왜냐하면 그는 자신의 감각적인 개인적인 **차후의** 실존이고 반면에 정치적인 인간은 단지 추상화된, 인위적인 인간이고, **알레고리적**, **도덕적인** 인물로서의 인간이기 때문이다."[946] 비정치적인, 이기주의적인 인간

---

941) MEW 1: 368.

942) MEW 1: 370과 Predag Vranicki, *Geschichte des Marxismus,* Band 1, Ffm, 1983, p.88 참고하라.

943) MEW 1: 369.

944) MEW 1: 369.

945) MEW 1: 369.

946) MEW 1: 369f

으로서의 시민적 인간이 자연적인 인간인 까닭은 그는 능동적이지 않고 수동적이기 때문에 그리고 그는 아직은 진정한 인간이 되지 않았기 때문이다. 마르크스는 은유적으로 비정치적/정치적, 자연적/인위적, 인간/시민, 등등을 대조시키고 있는데 이를 이해하려면 사회적 혁명 혹은 해방으로서의 새로운 정치를 파악하는 마르크스의 이론을 보다 분명하게 설명할 필요가 있을 것이다. 마르크스에 있어서 시민적인, 비정치적인, 그리고 이기주의적인 인간은, 그의 수동성과 비정치적인 자연이 자연상태에서 사회상태로의 루소주의적인 상상적 이행과정이 즉 비정치적인, 자연적인 상태에서 정치적인 인위적인 상태로의 이행과정이 완전히 혁명적이듯이 혁명적이고 패러다임적으로 극복될 수 있는 성질의 것인 한에서, 자연적인 인간이거나 본래적인 인간을 의미한다. 바로 이러한 의미론적 맥락에서 마르크스는 루소의 "정치적 인간의 추상"을 기억시키고 있다.

> "사회적 해방을 만드는 **정치적인** 인간은 진정한 인간이다. 현실적인 인간은 이기주의적인 개인의 형상을 하고서야 승인되며 **진정한** 인간은 추상적인 시민의 형상을 하고서야 승인된다."[947]

현재의 인간으로서의 현실적인 인간은 시민적 사회의 인간이고 반면에 진정한 인간은 사회적 혁명의 인간으로서 정치적인 인간이다. 사회적 혁명은 정치적인간의 해방으로서 정치적이다.

마르크스는 루소가 정치적 인간의 추상을 바르게 묘사하고 있다는 것을 지적하고 있으며[948] 그런 한에서 그는 루소주의적이다. 정치적인 인간은 **인간**(homme)과 구별되는 **시민**(citoyen)이거나 자연적 인간과 대조되는 사회적 인간이다. 마르크스에 있어서 정치적 이간은 루소에 있어서처럼 현재의 현실적인 인간인 비정치적인, 이기주의적인 인간과

947) MEW 1: 370.
948) MEW 1: 370.

대조되는 진정한 인간이다. 루소는 자신의 책 『사회계약에 대하여』에서 정치적 인간을 보다 분명하게 요청하고 있다.

> "법은 일반의지의 고유한 행위에 다른 것이 아니므로 주권자는 인민이 결집해 있을 때만 행위할 수 있다. 결집한 인민! 사람들은 왠 유령인가 하고 말할지 모르겠다. 오늘날은 그것은 하나의 유령이지만, 이천년전만 해도 전혀 그렇지 않았다. 인간의 본성이 변화된 것인가?"[949)]

마르크스는 자신의 글 〈철학의 빈곤〉[950)]에서 사회주의적 혁명의 정치적 차원을 시사하고 있다.

> "프롤레타리아트가 자신을 **계급으로서** 헌정할 수 있을 만큼 충분하게 발전되어 있지 않는 한에서, **그리하여** 프롤레타리아트의 부르주아지와의 투쟁이 여전히 **어떠한 정치적 성격도** 담지하고 있지 않는 한에서 …(중략)… 〈프롤레타리아트의 계급〉[951)]의 이 이론가들은 억압받는 계급들의 욕구를 제거하려는, 시스템들을 생각해내고 부활하는 과학을 찾고 있는 오직 유토피아주의자들일 따름이다."[952)]

마르크스의 포스트시민적 사회주의적 해방은 계급의 사회적 운동으로서 보다 정치적인 성격을 담지해야 한다. 이러한 의미에서 마르크스의 계급개념은 정치적이다. 마르크스는 사회적 운동이 정치적 운동을 포함한다는 것에 대해서 〈철학의 빈곤〉 끝 무렵에서 지적하고 있다.

> "사회적 운동이 정치적 운동을 배제하는 것을 말하지 않는다고 한다. 사

---

949) Rousseau, III: 425.

950) MEW 4: 63 -182. 완전한 제목은 이렇다. *Das Elend der Philosophie. Antwort auf Proudhons 'Philosophie des Elends'.*

951) 프롤레타리아트의 계급 이론가를 말한다.

952) MEW 4: 143; 강조는 필자.

회적 운동이면서 동시에 정치적 운동이 아닌 것은 없다."[953]

사회적 운동이 동시에 정치적 운동이듯이 사회적 해방이나 혁명은 동시에 정치적인 혁명이나 해방이다.

사회적 혁명이나 해방은 마르크스에 있어서 정치적 인간과 그 정치의 혁명이다. 요컨대, 정치적 혁명과 사회적 혁명의 차이는 정치와 사회적인 것의 이론적 구별로서 이해될 수 없다. 사회적 혁명은 일종의 정치적 혁명이고, 그러나 정치개념은 그 경우 패러다임적으로 변화되는 것이다. 사회적 혁명의 새로운 정치는 "정치적 인간의 자기의식적인 활동"[954]으로서, 국가와 사회의 시민적인 분리와 이러한 분리 속에서의 축소된 정치, 구 정치를 극복하기 위한 정치적 실천이다.

정치는 의술처럼 부정적이다. 정치의 이 부정성은 원칙적으로 의미론적으로 이해되어야만 하고, 사회학적으로 이해되어서는 안 된다. 정치는 의술처럼 부정성으로서 긍정적이다. 부정적인 것을 부정하는 것은 필연적 방식으로 그러한 것은 아니지만 긍정적일 수 있다. 규범적 정치는 악적인 것을 비판하는 데 있다.

우리가 앞에서 이미 논의하였듯이, 비판적 위기학에서 정치는 패러독스하다. 내가 정치의 패러독스라고 명명한 것은 루소의 지배의미론뿐만 아니라 마르크스의 그것을 이해하는 데에서도 핵심적이다. 정치의 패러독스, 정치의 자기지양은 정치의 정치적 비판과 함께 시작할 수 있으며 그 경우 그것은 사회적 총체성의 긍정적인 새로운 헌정을 전제로 한다.

정치의 정치적 비판은 정치적 혁명뿐만 아니라 사회적 혁명에도 타당하다. 마르크스에 있어서 "정치적 해방"은 "위대한 진보"로 평가된다.[955] "정치적 혁명"은 "시민적 사회의 정치적 성격을 지양했다".[956]

---

953) MEW 4: 182.
954) MEW 1: 369 참고.
955) MEW 1: 356.
956) MEW 1: 368.

"정치적 해방은 동시에 시민적 사회가 정치로부터, 일반적 내용의 가상 그 자체로부터 해방된 것이었다".[957] 사회적 혁명은 현재의 시민적 사회의 정치적 혁명에도 불구하고 그리고 그 때문에 정치적 성격을 지양하고자 한다. 사회적 해방은 정치로부터의 진정한 사회의 해방이다. 사회적 해방은 궁극적으로 정치의 지양이다.

정치의 정치적 비판의 논리적 관점에서 보면, 사회적 혁명은 정치적 혁명과 전혀 다르지 않다. 두 혁명의 결정적인 차이는 정치적 혁명의 정치가 본질적으로 축소되어 있다는 데에, 달리 말하여, 그것이 국가와 사회의 분리된 이중성에 근거하고 있으며, 반면에 사회적 혁명의 정치는 전체사회적으로, 즉 그것이 정치적 국가와 시민적 사회의 시민적 분리를 정치적으로 극복하는 것을 목적으로 한다는 데에 있다. 축소되지 않은 이 정치를 마르크스는 사회적이라 명명하고 있다.

> "현실적인 개인적인 인간이 추상적인 국가시민을 자신 속으로 회수하고, 그리고 개인적인 인간으로서 자신의 경험적 삶에서, 자신의 개인적인 노동에서, 자신의 개인적인 관계에서, **유적본질**이 되고서야, 인간이 자신의 '고유 힘들'을 **사회적 힘들**로서 인정하고 조직화하고 그리하여 사회적 힘들을 **정치적 힘**의 형상을 하고서 자신과 분리되지 않게 되고서야, 그러고서야, 비로소 인간적 해방은 완성된다."[958]

여기에서 마르크스는 사회적 힘과 정치적 힘을 구별하는데, 그것은 정치와 사회의 관계를 서로 배타적인 것이라는 관점에서가 아니라 앞에서 논의한 바와 같이 정치의 축소된 개념을 극복하기 위해서 정치를 사회적인 것으로서 새롭게 파악하는 관점에서이다.

마르크스에 있어서 시민적 사회는 정치적 국가가 축소된 국가에 다름 아니듯이 축소된 사회에 다름 아니다. 하지만 그에게 있어서 사회

957) MEW 1: 369.
958) MEW 1: 370.

는 루소의 경우가 그러하듯이 전체사회적 국가이다. 이러한 의미에서 사회적인, 인간적인 해방 혹은 혁명은 사회적 해방이다.

> "유대인의 사회적 해방은 유대인으로부터 사회의 해방이다."[959]

사회적, 인간적 해방 혹은 축소되지 않은 새로운 정치의 혁명은 사회적 정치의 정치적 혁명이다.

마르크스가 자신의 글 〈유대인문제에 대하여〉에서 정치적 혁명 혹은 해방이라 명명하고 있는 바는 역사적 개념으로서만 이해될 수 있는 것 같다. 이것이 의미하는 것은 단순하게, 일반적 정치의 혁명이 아니라 특정한 역사적 정치의 그것이다. 정치적 혁명이 정치적이듯이 사회적 혁명 역시 정치적이다. 마르크스에 의하면 혁명 일반이 정치적 행동이기 때문이다.[960]

마르크스에 있어서 정치적 혁명은 물론 사회적 혁명도 정치적이고 동시에 사회적이다. 이 점은 마르크스의 다음 글에서 분명하다. "모든 혁명은 **구 사회**를 해체한다. 그런 한에서 그것은 **사회적**이다. 모든 혁명은 구 폭력을 무너뜨린다. 그런 한에서 그것은 **정치적**이다."[961] 정치적 혁명은 이러한 의미에서 사회적 혁명처럼 정치적**이며** 사회적이다. 정치적 혁명과 사회적 혁명의 구조적 차이는 전자가 정치적이고 후자는 사회적이라는 식으로 이해되어서는 안 된다. 마르크스는 자신의 글 〈도덕화하는 비판과 비판하는 도덕〉(Die morlaisierende Kritik und die kritisierende Moral)[962]에서 명제적으로 다음과 같이 시사하고 있다.

> "인간들의 **정치적** 관계들은 물론 인간들이 서로 관계를 맺는 모든 관계들처럼 **사회적(sozial)**이고, **전체사회적(gesellschaftlich)** 관계이고, 따라서 역

959) MEW 1: 377.
960) MEW 1: 409.
961) MEW 1: 409.
962) MEW 4: 331-359.

시 사회적 문제이다."[963]

정치적인 것과 사회적인 것은 마르크스에 있어서 분리불가능하다.

3) 마르크스의 정치적 의미론에서의 국가의 지양

마르크스의 국가이론을 해석할 때 오늘날까지 항상 논의되고 있는 것의 하나는 국가의 죽음 혹은 국가의 지향의 문제틀이다. 이것은 마르크스주의의 이른바 도구주의적 국가론과 그 비판에 대한 국가이론적 논의에서[964] 특히 그러하다; 도구주의적 국가이론에 대한 대안적 국가이론을 오페와 롱게는 다음과 같이 정리하고 있다.[965]

> "오늘날의 마르크스주의적 국가이론에서 우리는 두 가지 발상 사이의 대립을 확인할 수 있다. 그 하나는 자본가 계급과 국가기구 사이에 **도구적** 관계가 있다는 인식에서 출발한다. 다시 말해, 국가를 지배계급의 '도구'로 파악하여 지배계급이 국가라는 '도구'를 관장함으로써 지배계급의 공통된 이해관계를 관철시켜나가는 것으로 본다. 이러한 사유방식은 마르크스의 『루이 보나파르트의 브류메일 제18일』보다는 차라리 레닌의 『국가와 혁명』에 보다 많은 이론적 기초를 두고 있는데 오늘날 엄청난 오류를 낳고 있다. 이 속에 포함될 것은 국가와 독점자본의 합류라는 틀에 박힌 주장을 펴는 국가독점자본주의론이다. 다른 하나는 이에 대한 대안으로서 국가는 특수 이익을 선호하거나 또는 특수 계급과 협정을 맺는 것

963) MEW 4: 340.

964) Claus Offe/Volker Ronge, "Thesen zur Begründung des Konzepts des 'kapitalistischen Staates' und zur materialistischen Politikforschung", in: Mattick, Basso, Offe u.a., *Rahmenbedingungen und Schranken staatlichen Handelns. Zehn Thesen, Ffm,* 1976, pp.54-70 참조.

965) 그리고 민주주의이론과 관련하여 다양한 입장들을 이해하기 위해서는 M. Laubig et. al., *Methodenprobleme der Schulbuchanalyse,* Bielefeld, 1986, pp.160ff을 참조하라.

이 아니라는 인식에서 출발한다. 반대로 국가는 특정한 계급 관점에서 볼 때 자본의 지배를 위한 조건이 되는 제도나 사회적 **관계**를 보호하며 제재한다. 국가는 다른 계급과 대립하면서 **어떤 한** 계급의 '시녀'나 '도구'로 작용하는 것이 아니라, 계속 보장해 주는 활동을 한다는 것이다. 국가는 어느 한 계급의 특수한 이익을 옹호하는 것이 아니라 **자본주의적 계급사회**를 구성하는 모든 자들에게 공통된 이해관계를 옹호하는 것이다."

국가와 사회의 관계의 문제틀을 이해하지 않고서는 마르크스의 혁명론이나 혁명이론을 이해할 수 없거나 오해할 수 있다. 이는 국가의 죽음이라는 문제틀에도 해당한다.

마르크스는 국가와 사회의 **현재적** 문제틀에서 출발한다. 마르크스에 있어서 정치적 국가와 시민적 사회의 현재적, 현대적 분리는 문제적이다. 왜냐하면 그러한 분리는 이론적으로만 일어나고 실제에 있어서는 정치적 국가가 시민적 사회에 의존해 있는 것으로 판단되기 때문이다. 마르크스에 의하면 봉건주의와 구별될 수 있는, 현대의 현재적 구조는 국가와 사회의 현실적 분리를 통하여 특징되고 있다. 마틴 쇼가 자신의 논문 〈마르크스주의, 국가 그리고 정치〉에서 설득력 있게 논의하고 있듯이, 사회의 현대적 구조문제들은 이러한 분리를 통해서 정치적 국가가 시민적 사회에 의존하는 것 속에서 일어나고 있다. "현대적 국가는 마르크스와 엥겔스에 의해서 '전체 부르주아지의 공통적인 업무들을 관리하는 집행위원회'로서 규정되고 있는데, 그 현대적 국가가 경제적으로 지배적인 계급과 동일시되거나 혹은 그것의 단순한 반영으로 간주되지 않는 것은 중요하다. 국가가 불완전하게 발전되어 있었던 봉건제 같은 이전의 계급사회들에서는 경제적 위계제와 국가 위계제가 종종 거의 동일하였다. 하지만 국가가 그 현대적인 정도로(그리고 마르크스의 시대에서 '현대적'인 바는 오늘날 매우 허약하게)발전하고 있는 곳에서는 국가는 경제적으로 권력 있는 것과는 분리된다. 이것은 생산의 사회적 관계 그 자체의 일상적 제재와 구별되는 특수한 억압수단으로서 마르크스에 의해서 줄곧 규정되고 있다. 국가가 생산조직으로부터, 그리고 소유하는 계급 그 자체의 경제적 조직으로부터 이렇게 분리되어 있다는 것이 마르크스주의적 이론에 있어서는 많은 문제들의 원천이다."[966] 이 분리 속에서 그리고 이 분리와 함께 일어나는 이 같은 현대적 의존성이 마르크스의 사회이론과 국가이론의 결정적인 "비판"점이다.

모든 혁명이 정치적이면서 동시에 사회적이라면, 정치적 혁명뿐만 아니라 사회적 혁명 역시 혁명으로서 정치적이면서 동시에 사회적이다. 바로 이 때문에 우리는 정치적 혁명과 사회적 혁명의 차이를 다르게 논증해야 하는 것이다.

사회적 혁명은 혁명으로서 이미 정치적이다. 마르크스의 정치이론에 있어서 원칙적인 관건은 쇼가 지적하는, "혁명의 정치적 측면이나 사회적 혁명의 '정치적' 성격"보다는 사회적 혁명으로서 정치파악을 재구성하는 것이다. 이 해석은 쇼의 해석과는 대조되는 것이다. 쇼는 이렇게 말한다.

> "계급들과 계급적대들을 소멸시켜야 하는 사회적 혁명이 그럼에도 불구하고 이것들이 현존하는 사회에서 일어나는 사실에서 패러독스가 있다. 참으로 그것은 구 사회 내에서 적대들을 통해서 작동하는 계급운동이다. 사회적 혁명의 '정치적' 성격은 이것에서부터 흘러나온다. 국가권력이 계급적대 때문에 결정적인 상인 사회에서 혁명이 일어나는 것이다. …(중략)… 그러나 혁명의 정치적 측면은 '사회적' 운동으로서의 그것의 성격에 복속하는 것일 뿐만이 아니라, 본질적으로 부정적인 것이기도 하다."[967]

마르크스의 경우 정치적 혁명과 사회적 혁명의 차이는 마틴 쇼가 보고 있듯이 후자가 전제를 단순하게 통합할 수 있다는 데에 있는 것이

966) Martin Shaw, "Marxism, the State and Politics", in: Martin Shaw(ed.), *Marxist Sociology revisted,* London, 1985, pp.246-268, 여기에서는 p.248.
967) Martin Shaw, "The Theory of the State and Politics", 앞의 글, pp.433f.

아니라 정치적 혁명의 정치 구조가 본질적으로 사회적 혁명의 그것과 다르다는 데에 있다. "사회적 혁명의 정치적 측면"이 아니라 사회적 혁명으로서의 정치가 마르크스가 정치적 혁명과는 구조적으로 다른 것으로서 사회적 혁명을 파악하는 데에 핵심적으로 의미있는 것이다. 사회적 혁명의 새로운 정치는 정치적 혁명의 시민적 정치와 구별되어야 한다.

이 새로운 정치는 국가와 사회의 시민적 분리에 근거하는 것이 아니라 완전히 그와는 정반대로 이 분리를 극복하고 국가와 사회의 동일성을 재구성하려한다는 점에서 전체사회적이다. 그러므로 사회적 혁명은 국가와 사회의 동일성을 재구성하려는 전체사회적인 정치이다. 마르크스의 전체사회적인 신정치는 명시적이거나 묵시적으로 이러한 재구성을 전제로 하고 있으며, 그리고 바로 이와 더불어 그것은 "본질적으로 부정적인 것"이 아니다. 그것은 부정적이며 동시에 긍정적이다.

사회적 혁명은 전체사회적 정치이고, **사회의** 정치이다. 그것은 "총체적 혁명"이다.[968)]

국가와 사회가 원칙에 있어서 분리되어서는 안 되는 한에 있어서 마르크스의 "국가의 죽음" 의미론은 루소의 "정치적 몸의 죽음"이 의미하는 원시적 아나키가 아니다. 국가의 죽음은 의미론적으로 국가와 사회의 시민적 분리의 종말이고 "정치적 몸의 논리"의 진정한 현실화를 지향한다. 죽어가는 국가는 사회와 분리되어 있는, "정치적 국가"이다. 국가의 죽음은 의미론적으로 진정한 국가, 즉 결사체의 탄생을 내포한다. 마르크스는 자신의 논술 〈철학의 빈곤〉에서 반(反)아나키론을 대안적인 사회로서 파악하고 있다.

"억압받는 계급은 계급대립에 정초되고 있는 모든 사회의 생활조건이다.

---

968) Karl Marx, Das Elend der Philosophie, in: Karl Marx/ Friedrich Engels, *Staatstheorie. Materialien zur Rekonstruktion der materialistischen Staatstheorie,* herausgegeben und eingeleitet von Eike Hennig, Joachim Hirsch, Helmut Reichelt und Gert Schäfer, Ffm/Berlin/Wien, 1979, p.239.

그러므로 억압받는 계급의 조건은 새로운 사회의 창조를 필연적으로 내포하고 있다."[969] "노동하는 계급이 **발전하는 과정에서** 구 시민적 사회의 자리에 계급들과 그것들의 대립을 배제하는 결사를 설정할 것이고, 본격적인 정치적인 폭력은 없을 것이다. 정치적 폭력이란, 시민적 사회 내에서 계급대립의 공식적 표현이기 때문이다."[970]

마르크스의 진정한 대안적 사회로서의 결사체는 여기에서 "발전 과정에서" 구성되어야 한다는데, 이것이 말하는 것은, 시민적 사회의 부정이 곧바로, 다시 말해서 "발전과정 없이"는 곧바로 "국가의 죽음"에로, 진정한 결사체를 낳게 할 수는 없다는 것이다.

〈공산당선언〉에서도 마르크스는 국가의 죽음이 "발전 과정에서" 이루어져야 한다는 점을 반복하고 있다.

"**발전과정 속에서** 계급의 차이들은 사라지고, 모든 생산이 결사된 개인들의 손에 집중되면, 공적 강제력은 정치적 성격을 잃을 것이다. 고유한 의미에서의 정치적 폭력은 한 계급이 다른 계급을 억압하기 위해 조직화한 폭력이다. 프롤레타리아트는 부르주아지에 대한 투쟁 속에서 필연적으로 자신을 계급으로 결합하고, 혁명을 통해서 자신을 지배계급으로 만들고, 그리고 지배계급으로서 폭력적으로 구 생산관계들을 지양하면, 프롤레타리아트는 이러한 생산관계들과 함께 계급대립, 계급 일반 그리하여 계급으로서의 자신의 고유한 지배도 지양한다. 계급들과 계급대립들을 가진 구 부르주아적 사회를 대신하여, 각자의 자유로운 발전이 각자 의 자유로운 발전을 위한 조건이 모든 자들의 자유로운 발전을 위한 조건이 되는 결사체가 들어선다."[971]

국가의 죽음은 마르크스에 있어서 프롤레타리아트의 혁명 이후에야

969) MEW 4: 181.
970) MEW 4: 182.
971) MEW 4: 482; 강조는 필자.

나타나야 한다. 국가의 죽음은 결코 현실적인 죽음이 아니고 의미론적 죽음이며, 내가 정치의 패러독스라고 명명한 바의 논리에 조응하는 것이다. 국가의 의미론적 죽음은 궁극적으로 사회와 국가의 동일성으로서의 결사체의 탄생을 의미한다. 그리하여 여기에서 우리는 어떠한 국가가 죽음으로 가야 하는지, 곧 마르크스가 국가의 죽음을 말할 때 죽어야 하는 국가는 어떠한 국가인가 하는 의문을 제기하고자 한다. 국가의 죽음은 프롤레타리아트적 혁명 이후에서야 가능해야 한다면, 혁명 이후에 재구성되는 가능한 국가의 죽음이나 아니면 "프롤레타리아트의 혁명적 독재"의 죽음을 생각할 수 있을 것이다. 이 경우 우리는 마르크스의 국가의 죽음은 프롤레타리아트의 변증법적 지향을 의미한다는 것을 가정한다. 이를 논증하기 위해서 우리는 〈공산당선언〉에서 중요한 한 구절을 인용한다.

> "프롤레타리아트는 자신의 **정치적** 지배를 부르주아지로부터 모든 자본을 점차 더욱 더 빼어내고, 모든 생산도구들을 **국가의, 즉 지배계급으로서 조직화된 프롤레타리아트의** 손에 집중화시키고, 그리고 대량의 생산력들을 가능한 한 급속하게 증대시키는 데 이용할 것이다."[972]

마르크스에 있어서는 프롤레타리아트의 활동은 여전히 **정치적** 지배를 항상 포함하고 있고, **국가적** 정치를 의미한다. 마르크스에 있어서는 프롤레타리아트의 독재는 일종의 국가의 형태이다. 즉 여기에서 국가의 죽음은 이 프롤레타리아트의 독재의 지양이 된다.

마르크스가 자본주의적 사회와 공산주의 사회 사이의 "정치적 이행기간"을 독재로 표현하고 있는 이유는 그것의 **본질이 익숙하지 않고 이행과정상에 있는 것**이라는 데 있다. 루소에서도 등장하고 있는 전통적인 독재개념이 지니고 있는 이 같은 본질은 프롤레타리아트의 독재개념을 일정 부분 특징짓고 있다. 이 같은 이론적 맥락에서 마르크스

972) MEW 4: 481; 강조는 필자.

가 국가의 죽음에 대해서, 곧 그가 일종의 국가형태로 이해하는 프롤레타리아트의 독재의 죽음을 말하는 것은 정치적 의미론의 논리라는 의미에서 일관되는 것이다.

국가의 죽음, 지양은 정치적 몸의, 결사의 총체적 부정으로서 이해되어서는 안 된다. 국가의 지양은 마르크스가 프롤레타리아트의 혁명을, 사회적 혁명을 정치적인 것으로서 특징짓고 있는 것을 이해하지 않고서는 바르게 이해되기가 어렵다. 정치의 패러독스를 의미론적으로 파악하는 것은 국가의 죽음의 정치의미론이 지니고 있는 비밀을 푸는 열쇠가 된다.

마르크스는 자신의 〈고타 강령의 비판〉에서 이렇게 쓰고 있다.

> "자본주의적 사회와 공산주의적 사회 사이에는 전자에서 후자에로 혁명적으로 변동해 가는 기간이 있다. 이것은 정치적인 이행과정기간에 조응하고 이 기간의 국가는 **프롤레타리아트의 혁명적인 독재**로서 존재할 수 있다."[973]

마르크스에서는 프롤레타리아트의 독재는 자본주의적 사회와 공산주의적 사회 사이의 정치적인 국가의 형태로서 정치의 패러독스의 의미론에 따라 **지양**되어야만 한다. 이러한 의미에서 지양의 대상은 사회의 국가, 진정한 결사체가 아니라 프롤레타리아트의 독재로서의 정치적 국가이다.

에밀 드 지라르딩(Emile de Girardin)의 〈사회주의와 조세〉(Le socialisme et l'impôt)에 대한 자신의 평문에서 마르크스는 다시 한번 국가의 폐지를 말한다.

> "조세의 폐지 뒤에는 국가의 폐지가 숨어들어(verbrigt) 있다. 국가의 폐지는 공산주의자들에게 있어서는 계급의 폐지의 필연적인 결과로서만 의미

973) MEW 19: 28.

를 가질 뿐이고 이것과 함께 그 자체로부터 한 계급의 조직화된 권력이 다른 한 계급을 굴복시키려는 욕구가 폐지된다. 시민적 나라들에서는 국가의 폐지가 국가강제력(Staatsgewalt)을 북아메리카의 척도로 줄이는 것을 의미한다. 여기에서는 계급대립들은 오직 불완전하게 발전되어 있다. 즉 여기에서는 계급연합이 항상 서부로 프롤레타리아트인구의 과잉을 내어보냄으로써 얼버무리게 된다. 국가권력의 중재는, 동부에서는 최소한으로 축소되고, 서부에서는 전혀 존재하지 않는다. 봉건적 나라들에서는 국가의 폐지는 봉건주의의 폐지와 통상적인 시민적인 국가의 창출을 의미한다."[974]

마르크스는 국가의 폐지의 세 종류를 역사적으로 구별하고 있다. 즉 공산주의, 시민적 국가, 그리고 봉건적 국가의 경우가 그것들이다. 마르크스가 여기에서 국가의 폐지의 역사적으로 구별되는 형태들을 말하고 있는 한에서는 국가의 폐지가 단순하게 국가의 부정이라고 말하는 것은 충분하지 않을 수 있다. 국가의 폐지가 공산주의자들에게 있어서는 시민적 나라들에서와는 다른 의미를 가질 수 있다면, 그것은 "사회적 혁명의 궁극적 목적"[975]을 의미하지는 않는다. 사회적 혁명의 과정에서 국가의 폐지는 정치의 지양, 즉 정치적 국가로의 프롤레타리아트의 혁명적 독재의 자기지양을 함의하고 있다. 사회적 혁명이 시작된 이후에서야 전개되는 국가의 폐지는 프롤레타리아트의 독재의 지양을 의미하고, 그러므로 한 계급의 조직화된 권력이 다른 계급의 굴복시키려는 욕구가 폐지되게 하는 계급의 폐지의 필연적 결과로서 이해되어야만 한다. 이러한 의미론적 의미에서 국가의 폐지, 즉 프롤레타리아트의 독재의 폐지는 진정한, 즉 사회와 분리되지 않는 국가의 조건이다.

마르크스는 자신의 글 〈프랑스에서 1848년에서 1850년까지의 계급투쟁들〉(Klassenkämpfen in Frankreich 1848 bis 1850)에서 프롤레타리

974) MEW 7: 288.
975) Hal Draper, "The death of the state in Marx and Engels", in: Ralph Miliband and John Saville(ed.), *The Socialist Register*, London, 1970, pp.281-307, p.286.

아트적 독재의 이행과정적 성격에 대해서 밝히고 있다.

> "**프롤레타리아트**는 항상 **혁명적 사회주의**를 중심으로 더욱 많이 모이고 있으며, 그리고 **공산주의**, 이 공산주의에 대하여 부르주아지들 스스로가 **블랑키**(Blanqui)라는 이름을 발견했다. 이 사회주의는 **혁명의 영구선언**이며, **계급차별들 일반의 폐지**를 위해서, 계급차별들이 근거해 있는 전체적 생산관계들의 폐지를 위해서, 이러한 생산관계들에 조응하는 전체적 관계들의 폐지를 위해서, 이러한 사회적 관계들로부터 나오는 전체적인 이념들의 전도를 위해서, 필연적인 통과점으로서 프롤레타리아트의 **계급독재**이다."[976]

여기에서 프롤레타리아트의 혁명적 독재는 "사회적 혁명의 궁극적인 목적"으로서가 아니라 "필연적인 통과점"으로서 선언되어 있다. 그러므로 프롤레타리아트의 계급독재는 지양되어야만 한다. 그것도 국가의 형태로서 말이다. 드래퍼(Draper)는 바로 위에서 인용한 이 구절과 관련하여 "이 미래를 향한 요약적인 외관은 계급들의 폐지를 포함하지만 국가의 축소(elimination)를 특별하게 염두에 두고 있지는 않다"고 말했을 때[977] 그는 국가의 죽음을 이해하는 마르크스의 이론을 충분하게 예리하게 통찰하고 있지 않음을 나타낸다. 마르크스에서 국가의 죽음은 미래의 사회적 상태로서가 아니라 프롤레타리아트적 혁명의 정치적 과정으로서 기능하고 있다. 마르크스의 국가의 폐지는 의미론적으로 정치의 의미론적 부정을 말한다. "국가가 사라진 다음에 무엇이 남는가"[978], 그것은 국가의 현실화에 다름 아닌 것이다.

국가의 죽음, 폐지, 혹은 지양은 우리로 하여금 사회주의와 공산주의를 역사적인 시대들로 구별하도록 이끈다. 국가의 폐지는 구 시대의 끝으로서 신 시대의 시작으로서 은유되고 있는 것이다. 봉건적 나라들

---

976) MEW 7: 90.
977) Hal Draper, 앞의 글, p.286.
978) Hal Draper, 앞의 글, p.289.

에서 국가의 폐지가 **봉건주의의 폐지**를 통상적인 **시민적** 국가의 **창출**을 의미하듯이,[979] 공산주의자들에게 있어서 국가로서의 "프롤레타리아트의 혁명적 독재"의 폐지는 사회주의의 끝이며 공산주의의 시작을 의미한다. 혁명이 없다면 국가의 폐지가 없다는 것은 분명하다. 여기에서 왜 프롤레타리아트적 혁명의 영구선언이 되어야만 하는지를 암묵적으로 설명되는 셈이다.

〈혁명적 공산주의의 세계사회〉라는 글에서 우리는 마르크스의 혁명이론에 중요한 의미를 지니는 글을 읽을 수 있다.

> "결사체의 목적은 모든 특권화된 계급들을 무너뜨리는 것이며, 그들을 프롤레타리아트의 독재 아래 복속시키는 것인데, 이 속에서 **항구적인 혁명**(die Revolution in Permanenz)을 우리는 인간적 가족의 궁극적인 조직형태가 될 공산주의가 **현실화될 때까지** 유지한다."[980]

여기에서 자본주의적 사회와 공산주의적 사회 사이에는 하나의 혁명이상이 있다는 것이 분명해진다. 이것은 마르크스에 있어서 자본주의적 사회에서 사회주의적 사회로 이행하는 과정이 혁명적이듯이 사회주의적 사회에서 공산주의적 사회로 이행하는 과정 역시 그러해야만 한다는 것을 말해주고 있다.

드래퍼는 자신의 논술 〈마르크스와 엥겔스에 있어서 국가의 죽음〉에서 사회주의적 사회에서 공산주의적 사회로 이행하는 과정은 점진적인 과정이며, 점진적인 해체의 과정 속에 있는 국가라고 주장한다. 드래퍼에 의하면, "이러한 연관관계 속에서, 단계들(사회주의 단계, 공산주의 단계)에 대한 전통적인 얘기는 몇 가지 일련의 기준들에 따라 열리고 그리고 닫히는 상호관계를 고려하지 않고 구획된(compartmentralized) 시대들로 해석된다면 오류일 수 있다. 그것은 **점진적인** 과정인 것이다."[981] 이 드

979) MEW 7: 288 참조.
980) MEW 7: 353; 강조는 필자.
981) Hal Draper, 앞의 글, pp.294-295.

래퍼의 해석과는 반대로 나는 사회주의와 구별될 수 있는, 그것과는 독립된 시대로서 공산주의를 판단하게 하고, 공산주의를 시대화하는 객관적인 기준이 있다고 생각한다. 드래퍼의 근본적인 오류는 그가 정치의 패러독스를 통찰하지 못할 뿐만 아니라 국가의 폐지의 역사적인, 서로 다른 형태들을 간과하고 있다는 데에 있다.

우리가 이미 논의하였듯이, 국가의 죽음은 프롤레타리아트의 혁명적 독재에도, 즉 새로운 국가에도 타당한 것이다. 프롤레타리아트의 독재의 역사적 한 예로서 간주되는 "프랑스 내전"(Bürgerkrieg in Frankreich)에서[982] 꼬뮌(die Kommue)은 국가의 역사적 죽음을 전제로 한다. 마르크스에 있어서 그것은 정치적 국가인 시민적 국가의 부정이다. 마르크스에 의하면 꼬뮌은 역사의 새로운 시대로서 인정될 수 있는 것이었다. 즉 그것은 구 국가의 죽음과 동시에 새로운 국가의 탄생을 의미하는 것이었다. 이러한 맥락에서 마르크스는 자신의 〈프랑스내전 제1초안〉에서 이렇게 쓰고 있다. "꼬뮌은 **국가** 그 자체에 대항하는, 사회의 초자연적 이 오류적 탄생에 대항하는 혁명이었다. 꼬뮌은 인민의 본래의 사회적 삶을 인민을 통해서 그리고 인민을 위해서 다시 찾는 것이었다."[983] 국가 그 자체에 대항하는 혁명은 일종의 무정부주의가 아니라 국가의 죽음을 의미한다. "인민의 본래의 사회적 삶(생활)을 인민을 통해서 그리고 인민을 위해서 다시 찾는 것 이었다"는 것은 루소에 있어서 사회의 시작을 표현하는 직접민주주의의 복원을 의미한다. 곧 이러한 의미론적 의미에서 꼬뮌은 시원적인 혁명으로 되돌아가는 것으로 이해되었다. 그와 같은 것으로서 "다시 찾는다는 것"은 정치적 몸의 시원, 루소주의적 시작의 역사적 절합으로서 해석될 수 있다. 그것은 사회의 시작에는 혁명이 있었다는 것을 구체적으로 기억하는 것이다. 그것은 사회의 탄생이고 구 세계의 죽음이다. 이러한 맥락에서 마르크스는 "꼬뮌은 저 국가권력의 결정적인 부정이었고 따라서 19세기의 사회

982) MEW 17: 625.
983) MEW 17: 541.

적 혁명의 시작이었다"[984]고 쓰고 있다. 여기에서의 국가권력은 물론 사회의 권력이 아니라 "중앙집중화된, 집행하는 폭력"의 권력이다.[985] 마르크스에 의하면 꼬뮌은 단순히 국가권력의 부정만이 아니다. 이를 넘어서 그것은 "국가권력의 **결정적인** 부정", 다시 말해서 국가의 끝이다. 그러므로 "꼬뮌은 국가권력의 저 정통적인, 헌법적인, 공화파적인 혹은 왕당파적인 형태에 대항하는 혁명이 아니었다."[986]

꼬뮌은 그 정치적 의미가 사회와 분리된 국가의 부정에 있다. 마르크스의 "국가권력" 개념은 국가 일반의 권력의 일반적 부정으로서 이해되어서는 안 된다. 그것은 단지 국가와 사회의 시민적 분리 속에서의 국가폭력의 역사적인 부정으로서만 이해되어야만 한다. "국가폭력"의 마르크스의 부정은 결코 국가적 권력을 아나키즘적으로 부정하는 것을 의미하는 것이 아니라 궁극적으로는 국가와 사회의 분리의 비판이다. 꼬뮌이 사회의 권력이라면, 그것은 국가의 권력이기도 하다. 마르크스에 있어서 사회와 국가는 분리되어 있지 않아야 하기 때문이다. 여기에서 우리는 마르크스가 국가폭력과 사회권력을 구별하고 있음을 기억할 수 있을 것이다.

> "꼬뮌 - 이것은 사회를 복속시키고 억압하는 폭력을 대신하여, 국가폭력을 사회가 자신의 고유한 살아있는 권력의 자격으로 다시 회수하는 것이다. 그것은 억압의 조직화된 폭력을 대신하여 자신의 고유한 폭력을 창조하는 인민 대중 자신들이 국가폭력을 회수하는 것이다."[987]

사회의 고유한 살아 있는 권력은 사회와 분리된 국가의 죽은, 경직된, 긍정적인 폭력, "국가폭력"과 대조되는 것으로서, 마르크스에 있어서는 본질적으로 사회가 국가와 동일해야 하는 것으로 파악되는 한에

984) MEW 17: 542.
985) MEW 17; 541 참고.
986) MEW 17: 541.
987) MEW 17: 543.

서 의미론적으로 진정한 국가의 권력으로서 번역될 수 있다. 프롤레타리아트의 혁명적 독재의 역사적 형태로서, 꼬뮌은, 이러한 맥락에서 국가와 사회의 동일성 형태로서 파악되고 있다. 그러므로 우리는 꼬뮌의 "비국가 성격"을 분명히 하려고 했던 이탈리아 정치이론가 루치오 꼴레티(Lucio Colletti)와는 반대로 꼬뮌은 〈프랑스 내전〉에서의 꼬뮌은 국가적 본질을 가지고 있다고 판단한다. 그것은 사회의 국가였다.

꼬뮌을 특징짓고 있는 살아있는 **사회의 권력을 재창출하는 것**은 사회의 시작, 시원이 정치의 패러독스로 특징되는 루소의 정치적 이론에로 소급되는 것이라고 말할 수 있다. 우리가 앞에서 이미 논의한 바와 같이, 내가 사회적 문제들이라 명명한 그것이 없다면, 즉 (이익들의) 급진적인 차이성들이 없다면, 결사도 없는 것이다. 루소의 정치적 몸의 시원에서는 급진적 차이성들과 동시에 동일성이 있고, 이것은, 이미 앞에서 논의하였듯이, 진정한 정치의 시작이 결사를 성립하게 한다는 것을 함의하고 있다. 여기에서 루소의 정치적 몸의 시원적 결사체는 사회적 모순들을 해결하기 위한 정치적인 형태로서 나타난다. 역사적 사실의 경험적인 차이는 있지만, 꼬뮌은 마르크스에 있어서 루소주의적 시작의 가까이 있다는 것을 다시 한 번 강조한다. 곧, "최초의 약정으로 항상 되돌아가야 한다"는 것이다. 사회가 죽는다거나 폐지되게 한다는 것이 불가능하다면, 국가의 폐지나 사멸을 요구한다는 것은 불가능하거나 비논리적일 것이다. 루소와 마르크스에 있어서 국가의 죽음은 새로운 국가의 탄생의 조건에 다름 아니다.

우리는 이미 분명하게 논의하였듯이, 국가의 죽음은 프롤레타리아트의 혁명적 독재, 예컨대 꼬뮌에도 타당한 것이다. 마르크스에 있어서 프롤레타리아트의 독재가 국가를 의미한다는 것이, 국가와 사회의 시민적 분리의 역사적 극복이라는 것이, 그리고 원시적 아나키가 역사의 목적이 아니라는 것이 분명하다면, 그렇다면, 국가의 죽음의 정치적 의미론은 어떠한 이론적 의미를 가지는지를 물어보아야 한다. 이 물음에 답하기 위해서는 마르크스가 꼬뮌을 어떻게 이해하는지를 파악해야 한다. 마르크스에 의하면, 꼬뮌은 "사회적 해방의 정치적 형태"[988]이고 "국가 그 자체에 대항하는 혁명"[989]이다. 여기에서 왜 프롤레타리아트의 독재 역시 지양되어야만 하는지가 의미론적으로 설명된다. 그것은 **정치적** 국가로서 지양되어야 하는 것이다. 정치의 패러독스, 정치의 자기지양은 국가 일반의 일반적 죽음과 혼동되어서는 안 된다.

정치의 패러독스에서 사회와 분리되지 않는 국가는 태어난다. 프롤레타리아트의 독재의 죽음에서, 그 폐지에서 "노동의 공화국"[990]은 재절합될 수 있다. 꼬뮌은 마르크스에 있어서 이행과정의 국가 형태로서 표현되고 있다.

> "꼬뮌은 노동하는 계급들이 모든 계급의 폐지 그리고 그에 이어 모든 계급지배의 폐지를 획득하려고 하는 계급투쟁을 제거하는 것이 아니라(왜냐하면 꼬뮌은 특별이익을 대변하지 않기 때문이다. 그것은 '노동'의 해방을, 즉 소수의 찬탈, 기만 그리고 인위적인 음모를 통해서만 부과될 수 있는 개인적인 사회적인 생활의 근본적인 자연적인 조건들의 해방을 대변한다) 그러한 계급투쟁이 자신의 여러 단계들을 가장 합리적이고 가장 인간적인 방식으로 관철시킬 수 있게 하는 **합리적인 중간단계**를 만든다."[991]

프롤레타리아트의 혁명적 독재로서의 꼬뮌은 "자본주의적 사회와 공산주의적 사회 사이의" "가장 합리적인 중간단계"이다. 그것은 "정치적인 이행과정의 기간 속에" 있다.[992] 죽어야만 하는 바는 국가가 아니라, "사회적 혁명" — 사회적 혁명은 "정치적" 혁명으로서 특징될 수 있다는 것을 우리는 앞에서 살펴보았다 — 으로서의 프롤레타리아트의 혁명이 지니고 있는 정치성이다. 마르크스는 "공산주의적 사회의 미래

988) MEW 17: 545.
989) MEW 17: 541.
990) MEW 17: 554.
991) MEW 17: 546f; 강조는 필자.
992) MEW 19: 28.

적 국가본질"[993]을 말하고 있는 것이다. 새로운 국가가 구 사회, 구 국가가 프롤레타리아트의 혁명적 독재로서 사멸하는 그곳에서, 달리 말하면, 지양되는 그곳에서 성립하는 것이다.

마르크스는 자신의 글 〈프랑스내전 제1초안〉에서 꼬뮌은 목적이 아니라 수단이라는 것을 밝히고 있다.

> "국가기계와 의회주의가 지배하는 계급들의 현실적인 삶이 아니라 단지 그들 계급의 지배의 조직화된 일반적인 기관, 구 사물질서의 정치적인 보장, 형식들 그리고 표현방식들일 뿐이듯이, 꼬뮌은 노동하는 계급들의 사회적 운동이 아니며 그리고 또 인간성의 일반적인 갱신의 운동이 아니며, 노동하는 계급들의 조직화된 행동수단인 것이다."[994]

직접민주주의의 역사적 현실화로서 이해되어질 수 있는 꼬뮌은 지양되어야만 한다. 왜냐하면 그것은 수단이기 때문이다. 곧 수단의 의미론적 본질은 목적이 현실화되면 그것의 경험적 현존재 근거가 상실되는 것이다. 꼬뮌의 변증법적 지양, 정치적 국가로서의 프롤레타리아트의 독재의 변증법적 지양은 사회의 새로운 헌정을 예견하고 있다. 물론, 마르크스가 프롤레타리아트적 독재의 지양을 직접민주주의가 현실적으로 사라진다는 것으로 이해했다는 것으로 이해해서는 안 될 것이다. 오히려 그것은 침묵으로서 은유되어질 수 있는 성질의 것이다. 그것은 역사 속에서 그러한 것으로서 지속된다. 아마도 마르크스는 이러한 의미에서 이렇게 말했을 지도 모르겠다.

> "노동자들의 파리, 자신의 꼬뮌을 가지고서, 새로운 사회의 명예로운 선구자로서 **거의** 환영받지 **못했다**. 파리의 순교자는 노동자계급의 위대한 가슴 속에 새겨져 있다. 파리의 박멸자가 노동자계급들이 자신들의 승려

993) MEW 19: 28.
994) MEW 17: 545.

들의 모든 기도들을 해결하는 것이 무력해지게 만드는 저 오욕의 기둥들에 이미 지금 역사를 못박아 두었다."[995] 그는 이렇게도 말한다.

"파리 꼬뮌은 무너질 지도 모르겠으나 파리 꼬뮌이 안내했던 사회적 혁명은 승리할 것이다. 그것의 탄생지는 도처이다."[996]

꼬뮌은 마르크스에서 형식과 내용의 차원에서 이해되는 그 민주주의이다. 마르크스가 자신이 꼬뮌을 "노동자혁명의 불변의 목적"[997]으로 간주할 때, 그는 꼬뮌을 (직접)민주주의의 개념과 관련하여 고찰하고 있는 것이다. 오직 이러한 이론적 의미에서 꼬뮌은 민주주의로서, 수단이면서 동시에 목적을 의미할 수 있다. 여기에서 마르크스가 꼬뮌을 노동자계급의 사회적 운동 그리고 또 인간성의 일반적 갱신의 운동으로 간주하지 않음에도 불구하고, 그가 왜 그것을 노동자계급의 불변의 목적이라 부르고 있는지가 조명될 수 있다.

마르크스에서 현실적인 목적은 무엇인가? 그는 이것을 분명하게 "노동의 해방"[998]이라 규정하고 있다. 마르크스에 있어서 꼬뮌은 노동의 해방을 대변함으로써[999] 이 노동의 해방의 시작으로서만 규정되고 있다. 그러므로 민주주의의 현실적인 목적은 단순하게 "노동의", 프롤레타리아트의 해방이 아니라 **노동의 해방**, 전체사회의 해방이다. "노동"의 해방은 **노동의 해방**의 시작이다.

꼬뮌은 침묵하는 정치의, 직접민주주의의, 구체적인 표현(절합)이다. 꼬뮌의 자기지양은 정치의 패러독스의 논리를 따른다. 꼬뮌의 죽음은 정치의 침묵으로 번역될 수 있다. 이러한 의미에서 "정치적" 국가의 사실적 폐지는 없으며, 의미론적 죽음이 있다. 인민의 능동적 참여, 침묵은 결코 사멸하지 않는다.

---

995) MEW 17: 362; 강조는 필자.
996) MEW 17: 600.
997) MEW 17: 537.
998) MEW 17: 546.
999) MEW 17: 545.

직접민주주의로서의 꼬뮌은 마르크스에 있어서 사회의 현실적 모순들을 극복하기 위한 일종의 전체사회적 헌정이다. 그것은 독에 대항하는 대항독으로서 독해될 수 있다. 그것은 마르크스의 독창성에 속하는 계급이론적 정초를 일단 접어둔다면 루소주의적 사회의 시작에 상응하는 것이다.

프롤레타리아트의 혁명적 독재, 꼬뮌은 정치를 사라지게 하는 것이 아니라 그것을 급진화시킨다. 민주주의의 급진화된 정치는 자신의 침묵 속에서 자신을 표현(절합)시킨다.[1000)]

"정치적" 국가의 죽음의 의미론을 이해하려면 프롤레타리아트의 혁명적 독재 이후의, ("정치적") 국가의 죽음 이후의 미래적 사회가 어떻게 구성되어야 하는지를 살펴보아야 한다. 마르크스는 자신의 글 〈고타강령의 비판〉에서 이러한 이론적 맥락 속에서 이렇게 쓰고 있다.

> "공산주의적 사회에서는 국가본질이 어떠한 변동을 겪는 것인지, 달리 말하면, 지금의 국가기능들에 비유되는, 어떠한 사회적 기능들이 그곳에서도 남아 지속되는 것인지 묻는다. 이러한 의문은 오직 과학적으로만 답해질 수 있으며, 인민이라는 말과 국가라는 말을 천 번에 걸쳐 합해보았자 문제는 개구리의 비약에 가까이 갈 수도 없다."[1001)]

이 글들에서 우리는 마르크스가 대안적 사회의 구성에 대해서 어떻게 구상하고 있었는지에 대해서 두 가지 중요한 예시를 얻어낼 수 있다. 그 하나는 국가적 기능에 대한 것이고 다른 하나는 과학의 역할에 대해서이다.

앞에서 논의한 바와 같이, 국가의 죽음 속에서도, 즉 정치의 침묵 속

1000) 멕시코의 시인 Octavio Paz는 시적으로 이렇게 쓰고 있다. "침묵하기 위해서는 무엇인가를 말하는 위험을 감수하는 것이 필요하다." John M. Fein, *Toward Octavio Paz. A Reading of His Major Poems 1957-1976,* The University Press of Kentucky, 1986, p.145에서 재인용.

1001) MEW 19: 28.

에서도, 사회의 몸, 곧 사회와 분리되지 않은 국가는 살아 있다. 마르크스에 있어서 국가와 사회의 시민적 분리를 극복하는 것에서 자신의 정치적 정당성을 확보해야만 하는 프롤레타리아트의 독재는, 국가가 사회로부터 단순하게 분리되게 해서는 안 된다. 우리는 마르크스가 꼬뮌을 경함하면서 집행하는 활동과 입법하는 활동의 동시성을 그리고 위임된 자들의 언제나 퇴임시킬 수 있다는 것을 정치적 국가의 지양에 따른 국가의 대안적 형태로 간주하고 있는지를 물어볼 수 있겠다. 마르크스가 정말 내가 원칙론적 · 인식론적 차원이라고 명명한 것과 내가 사회학적 · 현실주의적 차원이라 명명한 것의 단순한 동일성을 요청하고 있는가? 마르크스는 자신의 글 〈프랑스 내전 제1초안〉에서 묵시적인 답만을 던져주고 있을 뿐이다.

> "노예들의 경제적 법칙의 자발적인 작용이 그리고 육체특성의 경제적 법칙의 자발적인 작용이 해체되었듯이, 그들은[1002] 새로운 조건들의 장기적인 발전과정의 전개 **속에서만** 자본의 자연법칙들과 토지소유의 현재의 '자발적'인 작용이 '자유롭고 결사하는 노동의 사회적 경제의 법칙의 자발적인 작용'에 의해서 대체될 수 있다는 것을 알고 있다. 하지만 이와 동시에 노동자계급은 **정치적** 조직의 꼬뮌적인 형태를 통해서 거대한 진보가 획득될 수 있다는 것을 자기 자신을 위한 인간성을 위한 저 운동이 시작하는 시점이 왔다는 것을 알고 있다."[1003]

여기에서 마르크스는 경험적인, 현실주의적인 대안과 상상적인, 단순히 인식론적인 대안을 구별하고 있다. 후자, 유토피아와 관련하여 마르크스는 루소와 다르다고 말할 수 있겠다. 루소는 단순한, 직집민주주의는 "인간에게는 맞지 않다"[1004]고 판단하고 있었던 한에서 말이다. 하지만 마르크스는 현실주의적 토대를 단념하는 것은 아니다. "정치적

1002) 노동자계급을 말한다.
1003) MEW 17: 546 그리고 549; 강조는 필자.
1004) Rousseau, III: 96.

조직의 꼬뮌적 형태를 통해서" 정치적 몸을 재구성한다는 것은 우리가 루소의 경우에서 읽을 수 있었던 바와 같이 직접민주주의와 간접민주주의의 변증법적 결합을 함의하고 있다. "혁명의 영구선언"[1005]은 직접민주주의와 간접민주주의의 긴장들이 경험적으로 있을 수 있다는 것을 의미론적으로 말하고 있는 것이다. 그것은 계급 없는 사회가 완전하게 실현될 때가지는 적어도 지속되는 것이다. 하지만 결정적인 의문은 정치적인 이행과정의 기간에서 대의제 민주주의가 무엇인가 하는 것이다 마르크스 스스로 자본주의적 사회에서 공산주의적 사회로 이행하는 과정에 대한 정밀한이론을 발전시키지 못했다. "지금의 국가기능들에 비유되는 어떠한 사회적 기능들이 그곳에서도 남아 지속되는가?" 하고 물음을 던지고서 그는 "이러한 문제는 오직 과학적으로만 답해질 수 있는 성질의 것이다"라고만 형식상의 시사만을 던지고 있을 뿐이다. 이 의문, 이 답은 정치적 유토피아가 무엇인가 하는 의문과 관련되어 있다. 국가가 계급 없는 사회로 정치적으로 이행하는 과정의 기간에서 이행하는 과정뿐만이 아니라 자본주의적 독재에서 프롤레타리아트의 독재 그 자체로 이행하는 과정도 이론적으로나 경험적으로 오늘날 문제적이 되어버렸다.[1006]

이행과정의 이론을 재구성하기 위해서 계급이론적으로 정초되어 있는 마르크스의 프롤레타리아트개념을 비판적으로 이해하는 것이 필요하다. 마르크스는 전체사회적 소외의 구체적인 표현으로서 프롤레타리아트가 경험적으로 존재한다는 것에서 루소가 출발했던 국가이론적 위기를, 즉 국가의 순환의 끝과 동시에 시작을 본다. 그는 자신의 글 〈헤겔법철학비판서문〉에서 사회의 죽음과 동시에 국가의 탄생을 변증법적으로 보고 있다.

"그러면 독일해방의 **긍정적인** 가능성은 어디에 있는 것인가? **그 답은** 이

1005) MEW 7: 90.
1006) André Gorz, *Abschied vom Proletariat*, Reinbek bei Hamburg, 1983 참고하라.

렇다: 급진적 사슬을 가진 계급, 시민적 사회의 계급이 아닌 시민사회의 계급, 모든 신분들의 해체인 신분, 자신의 보편적 고통에 의해서 보편적 성격을 소유하고 있으며 어떤 **특수한 부당**이 아니라 **부당 그 자체**가 자신에게 자행되기 때문에 어떤 특수한 권리도 요구하지 못하는 영역, 더 이상 아무런 **역사적** 명분을 내세울 수 없고, 오히려 단지 **인간적인** 명분만을 내세울 수 있을 뿐인 영역, 독일국가본질의 귀결•들과 일면적으로 대립하고 있는 것이 아니라 오히려 그 전제들과 전면적으로 대립하고 있는 영역, 마지막으로 사회의 모든 다른 영역들로부터 자신을 해방시킴과 동시에 사회의 모든 다른 영역들을 해방시킴이 없이는 결코 해방될 수 없는 한 영역의 형성에 있다. 한 마디로 말하여, 그 가능성은 **인간의 완전한 상실**, 즉 오직 **인간의 완전한 재획득**을 통해서만 자기 자신을 획득할 수 있는 한 영역의 형성에 있다. 특별한 상태로 사회가 해체된 것이 **프롤레타리아드**이다."[1007]

"급진적 사슬들"은 급진적 해방을 위한 부정의 정치적 부정, 정치적 부정의 부정을 하게 할 수 있다. 프롤레타리아트에서, 전체사회적 사슬에서, 마르크스는 객관적인 위기를 통찰하고 있는 것이다. 루소에 대비되는 마르크스의 이론적 독창성은, 그가 사회와 국가의 해체를 다수가 궁핍한 경험적 현실에서 읽고 있다는 것에서도, 그가 자신의 위기학적 극복을 "인간의 완전한 재획득을 통해서만 자기 자신을 획득할 수 있다는 것을 요청하고 있는 것에서도 있지 않고 오히려 그가 사회운동의 이론을 담지하고 있다는 것에 있다. 그가 계급이론적 정초 속에서 프롤레타리아트를 사회운동의 담지체로서 파악하는 것은 정치이론의 발전사에서 독창적인 지위를 점한다고 하겠다. 우리가 이미 앞에서 논의하였지만 루소의 경우 시원적인 정치적 몸의 헌정은 어떠한 중간사회도 전제하고 있지 않듯이, 프롤레타리아트는 새로운 국가의 시작에서, 즉 프롤레타리아트의 혁명적 독재의 탄생에서, 총체성을 **대표하고** 있

1007) MEW 1: 390.

다. 이 대표는 그 정당성이 프롤레타리아트가 사회의 **다수**를 차지하고 있다는 것에만 있는 것이 아니라 다수의 원리가 전체사회의 깊은 위기에서 구조적으로 작동하지 않고 있다는 데에도 있다. 마르크스에 의하면 혁명적 위기에서는 단지 두 사회들만이 있다. 프롤레타리아트의 사회는 중간사회로서 전체사회를 대표할 수 있는 것으로 마르크스는 이해하고 있는 듯한데, 마르크스는 분명 프롤레타리아트의 독재 속에서 현존하는 재현문제틀의, 사실상의 중간사회가 전체사회를 어떻게 재현할 수 있는가 하는 의문의 이론적이고 실천적인 긴장들을 보았을 것이다. 마르크스 스스로 프롤레타리아트는 "부르주아 독재"[1008]를 제거하기 위한 혁명적 **독재**와 사회와 분리되지 않은, 민주주의에 조응하는 **국가**를 만들어낼 수 있으리라 생각했다. 마르크스가 프롤레타리아트의 혁명적 독재를 민주주의적 국가로 명명하고 있을 때, 사회와 분리되지 않은 국가를 새롭게 혁명적으로 구성하는 속에서 중간사회 내에서의 민주주의적 원칙을 그가 생각하고 있는 것이다. 이러한 경우 마르크스는 적어도 이론적으로는 정치적 몸의 루소주의적 시작 개념에로 되돌아가고 있는 셈이다.

마르크스가 프롤레타리아트의 **독재**를 혁명이론의 중요한 개념의 하나로 왜 선택하고 있는가, 이것은 로마헌법의 수용사의 관점에서보다는 의술적 은유의 정치적 의미론의 관점에서 더 잘 그리고 바르게 이해될 수 있다.[1009] 독재는 의심할 바 없이 위기(crisis)와 관련되어 있다. 헌트(Hunt)는 드래퍼를 강하게 수용하고 있는데,[1010] "전체주의적 독재"라는 이론적 협의를 피하기 위해서 독재의 개념사를 조명하려고

1008) MEW 7: 93.

1009) Bertram D. Wolfe, *Marxism: On Hundred Years in the Life of a Doctrine,* New York, 1967, p.169 그리고 Frederic L. Bender, "The Ambiguities of Marx's Concept of 'Proletarian Dictatorship' and 'Transition to Communism'", in: *History of Political Thought*, vol. II, Nr.3, Winter, November 1981, pp.524-555, 여기에서는 pp.530ff 참고.

1010) Hal Draper, "Marx and the Dictatorship of the Proletariat", in: *Etudes de Marxologie* 6(1962), pp.5-74.

시도한다. 곧 그렇게 함으로써 그는 독재개념과 민주주의개념이 조화될 수 있다는 것을 주장하려 한다.[1011] 드래퍼와 헌트는 마르크스와 블랑키파(Blanquist) 사이에는 독재의 개념규정과 적용의 관점에서 결정적인 차이가 있다는 것을, 즉 다수의 독재와 소수의 독재 사이의 차이가 있다는 것을, 그가 분명하게 밝히고 있음에도 불구하고 프롤레타리아트의 지배뿐만 아니라 부르주아지의 지배도 똑같이 마르크스가 독재라고 명명하는 이유가 무엇인지 설명하고 있지 않다.[1012] **헌정되어 있는** 규칙에 따라서는 부르주아지의 지배가 정당한 것으로서 고려될 수 있으나, **헌정하는** 규칙에 따라서는 프롤레타리아트는 지배의 정당성을 요청할 수 있다는 것이다. 독재개념을 마르크스는 헌정적인 것과 비헌정적인 것의 차이를 넘어서 사용하고 있다. 분석적 마르크스주의를 이론화하고 있는 욘 엘스터(Jon Elster)는 프롤레타리아트의 독재를 독해할 때 드래퍼-헌트의 독해와 대항하는 주장[1013]을 편다. 그는 "부르주아지의 지배(규칙)를 독재라 부르는 이유는 그것이 다수에 대한 소수의 지배(규칙)이기 때문이지, 그것이 비헌정적이기 때문이 아니다"[1014]는 것을 주장한다. 하지만 엘스터는 프롤레타리아트의 지배가 다수의 원칙에 조응하고 있음에도 불구하고 그것이 부르주아지의 독재와 대비해서 독재로서 표현되는 이유를 분명하고 일관되게 설명하지는 못하고 있다. 프롤레타리아트의 혁명적 독재가 적어도 이론적으로는 시민적 독재와는 다르게, 다수의 원칙에 근거해 있다는 것이 분명하다면, 마르크스에 있어서의 프롤레타리아트의 독재의 이론적 의미론을 다르게 논증해야만 할 것이다.

마르크스에 의하면, 프롤레타리아트의 혁명적 독재는 자신의 의미론

1011) Richard N. Hunt, *The Political Ideas of Marx and Engels(I). Marxism and Totalitarian Democracy, 1818-1850*, University of Pittsburgh Press, 1974, pp.284ff.

1012) Richard N. Hunt, *The Political Ideas of Marx and Engels,* 앞의 글, pp.298ff 참조.

1013) Jon Elster, *Making Sense of Marx,* Cambridge University Press, 1985, p.445.

1014) Elster, 앞의 글, pp.448f.

적 정당성을 부르주아지의 보수적 독재가 경험적으로 현존하는 것에서 가진다. 프랑스와 라파크(François Lafarque)에 보낸 한 편지(1866년)에서 마르크스는 이러한 맥락을 이렇게 은유하고 있다. 즉 "수공업적 노동은 모든 사회적 전염병에 대항하는 위대한 대항독입니다."[1015] 마르크스에 있어서 독재는 일종의 독과 같이 나타나 있다. 독재의 필연적 지양은 우리가 정치의 패러독스라고 명명한 그것의 정치적 의미론으로부터 별다른 어려움 없이 설명될 수 있다. 프롤레타리아트의 혁명적 독재는 정치적 몸을 병들게 만드는 독에 대항하는 대항독이다. 마르크스는 자신의 글 〈프랑스 내전 제1초안〉에서 이러한 의미론적 의미에서 "중대한 질병은 오직 영웅적인 수단으로써만 치유될 수 있다"[1016]는 것을 진술하고 있다. 독으로서의 프롤레타리아트의 독재는 위기의 급진적 비판을 통해서 특징된다. 혁명과 위기 사이의 변증법적 관계는 위기와 비판의 변증법적 맥락으로 번역될 수 있다. 마르크스는 그래서 〈1848년에서 1850년까지의 프랑스의 계급투쟁〉에서 "새로운 혁명은 새로운 위기의 결과 속에서만 가능할 뿐이다. 하지만 그 새로운 혁명은 새로운 위기만큼이나 확실하다"[1017]고 쓰고 있는 것이다. 영웅적인 수단으로서의 프롤레타리아트의 혁명은 정치적 몸의 깊은 위기에 대항하는 급진적인 비판이다. 프롤레타리아트의 혁명적 독재, 국가의 죽음은 원래의 의미에서의 국가로 이해되어야 하는 것이 아니라 의미론적으로 정치로 이해되어야 한다. 프롤레타리아트의 혁명적 독재, "정치적" 국가는 사회와 분리되지 않은 진정한 국가가 운동하도록 설정되게 하기 위해서 지양되어야만 한다. 국가의 의미론적 죽음은 있지만 목적으로서의 국가의 사멸은 없다.

국가로서, 즉 중간**사회**로서 프롤레타리아트의 혁명적 독재는 이론적으로 급진적 차이들에서 출발해야 한다. 다시 말해서 그것은 국가로서의 프롤레타리아트의 헌정을 위해서는 이 중간사회가 어떠한 매개도

1015) MEW 31: 536.
1016) MEW 17: 515.
1017) MEW 7: 98.

할 수 없다는 것이다. 마르크스는 프롤레타리아트를 정의하면서 루소주의적 의미에서 아나키를 가정하고 있으며, 그는 루소주의적 의미에서 부정의 부정의 정치적 논리를 보고 있는 것이다. 원칙적 · 인식론적으로 보면, 프롤레타리아트는 "특별한 상태로서" 급진적 차이들의 위기적 상태를 의미해야 한다. 프롤레타리아트에서는 중심도, 매개도, 중간사회도 존재해서는 안 된다. 시작에서도 그러해야 한다. 프롤레타리아트는 아나키, 즉 "사회의 해체"[1018]를 표현하고 있으며, 전체사회의 위기를 **상징**한다. 이것은 프롤레타리아트의 사회가 부딪히고 있는 동일한 아나키에 **아직은 있지 않는** 한에서 타당성이 있다. 즉자적 프롤레타리아트에서 국가로 즉 프롤레타리아트의 혁명적 독재로 전형되는 과정은, 전체사회와 중간사회사이의 중요한 차이를 접어둘 수만 있다면, 원칙적 · 인식론적으로 정치적 몸의 루소주의적 시작과 같다. 마르크스가 정치적 몸의 논리를 주장하고 있음에도 불구하고, 어떻게 중간사회가, 전체사회의 경험적 현존에도 불구하고, **시작**할 수가 있는가 하는 중요한 정당성론적인 의문이 여전히 남아 있다. 마르크스는 바쿠닌의 책 『국가성과 아나키』를 평가하는 자신의 평문에서 프롤레타리아트의 혁명적 독재가 진정한 정치적 몸의 민주주의적 시작으로 변동해 가는 과정을 **가속화**시킬 수 있는 한에서 중간사회로서의 정치적 몸의 새로운 시작을 정당한 것으로 보고 있다.

> "우리는 최종적인 이상으로서는 아니라 할지라도 적어도 차선의 주목적으로서 노동자들에게 그들의 표현에 의하면, '**지배하는 계급으로서 조직화하는**' 프롤레타리아트 이외에 다름 아닌 **인민국가의 정초**를 권유하는 라살레(Lassalle)와 마르크스(Marx)의 이론에 대항하는 우리의 깊은 저항의지를 이미 밝혔다. 프롤레타리아트가 지배하는 계급이 된다면, 그러면 프롤레타리아트는 누구를 지배하게 되는가 하고 묻는다. 이 새로운 지배, 이 새로운 국가에서 지배받는 자가 되는 또 하나의 프롤레타리아트가 아

1018) MEW 1: 390.

직도 남아 있다는 것이다.

> "이것이 의미하는 것은, 다른 계급들, 특히 자본주의적 계급이 여전히 남아 있는 한에서는, 프롤레타리아트는 그 계급과 투쟁하는 한(그 정부권력과 그 적들은 결속해 있으며, 사회의 구조직은 아직도 사라지지 않았기 때문이다), 프롤레타리아트는 폭력적 수단을 사용해야 하며, 따라서 통치 수단을 사용해야 한다. 곧 프롤레타리아트 스스로 여전히 계급이며, 계급투쟁이 기초해 있는 경제적 조건들과 계급들의 실존이 아직도 사라지지 않았으며, 폭력적으로 길을 치워야 하거나 변혁되어야 하며, 그 변혁과정은 폭력적으로 가속화되어야 한다."[1019]

역사의 가속화라는 개념을 루소의 정치이론에로 소급되는 것인데[1020], 마르크스가 프롤레타리아트의 혁명적 독재를 이론적으로 정초하는 데에도 들어 있다. 마르크스는 이 역사적 가속화라는 개념을 근거로 해서 전략적으로 인민을 프롤레타리아트에로 축소시키고 있다. 그는 인민의 급진적 차이들에서 시작할 수 있는 것이, 섬세한 분석적 경험적 논증 없이, 프롤레타리아트의 그것으로 축소시키고 있는 것이다. 루소와 마르크스 사이에는 이 같은 차이들이 있지만, 마르크스는 본질적으로는 루소주의적이었다. 바꾸닌이, "독일인들은 대략 4천만 정도인데 예컨대 모든 4천만이 정부의 구성원이 되는 것인가?" 하고 물음을 제기한 데 대하여 마르크스는 이렇게 답한다. "그렇고 말고요! 사안은 보통사람들의 **자치에서 시작**하니까요"[1021]라고. 이 말에서 마르크스가 생각하는 것은 프롤레타리아트의 독재가 아니라 그 죽음 이후의 정치적 몸의 논리의 새로운 시작이다. 그는 오직 이 시작을 말하고 있는 것이다. 하지만 공산주의라는 미래의, 유토피아적 사회는 선거는 있지만, 대의제 민주주의의 원칙에 따라서 움직이는 것이 아님은 분명하다.[1022]

1019) MEW 18: 630.
1020) Rousseau, III: 380.
1021) MEW 18: 634; 강조는 필자.

우리는 프롤레타리아트를 사회운동의 담지체로 파악하는 마르크스의 관점을 사회학적·현실주의적으로 분석할 것이다. 현대 프랑스 정치사회사상가 앙드레 고르(André Gorz)에 의하면, 마르크스의 프롤레타리아트의 이론은 헤겔의 철학에로 소급되는 형이상학적인 존재론적인 철학에 근거하고 있다고 한다. 즉 고르는 "마르크스의 프롤레타리아트이론은 영웅적 부르주아지의 조급한 절충론적 편찬이다: 기독교, 헤겔주의 그리고 과학주의"고 판단한다.[1023] 고르가 이렇게 마르크스의 프롤레타리아트이론을 인식론적 차원에서 비판하고 있는 것은, 근본적으로, 마르크스는 헤겔주의적 역사철학을 단순하게 반복한 것에 불과하고, 헤겔의 관념론적 철학과 마르크스의 유물론적 철학 사이의 이론적 차이는 관념론적 이념을 유물론적 물질로 **기계적으로** 단순하게 대체한 정도에 지나지 않는다고 파악하는 전통적인, 고전적인 오해를 단순하게 반복하고 있는 것에 지나지 않는다. 일단 여기에서 마르크스의 프롤레타리아트에 대한 고르의 인식론적 비판을 들어보자. (독자의 이해를 돕기 위해서 좀 길게 인용한다.)

> "마르크스의 프롤레타리아트이론은 영웅적인 부르주아지의 시대에 서양의 사상의 세 주류, 즉 기독교, 헤겔주의 그리고 과학주의(Szentismus)의 급속한 종합적 조합이다. 헤겔주의가 지지대이다. 헤겔에 있어서 역사는 일종의 변증법적으로 진보하는 것에 다름 아닌 것인데, 이를 통해서 우선 자기에게 낯선 정신이 자기 자신을 의식하게 되며 소유를 세계로부터 — 이 세계는 현실에 있어서는 단지 현존하는 자기 자신 밖에 있으며 자기 자신과는 분리되어 있는 정신이었을 뿐이다 — 파악하게 되고 정신은 그것의 내부가 완전히 되어가며 그것과 일체화되어가는 것이다. 이러한 진보하는 것에 있어서 어려움은 그 전까지의 전체 역사의 의미뿐만 아니라 역사의 완성도 표현하는 종결적 종합의 현실화에 이르기까지 자신의 내

1022) MEW 18: 634-635.
1023) A. Gorz, *Abschied vom Proletariat,* 앞의 글, p.12.

적인 대립을 힘으로 하여 필연적으로 다음 단계로 이행해 가는 단계들에 다름 아니다.

이렇게 각 계기의 의미는 오직 종결적 종합의 관점에서만 당연하게 된다. **누구에게** 당연한가? 견디어내지 못하는 내적인 대립을 근거로 해서 각 계기를 넘어가지 않을 수 없음을 알지 못한 채 개별적인 계기를 현실화하는 개인들은 물론 아니다. 헤겔이라는 철학자에게만 당연하다. 헤겔은 역사를 자기 자신이 현재하는 의미가 시대들의 종말에 이르기까지 발전하는 것으로 독창적으로 직관하는 것을 고집하였고, 그것의 소외된, 신비화된, 결여된, 손상된 명시화를 그 자체를 넘어가게 강요하였으며 마침내 최종적으로는 그러한 명시화가 그러한 의미와 일치할 수 있게 하였던 것이다. 헤겔의 철학은 신의 현현으로서 자기 자신에게로 돌아온 기독교적 신학이다. 곧 역사는 시대들의 종말로부터 신의 지배인 묵시록이고, 이것은 그것으로부터 집행된 선험적 작품의 의미를 아직은 개념짓지 못하고 있는 역사적인 인간의 매개를 통해서 그것의 현실화를 간구하고 있다는 것이다. 하지만 **인간**의 의식은 관건이 아니다(belanglos). 왜냐하면 작품은 그들을 초월하는 변증법을 통하여 보증되어 있는 때문이다."[1024]

우리는 이미 앞에서 마르크스의 반형이상학적인, 반(反)존재론적인 비판위기학적 성격에 대해서 논의했기 때문에 여기에서 이를 다시 반복할 필요는 없을 것 같다. 여기에서는 그보다는 배타적으로 객관적인 조건이 사회적 운동의 집합적 주체로서의 프롤레타리아트의 정치적 헌정을 낳게 할 수 있는가, 혹은, 그 경우 주관적인 조건, 즉 계급의식은 어떻게 기능하는지에 대해서 이론적으로 답하고자 한다. 여기에서 나는, 프롤레타리아트의 존재가 프롤레타리아들을 초월하게 한다고 주장하는 고르의 명제와는 반대로,[1025] 객관적인 조건뿐만 아니라 주관적인 조건도 프롤레타리아트의 혁명적 독재의 정치적 헌정을 위해서 결정적

1024) Gorz, 앞의 글, p.12.
1025) Gorz, 앞의 글, p.11.

이라고 판단한다. 프롤레타리아트 개념이 논리적으로는 사회의 시작을 함의하고 있지만 사회학적으로는 이데올로기들의 현실을 전제로 하고 있는 한에서 전정치적인 것에서 정치적인 것으로 전형되는 이행과정에서 철학의 이데올로기비판은 요청되는 것이다. 진정한 철학의 이데올로기비판과 함께 진정한 계급의식은 성립할 수 있다. 프롤레타리아트와 철학의 변증법적 관계를 마르크스는 이러한 이론적 맥락에서 "철학은 프롤레타리아트의 지양 없이는 자신을 현실화시킬 수 없으며, 프롤레타리아트는 자신을 철학의 현실화 없이는 지양시킬 수 없다"[1026]고 표현하고 있다. 철학의 완전한 현실화는 여기에서 정치적 이행과정을 전제로 하고 있으며, 그 경우 철학은 계급의식이 표현(절합)되게 하기 위해서, 부정적으로, 다시 말해서, 이데올로기비판적으로, 기능하게 된다. 철학의 현실화는 과정으로서 지속적으로 집행되지만 그것의 기능은 정치적 현실에 의존하여 변화한다. 다시 말해서 철학의 이데올로기비판적 기능은 프롤레타리아트의 지양에 이르기까지 핵심적이다. 그러나 철학은 이러한 부정적인 기능 이외에도 긍정적 기능도 가지고 있다.

미래의, 진정한 사회는 철학의 긍정적인 기능을 통해서 구성되어야 한다는 것이다. 청년 마르크스에서의 철학이 성숙한 마르크스에서의 과학에 조응한다는 것이 오독이 아니라면, 마르크스의 공산주의적 사회는 본질적으로 과학의 긍정적인 기능의 도움과 함께 구성되어야 한다고 해석할 수 있을 것이다. 마르크스가 사회의 미래적 재구성 문제는 오직 과학적으로만 답해질 수 있다[1027]고 말했을 때 그는 역사의 개방성을 말하고 있었던 것이고, 그 경우 과학은 집합적 가설을 만들 수 있게 되며, 그리하여 사회와 역사를 재구성할 수 있게 된다. 계급의식은 과학의 부정적인, 이데올로기비판적인 기능과 함께만 구성될 수 있는 성질의 것이다. 이러한 이론적 전제 아래 마르크스는 "과학은 노동의 공화국에서만 자신의 진정한 역할을 행사할 수 있다"[1028]고 표현

1026) MEW 1: 391.
1027) MEW 19: 28.
1028) MEW 17: 554.

할 수 있었다. 여기에서 그는 과학의 이데올로기비판의 이론적 전제 아래 과학의 긍정적인 기능을 말하고 있다. 진정한 과학이 "노동의 공화국"이 헌정되기 이전에 행사해야 하는 역할은, 부정적인 역할은, 과학적 기능의 진정한 차원으로서도 매우 중요하다. "프롤레타리아트는 자신은 철학의 현실화 없이는 지양시킬 수 없기"[1029] 때문이다. 현재적 위기의 현실적 극복은 과학 혹은 철학의 부정적인 기능과 긍정적인 기능과 함께 현실화될 수 있다. 철학의 전형은 마르크스에 있어서 대화하는 공론성에 의존한다. "철학은 자신을 프롤레타리아트의 지양 없이는 현실화시킬 수 없다"고 판단하기 때문이다. 이데올로기적으로 "계급 지배의 도구"[1030]로서 기능하고 있는 그런 전통적인 과학들에 대하여 진정한 비판적인 과학이 이데올로기비판을 함으로써 전 정치적인 프롤레타리아트가 적어도 "계몽"되어짐으로써 정치적 프롤레타리아트는 비판적 과학의 기능과 함께 지양될 수 있다. 나는 즉자적 프롤레타리아트와 대자적 프롤레타리아트라는 개념쌍 대신에 전 정치적인 프롤레타리아트와 정치적인 프롤레타리아트라는 개념쌍을 사용하기를 제안한다. 전자는 전형적인 헤겔주의적 전통에서 나온 것이다. 여기에서 우리는 엘스터의 말을 들어볼 필요가 있겠다;

> "마르크스 자신은 계급의식을 결여하고 있는 계급들과 그것을 소유하고 있는 계급들을 구별하기 위해서 (즉자적 계급과 대자적 계급이라는)[1031] 이들 용어를 사용했다는 것이 광범위하게 수용되어 있다. 하지만 내가 아는 한에서는 마르크스는 '즉자적'(in itself)이라는 용어를 실제로 결코 사용하고 있지는 않다."[1032]

이러한 이론적 맥락에서 우리는 프롤레타리아트의 객관적 존재와 비

1029) MEW 1: 391.
1030) MEW 17: 554.
1031) 인용자가 첨가했다.
1032) Jon Elster, *Making Sense of Marx*, 앞의 글, p.346.

판적 주관성이 프롤레타리아트를 초월하는 것이라 요약할 수 있겠다.

4) 마르크스와 국가와 사회의 분리의 문제틀

마르크스는 헤겔처럼 현실적인 현재적 문제, 즉 정치적 국가와 시민적 사회 사이의 분리에서 출발하고 있다. 하지만 마르크스는 헤겔과는 달리 이 분리를 극복하는 이론적 구조를 다르게 구성하고 있는 것이다. 헤겔은 국가와 사회의 현실적 분리를 문제적으로 보고 있는 한에서 마르크스는 헤겔주의적이라 평가하는 것도 있을 수는 있겠으나 헤겔이 신분적 요소에서, 더 정확하게 말하여, 조합의 정신에서, 이러한 분리를 극복하는 이론을 찾아내려고 시도한다는 점에서 그는 반헤겔주의적이다. 마르크스 스스로 헤겔에 대해서 이렇게 말한다.

> "헤겔에 있어서 보다 깊은 것은 그가 시민적 사회와 정치적 사회의 분리를 **모순**으로서 지각하고 있다는 데에 있다. 하지만 잘못된 것은 그가 이러한 해체의 가상에 만족하고 있으며 이 가상을 사안 그 자체로 간주해 버리는 데 있으며, 이에 반해서 그에 의해서 경멸당하는 '**이른바 이론들**'은 시민적 신분과 정치적 신분의 **분리**를 요구하고, 그리고 법을 가지고. 왜냐하면 그 이른바 이론들은, 여기에서는 **정치신분적** 요소는 다름 아니라 국가와 시민적 사회의 현실적 관계의 사실적 표현, 그것의 **분리**에 다름 아니라는 점에서 현대적 사회의 귀결을 표현하고 있기 때문이다."[1033]

이 〈헤겔법철학비판〉의 다른 곳에서 마르크스는 헤겔의 국가이론을 양립적으로 긍정적으로 그리고 부정적으로 평가한다.

> "헤겔은 '국가'와 '시민적' 사회의 **분리**, 특수한 이익과 즉자적이고 대자적으로 존재한다는 보편적인 것에서 출발하고, 물론 관료제는 **이러한 분리**

1033) MEW 1: 279.

에 기초하고 있다. 헤겔은 '조합들'의 전제에서 출발하고, 물론 관료제는 '조합들'을 적어도 '조합의 정신'을 전제로 한다."[1034]

마르크스는 헤겔과 유비하면서 국가와 사회의 현재적 분리를 문제시하지만 헤겔과는 달리 그는 결코 이상주의(관념론)적, 존재론적 이념, 곧 조합의 정신을 전제하지는 않는다. 해결하는 이론이 (헤겔과는) 다른 것이다. 국가와 사회의 분리를 해결하는 것으로 나타나 있는 조합 및 조합의 정신의 헤겔 이론은 사물의 폐쇄적 질서, 존재론적 논리를 전제하고 있다. 마르크스는 인식론적으로 헤겔의 총체성의 이 폐쇄성을 비판하고 있으며[1035], 사회학적으로는 헤겔식 조합이론의 제한된 매개를 비판하는 것이다.

우리는 앞에서 헤겔적 총체성의 폐쇄성을 비판적으로 논의하였으므로, 여기에서는 헤겔의 조합이론 및 관료제이론에 대한 마르크스의 비판을 조망하기로 하자. 그렇게 하면서 마르크스의 지배의미론이 좀더 분명하게 부각될 것이다. 헤겔에 있어서는 관료제는 조합들과 밀접하게 결합되어 있다고 마르크스는 판단한다.

"**조합들**은 관료제의 유물론이고 관료주의는 조합들의 **유심론**(**정신주의**)이다. 조합은 시민적 사회의 관료제이다."[1036]

조합은 전체사회의 유물론이 아니라 시민적 사회의 유심론이다. 다시 말해서 조합은 관념론과 친화력을 가진다. 시민적 사회가 특징짓고 있는 조합들, 이익단체들은 유물론인데, 그 이유는 관료제가 조합을 전제로 하고 있기 때문이다. 관료제는 조합들의 유심론인데 그 이유는 관료제는 국가에 다름 아닌 것으로서, 헤겔에 있어서의 절대적 정신을 위해 존재하고 있기 때문이다. 달리 말하면, 조합은, 시민적 사회가 국

1034) MEW 1: 247.
1035) 본 연구에서 부정성과 총체성을 논의하는 부분을 보라.
1036) MEW 1: 247.

가가 되려는 시도이다.[1037] 헤겔의 절대적 이념의 논리가 목적(Telos)으로서 발전되고 있듯이, 절대적 정신으로서의 국가는 조합들로부터 조합으로 진보적으로(fortschreitend) 전개되어 간다. 마르크스가 위에서 인용한 구절에서 한번은 복수로 조합들이라 말하고 한번은 조합이라는 단수로 말하는 것은 결코 우연이 아니다. 조합들의 전제로서의 관료제는 헤겔에 있어서는 절대적 정신처럼 이성의 역사적 발전의 전제로서 나타나 있다. 마르크스는 이러한 의미론적 맥락을 "관료제가, 현실적으로 자신을 시민사회로 만들었던 국가이다"[1038], "**사회 속에 있는** 그와 동일한 정신, 조합이 **국가 속에서** 관료제를 만든다"[1039]는 표현으로 비판적으로 논평한다. 마르크스는 헤겔의 국가와 사회의 이론에 대해서 이렇게 명제적으로 예리하게 표현하여 조합과 관료제, 사회와 국가의 동일성이 오직 동일성적인 정신에만 근거해 있다는 것을 지적한다. 헤겔의 이 존재론적 전제가 마르크스에 의해서 거부되고 있는 것이다. 동일성적 이념, 동일성적 정신이 없다면, 관료제(국가)는 환상적일 것이다. 이 점은 조합에, 그리고 이 둘 사이의 동일성에도 타당하다. 동일성적 정신이 없다면, 국가(관료제)와 사회(조합)의 **동일성**이 환상적일 것이다. 이 동일성의 이론은 마르크스에 있어서 시민적 사회의 이데올로기로서 나타난다. 이러한 비판적 맥락에서 여기에서 마르크스의 반(反)폐쇄성의 이론을 볼 수 있다.

마르크스는 관료제와 조합들 사이의 이데올로기적인 환상적인 동일성을 비판적으로 서술하고 있다. 그러한 동일성은 대화 속에서 상호적으로 소통하는 구체적인 공론성을 통해서가 아니라 조합**정신**의 닫힌 통제를 통해서 매개되고 있다는 것이다.[1040] "관료제와 조합 사이의 갈등"을 헤

1037) MEW 1: 248 참조.

1038) MEW 1: 248.

1039) MEW 1: 247.

1040) Dietrich Böhler, "Zu einer historisch-dialektischen Rekonstruktion des bürgerlichen Rechts - Probleme einer Rechts- und Sozialphilosophie nach Marx", in: Hubert Rottleutthner(Hg.), *Probleme der marxistischen Rechtstheorie*, Ffm, 1975, pp.92-158; 마르크스의 대화적 상호성의 원칙에 대해서는 pp.131f.

겔은 "관료제에 대한 시민적 사회의 보호로 제안"[1041]하고 있는데, 이 갈등은 사회의 동일성적 정신을 통해서 지휘되고 있는 것이다.

> "**조합들**은 관료제의 유물론이고 관료제는 조합들의 **유심론**이다. 조합은 시민적 사회의 관료제이고 관료제는 국가의 조합이다. 따라서 현실에서는 관료제는 '국가의 시민적 사회'로서 '시민적 사회의 국가', 조합들에 맞서 있다. '관료제'가 새로운 원리인 곳, 일반적인 국가이익이 그것만으로 '특별한(apartes)' 이익, 따라서 '현실적' 이익이 되기 시작하는 곳에서는, 모든 결과가 조합들의 전제들의 실존에 대해 투쟁하는 것과 마찬가지로, 관료제도 조합들에 대해 투쟁한다. 이에 반해 현실적인 국가생활이 각성하고 시민적 사회가 스스로의 이성충동에 의하여 자신을 조합들로부터 해방시키자마자, 관료제는 조합을 복구하려고 애쓴다. 왜냐하면 '시민적 사회의 국가'가 쇠퇴하자마자 '국가의 시민적 사회'도 쇠퇴하기 때문이다. 유심론은 자신에 대립하는 유물론과 함께 소멸한다. 새로운 원리가 전제들의 **실존**에 대해서가 아니라 오히려 이러한 실존의 **원리**에 대해 투쟁하자마자 결과는 자신의 전제들의 실존을 위해 투쟁한다. 동일한 정신이 사회 속에서는 조합을 창조하고 국가 속에서는 관료제를 창조한다. 따라서 조합정신이 공격당하자마자 관료제의 정신이 공격당한다. 그리고 관료제가 이전에 그 자신의 실존의 장을 창조하기 위하여 조합들의 실존과 싸웠다면, 관료제는 이제 조합정신, 즉 그 자신의 정신을 구제하기 위하여 강력하게 조합들의 실존을 유지하려고 애쓴다."[1042]

헤겔의 절대적 정신이 경직적이듯이 관료제 역시 이미 닫혀 있는 것이다. 이러한 비판적 의미에서 마르크스는 "'관료제'는 시민적 사회의 '국가형식주의'"이고, "**조합**으로서 즉 국가 속에서의 **특수한**, **닫힌** 사회로서 '국가의식', '국가의지', '국가권력'"이라고 말한다.[1043] 관료제와 조

1041) MEW 1: 255.
1042) MEW 1: 247f.
1043) MEW 1: 248.

합의 닫힌 동일성은 시민적 사회의 사회적 한계를 지양시킬 수 없다. 헤겔의 관료제, 관료제적 정신은 조합, 조합정신을 의미한다. 관료제에의, 국가(헤겔의 절대적 정신)에의, 조합들의 의지는 마르크스에서 "환상적"[1044]이다. 헤겔에 있어서 조합정신의 완성을 의미하는 관료제(국가)는 역사적 발전의 목적(Telos)이 이상주의적으로, 즉 사념적인 존재론적인 논리 속에서 전제가 되어 있기 때문이다. 철학적으로, 보다 일반적으로 말해서, 인식론적으로 볼 때, 헤겔의 관료제(국가)는 하나의 환상적 권력[1045]이다. 하지만 그것은 (현실로서) 현실적 권력이다. 헤겔의 관료제철학에 대한 마르크스의 비판은 환상적 권력과 현실적 권력 사이의 시민적 이데올로기적 결합에 대항하는 것이다. 관료제의 현실적 권력은 환상적 권력이 그곳에서 이데올로기적으로 기능하고 있으므로, 다시 말해서, 재현을 가능하게 하는 진리의 존재론적 질서로서 그것이 전제되어 있으므로, 무너질 수 없다. 하지만 마르크스에 있어서 관료제적 현실적 권력은 사회의, 구체적 공론성의 권력이 아니라 시민적인 사회의, 즉 사회 속에서의 특정한 사회의 권력이다.

> "'국가형식주의'는 관료제이고, '형식주의로서의 국가'이며, 그리고 헤겔은 관료제를 이러한 형식주의로서 서술하였다. 이 '국가형식주의'는 자신을 현실적 권력으로서 구성하고 자기 스스로 자신의 **실질적인** 내용이 되는 것이므로, '관료제'가 **실천적인** 환상의 그물망 혹은 '국가의 환상'이라는 것은 자명하다. 관료제적 정신은 철두철미한 예수회적인, 신학적인 정신이다. 관료들은 국가예수회교도들이며 국가신학자들이다."[1046]

마르크스는 헤겔의 관료제적 정신의 논리를 비판하는 자신의 이론적 정당성이 권력의 현실적인 물적인 구조화에 있다고 판단한다. 관료제, 그것은 국가형식주의이고, 국가와의 시민적 분리 속에서 사회의 정당

1044) MEW 1: 248.
1045) MEW 1: 248.
1046) MEW 1: 248.

하지 못한 권력, 하지만 현실적인 권력이다. 헤겔의 "관료제"의 인식론적 비정당성, 즉 존재론적인 폐쇄적인 논리의 그것은, "국가형식주의"의 현실적 권력은 전체사회의 권력에 조응하는 것이 아니라는 데에서, 다시 말해서, 그것은 시민적 사회의 권력에 다름 아니라는 것에서, 잘 설명될 수 있다. 여기에서 헤겔의 환상적 권력 개념은 헤겔의 "관료제적" 현실적인 권력의 비정당성에 대한 마르크스의 사회이론적 비판과 함께 비판되고 있다. 헤겔에 있어서의 환상적 권력은 닫힌 사회를 위한, 그리고 그것의 폐쇄성의 현실적 권력을 위해서, 그리고 동시에 개방적인 사회 및 그것의 개방성의 규범적인 권력에 반대하는 기능을 하고 있다. 즉 헤겔의 환상적 권력은 시민적 사회의 현실적 권력이다.

헤겔의 이론이 인식론뿐만 아니라 사회이론에서도 폐쇄적이었다는 것은 마르크스가 헤겔의 관료제적 정신을 철두철미 예수회교적인, 신학적인 정신으로 표현하는 그곳에서 함의되어 있다. 이 경우 헤겔의 국가철학에 대한 마르크스의 사회이론적 비판은 국가와 사회의 분리를 헤겔이 극복하려는 시도에서 신학적인 흔적들이 새로운 폐쇄성으로까지 남아있다는 것이 비판되어야 한다는 데에, 그곳에서 헤겔의 현실적인 신학이 비판되어야 한다는 데에 있다.[1047] 이로써 마르크스가 헤겔에서 자신이 읽어내려고 하는 그 중세성을 왜 비판하고 있는지가 이미 해명되는 셈이다.

5) 오래된 폐쇄성과 새로운 폐쇄성

마르크스가 정당하게 지적하고 있듯이 헤겔은 시민적 사회와 정치적 국가의 분리를 알고 있다. 마르크스가 헤겔을 비판하는 것은 헤겔이 이 현실적 분리를 관찰하고 있는 그것이라기보다는 헤겔이 이상주의적으로 논리적으로 해결하려고 했다는 그것이다. 이러한 의미에서 마르

1047) "헤겔에 있어서는 기독교는 그 자신의 시스템의 은유였다." Victor M. Perez-Diaz, *State, Bureaucracy and Civil Society. A Critical Discussion of the Political Theory of Karl Marx,* London, 1978, p.19.

크스에 의하면, 헤겔은 "국가 내에서 이것들(시민적 사회와 정치적 국가)의 통일이 표현되어 있기를 원하고, 게다가 이것이 시민적 사회의 신분들이 동시에 그러한 것으로서 입법을 하는 사회의 **신분적** 요소를 형성하는 식으로 실현되어야 한다는 것이다."[1048] 헤겔이 시민적 사회와 정치적 국가의 현실적 차이를 동일성 속으로 흡수하려고 시도하는 것이 마르크스의 비판적 사회이론에 의하여 비판적으로 논박되고 있는 것이다. 헤겔의 그 시도는 인식론과 사회이론에서 폐쇄성에 근거하고 있기 때문이다. 헤겔은 인식론적 폐쇄성을 지지한다. 동일성, 통일성을 오직 국가, 절대적 이념 그리고 절대적인 이성진리 내에서만, 있을 수 있다고 판단했기 때문이다.[1049] 사회이론의 경우, 그는 시민적 사회의 신분들이 정치적 국가와시민적 사회의 시민적 분리 속에서 입법하는 사회의 신분적 요소, 즉 사회적 총체성의 매개를 배타적으로 지배하게 한다고 판단하기 때문이다.[1050]

신분들의 문제틀은 재현, 매개의 그것이다. 대표, 신분들을 통한 현재적 현실적 실서의 현실적 재현은 사물의 재현가능한, 형이상학적 질서를 전제로 한다. 신분적 매개와 폐쇄적 총체성간의 헤겔의 결합이 마르크스로 하여금 중세를 기억나게 한 것이다.

마르크스는 루소처럼 정치적 몸의 정치에서 시작한다. 환자와 의사의 변증법적 동일성의 명제는 루소에서뿐만 아니라 마르크스에서 핵심적이다. 우리가 루소와 마르크스에서 읽어낼 수 있는 이 비판위기학적 명제는 정치와 정치적 이론의 이론적인, 즉 인식론적 차원과 실천적인, 즉 사회학적 · 현실주의적 차원의 앙상블로서 이해되어야 한다. 전자의 차원은 폐쇄적인 진리가 존재론적으로 존재하지 않는다는 것을 부정적으로 말하고 있으며, 긍정적으로는 거짓들과 이데올로기들과는 구별되는 열린 진리가 있다는 것을 말하고 있다. 사물의 재현가능한 존재론적 질서가 없다면, 우리의 숙고가 정치적 진리의 형이상학적 정초화에

1048) MEW 1: 277.
1049) MEW 1: 276f 참고.
1050) MEW 1: 272f 참고.

근거해서는 안 된다면, 재현의 문제틀을 다르게 숙고해야만 할 것이다.

마르크스는 자신의 글 〈헤겔법철학비판〉에서 루소에 의해 형상화된 정치적 몸의 열린 이론을 재구성하기 위해서 헤겔의 닫힌 논리와 거리를 취한다. "헤겔은 자신의 논리에 정치적 몸을 주고 있고, 그는 정치적 몸의 논리를 제공하고 있지 않다"[1051]고 마르크스는 말하고 있다. 마르크스는 정치적 몸의 논리와 헤겔의 이상주의(관념론)적 논리를 구별하는데, 이것은 헤겔의 폐쇄성철학과 마르크스의 개방성이론의 급진적 차이이다. 정치적 몸의 논리는 살아 있다. 왜냐하면 정치적 몸은 역사적으로 살아 발전하기 때문이다. "논리의 정치적 몸"은 경직되고, 폐쇄적이고 살아 있지 않다. 왜냐하면 논리는 그것의 역사성에도 불구하고 탈역사적으로, 존재론적으로 그리고 형이상학적으로 **미리 선제적으로** 설정되어 있기 때문이다.

정치적 몸의 정치와 정치적 이론은 국가와 동시에 사회인 정치적 몸의 자기매개에 의존한다. 정치적 몸을 재구성하는 구체적 공론성의 자기매개는 자신의 인식론적 정당성을 모든 종류의 폐쇄적 진리의 이론적 부재 속에서 얻는다.[1052]

마르크스는 총체성의 구체적 표현, 정치적 진리의 개방성을 그가 파악하는 것을 기초로 해서 국가와 사회의 시민적 분리를 비판한다. 그는 재현가능한 진리의 인식론적 부재를 주장한다. 국가와 사회의 시민적 분리를 철학적으로, 이데올로기적으로 보완하는 것은 고독한 철학자, 독백하는 인간이 들어가는 것으로 설정되어 있는, 헤겔의 그 사물의 존재론적 질서에서 나아간다. 마르크스는 바로 이 점을 자신의 글 〈헤겔법철학비판〉에서 매우 묘하게 표현해 놓았다.

> "**헤겔 혼자만이** 법철학자이고 국가장르(Staatsgattung)를 발전시키고 있다. 헤겔은 현존하는 것에서 이념을 척도 할 수는 없으며, 그는 이념에서 현

1051) MEW 1: 250.

1052) 본 연구에서 입법자의 과학을 논의하는 곳을 참고하라.

존하고 있는 것을 척도 해야만 한다."[1053]

여기에서 "헤겔 혼자만이"라는 것은 헤겔이 유일한 법철학자라는 것이 아니다. 헤겔은 고독한 철학자, 구체적 공론성의 구체적 소리들에서 시작하지 않는 고독한 법철학자라는 것이다. 비판위기학의 열린 인식론은 죽은 논리의 고독한 목소리의 형이상학적인 존재론에서 시작하지 않는다. 민주적 진리, 열린 진리, 민주주의에서 시작한다.

헤겔과 대좌하는 이러한 이론적 맥락에서 마르크스는 자신의 개방성 이론을 묵시적으로 이렇게 설명하고 있다. 즉 "**헤겔**은 **국가**에서 나아가서 인간을 주관화된 국가로 만들고, **민주주의**는 **인간**에서 나아가서 국가를 객관화된 인간으로 만든다."[1054] 헤겔은 국가에서 나아간다는 문장에서 국가는 헤겔적 절대적 이념, 절대적 정신의 은유이지, 사회와의 분리 속에 있는 국가가 아니다. 헤겔은 마르크스 스스로가 여러 번에 걸쳐서 바르게 강조하고 있듯이 정치적 국가와 시민적 사회의 현재적 분리에서 나아가고 있다.[1055] 마르크스는 헤겔과 민주주의를 대립시키고 있듯이 인간과 폐쇄적 이념으로서의 국가를 대립시키고 있다. 인간은 이 국가와 인식론적으로 대립하는 것으로서 개방성의 질서를 의미하고, 열린 인식론의 출발점으로서의 이 인간개념은 개인주의적이지 않다. 마르크스는 집합적 주체로서 인민에서 시작한다. 절대적 이념으로서의 국가에서 그는 시작하지 않는다. 여기에서 "국가는 추상이고, 인민만이 구체이다"[1056]는 마르크스의 명제가 등장한다. 이 명제가 의

1053) MEW 1: 257; 강조는 필자.

1054) MEW 1: 257.

1055) MEW 1: 257 참조하라. "헤겔 혼자만이 두 확고한 대립들, 두 현실적으로 서로 다른 영역들로서 '시민적 사회'와 '정치적 국가'의 분리에서 나아가고 있다." 여기에서 짚고 넘어가야 하는 것은 헤겔 혼자만이 라는 것은 헤겔이 유일한, 혹은 최초의 법철학자라는 뜻이 아니라 헤겔은 고독한 주체에서 나아가는 존재론의 이론가라는 점이다. 그런데, 마르크스가 헤겔 이전에 루소를 이 시민적 분리와 그 극복의 문제틀로서 미리 읽었던 것인지 여부는 열려 있는 의문이다.

1056) MEW 1: 229.

미하는 것은 물론 국가 없는 사회가 아니라 닫힌 진리질서를 부정하는 것이다. 그것은 앞에서 비판적인 대조를 통해서 잘 나타나 있다. 추상으로서의 국가와 구체로서의 인민 사이의 인식론적 차이는 추상으로서의 국가가 진리의 폐쇄성이고 반면에 구체로서의 인민이 열린, 재구성적 진리라는 데에 있다. 구체로서의 인민과 추상으로서의 국가의 대립은 인식론적인 것이다. 마르크스는 절대적 정신, 이상주의적으로 정초된 이념으로서의 국가는 거부한다.

루소에 있어서처럼 마르크스에 있어서 국가는 구체로서의 인민의 정치적 실천 이전에 존재론적으로 형이상학적으로 전제되어 있는 것이 아니라 구체적 공론성의 정치적 활동을 통해서 재구성되어야 하는 총체성의 구체적 표현이어야 한다. 루소에서처럼 마르크스에서 총체성으로서의 국가는 논리적 폐쇄성에 의존하는 것이 아니라 구체적 공론성의 열린 활동들에 의존한다.

마르크스의 열린 총체성론은 헤겔의 닫힌 총체성 철학과의 이론적 대좌 속에서 암묵적으로 전개되어 있다.

> "진리에 따르면, 헤겔은 '정치적 헌정'을 유기체라는 일반적인 추상적 이념으로 해체시키는 것 이외에 한 것이 아무 것도 없지만, 가상과 그 자신의 견해에 따르면, 그는 '일반적 이념'으로부터 특정한 것(규정되어진 것)을 전개했다. 그는 실은 이념의 주어인 것을 그 산물, 즉 이념의 술어로 뒤바꾸었다. 그는 자신의 사유를 대상으로부터 전개하는 것이 아니라 스스로 완결된 또는 논리학의 추상적 영역 속에서 스스로 완결된 사유에 따라 대상을 전개한다. 관건은 정치적 헌정의 특정한 이념을 전개하는 것이 아니라 정치적 헌정에서 추상적 이념에 대한 관계를 부여하고 정치적 헌정을 그것의 생명사의(이념의) 한 유기체적 일부로서 등급을 배열하는 것이다. 이것이 공공연한 신비화이다."[1057]

1057) MEW 1: 213.

마르크스는 헤겔의 사유가 그 자체로써 완성되었으며, 논리의 추상적 영역들 속에서 그 자체로서 완성되어버린 사유에서 시작하고 있어서 비판한다. 그것은 집합적 주체로서의 구체적 공론성의 정치적 실천에서 시작하지 않고 있다는 것이다. 그러한 방식으로 시작하는 헤겔의 사유는 구체적 공론성의 정치적 실천 이전에 이미 완성되어 있으며, 경직되고 그리고 닫혀 있다. 헤겔의 일반적 이념은 이미 완성되어 있으며, 그와 같은 일반적인 이념으로부터 규정되어 있는 것이 역사적으로 전개되는 것이 이미 경직되고 확고하여 움직일 수 없다는 것이다.

추상과 구체의 인식론적 차이는 형이상학적 폐쇄성과 실천적 개방성 사이의 그것이다. 이러한 인식론적 의미에서 헤겔의 법철학에 대한 마르크스의 비판은 루소주의적이다. 루소처럼 마르크스는 닫힌 총체성도, 그렇다고 총체성 일반에 대한 포기도 요청하고 있지 않다. 총체성을 논리적 · 형이상학적으로 규정하는 것을 마르크스가 비판하는 것을 그의 〈헤겔법철학비판〉에서 다음의 문장들에서 읽을 수 있다.

> "완전히 추상적인 형식규정이 구체적 내용으로서 나타난다. **국가적 규정**의 본질은 그것이 **국가적 규정들**이라는 것이 아니라 그것들이 그것들의 추상적 형상 속에서 **논리적 · 형이상학적인 규정들**로서 취급될 수 있다는 것이다."1058)

여기에서 국가적 규정이라는 마르크스의 말은 헤겔의 논리적 · 형이상학적 규정과 인식론적으로 대립을 이루고 있는 것으로서 마르크스 스스로 정치적 몸의 논리라고 명명한1059) 그것의 정치의 규정이다. 그것은 전체사회적 정치이고, 그리고 국가주의적 규정도 아니며, 시민적 사회와의 시민적 분리 속에서의 정치적 국가의 규정도 아니다. 헤겔의 논리적 · 형이상학적 규정은 추상적인 반면에 마르크스의 국가적 규정,

---

1058) MEW 1: 216; 강조는 필자.
1059) MEW 1: 250.

즉 정치적 몸의 전체사회적 규정은 구체적이다. 루소에 있어서처럼 마르크스에 있어서 정치적 몸의 구체적 규정은 정치적이다. 이러한 맥락에서 마르크스는 정치적 몸의 헤겔의 비정치적 규정을 비판하는 길을 계속 걸어가고 있다.

> "법철학이 아니라 논리가 진정한 관심이다. 사유가 정치적 규정들 속에서 육화되는 것이 아니라 현존하는 정치적 규정들이 추상적 사상 속으로 달아나게 되는 것이 철학적 노동이다. 사안의 논리가 아니라 논리의 사안이 철학적 계기이다. 논리가 국가의 증명에 이바지하는 것이 아니라 국가가 논리의 증명에 이바지하고 있다."[1060]

헤겔의 비정치적인, 논리적인 규정이 마르크스의 정치적인 국가적인 규정을 통해서 비판되고 있다. 그것은 정치적 의미를 포함하고 있기 때문이다, 즉 중립적이지 않기 때문이다. 헤겔의 논리, 추상적인, 형이상학적인 질서는 마르크스에 의하면 이데올로기적으로 기능한다. "현존하는 정치적 규정들이 추상적 사상 속으로 달아나게" 되도록 그것이 만들기 때문이다. 헤겔의 논리의 폐쇄성은 비정치적 철학으로서 정치적이다. 사안의 논리, 혹은 정치적 몸의 논리는 논리의 사안을 인식론적으로 전도시킨 것이다. 이른바 이 전도는 결코 기계적 대체가 아니라 개방성의 급진적 인식론을 위한 패러다임적 전환을 의미한다. 논리는 그 전도 이전에 탈역사적이지만, 전도 이후에는 완전히 역사적이다. 즉, 논리는 비판적으로 전형되는 것이지 단순하게 거부되는 것이 아니다.

1060) MEW 1: 216.

제5장

결론

"이해한다는 것은 무엇인가를 행한다는 것이다" (폴 리꾀르)

제1절 포스트자본주의적 사회에로의 이행이론의 재구성

전(前) 현대성과 비교하여 현대성의 복잡한 구조들을 현실주의적으로 고려하면서 포스트자본주의적 사회에로 이행하는 과정의 이론이 재구성되어야 한다. 이탈리아 정치이론가 보비오(Bobbio)가 콜레티(L. Colletti)의 레닌주의적 민주주의모델과 대결하면서 주장한 그 현대 민주주의의 네 패러독스를 사회학적 · 현실주의적 차원에서 연구해야 한다.[1061] 그래야만이 속류 유토피아주의로 빠져들지 않을 수 있을 것이다. 보비오의 현대의 민주주의의 패러독스에서 그 첫 번째 것은 민주주의적 게임의 규칙이 **거대한 조직체**인 현대적 국가에서 **시작하게 한다**는 것은 불가능하거나 현대 이전과 비교하여 더욱 어렵다는 것을 가리키고 있다.[1062] 그 두 번째의 패러독스는 현대적 국가가 그 범위에서 뿐만 아니라 그 기능들에서도 증대해 온 사실에서 결과하고 있는 권력의 **관료제화**를 말하고 있다. 그 세 번째 패러독스는 테크노크라시화에서 나타나는 것으로서 산업사회의 모순이 테크노크라시와 민주주의 사이의 긴장으로 특징되는 것이다. "테크노크라시는 전문가들의 통치, 다시 말해서, 어느 한 사안에서만 훤하게 잘 알고 있고 사안을 잘 알고 있으며 알고 있지 않으면 안 되는 그런 자들의 통치이다. 하지만 민주주의는 모든 자의, 다시 말해서, 능력을 근거로 해서가 아니라 자신의 경험을 근거로 해서 결정해야만 하는 그런 자들의 통치이다. 산업사회의 주된 인물은, 과학자, 전문가이고, 민주주의적 사회를 담지하는 형상자는 거리에서 만나는 평범한 인물, 그러한 시민들이다."[1063] 그리고 끝으로, 네 번째의 패러독스는 **개인의 책임문제들**과 관련된다. 보비오에 의하면, 민주주의는 인간 능력의 자유롭고 완전한 전개를 전제로 하고 있지만 대중사회를 특징짓고 있는 것은 민주주의적 사회가 정초되

1061) Norberto Bobbio, "Was sind die Alternativen zur repräsentativen Demokratie?", in: *Sozialisten, Kommunisten und der Staat,* Hamburg/Berlin, 1977, pp.37-61.
1062) Bobbio, 앞의 글, p.41.
1063) Bobbio, 앞의 글, p.44.

는 토대인 개인적 책임의미를 억압하는 경향을 보이고 있다.[1064] 보비오는 이러한 현대민주주의의 네 페러독스를 근거로 하여 대의제민주주의를 대신할 대안이 없다는 자신의 명제를 주장하고 있다. 그는 대의제민주주의를 민주주의적 사회주의를 발전시키는 **출발점**으로서 간주하고 있는 것이다.[1065]

우리는 앞에서 마르크스가 헤겔과 급진적인 거리를 취하는 가운데 관료제를 비판하는 맥락을 논의한 바 있으므로 여기에서 그것을 반복하지는 않겠다. 볼로흐(Boloch)는 베버의 관료제론과 비교하는 가운데 마르크스의 그것의 본질적 특성을 체계적으로 부각시켜 놓은 바 있다.[1066]

보비오는 주지하듯이 콜레티가 의회중심주의를 비판하는 주장과 대결하는 가운데 대의제민주주의를 변호하는데, 루소와 마르크스에서 핵심적으로 나타나는 사회와 국가의 규범적 동일성 요청을 손상시키는 위험에 있다. 보비오는 경제민주주의 모델과 국가사멸론의 유토피아주의적 이론의 이론적 실천적 한계를 설득력 있게 비판하고 있기는 하지만 말이다. 우리는 여기에서 보비오의 현대민주주의의 네 패러독스들 가운데 첫째와 넷째의 것에 대해서 논의하고자 한다. 국가와 사회의 규범적 비분리성을 현실주의적으로 재구성하는 것은 민주주의 그 차체의 개념과 관련되어 있기 때문이다.

첫째 현대민주주의 패러독스는 민주주의는 거대한 조직체에서 시작할 수 없다는 것을 말하고 있는데, 보비오는 루소와 마르크스의 정치적

1064) Bobbio, 앞의 글, p.46.

1065) Martin Carnoy, *The State & Political Theory,* Princeton University Press, 1984, p.163.

1066) Roslyn Wallach Boloch, "Gegenüberstellung von Max Webers dualistischen Konzept und Karl Marx' dialektischem Konzept", in: Stanley Diamond/Wolf-Dieter Narr/Rolf Homann(Hg.), *Bürokratie als Schicksal?,* Opladen, 1985, pp.20-40. 그리고 베버의 관료제론을 이해하려면, John Keane, *Public Life and Late Capitalism. Toward a Socialistic Theory of Democracy,* Cambridge University Press, 1984, 특히 제2장 "The Legacy of Max Weber", pp.30-69를 보라.

몸의 논리가 민주주의의 고유한 본질이라 간주하고 있는 것 같다. 정치적 몸의 논리, 사회의 시작의 논리는 루소와 마르크스에 있어서 정당화의 인식론적 기초로서 기능한다. 루소와 마르크스에 있어서 민주주의의 논리는 "현대적 국가"가 아니라 사회와 분리되지 않은 시작의 국가이고, "언제나 최초의 약정으로 되돌아가야 한다"는 언명은 규범적으로 그리고 인식론적으로 이해되어야 하는 것이다. 루소와 마르크스의 정치적 몸의 논리는 미셸 푸코가 "고전적 에피스테메"라고 명명하고 있는 그것의 닫힌 인식론을 해체하고, 그 대신에 개방성의 인식론을 정초하려는 것이다. 정치적 몸의 논리를 근거로 하여 중간사회들의 매개가 사회학적으로 사회와 국가 사이에서 정당화될 수 있는 것이다.

보비오는 현대민주주의의 네 번째 패러독스로 개인적 책임의 문제틀을 들고 있는데, 현대적 민주주의의 성립을 개인주의적 사회파악과 동일한 것으로 취급하고 있다.[1067] 보비오에 의하면, 개인주의적 사회파악이라는 관점에서 보면, 17, 18세기의 계약이론들, 벤담(Bentham)에서 밀(Mill)에 이르기까지의 정치경제학의 탄생과 공리주의적 철학은 본질적으로 동일하고, 그것은 현대성의 사회철학을 특징짓는다.

> "민주주의는 사회, 개인주의적 사회파악으로부터, 다시 말해서, 모든 사회형태 그리고 특히 정치적 사회는 개인들의 의지의 인위적 산물을 표현하고 있다는 — 부분들 이전에 전체가 먼저 현존한다는 고대와 중세에서 팽배해 있었던 유기체적 사회파악과 대립하여 — 그런 파악에서 도출되었다. 국가와 사회의 개인주의적 파악이 형성되고 유기체론적 파악이 해체되는 데에는 현대성의 사회철학을 특징짓는 다음과 같은 세 발전이 기여했다. (a) 17, 18세기의 계약이론들. 사회계약이론들은 '시민사회'가 성립하기 이전에 자연상태가 있었으며, 이 자연상태에서 자유롭고 평등한 개인들이 주권자들이었는데, (자신들의 재산뿐만 아니라) 자신들의 삶과

1067) Norberto Bobbio, "Die Zukunft der Demokratie", in: *Prokla*, 61, 1985, Nr. 4, pp.23 -40, p.26.

자신들의 자유를 보장하기 위한 기능을 부여한 공동의 강제력을 삶 속에 불러들이는 데에 합의했던 것은 그 다음이었다는 가정에서 출발한다. (b) 정치경제학의, 다시 말해서 개별적 개인이 주체인, 즉 자기 자신이 아니라 공동체의 구성원으로서만 고려되는 전통의 정치적 동물이 더 이상 아니고 경제인(homo oeconomicus)인 주체인 사회와 사회적 관계의 분석의 탄생. 즉, 정치경제학의 주체는 개인들인데, 이 개인은 아담 스미스(Adam Smith)에 의하면 각 개인은 자신의 이익을 추구하고, 그가 그것을 하면 현실적으로 의도하고 있는 경우보다 더 사회의 이익을 유지되게 지원한다는 것이다. (이밖에도 홉스와 록크의 자연상태가 시장경제의 선취를 표현하고 있다고 주장하는 맥퍼슨(Macpherson)의 새로운 해석은 잘 알려져 있다. (c) 벤담(Bentham)에서부터 밀(Mill)까지의 공리주의적 철학. 이 철학에서는 객관주의적 윤리를 정초 짓는 유일한 기준, 다시 말해서 선과 악을 구별하는 유일한 기준은, '자연(본성)'과 같은 막연한 개념들에로 소급하지 않고서, 즐거움과 고통과 같은 본질적으로 개인들의 상태를 고려하는 것에서 출발하여 일반적 선의 전통적 문제는 개인적인 재화들의 총계 및 벤담의 말을 빌어 말하면 최대다수의 행복으로 해체된다는 데에 있다."[1068]

우리가 이미 앞에서 분명하게 논의하였지만, 현대에서 나타나는 국가 및 사회의 다양한 이론들을 개인주의적 준거 하나로 환원시키려고 하는 것은 사실 충분하지 않을 뿐만 아니라 정당하지 못하다. 그 이외에도 적어도 국가 및 사회를 이론화하는 유기체적 입장, 미학적인 입장, 그리고 실용론적 입장이 현존하고 있기 때문이다. 보비오의 근본적인 오류는 부분적으로는 루소와 마르크스가 정치이론적으로, 배타적으로 직접민주주의를 오직 주장하고 있다는 점에서, 연속되어 있다는 콜레티의 주장과 비판적으로 대결하는 것으로부터 나오는 것 같기도 한데, 분명, 현대의 다양한 유형의 국가이론 및 사회이론을 그는 간과하

1068) Bobbio 1985: 26.

고 있다. 특히 루소와 관련해서는 보비오가 루소의 지배정당화의 문제틀을 통찰하고 있지 않다는 점은 지적되지 않으면 안 된다. 그것은 홉스의 기계론적 개인주의나 헤겔의 유기체론적 국가파악이나 초기낭만주의의 미학적 국가파악, 그 어느 것으로도 환원될 수 없는 유형임을 우리는 앞에서 논의한 바 있다. 보비오는 민주주의의 원칙적·인식론적 차원과 사회학적·현실주의적 차원을 구별하지 않고 있으며, 그리고 바로 이 때문에 루소가 국가와 사회를 중간사회 없이 이론화했는지를 이해하지 못하고 있는 것이다. 게다가 그는 우리가 앞에서 루이 알튀세르가 네 가지 불일치라고 명명하고 있는 명제와 비판적으로 대좌하면서 이미 논의하였지만, 루소가 중간매개적 몸들을 가지고 있는 국가와 사회의 현실주의적 이론을 민주주의의 원칙적·인식론적 차원을 고려하여 정초하고 있다는 사실을 논의하고 있지도 않다. 그런데 보비오가 말하는 개인적 책임의 문제틀에 대한 논의와 관련하여 이보다 더 중요할 수도 있는 것은, 루소의 민주주의이론에서는 모든 사회적 문제들이 개인적인 책임으로 환원될 수 있는 것으로 이해되고 있는가 하는 의문이다. 이 의문은, 보비오의 "주권적 개인"이라는 생각이[1069] 그가 다면적이고 풍부한 현대를 현대적 이론으로서의 빈곤한 개인주의에로만 주의 깊지 않게 환원시키고 있는 곳에서 성립하고 있는 것이지만, 총체성으로서의 사회적 동일성이 차이성들에로 환원될 수 없다는 주장으로 이미 분명하게 답해질 수 있을 것이다.

"자연법적" 존재론에 정초되어 있는 개인주의적 계약이론은 "자연"과 "이성"(Logos)의 형이상학적 동일성가정에서 출발하고 있으며, 고독한, 데카르트적 개인은 진리를 다시 발견하기 위해서는 계산하는 이성을 가지고서 자연의 질서를 관찰할 수 있다고 주장한다. 루소의 독창적인, 근본적인 문제제기는 이렇다. 곧, 존재론적으로 형이상학적으로 전제된 "자연"과 "이성"에 사념적으로 준거됨이 없이 객관적 진리를 정초하는 것이 어떻게 가능한가? 이러한 이론적 맥락에서 루소에 있어서는 "사

1069) Bobbio 1985: 27.

회"는 자연의 위험한 대체로서 등장한다. 정치적 몸의 논리는 "자연"에서가 아니라 "사회"에서 시작한다. 마르크스는 총체성이 자연에서 사회로 "위험하게" 전형되는 것을 이론화하는 루소를 자신의 〈고타강령의 비판〉에서 수용하고 있음을 보여주고 있다.

> "**이 구절의 두 번째 부분**: '유용을 가져오는 노동'은 사회 속에서만 그리고 사회를 통해서만 가능하다./ 첫째 문장에 의하면 노동의 모든 부와 모든 문화의 원천이었고, 즉 노동이 없다면 사회가 가능할 수 없었다는 것이다. 지금 우리가 경험하고 있는 것은 이와는 정반대로 사회가 없다면 '유용을 가져오는' 노동은 없다는 것이다./ 그렇다면, 이렇게 하여 우리는 오직 사회 속에서만 유용 없는 그리고 공동체를 손상시키는 노동이 일종의 영리분야가 될 수 있다는 것을, 오직 사회 속에서만 게으르게 살 수 있다는 것 등등 - 요컨대 전체 루소를 그대로 복사할 수 있다는 것을 말할 수 있었을 것이다."[1070]

독일노동자당의 강령에 대한 비판을 전개하면서 마르크스가 확인하고 있는 것은, 사회 속에서만 그리고 사회를 통해서만 유용을 가져오는 노동이 가능하다는 것뿐만 아니라 사회 속에서만 유용 없는 그리고 공동체를 손상시킬 수 있는 노동이 영리활동의 하나가 될 수 있으며 사회 속에서만 게으르게, 노동하지 않고 살 수 있다는 것이다. 곧 사회는 적어도 이론적으로 양립성을 가진다는 것이다. 자연은 사회라는 위험한 대체로 전형된다. 사회는 자연의 위험한 대체이다. 자연에서 사회로 총체성구조가 역사적으로 전개된다는 것은 발전이면서 동시에 몰락이기도 하다는 것이다. 사회에 이론적으로 내재하는 이 양립성의 맥락에 있어서 마르크스는 완전히 루소주의적이다. 그는 자신의 루소주의를 스스로 언표화시켜 놓았기조차 했다.

1070) MEW 19: 16.

> "그리고 '유용을 가져오는' 노동이 무엇인가? 오직 목적으로 삼았던 그 유용효과를 창출하는 노동만. 야생인 — 그런데 인간은 자신이 원숭이기를 그만둔 다음에는 야생인이 된다 — 은 동물을 돌 하나로 처리하고, 과실들을 모으는 등등을 하는데 '유용을 가져오는' 노동을 실행시킨다."[1071)]

마르크스는 루소처럼 전(前)야생적인 시대, 야생적 시대, 그리고 후(後)야생적, 문명적 시대를 구별하고 있는 것이다. "원숭이", 다시 말해서 동물적 인간과 문화의 인간 사이에 야생적 인간이 있다. 이 야생적 인간이 마르크스에 의하면 "유용을 가져오는 노동"을 실행시킬 수 있다는 것이다. 이 경우 우리는 마르크스가 황금시대와 그 이론적 의미를 루소가 서술하고 있는 것을 이해하고 있다고 가정할 수 있다. 진정한 사회의 성립 이전의 결사체가 "유용을 가져오는 노동"을 실행시키고, 하지만, 그것은 전사회적 결사체로서 그러하다. 마르크스의 문제제기는, 루소가 자연과 문화를 수사법적으로 대조시킴으로써 문화의 문화비판적 부정을 논술하고 있듯이 궁극적으로는, 모든 사회적 문제들과 그 해결책들이 일차적으로는 사회적인 책임, 다시 말해서, 비개인적인 책임에 달려 있는 한에서는, 자연의 대체로서의 사회가 어떻게 재구성될 수 있는가에 있다. 사회적 책임이라는 규범적인 개념의 관점에서 마르크스는 "전체 루소를 그대로 복사할 수 있을 것"이라 논술할 수 있었다.

미래의 민주주의를 위해서 우리는 현대민주주의에 관한 보비오의 두 번째 그리고 세 번째 패러독스가 말하는 현실주의적 문제들을 정치적 몸의 규범적 논리를 근거로 사회학적으로 분명하게 조망해야 할 것이다. 보비오는 루소의 민주주의개념을 비판하고 있다. 특히 루소의 일반의지개념을. 그 이유는 바로 루소의 개념이 일원론적 사회의 모델을 요청하고 있다고 그가 판단하고 있기 때문이다.

1071) MEW 19: 16.

"민주주의적 사회의 이상적 모델은 구심적인 사회의 모델이다. 우리가 눈앞에 보고 있고 현실은 원심적인 사회의 모델이고, 하나의 권력중심이 있는 것(루소의 **일반의지**)이 아니라 많은 중심들이 있는 사회이다. 그러므로 그것은 **다극적인** 사회 혹은 **다극지배적인** 사회라는 이름을 얻는다. 군주의 주권성에 유비하여 사람들이 표상하였던 민주주의적 국가의 그 모델은 인민주권성에 정초하였던 것으로서 일원론적 사회의 모델이었다. 민주주의적 정부에 기초되어 있는 현실적 사회는 다원주의적이다."[1072]

보비오에 의하면 루소의 민주주의적 사회의 이상적 모델은 구심적이고, 단일중심주의적이고, 일원론적이며 반면에 현실적 사회는 원심적이고, 다극중심적이고, 다극지배적이고 다원론적이라는 것이다. 하지만 보비오의 이 주장과 정반대의 것이 바른 것이다. 루소의 민주주의모델은 급진적 차이들과 동일성의 개방적 변증법을 통하여 특징되는 급진적으로 탈중심주의적 사회이다. 달리 말하면, 이 급진적으로 중심주의적 사회는 급진적으로 탈중심화된 국가의 다른 얼굴이다. 급진적인 차이성들과 동일성은 동일성적이 아니라 차이성적이기 때문이다. 달리 말하여, 전자는 후자에로 환원될 수 없으며, 그리고 그 역도 마찬가지이다. 루소의 정치적 몸의 논리는 현대민주주의의 개인주의적 모델의 이론적 실천적 한계의 극복을 선취하고 있다. 논리적 구조 그 자체가 정치적 몸의 위기학의 재구성에 있어서 일차적으로 작용해야 하는 한에 있어서 권력의 많은 중심들이, 다시 말해서, 정당, 이익집단, 혹은 의회들의 형상으로 작용하고 있는 사회의 독립된 매개의 기관들이 우리가 일차적 소통으로 명명하는 그것의[1073] 내용을 현실적으로 충분하게 정당성을 가지고서 현재 매개시킬 수 있는가 하는 의문이 더 중요하고, 더 현실주의적이다. 그런데 만약 사례가 그렇지 않다면, 현재적 매개들을 매개해야 한다. 즉 독립된 매개 하나 혹은 모두를 해체해야

1072) Bobbio 1984: 27.

1073) 본 연구에서 입법자의 과학을 논의하는 부분을 보라.

하고/ 혹은 새로운 매개기관들을 구성해야만 한다. 그렇게 해야만이 사회와 국가의 내용적 동일성을 (다시) 창조할 수가 있을 것이다. 이러한 의미에서 정치적 몸의 논리는 사회의 현실주의적 재구성을 위한 규범성으로서 기능하는 것이다.

민주화되지 못하게 방해하는 실재적 저해요소로서 현대사회의 관료제화와 테크노크라시화는 우리로 하여금 대의제민주주의의 현실주의적 고려를 하게 하는 것이지 직접민주주의를 총체적으로 제거하게 하는 것은 아니다.

현대적 사회에서 테크노크래시는 민주화와 **모순 속에** 있다.[1074] 이 양자 사이의 모순을 이론적으로 실천적으로 정치하게 논의하기 위해서 부하린(Bucharin)의 〈역사유물론의 이론〉[1075]에 대한 중요한 비판적인 두 대응, 곧 그람시[1076]와 루카치[1077]를 살펴볼 필요가 있다.

전자의 비판은 부하린의 기술이론에 대한 것인데 일차적으로 인식론적인 층위에서 정초되어 있는 반면에 후자는 유물론적인 층위에서 강조가 있다. 부하린의 역사유물론이론에 대한 그람시의 비판적 노트는 현상학적 운동으로부터 이론적으로 발전되고 있는 다면적인 일상세계로부터 시작하고 있다. 그의 "실천철학"은 기술성의 역사성을 그러한 맥락에서 확인한다. 그람시의 정치철학은 반일원론적으로, 이질적인 일상세계로부터 나아가고 있는데 기술성을 다면적이고 이질적인 일상역사들로부터 역사적으로 생산된, 축소된 시스템을 의미할 뿐이고, 그리고 바로 이 같은 인식론적 근거에서 탈구성되고 재구성될 수 있는 것이다. 부하린의 이론처럼 이론적 우선성을 주장하는 그러한 이론은 예

1074) Claus Offe, "Das politische Dilemma der Technokratie", in: *Strukturprobleme des kapitalistischen Staates*, Ffm, 1972, pp.107-122 참고하라.

1075) Nikolai Bucharin, "Theorie des historischen Materialismus", in: N. Bucharin/ Abram Deborin, *Kontroversen über dialektischen und mechanistischen Materialismus,* Ffm, 1974, pp.223-259.

1076) Antonio Grmaschi, "Kritische Notizen zu Bucharins 'Theorie des historischen Materialismus'", in: Bucharin/Devorin(1974), 앞의 글, pp.292-314.

1077) Georg Lukács, "Über Bucharins 'Theorie des historischen Materialismus'", in: Bucharin/Deborin(1974), 앞의 글, pp.283-291.

리하게 비판되고 있다. 왜냐하면 그것은 형이상학적으로 인간적 실천과는 독립적으로 일원론적이고 기계론적이고 원자론적인, 한 마디로 말하여 폐쇄적인 질서를 전제로 하고 있기 때문이다. 부하린의 테크놀로지이론에 대한 루카치의 비판은 기술과 경제 사이의 문제틀에 대해 말한다. "사회적 기술의 모든 주어져 있는 시스템이 인간들 사이의 노동관계들의 시스템도 결정한다"[1078]는 부하린의 테크놀러지적 결정론에 대항하여, 루카치는 이렇게 주장한다. "기술을 일련의 이데올로기적 형식들에서 끌어내고 기술에 사회의 경제적 구조에 대하여 독립적인 현존재를 부여하는 것은 사안적으로 바르지 않고 비(非)마르크스주의적이다."[1079] 루카치는 사회의 발전이 기술 그 자체의 발전에 의존한다는 부하린이 주조한 테크놀러지적 결정론의 가정에 대해서 다음과 같이 논박을 이어가고 있다.

> "마르크스는 길드의 수공예가 매뉴팩처로 이행하는 것은 기술의 변혁을 의미하지는 않았다는 것을 분명하게 강조하고 있다. 생산양식 그 자체와 관련해서 보자면 매뉴팩처는 그 시작에서는 길드적 수공예공업과는 동일한 자본에 의해서 동시적으로 고용된 노동자의 수가 보다 많았던 이외에는 구별되는 것이 없었다. 길드의 장인의 작업장이 오직 확장되었을 뿐이었다. 그러므로 차이는 오직 단순히 양적인 것이었다. 그 경우 자본주의적 부분이, 경영에서의 자본주의적인 지배관계들이, 대량소비의 사회적 조건들(자연경제의 해체) 등등이 만들어지게 됨으로써 질에서 변화가 일어나게 되었다. 그렇게 되고서야 현대적인 기계기술의 **사회적** 조건들이 주어졌다. 현대적 기계기술은 수백년에 걸친 사회적 변혁과정의 **결실**로서 성립한다. 그것은 현대적 자본주의의 왕관이며 그 완성이지, 그것을 창출하는 원인이 아니다. 현대적 기계기술은 그것의 사회적 선 조건들이 만들어졌을 때, 매뉴팩처 자본주의의 원시적 형태들이 변증법적 모순들에

1078) Bucharin의 말을 Lukács 1974: 284에서 재인용했다.
1079) Lukács 1974: 286.

빠져 들어갈 때, 즉 매뉴팩처의 '협소한 기술적 토대'가 일정한 정도의 발전이 이루어져서 그것 자체에 의해서 만들어진 생산욕구들과 모순에 빠져들게 될 때, 창출된다. 그 다음에서는 기술적인 발전이 경제적인 발전을 비범하게 가속화한다는 것은 자명하다. 하지만 그렇게 성립된 상호작용은 기술에 대한 경제의 사안적인, 역사적인 그리고 방법적인 우선을 결코 지양하는 것이 아니다. 예컨대 그래서 마르크스는 이렇게 진술하고 있는 것이다. 즉 '이 전체 경제가 생산수단의 집중과 그것의 대량적인 적용에서 나오는 것이고, 따라서 이러한 전체경제가 개별적으로 그 자체만으로 고찰한다면, 잉여가치가 모든 개별 노동자의 잉여노동에서 나오듯이 노동의 사회적 성격에서 그렇게 나오는 것이다'."[1080]

시대들의 이행과정, 예컨대, 중세적 생산에서 자본주의적 생산으로 이행하는 과정은, "헤겔의 변증법을 기계론의 언어로 번역하려는 부하린"[1081]의 경우, 기술의 발전에 달려 있는데 반하여 헤겔의 존재론을 변증법적 유물론의 반(反)기계론적 언어로 번역하려는 루카치의 경우, 궁극적으로는 지배의 관계들에 의존해 있다. 사회의 경제적 구조가 기술로 환원될 수는 없는 것이다.

테크노크라시이론에 대한 비판에서 세 번째 차원은 정치적 의식과 관련되는 것이다. 역으로 말하면, 주관성의 물화의 문제틀에서 보면 기술과 테크노크라시의 **일면적인** 발전이 "총체적으로 행정관리되는 사회"(아도르노)를 낳게 하는 것이다.[1082]

이 일면성이 어디에 있는 것인가? 아도르노의 비판이론은 이것을 도구주의적 이성 그 자체에서 찾고 있다면, 하버마스는 자신의 저서 『소

1080) Lukács 1974: 286f.

1081) Oskar Negt, "Marxismus als Legitimationswissenschaft. Zur Genese der stalinistischen Philosophie", in: Bucharin/Deborin(1974), 앞의 글, pp.7-50, 여기에서는 p.46.

1082) 아도르노의 비판적 물화이론의 이론적 한계를 설명하고 있는 John Keane, *Public Life and Late Capitalism. Toward a Socialist Theory of Democracy*, Cambridge University Press, 1984, 특히 pp.70ff 참고하라.

통행위이론』에서 "경제적 합리성과 행정적 합리성의 형태들이 화폐와 권력을 매체들로 전환되는 것에 저항하는 행위영역들에로 침투해 들어가는 것"[1083]에서 그것을 보고 있다. 하버마스는 "생활세계의 식민화"를 말하고 있는데[1084], 이것을 시스템과 생활세계 혹은 노동과 상호작용(Interaktion)의 이분법에서 출발하고 있고, 사회이론적으로는 시스템과 생활세계 사이의 긴장문제만을 문제시한다. 하버마스의 이 명제는 준(準)형이상학적으로 시스템의 고유동학을 전제로 하고 있는 것이다.[1085]

하버마스는 시스템과 생활세계를 현실주의적으로 뿐만 아니라 인식론적으로도 분리되는 것으로 가정하고, 이를 근거로 마르크스의 사회이론의 기초를 비판하려 한다. 하버마스는 자신이 비판적으로 분석하려는 마르크스가 가치이론에서 세 가지 약점[1086]이 있다고 판단한다. 그것은 우리가 앞에서 이미 논의하였던 국가와 사회의 동일성과 차이성의 문제틀과 관련되어 있는 것들이다. 그는 자신의 마르크스비판을 시스템과 생활세계의 연결과 분리라는 문제틀의 관점에서 분명하게 표현하고 있다. "마르크스는 '시스템'과 '생활세계'의 두 분석적 층위에서 움직이고는 있지만 이 양자의 분리는 헤겔의 논리에 여전히 묶여 있는 정치경제학적 기본개념들 속에서 **전제되어** 있지 않다. 그와는 반대로, 이 두 유형의 이론적 **진술** 사이의 맥락은, 시스템발전과 생활세계적 구조변동 사이에 (헤겔적 의미에서) 하나의 논리적인 맥락이 서 있는 경우에만 근본적인 경계석들의 의미가 다양하게 적용하는 것을 **의미론적으로 명시화하는** 길에서 설명될 수 있게 될 것이다. 마르크스는 두 계기들이 종합되는 하나의 총체성의 이러한 전제 아래에서만 **의미론적으로 설정되는** 가치이론의 도움으로 말하자면 일격으로 자신의 주장을

1083) Jürgen Habermas, *Theorie des kommunikativen Handelns*, Band 2: *Zur Kritik der funktionalistischen Vernunft,* Ffm, 1981, p.488.

1084) Habermas(1981), 앞의 글(제2권), p.448.

1085) Habermas(1981), 앞의 글(제2권), p.444와 p.448을 참고.

1086) Habermas(1981), 앞의 글(제2권), pp.494-504 참고.

확고히 할 수 있다."[1087] 여기에서 하버마스는 마르크스의 사회이론적 가치이론을 비판하는 이유는 첫째로 마르크스의 정치경제학적 기본개념들이 헤겔의 논리에 묶여 있고, 둘째로 시스템과 생활세계의 분리를 처음부터 전제로 하고 있지 않으며, 그리고 현대의 병리들을 극복하는 치유책으로서 사회이론적 일원론[1088]을 주장하고 있다고 그가 판단하고 있기 때문이다. 그런데 우리는 마르크스의 논리는 정치적 몸의 논리로 명명될 수 있는 것으로서 그것은 본질적으로 헤겔의 역사철학적 존재론의 근처에 있는 것이 아니라 급진적 차이성들과 동일성 사이의 루소적 개방적 변증법과 가까운 것임을 이미 충분하게 논증하였으므로, 여기에서 이를 다시 반복하지는 않을 것이고, 단지 하버마스가 지적한 비판점들 중 두 가지에 대해서 논박하고자 한다.

현대성의 위기를 극복하기 위한 마르크스의 처방은 사회학적 관점에서 명시적으로 표현되어 있지는 않지만 일격으로 환원될 수 있는 것으로 해석될 수 있는 것은 아니다. 마르크스는 "전 정치적" 계급과 "정치적" 계급의 구별을 통해 시사하고 있듯이, 마르크스에 있어서 전자는 일격으로 후자로 **번역될** 수 있는 것이 아니다. 게다가 이를 넘어 하버마스의 마르크스해석은 마르크스의 경우 자본주의와 공산주의 사이의 다양한 이행과정들이, 항구적인 혁명들이 있는 한에서 이미 비판될 수 있다.[1089]

"생산관계들"과 "사회적 관계"의 구별에 근거하여 마르크스는 일원론적이지 않은 사회구조 개념을 발전시키고 있다.[1090] 마르크스의 이 사회구조개념이 일원론적이 아니라는 것은 록우드(Lockwood)가 마르크스에게서는 암묵적이지만 결정적으로 이론화되어 있었던 "사회통합"과 "시스템통합"을 명시적으로 구별하는 예리한 연구를 통하여 분명하게

1087) Habermas(1981), 앞의 글(제2권), p.498.

1088) Habermas(1981),앞의 글(제2권), p.504 참고.

1089) Jon Elster, *Making Sense of Marx*, 앞의 글, pp.446f. 참고하라.

1090) Johannes Berger, "Intersubjektive Sinnkonstitution und Sozialsturktur - Zur Kritik handlungstheoretischer Ansätze der Soziologie", in: *Zeitschrift für Soziologie*, Jg.7, 1978, pp.327-334, p.331. 참고.

밝혀져 있다.[1091] 그리고 이를 넘어서, 즉 사회통합과 시스템통합의 구별을 넘어서, 시스템통합의 두 유형의 구별이 모순을 이해하는 데 역시 핵심적인 것으로서 이미 이론화되어 있다. 이러한 이론적, 논리적 맥락에서 일원론적으로 그리고 일격으로 해결될 것으로 나타나는 관계, 실천적인, 사회학적인 관계, "모순과 명시적 계급투쟁 사이의 모사관계 그 자체를 역사적인 변수로 연구하는 것이, 다시 말하여, 특정한 갈등 전선들이 당면화되는 것을 근본모순의 발전상태와 결합시키는 것"이[1092] 비(非)일원론적으로 가능하게 된다. 그 관계는 "한 구조 내에서의 모순이 아니라 두 구조들 사이의 모순, 즉 직접적으로 개인들이나 집단들 사이의 모순이 아니라 생산력들의 구조, 생산력들이 끊임없이 계속 전진해 가는 사회화와 생산관계들의 구조, 생산력들의 사적소유 사이의 모순이다".[1093]

적어도 후기자본주의적 사회들에서는 그와 같은 모사관계를 사회학적으로 논증할 수 없으며, 그리하여 프롤레타리아트는 이제 (더 이상) 사회주의적 사회의, 그리고 공산주의적 사회의 사회적 변동의 담지체가 될 수는 없다. 하지만 바로 이 때문에 일격에 기초하고 있지도 않은 그 논리적인 설득력을 단념할 필요는 없다. 우리는 **분석적으로** "시스템의 내적인 한계성의 이념"[1094]에서 시작해야 하고 종합적으로는 사회의 규범적 재구성을, 시스템과 생활세계 사이의 긴장관계를 문제시해야 한다. 물론 이 경우 시스템의 상대적 자율성에 대한 발생론적 관계

1091) David Lockwood, "Social Integration and Szstem Inteegration", in: George K. Zollschan/Walter Hirsch(ed.), *Social Shange. Explarations, Diagnoses, and Conjectures,* New York/London/Sidney/Toronto, 1976, pp.370-383, 특히 pp.375f 그리고 이와 함께 Claus Offe, *Strukturprobleme des kapitalistischen Staates*, Ffm, 1972, pp.28f.

1092) Offe 1972: 13.

1093) M. Godelier, *System, Struktur und Widerspruch im 'Kapital'*, Berlin, 1970, p.22를 Offe(1972), 앞의 글, p.12에서 재인용.

1094) Johannes Berger, "Die Versprachlichung des Sakralen und die Entsprachlichung der Ökonomie", in: *Zeitschrift für Soziologie,* Jg.11, 1982, pp.352-365, 여기에서는 p.364.

를 망각해서는 안 된다.

비판적 위기학은 하버마스의 "소통행위이론"과는 다르게 시스템과 생활세계를 이분법화하지 않고, 변증법적으로 공약가능한 개념들로 이해한다. 생활세계는 정치적 몸의 탄생에서 시원적으로 사회적인 구조화로서 자기**매개**로서 개념규정된다. 이렇게 규정함으로써 독일의 철학자 디터 헨리히(Dieter Henrich)가 하버마스의 생활세계개념에서 예리하게 읽어내고 있는 "구조 없음"뿐만 아니라 "직접성의 잔여" 같은 것[1095]을 피할 수 있게 된다. 비판적 위기학에서 정치적 몸의 시원은 자연적인 생활세계, 루소적 자연상태에 대한 위험한 대체로서의 사회적 생활세계의 성립을 의미한다.[1096] 독일의 철학자 한스 블루멘베르크(Hans Blumenberg)는 현상학의 측면 아래 생활세계와 기술화 사이의 긴장관계를 역사적으로 분석하면서, 이렇게 예리하게 밝히고 있다. "인위성의 철저한 관철은 **난시 형식적인 의미에시만** '다시 자연에로' 되돌아가게 한다. 즉 '행복의 시스템'으로서의 다시 합목적적인 제도와 물적으로 완전히 이질적인 것이지만 그것에 대등하는 것에로 다시 돌아가게 한다.(중략) 그러한 형식상의 일치를 목적표상으로 확인하는 것은 **루소의 '생활세계'인 자연상태**에로 되돌아보게 하는 규제적 의미이다. '루소는 사람들이 자연상태로 되돌아가야 한다는 것이 아니라 그곳에로 되돌아보아야 한다는 것을 원한다.'"[1097] 정치적 몸의 논리가 위기와 비판의 변증법을 통해서 특징지어 지듯이 우리가 생활할 수 있는 사회로서의 생활세계는 자연적 생활세계의 **위험한** 대체로서 위기를 내재적으로 포함하고 있다. 이러한 맥락에서 비판적 위기학은 시스템들을, 위험한 생활세계로부터 발생적으로 구조화된 것으로서, 매개들처럼 가설화하고, 그리고, 시스템의 자기파괴적 모순성, 내적인 위험성은 발생적

1095) Dieter Henrich, "Was ist Metaphysik, was Moderne? Thesen gegen Jürgen Habermas", in: *Merkur*, Jg. 40, 1986, pp.495-508, 특히 pp.506f.

1096) Hans Blumenberg, *Wirklichkeit in denen wir leben*, Stuttgart, 1981, p.51 각주 1을 참고하라.

1097) Blumenberg 1981: 51; 강조는 필자.

으로 비자연적 생활세계에 내재적인 위기의 관점에서 이해될 수 있는 것이다.

하버마스는 소통행위이론적으로 마르크스를 비판하고 있는데 이것은 그가 마르크스의 노동개념을 도구적인 것으로 이해하고 비판하는 것과 밀접하게 연관되어 있다. 독일의 사회학자 요하네스 베르거(Johannes Berger)가 설득력 있게 지적하고 있듯이, 마르크스의 사회적 노동 개념은 원칙적으로 상호작용의 층위에서 작동하고 있는 것으로서 도구적 행위의 층위에 귀속될 수 있는 것이 아니다.[1098] 노동을 마르크스가 "사용가치를 창출하는 합목적적인 활동"으로서 이해하는 속에서는[1099], "인간과 자연 사이의 과정, 인간이 자연과의 자신의 질료교환을 자기 자신의 행동을 통해서 매개하고, 그 규칙을 정하고, 통제하는 과정"으로서 노동을 이해하는 속에서는[1100], 일종의 사회가 매개적으로 이미 전제되어 있는 것이다. 마르크스에 있어서 인간의 본질은 "개별적 개인에 거주하는 추상이 결코 아니며" "사회적 관계들의 앙상블"[1101]이기 때문이다. 이러한 맥락에서 마르크스의 사회적 노동 개념은 하버마스적 의미에서 **노동인 동시에 상호작용**을 포함하고 있는 것이다.[1102]

상품에서 시작하는 시스템적 "합리성"은 마르크스에 있어서 이미 자기 자신에서 소외된 비합리적인 형태이다. 그것은 자기파괴적 모순성을 포함하고 있기 때문이다.[1103] 마르크스에 의하면, 시민적 사회 속에서 전개되고 있는 시스템적인, 자기파괴적인 합리성이 "일상의 표상"[1104]으로 마르크스가 속류경제학이라 부르는 자들[1105]과 헤겔이 "번

1098) Johannes Berger, "Der gesellschaftstheroetische Gehalt der Marxschen Werttheorie", in: G.Breitenbürger/G. Schnitzler(Hrsg.), *Marx und Marxismus heute*, Hamburg, 1974, pp.75-102, p.82 그리고 이와 관련하여 J. Habermas, *Technik und Wissenschaft als Ideologie*, Ffm, 1968 참고하라.

1099) Berger 1974: 80.

1100) MEW 23: 192.

1101) MEW 3: 6.

1102) Berger 1974: 81 참고하라.

1103) Offe(1972), 앞의 글, 특히 p.28 참고하라.

1104) MEW 25: 839.

역"하였다. 실천이 무엇에서 시작하는가? — 이것이 마르크스의 정치경제학비판과 헤겔의 형이상학을 구별짓게 하는 패러다임적 차이를 만든다. 마르크스가 **분석적으로** 상품에서 시작하는 이유는 상품이 "매우 뒤엉켜 있는 물건이고, 완전히 형이상학적인 첨단발견물이며, 그리고 신학적인 변득쟁일"[1106] 뿐만 아니라 헤겔의 시작이 이 상품구조에 조응하여 분석될 수 있다는 데에 있다. 마르크스는 시민적 실천과 헤겔의 형이상학적 이론 사이의 번역을 비판적으로 연구하고 분석하고 있다. 청년 마르크스와 후기 마르크스의 차이는 분석적 대상이 "복사본"에서 "원본"으로[1107] 전이했다는 것에 있다고 나는 판단한다. 요하네스 베르거가 "분석적 시작"과 대립되는 것으로 이해하는 "종합적 시작"이라 명명한 그것의 이론적 구조가 전체 마르크스를 지배하고 있다.[1108] 베르거가 지적하고 있듯이, "마르크스는 상품구조와 형이상학 사이에는 시민적 사회가 최종석으로는 진도된 형이상학세계의 현실화라는 관계가서 있다는 것을 간파했던 것이다."[1109] 헤겔의 시작의 전도되어 있음은, 움직일 수 없음, 확고함(Affirmation), 그리고 신비화, 한마디로 말하면, 폐쇄성을 의미하는 것으로서, "정치적 몸의 논리"의 시원적 개방성을 표현(재절합)하게 하기 위해서 비판되어야만 한다.

마르크스에 있어서 이른바 허위의식(das falsche Bewusstsein)은 상품에서 그리고 닫힌 시작에서 형이상학적으로 시작하는 시스템적 합리성의 일상화를 의미한다. 그리고 그것에는 고독한 개인이 접근할 수 있는 것으로 전제되고 있다. 달리 말하여, 허위의식에 대한 이데올로기비판은 "인민상상력"을 요구한다.[1110] 고독한 개인의 노동, "말 없는 노동", 사회 없는 노동, 즉 "현대 경제학의 출발점"은[1111] 원칙적 · 인식론

1105) MEW 25: 825.

1106) MEW 23: 85.

1107) MEW 1: 379 참고하라.

1108) Berger 1974: 86 및 각주 28 그리고 Habermas(1981), 앞의 글(제2권), p.501 참조하라.

1109) Berger 1974: 90.

1110) Marx, *Grundrisse* : 31.

적으로 불가능한 것으로 밝혀지고, 그리고 그와 같이 이론화하는 것은 현실주의적으로는 이데올로기로서 파악된다. 마르크스에 의하면, 인간은 오직 사회 속에서만 개별화될 수 있는 동물이고 사회 밖에서 개별화된 개별자들의 생산을 생각한다는 것은, 함께 생활하고 함께 말하는 개인들이 없이 언어가 발전한다고 생각하는 것만큼이나 부조리한 것이기 때문이다.[1112] 이러한 맥락에서 볼 때 허위의식이란, 개인주의적으로 독백론적으로 접근될 수 있는 것으로 이해되었던 사물의 "고전적 에피스테메"(푸코)에서 시작하는 의식을 가리킨다.

시스템과 생활세계(혹은 국가와 사회)의 분리라는 문제틀과 서로 밀접하게 연결되어 있는 이 두 가지 점들은 비판적으로 논의되어야 한다. 시스템과 생활세계, 혹은 국가와 사회의 시원적 동일성이 헤겔의 존재론적 논리 속에서가 아니라 정치적 몸의 규범적 논리에 근거하고 있기 때문이다. 루소처럼 마르크스는 원칙적으로 인식론적으로 국가와 사회의 동일성에서 출발하지만, 그러나 이와 동시에 사회학적·현실주의적 층위에서 시민적 분리의 관점에 대해서 눈을 감고 있는 것이 아니다. 『언어기원론』에서 루소는 국가와 사회의 시민적 분리를 달리 표현한다면, 경제와 정치의 시민적 분리[1113]를 문제시하고 있다. "주제들을 흩어지게 해야 한다. 이것이 현대 정치의 제1격률이다."[1114] 분화되고 있는 사회에서 현대성의 위기를 루소가 보고 있듯이, 마르크스는 〈독일이데올로기〉에서 국가와 사회의 분리 문제틀을 주제로 삼고 있다.

"역사적 발전 과정 속에서 그리고 지금 현재 **노동의 분할 내에서 사회적 관계들이 불가피하하게 독립됨으로써** 각 개인의 삶이 개인적인 한에서

1111) Marx, *Grundrisse*: 25.

1112) Marx, *Grundrisse*: 6.

1113) 이 맥락에서 Claus Offe, *Die Utopie der Null-Option. Modernität und Modernisierung als politische Gütekriterien, Materialien zur sozialwissenschaftlichen Planungs- und Entscheidungstheorie, Nr.7 an der Universität Bielefeld*, Bielefeld, 1985, p.12 참고.

1114) Rousseau, Essai, xx.

그리고 그것이 노동의 그 어떠한 한 가지 아래 그리고 그것에 귀속하는 조건들에 포함되어 있는 한에서 각 개인의 삶 사이에서 구별이 부상한다."[1115]

마르크스는 루소처럼 사회적 관계들의 역사적으로 생산된, 시민적 분화를 국가와 사회의 규범적 동일성을 근거로 비판한다. 이 동일성은 물론 존재론적 철학하기를 실행하는, 그렇게 함으로써 토대민주주의에 비해서 "조합들"에게 우선권을 부여하는 시민적 이론을 정당화하는, 헤겔의 닫힌 논리에로 환원될 수 있는 것이 아니다. 그러므로 하버마스는 마르크스가 헤겔의 총체성사유에서 거리를 취하고 있으며 사회의 현대적 구조적 분화의 역사적 경험을 논증하고 있다는 것을 보고 있지 않은 것이다.[1116] "정치경제학의 비판이 사회를 시스템과 생활세계로 두 난세로 파익하고 조화시기는 파악을 하고 있지만 후기자본주의를 만족할 만하게 설명하지 못하는"[1117] 원인은 하버마스가 마르크스에서 잘못 읽어내고 있는 일원론적이거 닫힌 총체성의 **논리**에 있는 것이 아니라, "자본주의적인", 침묵하고 있는 정치와는 다른 후기자본주의적인, 능동적으로 표현(절합)하는 정치의 경험적인, **사회학적인** 차이에 있다. 여기에서 나의 관심은 후기자본주의적 사회들을 경험적으로, 사회학적으로 연구하는 것에 아니라 루소와 마르크스에서 읽어낼 수 있는 열린-간접적인 총체성의 논리를 비판적 위기학을 이론적으로 발전시키는 맥락에서 조망하는 데에 있을 뿐이다.[1118]

그리고 우리는 시스템과 생활세계가 어떠한 한에서 인식론적으로 이분법화될 수 있는지 의문을 제기할 수 있을 것이다. 하버마스의 "생활세계의 기술화" 혹은 "생활세계의 식민화" 명제는 인식론적으로 정당하

1115) MEW 3: 75f; 강조는 필자.

1116) Habermas(1981), 앞의 글(제2권), pp.500f 참고하라.

1117) Habermas(1981), 앞의 글(제2권), p.504.

1118) 후기자본주의적 사회들을 정치사회학의 관점에서 경험적으로도 예리하게 분석하고 있는 Claus Offe의 여러 저술들을 참고하라.

게 정초되어 있지 않다. 하버마스에 있어서는 생활세계는 소통적으로 구조화되어 있는 반면에 시스템은 비소통적으로 체계화되어 있다는 식으로 비변증법적으로, 기계론적으로 시스템과 생활세계의 이분법이 구상되어 있기 때문이다. 그런 식의 이분법이 전제되어 있기 때문이다.

비판적 위기학의 관점에서 보자면, 시스템을 발생론적으로 생활세계로부터 구조화되고 있고, 구조론적으로는 생활세계로부터 구조화된 시스템은 상대적 자율성을 가지며, 이것을 근거로 우리는 사회의 역사적 분화를 말할 수 있게 된다. 달리 말하여, 목적합리적 행위의 시스템은 발생론적으로 볼 때 원래 소통적인 생활세계의 사회적 구조화가 있고서야 사회적으로 기능할 수 있게 된다. 하지만 생활세계의 소통 그 자체는 "목적 설정" 없이는 불가능하다. 시스템의 목적합리성이 소통적이고, 폐쇄적이 아니라면, 시스템의 목적합리성은 비판될 수 있는 성질의 것이다.

화폐와 권력을 통해서 매개되는 "목적합리적 행위의 하부시스템들"을 통해서 생활세계가 기술화되는 것은 비판되어야 하는데, 그 이유는 시스템과 생활세계 사이의 균형이 시스템이 생활세계 속으로 침투해 들어감으로써 손상당하고 있음을 그 기술화가 의미하기 때문만이 아니라, 생활세계를 기술화하고 식민화할 수 있는 시스템적 합리성이 자신의 고유한 폐쇄성에로 자신을 제한시키고 있기 때문이기도 하다.

하버마스에 의하면 시스템에서의 합리성이 생활세계에서 비합리성이 되고 있는 셈이다. 이것과는 대조적으로 나는 독일의 정치사회학자 클라우스 오페가 시스템 그 자체의 구조적 모순성을 논증하고 있듯이,[1119] 시스템적 구조화 그 자체의 비합리적인, 모순적인 본질을 문제시한다. 목적합리성의 문제틀과 관련하여 나는 목적합리성의 소통과 상호작용을 문제틀로 제기할 수 있다고 판단한다. 오페는 〈사회학적 핵심범주로서의 노동?〉이라는 자신의 논술에서 목적합리성 그 자체의 모순성을 논증하고 있다.

1119) Offe(1972), 앞의 글.

"노동력이 프롤레타리아트화되고 이 추동력이 산업적으로 이용되는 가운데 영리추구가 도덕과 떨어지게 되자 목적합리성이라는 합리성유형이 지배적인 것이 되는데, 목적합리성유형의 구성요소는 그 하나가 인간과 자연의 게임 속에서 목적을 추구하는 **기술적인** 합리성이고, 다른 하나는 베버가 합리적인 자본계산을 예로 삼아 분석하는 **경제적** 행위자들 사이의 게임에서 목적을 추구하는 경제적 · 전략적인 합리성이다. 마르크스의 경우 이와 관련된 이론전략적 의미는, 목적합리성의 두 변이체, 곧 기술적 목적합리성과 경제적 · 전략적 목적합리성이 노동과정과 자본증식과정의 개념적인 대립과 함께 서로 균열된다는 데에 있다. 이러한 차이를 분명히 하는 것만이 양자가 일단 서로 양립되지 않게 되는, 다시 말해서, 일단 먼저, 서로 경쟁하는 자본단위들의 경제적 합리성이 '기술적인' 생산력들의 유명한 '족쇄'가 되는, 발전시나리오를 구성하는 것이 허용될 수 있게 하고, 그렇게 되면, 그 다음에는, 자본의 기술적인 합리성이 지배적인 것이 되고 **더 이상** 자본의 경제적 합리성이 지배적이지 않게 되는 사회구성체로 넘어가게 된다."1120)

생활세계의 기술화는 그 일차적 원인이 시스템과 생활세계 **사이의** 문제들을 넘어 시스템적 모순성에 있으며, 그리고 이 모순성은 발생론적으로 궁극적으로는 생활세계의 문제틀에로 소급되는 성질의 것이다. **시스템은 생활세계의 거울이며, 생활세계는 시스템의 등불이다.**

하버마스는 시스템과 생활세계의, 노동과 상호작용의, 이분법에서 출발하고 있으며, 시스템의 소통적 차원과 생활세계의 시스템적 차원을 통찰하지 못하고 있으며 이론화하고 있지 않다. 하버마스와는 대조적으로 나는 시스템과 생활세계의 차이를 목적합리성과 소통적 합리성의 이분화하는 구별이 아니라 일차적 소통과 이차적 소통 사이의 발생론적, 구조론적 구별에서 개념규정되어야 한다고 판단한다. 이렇게 구

1120) Claus Offe, "Arbeit als soziologische Schlüsselkategorie?", in: "*Arbeitsgesellschaft*". *Strukturprobleme und Zukunftsperspektiven,* Frankfurt/New York/, 1984, pp.13-43, 여기에서는 p.15.

별함으로써, 이차적 소통의, 시스템의, 상대적 자율성 명제가 현실주의적으로 정초될 수 있지만, 시스템적 합리성 그 자체의 역사성과 변화가능성을 주제화할 수 있다. 나아가 이차적 소통, "매개"의 제한성을 지양하기 위해서 일차적 소통의 자기매개를 표현(재절합)시킬 수 있다. 그리고 일차적 소통과 이차적 소통 사이의 변증법적 이론을 발생론적으로 구조론적으로 발전시킬 수 있다.[1121)]

제2절 마르크스의 루소와 루소

끝으로 논의하려는 것은, 마르크스가 루소를 바르게 읽었는가 하는 것이다. 로버트 워클러(Robert Wokler)는 자신의 논문 〈루소와 마르크스〉에서 마르크스와 루소를 비교적 체계적으로 비교한 바 있는 예외적 연구자인데 이렇게 지적하고 있다.

> "마르크스는 자신의 편지들을 포함하여 전체 출간된 글들에서 루소를 언급하고 있는 곳은 통틀어 대략 22곳 정도인데, 이것들 대부분은 그냥 지나가는 인용들에 불과한 것들이다."[1122)]

1121) 일차적 소통과 이차적 소통의 변증법에 대해서는 본 연구에서 생산, 매개, 수용이라는 개념들을 원용하여 "입법자의 과학"에 대해 논의하는 맥락에서 설명하였다.

1122) Robert Wolker, "Rousseau and Marx", in: David Miller/Larry Siedentop(ed.), The Nature of Political Theory, 1983, pp.219-246, 여기에서는 p.221. 참고로 마르크스가 루소를 언급하고 있는 곳들을 여기에서 다시 밝힌다. MEW 1: 80(Das philosophische Manifest der historischen Rechtsschule); MEW 1: 103, 104(Die leitende Artikel in Nr. 179 der Kölnischen Zeitung); MEW 1: 370 (Zur Judenfrage); MEW 3: 75, 317, 386, 387, 512-513(Deutsche Ideologie); MEW 4: 353 (Die moralisierende Kritik und kritisierende Moral); MEW 13: 280 (Die Kriegsaussichten in Preuβen); MEW 13: 615 (Einleitung zur Kritik der politischen Ökonomie, i.e. Grundrisse); MEW 14: 588 (Herr Vogt); MEW 15: 69 (Interessantes aus Preuβen, New York Daily Tribune 30. Juni 1860); MEW 16: 31, 32 (Über Proudhon); MEW 19: 16 (Kritik des Gothaer Programms); MEW 23: 774 (Kapital 1); MEW 27: 297(Marx an Engels, 8.

마르크스가 어떻게 루소를 독해하는지를 이해하기 위해서 그가 자신의 방식으로 해석하려 하는, 논의할 가치가 있는 몇 곳을 해석하고자 한다. 그것들은 이미 앞에서 우리가 부분적으로는 논의했던 것들이기도 하다.

첫째, 워클러는 마르크스가 볼테르(Voltaire)와 루소의 이론적 차이를 통찰할 수 없었다는 명제를 주장한다.

> "그의 아버지는 자신의 루소와 볼테르를 마음으로 잘 알고 있었을는지도 모른다. 하지만 칼은 루소와 볼테르를 구별할 수 거의 없었던 것 같고, 칼이 루소를 생각하고 있는 경우들의 적어도 하나에서 마치 루소와 볼테르라는 계몽주의의 이 한 쌍의 도덕적 적대자들이 어느 한편이 다른 한편과 꼭 마찬가지로 같은 것을 주장하는 일종의 길버트와 설리반 회사(a Gilbert & sullivan compound)를 형성하고 있었던 것처럼 '루소-볼테르'의 철학을 말하고 있다는 것이다."[1123]

그의 오해를 비판하기 위해서 여기에서 일단 먼저 마르크스의 해당 원문을 인용할 필요가 있다. 그것은 "프로우동에 대하여. 슈바이처에 보낸 편지"(Über P. -J. Proudhon. Brief an J. B. v. Schweitzer)에 있는 구절이었다. 독일어 원문을 그대로 인용한 다음 독자들의 편의를 위해서 그것을 한국어로 번역한다.

> "Vielleicht wird die Nachwelt die jüngste Phase des Franzosentums dadurch charakterisieren, daβ Louis Bonaparte **sein** Napoleon war und Proudhon **sein** Rousseau-Voltaire." 프랑스의 가장 젊은 기간인, 후세계는 루이 보나파르트가 **자신의** 나폴레옹이었고 프로우동이 **자신의** 루소-볼테르였다는 것에 의해서 아마도 특징될 것입니다."[1124]

August 1851); MEW 27: 314(Marx an Engells, 14. August 1851).

1123) Wolker 1983: 221.

1124) MEW 16: 32; 강조는 필자.

여기에서 마르크스가 말하는 프로우동은 루소와 볼테르의 종합 같은 것이 아니다. 오히려 정반대로 그것은 서로 유화될 수 없는 대립적인 사상과정들 사이의 모순으로 이해되어야 하는 성질의 것이다. 바로 이 같은 맥락을 수사적으로 표현하기 위해서 마르크스는 워클러가 인용하고 있는 바로 그 편지에서 다음과 같이 쓰고 있다.

> "사람들은 프로우동을 종종 루소와 비교했습니다. 이보다 더 잘못인 것은 없을 것입니다. 차라리 그는 나콜라스 링께(Nicolas Linquet)와 유사점을 가지고 있고, 링께의 〈시민법의 이론〉(Théorie des loix civiles)는 매우 천재적인 저서이기는 합니다. 프로우동은 자연에서 변증법으로 가는 경향이 있어요. 하지만 그는 현실적으로는 과학적인 변증법을 파악하고 있는 것이 아니어서 그것을 단지 궤변론으로 만들고 말았어요. 사실 이것은 그의 소시민적 관점을 드러내는 것이지요. 이 소시민은 역사서술가 로머(Raumer)처럼 이편과 저편을 함께 담고 있습니다. …(중략)… 그는 살아있는 모순입니다."[1125]

"프로우동은 자신의 루소-볼테르였다"는 문장은, 마르크스가 루소와 프로우동을 비교할 수 없는 것으로 확인하고 있는 맥락에서 텍스트적으로 그 의미가 설명되고 있으며, 변증법적 지양이 없는 "살아 있는 모순"으로서 프로우동은 서로 이질적인 한 편과 다른 한 편을 기계론적으로 함께 설정하고만 있는 자로서 비판되고 있는 것이다. 그리고 또한 우리는 마르크스가 "18세기의 시민적 볼테르주의"[1126], 그리고 "볼테르의 그리고 장 자크 루소의 나라(Lande Voltaires und jean-Jacques Rousseaus)"[1127]를 말하지, 18세기의 루소-볼테르주의나 루소-볼테르의 나라라고 말하지 않는다는 점을 지적해야만 한다.

마르크스는 루소가 볼테르를 포함하여 백과전서파의 철학자들과 깊

1125) MEW 16: 31f.
1126) MEW 16: 31 참고.
1127) MEW 13: 280.

은 차이가 있었다는 것을 통찰하고 있다는 나의 주장은 『독일이데올로기』에 있는 다음 구절에서도 논증될 수 있다.

> "카베(Cabet)는 이렇게 말한다: 나는 서둘러 18세기의 위대한 철학자들에게 가며, 몽테스큐(Montesquieu)에서 시작한다. p.487; 그륀(Grün)씨는 몽테스큐에 가기 위해서 '18세기의 입법적 천재'의 묘사에서 시작한다, p.282. 사람들은 그들이 몽테스큐, 매블리(Mably), 튀르고(Turgot),에서 상호적으로 인용하는 것을 비교한다고 한다. 여기에서 우리에게는 루소와 튀르고에 대한 카베와 그륀씨를 비교하는 것으로 충분하다. 카베는 몽테스큐에서 루소로 가고 있고, 그륀씨는 이 이행과정을 구성하고 있다. 즉 '루소는, 몽테스큐가 헌정적인 정치가였듯이, 급진적인 정치가였다'는 것이다."[1128]

마르크스는 루소를 어떻게 보는가와 관련하여 카베와 그륀을 비교하는 가운데 양자가 **시작**에서 깊은 차이가 있다는 것을 말하고 있다. 그린의 시작은 헌정적 정치가, 몽테스큐이고, 그륀의 시작은 급진적 정치가, 루소이라는 것이다. 물론 이 둘은 모두 루소와 몽테스큐뿐만 아니라 매블리와 튀르고도 상호적으로 인용하고 있다. 마르크스는 카베보다는 그륀을 더 긍정적으로 본다. 그는 백과전서 밖의 글, 사회계약에 대한 글 백과전서의 글, 〈정치경제론〉사에는 아무런 차이도 없다는 것을, 달리 말하여, 백과전서의 하나의 비밀, 곧 루소의 〈정치경제론〉이 백과전서 속에 통합될 수 없다는 것을 통찰하고 있었을 뿐만 아니라, 18세기의 아웃사이더, 루소라는 급진적 정치가에서 시작하고 있기 때문이기도 하다.

둘째, 워클러에 의하면 마르크스가 루소의 사회계약론을 오독하고 있다고 한다. 이것은 마르크스가 루소의 『사회계약에 대하여』를 언급하고 있는 자신의 〈정치경제학비판서문〉에서 분명하게 드러난다는 것

1128) MEW 3: 512.

이다. 여기에서 일단 워클러의 주장을 들어보자.

> "마르크스는 자신의 『정치경제학비판요강』에 붙인 서문에서 루소의 이상적 국가의 시민들을, 그 후에 스미스와 리카르도에 의해서 개진되었던 그 모델에서 자유경쟁하는 사회적 관계들 속으로 참여하는 규약들을 통해서 함께 온 자들인, 자연적으로 독립적인 로빈슨 크루소들(Robinson Crusoes)에 비유하였을 때 루소의 사회계약론으로부터 자신의 고심에 찬 노트들을 남겨 놓아야만 했다. 『로빈슨 크루소』는 참으로 루소가 존경했던 책이지만 루소가 이 책을 언급하고 있는 곳은 『에밀』이고, 『사회계약에 대하여』 그 어느 곳에서도 언급하고 있지 않으며, 이 작품의 정치적 논거들에서 불모의 상태나 자유경쟁적 사회적 관계의 하나도 차지하고 있지 않기 때문이다."[1129]

여기에서 워클러에 의하면 마르크스는 루소적 이상적 국가의 시민들이 스미스와 리카도의 시민적 시장경제적 모델로서 확인된다고 이해하고 있으며, 그 경우 "자연적으로 독립적인 로빈슨 크루소들"의 이념은 중요한 역할을 행사한다는 식으로 루소를 오해하고 있다는 것이다. 이 같은 그의 주장을 바로 잡기 위해서 우리가 앞에서 이미 논의하였던 그 마르크스의 문장들을 다시 기억할 필요가 있다.

> "사회 속에서 생산하는 개인들 — 따라서 사회적으로 규정되는 개인들의 생산이 물론 출발점이다. 스미스와 리카도가 시작하는 시작하는 개별적이고 분산된(vereinzelte) 사냥꾼과 어부는 18세기의 상상력 없는 공상에 속한다. 문화사가들이 공상하듯이 단지 과도한 문명개화에 대한 반발이나 오해된 자연생활로의 복귀를 표현하는 것이 결코 아닌 로빈슨 크루소 이야기. 그것은 자연에 의해 독립적이고 자율적인 주체들을 계약을 통해 관계지우고 결합시키는 루소의 사회계약론만큼이나 그러한 자연주의에

1129) Wolker 1983: 221f.

기초하고 있는 것이 아니다. 이는 크고 작은 로빈슨 크루소 이야기의 외관, 그것도 단지 미학적 가상일뿐이다. 그것은 오히려 16세기 이래 확산되어 18세기의 장대한 발전 속에서 그 성숙에 이른 '시민적 사회'(bürgerliche Gesellschaft)의 선취이다. 이 자유경쟁사회에서 개별자는 이전의 역사적 시기에 그를 일정한 제한된 인간집단의 부속물로 만들었던 자연적 속박으로부터 벗어난 것으로 현상한다. 스미스와 리카도가 여전히 발 딛고 서 있는 18세기의 예언자들에게 이 개인 — 한편으로 봉건적 사회형태의 해체의 산물이자 다른 한편으로는 16세기 이래 새롭게 발전된 생산력의 산물 — 은 과거의 실존을 가지는 하나의 이상으로 떠오른다. 역사적 결과로서가 아니라 역사의 출발점으로서. 인간의 본성에 관한 그들의 관념에 합치하는 합자연적 개인으로서, 역사적으로 등장하는 것이 아니라 자연에 의해 정립된 개인으로서 나타나기 때문이다."[1130]

이 문장들의 내용을 압축적으로 정리하면 이렇다. 첫째 마르크스는 스미스와 리카도가 무엇에서 시작하는지를 보고자 한다는 점이다. 곧, 고전적 정치경제학은 개별적인 그리고 개별화된 사냥꾼과 어부에서 시작한다는 것이다. 둘째 "그와 같은 자연주의"를 "과잉세련"에 대항하는 일종의 "반격"으로, 즉 우리가 원시주의 혹은 반문화주의로 명명할 수 있을 그것, 그리고 "오해된 자연생활에로의 회귀", 곧 우리가 속류루소주의라고 부르는 그것으로 간주한다는 점이다. 셋째 스미스도 리카도도 루소도 "그와 같은 자연주의"를 곧 단순한 원시주의적인, 반문화주의적인, 속류자연주의나 속류루소주의를 주장하고 있지 않다는 점이다. 넷째 "18세기 로빈슨주의자들의 상상들"은 "16세기 이래 확산되어 18세기의 장대한 발전 속에서 그 성숙에 이른 시민적 사회의 논리"에 조응한다는 것이다. 즉 사회 없는 자립적인 개인들이라는 "18세기의 이념" — 그러나 이것은 사회적 맥락들을 가지고 있다. 다섯째 마르크스는

1130) Marx, *Grundrisse*, 앞의 글, pp.5f. 또한 MEW 13: 615. 마르크스, 『정치경제학 비판 요강 I』, 김호균 역, 그린비, 2007, pp.51-52 참조.

18세기 로빈슨주의자들의 상상을 역사적인 결과로서 생각하는 것이 아니라 역사의 출발점으로서 전제하려고 시도하는 그런 18세기의 예언가들을 비판하고 있다는 점이다. 18세기의 특정한 이념들은 그 자체에서 모순적인 것들이기 때문이다. 여섯째 로이 터너(Roy Turner)가 올바르게 "로빈슨 크루소를 첫 번째 인간으로 그 위상을 정하는 것은 역사를 행하는 것이 아니라 (마르크스가 그렇게 하듯이) 후기 자본주의에서 올 사람에게나 가능할 방식으로 시원들을 생각하는 것이다"고 지적하고 있듯이,[1131] 로빈슨 크루소의 역사적 위상을 비판적으로 표현하는 것보다 마르크스에서 결정적인 것은 18세기의 예언가들과 고전적 정치경제학을 역사적으로 이론화하는 위상이다라는 점이다.

이러한 맥락에서 우리는 마르크스의 루소수용과 관련하여 그의 주장과는 직접적으로 대립되는 식으로 주장한다. 마르크스의 그 문장들은 루소와 스미스와 리카도의 이론적 구조의 동일성을 지시하고 있는 것이 아니고 "루소"와 고전적 정치경제학의 다르지 않다는 그것은 오직 반(反)속류자연주의와 속류루소주의의 관점에서만 그렇게 말할 수 있다는 것을 지시하고 있을 뿐이며, 그리고 마르크스는 루소의 반속류주의를 정당하게 통찰하고 있었다는 것이다.

셋째, 워클러는 마르크스가 루소에 대해 말하고 있는 〈고타강령비판〉에서의 그 문장과 관련하여 루소와 마르크스의 차이를 계속 부각시키려 시도한다. 그의 말은 일견해 보면 묘한 구석이 있다.

> "고타강령의 비전적인 저자들은 자신들이 루소의 전체를 복사할 수도 있었을 것이라는 마르크스의 신(acid) 지적보다 더 예리한 모욕을 마르크스로부터 받은 것은 거의 없을 것이다."[1132]

워클러는 마르크스의 신 지적을 독일 노동자당의 강령에 대한 냉소

1131) Roy Turner, "Speech and the Social Contract", in: *Inquiry* 28, 1985, pp.43-53, 여기에서는 pp.45f.

1132) Wolker 1983: 240f.

적 비판으로 이해하는 것 같으며, 마르크스가 그 경우 루소를 도덕성의 문제틀의 관점에서 냉소적으로 부정하고 있다는 의미를 전하려는 듯하다. 그래서 그는 다음과 같이 말을 이어가는 것이 아닌가 싶다.

> "루소가 이러한 주장들에 대해 대응했으리라 내가 믿고 있는 것으로써 결론을 내리자. 도덕성은 항상 우리의 물적 생산양식들에 의해서 설명되어야만 한다는 명제는 내가 그의 소유론과 그의 문화이론에 대한 나의 논평들에서 이미 다루었던 명제이다. 루소가 우리로 하여금 고려하도록 안내하는 것은, 우리의 도덕적 이념들을 포함하는 우리의 이념들이, 심지어는 우리의 환상적인 도덕적 이념들조차 우리가 생활하고 있는 기본적 방식 내에서 뿌리박고 있으며, 그 것의 통합적인 부분을 구성한다는 점을 우리는 기억해야만 할 것이다."[1133]

마르크스가 〈고타강령비판〉에서 "전체 루소"[1134]라고 말하는 그것은, "도덕"과는 아무런 관련이 없는 것 같다. 오히려 그것이 의미하는 것은 이미 시사했지만 사회에 내재하는 양립성 혹은 자연의 **위험한** 대체로서 사회를 파악하는 것, 곧 위기와 비판의 맥락들을 통해서 특징되는 그것이다. 그래서 마르크스는 이 문단의 두 번째 부분을, "유용을 가져오는 노동을 사회 혹에서만 사회를 통해서만 가능하다"[1135]는 부분을 비판하고 있다. 왜냐하면 그것은 "전체 루소"를, 다시 말해서, 자연의 **위험한** 대체로서의 사회가 아니라 사회의 **일면적** 측면만을, 다시 말해서, 그것의 긍정적인 측면만을 말하고 있기 때문이다. "전체 루소", 달리 표현하자면, 비판적 위기학을 본질적으로 특징짓는 이념인, 정치적 몸의 탄생에 내재하는, 자기파괴성을 가지는, 모순적인, 내가 정치성이라 부르는 그것의 잠재력이 마르크스로 하여금 자본주의적 **시스템**을 "논리적으로 서로 배타적인 두 해결책들"[1136]과 합리성들이 **동시적으로**

1133) Wolker 1983: 241.
1134) MEW 19: 16.
1135) MEW 19: 16.

허용되어 있는 것으로서 특징짓고 이론화하게 하는 것이다. 이러한 관점에서 보자면, 사회의 비판이론에 핵심적인 이념인 사회를 객체로서 동시에 주체로서 파악하는 것을[1137] 선취하고 있다.

넷째, 워클러는 우리가 앞에서 이미 강조점을 두고 논의하였던, 사회적 해방으로서의 정치라는 파악을 전혀 보고 있지 않고 있어서 더욱 깊은 오해의 늪으로 빠져들고 있다. 그는 루소와 마르크스의 차이를 이렇게 확인하려 한다.

> "마르크스가 스스로 〈유대인문제에 대하여〉에서 시사하고 있듯이, 이들 사이의 주된 차이는, 루소의 원칙들이 주권성, 평등, 그리고 자유 같은 용어들을 강조하는 정치적인 준거 틀로 분절되어 있었던 반면에, 마르크스는 그 대신에 '유적 존재'에 대한 자신의 강조에서 인간의 정치적인 본질 본질보다는 사회적 본질을 강조했다는 데 있는 것 같다."[1138]

우리는 앞에서 이미 충분하게 "사회적 해방" 혹은 "혁명"에 기초하는 축소되지 않은 고유한 정치 개념을 논의하였으므로 여기에서 그것을 반복할 필요는 없겠지만, 여기에서는 마르크스가 말하는 "정치적 인간의 추상"[1139]이 무엇을 의미하는지를 의미론적으로 파악하고자 한다. 마르크스가 정치적 인간의 추상을 올바르게 묘사하고 있다는 것을 밝히고 있는 그곳에서 마르크스의 루소수용을 거의 고질적이다시피 오독하는 것을 우리는 발견할 수 있다. 그러한 예는 워클러뿐만 아니라 브란트, 랑게, 로만 등등이다.[1140] 나는 마르크스가 자신의 글 〈유대인문

1136) Claus Offe, "'Unregierbarkeit'. Zur Renaissance konservativer Krisentheorien", in: J.Habermas(Hg.), *Stichworte zur geistigen Situation der Zeit*, 1. Band : *Nation und Republik*, Ffm, 1979, pp.294-318, 여기에서는 p.315.

1137) Th. W. Adorno, *Soziologische Schriften I, Gesammelte Schriften, Band 8*, herausgegeben von Rolf Tiedemann, Ffm, 1972, p.317 참고하라.

1138) Wolker 1983: 237.

1139) MEW 1: 370.

1140) R. Brandt, *Rousseaus Philosophie der Gesellschaft*, Stuttgart-Bad Cannstadt, 1973, pp.22f; E. M. Lange, "Wertformanalyse, Geldkritik und die Konstruktion

제에 대하여〉에서 루소를 수용하고 있는 곳에서의 이론적인 준거들을 요약적으로 정리하고자 한다. 첫째, 마르크스는 정치적 인간을 시민적 사회의 비정치적 인간과 대조시키고 있다는 점이다. 다시 말해서, 진정한 인간, 즉 정치적 인간을 요청하기 위해서 그는 현실적인, 곧 비정치적인 인간을 비판하고 있다. 둘째, 마르크스에 있어서 정치적 인간은 추상화된, 인위적인 인간, 알레고리적인, 도덕적인 인물로서의 인간이다는 점이다; 정치적 인간은 인간(homme)과 구별되는 시민(citoyen)을, 다시 말해서, 자연상태의 자연적인, 구체적인 삶을 부정하고 동시에 사회상태의 인위적인, 추상적인 인간을 구성할 수 있는 인간을 의미한다. 셋째, 비정치적인 인간, 즉 "시민적 사회의 구성원"에 대한 대립 속에 있는 정치적 인간을 특징짓고 있는 알레고리적인, 도덕적인 인물의 의미론은 이 "알레고리적"이라는 것이 무엇을 의미하는지를 구체적으로 밝힐 수 있을 때만이 재구성될 수 있다는 점이다. 플레치(Angus Fletcher)에 의하면 알레고리는 원래 어원론적으로 allos와 agoreuein이 합쳐진 것으로 성립한 것으로서, 즉 다르다는 것과 오직 말한다는 것이 합쳐진 것으로서, 사람들이 모인 장소나 시장에서 말하다는 의미를 가지고 있다. 이 경우 agoreuein은 공적으로 공개적으로 열어 놓고, 서술문적 말을 의미한다.[1141] 알레고리라는 "이 의미는 전철(prefix) allos에 의해서 전도된다. 그러므로 알레고리는 종종 '전도'라고 불리운다."[1142] 이 시원적 알레고리를 나는 해체주의적 알레고리와 개념적으로 대립하는 것으로 이해하고 **사회적 알레고리**라 부르고자 하는데, 사회의 사회적 변혁과 혁명에 조응하는 것이다. 루소의 경우, 자연상태에서 사회상

---

des Fetschismus bei Marx", in: *Neue Hefte für Philosophie,* Heft 13, pp.31f; Georg Lohmann, "Gesellschaftskritik und normativer Maßstab. Überlegungen zu Marx", in: Axel Honneth und Urs Jaeggi(Hg.), *Arbeit, Handlung, Normativität. Theorien des historischen Materialismus 2,* Ffm, 1980, pp.234-299, 여기에서는 특히 pp.257f.

1141) Angus Fletcher, *Allegory. The Theory of a Symbolic Mode,* Cornell University Press, Ithaca, New York, 1964, p.2.

1142) Fletscher 1964: 2.

태로 이행하는 그 과정에서는 결코 텍스트주의적 차원에로 환원될 수 없는 사회적 알레고리가 있으며 사회적 혁명이 있다. 사회적으로 알레고리화한다는 것은, 루소가 이 이행과정을 은유적으로 "인민의 랑그(la langue du people)로 번역될 수 없는 수많은 생각들이 있다"[1143]고 설명하고 있다는 점에서 사회적 번역이라 말할 수 있다. 플레처에 의하면 "번역(translatio)"은 그리스어 은유의 라틴어에 해당하는 것이다.[1144] 넷째, 자연에서 문화로 시원적으로 이행하는 과정에서 인간은 인간이 국가의 시민이 된다는 의미에서 "알레고리적"이다, 즉 변혁적이고 동시에 도덕적이다는 점이다. 사회적으로 알레고리적인 이간은 추상적인 시민(citoyen), 정치적으로 자기매개화하는 인간이다. "추상"은 단지 자연의 부정을 의미한다.

요컨대, 마르크스는 루소의 정치적 이론의 깊은 구조들을 정당하게 통찰하고 있으며, 루소를 정당하게 독창적으로 수용하여 마르크스는 자신의 정치이론을 구성했으며, 계급이론적으로 보완하여 발전시켜갔던 것이다.

1143) Rousseau, III: 383.

1144) Fletscher 1964: 2 그리고 본 연구에서 부정성과 총체성을 논의하는 부분을 참고하라.

참고문헌

Abrams, A.W.: *Mirrors and Lamps*, Oxford University Press, 1953.

Adorno, Th.: *Soziologische Schriften I*, *Gesammelte Schriften*, Band 8 herausgegeben von Rolf Tiedemann, Ffm, 1972.

__________: *Negative Dialektik*, Ffm, 1975.

__________: et al.: *Der Positivismusstreit in der deutschen Soziologie*, Darmstadt/Neuwied, 1972.

Adorno, Th. W./Horkheimer, M: *Dialektik der Aufklärung*, Ffm, 1969.

Albert, H.: *Traktat über kritische Vernunft*, 4. Auflage (verbessert), Tübingen, 1980.

________: *Konstruktion und Kritik*, Hoffmann und Campe, 1972.

Althusser, L.: *Four Marx*, Paris 1965; deutsch, *Für Marx*, Ffm, 1968.

________: "Rousseau: The Social Contract (The Discrepancies)", in: L.Althusser, *Politics and History*, London, 1972.

Axelos, K.: Marx, *Penseur de la Technique*, Paris, 1951.

Babbit, I.: *Rousseau & Romanticism*, University of Texas Press, 1977. (reprint; first 1919)

Bachelard, G.: *L'Air et les songes: Essai sur l'imagination du Mouvement*, Paris, 1972.

Bachtin, M.: *The Dialogical Imagination*, edited by Michael Holguist, translated by Carl Emerson and Michael Holguist, University Texas Press, 1981.

Behler, E.: "Einleitung" zu: F. Schlegel, *Über das Studium der Griechischen Poesie 1795-1797*, Paderborn/München/Wien/Zürich, 1982, pp.13-132

Bender, F. L.: "The ambiguites of Marx's concepts of proletarian dictatoship and transition to communism", in: *History of Political Thought*, Vol. II, No. 3, Winter, 1981, pp.520-555.

Benjamin, W.: *Der Begriff der Kunstkritik in der deutschen Romantik*, in: ders., *Gesammelte Schriften*, Band 1, Ffm, 1980.

Benton, T.: *The Rise and Fall to structural Marxism, Althusser and his Influence*, New York, 1984.

Berger, J.: "Der gesellschaftstheoretische Gehalt der Marxschen Werttheorie", in: G. Breitenbürger/G. Schnitzler (Hg.), *Marx und Marxismus heute*, Hamburg, 1974, pp.75-102.

________: "Intersubjektive Sinnkonstitution und Sozialstruktur. Zur Kritik handlungstheoretischer Ansätze der Soziologie", in: *Zeitschrift für Soziologie*, Jg. 7, 1978, pp.327-334.

Berger, J.: "Die Versprachlichung des Sakralen und die Entsprachlichung der Ökonomie", in: *Zeitschrift für Soziologie*, Jg. 11, 1982, pp 352-365.

Bloch, E.: *Das Prinzip Hoffnung*, zweiter Band, 4. Auflage, Ffm, 1977.

Blumenberg, H.: *Wirklichkeiten in denen wir leben*, Stuttgart, 1981.

Bobbio, N.: "Was sind die Alternativen zur repräsentativen Demokratie?", in: *Sozialisten, Kommunisten und der Staat*, Hamburg/Berlin, 1977, pp.37-61.

________: "Die Zukunft der Demokratie", in: *Prokla* 61, 1985, Nr. 4, pp.23-40.

Böhler, D. B.: "Zu einer historisch-dialektischen Rekonstruktion des bürgerlichen Rechtsproblem einer Rechts-und Sozialphilosophie nach Marx", in: Rottleuthner (Hg.), *Probleme der marxistischen Rechtstheorie*, Ffm, 1975, pp. 92-158.

Bohrer, K.-H.: *Plötzlichkeit. Zum Augenblick des ästhetischen Scheins*, Ffm, 1981.

________: "Friedrich Schlegels Rede über die Mythologie", in ders., (Hg.), *Mythos und Moderne*, Ffm, 1983.

________: *Der romatische Brief. Die Entstehung ästhetischer Subjektivität*, München/Wien, 1987.

Bologh, R. W.: "Gegenüberstellung von Marx Webers dualistischem Konzept und Karl Marx' dialektischem Konzept", in: Diamond, S./Narr, W.-D./Homann, R. H. (Hg.), *Bürokratie als Schicksal?*, Opladen, 1985, pp.20-40.

Brandt, R.: *Rousseaus Philosophie der Gesellschaft*, Stuttgart-Bad Cannstadt, 1973.

Bräutigam, B.: *Leben wir im Roman. Untersuchungen zum ästhetischen Imperativ im Frühwerk Friedrisch Schlegels(1874-1900),* Paderborn/München/Wien/Zürich, 1986.

Brunkhorst, H.: "Romantik und Kulturkritik. Zerstörung der dialektischen Vernunft", in: *Merkur* 436, 1985.

Bucharin, N.: "Theorie des historischen Materialismus", in: Bucharin, N./Deborin, A., *Kontroversen über dialektischen und mechanistischen Materialismus*, Ffm, 1974, pp.223-259.

Buck, G.: "Selbsterhaltung und Historizität", in: Ebeling, H. (Hg.), *Subjektivität und Selbsterhaltung. Beiträge zur Diagnose der Moderne,* Ffm, 1976, pp.208-302.

Carnoy, M.: *The State & Political Theory*, Princeton University Press, 1984.

Cassirer, E.: "The Problem J.-J. Rousseaus", in: *Archiv für Geschichte der Philosophie*, Bd. 41, 1932.

Cell, H.R.: "Breaking Rousseau's Chains", in: *University of Ottawa Quarterly*, vol. 49, Nos 3 4, pp.412-422.

Chroust, A.-H.: "The corporate idea and the body politic in the middle ages", in: *The Review of Politics* 9, 1947, pp.423-452.

Cipolla, C. M.: *Before the industrial Revolution*, 2nd, Methuen, 1980.

Cohen, G. A.: *Karl Marx's Theory of History. A Defence*, Oxford University Press, 1978.

Colletti, L.: *Marxismus and Hegel*, London, 1973.

________: *Marxismus und Dialektik*, Ffm/ Berlin/Wien, 1977.

_____ : "A political and philosophical interview", in: *New Left Review* 86, 1974, pp.3-28.

Cooper, R.: "Organization/Disorganization", in: *Social Science Information* 25, 1986, 2, pp.299-335.

Corngold, S.: "Error in Paul de Man", in: Arac, J. et al. (ed.), *The Yale Critics: Deconstruction in America*, University of Minndesota Press, 1983, pp.90-108.

Cotta, S.: "La position dur probléme de la politique chez Rouseau", in: *Etudes sur le Contract social de J.-J. Rousseau*, Paris, 1964, pp.177-190.

De Man, P.: "On reading Rousseau", in: *Dialectical Anthropology* 2, 1977, pp.19-32.

_________: "The epistemology of metaphor", in: *Critical Inquiry* 5, 1978, pp.1- 30.

_________: *Allegories of Reading: Figural languages in Rousseau, Nietzsche, Rilke, and Proust*, Yale University Press, 1979.

_________: "The Resistance to Theory", in: *Yale French Studies* 63, 1982, pp.3-20.

_________: *Blindness & Insight: Essays in the Rhetoric of contemporary Criticism*, new ed., with other essays, University of Minneasota, 1983.

_________: *The Rhetoric of Romanticism*, Columbia University Press, 1984.

_________: *The Resistance to Theory*, University of Minneasota Press, 1986.

Derathés, R.: Einleitungsschrift zum Discours sur l'économie politique, Premiere Version du Contract social, und Du Contract social, in: Banebin, B./Raymond M. (ed.), *Rousseau, J.-J.: Oeuvres complêtes*, Bd. 3, pp.LXXII-CXIX.

Derrida, J.: "La linguistique de Rousseau", in: *Revue internationale de philosophie* 82, 1967, 4, pp.443-462.

________: *De la grammatologie*, les Éditions de Minuit, Paris, 1967; 독역본, Grammatologie, Ffm, 1983.

________: *L'écriture et la différence*, Paris 1967; 독역본, *Die Schrift und die Differenz*, Ffm, 1976.

Derrida, J.: *La Dissémination*, Paris 1972; 영역본, *Dissemination*, translated, with an Introduction and Additional Notes, by Johnson, Barbara, University of Chicago Press, 1981.

Descombes, V.: *Modern French Philosophy*, Cambridge, 198O.

Draper, H.: "Marx and the dictatorship of the proletarist", in: *Etudes de Marxologie* 6, 1972, pp.5-74.

________: "The death of the state in Marx and Engels", in: Miliband, R./Saville, J. (ed.), *The Socialist Register*, London 1970, pp.281-307

Dubiel, H.: "Ideologiekritik versus Wissenssoziologie", in: *ARSP*, Bd. LXI/2, 1975.

Durkheim E.: *Montesquieu and Rousseau, Forerunners of Sociology,* University of Michigan Press, 1970.

Elster, J.: *Making Sense of Marx*, Cambridge University Press, 1985.

Euchner, W.: *Egoismus und Gemeinwohl. Studien zur Geschichte der bürgerlichen Philosophie*, Ffm, 1973.

Fetcher, I.: *Rousseaus politische Philosophie. Zur Geschichte des demokratischen Freiheitsbegriffs*, Dritte überarbeitete Auflage, Ffm, 1981.

________: *Herrschaft und Emanzipation. Zur Philosophie des Bürgertums*, München, 1976.

________: "Nachwort: Jean-Jacques Rousseau: Philosophie und Politik", in: *Rousseau, Sozialphilosophie und politische Schriften,* München, 1981.

________: "Kulturbegriff und Fortschrittskritik bei Jean-Jacques Rousseau", in Brackert, H./Wefelmeyer, F. (Hg.), *Naturplan und Verfallskritik. Zu Begriff und Geschichte der Kultur*, Ffm, 1984, pp.46-68.

Fletcher, A.: *Allegory. The Theory of a Symbolic Mode*, Cornell University

Press, 1964.
Foucault, M.: *Archäologie des Wissens*, Ffm, 1973.
__________: *Les Mots et Les Choes*, Paris 1966;독역본 *Die Ordnung der Dinge. Eine Archäologie der Humanwissenschaften*, Ffm, 1974.
Frank, M.: "Das fragmentarische Universum der Romantik", in: Dällenbach, L./Nibbrig, Ch. Hart (Hg.), *Fragment und Totalität*, Ffm, 1984, pp.212-224.
__________: *Was ist Neostrukturalismus?*, Ffm, 1984.
Freed, L.: T. S. Eliot: *Aesthetics and History*, La Salle, III., 1962.
Godelier, M.: System, *Struktur und Widerspruch im Kapital*, Berlin, 1970.
__________: "Infrastructure, societies, and history", in: *New Left Review* 112, 1978, pp.84-96.
Gorz, A.: A*dieux au prolétariat. Au delà du socialisme*, Paris 1980; deutsch, *Abschied vom Proletariat. Jenseits des Sozialismus*, Reinbek bei Hamburg, 1983.
Gottfried, P. E.: "Kunst und Politik bei Burke und Novalis", in: *Zeitschrift für Ästhetik und allgemeine Kunstwissenschaft* 19, 1974, pp.240-251.
Gramsci, A.: "Kritische Notizen zu Bucharins Theorie des historischen Materialismus", in: Bucharin, N./Deborin, A., *Kontroversen über dialektischen und materialistischen Materialismus*, Ffm, 1974, pp.292-314.
Grathoff, R.: "Alltag und Lebenswelt als Gegenstand der Phänomenologischen Sozialtheorie", in: *Materialien zur Soziologie des Alltags*, hrsg. von Hammerich, K./ Klein, M., Kölner Zeitschrift für Soziologie und Sozialpsychologie, Sonderheft 20, 1978, pp.67-85.
__________: "Das Problem der Intersubjektivität bei Aron Gurwitsch und Alfred Schütz", in: Grathoff, R./Waldenfels, B. (Hg.), *Sozialität und Intersubjektivität. Phänomenologische Perspektiven der Sozialwissenschaften im Umkreis von Aron Gurwitsch und Alfred Schütz,* München, 1983, pp.87-120.
Habermas, J.: *Technik und Wissenschaft als Ideologie*, Ffm, 1968.
__________: *Erkenntnis und Interesse*, 4. Auflage, Ffm, 1977.
__________: *Legitimationsprobleme im Spätkapitalismus*, 4. Auflage, Ffm, 1977(erste: 1973).
__________: *Theorie des kommunikativen Handelns*, 2. Bde, Ffm, 1981.
__________: *Kleine politische Schriften I - IV*, Ffm, 1981.

__________: *Der philosphische Diskurs der Moderne. Zwölf Vorlesungen*, Ffm, 1985.

__________: *Die neue Übersichtlichkeit. Kleine politsche Schriften V*, Ffm, 1985.

Hahn, R.: *The Anatomy of a Scientific Institution: The Paris Academy of Sciences, 1666-1803*, Berkely an London: University of California Press, 1973.

Hall, J. C.: *Rousseau. An Introduction to his Political Philosophy*, Cambridge Massachusetts, 1973.

Hamilton, J. F.: *Rousseaus Theory of Literature: The Poetics of Art and Nature*, York, South Carolina, 1979.

Harari, J. V.: "Therapeutic Pedagogy: Rousseau's *Emile*", in: *MLN* 97, pp.787-780.

Hegel, G. W. F.: Werkausgabe in 20 Bänden, Ffm, 1969.

____________: *Grundlinien der Philosophie des Rechts*, herausgegeben und eingeleitet von Reichelt, Helmut, Ffm/Berlin/Wien, 1972.

Heine, H.: Briefe über Deutschland, in: *Werke und Briefe*, Band VII, Berlin, 1962.

Heinrich, D.: *Fichtes ursprüngliche Einsicht*, Ffm, 1967.

__________: "Was ist Metaphysik, was Moderne? Thesen gegen Jürgen Habermas", in: *Merkur* 40, 1986, pp.495-508.

Hess, M.: "Bachelard and the romantic imagination", in: *Comparative Literature* 33, 1981.

Hirschman, A. O.: *The Passions and the Interests. Political Arguments for Capitalism before its Triumph*, Princeton University Press 1977; 독역본, *Leidenschaft und Interessen. Politische Begründung des Kapitalismus vor seinem Sieg*, Ffm, 1980.

Hobbes, Th.: *Leviathan*, London, 1968(Penguin Book).

Hörisch, J.: *Die fröhliche Poesie*, Ffm, 1976.

Honneth, A.: *Theorie der Macht*, Ffm, 1985.

Hunt, R.N.: *The Political Ideas of Marx and Engels (I). Marxism and Totalitarian Democracy*, University of Pittsburgh Press, 1974.

Jänicke, M. (Hg.): *Herrschaft und Krise. Beiträge zur politikwissenchaftlichen Krisenforschung*, Opladen, 1973.

Janz, R.-P.: *Autonomie und soziale Funktion der Kunst. Studien zur Ästhetik von Schiller und Novalis*, Stuttgart, 1983.

Jouvenel, D. B.: "Rousseau the pessimistic evolutionist", in: *Yale French Studies* 28, 1969, pp. 83-89.

Keane, J.: *A letter on why civil society is important to socialists ... and others*, Ms, London, 1983.

________: *Public Life and Late Capitalism. Toward a Socialist Theory of Democracy*, Cambridge University Press, 1984.

Kelly, G. A.: "Mortal Man, immortal society. Political metaphors in eighteenth-century France", in: *Political Theory* 14, No. 1, 1986, pp.5-29.

Kluckhohn, P.: "Friedrich von Hardenbergs Entwicklung und Sichtung", in: *Novalis, Schriften I*, hrsg. von Kluckhohn, Paul und Samuel, Richard unter Mitarbeit von Ritter, Heinz und Schulz, Gerhard, Stuttgart, 1960, pp.1-70.

Koselleck, R.: *Kritik und Krise. Eine Studie zur Pathogenese der bürgerlichen Welt*, Dritte Auflage, Ffm, 1979.

________: *Vergangene Zukunft. Zur Semantik geschichtlicher Zeiten*, Ffm, 1979.

__________: "Zeit und Geschichte", in: *Das erste Zeit 1977-1987. Ein Almanach*, Klett Cotta, pp.195-216.

Koselleck, R.: "Einige Fragen an die Begriffsgeschichte von Krise", in: Michalski, K. (Hg.), *Über die Krise. Castelgandolfo-Gespräche 1985*, Stuttgart, 1986, pp.64-77.

Kurzke, H.: *Romatik und Konservatismus. Das politische Werk Friedrich von Hardenbergs (Novalis) im Horizont seiner Wirkungsgeschichte*, München, 1983.

Lange, E. M.: *Das Prinzip Arbeit. Drei metakritische Kapitel über Grundbegriffe, Struktur und Darstellung der 'Kritik der Politischen Ökonomie' von Karl Marx*, Ffm/ Berlin/Wien, 1980.

____________: "Wertformanalyse, Geldkritik und die Konstruktion des Fetischismus bei Marx", in: *Neue Hefte für Philosophie*, Heft 13, Göttingen, 1978.

Larenz, K.: "Hegels Dialektik des Willens und das Problem der juristischen Persönlichkeit", in: *Logos* 20, 1931; 재수록 in: Hegel, G. W. F.: *Grundlinien der Philosophie des Rechts*, Ffm/ Berlin/Wien, 1972, pp. 733-778.

Larrain, J.: *Marxism and Ideology*. London/Basingstoke, 1983.

Laubig, M. et al.: *Methodenprobleme der Schulbuchanalyse. Abschluβbericht zum Forschungsprojekt 3017 an der Fakultät für Soziologie der Universität Bielefeld in Zusammenarbeit mit der Fakultät für Wirtschaftswissenschaften*, Bielefeld, 1986.

Lefebre, H.: *Métaphilosophie Prolégomènes*, Paris 1965; deutsch, *Metaphilosophie. Prolegomena*, Ffm, 1975.

Lenk, K.: "Problemgeschichtliche Einleitung", in: K. Lenk(Hg.), Ideologie. Ideologiekritik und Wissenssoziologie, Darmstadt/Neuwied, 1976.

Lenk, K. (Hg.): *Ideologie. Ideologiekritik und Wissenssoziologie*, Darmstadt/ Neuwied, 1976.

Lockwood, D.: "Social integration and system integration", in: Zollschan, G. K./Hirsch, W. (ed.), *Social Change. Explorations, Diagnoses, and Conjectures*, New York/London/Sidney/Toronto, 1976, pp.370-383.

Lohmann, G.: "Gesellschaftskritik und normativer Maβstab. Überlegungen zu Marx", in: Honneth, A./Jaeggi, U. (Hg.), *Arbeit, Handlung, Normativität. Theorien des Historischen Materialismus 2*, Ffm, 1980, pp. 234-299.

Luhmann, N.: *Soziologische Aufklärung 1*, Köln-Opladen, 1970.

__________: *Soziale Systeme*, Ffm, 1984.

Luhmann, N.: "Das Kunstwerk und die Selbstproduktion der Kunst", in: Gumbrecht, H. U./Pfeiffer K. L. (Hg.), *Stil. Geschichten und Funktionen eines Kulturwissenschaftlichen Diskurselements*, Ffm, 1986.

Luka'cs, G.: *Die Theorie des Romans*, Berlin, 1920.

________: *Der junge Hegel*, 2 Bde, Ffm, 1973.

________: "Über Bucharins Theorie des historischen Materialismus", in: Bucharin, N./Deborin A., *Kontroversen über dialektischen und materialistischen Materialismus*, Ffm, 1974, pp.283-291.

Lutz, P. Ch.: *Ideologiebegriff und Marxistische Theorie. Ansätze zu einer immanenten Kritik*, Opladen, 1976.

Lypp, B.: *Ästhetischer Absolutismus und politische Vernunft*, Ffm, 1972.

Macperson, C. B.: *Political Theory of Possessive Individualism*, Oxford, 1962.

______________: "Introduction", in: Hobbes, Th., *Leviathan*, London, 1968.

Mähl, H.-J.: "Der poetische Staat. Utopie und Utopiereflektion bei den Frühromantikern", in: Voβkamp, W.(Hg.), *Utopieforschung*, Band 3, Ffm, 1985.

Márkus, G.: "Die Welt menschlicher Objekte. Zum Problem der Konstitution im Marxismus", in: Honneth, A./Jaeggi, U. (Hg.), *Arbeit, Handlung, Normativität. Theorien des Historischen Materialismus 2*, Ffm, 1980, pp.12-136.

________: *Anthropologie und Marxismus*, Hamburg, 1981.

Marx, K.: *Marx/Engels Werke (MEW)*, Berlin-Ost, 1957 ff..

_______: *Grundrisse der Kritik der Politischen Ökonomie*, Berlin-Ost, 1953.

_______: *Die Frühschriften*, herausgegeben von Land, Siegfried, Stuttgart, 1971.

_______: *Karl Marx/Friedrich Engels. Staatstheorie. Materialien zur Rekonstruktion der marxistischen Staatstheorie*, herausgegeben und eingeleitet von Hennig, Eike/Hirsch, Joachim/Reichelt, Helmut und Schäfer, Gert, Ffm/ Berlin/ Wien, 1974.

_______: *Die ethnologischen Exzerpthefte*, herausgegeben von Krader, Lawrence, Ffm, 1976.

McNeil, L. D.: "Rimbaud: The dialectical play of presence and absence", in: *Boundary 2*.

Mannheim, K.: *Ideologie und Utopie*, Ffm, 1952.

Mez¢ros, I.: *Marx's Theory of Alination*, London, 1970; deutsch, *Der Entfremdungsbegriff bei Marx*, München, 1973.

Metzger, W.: *Gesellschaft, Recht und Staat in der Ethik des deutschen Idealismus. Mit einer Einleitung: Prolegomena zu einer Theorie und Geschichte der sozialen Werte*, aus dem Nachlass herausgegeben von Bergmann, Ernst, Neudruck der Ausgabe, Heidelberg, 1917; Aalen, 1966.

Mills, C. W.: *The Sociological Imagination*, New York, 1959.

Moravia, S.: *Beobachtende Vernunft. Philosophie und Anthropologie in der Aufklärung*, Ffm/ Berlin/Wien, 1977.

Müller, H.: "Kleist, Paul de Man und Deconstruction", in: *Merkur*, 1986, H. 2, pp.108-115.

Naumann, D.: *Politik und Moral. Studien zur Utopie der deutschen Aufklärung*, Heidelberg, 1977.

Negt, O.: "Marxismus als Legitimationswissenschaft zur Genese der stalinistischen Philosophie", in: Bucharin, N./Deborin, A., *Kontroversen über dialektischen und mechanistischen Materialismus,* Ffm, 1974, pp.7-50.

Nietzsche, F.: *Werke in drei Bänden*, herausgegeben von Schlechta, Karl, München, 1966.

Novalis: *Schriften, 4 Bände*, herausgegeben von Kluckhohn, Paul und Samuel, Richard unter Mitarbeit von Ritter, Heinz und Schulz, Gerhard, Stuttgart, 1960.

Oesterle, G.: "Entwurf einer Monographie des ästhetisch Hässlichen. Die Geschichte einer ästhetischen Kategorie von Friedrich Schlegels Studium-Aufsatz bis zu Karl Rosenkranz' Ästhetik des Hässlichen als Suche nach dem Ursprung der Moderne", in: D. Bänsch (Hg.), *Zur Modernität der Romantik*, Stuttgart, 1977, pp.217-298.

Offe, C.: *Strukturprobleme des kapitalistischen Staates*, Ffm, 1972.

_______: "'Unregierbarkeit'. Zur Renaissance konservativer Krisentheorien", in: Habermas, J. (Hg.), *Stichworte zur geistigen Situation der Zeit, Band 1: Nation und Republik?*, Ffm, 1979, pp.294-318.

_______: *"Arbeitsgesellschaft": Strukturprobleme und Zukunftsperspektiven*, Ffm/ New York, 1984.

_______: *Contradictions of the Welfare State*, herausgegeben von Keane, John, London, 1984.

_______: "Korporatismus als System nicht-staatlicher Makrosteuerung? Notizen über seine Voraussetzungen und demokratischen Gehalte", in: *Geschichte und Gesellschaft* 10, 1984, H. 2, pp.234-256.

_______: *Die Utopie der Null-Option. Modernität und Modernisierung als politische Gütekriterien. Materialen zur sozialwissenschaftlichen Planungs- und Entscheidungstheorie Nr. 7, an der Universität Bielefeld,* Bielefeld, 1985.

_______: "Komplexe Gesellschafen zwischen Modernität und Modernisierung", Ms, Bielefeld, 1986.

Offe, C./Ronge, V.: "Thesen zur Begründung des Konzepts des 'kapitalistischen Staates' und zur materialistischen Politikforschung", in: Altvater, Basso, Mattick, Offe u.a., *Rahmenbedingungen und Schranken staatlichen Handelns*. Zehn Thesen, Ffm, 1976, pp.54-70.

_______/Guggenberger, B. (Hg.): *An den Grenzen der Mehrheitsdemokratie. Politik und Soziologie der Mehrheitsregel*, Opladen, 1984.

Peirce, Ch. S.: "Some consequences of four incapacities", in: Hartshorne, Ch./Weiss, P. (ed.), *Collected Papers of Charles Sanders Peirce*, Vol. V., fourth printing, The Belknap Press of Harvard University Press,1974, pp.156-189.

Perez-Diaz, V. M.: *State, Bureaucracy and Civil Society. A Critical Discussion of the Political Theory of Karl Marx*, London, 1978.

Rehder, H.: "Reason and romanticism. On the beginnings of the german Essay", in: *Lessing Yearbook* 1, 1969.

Reichelt, H.: "Feuerbach und Marx. Kulturentwicklung als entfremdete Gattungsgeschichte", in: Brackert, H./ Wefelmeyer (Hg.), *Naturplan und Verfallskritik. Zu Begriff und Geschichte der Kultur*, Ffm, 1984, pp.212-249.

Reiss, H.: *Politisches Denken in der deutschen Romanitik*, Bern/München, 1966.

Ricoeur, P.: *La Métaphore vive*, Paris 1975; englisch, *The Rule of Metapher. Multi-Disciplinary Studies of the Creation of Meaning in Language*, London/Henley, 1977.

Riedel, M.: "Bürgerliche Gesellschaft", in: Brunner, O./Conze W./Koselleck R. (Hg.), *Geschichtliche Grundbegriffe*, Band 2, Stuttgart, 1975, pp. 719-800.

Rousseau, J.-J.: *Oeuvres complètes*, herausgegeben von Gagnebin, B./ Raymond, M., 4 Bände, Paris, 1959 ff.

____________: *Correspondance Complète*, herausgegeben von Leigh, R. A., Genf, 1965 ff..

____________: *Essai sur L'Origine des Langues*, in: *Oervres complètes de J.-J.Rousseau,* avec des notes historiques, tome troisième, paris.

____________: *Gesellschaftsvertrag*, in Zusammenarbeit mit Pietzcker, Eva, neu übersetzt und herausgegeben von Brockard, Stuttgart, 1980.

____________: *Politische Schriften, Band 1*, Paderborn, 1977.

____________: *Jean-Jacques Rousseaus Schriften in zwei Bänden*, herausgegeben von Ritter, Henning, München/Wien, 1978.

____________: *Die Bekenntnisse*, München, 1981, 1984 (2. Auflage).

____________: *Emil oder Über die Erziehung, 6. unveränderte Auflage*, Paderborn, 1983.

____________: *Jean-Jacques Rousseau: Sozialphilosophische und Poltische Schriften*, München, 1981.

Rousseau, J.-J.: *Musik und Sprache, Ausgewählte Schriften*, Wilhelmshaven, 1984.

____________: *On the Social Contract, with Geneva Manuscript and Political Economy*, edited by Masters, Roger D., translated by Masters, Judith R., New York, 1978.

______: *The First and Second Discourses, together with the replies to critics and Essay on the Origin on the Languages*, newly edited, translated and annotated by Gourevitsh, Victor, New York et al., 1986.

Rossum, G. D. van: *Politische Körper, Organismus, Organisation. Zur Geschichte naturaler Metaphorik und Begrifflichkeit in der politischen Sprache*, Diss., Bielefeld, 1977.

Samuels, R.: *Die poetische Staats- und Geschichtsauffassung Friedrich von Hardenberg (Novalis). Studien zur romantischen Geschichtsphilosophie,* neu gedruckt, Hildesheim, 1975 (erste 1925).

Schlegel, F.: *Kritische Friedrich-Schlegel-Ausgabe*, herausgegeben von Behler, B. unter Mitwirkung von Anstett, J. und Eichner, H., Paderborn/München/Wien, 1958 ff.

______: *Über das Studium der Griechischen Poesie, 1795-1797.* Mit einer Einleitung herausgegeben von Behler, E., Paderborn/München/Wien/Zürich, 1982.

Schlegel, F.: *Literarische Notizen 1797-1801. Literary Notebooks*, herausgegeben und eingeleitet von Eichner, Hans, Ffm/Berlin/Wien, 1980.

Schleiermacher, F.: *Über Religion*, Stuttgart, 1985.

Schlette, H. R.: "Ideologie", in: *Handbuch philosophischer Grundbegriffe*, Band 3, München, 1973, pp. 720-728.

Schmid, M.: "Ideologie und Ideologiekritik", in: *ARSP* 60 (1974), pp.435-441.

______: *Leerformeln und Ideologiekritik*, Tübingen, 1972.

Schmidt, A.: *Der Begriff der Natur in der Lehre von Marx*, Ffm, 1962.

______: "Zum Verhältnis von Geschichte und Natur im dialektischen Materialsmus", in: A. Schmidt, *Der Begriff der Natur in der Lehre von Marx*, neue Ausgabe, Ffm, 1971, pp.175-206.

Schmidt, J.: *Die Geschichte des Genie Gedanken in der deutschen Literatur, Philosophie und Politik 1750-1945*, Band 1, Darmstadt, 1985.

Schmitt, C.: *Der Leviathan in der Staatslehre des Thomas Hobbes*, Hamburg, 1938.

Shaw, M.: "The theory of the state und Politics: A central paradox of Marxism", in: *Economy and Society*, 1974, pp.429-450.

Shaw, M.: "Marxism, the state and politics", in: M. Schaw(ed.), *Marxist Soziology revisited*, London, 1985, pp.246-268.

Steffani, W.: *Pluralistische Demokratie*, Opladen, 1980.

Strarobinski, J.: ,*Das Leben der Augen,* Ffm/Berlin/Wien, 1984.

___________: "The Accuser and the Accused", in: *Daedalus* 107, Nr. 3, 1978, pp.41-58.

___________: "Jean-Jacques Rousseau", in: Jean-Jacques Rousseau, *Die Bekenntnisse/Die Träumereien des einsamen Spaziergängers*, München, 1978, pp.883-916.

___________: "Rousseau und die Niedergangsthematik. Einige Bemerkungen zur Prosopödie des Fabricus", in: Koselleck,R./Widmer, P. (Hg.), *Niedergang*, Stuttgart, 1980, pp.172-190.

___________: "Das Rettende in der Gefahr", in: *Neue Rundschau* 92.2, 1981, pp.42-71.

Stieder, J.: *Die Fragmente von Novalis als Präfigurationen seiner Dichtung*, München, 1985.

Stuke, H.: *Philosophie der Tat*, Stuttgart, 1963.

Taylor, Ch.: *Hegel and Modern Society*, Cambridge University Press, 1979.

Theunissen, M.: *Die kritische Funktion der Hegelschen Logik*, Ffm, 1980.

Todorov, T.: Mikhail Bakhtin: *The Dialogical Principle*, Manchester University Press, 1984.

Turner, R.: "Speech and the social contract", in: *Inquiry* 28, 1985, pp.43-53.

Volosinov, V. N.: *Marxismus und Sprachphilosophie*, herausgegeben und eingeleitet von Weber, Samuel M., Ffm/Berlin/Wien, 1975.

Vranicki, P.: *Geschichte des Marxismus*, Band 1, Ffm, 1983.

Waldenfels, B.: *Der Spielraum des Verhaltens*, Ffm, 1980.

___________: *Phänomenologie in Frankreich*, Ffm, 1983.

___________: *In den Netzen der Lebenswelt*, Ffm, 1985.

Wellmer, A.: *Methodologie als Erkenntnistheorie. Zur Wissenschaftslehre Karl Poppers,* Ffm, 1967.

_________: *Kritische Gesellschaftstheorie und Positivismus*, Ffm, 1969.

Wittgenstein, L.: *Tractatus logicophilosophicus*, Ffm, 1969.

Wokler, R.: "Rousseau and Marx", in: Miller, D./Siedentop, L. (ed.), *The Natur of Political Theory, Festschrift für Plamenatz, John Petrov,* Oxford University Press, 1983, pp.219-246.

Wolfe, B.: *Marxism: One Hundred Years in the Life of a Doctrine*, New York, 1967.

Wygotzki: *Sprechen und Denken*, Ffm, 1961.

비판적 위기학의 정치와 정치적 이론

초판1쇄 인쇄 / 2012년 2월 10일 ● 초판1쇄 발행 / 2012년 2월 12일 ● 지은이 / 서규환
펴낸곳 / 도서출판 다인아트 등록 1996년 3월 8일 제87호 인천광역시 남동구 구월3동 1096-19
tel. 032+431+0268 / 0269(fax) www.dainarts.com ● 인쇄 / 장원인쇄 ● 제본 / 마감사

ISBN 978-89-89014-17-1 93340
값 / 17,000원